AF614463

www.ingramcontent.com/pod-product-compliance
Ingram Content Group UK Ltd.
Pitfield, Milton Keynes, MK11 3LW, UK
UKHW021709190726
13853UKWH00001B/475

9 789643 728526

به نام ایزد بخشایندهٔ بخشایشگر

سرشناسه	فردوسی، ابوالقاسم، ۳۲۹-۴۱۶؟ق.
عنوان قراردادی	واژه‌نامهٔ شاهنامه
عنوان و نام پدیدآور	/ ابوالقاسم فردوسی؛ جلال خالقی‌مطلق.
مشخصات نشر	تهران: سخن، ۱۳۹۴-
مشخصات ظاهری	۶ج.؛ ۱۴×۲۱ س‌م.
فروست	بهره؛ ۱، ۲.
شابک	جلد۱: ۲-۷۵۱-۳۷۲-۹۶۴-۹۷۸؛ جلد۲: ۹-۷۵۲-۳۷۲-۹۶۴-۹۷۸
	جلد۳: ۶-۷۵۳-۳۷۲-۹۶۴-۹۷۸؛ جلد۴: ۳-۷۵۴-۳۷۲-۹۶۴-۹۷۸
	جلد۵: ۶-۸۵۲-۳۷۲-۹۶۴-۹۷۸؛ جلد۶: ۵-۸۱۷-۳۷۲-۹۶۴-۹۷۸
	دوره: ۰-۷۵۵-۳۷۲-۹۶۴-۹۷۸
وضعیت فهرست نویسی	فیپا
مندرجات	ج. ۱. بخش. ۱. از آغاز تا پایان داستان فرود سیاوخش. -
	ج. ۱. بخش. ۲. از داستان کاموس کُشانی تا پایان پادشاهی کیخسرو. -
	ج. ۲. بخش. ۱. از پادشاهی لهراسپ تا پایان پادشاهی بهرام گور. -
	ج. ۲. بخش. ۲. از پادشاهی یزدگرد بهرام گور تا پایان پادشاهی یزدگرد شهریار.
موضوع	شعر فارسی ــ قرن ۴ق.
شناسه افزوده	خالقی‌مطلق، جلال، ۱۳۱۶ - ، مصحح
شناسه افزوده	فاطمه مهری - گلاله هنری
رده‌بندی کنگره	PIR ۴۴۹۰ ۱۳۹۴ الف
رده‌بندی دیویی	۸ فا۱/۲۱
شماره کتابشناسی ملی	۳۹۰۴۹۲۵

واژه نامهٔ
شاهنامه

ابوالقاسم
فردوسی

جلال خالقی مطلق

به کوشش فاطمه مهری و گلاله هنری

انتشارات سخن

خیابان انقلاب، خیابان دانشگاه
خیابان وحید نظری، شماره ۴۸
فکس: ۶۶۴۰۵۰۶۲
www.sokhanpub.net
E mail: Sokhanpub@yahoo.com
Instagram.com/sokhanpublication
Telegram.me/sokhanpub

واژه‌نامهٔ شاهنامه
جلال خالقی مطلق
به کوشش فاطمه مهری؛ گلاله هنری
طراح جلد:
حسن کریم‌زاده
چاپ سوم: ۱۳۹۹
حروف‌نگاری و صفحه‌آرایی: سینانگار
لیتوگرافی: کوثر
چاپ: آزاده
تیراژ: ۱۱۰۰ نسخه
شابک جلد پنجم: ۶-۸۵۲-۳۷۲-۹۶۴-۹۷۸
شابک دوره: ۰-۷۵۵-۳۷۲-۹۶۴-۹۷۸
ISBN Vol. 5: 978-964-372-852-6

تلفن تماس برای تحویل کتاب در تهران و شهرستان‌ها: ۶۶۹۵۳۸۰۴ و ۶۶۹۵۳۸۰۵

یادداشت

پس از انتشارِ پیرایشِ دوّمِ نگارنده از *شاهنامه* توسط انتشارات سخن در دو قطع، یکی رحلی (در دو دفتر، تهران، ۱۳۹۳) و دیگری رقعی (در چهار دفتر، تهران، ۱۳۹٤) و استقبال دانشجویان و دوستاران *شاهنامه* از آن، به ویژه از قطع رقعی آن که ارزان‌تر و دستی‌تر است، لازم می‌نمود که واژه‌نامه‌ای نیز برای این چاپ آماده گردد تا کار آموزش و پژوهش این اثر گرانسنگ را آسان‌تر سازد. از سوی دیگر، انجام چنین وظیفه‌ای بسیار زمانبَر بود و با سایه گرفتن سال نگارنده، دیگر از توان و زمان او بیرون. لیکن خوشبختانه، پیش از آن واژه‌نامه‌ای برای پیرایش پیشین[1] فراهم شده بود که در پایان سه بخش از *یادداشتهای شاهنامه*[2] به چاپ رسیده بود. منتها آن واژه‌نامه، چنانکه یاد شد، هم بر اساس پیرایش دیگری بود، و هم در سه بخش تنظیم شده بود و از این رو بهره‌گیری از آن برای پیرایش دوّم بسیار دشوار می‌بود. این بود که به پیشنهاد ناشر قرار شد تا آن سه واژه‌نامه در یکدیگر ادغام گردند و نشانی بیت‌ها نیز به پیرایش دوّم تبدیل شوند. انجام این کار به عهدهٔ تنی چند از بانوان دانشمند و به سرپرستی بانو دکتر فاطمه مهری واگذار شد که حاصل آن کتابی است که اکنون در دست شماست. در اینجا نیازی به یادآوری نیست که مسئولیّت کم و کاستی‌های کار، چه در گزینش واژگان و چه در تعیین معانی آن‌ها، یکسره بر عهدهٔ نگارنده است. بر عکس، تنظیم‌کنندگان این واژه‌نامه توانسته‌اند برخی از لغزش‌های قلمی و سهوهای تایپی نگارش پیشین را برطرف کنند و شماری از

---

۱. انتشارات مرکز دائرةالمعارف بزرگ اسلامی، ۸ دفتر، چاپ چهارم، تهران، ۱۳۹۱.

۲. همان انتشارات، چاپ دوّم، تهران، ۱۳۹۱.

واژگانِ تازهٔ پیرایشِ دوّمِ *شاهنامه* را نیز بر کتاب بیفزایند. نگارنده، سپاسمند از کوششِ چندساله و دقتِ دانشورانهٔ بانو دکتر فاطمه مهری و همکاران ایشان، بانوان گلاله هنری و نیلوفر عبداللّهی و نیز آقای هادی افتخاری، امیدوار است که این واژه‌نامه بتواند بخشی از نیازهای خواستاران *شاهنامه* را برآورد. نگارنده همچنین از مدیر ارجمند انتشارات سخن، آقای علی‌اصغر علمی، که این کتاب را در برنامهٔ کار خود پذیرفتند، کمال امتنان را دارد.

جلال خالقی مطلق

هامبورگ، شهریور ۱۳۹۶

آ

آ. **۱**- الف اطلاق یا الحاق یا اشباع: یکم ۷٦/٤؛ ۸۱/٤؛ ۲۲/۱۲؛ ۳۵/۱۲؛ ۱۱/۲۱؛ ۹٤٤/۲۹۸؛ ۹٦۰/۲۹۹؛ ۱۱۱/٦٤۳. **۲**- الف ندا: یکم ۱۵٤۵/۱۵۵؛ ٤٦۳/۱۷۷ و دیگر.

آب. **۱**- مایع معروف و یکی از چهار عنصر: یکم ۳۷/۲ و فراوان // **~ از داد شیر شدن:** دوم ۸٤۸/۵۱٦ // **~ از مغز گذشتن:** دوم ۵۷۳/۱۵۷ // **~ بر سبزه:** دوم ۱۲/٦۰۵ // **~ تیره به جوی در آمدن** کنایه از دست کسی باز شدن و روی او سیاه شدن: دوم ۸۳۲/٦۵٤ // **~ جوی** نماد ناچیزی: یکم ٦۰٦/۲۸۵؛ دوم ۵۷٦/٦٤۳؛ ۱۲۵۱/٦۷۰ // **~ جوی را با خون یکی داشتن** کنایه از بی‌باکی در خونریزی: یکم ۳۲۷/۸۰۳ // **~ جوی سیه گشتن:** یکم ٦۰٦/۲۸۵ // **~ در جوی تریاک (چون مشک) شدن:** دوم ۱۳/۵۹۱، ۱۵ // **~ در دریا از کین به جوش آمدن:** یکم ۸۳/٤۰٦ // **~ دریا را به جوش آوردن:** یکم ٤٤۸/٤۲۰ // **~ در زیر کاه:** یکم ۲۳۳/۳۱۲ // **~ را بر کسی کبست کردن:** دوم ۱۸۷۸/۸۷۵ // **~ رز** کنایه از می: دوم ۱۳۰۹/۱۸۷؛ ۱۳٦۹/۱۸۹ // **~ شیر گشتن:** دوم ۱٦۹۷/۵٤۹ // **~ و آتش با هم سازگار نیستند:** یکم ۵٦/٦۹۳ // **~ و خون به جوی اندرآوردن:** دوم ۳۹۳٤/۱۰۳٤ // **~ی (بادی) که از خانه بیرون آمد، درمان آنرا به بند ندانند!:** یکم ۱۸۹۰/۳۷۷ - ۱۸۹۱ // **آتش از ~ برآوردن:** یکم ۲۵۳۳/٦۱٦ // **آتش از دریای ~ برآمدن:** یکم ۲۳۹٤/٦۱۱ // **آتش بر ~** نماد روشنی و آشکاری: دوم ۹۸۳/٦٦۰ // **آتش و ~ را بد شناختن:** یکم ۲۱٦۲/٦۰۲ // **آهن را به ~ آزدن:** دوم ۱۱۲۰/٦٦۵ // **ابا ~ شیر به جوی آوردن:** دوم ۱۵۰۲/۵٤۲ // **از ~ آتش کردن:** یکم ۹۸۹/۳۰۰ // **از ~ خاک به گردون**

زدن: یکم ۳۲۱/۲۴۷ // **از ~ دانش مزیدن**: دوم ۱۸۹۸/۵۵۷ // **از ~ دود به آسمان برزدن**: دوم ۱۷۹۰/۶۹۲ // **از (سنگ و) ~ گرد برانگیختن**: یکم ۷۴۸/۲۲۹؛ دوم ۱۳۳۳/۹۲؛ ۱۴۴۷/۶۷۸ // **از مغز کسی ~ برتر گذشتن**: دوم ۵۷۳/۱۵۷ // **با آتش ~ به جوی اندرآوردن** کنایه از کوشش در همساز ساختن دو چیز متضاد: دوم ۸۵۰/۶۵۴ // **با کسی چون ~ و شیر بودن**: دوم ۶۲۶/۵۰۷ // **بر سر خشم کسی ~ زدن**: یکم ۷۲۹/۱۲۳ // **تخم در ~ افکندن**: دوم ۷۲۲/۵۱۱ // **خانه‌ی ~** آب انبار، مخزن آب آشامیدنی: دوم ۶۸۴/۵۱۰ // **(دو) رخ را به ~ مسیحا شستن** پیرو دین مسیح بودن: دوم ۷۵۱/۶۵۰ // **دل روشن را به ~ تیره شستن**: یکم ۹۵۵/۳۴۰ // **(دم) ~ از تارک برتر گذشتن (شدن)**: دوم ۳۲۴/۲۱۵؛ ۲۵۰/۲۵۵ // **سیاه پوشیدن ~**: یکم ۲۲۵۶/۳۹۱ (نیز← شماره‌ی ۱۵) // **صُرلاب از آب انداختن** به برج‌های منسوب به آب نگریستن: دوم ۱۲۵/۴۲۶. **۲**- رونق، بها، جلوه، آبرو، ارج، اهمیّت، عزّت، شرف، اعتبار: یکم ۱۰۰۱/۱۳۴؛ ۱۹۹/۱۶۷؛ ۵۳۴/۱۸۰؛ ۳۸۷/۳۱۸؛ ۱۹۶۵/۳۸۰؛ ۲۱۶۹/۳۸۸؛ ۱۰۵۱/۵۰۹؛ ۷۶۷/۵۴۷؛ ۱۰۱۶/۵۵۷؛ ۱۴۳۵/۵۷۳؛ ۱۷۳۹/۷۵۹؛ ۱۹۲۱/۷۶۶؛ ۲۲۵/۷۹۹؛ دوم ۱۴۷۸/۸۵۹؛ ۳۷۲۷/۱۰۲۶؛ ۵۸۴/۱۱۰۴ // **~ کسی را تیره گرداندن**: دوم ۹۲/۲۲۸ // **بی ~ و رنگ**: دوم ۳۷۲/۱۰۹۶ // **تیره شدن ~**: یکم ۳۸۷/۳۱۸؛ ۱۹۶۵/۳۸۰؛ ۲۱۱۱/۳۸۶ // **رخ با ~ و رنگ** کنایه از تازه‌رویی و روسفیدی: دوم ۳۴۸۷/۷۵۸ (نیز← شماره‌ی ۱۵) // **کسی را ~ تیره شدن**: یکم ۱۵۴۸/۸۵۱. **۳**- درخشان، نماد درخشندگی و جلا: یکم ۱۳۵۹/۱۴۸؛ ۸۰/۱۸۶؛ دوم ۴۸۱/۵۸ // **~ افسرده** کنایه از مروارید درخشان: یکم ۲۲۷/۴۶۰ // **~ دندان بودن**: یکم ۱۷۴۸/۳۷۱ // **چن ~** درخشان چون آب: دوم ۸۹۱/۸۳۶ // **قطره‌ی ~** درخشان و بی‌غش همچون آب: دوم ۵۴۸/۵۰۴؛ ۳۳۶۰/۱۰۱۱. **۴**- روان، درخشان (صفت نامه): یکم ۳۱۲/۲۷۳. **۵**- زیبایی، شادابی، طراوت، جلوه، شکوه، روشنی: یکم ۴۲۱/۱۱۱؛ دوم ۱۵۴/۲۷۱؛ ۷۷/۳۷۶؛ ۱۱۶/۴۸۷. **۶**- کنایه از باران: دوم ۲۵۳/۲۳۵. **۷**- کنایه از اشک: یکم ۱۱۱/۵۵؛ ۱۴۴۸/۱۵۲؛ ۱۶۱۱/۱۵۸؛ ۲۰۷/۱۶۷؛ ۲۷۰/۲۱۰؛ ۲۳۲/۲۴۴؛ ۵۱۰/۳۲۳؛ ۲۰۸۰/۳۸۴؛ ۲۱۴۴/۳۸۷؛ ۲۳۰۰/۳۹۳؛ ۲۳۱۸/۳۹۴، ۲۳۲۲؛

۲٤۳٥/۳۹۸؛ ۲٤۸۰/٤۰۰؛ ۲۰۳/٤۱۱؛ ۳۷٥/٤۱۷؛ ۸۳/٤۲٦؛ ٤٥۰/٤٤۰؛ ۸۹٤/٥٥۲؛ ۲۳۹/۸۰۰؛ ۲٤٦۱/۸۸۷؛ ۳۰۸۳/۹۱۳؛ دوم ۱۹۳/۲٥۳؛ دوم ۱۷٥۲/۹٤۷؛ ۲۹۷۸/۹۹٦؛ ۳٤۳۱/۱۰۱٤؛ ٤۰۲۳/۱۰۳۷ // ~ ***زرد*** کنایه از اشک و اندوه: یکم ۲۰۰/۲٤۲؛ ٤۱۷/۲٥۱؛ ۱٤٥۹/۳٦۰؛ ۱۹٥۷/۳۸۰؛ ۲۰۱٤/۳۸۲؛ ٤٦٦/٤٤۱؛ ۱۷٦۳/٥۸٦؛ ۳۷۱/٦٥۳؛ ۱٥٥/٦۹۷؛ دوم ۳۸٦/۱٦ // ~ ***شور***: یکم ۱٦۲۹/۳٦۷ // ***جوی گشتن***: یکم ۱٦۲۹/۳٦۷ // ~ ***گرم*** کنایه از اشک سوزان: یکم ۹۰۰/۸٦؛ ٦۹۱/۲۲٦؛ ۱٥۹٦/۳٦٥؛ دوم ۱٤٤۸/۱۹۲ // ~ ***مهر***: یکم ۷٤٦/۱۲٤ // ~ ***شور به*** // ***از ~ مژه تا دل اندر گل بودن***: یکم ٦۹۰/۷۱۸ // ***پر ~ چشم***: یکم ۸۱۲/٤۹۹. **۸**- کنایه از منی، آب پشت مرد: یکم ۳۹۳/٦٦؛ ٤۹۱/٤٤۲؛ دوم ۱٤/۲۱۷ // ***از ~ پاک***: یکم ۳۹۳/٦٦؛ ٤۹۱/٤٤۲ // ***از ~ پاک بودن*** حلال‌زاده و فرزند شرعی بودن: دوم ۱٤/۲۱۷؛ ۲٤۲۸/۹۷٤. **۹**- پیشاب// ~ ***افگندن***: دوم ۱۹۹/٤۹۱ // ~ ***جستن***: دوم ۱٤۳/۲۷۰. **۱۰**- عرق، خوی: یکم ۱٥۷/۲٥۹؛ ۸۰٥/۲۹۲؛ ۷۹٦/۷۲۲. **۱۱**- کنایه از شتاب و تندی: یکم ٥۳۱/٥۳۸؛ دوم ۹٥۳/۸۳۸؛ ۱۲۷۳/۸٥۱ و دیگر. **۱۲**- کنایه از رود، جوی، دریا: یکم ۱۷۰/۸؛ ۲۰۹٤/۳۸٥، ۲۰۹٦؛ ۳٥٦/٤۱۷؛ ۲۷۰/٤٦۱؛ ٦۹۷/٥٤٤؛ ۱٦۳٦/٥۸۱؛ ٦۳/٦۳۳، ۷۰؛ دوم ٦٥۱/۱٦۰ // ***سر ~ را سوی بالا کردن***: یکم ۱٦۱۲/٥۸۰. **۱۳**- رود جیحون: یکم ۳٤/۱۸٤؛ ٤۸/۱۸٥؛ ۱۳۰/۱۹٦، ۱۳٥؛ ٤۲۳/٤۱۹؛ ۱۸٤/٤۳۰؛ ۳۷۷/٤۳۸؛ ۸۷٦/۸۲٥؛ ۹۰۳/۸۲٦. **۱٤**- کنایه از صلح و آشتی: یکم ۷٦۸/۳۳۳. **۱٥**- کنایه از کار، رونق کار، بخت: یکم ۱۲۱۳/۱٤۲ // ~ ***بخت بیدار شور شدن***: یکم ۱۷٤۸/٥۸٥ //~ ***در جوی چون دیده شدن***: یکم ۷/۳۰۳ //~ ***را جوی نبودن*** کنایه از کاری ناپذیرفتنی و نشدنی: دوم ۱٤۷۷/٥٤۱ //~ ***روشن در جام تیره گشتن***: یکم ۹۰٤/۳۳۸ // ~ ***روان از بنه تیره بودن***: دوم ۱۲۲۸/۹۲۷ // ~ ***روشن دویدن***: یکم ۱۲۱۳/۱٤۲ //~ ***روشن را سیاه گرداندن***: یکم ۲۷٦۲/٦۲٥ // ***تیره ~ در جوی رفتن***: یکم ۱۸٤٤/۳۷٥ (نیز← شماره‌ی ۱) //~ ***کسی از کسی تیره بودن***: دوم ۳٥۲۱/۱۰۱۷ // ~ ***کسی را ره به جوی نبودن***: دوم ۳۳/۱۰۸۲ //~ ***کسی را در جهان جوی نبودن***: یکم

۱۷۲۵/۵۸۴ // **از ~ هنر خود غرّه شدن**: یکم ۱۴۳۵/۵۷۳ // **به جوی ~ کسی را درنگ بودن**: دوم ۱۱۵۶/۶۶۶ // **دامن از تیره ~ کشیدن**: دوم ۱۲۲۶/۹۲۷ // **سخن‌ها به ~ آمدن**: یکم ۱۰۵۱/۵۰۹ // **کسی را ~ تیره شدن**: یکم ۱۵۴۸/۸۵۱.

آبا. پدر، خدا در دین مسیح: دوم ۲۰۹/۴۲۹.

آباد. ۱- جای آباد، آبادی: یکم ۳۷/۳۰؛ ۸۰۷/۱۲۶ // ~ **داشتن** آبادانی کردن: دوم ۵۷۹/۴۷۸ // ~ **شدن** انجام یافتن، سامان گرفتن: دوم ۳۵۳۶/۱۰۱۸. ۲- صفت تن: یکم ۲۰۸/۹ // ~ **ماندن** تندرست و بی‌گزند ماندن: یکم ۲۹/۴۵۲ // **از مردم ~ بودن**: یکم ۲۴۳۸/۶۱۳. ۳- توانگر: دوم ۴۸۶/۴۷۴ // ~ **بودن** توانگر بودن: دوم ۵۷۹/۴۷۸ // **کسی را ~ کردن**: دوم ۴۹۰/۴۷۴.

آبادبوم. ۱- ایران، صفت ایران: یکم ۲۹۰/۲۴۶؛ ۱۹۷۲/۵۹۴؛ دوم ۱۲۹/۲۳۰؛ ۲۰۵/۲۳۳؛ ۱۴۵/۴۲۷؛ ۲۸۰/۴۳۲؛ ۵۸/۴۵۷، ۱۴۲۸/۵۳۹، ۱۴۳۵؛ ۳۳۳/۶۳۴؛ ۸۹۳/۶۵۶؛ ۴۱۱۹/۷۸۳؛ ۴۲۹۴/۷۹۰؛ ۸۷۴/۹۱۳؛ ۱۵۹۰/۹۴۱؛ ۳۱۲۳/۱۰۰۲؛ ۳۶۹۷/۱۰۲۴. ۲- روم، صفت روم: دوم ۱۶۵/۷؛ ۲۷۳/۱۲؛ ۴۳/۲۴۱؛ ۸۲/۲۴۲؛ ۴۲/۲۴۶؛ ۶۶/۲۴۷؛ ۱۵۹/۴۲۷؛ ۴۴۲/۴۳۸؛ ۴۳۷/۶۳۸؛ ۴۶۹/۶۳۹؛ ۶۶۴/۶۴۷؛ ۴۱۷۰/۷۸۵؛ ۳- ایران و روم: دوم ۱۷۳۵/۹۴۷.

آبادجای. مدینه‌ی فاضله، Utopia: دوم ۲۵۶۵/۷۲۲.

آبادشهر. مدینه‌ی فاضله: دوم ۲۵۶۴/۷۲۲.

آب تاختن. بردن و کشاندن آب از جایی به جایی دیگر: یکم ۱۰/۱۵.

آبچین. حوله: دوم ۱۹۷/۴۹۰.

آبخور. آبشخور، چشمه، جای آب، جوی آب: یکم ۸۴۸/۲۹۴؛ ۱۳۱/۴۲۸؛ ۷۹۷/۷۲۲.

آبداده. سخت و آبدیده، آبدار: یکم ۱۳۱۰/۱۴۶؛ ۶۱۹/۲۸۵.

آبدار. ۱- جوهردار، برنده و تیز (صفت شمشیر و خنجر و پیکان): یکم ۹۸/۱۸۷؛ ۱۷۹/۵۲۴؛ دوم ۲۲۶۷/۹۶۸. ۲- سفید و درخشان (صفت بلور و مروارید و دندان): یکم ۱۲۳۰/۱۴۳، ۱۲۳۷. ۳- شاداب و تازه (صفت درخت و گل و رخسار): یکم ۷۳۷/۱۲۴؛ ۱۲۳۷/۱۴۳؛ ۲۵۸/۴۶۱. ۴- فصیح و روان (صفت سخن و شعر): یکم ۲۹۴/۲۴۶.

آبدستان. آبریز دستشوی، آفتابه، ابریق: دوم ۹۷۶/۵۲۱؛ ۳۵۵۱/۷۶۱؛ ۱۰۱۰/۹۱۸؛ ۴۷۰/۱۰۵۹.

آب‌روی. ۱- شرف، حیثیَت: یکم ۳۲۸/۱۰۸؛ ۲۰۷۵/۳۸٤ // ***به کژی ~ جستن:*** دوم ٦۸۹/۲۹ // ***در کاری ~ جستن:*** دوم ۲۹۱۸/۹۹۳. ۲- حفظ عرض و ناموس: یکم ۵۳۲/۱۸۰ // ***نزد کسی ~ جستن:*** یکم ۱٤۵۰/۳٦۰.

آب‌زن. حمام دستی: یکم ۳٦٤/٤۳.

آبشخور. ۱- جای آب خوردن جانور: یکم ۱۸۲/۸؛ ۹۹٦/۱۳٤؛ ۳۱۲/۲۱۱؛ ۱۲۸٤/۳۵۳؛ ۱۱۹/٤۲۷ // ***پلنگ و بره به ~ آمدن:*** یکم ۱۸۱۱/۸٦۲. ۲- کنایه از جای زندگی و معیشت و قسمت و نصیب (سرنوشت): یکم ٤۰۳/٦۷؛ ۷۵/۲٦٤؛ ۱۱۰۱/۳٤٦؛ ۸۸٤/٦۷۳؛ ۲٦۹۱/۸۹۷ // ***گرگ و میش را به ~ آوردن*** کنایه از برقراری عدالت در میان مردم: یکم ۹۹٦/۱۳٤.

آبگون. (درخشان) به رنگ آب، جوهردار، آبداده: یکم ۸/۱۵؛ ٤٤٤/٤٦؛ ۳٤۸/۱۰۸؛ ۱٤٦۳/۱۵۲؛ ۸۲۳/۲۹۳؛ ۲۲۸۱/۳۹۲.

آبگیر. یکم ۳۹۱/٤۳۸ // ***~ گلاب:*** یکم ۱۹٤/۵۸.

آبگینه. شیشه، بلور: یکم ۳٤۱/۲٤۸.

آبنوس. نام درختی با چوب سخت و تیره ۱- کنایه از رنگ سیاه: یکم ۷۵۱/۸۰؛ ٤۳۲/۲۷۸؛ ٦۸/٤٦۹؛ ۱۰۳۲/۵۰۸؛ ۱۳۲۱/۵٦۹؛ دوم ۷۲۰/۳۰ و دیگر. ۲- کنایه از گرد و غبار تیره: یکم ۵۲۵/٤۸۸؛ ۱٦۳/۵۲۳، ۱٦۸؛ دوم ۱۱۵۷/۸۵؛ ۷۱/۱۰۳ و دیگر. ۳- کنایه از تیره و اندوهگین: یکم ۳٤٤/٤٦٤ // ***جهان را بر کسی به گونه‌ی ~ کردن:*** یکم ۱۳۲۱/۵٦۹.

آب و رنگ. ۱- درخشش و جلا: یکم ٦۸٤/۲۲٦. ۲- آبرو و اعتبار: یکم ۲۱۱۰/۸۷۳.

آتش. ۱- کنایه از تیزی و جنبش و شتاب و خشم: یکم ۲۵٦/٦۱، ۲٦۰؛ ۱۱۹/۲۵۷؛ ۱۳۳/۲۵۸؛ ۲۰٦۹/۳۸٤ // ***~ از آب برآوردن:*** یکم۲۵۳۳/٦۱٦ ۲- کنایه از آتشکده: یکم ٦٦۳/٤٤۹؛ دوم ۲۳۷۷/۷۱۵؛ ۲۱۳۳/۹٦۲. ۳- کنایه از دشمنی: یکم ۷٦۸/۳۳۳ // ***~ در کنار داشتن (کردن):*** یکم ۳۵٦/۲۷۵؛ ٤۳۱/٤٤۰ // ***~زنی:*** یکم ۳۵۳/۲۷۵ // ***از ~ جز افروختن ندیدن:*** یکم ۱۷۷/٤۱۰ // ***از ~ جز تیره دود ندیدن:*** یکم ۲۱۰۵/۳۸۵ // ***با پای اندر ~ نباید رفت!:*** یکم ۲۰۲۵/۳۸۲ // ***بر ~ (خشم) باد سرد زدن:*** یکم ۲۰۲۷/۳۸۲ // ***چون ~ اسپ راندن*** کنایه از شتاب: یکم ۱۳۷۲/۱٤۹؛ ۲۳۱/٤۳٦. ٤- کنایه از خورشید: یکم ۲٤۷۳/۸۸۸.

// ***~ از دریای آب برآمدن:*** یکم

٢٣٩٤/٦١١ // ~ ***اندر کنار افگندن:*** دوم ١٢٥٨/١٨٥ // ~ ***بر آب*** نماد روشنی و آشکاری: دوم ٩٨٣/٦٦٠ // ~ ***و آب را بد شناختن:*** یکم ٢١٦٢/٦٠٢ // ~ ***و آب با هم سازگار نیستند:*** یکم ٥٦/٦٩٣ //~ ***و باد*** کنایه از آتش فروزان: دوم ٢٩٨٩/٩٩٦ // ~ ***و باد را داشتن:*** یکم ١٧٤٠/٥٨٥ // ~ ***و تیزباد در گیا:*** دوم ٥٥٦/٦١ // ***از ~ بهره دود بودن:*** دوم ٣٦٣/٢٥٩ // ***از ~ به شمشیر دل ستاندن:*** یکم ٧١/٦٩٣ // ***از ~ دود جستن:*** یکم ٢٩٤٢/٩٠٧ // ***از کسی ~ برانگیختن:*** یکم ١٣٩٠/٨٤٥ // ***با ~ آب به جوی اندرآوردن***← زیر آب // ***شب مرد مست دو دست زیر ~ کردن:*** دوم ٤٥٨/٦٣٩ // ***صُرلاب از ~ انداختن*** به برج‌های منسوب به آتش نگریستن: دوم ١٢٥/٤٢٦ // ***خود را پیش کسی بر ~ نهادن:*** یکم ٧٩٨/٦٧٠ // ***گل بر ~ نهادن:*** یکم ٢٩٤/٤٧٨.

آتش‌آمیز. صفت طبع شعر: دوم ٣٨٥١/٧٧٣.

آتش‌پرست. پیروان دین بهی: یکم ٥٨١/٤٤٦؛ دوم ٣٥/٢٠٤.

آتش‌سری. تیزمغزی، خشم، زودخشمی: یکم ١٢٩/٦٩٦؛ دوم ١٠٩٢/٨٤٤.

آتشکده. دوم ٢١٣٢/٩٦٢.

آثوربان. یکم ٢٠/٢٢.

آختن. // ***برون ~*** بیرون کشیدن، درآوردن: دوم ٧٦٢/٦٩.

آخُر. اصطبل: یکم ٣٣٩/٢٤٨؛ ٢١٤٦/٣٨٧، ٢١٥١.

آذر. ١- آتش مقدس: دوم ٦٠/٤١؛ ٨١٣/٧١؛ دوم ٢٣٧٩/٧١٥. ٢- آتشکده: دوم ٦١/٤١؛ ٧١/٤٢، ٨٠ // ***آذران:*** دوم ١٨٩/٤٦؛ ٧٦٤/٦٩.

آذرپناه. ایزد آتش (؟): دوم ١٣٤٥/٨٥٤.

آذرگشسپ. ١- آتشکده‌ای در کناره‌ی دریاچه‌ی چیچست (دریاچه‌ی ارومیه): یکم ١٨٠٥/٣٧٤؛ ٦٦٠/٤٤٩؛ ٢٢٠٤/٨٧٧، ٢٢١٠. ٢- نماد تیزی و شتاب و سرعت: یکم ٦٤٨/١٢٠؛ ٥١٢/٢١٩؛ ٢٠٢/٢٦٩؛ ٦٩٠/٤٩٤؛ ٩٧٠/٥٠٥؛ ١٠٧١/٥٠٩؛ ٧٣٢/٦٦٧؛ ٦٧٢/٨١٧؛ دوم ٨١٠/٣٤ و دیگر. ٣- نماد دلیری: یکم ١٠٩٩/١٣٨؛ ١٥٩/٤٠٩. ٤- نماد درخشش و روشنایی: یکم ٢٠١/١٦٧.

آراستن. ١- (گذرا) زیب و زیور و زینت دادن، توصیف کردن: یکم ٦٥٤/٧٦؛ ٥٠١/١١٤؛ ٦/٣٠٣؛ ١٢٥٦/٣٥٢؛ ٢١٥٠/٣٨٧. ٢- (گذرا) آماده کردن و زینت دادن: یکم ٨٥٤/٢٣٣؛ ٨٣٦/٣٣٥. ٣- (ناگذر)

زیب و زیور یافتن، آراسته شدن: یکم ۸۸۰/۲۳۴؛ ۲۷/۲۵۴. ٤- (ناگذر) آماده و مهیّا گشتن، بسیجیدن: یکم ۲۸۷/٤۰؛ ۲۱۲،۲۲۰/۲٤۳؛ ۲۳۷/۲٤٤، ۲٤۱؛ ۳۲۱/۲٤۷؛ ۲۳۵۵/۳۹۵؛ ۲۵۰/٤۱۲؛ ٤۸۷/٤۲۲؛ ٤٦۲/٤٤۱؛ ۷۱۱/٤۹۵؛ ۱٦۳۷/۷۵۵؛ دوم ۲۷۷۳/۹۸۸. ۵- (گذرا) آماده کردن← قصد کردن، تصمیم گرفتن، اندیشیدن: یکم ۸۰۰/۲۹۲. ٦- (ناگذر) آماده شدن← قصد کردن، تصمیم گرفتن، اندیشیدن: یکم ۲۲۸/۳۱۲؛ ۲۲۲۳/۳۹۰. ۷- (گذرا) آماده و مهیّا ساختن، بسیجیدن (لشکر، خوان، مجلس، خانه، پیل، سلیح...): یکم ۱٤٤/۲۷؛ ۱٦٤/۲۰۵؛ ۷۳۷/۲۲۸؛ ۲۲٤/۲٤۳؛ ۲۵۰/۲٤٤؛ ۳۲۱/۲٤۷؛ ۹۱/۲۵٦؛ ٤۹۵/۲۸۰؛ ۳۱۷/۳۱۵؛ ٦٤۲/۳۲۸؛ ۱۰٤۱/۳٦۳؛ ۲۲۰/٤۱۱؛ ۵۹۵/٤٤٦؛ ٦۱۳/٤٤۷؛ ۹۰/٤۷۰ // ***آرایش جادوی ~***: یکم ۱۹۷/۵۸ // ***بد را ~***: یکم ۲۳۵۵/۳۹۵ // ***به تندی ~***: یکم ۱۳۷۱/۳۵٦ // ***به خوردن ~***: یکم ٦۹۸/٤۵۰ // ***پاسخ ~***: یکم ٤۷۳/۱۱۳؛ ٦۰٦/۱۱۹؛ ۷۹۰/۳۳٤ // ***پذیره شدن را ~***: یکم ٤٦۲/٤٤۱ // ***تیزی (تندی) ~***: یکم ٤۱٦/۲۷۷ // ***جام می ~***: یکم ۷۳۲/۲۹۰ // ***جنگ (را) ~***: یکم ۳۳٤/۳۱٦؛ ۲۱٦/٤۱۱؛ ۲۵۰/٤۱۲؛ دوم ۲۸۰۱/۹۸۹ // ***چاره ~***: یکم ٤۷٦/٦۹ // ***خواهش ~***: یکم ۷۱/۲۵۵ // ***داستان ~***: یکم ۱/۳۰۳ // ***دل ~***: دوم ۳۱۰/۱٤۷؛ ۱٦۲۸/۱۹۹ (نیز← دل) // ***رامش ~***: یکم ٦۰٤/۲۲۳ // ***رزم ~***: یکم ٦۹٤/۳۳۰ // ***رفتن ~***: یکم ۲۷/۲۵٤؛ ۵۰٦/٤٤۳ // ***شادی ~***: ۱٦۵/۳۰۹ // ***غلغل ~***: یکم ۷۰٤/۳۳۰ // ***گاه ~***: یکم ٦۷۵/۳۲۹. توضیح: در ترکیبات یادشده فعل آراستن غالباً به معنی «آماده کردن و آماده شدن» است، ولی گاهی نیز آراستن و برآراستن کارکرد افعال همکرد را دارند و در معنی کردن، ساختن و مانند آنها به کار می‌روند. ۸- (فعل همکرد) ساختن، کردن، ورزیدن // ***آفرین ~***: دوم ۹۸۷/۹۱۷ // ***بخشش ~***: یکم ۳٤۱/٤٦٤ // ***پاسخ ~***: یکم ۲٤۱۸/٦۱۲ // ***جنگ ~***: یکم ۱۰٤٦/۵۰۸ // ***خلعت ~***: دوم ۲۱۲۲/۹٦۲ // ***خواهش ~***: یکم ۱۳۹۵/۵۷۱ // ***کینه ~***: یکم ۱۹٤۳/۷٦۷ // ***گفتن ~***: دوم ٤۵٦/۱۹. ۹- شاد کردن // ***جان ~***: دوم ۵۱۲/۱۰٦۱.

آراسته. ۱- آماده (نهاده)، مهیّا، ترتیب داده، ساخته، درست‌شده، بساز، نظم‌یافته: یکم ٦۰۹/۷۵؛ ٦۵۲/۷٦؛

١٣٤٨/١٤٨؛ ١٥٧٥/١٥٧؛ ٢١٥/٢٤٣؛ ٥٠٧/٢٨١؛ ١٠٥٩/٣٤٤؛ ١١٦٦/٣٤٨؛ ١٨٢٤/٣٧٤؛ ١٩٥٥/٥٩٣؛ دوم ٥٦٥/١٠٦٣؛ ٤٣٠/١٠٩٨؛ ٧٧٩/١١١٢. ٢- مجهّز به سلاح، بسیجیده: یکم ١٥٠/٢٤٠؛ ١٣٩/٤٠٨. ٣- پُر و پیمان: یکم ٦٠٩/٧٥؛ ٩٩٢/٣٤٢. ٤- تزیین‌یافته: یکم ١٦٥٧/٣٦٨.

آرام. ١- آرامش، راحت، آسایش، صلح، آشتی، امنیت: یکم ٤٤٦/٦٨؛ ٣٧/٩٦؛ ١٨٢/١٠٢؛ ٢٩٨/١٠٧؛ ٦٠٦/١١٩؛ ١٢٠٠/١٤٢؛ ١٣٢٨/١٤٧، ١٣٢٩؛ ١٤٤٤/١٥٢؛ ٥٠/١٦١، ٦١؛ ٩٦/١٦٣؛ ٤٨٠/١٧٨، ٤٨٣؛ ١٣٨/١٨٨؛ ٥٤/٢٦٣؛ ٥٩٧/٢٨٤؛ ١٤٦١/٣٦٠؛ ١٥٦١/٣٦٤؛ ٢٣١١/٣٩٤؛ ٢٤٤٨/٣٩٩؛ ٤٠١/٤١٨؛ ٩٦/٤٢٦؛ ١٠٠/٤٢٧؛ ٧٨٤/٦٦٩؛ دوم ٦١٤/١٥٩؛ ٦٢٣/٤٤٥؛ ٤/٤٤٩؛ ١٥٢٢/٦٨١؛ ١٦٧٩/٨٦٧؛ ٢٤١٢/٩٧٤؛ ٢٨٦٧/٩٩٢؛ ٣/١٠٤١؛ ٥٨/١٠٤٣؛ ٢٧٢/١٠٥١؛ ٨/١٠٦٧ // ~ ***بریدن:*** یکم ١٠٥/٢٣٩ // ~ ***روز را گرفتن:*** یکم ٢٢/٢٥٤ // ~ ***و ناز:*** یکم ٩٦/٤٢٦؛ ١٠٠/٤٢٧ // ***به ~ نشستن:*** یکم ٣٧/٩٦. ٢- آرامگاه، جای آرامش، نشیمن، خانه: یکم ٤٠٢/٤٥؛ ٢٨٦/٦٢؛ ٣٧/٩٦؛ ٥٠٤/١١٤؛ ١٣٨٤/٥٧١؛ ١٥٦٢/٥٧٨؛ ١٦٠٣/٥٨٠؛ ٢٣٣٣/٦٠٨؛ ١٠/٦٣١؛ ٣٤٥/٦٥٢؛ ٩٠٣/٨٢٦؛ دوم ٤٣٦/١٨؛ ٥٥٥/٢٣؛ ٦٥٩/٢٧؛ ٥٠/٢٤٧؛ ١٢٦/٢٧٠؛ ٩٤٧/٣٠٢؛ ٤٨٥/٣٦٠؛ ٢٩٠/٤٣٢؛ ٢٠٩٠/٥٦٥؛ ٢٧٥٠/٧٢٩؛ ٤٣٦٩/٧٩٣؛ ٤٣٩٧/٧٩٤؛ ١٨٨٢/٨٧٥؛ ١١٨٩/٩٢٥؛ ٢٧٧١/٩٨٨؛ ٢٩٩٤/٩٩٧؛ ٣١٥٢/١٠٠٣، ٣١٦٨؛ ٣٣٥٠/١٠١١؛ ٤٠٨٣/١٠٣٩. ٣- تأمل، درنگ، ماندن، آهستگی: یکم ٥٨/٦٩٣؛ دوم ١٣٣١/٦٧٣؛ ١٩٥٢/٩٥٥. ٤- آرمیدن، آسودن: دوم ١٤٨٦/٨٦٠. ٥- **به ~** به راحتی و شادی، سهل و ساده و شاد و آسوده: دوم ١٦٣٣/٨٦٥؛ ٦- مایه‌ی آرامش و شادی: دوم ١٥٥٨/٨٦٢.

آرام‌جوی. با تأمل، درنگی، آهسته: دوم ٣٤٧/٣٨٦.

آرامش. صلح، آشتی: یکم ٩٧٩/٣٤١.

آرامگاه. ١- جای آرامش، جای زندگی: یکم ٢٤٩/١٠٥؛ ٣٣٨/٢١٢؛ ١١٣٨/٣٤٧. ٢- خوابگاه: یکم ٩٤/٢٦٤؛ ١٤٢٩/٣٥٩.

آرایش. ١- زینت، زیور، تزیین، پیرایه: یکم ٢٩٧/١٠٦ و دیگر // ~ ***چین*** ظروف و دیگر لوازم تزیین ساخت چین: یکم ١٣٦٠/١٤٨؛ ٦٩٩/٣٣٠؛ دوم ٥٧٦/١٥٧؛ ٩٧٢/٣٠٣ // ~ ***روم*** تزیینات ساخت روم: دوم ٢٣٩٩/٧١٦ // ***گفتار*** ~ الفاظ ظاهری: دوم ٧٣٥/٨٣٠. ٢- تدارک، آمادگی،

تشکیلات، رسم، آیین، تجمل: یکم ۱۴۰۶/۱۵۰؛ ۱۴۴/۱۶۵؛ ۸۲۵/۲۹۳؛ دوم ۲۵۸۶/۷۲۳. **۳-** آمادگی در نبرد، تدارک و تجهیز جنگ: یکم ۱۴۴/۱۶۵؛ ۷۵۹/۲۲۹؛ ۵۵۹/۵۳۹ // ***~ جادوی آراستن:*** یکم ۱۹۷/۵۸ // ***~ جان:*** یکم۱۴۵۲/۱۵۲ // ***~ ره کردن:*** یکم ۹۷۵/۳۴۱. **۴-** ساز و سامان، راه و روش، رسم و آیین: دوم ۲۵۰/۱۴۴؛ ۱۱۰۵/۱۷۹؛ ۱۴۶۴/۱۹۳ // ***~ی نو کردن*** آیین نو آوردن: دوم ۲۴/۱۳۶. **۵-** حفظ ظاهر: یکم ۱۶۹۶/۵۸۳.

آرزو. **۱-** خواهش، میل، خواست، رغبت: یکم ۳۰۹/۱۰۷؛ ۴۶۲/۱۱۳؛ ۹۳۳/۵۵۳ و دیگر// ***~ شکستن:*** یکم ۳۶۰/۴۶۵ // ***~ (آرزوی) کردن*** خواستن: یکم ۲۳۴۴/۳۹۵ // ***بی~*** بی‌داعیه و نیاز و طمع: دوم ۵۸۳/۱۱۰۴. **۲-** عشق، هوس: یکم ۳۵۳/۱۰۹ // ***به ~ خواستن:*** یکم ۸۶۲/۸۵ // ***بر~:*** یکم ۴۵۹/۶۹.

آرَغْده. خشمگین: یکم ۱۹۰/۴۳۰؛ دوم ۳۹۷/۵۵؛ ۲۳۸/۲۷۴؛ ۴۱۸/۸۹۵؛ ۵۳۸/۹۰۰؛ ۱۷۹۱/۹۴۹؛ ۳۰۳۵/۹۹۸.

آرَمْده. آرمیده، آرامیده، ثابت، ایستاده، آسوده، راحت: یکم ۳۷۶/۶۵؛ ۳۷۶/۱۷۴؛ ۴۸۰/۱۷۸؛ ۱۳/۱۹۲؛ ۵۹۵/۳۲۶؛ ۳۸۵/۴۱۸؛ ۲۷۲/۴۶۱؛ دوم ۴۸۲/۳۹۲؛ ۵۹۷/۴۴۴؛ ۱۸۳/۴۶۲؛ ۱۵۷۴/۵۴۵؛ ۱۳۳۳/۹۳۱ // ***~ بودن*** آرامیدن، آسودن: یکم ۵۹۵/۳۲۶.

آز. **۱-** بیشی‌جویی در هر کاری: یکم ۳۸۵/۲۵۰؛ ۵/۲۶۱؛ ۷۸۶/۲۹۲؛ ۱۱/۴۵۱؛ ۱۴۶۵/۷۴۸؛ ۱۵۵۵/۷۵۲؛ دوم ۸۷/۱۰۴ // ***~ فزونی:*** دوم ۲۵۸۳/۵۸۵ // ***~ گنج:*** دوم ۵۶۷/۳۹۵؛ ۱۵/۴۱۳؛ ۲۶۳۳/۷۲۵ // ***از پی ~ به رنج بودن:*** یکم ۱۶/۶۹۱ // ***در ~ پیچیدن:*** یکم ۱۵/۶۹۱ // ***رنج ~:*** یکم ۱۸۸/۲۴۲؛ ۶۸۲/۲۸۸؛ ۱۵/۶۹۱؛ ۲۴۶۲/۷۸۸؛ دوم ۱۲۲۱/۶۶۹. **۲-** مهر، عشق، آرزو، هوس: یکم ۵۵۴/۱۱۶؛ ۱۴۹/۶۴۴ // ***از رزم ~ کوتاه دیدن:*** یکم ۱۰۴/۲۵۷ // ***به تارگ تاجی ~ برنهادن:*** یکم ۳/۴۲۳ // ***دل ~ برده‌ی جان آهرمن است!:*** یکم ۴۰۸/۴۱۹.

آزاد. ۱- نژاده، مقابل بنده: یکم ۱۹۸/۹؛ ۳۰/۲۲؛ ۳۶۶/۲۷۵. **۲-** وارسته: ۴۸/۴۰۵؛ ۵۶۲/۴۴۵. **۳-** ایرانی (بیشتر به گونه‌ی جمع: آزادگان = ایرانیان): یکم ۷۳۶/۲۲۸؛ ۵۹۳/۲۸۴؛ ۵۰۵/۴۴۳؛ ۶۱۱/۴۴۷؛ ۶۵۵/۴۴۹؛ ۲۵۳۱/۶۱۶؛ ۲۶/۶۴۰؛ ۱۸۱/۶۴۶؛ ۲۲۱۹/۸۷۸؛ دوم ۴۴۳/۵۶؛ ۷۱۱/۶۷؛ ۶۴/۲۴۲؛ ۲۰۲/۲۵۳؛ ۱۶۷۷/۹۴۴؛ ۲۹۲۱/۹۹۴. ۴- لقب خانوادگی گودرز (؟): یکم ۵۲۹/۲۸۲ // ***تن ~*** ← تن.

آزادگان. ایرانیان، ایرانیان نژاده: دوم ۷۸۳/۸۳۲؛ ۱۱۶۲/۸۴۷.

آزادمرد. ایرانی: دوم ۱۳۹/۱۲۴.

آزاده. آزاد، نژاده، ایرانی نژاده: یکم ۶۰۸/۳۲۶؛ دوم ۳۷۹/۳۸۸؛ ۱۰۸۹/۸۴۴؛ ۲۶۰۶/۹۸۱.

آزادی. سپاس، شکر، حق‌شناسی: یکم ۱۰۷۷/۷۳۳؛ دوم ۳۳۵/۴۳۴؛ ۲۵۴/۴۶۵؛ ۲۲۸/۴۹۲؛ ۷۰۷/۵۱۱؛ ۱۸۶۹/۵۵۶؛ ۱۳۹۹/۶۷۶ // ***اندرگرفتن*** ~ سپاسگزاری کردن: دوم ۱۵۴۵/۹۳۹ // ~ ***کردن*** دوم ۲۳۸۷/۵۷۷.

آزار. ۱- آزردگی: یکم ۴۴۸/۶۸؛ ۴۹۵/۷۰؛ ۷۱/۳۰۵؛ دوم ۳۴۴۹/۱۰۱۵؛ ۳۹۲۸/۱۰۳۳. ۲- مرهم: یکم ۱۳۳۴/۵۶۹؛ دوم ۱۱۴۷/۱۸۰؛ ۸۱/۸۸۲.

آزدن. آژدن، زدن، خلانیدن، سوراخ کردن: دوم ۷/۴۵۱؛ ۲۰۸۲/۵۶۵.

آزده. ۱- برجسته و برآمده، نشانده‌شده: یکم ۶۵۸/۷۷؛ ۸۴۵/۱۲۸؛ ۲۸۰/۲۴۶ و دیگر // **به زر** ~ زرنشان، زرکاری و زرنگاری شده: یکم ۲۱۵/۷۹۹؛ دوم ۵۱۹/۶۴۱ // **به گوهر** ~ گوهرنشان کرده: دوم ۳۲۱۸/۱۰۰۵. ۲- آلوده، رنگ‌گرفته: دوم ۲۳۷۴/۹۷۲. ۳- خلانیده: یکم ۵۶۰/۷۳؛ دوم ۳۱۸۸/۷۴۷.

آزردن. ۱- (گذرا) آسیب زدن، صدمه رساندن: یکم ۹۱۳/۲۹۷؛ ۱۰۸۳/۳۴۵. ۲- (ناگذر) آزرده شدن: یکم ۶۰/۵۱۹.

آزرده. آسیب‌دیده، ویران: دوم ۱۶۰/۲۳۱، ۱۶۲.

آزرم. ۱- شرم و حیا (← بی‌آزرم): یکم ۳۸۷/۱۱۰؛ ۱۵۱۷/۳۶۲؛ ۱۲۷۵/۶۸۹؛ ۶۷۹/۷۱۷؛ دوم ۴۱۰۳/۷۸۳؛ ۳۷۲۴/۱۰۲۵ // ~ ***گفتار*** نگهداشت ادب در سخن: دوم ۳۶۹۱/۷۶۷. ۲- مهربانی، مهر و محبّت، شفقت، نرمی، مدارا، ملایمت: یکم ۵۶/۱۶۱؛ ۲۲۰/۲۴۳؛ ۹۸۵/۳۴۱. ۳- مهربان، نرم، ملایم // ***بی***~: دوم ۳۷۳۲/۷۶۸. ٤- حرمت، احترام، عزّت، پاس خاطر: یکم ۳۶۹/۱۰۹؛ ۱۲۰۹/۵۶٤؛ ۷۰/٦٤۱؛ دوم ۲۲۵/۱۴۳؛ ۳۱۹۴/۷۴۷ // ***~ها را بر زمین زدن*** حرمت کسی را نگه نداشتن: دوم ۱۷۲۱/۸۶۹ // ***کسی را ~ جستن (~ کسی را جستن)***: یکم ۱۲۷۶/۶۸۹؛ دوم ۱۸۷۵/۸۷۵ // ***کسی را ~ خواستن***: دوم ۲۲۵/۱۴۳ // ***کسی را ~ کسی بودن***: دوم ۶۳/۲۰۵؛ ۲۲۳۲/۹۶۶. ۵- جانبداری، طرفداری: دوم ۲۶۱۵/۷۲٤.

آزرم‌جوی. ۱- با مهر و محبّت، مهربان و ملایم: یکم ۷٤۱/۸۰. ۲- باشرم، باتقوی: یکم ۱۱۹۱/۱۴۲؛ ۲٤۸۵/۷۸۹.

آزمندی. یکم ۱۲۲/۱۹۶ // ***چادر ~ پوشیدن:*** یکم ۴۴۱/۱۷۶.

آزمایش. آزمون، امتحان، تجربه: یکم ۸۱۹/۲۳۱؛ ۲۰۰۹/۳۸۲.

آزمون.۱- آزمایش: یکم ۶۸۲/۲۲۶. **۲-** آزمایش در نبرد: یکم ۲۸۱/۴۳۴ //~ ***کردن*** سنجیدن: یکم ۴/۲۳۵.

آزور. طماع، آزمند، آزپیشه: یکم ۳۱۳۰/۹۱۵؛ دوم ۸/۴۱۵؛ ۱۰/۴۵۱؛ ۱۱۷۹/۵۲۹؛ ۱۱/۶۰۵.

آژده.← آزده.

آژنگ. چین و شکن و چروک، کنایه از خشم و اندوه (اندوه، نگرانی...): دوم ۱۱۲۵/۱۷۹؛ ۸۰/۴۰۸؛ ۲۷۰/۴۶۶؛ ۱۵۶۱/۵۴۴؛ ۲۰۷۶/۵۶۴؛ ۱۶۸۰/۶۸۷؛ ۲۴۸۸/۷۱۹؛ ۲۶۲۱/۷۲۴؛ ۲۷۰۵/۷۲۸؛ ۸۴۸/۹۱۲؛ ۳۷۲/۱۰۵۵؛ ۸۳۳/۱۱۱۴ و دیگر // ***پر ~ شدن*** چین به روی درآوردن: دوم ۴۱/۱۳۶ // ***دل پر ~:*** یکم ۱۴۲۰/۷۴۶.

آژنگ‌چهر. با چهره‌ی اخم‌کرده و خشمناک: دوم ۱۴۵۹/۵۴۰.

آژنگ و ژنگ. چین و شکن: دوم ۱/۱.

آژیر. // ***~ بودن:*** **۱-** بر حذر بودن، پرهیزیدن: دوم ۵۳۶/۲۲. **۲-** مواظب بودن، احتیاط کردن، گوش به خطر بودن: یکم ۱۶۹۹/۸۵۷؛ دوم ۷۷/۴۰۸؛ ۱۳۲۱/۶۷۳. **۳-** زیرک و آگاه و هوشیار بودن: یکم ۱۰۳۲/۸۳۱؛ دوم ۱۳۵۶/۶۷۴؛ ۳۹۴۴/۱۰۳۴ //~ ***داشتن*** آماده داشتن: دوم ۲۱۷/۱۰۹ // ***~ کردن*** احتیاط نمودن: ۱۴۷۲/۶۷۹ // ***از کسی ~ بودن*** از او احتیاط و پرهیز کردن: دوم ۳۸۳/۳۵۶؛ ۱۳۰۶/۵۳۴؛ ۲۹۲۸/۷۳۶ // ***تن خویش از کاری ~ داشتن:*** دوم ۱۴۹۸/۶۸۰. **۴-** آواز، بانگ: دوم ۷۳۷/۵۱۲. **۵-** پرهیزکاری (؟): دوم ۱۰۸۱/۳۰۷.

آسا. مانند: دوم ۳۵/۱۰۶۸.

آسان. به آسانی، بی رنج و تعب، مرفّه و خوش، آسوده و راحت: دوم ۲۴۶۰/۷۱۸ // ***بر دل ~ کردن:*** یکم ۴۰۴/۳۱۸.

آسانی. راحتی، آسودگی، رفاه، فراوانی: یکم ۹۲۸/۲۹۷؛ دوم ۳۶۹/۶۱۹؛ ۳۲۰۳/۷۴۷.

آسایش آوردن. یکم ۲۴۰/۲۰۸.

آستی. آستین: یکم ۷۳۲/۱۲۴؛ ۹۱۱/۶۷۴ // ***~ پشت دست نوشتن:*** دوم ۱۶۴۳/۶۸۶ // ***~ تر نگشتن:*** یکم ۲۰۷۰/۸۷۲ // ***از ~ ستاره برآوردن:*** دوم ۷۱۴/۶۴۹ ***بر و ~ از پیراهن بودن:*** دوم ۱۶۴۰/۹۴۳.

آستین. //~ ***برنوشتن:*** یکم ۱۷۵/۶۹۸.

آسمان. **۱-** سپهر، سماء // ***~ جفت کسی بودن*** کنایه از مغرور بودن شخص: دوم ۱۵۸۷/۳۲۷ // ***~ بر***

زمین آوردن: یکم ۴۳۱/۴۲۰ // ~ ***بر زمین زدن:*** یکم ۲۱۳۶/۶۰۱ // ~ ***را سپردن:*** یکم ۱۲۶۴/۵۶۶؛ // ***از ~ گرد اندرآوردن:*** یکم ۱۸۰۷/۵۸۸. **۲-** کنایه از سرنوشت و تقدیر، از رفته قلم: یکم ۲۲۳۴/۳۹۰ و دیگر // ***از ~ گذر نبودن:*** یکم ۱۸۱۸/۵۸۸ // ***از ~ها داستان‌ها زدن:*** یکم ۱۵۸۶/۱۵۷ // ***بخشش ~:*** یکم ۱۲۳۱/۵۶۵. **۳-** نام روز بیست و هفتم ماه: دوم ۲۳۴۷/۷۱۴.

آسمانی. آنچه مقدّر است: یکم ۱۰۷۷/۳۴۵؛ ۱۴۵۲/۳۶۰.

آسودگان. سربازان تازه‌نفس و ذخیره: یکم ۲۱۶/۱۶۷؛ ۹۴۸/۵۵۴.

آسوده. ۱- (از پیری) رنج‌ندیده و فرسوده‌نگشته: یکم ۱۶۵/۱۶۵. **۲-** خفته، استراحت‌کرده: یکم ۴۶۱/۵۳۵؛ دوم ۸۷/۶۰۰. **۳-** بی‌جنبش: یکم ۱۰۱۵/۶۷۸؛ ۱۰۴۷/۶۸۰؛ **۴-** دست‌نخورده، پُر و پیمان: دوم ۲۵۷/۶۱۵.

آسیا. آسیاب // ***(سنگ) ~ به خون گشتن:*** دوم ۷۵۱/۶۸ // ***اندر دم پره‌ی ~ شدن*** خُرد و نابود گشتن: دوم ۱۱۴۳/۸۴۶ // ***زمین بر کسی ~ شدن:*** یکم ۸۹۹/۱۳۰.

آسیمه. سرآسیمه، پریشان، آشفته، شیفته، هراسان: یکم ۳۳۴/۴۲؛ ۳۷۶/۴۴؛ ۲۷۳/۴۶۲؛ ۶۲۶/۶۶۳؛ دوم ۸۳۲/۲۹۸؛ ۹۱۱/۳۰۱؛ ۹۹/۴۲۵؛ ۶۳۱/۴۴۶؛ ۵۹۲/۴۷۸.

آسیمه‌سر. یکم ۴۱۱/۴۳۹.

آشتی. صلح: یکم ۱۳۷/۱۹۶، ۱۳۸؛ ۸۶۲/۳۳۶؛ ۹۹۷/۳۴۲؛ ۱۱۹۶/۳۵۰؛ ۱۳۲۸/۳۵۵؛ دوم ۱۲۳۸/۸۵۰، ۱۲۳۹ // ***~ بهتر از جنگ است:*** یکم ۲۱۶۴/۶۰۲ // ***~ جستن:*** یکم ۸۲/۱۹۴ // ***در ~ کوبیدن:*** یکم ۱۸۸۱/۵۹۰ // ***رخ ~ را شستن:*** یکم ۸۵/۲۳۸؛ دوم ۱۳۵۰/۱۸۸.

آشفتن. خشمگین شدن: یکم ۳۹۰/۶۶؛ ۶۱۰/۲۸۵؛ ۳۴۸/۳۱۶.

آشفته. ۱- خشمگین، تند: یکم ۱۱۱۱/۱۳۸؛ ۷۰/۳۰۵؛ ۲۱۹۸/۳۸۹. **۲-** مشوّش، پریشان: یکم ۷۶۸/۱۲۵؛ ۳۸/۱۸۴. **۳-** نفس‌زنان، به هیجان آمده: یکم ۲۸۸/۲۱۰؛ ۳۳۹/۲۱۲.

آشکارا. پیدا، بی‌پرده، روشن، واضح و صریح، آشکار: یکم ۲۰۰۷/۳۸۱؛ دوم ۶۴۶/۱۱۰۷ // ***~ و راز سخن راندن:*** یکم ۳۲۰/۶۳.

آشکار و نهان. ۱- پیدا و پنهان، ظاهر و باطن، معلوم و نامعلوم، عیان و در پرده: یکم ۳۰/۲؛ ۱۵۷۷/۱۵۷؛ ۳۰۵/۳۱۵. **۲-** (با فعل مثبت) براستی، کاملاً، واقعاً، تماماً، از بن: یکم ۷۳۹/۱۲۴؛ ۱۱۲۰/۳۴۷؛ ۱۱۹۱/۵۱۴؛

دوم ٤/٤١٧؛ ۲۲۵٦/۷۱۰؛ ۲۲۸۹/۷۱۱؛ ۳٥٦٤/۷٦۲؛ ۳۱٤۹/۱۰۰۳؛ ۱۲/۱۰٤۱؛ ۳۳۸/۱۰٥٤. **۳**- (با فعل منفی) اصلاً و ابداً، به‌هیچ‌روی: یکم ٥۹/۳؛ ۲٤۹/۲٤٤؛ ۲۲۲۸/۳۹۰؛ دوم ۱٥۷۱/۱۹۷؛ ٤۸۷/۳۹۲؛ ٥۸/٦۰۷؛ ٥٤۲/۱۰٦۲. **٤**- همه چیز، همه جا، همه کس: یکم ٤۰/٥۲؛ دوم ۱۲۱۷/۱۸۳ // ~ ***ندانستن*** دست چپ و راست و سیاه و سفید را باز نشناختن: یکم ٥۹/۳؛ دوم ٤۲٦۳/۷۸۹. **٥**- از هر دری: دوم ٤۰٥۷/۷۸۱. **٦**- در همه حال و همه وقت، همیشه، در هر زمان: دوم ۱٤۹۱/٦۸۰.

آشناه. شنا: یکم ۷۸/٦۳٤؛ ۲۳۲٦/۸۸۲؛ دوم ٤۱۲/۱٥۱.

آشوب. فتنه: یکم ۹۷/۱٦۳؛ ۱۲۷٥/۳٥۳.

آشوبش. فتنه، آشوب: یکم ۲۷۲/٦۱.

آشیب و شیب. تشویق، نگرانی، دل‌واپسی، اضطراب: یکم ۷٤۳/۷۲۰؛ ۱۹۱۳/۷٦٦.

آشیفتن. آشوفتن: دوم ۹۱۸/۷٥.

آغاردن. خیساندن، نم زدن: دوم ۲۱٥/٤۲۹.

آغاز. ازل، آغاز آفرینش: دوم ۱۳۳۲/٦۷۳.

آغاز بودن (؟). یکم ۷۲٦/۲۸۹.

آغازیدن. شروع کردن: یکم ٥/۱۹۹؛ ۱۷۲۱/۷٥۸؛ دوم ۸۰٥/٦٥۳

آغوش. // ***سخن در ~ داشتن***: یکم ۱٥۹۳/٥۷۹.

آفتاب. // ~ ***بلند برآمدن***: یکم ٥٥۸/۲۲۱ // ~ ***را روشن دیدن***: یکم ٤۰۱/۳۱۸ // ~ ***به میغ اندرآوردن*** کنایه از دست زدن به کاری ناممکن: دوم ٤۱٥۷/۷۸٥ // ***از کسی جز تابش ~ بر نخوردن***: دوم ۲۷۷۷/۹۸۸ // ***بلند*** ~ کنایه از روز: دوم ۱٦٤۱/۹٤۳ // ***به نیزه رخ ~ را برآوردن***: یکم ۱۱۱۹/٦۸۲ // ***تابش ~ بر کسی تیره شدن***: یکم ۳۳۰/٤۳٦ // ***تابیدن ~ از بره در اردیبهشت***: دوم ۱٤۸/٤٥ // ***تیغ برکشیدن ~***: یکم ٥۹۹/۲۸٤ // ***چادر ~ پژمرده شدن***: دوم ۳۹۸۷/۱۰۳٦ // ***چشمه‌ی ~***: دوم ٤۸۱/٥۸ // ***سر نیزه از ~ گذاردن***: یکم ۱۲٥/۲٦٦.

آفرین. **۱**- ستایش، تحسین، تمجید: یکم ۳۰/٥۲، ۳۱؛ ۱٤٦/۱۰۱؛ ٥۰۲/۱۷۸؛ ۱۰٥/۱۹٥؛ ۱٤۸/۲۰٥؛ ٤۰٥/۲۱٥؛ ٥۹۸/۲۲۳؛ ۲٤٥/۲۷۰؛ ٥۸۸/۳۲٦؛ ۱٥۳٤/۳٦۳؛ ۱۷٤۷/۳۷۱؛ ۲٥۰۸/٤۰۱؛ دوم ۱۷۲۲/۸٦۹؛ ۱۸۱۹/۸۷۳؛ ۱۸٦٤/۸۷٤؛ ۱۲٥۷/۹۲۸؛ ۳۸۲۸/۱۰۳۰ و دیگر // ~ ***بزرگ*** ستایش بزرگ: یکم ۱۱۰٦/۷۳٤؛ دوم ۲۷۷٤/۷۳۰ // ~ ***بزرگان***: یکم

۱۱۰/۳۰۷ // ~ *خواندن* ۱- ستایش کردن، ستودن: دوم ۱۹۲۹/۹۵٤؛ ۲۱۵۸/۹٦۳؛ ۲۱٦۷/٦٦٤؛ ۲۲۱۵/۹٦٦؛ ۳۱۸۲/۱۰۰٤؛ ۲- سپاس گفتن، سپاسگزاری کردن: دوم ۳۳۰۱/۱۰۰۹. ۳- آمرزش خواستن: دوم ۲۷۲٦/۹۸٦ // ~ *دراز*: یکم ۱٤۵۳/۱۵۲ // ~ *دیدن* تمجید و تحسین دیدن: دوم ۱۲۱/٦ // ~ *ساختن*: یکم ۳٦/٤۵۲ // ~ *کیان* ستایش و تهنیت سزاوار شاه: دوم ۲/۱۰٤۱ // ~ *کیانی* ستایش شاهانه: یکم ۱٦۵/۱۰۱؛ دوم ٤٤۳۰/۷۹٦ // ~ *گستردن* ستایش کردن: دوم ۱۱۸/۲٤۹؛ ۷۷۵/۲۹۵؛ ٤۱۰/۸۱۷ // ~ *مهان* ستایش بزرگ، ستایش بزرگان: یکم ۲۲۰٦/۸۷۷؛ دوم ۱۵۷۲/۵٤۵؛ ۱٦۸۷/۵٤۹؛ ۷/٦۰۵؛ ٦۱٦/۹۰۳؛ ۲٤۲۱/۹۷٤؛ ۳۳۰۸/۱۰۰۹. **۲**- نیایش، خوبی و نیکی، خیر و سعادت، درود و تحیّت، دعای خیر: یکم ۱۰۳٦/۹۱؛ ٦۱۸/۱۱۹؛ ۹۹۱/۱۳٤؛ ۱٦۰٦/۱۵۸؛ ۹۰۱/۳۳۸؛ ۲۵۰۵/٤۰۱؛ ٤۵۸/٤۲۱؛ ٦٤۰/٤٤۸؛ دوم ۳۸۲/٦۳٦؛ ۳۳۱٦/۱۰۰۹ // ~ *خواستن* دعای خیر کردن، برای کسی از خداوند نیکی و خوبی و خیر و سعادت خواستن: یکم ۳۷/۵۲؛ ۹۰۵/۸٦؛ ۱۳۹۷/۳۵۷؛ دوم ۱٦۲٤/۹٤۲ // ~ *خواندن* ستودن، ستایش کردن: یکم ۱۸۸/۹؛ ۲۱۸/۳۷؛ ۱۸/۵۲؛ ٦٦/۹۷؛ ۱۱٤٤/۱٤۰؛ ۲/۱۸۳؛ ۸۹/۲۰۲؛ ۲٦۸/۲۰۹؛ ٤٦۲/۲۷۹؛ ۱۱۳/۳۰۷، ۱۱۷؛ ۱۹۸/۳۱۰؛ ۲۲۰/۳۱۱؛ ۵۳٤/۳۲٤؛ ۱۵۱٤/۳٦۲؛ ۱٦۹۸/۳٦۹؛ ۵۰۸/٤٤۳، ۵۱٤؛ ٦۹۲/٤۵۰، ٦۹٤ // ~ *نو خواندن* (خواستن، خاستن): یکم ۲۷/۱۸٤؛ ۱٤۵/۱۸۸ // ~ *سراییدن*: زبان به ستایش و نیایش گشودن: یکم ۱٤/۱۸۳ // ~ *کردن* ۱- دعای خیر کردن: یکم ٦۱٦/۳۲۷؛ ۲۱۰/٤۳۱؛ ٤٦۷/٤٤۱؛ دوم ۱۳۲۲/۹۳۰. ۲- تمجید و تحسین و ستایش نمودن: یکم ٤٦٤/٤۷؛ ٦٦۷/۷۷؛ ۱۲۳/۱۰۰؛ ۹۵٤/۱۳۲؛ ۱۱٤/۱۹۵؛ ۱۰۷/۳۰۷؛ ۱٤۹/۳۰۹؛ ۲۱۸/۳۱۱؛ ۲۲۰/۳۱۱؛ ۵۹۹/۳۲٦؛ ۸۳۳/۳۳۵؛ ۸٤۹/۳۳٦؛ ۸۹٦/۳۳۸؛ ۱۱٤۰/۳٤۷؛ ۱۲۹۲/۳۵۳؛ ۱۵۰۹/۳٦۲؛ دوم ۲۱٦٦/۷۰٦؛ ۳۰۰۲/۹۹۷ و فراوان // *کسی را ~ کردن*: یکم ۲۲٤۱/۳۹۱ // ~ *(بر) گرفتن* به ستایش آغازیدن: یکم ۷٦/۲۵٦؛ ۸٤/٤۲٦؛ ۳۰٤/٤۳۵ // ~ *گستردن* ستایش کردن: یکم ٦۱۸/۱۱۹. **۳**- خودستایی: یکم ۳۸۱/٤۱۸. **٤**- آفریننده، خداوند: یکم ۱۰۰/٤۵۵. **۵**- رحمت: دوم ۳۸٤۲/۷۷۲.

آفرین‌خانه. پرستشگاه: دوم ۱۸/٤۰.

آفرینش. خلقت: یکم ۷٤/۱۹٤؛ ۵۵۵/۳۲٤.

آگاهیدن. آگاه شدن، به حقیقت پی بردن: دوم ۱۹۳۳/٦۹۷.

آگندن. ۱- (گذرا) پر کردن، انباشتن: یکم ۲۳/۱۲؛ ۳۲۹/۱۰۸؛ ٦۲٦/۱۱۹؛ ۱۰۹۳/۳٤۵؛ ۱۲۸۸/۳۵۳؛ دوم ۱۰/۲۰۳؛ ۳/٤۵۳؛ ۹۲/٤۵۸؛ ٤٦۳/٤۷۳؛ ۳۵۱۰/۷۵۹ و دیگر. ۲- (ناگذر) پر شدن، انباشته گشتن: یکم ۱۵/٤٦۷؛ دوم ۵٤۳/۳۹٤؛ ۲٤٦/۱۰۵۰.

آگنده. ۱- پُر و پیمان، انباشته، مملو: یکم ۸۰٤/۸۲؛ ۷٦/۱٦۲؛ ۱۲/۱۹۹؛ ۸۸۵/۲۳٤؛ ۱۵٦/٤۲۹؛ دوم ۵۷۸/٤۷۸؛ ۲۳۸٤/۷۱۵ و دیگر // ~ ***گشتن*** پر شدن: یکم ۸۵٦/۱۲۸ و دیگر. ۲- پروار، چاق، پُرگوشت: دوم ۵۷۷/۳٦٤؛ ۳- پُر، درشت: ***دُرِّ ~*** مروارید درشت و درخشان، درّ یتیم: دوم ۳۵۰۸/۷۵۹. ٤- قوی، نیرومند: دوم ۷۹۹/۱۱۱۳، ۸۰٤. ۵- پُر، سیر // ***دل ~ گشتن از کسی*** بیزار شدن از او: دوم ۲۵۰۹/۵۸۲. ٦- پرمغز (صفت سخن): یکم ۲۰٤۳/۳۸۳. ۷- منقّش و نگارکرده (؟): یکم ٤۹۷/۱۱٤ // ***کسی را دل ~ بودن:*** یکم ٦۱٦/۱۱۹. ۸- جایگاه ستور، اصطبل، آخر: دوم ۱۵۵/۲۰۹.

آگنده‌جو. دوم ٦٦۵/٦۵.

آگه شدن. به هوش آمدن، بیدار شدن: یکم ۲۹۷/۲۱۱ // ***سر از خواب خوش ~:*** یکم ۲۹۷/۲۱۱.

آگهی. ۱- خبر و گزارش شفاهی، شنیده: یکم ٤٤/۱۸۵؛ ۸۵/۱۹٤. ۲- آوازه و شهرت: دوم ۵٤٤/۱۵٦.

آگین. پُر، انباشته: یکم ۱۰۱٤/۳۰۱.

آلایش. ناپاکی: دوم ۳۵۳٤/۷٦۰.

آلت. ۱- افزار، تجهیزات: یکم ۳۸۱/٤٤؛ دوم ۲۳۳/۱۰۵۰ // ***~ جنگ:*** یکم ۱۰/۲۱؛ ۱۰۲۳/۹۱ // ***~ کارزار را به دشمن دادن:*** دوم ۳۰۳٦/۹۹۸ // ***~ لشکر:*** یکم ۱۰۲۷/۹۱. ۲- وسیله، امکان: یکم ۱۱/۱ // ***~ پرورش:*** دوم ۳٦۹/۱۱۵. ۳- مایه، دستگاه، امکانات، شرایط لازم، توانایی: یکم ۱۹۰٤/۳۷۷؛ دوم ۱٤۹۷/٦۸۰ // ***~ داوری:*** دوم ۵/۱۰۸۱.

آلودن. ۱- (گذرا) آمیختن: دوم ۵۳۸/۸۲۲. ۲- (گذرا) مالیدن، اندودن: یکم ۱۲۲/٤۰۷؛ ۲۳۸۸/۷۸۵؛ ۲٤۰۷/۷۸٦؛ دوم ۱۸۰۹/۵۵٤. ۳- (گذرا) کثیف کردن، ملوّث کردن، ناپاک کردن: یکم ۵٦۷/۷۱۳؛ دوم ۱۰/٤۰۹. ٤- (ناگذر) ناپاک شدن، آمیختنِ بد: دوم ٦۲۵/۳۹۷؛ ۱۱٤/٦۰۹.

آلوده. (ناگذر) ناپاک، نادرست // ***سخن ~:*** دوم ۱٦۷۹/٦۸۷.

آمد شدن. آمد و شد: یکم

۳۰۳۱/۹۱۱؛۱۵۵/۱۸۹.

آمدن. ۱- درآمدن، آهنگ کردن، حمله‌ور شدن (نیز← اندر ~، در ~): یکم ۲٤۲۳/۳۹۸. ۲- گردیدن، شدن: یکم ٤٦۷/٤۷؛ ۱۵۰٤/۱۵٤؛ ۲۹۸/۲۱۱ و دیگر. ۳- بجای فعل بودن: یکم ۱٤۱/۷؛ ٦۹۳/۷۸ و دیگر.

آمرزش. بخشاییدن (از سوی پادشاه): یکم ۷۹۸/٦۷۰؛ ۸۲۸/٦۷۱ دوم ۲٦٦۹/۹۸٤؛ ۳۷٤۰/۱۰۲٦، ۳۷٤۲.

آمرزیدن. بخشودن: دوم ۹۷۲/۵۲۱.

آموخته. تعلیم‌دیده و اهلی‌شده: دوم ۳٤۰۱/۱۰۱۳.

آموزگار. ۱- مربّی، معلّم، تربیت‌کننده: یکم ٦۲٤/۲۲٤. ۲- ناصح، اندرزگوی: یکم ۸٤۲/۲۹٤. ۳- راهنما: دوم ۲٦۲/۱۱ // ***اختر نیک ~ بودن:*** دوم ۷۰/۱۳۷ // ***بر بدی ~ بودن:*** دوم ۷۵/۱۳۸ // ***پند ~ شنیدن:*** یکم ۱٦۸۰/۵۸۳.

آموزنیدن. آموزانیدن: یکم ۳۹/۱۸؛ ۲٤۰۸/۳۹۷.

آموزیدن. آموزاندن: دوم ۱۰٦/٤۵۹.

آمیختن. ۱- با هم جمع شدن، یکی و سازگار گشتن: یکم ۱۹۷٤/۳۸۰. ۲- هم‌خوابگی: دوم ۹٤۱/۵۲۰.

آمیزش. ازدواج با محارم (؟)، پیوند، معاشرت: دوم ٤۸۱/۳۹۲.

آن. در بیان تأیید و تأکید و تعریف و تذکر و بیان عهد ذهنی (پیشینه‌یادی، پیش‌شناخت): یکم ۱۷/۵۱؛ ۳٦/۵۲؛ ٦۷٦/۷۷؛ ۱۰۹/۳۰۷؛ ۱۱۹۲/۳٤۹؛ دوم ۲۵٦٦/۹۸۰ و دیگر (نیز← این).

ـان. ۱- نشانه‌ی بزرگداشت و تفخیم و یا بجای *ـانه*: یکم ٤۰/۱۳؛ ۵٤۲/۷۲، ۵۵۱؛ ۳۰۲/۱۰۷؛ ۷۰۸/۷۸؛ ۱۱٦/۱۸۷؛ ۸۰/۲۳۸؛ ۱۳/۲۵۳؛ ۱۸۱۸/۳۷٤؛ ۲۲٦۸/۳۹۲؛ ۲۳/٤۰٤؛ ۳۹٦/٤۳۸؛ دوم ۱۵۳۰/۹۹. ۲- نشانه‌ی نسبت و لیاقت: یکم ۲۲٦/۲٤۳؛ ۱۹۵/۲٦۸؛ دوم ۱۸۹/۱۰۸ و دیگر.

آن. (ضمیر ملکی) مال، متعلق به: یکم ۲٦/۲؛ ۳۷/۲٦۲؛ ۱۱٦۰/۳٤۸؛ ۱۱۷٦/۳٤۹؛ ۱٦۳/٤۲۹.

آوا. آواز: ٤۳٦/۲۷۸ // ***~ی پیغاره:*** یکم ۲۸/۲۲ // ***~ی نرم:*** ۱- سخن گفتن آهسته و مهربان: یکم ۱٤۸/۷؛ ۱۷/۱۷؛ ۱۹۲/۲۸؛ ٤٦۰/۱۱۳. ۲- پچ‌پچ، نجوا، سخن سرگوشی و درگوشی: یکم ۱۹۲/۵۸.

آواره. سرگردان، دربدر، پریشان: یکم ۳۹۷/۲۱۵؛ ۳۳۵/٤۱٦.

آواز. ۱- صدا // ***~ تیز*** بانگ درشت و خشن: یکم ۵۹۹/۵٤۰ // ***~ فرّخ*** ندای سعادت، فال نیک، سخن خوش و موافق: دوم ۳۵۵/۳۵۵؛ ۱٤۱٦/۹۳٤؛ ۳٤۷۲/۱۰۱۵ // ***~ کردن*** آواز دادن، صدا کردن: یکم ۱۵٦/۱٦۵؛ دوم

۹۰۵/۷٤ // **بد ~/ از ~** ۱- یکصدا، متفقاً، همه با هم، هم‌سخن: دوم ۶۰۷/۲۸۹. ۲- در/ از پی، به دنبال، به بهانه‌ی: یکم ۲۲۶/۲۴۳؛ دوم ۱۴۴/۱۴۰ // **بد ~ کسی آمدن** به دنبال او رفتن: دوم ۱۲۱/۲۷۰ // **بر ~ کسی** بخاطر او: دوم ۳۰۸/۲۷۷؛ ۵۷۹/۳۶۴ // **بر ~ کسی بودن** به فرمان او بودن: دوم ۷۶۷/۲۹۵. ۲- سروصدا، قیل و قال: دوم ۱۷۵/۶۱۲ // **~ خویش را برافراختن** خود را در دهان‌ها انداختن: دوم ۱۲۷۹/۶۷۱ // **~ کسی نشستن**: دوم ۱۸۷/۳۸۰. ۳- نام: یکم ۵۷/۵۳؛ دوم ۸۶۵/۷۳؛ ۶۴۹/۱۶۰. ٤- شهرت و نام، آوازه، خبر، آگهی، توصیف، روایت، موضوع، حدیث: یکم ۶۲/۵۳؛ ٤۸۲/۱۱٤؛ ۸۸۸/۱۳۰؛ ۲۱۰/۳۱۱؛ ۲۸/٤۲٤؛ ۶۶۰/۸۱۶؛ ۲۷۱۷/۸۹۸؛ دوم ۶۵۸/۲۷؛ ۶۱/۱۰۳؛ ۸۲۵/۱۳۳؛ ۸۷٤/۲۹۹؛ ۳۸۸/۳۸۸؛ ٤۷۳/٤٤۰؛ ۱۰٤/٤۸۷؛ ۲۶۵/۱۰۵۱ // **~ خود را برافراختن**: دوم ۸۹۷/۹۱٤ // **~ کسی کهن شدن**: دوم ۳۲۹/۳۵٤ // **بر ~ درد**: یکم ۳۶۹/۳۱۷ // **بر ~ کام**: یکم ۱۷۵/۲٤۱ // **به ~ چهر گشادن**: ۲٤۱۹/۳۹۸ // **گوش بر (پُر) ~ بودن (شدن)**: یکم ٤٤/۱۸۵ // **گیتی پر ~ گشتن**: ۲۳۷۹/۳۹۶. ۵- شهرت زشت: دوم ۱۲۷۳/۱۸۵. ۶- خبر، آگاهی: دوم ۲٤٤/٤۳۸؛ ٤۸۸/۸۹۸؛ ۳۱٤/۱۰۵۳. ۷- سخن مردم، در دهان مردم افتادن: یکم ۲۱۰/۳۱۱. ۸- عقیده، قول، رای: دوم ۱۱۳۶/۹۲۳ // **دو ~**: دوم ۱۸۲۶/۳۳۷ // **هم~** ← هم‌آواز. ۹- بهانه: دوم ۵۲/۶۰۷.

آورد. ۱- جنگ، نبرد: یکم ۱۷۰/۲۶۸؛ ۲۰۷/۲۶۹؛ ۱۷۹/٤۱۰؛ ۲۲۰/٤۳۱؛ ۲۲۶/٤۳۲؛ ۳۳۳/٤۳۶؛ ۲٤۲/۵۲۶. ۲- آوردگاه، کارزار: یکم ۱۳۱۰/۱٤۶؛ ۱٤۶۱/۱۵۲؛ ۱۲۷/۱۸۸؛ ۷۵۹/۲۲۹؛ ۸۰۳/۲۳۱؛ ۱۷۸۷/۳۷۳؛ ۱۶۹/۵۲۳؛ ۱۹۷۹/۷۶۹ // **به ~ گشتن**: یکم ٤۷۷/۷۰۹.

آوردگاه. // **به ~ گشتن**: یکم ۵۰۳/۷۱۰ // **خطّ ~**: یکم ۱۷۸۲/۳۷۳.

آوردن. ۱- نشان دادن، به ظهور رساندن، به کار بردن: یکم ٤۸۹/۲۸۰؛ ۶۳۱/٤٤۸. ۲- آسیب زدن، صدمه رساندن: یکم ۱۸٤/٤۳۰. ۳- پدید کردن، پیدا کردن: یکم ۱٤۱۵/۷٤۶ // **راز ~** رازی را کشف کردن: دوم ۳۶۱۰/۷۶۳. ٤- نقل کردن: دوم ۷۹۳/۱۶۶. ۵- بکار بردن، فرود آوردن: یکم ۲۰۰٤/۵۹۵.

آوری. بی‌گمان، بی شک و تردید: یکم ۱۹/۳۰؛ ۲۰٤/۳۷؛ ۲۶۷/۶٤۹.

آوریدن. آوردن: یکم ۵۳/۳؛ ۱۵/۱۵؛

۱۵٤٤/۱۵۵؛ ۳۷۸/۲٤۹ و دیگر.

آویختن. ۱- (گذرا) جنگ و نبرد کردن، گلاویز شدن: یکم ۱۰۱۳/۹۰؛ ۹۹۹/۳٤۲؛ ۷۸٤/۷۲۱؛ ۱۱۲۵/۷۳۵؛ ۱۱۷٤/۷۳۷؛ ۱۲٦٦/۷٤۰؛ ۱٤۵۱/۷٤۸؛ ۱٦۳۱/۷۵۵؛ دوم ۱۰۳٤/۱۷٦؛ ٤۸۷/٤٤۰؛ ۲۳۸۹/۷۱۵؛ ۳۰۵۵/۷٤۱؛ ۱۸۳۰/۸۷۳؛ ۱۰٦۷/۹۲۱؛ ۱۲۰۲/۹۲٦؛ ۱۷۳۹/۹٤۷؛ ۱۹۳۳/۹۵۵. **۲**- (گذرا) به دار زدن: ۵۲۷/۳۲۳؛ دوم ۱۷۲/۲۰۹؛ ٤٤۵/٤۷۲. **۳**- (ناگذر) مسئول بودن، مورد بازخواست قرار گرفتن: یکم ۲٤۳۰/۳۹۸. **٤**- (ناگذر) گرفتار شدن: یکم ۲۱۷/۲٦۹. **۵**- (ناگذر) پذیرفته شدن // ***اندر دل کسی ~***: یکم ۳۷۷/۳۱۷ (نیز← اندر ~). **٦**- (ناگذر) به دار زده شدن، آویخته شدن: دوم ٦٤۵/٦٤؛ ۱۹۱/٦۱۳. **۷**- مجازات دیدن در آن جهان: دوم ۱۱۵/٦۰۱.

آویخته. مسئول، گرفتار: یکم ۱۲۳/٤۵٦؛ ۱۱۸٦/۷۳۷؛ دوم ۱۳۵۳/۹۲؛ ۳۰۵۱/۷٤۱؛ ۳۷۲/۸۹۳.

آویز. جنگ، نبرد: یکم ۹۵/۲۵٦؛ ۲۵۷۵/٦۱۸؛ ۲٦۸۹/٦۲۲؛ ۲۷۱۵/٦۲۳.

آویزش. ۱- آویختن، جنگ، نبرد، ستیزه: یکم ۹۸٤/۸۹؛ دوم ۷۱۷/۳۰؛ ۱٦۳/۲۰۹؛ ٤۸۱/٤٤۰؛ ۳۱۷۱/۷٤٦؛ ٤۳۰۹/۷۹۱؛ ۵۷۰/۹۰۱. **۲**- مجازات: دوم ۳٦۹۹/۷٦۷.

آویزنیدن. آویزاندن: دوم ۵۹۹/٤٤٤؛ ۳۷٤۱/۷٦۹.

آهار دادن. آغشته کردن // ***~ داده*** آغشته: یکم ۷٤۸/۸۲۰ // ***به خون و به خوی ~ داده شدن:*** یکم ۲۱٤۰/٦۰۱؛ ٦۳۹/۸۱٦ // ***روان را به خون دل ~ دادن:*** یکم ۲٤۲۸/٦۱۲.

آهارداده. آغشته: یکم ۱۵۳/٤۰۹.

آهختن. کشیدن: یکم ۱۱۹۷/٦۸۵.

آهرمن. اهریمن: یکم ۲۳/۱۲، ۳۵؛ ٦۲۳/٤٤۷ و دیگر // ***دام ~ بودن:*** دوم ٦۷۹/۲۸ // ***یک جوشن ~ بودن:*** یکم ٦٤۳/۷۱٦.

آهستگی. درنگ، تأنّی، تأمّل، مدارا، ملایمت، وقار، سنگینی، حلم، بردباری: یکم ۳۲۲/۱۰۷؛ ۱۱۲۳/۳٤۷؛ دوم ۲۳۷/۱۰؛ ۲۳/۵۸۸؛ ۱۱٦۳/٦٦۷؛ ۲۵۵۸/۷۲۲.

آهسته. ۱- آرام، شکیبا، بردبار، سنگین، حلیم و سلیم و صبور، موقر، متین، اهل تأنی و درنگ: یکم ۱٦۰۸/۵۸۰؛ ۲۳۷٤/۸۸٤؛ دوم ۱۰۲۰/۷۹؛ ۱۵۵۸/۵٤٤؛ ٤۵/۵۹۹؛ ۲۵۱٤/۷۲۰؛ ۲۵۵۵/۷۲۲، ۲۵۵٦؛ ۹۲۹/۸۳۷؛ ۱۲٦۱/۸۵۱. **۲**- نجواکننده و خلوت‌کرده: دوم ۲٦۵/٦۳۱.

آهسته‌دل. با مدارا، با رفق: یکم ۲۱۹۸/۳۸۹.

آهسته‌هش. اهل درنگ و تأمل: دوم ۹۷۱/۷۷.

آهن. ۱- // کنایه از شمشیر (یا جامه و رزم‌افزار آهنین): یکم ۲۰۱/۱٦۷ //~ ***تفسیده را تابیدن:*** یکم ۷۷۳/۸۱ //~ ***در کان گهر بستن:*** یکم ۵۹۲/۳۲٦ // ~ ***زنگارخورده:*** یکم ۴۱/۱٦۰. **۲-** میله‌ی سوراخ کردن مروارید و کنایه از آلت مرد: دوم ۳٦۷۲/۷٦٦.

آهنجیدن. آهیختن، کشیدن، جذب کردن: یکم ۲۵/۱۹۲.

آهنگ. ۱- کشش، قصد، عزم، اراده، تصمیم، عزمِ جزم، حمله، شکوه، هیبت: یکم ۱۸۵/۱۰۲؛ ۷۳/۱۹۴؛ ۱۱۳/۲۰۳؛ ۳۳۳/۲۱۲؛ ۲۱۹/۲٦۹؛ ۷۲۴/۲۸۹؛ ۱٦۴۵/۳٦۷؛ ۱۹۱۵/۳۷۸؛ ۲۱٦۷/۳۸۸؛ ۵۱۲/۴۴۳؛ ۲۵۸۹/٦۱۹؛ ۲۷۲۷/٦۲۴؛ ۷۷/٦۳۴؛ ۲٦۹/٦۴۹؛ ۴۴۳/۷۰۸؛ ۴٦۷/۷۰۹؛ ۴۹۱/۷۱۰؛ ٦۵۱/۷۱٦؛ ۷۵۹/۷۲۰؛ ۸۰۱/۷۲۲؛ ۱۷۲۵/۷۵۸؛ ۱۷۴۸/۷۵۹؛ ۲۱۵۹/۸۷۵. ۲۱٦۰؛ دوم ۵۷/۱۳۷؛ ۸۱/۲۴۸؛ ۱۸۴۴/۵۵۵؛ ۲۲۹۴/۷۱۱؛ ۳۹۹۱/۷۷۸ // ~ ***بودن*** قصد داشتن: یکم ۴۹/۵۱۹؛ ۱۱٦۴/٦۸۴ // ~ ***جایی (کاری و کسی) کردن*** قصد آن جای (...) نمودن: یکم ۱۰۵۳/۱۳٦؛ ۲۲٦/۴۳۲؛ ۱۹۷۹/۷٦۹؛ دوم ۹٦۰/۷۷، ۹٦۴. **۲-** هیاهو: یکم ۷۲۸/۸۱۹. **۳-** میل، گرایش، طرز و روش: دوم ۲۲۵۲/۷۱۰.

آهنگ‌داران. پیش‌کشان و پیش‌روان سپاه: دوم ۱۰۱۰/۷۹ (نیز← سرآهنگ).

آهو[1]. **۱-** عیب، زشتی (عیب و زشتی پیشه ساختن): یکم ۵۵/۹۷؛ ۱۱۱/۹۹؛ ۳۴۹/۱۰۸؛ ۴۸۸/۱۱۴؛ ۷٦۱/۱۲۵؛ ۲۲۳/۲۷۰؛ ۵/۳۰۳؛ ۲۹۰۹/۹۰٦؛ دوم ۵٦/۳؛ ۹/۴۵۵؛ ۱۲۰٦/٦٦۸؛ ۱۳٦٦/٦۷۵؛ ۱۳۸۸/٦۷٦؛ ۲۷۷۴/۹۸۸؛ ۴۲۱/۱۰۵۷ // ~ ***خویش را دیدن*** عیب خود را شناختن: دوم ۱۱٦۷/٦٦۷ //~ ***گرفتن*** بدی و زشتی پیشه ساختن، به سوی عیب و بدی روی کردن: یکم ۲۳۷/۷۰۰؛ دوم ۵۰/٦۰۷؛ ۱٦۳۴/۹۴۳ // ***بی*** ~: یکم ۲۴۴۱/٦۱۳؛ دوم ۱۲۹۷/۹۰. **۲-** نقص و آسیب: دوم ۱۴/۲۰۳.

آهو[2]. غزال: یکم ۵۳/۳۰۵ //~ ***تر:*** دوم ۵۳۹/۱۱۰۲ //~ ***دشت بر کسی زار گریستن:*** یکم ۱۱۹۴/۳۵۰ // ***به دشت ~ی ناگرفته بخشیدن:*** یکم ۲۱۷۴/٦۰۲.

آهیختن. کشیدن (نیز← برآهیختن): دوم ۱۲۸٦/۹۰.

آی و رو. یکم ۱۵٦٦/۱۵٦.

آیین. ۱- آذین، چراغانی: یکم ۴۸۰/۴۴۲ // ~ ***بستن*** آذین بستن:

یکم ۵۲۸/۷۱؛ ۸۷٤/۱۲۹؛ ۱۳۹/۲٤۰؛ ٤٦۱/٤٤۱؛ دوم ۸٦/٤٥۸؛ ۳۱٦۲/۱۰۰۳. **۲**- کیش، مذهب: یکم ۲۱۳٦/۳۸۷. **۳**- رسم و راه، روش، قاعده و نظم: یکم ۲۱۸/۵۹؛ ۳۵۳/۱۰۹؛ ٦٤٥/۱۲۰؛ ۱٦۲/۳۰۹؛ ٤۷۹/۳۲۱؛ ۱۷٦۱/۳۷۲؛ ۱۸۵۲/۳۷۵؛ ۵۲٤/٤٤۳؛ ۵۹٦/٤٤٦ // ***به ~*** مطابق رسم و تشریفات و اتیکت، بر وجه پسندیده و مطلوب، چنانکه باید و شاید: یکم ۱۲۸۱/۵٦۷؛ ۲۸٤۰/٦۲۸؛ ۱۱۵۹/٦۸٤؛ ۲۳٦۹/۷۸٤؛ دوم ۸۹/۲۲۸ // ***~ و راه کسی را تازه کردن***: دوم ۱۳۵/۲۰۸ // ***~ فر*** زیب و زیبایی و شکوه: دوم ٦۳۰/۱٦۰ // ***بر ~ کاوس***: یکم ۷۲۷/٦٦۷ // ***بی ~*** ناپسند، دوزخی: دوم ۲۰۹/۱۰۹. ٤- راه و روش پسندیده و نیکو: یکم ۱٦۲/۳۰۹؛ ۱۷۳۱/۳۷۱؛ ۵۷۲/٤٤۵ // ***~ و راه***: یکم ۸۷۸/۲۳٤ و دیگر // ***~ و راه پذیرفتن***: یکم ۵٤۰/۳۲٤ // ***~ و راه جستن***: یکم ۲۱٦/۲٤۳ // ***~ و راه داشتن***: یکم ۳۸۲/۲۷٦ // ***~ و فر***: یکم ۲۲۲/۵۹؛ ٤۳۰/۳۱۹؛ ۱۱۷۳/۳٤۹ // ***به ~***: یکم ۵/۵۰؛ ۲۸۳/۱۰٦؛ ۱٦۱/۱۹۷؛ ۱۸۲/۱۹۸؛ ۹۳/۳۰٦؛ ۱۱۳۷/۳٤۷؛ ۱۵۷۵/۳٦۵؛ ۱۷۱۷/۳۷۰؛ ۲۳۸۰/۳۹٦ // ***بر (بی) کسی ~ و رای آوردن***: یکم ۵۲٤/٤٤۳ // ***دل را از ~ و راه گرداندن***: یکم ۵۷۲/٤٤۵.

آیین دز (؟). یکم ۹٤٦/۸۸.

ا

ابا. با: یکم ۱۹۳/۳۷؛ ۲٤۲/٦۰؛ ٥۳۳/۷۲؛ ٦٥۲/۷٦؛ ٦۸۷/۷۸؛ ۸۲٦/۸۳؛ ۱۰٥۳/۹۲؛ ۱٦/۹٥؛ ٥۸/۹۷؛ ۱۳۸/۱۰۰؛ ۱٦۱/۱۰۱؛ دوم ۲۹/٤۰؛ ۹٦/٤۳؛ ۹۸۹/۷۸؛ ۱٥۱/۲۰۹؛ ۷۷/۲٤۸؛ ۲۰۱٦/۹٥۸ و دیگر.

ابر. بر: یکم ۲۲۰/٥۹؛ ۷۳٦/۸۰؛ ۱۲۳/۱۰۰؛ ۲۲۱/۱۰۳؛ ۲٦۸/۱۰٥؛ ۱۰۱٤/۳٤۲؛ ۲٤۳٤/۳۹۸؛ ۱۸/٤۰۳؛ دوم ۳۸٦/٥٤؛ ٤۰۱/٥٥؛ ۱۰۱۲/۷۹ و دیگر // ~ ***بی‌گناه*** ← بر بی‌گناه.

اَبْر. ۱- // ~ ***بهمن***: یکم ۲۳٦٦/۷۸٤ // ~ ***به دامن چین اندر افگندن***: یکم ۱۱۸۲/۸۳۷ // ~ ***باران***: یکم ٤٤۱/٤۲۰ // ~ ***پُرآب***: یکم ٤٤۰/٤۲۰ // ***از ~ باد دمان آوردن***: یکم ٥۸۷/۲۸٤ // ***کسی را به ~ برافراشتن***: یکم ۳۳٤/٦٤ // ***کمان را چو ~ بهاران کردن***: دوم ۱۷۹٤/۹٤۹ // ***گداختن ~ در هوا***: یکم ۲٥٦/۲٤٥. ۲- کنایه از شمشیر: یکم ۸۰/۱۸٦

ابرا. پسر، مسیح: دوم ۹٦٥/۳۰۳؛ ۲۰۹/٤۲۹.

ابرش. ۱- اسبی که تن او لکه‌های سرخ دارد، رنگ رخش رستم: یکم ۱۰۲/۱۸۷. ۲- رخش: رستم ۱۱۱/۱۸۷؛ ۱۲٦/۱۸۸.

ابرشهر. یکم ۱٥۳/٤٥۷.

ابرو. (نیز← برو) // ***~ان پر ز چین***: یکم ٤٦٦/٦۹ // ***به ~ (ز خشم) چین (زخم) آوردن (اندرآوردن)***: یکم ٤۹۷/۷۰؛ ۳۷۸/۱۱۰ // ***ستون دو ~***: یکم ۱۲۱/۲۳۹.

ابریشم. یکم ۱٥/۲۱.

ابلیس. // ***~ در کاری با کسی نتابیدن***: یکم ۱٦۱۷/٥۸۰.

ابی. بی، بدون: یکم ۸۲۲/۸۳؛ ۳۰۳/۱۷۱؛ ۲٤۲۲/۳۹۸؛ ۲۸۱۹/۹۰۲، ۲۸۳۱؛ دوم ۹۰۲/۳۷؛ ۸۹۱/۷٤؛ ٤٦۲/۱٥۳؛ ۲٦۹۲/۹۸٥ و دیگر.

ـَات. شناسه‌ی پیوسته‌ی دوم شخص

مفرد: ۱- در حالت فاعلی: یکم ۲۲۲۷/۳۹۰؛ دوم ۵۲۳/۱۵۵؛ ۷۵۱/۸۳۰، ۷۵۲. ۲- در حالت مفعولی (مفعول با واسطه) در بیان اختصاص و تعلّق: یکم ۵۸/۳۰۵ و دیگر. ۳- در حالت مفعولی (مفعول بی‌واسطه): یکم ۲۱۳۰/۳۸٦ و دیگر.

اختر. ۱- کنایه از سرنوشت، حکم ازلی، بخت، اقبال، آسمان: یکم ۷٦/٥٤؛ ٥۹۸/۷٤؛ ۲۳۷/۱٦۸؛ ۳٥٥/۱۷۳؛ ۸۹/۲٦٤؛ ۲۱٦۸/۳۸۸؛ ۲۲٤۷/۳۹۱؛ ۲۳٤٤/۳۹٥؛ ۲٤۷/٤۱۲؛ ۲٦۳/٤۱۳؛ ۳۸۲/٤۱۸؛ ٥٥۲/٤۸۹؛ ۹۲۱/۷۲۷؛ ۱۰۰۰/۷۳۰؛ ۱٦۲۷/۷٥٤؛ ۲٦۲۰/۸۹٤؛ دوم ۱۱۸٦/۸٦؛ ۱۳۱/٦۱۰؛ ۳٦۸٦/۷٦٦؛ ۷۲۹/۸۳۰؛ ٦۰۰/۹۰۲؛ ۲۸٦٦/۹۹۱؛ ۳۰۸۱/۱۰۰۰؛ ٤۰۰۸/۱۰۳۷ // ~ ***دیرساز***: یکم ۲۳۳۳/۸۸۲؛ دوم ۱٤۷/۷؛ ۸۷۳/۱۱۱٦ (نیز← شماره‌ی ٤). ۲- طالع، زایجه، فال: یکم ۲٦۷/٦۱، ۲٦۸، ۲٦۹، ۲۷۱، ۲۷۲؛ ۱٦۸٦/۳٦۹؛ دوم ۱٤۷/۲۳۱؛ ۳۱۸۷/۱۰۰٤ // ~ ***کردن*** فال زدن، پیشگویی کردن: دوم ٥٥۲/۸۲۳ // ***دیده‌ی ~ بودن*** در پیشگویی بی‌مانند بودن: دوم ۱۷۹۹/۸۷۲. ۳- طالع گرفتن، طالع دیدن، ستاره‌شناسی: یکم ۲۲٥/۳۱۲؛ دوم ۱۷۹۷/۸۷۲. ٤- طالع سعادت، ستاره‌ی اقبال و بخت، ستاره‌ی نیکبختی: یکم ۳۳۷/٤۲؛ ٦۱۷/۷٥؛ ۸۳۲/٥۰۰؛ ۱۰۱۷/٥۰۷؛ ۱۰۳٥/٥۰۸؛ ۲۸۲/٥۲۸، ۲۸۳؛ ۳۰۳/٥۲۹، ۳۱۰؛ ۱٥۸۲/۷٥۳ // ~ ***فرّخ***: دوم ۲۸٦٦/۹۹۱ // ~ ***و ماه*** کنایه از بخت و اقبال: دوم ۲۸۰/۱٤٦؛ ۳۹۲٦/۱۰۳۳ // ***پی ~ کسی به رفتن نرم (بودن) گشتن***: دوم ۱٥٤۰/۱۹٦؛ ۹/۱۰۷۷ // ***چشم با ~ نو کردن***: دوم ۱۹۱٥/۹٥٤ // ***سر ~ اندر کنار بودن*** کنایه از بخت را در آغوش داشتن: یکم ۲٥۱/٤۳۳؛ دوم ۳۲۹/۱۱٤؛ ۱٤٥/۲٥۱؛ ۲۳۹۰/٥۷۷؛ ۳۲۰۱/۱۰۰٥ (نیز← شماره‌ی ۱) // ~ ***بد***: یکم ۲۱٦۸/۳۸۸؛ ۲٤۷/٤۱۲ // ~ ***به خواب اندر آمدن*** خفتن بخت: دوم ۹٤٤/۱۷۲ // ~ ***(پی) افگندن***: یکم ۲۳۸/۳۸؛ ۱۹۰٤/٥۹۱ // ~ ***خفته بیدار گشتن***: یکم ۱٦۷/۸ // ~ ***دیدن (نگاه کردن)***: یکم ۲٦۸/٦۱، ۲۷۱ // ~ ***را برافروختن***: دوم ۲۷۹/۱٤٦ // ~ ***سودمند***: دوم ۳۲٤/۱۱٤ // ~ ***شوم‌فال***: یکم ۱۰۳۷/٥۰۸ // ~ ***کسی اندر گذشتن***: دوم ۳۲۲/۲۳۸ // ~ ***نو کردن***: یکم ۲۱۸۹/۸۷۷ // ~ ***نیک آموزگار بودن***: دوم ۷۰/۱۳۷ // ***از ~ پی افگنده شدن***: یکم ۱٦۸٦/۳٦۹ // ***از ~ شمار کردن***: دوم ۳۲٥/٥۲ // ***از ~ نشان جستن***: یکم ۲٦۹/٦۱ // به

گرد در ~ بد گشتن: یکم ۲۴۷/۴۱۲ // ***داد ~:*** یکم ۱۲۱۳/۱۴۲ // ***هر که دختر ندارد به ~ و هر که دارد بد ~ است!:*** یکم ۲۱۶/۵۹. **۵-** درفش، پرچم: یکم ۱۷/۴۶۷؛ ۲۸/۴۶۸؛ ۹۷۸/۵۰۶، ۹۸۱، ۹۹۰ // ***~ کاویان:*** یکم ۲۴۴/۳۸ و دیگر.

اخترشناس. ستاره‌شناس، منجّم: یکم ۶۵/۳۱؛ ۳۶۵/۴۳؛ ۲۶۷/۶۱ و دیگر.

اخترگرای. ۱- ستاره‌شناس، منجّم: یکم ۲۴۸/۱۰۵؛ دوم ۳۵۸۹/۱۰۲۰. **۲-** نیکبخت، سعادتمند: دوم ۴۴۱/۱۸.

ار. ارّه: یکم ۴۳۰/۳۱۹؛ دوم ۱۸۲/۲۱۰.

ارتنگ. نام کتاب مصوّر مانی: یکم ۱۰۴/۱۹۵؛ دوم ۲۲۴۱/۷۰۹؛ ۱۶۹۵/۸۶۸.

ارجمند. گرامی، محترم، عزیز: یکم ۱۱۹۳/۱۴۲؛ ۱۴۷/۲۶۷؛ ۳۲۵/۲۷۴؛ ۹۲۳/۲۹۷، ۹۲۸.

ارد. نام بیست و پنجم هر ماه، پهلوی اَرد: یکم ۱۶۸۶/۳۶۹؛ ۲۰۹۲/۸۷۳؛ دوم ۸۷/۴۰۲؛ ۱۹۲۱/۵۵۸؛ ۱۶/۱۰۷۹؛ ۸۸۹/۱۱۱۶ // ***بر بوریا باد ~:*** دوم ۳۱۳/۴۶۷.

اردیبهشت. یکم ۷۳۷/۶۶۷.

ارز. ۱- ارج، بها، قیمت: یکم ۹۰۸/۳۳۸ و دیگر // ***~ کردن:*** دوم ۵۰۳/۱۰۶۱. **۲-** پایه، رتبه، حرمت: دوم ۳۱۲۵/۱۰۰۲.

ارزان‌فروش. دیگران را دست‌کم گیرنده: دوم ۶۴۷/۵۰۸.

ارزانی. ۱- مستحق، نیازمند، مستمند سزاوار دستگیری: یکم ۱۸۰۶/۸۶۱؛ ۲۵۹۹/۸۹۳؛ دوم ۸۱/۴۰۸؛ ۲۵۸/۴۹۳؛ ۵۶۲/۵۰۵؛ ۳۷۶۸/۷۷۰؛ ۳۸۱۲/۷۷۱؛ ۳۸۱۸/۷۷۲. **۲-** سزاوار، سزا، دارای استحقاق: دوم ۵۱/۳؛ ۲۳۸۸/۵۷۷؛ ۴۰۵۶/۷۸۱.

ارزیدن. بها داشتن، قابل بودن: یکم ۲۲۵۲/۳۹۱ و دیگر.

ارزیز. قلع: دوم ۷۱۱/۳۶۹؛ ۷۴۴/۳۷۰، ۷۴۶.

اَرَش. (نیز← رش) واحد درازا، رَش، گز: دوم ۱۰۶/۵۹۵؛ ۳۷۴۵/۱۰۲۶.

ارغوان. ۱- گل ارغوان: یکم ۴۸۹/۱۱۴، ۴۹۵. **۲-** نگاره برای رخسار: یکم ۳۴۶/۱۰۸؛ ۲۴۷۱/۴۰۰؛ ۶۸۱/۴۵۰ // ***گل ~*** کنایه از گونه‌ی سرخ: یکم ۲۰۷۷/۳۸۴؛ ۲۲۹۸/۳۹۳؛ دوم ۳۴۲۴/۱۰۱۴. **۳-** نگاره برای خون: یکم ۲۰۳/۴۳۱ // کنایه از خون سرخ: یکم ۱۶۸/۵۲۳.

اروند. تجربت، نیرنگ و افسون، چاره‌دانی: یکم ۲۰۰۱/۳۸۱؛ دوم ۱۴۳۱/۱۹۱؛ ۱۶۲۲/۱۹۹؛ ۶۷۷/۲۹۲؛ ۲۰۹/۳۴۹؛ ۹۴۴/۸۳۸.

از. ۱- در بیان سبب، به سبب، به علّت، به خاطرِ، از برایِ، از بهرِ: یکم

۱۵/۱۲، ۲۰؛ ۴۷/۲۳؛ ۵۲/۲۳، ۶۳؛ ۴۷۳/۶۹؛ ۴۹۵/۷۰؛ ۶۳/۹۷؛ ۴۱۵/۲۱۵؛ ۲۳۷/۲۷۰، ۲۳۸؛ ۳۹۶/۲۷۶؛ ۴۱۲/۲۷۷؛ ۶۱۹/۲۸۵؛ ۸۶۶/۲۹۵؛ ۱۵۴/۳۰۹؛ ۲۳۹/۳۱۲؛ ۴۵۶/۳۲۰؛ ۷۰۲/۳۳۰؛ ۱۰۹۲/۳۴۵؛ ۱۷۶۸/۳۷۲؛ ۲۲۴۷/۳۹۱؛ ۴۸۹/۴۲۲؛ ۱۶۵/۴۲۹؛ ۵۶۴/۴۴۵، ۵۶۹؛ ۶۰۷/۴۴۷؛ ۵۶۰/۶۶۰؛ ۴۳۶/۷۰۸؛ دوم ۷۱۴/۲۹۳؛ ۲۳۵/۳۵۰؛ ۲۸۲/۳۵۲؛ ۶۶۹/۳۶۷؛ ۲۷۰/۶۳۱؛ ۳۳۹/۶۳۴؛ ۲۲۴۶/۷۱۰؛ ۳۷۱۶/۷۶۸؛ ۴۳۸۲/۷۹۴؛ ۱۰۳۵/۹۱۹، ۱۰۳۶؛ ۱۱۶۹/۹۲۵؛ ۲۲۴۸/۹۶۷؛ ۲۷۲۸/۹۸۶؛ ۲۹۰۱/۹۹۳؛ ۲۹۷۷/۹۹۶؛ ۳۰۸۲/۱۰۰۰؛ ۹۳/۱۰۴۴؛ ۱۵۷/۱۰۴۷؛ ۵۵۶/۱۰۶۳؛ ۳۵۳/۱۰۹۵ و دیگر. **۲-** از نوعِ، از جنسِ: یکم ۶۰۳/۷۴؛ ۹۶/۱۸۷؛ ۵۱۶/۲۸۱؛ ۹۷۳/۲۹۹. **۳-** به، با: یکم ۱۴۶/۱۹۷؛ ۱۹۳۲/۵۹۲؛ دوم ۵۴۵/۲۸۶؛ ۱۷/۴۱۷؛ ۲۹۰۱/۹۹۳. **۴-** درباره‌ی، در موردِ، راجع به: یکم ۶۴/۹۷؛ ۴۹۰/۱۷۸؛ دوم ۲۹۹۰/۷۳۹. **۵-** در برابرِ، در عوضِ، به جایِ، بر: یکم ۴۹۵/۷۰؛ دوم ۲۹۲/۴۳۲؛ ۷۵۲/۶۵۰؛ ۱۶۳۶/۹۴۳؛ ۱۹۸۶/۹۵۷. **۶-** بوسیله‌ی، از راهِ: یکم ۵۳۰/۳۲۳؛ ۱۰۰۶/۳۴۲؛ ۹۲/۷۹۴؛ دوم ۳۳۲/۲۱۶؛ ۱۷۵۳/۸۷۰. **۷-** در: دوم ۵۷۱/۱۵۷؛ ۱۶۲۰/۱۹۹. **۸-** در، اندر، به، به هنگام (در پاسخ کجا): یکم ۱۴/۱۲؛ ۸۸۵/۸۵؛ ۹۱۷/۱۳۱؛ ۴۸۹/۱۷۸؛ ۵۵۲/۲۸۲؛ ۱۴۲۸/۳۵۹؛ ۱۷۰۸/۳۷۰؛ ۱۸۵۶/۳۷۶؛ ۲۰۸۴/۳۸۵؛ ۱۹۵/۷۹۸؛ دوم ۵۱۲/۵۹؛ ۴۹۶/۱۲۰؛ ۲۹۱/۴۶۶؛ ۱۵۳۰/۹۳۹؛ ۱۸۸۶/۹۵۳؛ ۳۵۵۰/۱۰۱۹ // ~ ***پذیره شدن***: یکم ۴۷۰/۶۹ // ~ ***میان سخن***: یکم ۴۶۹/۶۹. **۹-** به (در پاسخ به کجا): یکم ۱۵۶۲/۷۵۲. **۱۰-** که، تا: یکم ۵۳۷/۷۲. **۱۱-** به جز، علاوه بر: دوم ۴۰۵۹/۷۸۱. **۱۲-** نسبت به، در مقایسه با: دوم ۳۷۷۷/۷۷۰. **۱۳-** از زمره‌ی، از جمله‌ی، از شمار، مانندِ: دوم ۶۱۰/۱۱۰۵. **۱۴-** بجای کسره‌ی اضافه: دوم ۳۴۲۸/۱۰۱۴.

از آغاز. یکم ۱۱۵۶/۵۱۳.

از آن پس. با آنکه، با وجود آنکه: یکم ۵۴۴/۳۲۴.

ازار. **۱-** شلوار، لنگ، فوطه: دوم ۱۰۷۰/۳۰۷، ۱۰۸۱؛ ۲۰۱۰/۵۶۲، ۲۰۱۳. **۲-** پارچه، پوشش: دوم ۳۵۸۶/۱۰۲۰.

ازاره. پوشش بخش فرودین دیوار: دوم ۱۹۳۶/۵۵۹.

از این. از این گونه، چنین: دوم ۹۸۳/۳۰۳؛ ۳۷/۳۴۲.

از باد. زود، فوراً، به شتاب، به تندی: یکم ۴۱۲/۲۱۵؛ ۲۶۵/۲۴۵؛

۱۳۹۳/۳۵۷؛ ۴۶/۶۳۲؛ ۵۰/۶۳۳؛ ۱۵۹۰/۷۵۳؛ ۱۹۰۹/۷۶۶؛ دوم ۲۵۴/۲۳۵.

از بر. در کنارِ، به پهلویِ: یکم ۲۹۳/۱۷۰.

از... بر. یکم ۴۵۴/۶۹.

از (ز) بن (بنه). ۱- (با فعل منفی) اصلاً، ابداً، هرگز: یکم ۹۳/۲۴؛ ۹۱۱/۸۶؛ ۷۴۸/۱۲۴؛ ۹۵۹/۳۴۰؛ ۱۴۵۲/۳۶۰؛ ۲۰۴۱/۳۸۳؛ ۸۳۰/۵۰۰؛ ۵۶۷/۷۱۳؛ ۱۴۴۱/۷۴۷؛ دوم ۵۳۹/۱۰۶۲ و دیگر. ۲- (با فعل مثبت) کاملاً، تمام و کمال، پاک، بکلّی، یکسر، تماماً: یکم ۱۰۱/۲۵؛ ۶۸۰/۷۷؛ ۶۷۶/۱۲۱؛ ۹/۳۰۳؛ ۱۶۳۸/۳۶۷؛ ۱۰۹/۴۷۱؛ ۱۴۹/۵۲۳؛ ۱۳۴۵/۷۴۳؛ دوم ۳۱۶/۸۹۱ و دیگر. ۳- از آغاز، از اصل: دوم ۳۶۸۱/۱۰۲۴ // ~ ***بی‌گمان:*** یکم ۱۷۷/۱۶۶ // ***از سر تا به بن:*** یکم ۱۱۵/۲۶۵.

از بهر. برای، بخاطر: یکم ۴۴۸/۶۸.

از پسند. دوم ۱۲۵/۲۳۰.

از پی. از برایِ، بخاطرِ: دوم ۱۳۸۶/۸۵۶؛ ۱۴۴۴/۸۵۸؛ ۴۱۹/۸۹۵؛ ۵۱۱/۱۰۶۱ و دیگر.

از پیش. در، اندر، به (در پاسخ کجا، به کجا): یکم ۹۱۷/۱۳۱؛ ۱۷۰/۳۰۹؛ ۱۴۴۷/۳۶۰؛ ۱۵۷۳/۳۶۴؛ ۱۷۹۷/۳۷۳؛ ۳۴۴/۴۳۶.

از در. شایسته‌ی، سزاوارِ، برایِ، مناسبِ، درخور، پسندیده‌ی، بخاطرِ: یکم ۴۷/۵۳؛ ۵۵۰/۷۲؛ ۷۸۷/۸۲؛ ۳۷۴/۱۷۳؛ ۸۵۸/۲۳۳؛ ۸/۲۵۳؛ ۸۱۴/۳۳۵؛ ۱۴۳/۴۰۸؛ ۱۶۹/۴۲۹؛ دوم ۵۴۱/۲۸۶؛ ۹۳۶/۳۰۲؛ ۴۷۸/۴۴۰؛ ۲۱۲۱/۹۶۲؛ ۲۶۰۸/۹۸۱ و دیگر // ***~ کار بودن:*** یکم ۱۶۹۱/۳۶۹ // ***~ کار نیست!:*** یکم ۱۰۰/۲۵.

از دود. بزودی: یکم ۱۲۷۵/۳۵۳.

از راه. به سبب، از بهر، از برای: یکم ۹۰۳/۱۳۰.

از روی. روی: یکم ۳۱۸/۶۳.

از شتاب. شتابان، به شتاب: یکم ۱۵۰/۲۵۹.

از گرد. شتابان: یکم ۹۰۷/۱۳۰.

از (ز) ناگهان (ناگه، ناگاه). ناگهان: یکم ۵۰۰/۷۰؛ ۱۲۴۶/۱۴۴؛ ۷۸۵/۳۳۳؛ دوم ۱۹۶/۲۳۳.

از نخست. ۱- از ازل: یکم ۳۴/۲. ۲- از آغاز: یکم ۳۲۳/۶۳؛ ۱۳۴۷/۱۴۸؛ ۳۴۷/۲۷۵؛ ۹۵۰/۳۴۰؛ ۸۱۴/۴۹۹؛ دوم ۱۶۱۰/۱۹۹؛ ۹۳/۲۲۸. ۳- اصلاً، هیچ: یکم ۸۴۰/۵۰۰

از نخستین. از (همان) اوّل، پیش از هر چیز: دوم ۲۷۷۸/۹۸۸.

ازیرا. زیرا، چون، بدین سبب، ازینرو: یکم ۵۸/۳؛ ۱۵۲/۵۷؛ ۶۳۵/۷۶؛

۲٤۳٦/۲٥۲؛ ۱۱۰/۲٦٥؛ ۲٤۳۸/۳۹۸؛ ٤٦۲/٤۲۱.

اژدها. **۱**- جانور افسانه‌ای: یکم ۸۹٦/۸٦ و دیگر // ***در دم ~ شدن (بودن، گرفتار شدن):*** یکم ۲۳۷/۲۰۸؛ ۱۱۹۹/۳٥۰؛ ۳۹٥/٤۱۸؛ ۲٥۳/٤۳۳؛ ۳۰۲/٤۳٥ // ***از دم ~ رستن:*** یکم ۲۱۱/۲٤۳ // ***دم ~ را سپردن:*** یکم ۱۹۹٥/۳۸۱ // ***دیده (سر) ~ را سپردن:*** یکم ۱۷۷٥/٥۸٦؛ ٦٦٤/۸۱۷ // ***کسی را دم ~ ساختن:*** یکم ۳۳٤/٦٤ // ***هر که در سینه‌ی ~ نگنجد در چنگال گرگ بماند!:*** یکم ۳۲٥/۲۱۲. **۲**- ضحاک: یکم ۹۲٥/۱۳۱ و دیگر. **۳**- کنایه از شمشیر: یکم ۷٥٦/۲۲۹؛ دوم ۷۲۷/۳۰. **٤**- کنایه از اسب: یکم ۲۰۸/۲٦۹؛ ۳٥/٦۳۲؛ دوم ۷۲۷/۲۳۳. **٥**- کنایه از این جهان: یکم ۲٥۹۷/۸۹۳.

اژدهافش. اژدها مانند: یکم ۱۷۷/۲۸؛ ۹/۲۹؛ ۳٥۷/٤۳.

اسپ. // ***~ آراسته:*** یکم ۱٦٥۷/۳٦۸ // ***~ آسوده:*** یکم ۳۱٤/٤۱٥ // ***~ افگندن*** اسب تازاندن: دوم ۲۸۳۲/۹۹۰ // ***~ برانگیختن*** جهاندن و تیز کردن اسب: دوم ۱۸٦۹/۹٥۲؛ ۲۸٥۰/۹۹۱، ۲۸٥۲؛ ۲۹۰۰/۹۹۳ // ***~ برانگیختن با کسی*** جنگیدن با او: دوم ۱۹۸۸/۹٥۷ // ***~ برکندن*** جهاندن و تیز کردن اسب: دوم ۳۹۷۱/۱۰۳٥ // // ***~ بالای:*** یکم ۲٤٤۳/۳۹۹ // ***~ سوار آزموده:*** یکم ۲۳۲۹/۳۹٤ // ***~ (باره‌ی) کسی را خواستن:*** یکم ۲۰۸/۱۰۳؛ ۲۰۱۰/۸٦۹؛ ۲۰٤۸/۸۷۱؛ دوم ۱٥۳۰/۹۹؛ ۲۱۲۲/۹٦۲ // ***~ گرم کردن:*** یکم ۱۳۷٥/۳٥۷ // ***از باد نژاد داشتن ~:*** یکم ٥٤۸/۸۱۲ // ***باد بر موی ~ گرد ننشاندن:*** یکم ۸۹۱/٦۷۳ // ***پیچنده ~*** سوار ماهر: دوم ٤۰۲/۸۱۷ // ***در هر منزلی ~ی دگر:*** یکم ۹٦٥/۷۲۹ // ***دو ~ه کردن سوار:*** یکم ۱۳٥۳/۷٤٤؛ دوم ۸۱۰/۳٤ // ***گشاده زنخ کردن ~:*** یکم ۱۲٥/۱۸۸.

اسپ‌افگن. سوار دلیر: یکم ۱۰۰۰/۱۳٤ و دیگر.

اسپ‌تاز. دوم ۲٥٦/٤۹.

اسپر. سپر: یکم ۱۹٥٦/۷٦۸ // ***~ کرگ:*** یکم ۱۹٥۷/۷٦۸ // ***~ گیلی*** (گیل‌وار): یکم ۱۳۰٦/۱٤٦؛ ۱۷۹۰/۳۷۳.

اسپری. سپری: یکم ٤۳۸/٤۸٤؛ ۱۱۳٥/٥۱۲؛ ۱۳۲۳/۷٤۳.

اسپریس. میدان اسب‌تازی: یکم ۱۳۹۰/۳٥۷؛ دوم ۳٥۳۰/۱۰۱۸.

اسپهبد. سپهبد: دوم ۲٦۸/٤۹؛ ۳۰۷/٥۱؛ ۳۲۰/٥۲؛ ٤۸٦/٥۸؛ ۹٤٥/۷٦؛ ۸۰/۱۳۸

اسپهبدی. سپهبدی: دوم ۲۸۳/۵۰.

است. اوستا: یکم ۲۱۱۶/۸۷٤؛ ۲۲۱۵/۸۷۸؛ ۳۰٤۵/۹۱۱؛ دوم ۱۱۱٦/۸۳؛ ۵۲۰/٦٤۱؛ ۷۵۱/٦۵۰ و دیگر.

استا. اوستا: دوم ۲۲۱/٤۸؛ ۹٤۱/۷٦؛ ۹۸٦/۷۸؛ ۱۲٤٦/۸۸؛ ۹۳/۲۲۸؛ ۲۷٤/۲۳٦؛ ۱۰۰٦/٦٦۱ و دیگر.

استاد. // ~ ***پرهیزگار***: دوم ۳۰۹/۱۰۵۳.

استادن (باستادن). ایستادن: دوم ۲٦٦/٤۹؛ ۳۷۳/۵٤، ۳۸۳؛ ٦۳۵/٦٤؛ ۸۲۸/۷۱؛ ۹٤٤/۷٦.

استام. ستام: دوم ۱۵۹/٤۵.

استبر. ستبر: دوم ٦٤/٤۱.

استخوان. // ***از مغز ~ چیزی گرد برآوردن***: یکم ۱۸/۲٦۱.

استن. یکم: ۱۱۷/۲۵؛ ٤۹۳/۱۱٤؛ ٦٤۰/۱۲۰؛ ۱۳۳٦/۳۵۵ و دیگر.

استوار. **۱**- محکم، پابرجا و اصولی: یکم ۱۲٤۲/۱٤٤؛ ۱۷۰/٤۲۹ // ***نامه‌ی*** ~: دوم ۳۸۵۷/۷۷۳. **۲**- معتمد، امین، ثقه: دوم ۲۹۳/۲۷٦؛ ۳۳۱/۳۸٦؛ ۱۲۸۱/٦۷۱؛ ۲۱۸۳/۷۰۷؛ ۳٦۲۸/۷٦٤؛ ۱۳۰/۸۰٦، ۱۳۷؛ ۵۲٤/۸۲۲؛ ۱۰۲٤/۸٤۱؛ ۱٤۲٦/۹۳۵؛ ۳۷٤۱/۱۰۲٦ // ~ ***کردن*** گماشتن: دوم ٤۰۸٤/۱۰۳۹. **۳**- مطمئن: دوم ۱٦۲۸/٦۸۵؛ ۲۱۸۲/۷۰۷.

اسطخر. یکم ۱۵۹/۱۹۷.

ـَاش (aš). شناسه‌ی پیوسته‌ی سوم شخص مفرد **۱**- در حالت فاعلی، او: یکم ۳٤/۱۲؛ ٦۹/۱٤؛ ۵/۱۵؛ ۳۲/۱۸؛ ۱۸۲/۲۸؛ ۲۷۰/٤۰؛ ۲۹۳/٦۲؛ ۸۰۹/۸۲؛ ۱۰۷۰/۹۳؛ ۱۲۳/۱٦٤؛ ٤۸۹/۲۸۰؛ ۷٦/۳۰٦؛ ۱۲۲۳/۳۵۱؛ ۲۲٤۲/۳۹۱؛ ۱۰۷٤/۸۳۳؛ ۲۱۰۷/۸۷۳؛ دوم ۳۹۰/۱٦؛ ۵۹/٤۱، ٦۲؛ ۷۰/٤۲؛ ۱۰۹/٤۳؛ ۱۳۷/٤٤؛ ۱۷۹/٤٦؛ ۲۸۱/۵۰، ۲۸٦؛ ۳۰۸/۵۱، ۳۰۹؛ ۳۱۹/۵۲؛ ٤۰۳/۵۵، ٤۱٦؛ ٤٤٤/۵٦؛ ٤۵۹/۵۷، ٤٦٦، ٤٦۸؛ ۵۳۳/٦۰؛ ۵٦۳/٦۱؛ ۵۸۹/٦۲؛ ٦۷۸/٦٦، ۷۰۲؛ ۷۰۵/٦۷، ۷۲۵، ۷۲۸؛ ۷۵۷/٦۹؛ ۷۸۱/۷۰، ۷۹۵؛ ۹۰٦/۷۵، ۹۲۱، ۹۲۷؛ ۱۲۸۳/۹۰؛ ۱۵۲۷/۹۹؛ ۱۳۸۳/۱۹۰؛ ۱٦۰۲/۱۹۸؛ ۲۸۷/۲۳٦؛ ۳٤۷٦/۱۰۱٦؛ ۹/۱۰٦۷؛ ٤۸/۱۰٦۹. **۲**- در حالت اضافی: یکم ۱۰/۱۱ و دیگر. **۳**- در حالت مفعول باواسطه، به او، برای او: یکم ۱۸۸/۵۸؛ ۵٦٤/۷۳؛ ٦٦۳/۱۲۱؛ ۸٦۱/۱۲۹؛ ۳۱۵/۲۷۳ و فراوان. **٤**- در حالت مفعول باواسطه، از او: یکم ٤۲۵/٦۷؛ ۸٦۱/۸٤. **۵**- در حالت مفعول بی‌واسطه، او را: یکم ۱۱۵/۲۵ و فراوان. **٦**- بجای اشان (جمع): یکم ۱۲/۱۷؛ ۳۷۷/۱۷٤؛ ۹۸٤/۳۰۰. **۷**- (به زیر یکم): یکم ۹۵۵/٦۷٦. **۸**- زائد: یکم ۳۸۵/٤٤؛ دوم ٤۵۱/۵۷.

ـاش[1] **(iš)**. شناسه‌ی پیوسته‌ی سوم شخص مفرد: یکم ۱۸/۳۰؛ ٤٦٨/٤٧؛ ۷۷۲/۸۱؛ دوم ۳۳۷/۳٥٤؛ ۱۰۸/۸۰٥.

ـاش[2] **(iš)**. پسوند مصدری: یکم ۱۸/۳۰؛ ٤٦٨/٤٧؛ ۲۷۲/٦۱ و دیگر.

اشتاب. شتاب: یکم ۲۸۱/۲۷۲.

اشقر. اسب سرخ‌رنگ: دوم ۱٤۰/٤٦۰.

اشکردن. شکردن، شکستن، کشتن: یکم ۱۷۲/٦۳۷.

اشنان. گیاه رخت‌شویی: دوم ۳۲۲/۲۳۸.

افراز. فراز، بلندی، بالا: یکم ۱/۱۸۳؛ ٤۲۰/۲۱٦؛ ۲۳٦/٤٦۰؛ ۱۰۹/٤۷۱؛ ۳۱۹/٤۷۹؛ ۳٤۰/٤۸۰؛ ۳٦۸/٤۸۱؛ دوم ۱۳۷/۱۰٦.

افراشته. دوم ۳٥٦۷/۱۰۱۹.

افروختن. ۱- (گذرا) روشن کردن← تابناک کردن، درخشاندن: یکم ۱۱۲۱/۱۳۹؛ ۲۰۹۰/۳۸٥ // ***چهر (بر)*** ~ شهرت و سرافرازی یافتن: دوم ۳۹٦۷/۷۷۷. ۲- (ناگذر) روشن شدن: یکم ۱۳٤٥/۱٤۸.

افروخته. هیجان‌زده، به شور آمده: یکم ۲٥۰۰/٤۰۱.

افروزش. ۱- فروزش: یکم ۹٦٤/۳٤۰. ۲- ستایش: دوم ٤۱۸/۲٦۲. ۳- جلا و رونق، فخر، سربلندی: دوم ۲۲۲٥/۹٦٦.

افزایش. رشد، نمو // ***اندر ~ بودن:*** دوم ۲۱۹٦/۷۰۸.

افزودن. (ناگذر) افزوده شدن: یکم ۲۳۹۲/۳۹۷.

افزودنی. یکم ۱٥۰٥/۳٦۲.

افزون. // ***به ~ شدن*** افزونی یافتن: دوم ۱٥۸۰/۸٦۳.

افزون‌منش. افزون‌اندیش، دارنده‌ی اندیشه‌ی افراطی و نامعتدل: دوم ۲٤٦٥/۷۱۸.

افزونی. نعمت، برکت، فراوانی: دوم ۲٥۳۷/۷۲۱.

افسر. ۱- تاج، دیهیم: یکم ۷٤۳/۱۲٤. ۲- نیم‌تاج زنان: یکم ۲۱۱/۲٦۹ // ***کسی را ~ بدخوی نهادن:*** یکم ۲۳۹/٦۰.

افسوس. (نیز← فسوس) ریشخند، سخریه، استهزاء، گواژه: یکم ۲٤۳/۲۷۰؛ دوم ۱۱٤۱/۸٤٦ // ***جایی را به ~ خوردن:*** دوم ٦۷۲/۲۸.

افسون. (نیز← فسون) ۱- نیرنگ، چاره، حیله، مکر، تزویر: یکم ۲۱/۱٦؛ ۳۷/۱۸؛ ٤۲/۲۲؛ ۳/۹٥؛ ۲۳۹/۲۷۰؛ ۳٥٥/۲۷٥؛ ۲۰۱٤/۳۸۲؛ ۱۲۹۲/۷٤۱؛ دوم ۳۱۸۹/۷٤۷؛ ٤۰٥۰/۷۸۱؛ ٤۰۰۷/۱۰۳۷، ٤۰۰۹، ٤۰۱۰ // ***~ بردن:*** یکم ۳٥٥/۲۷٥؛ ٤۲۹/۳۱۹ // ***~ خواندن:*** یکم ۳۰۳/۳۱٥ // ***~ کردن:*** چاره و تدبیر کردن، نیرنگ و ترفند زدن: یکم ۱۰۲۳/۹۱؛ ۱٤٦٥/۱٥۲؛ ۳٥٥/۲۷٥؛ دوم ٥۲۲/۱٥٥؛ ۸٥۲/۱٦۸؛

۱۱۷۱/۱۸۱؛ ۲۹۵/۱۰۹۳ // ~ *شاهان:* یکم ۲۰۱/۵۹ // *به مهر ~ کردن:* یکم ۱۱۹۷/۸۳۸؛ ۱٤۵۲/۸٤۷؛ دوم ۵٤/۲۱۹. **۲**- جادوی، سحر: یکم ۳۵۱/۵۳۱، ۳۷۰، ۳۷٤؛ ۲٤۷۳/٦۱٤؛ ۷۸۳/٦٦۹؛ ۸۳۷/٦۷۱؛ دوم ۱٦۰٤/٦۸٤؛ ۱٦٦٦/٦۸۷؛ ۳٦۰/۸۱۵ // ~ *خواندن:* یکم ۲٤۹۸/۷۹۰.

افسون‌پژوه. جادوگر: یکم ۲۰۳/۵۹؛ ۳۵۳/۵۳۱.

افسونگر. تدبیرساز، چاره‌شناس، چاره‌دان: یکم ۱۹٦/۵۸؛ ۱۰۳۸/۹۱؛ ۲۳۹۱/۳۹۷؛ ۵٦٦/٦٦۱؛ ۱۰۷۹/۸۳۳؛ ۱۵٤۷/۸۵۱؛ دوم ۱۵٦۵/۸٦۳.

افسونگری. دوم ۳۲٦٦/۱۰۰۷.

افسون‌گشای. یکم ۲۰۰/۵۹.

افگندن. ۱- ترک کردن، رها نمودن، از خود راندن، دور کردن، دور انداختن، طرد کردن، از اعتبار انداختن: یکم ٤٤۹/٦۸؛ ۱۰۲/۹۹؛ ۱۸۸/۱۰۲؛ ۲۷۳/۱۰٦؛ ۱۰۱۱/۱۳٤. **۲**- کشتن و بر زمین انداختن: یکم ۲۰۰/٤۳۱ و دیگر. **۳**- (ناگذر) افگنده شدن: یکم ٤۵۵/۲۱۷؛ ٤۷۱/۲۷۹؛ ۸۷۲/۲۹۵ // *کسی را باره ~:* یکم ۳۰۵/۲٤٦ // *چیزی را سوی خویش ~* آن را تحمل نمودن: دوم ٤۱۰۳/۷۸۳.

افگندنی. گستردنی، فرش: یکم ۲۳۷٤/٦۱۰، ۲۳۸۵؛ دوم ۱۱٤۷/۵۲۸، ۱۱٤۸ و دیگر.

افگنده. ۱- طردشده، رانده‌شده، ازنظرافتاده: یکم ۳۰۸/۲۱۱؛ دوم ٦۸۵/۱۱۰۸. **۲**- کشته و بر زمین افتاده: یکم ۲۳٦/۱٦۸. **۳**- به شمار آورده نشده: یکم ۷۵۸/۲۲۹؛ **۳**- فرش: دوم ۷٦۵/۹۰۹.

اکوان. یکم ٤٦/٦۳۲.

اگر. (نیز← گر) ۱- حرف شرط: یکم ۹۱/۵؛ ۱۲۷/۲۰٤؛ ۱۲٤/٤۵٦ و فراوان. **۲**- حرف ربط، یا: یکم ۷٦/۳۲؛ ۵۹٤/۱۱۸؛ ۱۵۹/۲۵۹؛ ۷٦۵/٤۹۷؛ ۸۳۰/۵۰۰ و فراوان. **۳**- حرف شرط در بیان انکار: یکم ۵۵۵/۳۲٤. **٤**- اگرچه، اگر هم: یکم ۱۸۱۰/۳۷٤. **۵**- مگر (؟): یکم ۱۱۷/۱۹٦. **٦**- قید برابری // ~... ~: چه... چه، خواه... خواه: دوم ۳۱۷/٤۹۵؛ ۸۱/۱۰٤٤.

اگرچند. با اینکه، هرچند، اگرچه: یکم ٦۱۰/۱۱۹؛ ۱۰۷۲/۱۳۷؛ ۱٤۵/۱۹۷.

اگر نی. اگر جز این باشد (در بیان تهدید): دوم ۱۸۵۳/۵۵٦؛ ۱۳۸/٦۲٦.

الا. (از اصوات) ای: دوم ۵۲۳/۳۹۳ و دیگر.

الا ای. دوم ۱/۳٤۱؛ ۱/٦۲۱؛ ۲٦۳۲/۹۸۲، ۲٦۳٤.

الا یا. دوم ٤۰۵/۱۰۵۷.

الماس. ۱- کنایه از شمشیر: یکم ۹۷۳/۸۹؛ ۲۰۲/۱٦۷؛ ٤۰۲/٤۸۳. **۲**-

کنایه از پیکان: یکم ٢١٣٠/٦٠٠. **٣-** نگاره برای تیزی و برّندگی و درخشش: یکم ١٠٢٣/١٣٥. **٤-** نگاره برای سوزاندگی: یکم ٨٧٤/٨٥ **٥-** نگاره برای سختی و استقامت: یکم ٩٥٦/١٣٢.

ـَم (-um). شناسه‌ی پیوسته‌ی یکم کس مفرد به خوانش گویشی آن: دوم ١٥٦/٢٧١؛ ٣٥٤٩/٧٦١.

امید. آرزو، آز، هوس: دوم ١٥٩٤/١٩٨ // ~ ***داشتن*** گمان بردن: یکم ٥٩٥/٢٢٣ // ~ ***کردن*** امید دادن: یکم ١٢٧/٣٠٨؛ ٤٢٦/٣١٩.

اَنبار. // ~ ***شهری*** سیلو: دوم ٢٤٥/٦١٥.

انباردن. (پهلوی hambārīdan) پر کردن: دوم ١٦٤/٤٥؛ ٢٦٩/٥٠.

انباز. جفت، همتا، همسر، یار، همراه، شریک (← همباز): یکم ١٠٠/٥٥؛ ٣٨٨/٦٦، ٣٩٨؛ ٥٧٨/١١٧؛ ٨٤/٢٦٤؛ دوم ٣٣٣٠/١٠١٠.

انبوده. جمع، گرد هم: دوم ٣٢٨/٤٣٤.

انبوه. بسیاری سپاه: یکم ٥٧٢/٧٣؛ ٩٠٠/٢٩٦؛ ٨٠٢/٤٩٩؛ ٢٢٨٩/٦٠٧ // ***به*** ~: دسته‌جمعی، گروهی، همه با هم: یکم ١٩١/٥٢٤؛ ٣٣٥/٥٣٠ // ***بی*** ~ ***شدن***: یکم ٥٠٢/٤٨٧.

انجامش. // ***روز*** ~: یکم ١٣٩٨/١٥٠.

انجامیدن. به پایان رسانیدن، سپَردن: دوم ١٢٠٣/٣١٢؛ ٣٧٤/٦٢٠.

انجمن. ١- مردم، مجلس، جمع، جمع مردم، دیگران، حضّار، مردم کوچه و بازار: یکم ١٢٩/٦؛ ٤٣٥/١١٢؛ ٦٣٦/١٢٠، ٦٤٠؛ ١٠٦٦/١٣٧؛ ١٢٨٣/١٤٥؛ ١٣٥٣/١٤٨؛ ٤٧٤/١٧٧؛ ٧٠/١٨٦؛ ٤٥١/٢١٧؛ ٨٧/٢٣٨؛ ٣٥٩/٢٤٩؛ ٢٣٨/٢٧٠؛ ٣٥١/٢٧٥؛ ٥٠٥/٢٨١؛ ٥٧٩/٢٨٤؛ ٨٨٥/٢٩٦؛ ٢٣٤/٣١٢؛ ٣٠٦/٣١٥؛ ٤١٥/٣١٩؛ ٤٣٨/٣٢٠؛ ١٠١٥/٣٤٢؛ ١٢١١/٣٥٠؛ ٢٠٩٢/٣٨٥؛ ٢١٢٦/٣٨٦؛ ١٧٤/٤٠٩؛ ٣٩٦/٤١٨؛ ٨٠/٤٢٦؛ ٥١٧/٤٤٣؛ ٥٧٨/٤٤٥؛ ٣٦٨/٦٥٣؛ ١٢٢٦/٨٣٩؛ دوم ٥٩٦/١٠٦٤؛ ٥٤٦/١١٠٣ // ~ ***بودن*** جمع بودن: یکم ٣٩٣/٤١٨ // ~ ***ساختن*** انجمن کردن: یکم ١٢٣/٢٣٩ // ~ ***شدن (گشتن)***: ١- گرد آمدن مردم: یکم ٢٢٧/٣٨، ٢٣٥؛ ٩١٤/١٣١؛ ٣٩٤/١٧٤؛ ١٥٦/١٨٩؛ ٥٢٦/٢٢٠؛ ٢١٧/٢٤٣؛ ٢٨٥/٢٤٦؛ ٣٠٢/٢٤٦؛ ١٢٨/٢٦٦، ١٣٢؛ ٣٩٠/٢٧٦؛ ٦٢٠/٢٨٥؛ ١٠٠/٣٠٧؛ ٦٠١/٣٢٦؛ ٧٣٦/٣٣٢؛ ١٢٤٦/٣٥٢؛ ١٥٦٨/٣٦٤؛ ١٦٥٥/٣٦٨؛ ١٧٥٦/٣٧٢؛ ١٨٥٥/٣٧٦؛ ٣٥/٤٠٤؛ ٨٨/٤٠٦؛ ١٢٩/٤٠٨؛ ٣٩٨/٤١٨. ٢- گرد آمدن غیرجاندار: یکم ١/٢٩؛ ٣/٩٥ // ~ ***کردن*** گرد آمدن، جلسه کردن: یکم ٣٧٨/٦٦؛ ٥٧٠/٧٣؛ ٢٧/١٨٤؛ ٣٥٢/٢٤٨؛

۶۰۲/۲۸۴؛ ۵۶۲/۳۲۵. **۲-** سپاه، لشکر، گروه: یکم، ۴۸/۱۳؛ ۱۴۸/۱۶۵، ۱۵۵، ۱۵۸؛ ۱۷۰/۱۶۶؛ ۲۵۲/۱۶۹؛ ۳۳۰/۱۷۲؛ ۶۵/۱۸۵؛ ۴۹۱/۲۱۸؛ ۵۱۴/۲۱۹؛ ۵۱۷/۲۲۰؛ ۶۸۳/۲۲۶؛ ۷۲۸/۲۲۸؛ ۲۲۸/۲۴۴، ۲۳۰؛ ۱۱/۲۵۳، ۱۴؛ ۶۴/۲۵۵؛ ۱۵۹/۲۵۹؛ ۱۸۰/۲۶۸، ۱۸۱؛ ۵۵۳/۲۸۳؛ ۹۰۱/۲۹۶؛ ۵۷۴/۳۲۵؛ ۷۷۵/۳۳۳؛ ۱۰۲۱/۳۴۳؛ ۱۳۳۳/۳۵۵؛ ۱۴۱۷/۳۵۸؛ ۲۰۲۸/۳۸۹؛ ۲۲۱۱/۳۹۰؛ ۲۱۸/۴۱۱؛ ۲۷۳/۴۳۳؛ ۴۳۳/۴۴۰؛ ۲۳۶۳/۶۱۰؛ ۱۳۰۸/۷۴۲؛ ۱۳۵۱/۷۴۴؛ ۱۳۷۵/۷۴۵؛ ۱۴۱۷/۷۴۶؛ ۱۷۵۱/۷۵۹؛ دوم ۲۰۸۶/۹۶۱؛ ۲۸۲۷/۹۹۰؛ ۲۹۸۲/۹۹۶. **۳-** سران و بزرگان: یکم ۲/۱۵۹؛ ۴۶۹/۱۷۷؛ ۸/۲۵۳؛ ۴۰۱/۲۷۷؛ ۷۸۷/۲۹۲؛ ۹۴۳/۲۹۸؛ ۸۶۹/۳۳۷؛ ۱۶۷۹/۳۶۹؛ ۱۷۱۴/۳۷۰؛ ۱۹۸۹/۳۸۱؛ ۳۱۳/۴۱۵؛ ۷۷۳/۶۶۹؛ دوم ۳۲۸۸/۱۰۰۸. **۴-** مردم، قوم، ملّت: یکم ۳۸/۱۲؛ ۱۵۶/۵۷؛ ۳۸۲/۶۶؛ ۴۳۵/۶۸؛ ۵۵۸/۷۳؛ ۶۲۱/۷۵؛ ۴۱۰/۱۱۱؛ ۹۳/۱۶۲؛ ۱۰۹/۱۶۳؛ ۱۹/۱۸۴؛ ۸۳۶/۲۳۲؛ ۴۴/۲۳۶؛ ۳۱۷/۲۴۷؛ ۱۳۱۶/۳۵۴؛ ۱۵۹۰/۳۶۵؛ ۲۲۷۰/۳۹۲؛ ۲۳۰۷/۳۹۳؛ ۲۳۶۵/۳۹۶؛ ۱۷/۴۰۳؛ ۴۶/۴۰۴؛ ۲۹/۴۲۴؛ ۲۱۲۶/۶۰۰؛ ۱۲۲۹/۸۳۹، ۱۲۴۲؛ دوم ۲۲۳۰/۹۶۶؛ ۳۲۷۲/۱۰۰۷. **۵-** معانی ۲-۴: یکم ۵۲۱/۴۴۳؛ دوم ۲۰۹۳/۹۶۱ // ~ *پراگندن*: یکم ۳۸۲/۶۶ // *از ~ سر برکشیدن (برآوردن)*: یکم ۱۷۴/۴۰۹؛ ۱۶/۴۲۳ // *بر سر ~*: یکم ۳۰۶/۳۱۵ // *پراگندن ~ را نجستن*: دوم ۶۱۸/۴۷۹ // *سر ~* رهبر مردم: دوم ۱۶۰۳/۸۶۴. **۶-** دوده، دودمان، گروه: یکم ۴۳۸/۵۳۴. **۷-** کنایه از جهان // *بدان ~*: جهان دیگر: دوم ۲۹۷/۲۱۴.

اند. چند: یکم ۷۹۵/۲۹۲؛ ۳۴۶/۶۵۲؛ دوم ۱۳۱۴/۹۱.

انداختن. ۱- دور افکندن، توجّه نکردن، خوار گرفتن، ترک کردن: یکم ۲۳۱/۱۰۴؛ ۳۷۰/۱۰۹؛ ۹۶۵/۱۳۳؛ ۲۰۱۱/۳۸۲؛ دوم ۳۰۵۶/۹۹۹. **۲-** بر زمین افکندن: یکم ۶۸۱/۲۲۶. **۳-** کشتن: یکم ۲۲/۳۰۴. **۴-** افکنده شدن: یکم ۵۷۲/۲۲۲. **۵-** بردن: یکم ۲۱۰۶/۳۸۵. **۶-** رای زدن، تدبیر کردن، برنامه ریختن، طرح کردن: یکم ۵۲۶/۵۳۷؛ ۲۷۳/۸۰۱؛ دوم ۱۴۷۵/۵۴۱؛ ۲۳۹۶/۹۷۳؛ ۶۴/۱۰۸۳ (برانداختن)؛ دوم ۳۹۹/۱۰۹۷ // *اندیشه ~*: یکم ۲۰/۳۰؛ دوم ۲۲۳/۴۳۰ // *بد ~ ساختن*: یکم ۱۲۳/۶۴۳ // *پند ~* پند گفتن: دوم ۲۹۵۷/۷۳۸ // *چاره ~*: دوم ۲۱۲۱/۵۶۶ // *چپ و راست گفتن و*

~ همه‌ی جوانب کار را دیدن و تدبیر کردن: دوم ۲۰۶۱/۷۰۲ // **سخن ~**: یکم ۱۳۷/۲۰۴.

انداز. اندازه: یکم ۸۹۳/۵۵۲؛ دوم ۲۸/۴۲۲.

اندازه. ۱- مقدار میانه و دور از افراط و تفریط: دوم ۱۲۰۹/۵۳۰ **~ خاستن**: یکم ۳۱۲/۲۱۱ //**~ خویش را دیدن**: یکم ۳۵/۲۲ // **~ گرفتن (از کسی، چیزی، کاری)** ۱- سنجیدن، قیاس کردن، از او و از آن عبرت گرفتن، او را و آن را سرمشق نهادن: یکم ۱۲۹/۵۶؛ ۵۱۸/۷۱؛ ۶۵/۲۰۱؛ ۸۵۱/۲۹۴؛ ۹۸۸/۳۴۱؛ ۱۴۹۲/۳۶۱؛ ۱۹۷۷/۳۸۰؛ ۴۱۲/۴۳۹؛ ۴۲۲/۴۸۳؛ ۲۱۸۶/۸۷۶؛ دوم ۲۴۰/۱۱۰؛ ۲۴۳/۱۴۴؛ ۱۲۷۷/۱۸۵؛ ۱۷۷/۲۳۲؛ ۷۰۰/۲۹۲؛ ۱۵۰۲/۳۲۴؛ ۶۵۲/۳۶۷؛ ۴۳۴/۳۹۰؛ ۷/۴۸۳؛ ۲۴۶/۴۹۲؛ ۱۰۶۶/۶۶۳ //**از خود ~ گرفتن**: یکم ۱۴/۶۳۱ // **سخن‌ها از ~ اندر گذشتن**: یکم ۲۰/۱۶۰. ۲- تعیین کردن // **از چیزی نتوان برتر ~ گرفتن**: دوم ۲۶۳۶/۷۲۵ // **از دانش ~ داشتن**: یکم ۷۳۳/۳۳۱ // **کلاه کسی را ~**: یکم ۱۴۹۲/۳۶۱. ۲- مقام؛ مرتبه، لیاقت: دوم ۵۰۹/۱۰۶۱ // **بر دیگر ~ شدن (کردن)**: یکم ۲۶۱/۸۰۱؛ ۳۱۲۵/۹۱۴؛ دوم ۲۵۵/۱۱۱؛ ۲۴۶۱/۹۷۵؛ ۲۵۰۳/۹۷۷.

اندام. عضو بدن: یکم ۵۴/۹۷ // **به ~ ۱-** درست، کامل، خوب و مناسب: دوم ۱۵۵/۴۸۹؛ ۱۳۴۹/۵۳۶. **۲-** آماده، مهیّا: دوم ۲۶۷/۴۹۳.

اندر. // **~ این هم** هم اندرین، اندر همین: یکم ۲۹۹۰/۹۰۹.

اندرآشفتن. خشمگین شدن: یکم ۱۲۷۷/۵۶۷.

اندرآگندن. پر کردن، انباشتن: یکم ۱۱۳/۲۵.

اندرآمدن. ۱- رسیدن: یکم ۳۲/۱۸۴. **۲-** پدید شدن، ایجاد گشتن: یکم ۱۱/۱۱. **۳-** دررسیدن، آغاز کردن، ابتدا نمودن، دست بردن: یکم ۳۷۵/۲۱۴؛ ۳۹۳/۲۱۵؛ ۱۶۱۸/۳۶۶؛ ۳۵۱/۴۳۷؛ ۱۸۹۶/۵۹۱؛ دوم ۱۵۰۹/۱۹۵؛ ۲۴۹۷/۹۷۷.

اندرآویختن. ۱- آویزان کردن، حلق‌آویز نمودن: یکم ۵۳۶/۳۲۴. **۲-** آویزان شدن: یکم ۲۱۴۵/۳۸۷. **۳-** گلاویز شدن، جنگیدن، حمله کردن: یکم ۱۱۴۹/۳۴۸. **۴-** مشغول کردن، سپردن: یکم ۱۰۳۴/۳۴۳ // **از (به) شیرین‌روان ~**: یکم ۲۴/۳۰؛ ۱۰۴۶/۸۳۲.

اندرافراشتن. بلند کردن، بالا بردن: یکم ۸۴۳/۸۴؛ ۸۷۰/۸۵؛ ۱۰۰۳/۹۰؛ ۳۸۴/۲۵۰؛ ۱۶۸۲/۳۶۹؛ ۳۲۱/۴۱۵؛

۲۱۵۳/۶۰۱.

اندرافگندن. کار گذاشتن: یکم ۱۷۹/۵۸.

اندرانداختن. بردن، به جایی بردن: یکم ۹۱۹/۸۷.

اندراندودن. مالیدن: دوم ۵۱۰/۶۴۱.

اندرپذیرفتن. پذیرفتن، قبول کردن: یکم ۱۲۹/۱۰۰؛ دوم ۲۱۹۹/۹۶۵.

اندرچمیدن. یکم ۳۰۴۴/۹۱۱.

اندرخمیدن. تا شدن: یکم ۸۴۱/۸۴؛ ۱۷۸۵/۸۶۱.

اندرخور. سزا، لایق، مناسب: یکم ۲۱۰/۲۰۷؛ ۱۱۳۶/۳۴۷ // ~ *آمدن* مناسب بودن، سزا و لایق بودن: یکم ۹۲/۵۴ //~ **بودن** سزاوار بودن، لایق بودن: یکم ۱۱۴۶/۱۴۰؛ ۵۸۷/۲۲۲؛ ۳۵۷/۲۷۵؛ ۲۰۱۹/۳۸۲ // ~ **جام** *شدن* یکم ۱۲۷۶/۳۵۳.

اندرخوردن. موافق آمدن، جور بودن، مناسب و لایق و سزاوار بودن: یکم ۱۶/۱؛ ۱۱۴/۶؛ ۱۶۷/۵۷، ۱۷۱؛ ۴۴۴/۱۱۲؛ ۱۱۳۰/۱۳۹؛ ۴۹۵/۱۷۸؛ ۲۱۷۲/۳۸۸؛ ۲۴۶/۴۱۲؛ ۳۸۵/۴۳۸؛ ۱/۶۳۱.

اندردادن. زدن، زخم زدن در جنگ: یکم ۱۰۸/۴۰۷.

اندردمیدن. شتابیدن، تازیدن، تاختن: یکم ۲۲۶۵/۷۸۰.

اندرز. وصیت، سفارش، پند: یکم ۸۸۱/۵۵۱؛ ۲۰۹۶/۷۷۴؛ ۳۱۰۵/۹۱۴، ۳۱۰۶، ۳۱۰۹؛ دوم ۱۱۵۷/۱۸۱؛ ۱۵۷۵-۱۵۷۷/۱۹۷؛ ۳۸۲/۲۶۰؛ ۴۳۴/۲۶۲؛ ۲۳/۲۶۶؛ ۱۸۱۲/۳۳۶؛ ۶۵۳/۴۴۷؛ ۹۵۷/۶۵۸؛ ۲۸۶۲/۷۳۴؛ ۵۰۳/۱۰۶۱ // ~ *کسی به بن آمدن*: یکم ۷۲/۴۲۶.

اندرزنامه. دوم ۲۸۵/۱۰۵۲.

اندرسرای. اندرونی (؟): یکم ۱۰۶/۲۵.

اندرشتابیدن. درشتافتن، به شتاب آغازیدن: یکم ۳۷۲/۴۳۷.

اندرشمیدن. آشفته و پریشان شدن: یکم ۲۷۲۱/۸۹۸.

اندرافروختن. // *آتش* ~: یکم ۹۲۴/۱۳۱.

اندرکشیدن. ۱- راندن، حرکت کردن: یکم ۲۹۴/۴۰؛ ۱۵۸/۱۹۷؛ دوم ۱۱۳۷/۵۲۷؛ ۱۴۳۶/۵۳۹. ۲- سپری شدن، گذاشتن: یکم ۲۰۵/۲۰۷.

اندرمیان. موجود، دردست، مهیّا: یکم ۱۶۹۹/۳۶۹.

اندرنشاختن. نشانیدن، در نشاندن، نصب کردن: یکم ۴۹/۲۳؛ ۵۲۶/۷۱؛ ۹۹۴/۹۰؛ ۳۴۱/۲۴۸؛ ۱۸۱۷/۸۶۲؛ دوم ۴۶۲/۳۵۹.

اندرنوردیدن. // *راه* ~: یکم ۲۸۷/۲۴۶ // *زمین را* ~: دوم ۲۵۷۳/۹۸۰.

اندرنوشتن. بسته شدن، لوله کردن (نامه): دوم ۵۰۲/۴۴۱؛ ۱۹۱۹/۵۵۸؛ ۲۰۸۹/۷۰۳؛ ۲۱۴۹/۷۰۶ // *اندرنوشته*

شدن نام بسته شدن طومار زندگی: دوم ۳۴۹/۵۳ // **باد را به تگ ~**: یکم ۶۰۸/۸۱۴.

اندرنهادن. زدن، حمله کردن، هجوم آوردن: یکم ۹۴۴/۸۸؛ دوم ۷۵۸/۶۹؛ ۱۳۶۴/۹۳؛ ۱۰۷۴/۱۷۷.

اندکی. (قید نفی) هیچ: دوم ۱۸۷۵/۸۷۵ و دیگر.

اندودن. مالیدن: دوم ۳۵۷/۲۷۹.

انده. //~ **سوگوار**: دوم ۱۴۱۷/۹۳۴.

آندیان. دوم ۷۵/۸۸۲.

اندیشگان. (جمع اندیشه): یکم ۴۷۳/۶۹؛ ۳۲۷/۱۰۸؛ ۷۳۵/۱۲۴ // ~ **دراز آمدن**: یکم ۱۲۴۷/۱۴۴ // **انبوه ~**: یکم ۱۰۲/۵۵.

اندیشه. ۱- فکر، رای، تأمّل، تدبیر، خیال: یکم ۲۰/۳۰؛ ۱۰۶۸/۱۳۷؛ ۱۲۲/۲۰۴؛ ۳۶۷/۲۴۹، ۳۷۲؛ ۳/۳۰۳؛ ۸۳۵/۳۳۵؛ ۱۲۳۳/۳۵۱؛ ۱۵۸۵/۳۶۵؛ ۱۶۳۷/۳۶۷؛ ۱۱/۴۲۳ // ~ **انداختن**: دوم ۲۶/۱۰۶۸ // **~ها بر دل نادرست شدن**: دوم ۲۹۱۶/۹۹۳ //~ **افزودن**: دوم ۷۴۶/۳۱ //~ **کردن** ۱- تأمّل کردن، فکر کردن: یکم ۱۱۴۴/۳۴۸. ۲- شور کردن، مشورت نمودن: یکم ۱۵۱/۳۰۹ // **از ~ جان بر فشاندن**: یکم ۴/۵۱۷ // **از کسی ~ها درگرفتن** درباره‌ی او اندیشیدن: دوم ۱۰۸/۳۷۷ // **به ~ از مایه (ماه) برتر شدن**: دوم ۶۶/۲۰۵ // **دراز گشتن ~**: یکم ۲۲۱۸/۸۷۸؛ ۲۷۴۵/۸۹۹. ۲- تفکّر آمیخته با نگرانی و اندوه و غم، تشویش، اضطراب، دلواپسی: یکم ۶۶۶/۱۲۱؛ ۸۱۸/۱۲۷؛ ۱۴۶۴/۱۵۲؛ ۸۳/۲۰۲؛ ۳۲۴/۲۱۲؛ ۸/۲۳۵؛ ۳۸۱/۲۵۰؛ ۴۵/۲۶۲؛ ۴۷/۲۶۳؛ ۲۹۷/۲۷۳؛ ۴۳۹/۲۷۸؛ ۲۳۶/۳۱۲؛ ۴۵۲/۳۲۰؛ ۵۷۷/۳۲۵؛ ۸۷۹/۳۳۷؛ ۱۰۷۲/۳۴۵؛ ۱۱۸۳/۳۴۹؛ ۲۳۶۰/۳۹۵؛ ۲۳۶۳/۳۹۶؛ ۲۴۰۵/۳۹۷؛ ۱۵۵۹/۵۷۸؛ ۲۶۷۱/۶۲۲؛ دوم ۲۶۶/۲۳۵؛ ۸۰/۳۷۶؛ ۹۶/۳۷۷؛ ۱۵۶۹/۵۴۴؛ ۲۰۶۵/۷۰۲؛ ۲۵۹۹/۷۲۳ و دیگر // **پُر ~** نگران، دلواپس، مضطرب، مشوّش، پرفکر و خیال: دوم ۱۷۰۹/۹۴۶؛ ۲۲۸۳/۹۶۸؛ ۳۳۴۴/۱۰۱۰؛ ۹۸/۱۰۴۵ و دیگر // **کسی را از جایی ~ بودن**: یکم ۵۲/۶۴۱ // مانند کردن ~ به بیشه: دوم ۲۴۵۳/۹۷۵. ۳- خیال، گمان و تصوّر، مشغولیّت ذهنی: یکم ۱۶۵/۳۵؛ ۲۴۱/۲۰۸؛ ۱۴۵/۴۲۸، ۱۴۶ // ~ **آسان کردن**: یکم ۲۷۰/۳۱۳ // ~ **از دل ستردن**: یکم ۴۳۹/۲۷۸ //~ **اندر گرفتن**: یکم ۳۴۷/۴۳۶ // ~ **بجای آمدن**: یکم ۱۵۸۵/۳۶۵ //~ **بر دل دراز کردن**: یکم ۱۰۷۲/۳۴۵؛ ۱۶۱۱/۳۶۶ // ~ **پست کردن**: یکم

٤٣٤/٤٢٠ // ~ *دراز گشتن*: یکم ٨١٠/٨٢؛ ٧٧٠/١٢٥؛ ٩٨١/٢٩٩ // *جان را اندر ~ بستن*: یکم ١٣٠٦/٣٥٤ // *دل از ~ آزاد داشتن*: یکم ٤٥/٢٦٢ // *دل از ~ شستن*: یکم ٢٩٧/٢٧٣؛ ٧٦٣/٢٩١؛ دوم ١٧٨٩/٩٤٩ // *دل اندر ~ بستن*: یکم ١٠٦٨/١٣٧؛ ٣٨١/٢٥٠ // *روان از ~ کوتاه (آزاد) شدن*: یکم ٣٦٧/٢٤٩؛ ٤٧/٢٦٣ // *از نیک و بد ~ کوتاه کردن*: یکم ٨٦٢/٢٩٥ // *گردون را به ~ زیر آوردن*: یکم ١١/٤٢٣.

اندیشه‌آرا. یکم ١١١٩/٣٤٧.

اندیشیدن. نگران بودن، واهمه کردن، شکوهیدن: یکم ٢٣٤/٣١٢؛ دوم ٤٤٣/١٥٢ // *از کسی نیندیشیدن*: یکم ١٥٦٩/١٥٦.

انقاس. مرکب: دوم ٢٩٦٢/٩٩٥.

انگاره. افسانه: دوم ٩٦/٢٢٩؛ ٣٦٥٩/١٠٢٣.

انگبین. // ~ *به زهر آمیختن*: یکم ٣١٩/٦٣.

انگرم. انگره‌مینو: دوم ١٥٢٤/٥٤٣.

انگشت. // ~ *بر خاک زدن و به لب آلودن*: یکم ٢٩٥٣/٩٠٧ // ~ *بر لب زدن*: دوم ٢٢١٨/٩٦٦ // ~ *گزیدن*: یکم ١٥٢/١٦٥ // ~ *و دندان*: یکم ١٥٥/١٦٥.

انگِشت. زغال: یکم ٨/٦٣٩؛ دوم ١٤٦١/٣٢٢؛ ١٤٦٥/٣٢٣.

انگشتری. ١- مهر و نگین: یکم ٩١٨/٨٧. ٢- کنایه از قدرت و پادشاهی: یکم ٩٣٤/٨٧؛ ١٠٦٣/٩٢؛ ٨٤١/١٢٨؛ ٥٩/١٦١؛ ٥٠/٢٠١؛ ١٨٨٤/٣٧٧ // *جهان را زیر ~ داشتن*: یکم ٦٤/٣١ // *گیتی را بر کسی ~ کردن*: یکم ١٧٩/٢٨ // *مهر ~*: یکم ٩٢٤/٨٧.

انگیختن. به جنبش درآوردن، روانه کردن، فرستادن // *کسی را ~*: یکم ٨٠٥/٣٣٤ // *لشکر ~*: یکم ١٩٣/٣٧.

انگیزندن. انگیزاندن: دوم ٥٦٨/٦١.

انوشه. ١- جاوید، بیمرگ: یکم ٨٨٤/١٢٩؛ ٢١٥/١٦٧؛ ١٠٧/٢٠٣؛ ١١١٧/٣٤٦؛ ١٣٢٤/٣٥٥؛ ٢٣٤٣/٣٩٥؛ ٨٦٢/٥٥١؛ ١٠١١/٥٥٧؛ ١٢٠٧/٥٦٤؛ ١٨١٠/٥٨٨؛ ٢٥٩٩/٦١٩؛ ٤٩/٦٤١؛ ٤٩٧/٦٥٨؛ ٧٥٠/٦٦٨؛ ٢٩٠٠/٩٠٥؛ دوم ٦٧٣/١٢٧؛ ٨٢/١٣٨ // ~ *بَدی* جاوید باشی: دوم ٦٧٥/٣٦٨؛ ٧٨/٣٧٦؛ ٢٧١/٣٨٣؛ ٥٠٢/٣٩٢؛ ٥٢٤/٤٧٦؛ ١٧١٠/٥٥٠؛ ٢٤٩/٦١٥؛ ٢١١/٦٢٩؛ ١٦٦٩/٦٨٧؛ ٣٧٠٣/٧٦٧، ٣٧٠٨، ٣٧١١؛ ٣٧٢٣/٧٦٨؛ ٣٧٩٤/٧٧١؛ ٣٣٨/٨١٤؛ ٩٩٥/٨٤٠؛ ٨٠٠/٩١٠، ٨٠٢؛ ٢٩٥٢/٩٩٥؛ ٣٠٢١/٩٩٨؛ ٤٠١١/١٠٣٧؛ ٧٧/١٠٤٤ // ~ *زیاد* جاوید بماناد: دوم

۳۹۹٤/۱۰۳٦. **۲**- (از اصوات) چه خوشا، چه نیکو، خوشبختا: یکم ۳۷۰/٦٥؛ ٥۳/٤۲٥؛ ۷٥۰/٦٦۸؛ دوم ۲۲٤/٦۳۰؛ ۱۲٥۹/٦۷۱؛ ۱۸۷۷/٦۹٥؛ ۹٤۱/۸۳۸.

انوشه‌روان. یکم ۳۱٤/٤۳٥.

انیران. نام بیست و نهمین روز ماه: دوم ٦٤۸/۱۱۰۷.

او. در معنی شناسه‌ی همگانی خود: یکم ٤۷۹/٦٥۷؛ دوم ۳۰۰۹/۹۹۷.

اورمزد. **۱**- نام روز نخستین هر ماه و نماد بهترین روز، فرخنده، خجسته: یکم ۲٤۱۰/۳۹۷؛ دوم ۱٦۱٦/۱۹۹؛ ۳۷۸/۲٦۰؛ ٤۳۰/۳۹۰؛ ۹۰/٤۰۸؛ ۲٤٥/٤٦٥؛ ۱۳٦/٦۲٦؛ ۳۰٦۷/۷٤۲؛ ۱٦۳۹/۹٤۳؛ ۳۸۹۱/۱۰۳۲؛ ۲٥٤/۱۰٥۱؛ ۳۱۸/۱۰٥۳. **۲**- کنایه از فرزند: یکم ۱۳۸٤/۱٤۹.

اورند. بها و زیبایی، فرّ و شکوه، شوکت: یکم ۱٤٤۹/۳٦۰؛ ۱۷۳۰/۳۷۱؛ ۲٤٦۲/۳۹۹؛ ۲٤٦۲/۳۹۹؛ ۱٥۰/٤۲۹؛ ٦۲٦/٤٤۷؛ ۲٦۳۷/۸۹٥؛ دوم ٦۰۰/۱٥۸؛ ۳٤۰/۳٥٤؛ ۸٥۸/٥۱۷؛ ۲۲۲۹/٥۷۰؛ ۱۹٥/٦۲۹؛ ۱۸۷۹/٦۹٥؛ ۲۱۰۷/۷۰٤؛ ۲۲٤٦/۷۱۰؛ ۲۲۸۹/۷۱۱؛ ۲۳۱۳/۷۱۲؛ ۳٤۰۸/۷٥٥؛ ۳۳۲/۸۱٤؛ ۲٤۳٥/۹۷٤؛ ۳۲۷٦/۱۰۰۸؛ ۳۷۹۳/۱۰۲۸؛ ٤۳٦/۱۰۹۸.

اورنگ. **۱**- تخت پادشاهی: یکم ٦۳۱/۱۲۰؛ ۱۱٥٤/۱٤۰؛ ۱۰۰/۲۰۳؛ ۷۱٥/۲۲۷؛ ٥۰۸/٤٤۳؛ دوم ۹٥/۱۰٤؛ ۳٦/۱۳٦ و دیگر. **۲**- بها و زیبایی، فرّهی و شکوه: یکم ۲۳٥٦/۳۹٥؛ ۲٤۸۲/٤۰۰؛ ۹۸/٤۰٦؛ ۸٦/٤۷۰؛ ۱۸۲۱/۸٦۲؛ ۲٤۱۰/۸۸٥؛ دوم ٦٥۸/٦٥. **۳**- (؟): نیرنگ، حیله: دوم ۲۰۹/۳٤۹.

ـاوزن. ـافکن، ـزن، ـکُش: یکم ٦۸۹/۷۸؛ ۹۲۷/۸۷؛ ۱۹۰/۲٦۸؛ ۳٦۱/۲۷٥؛ دوم ۲٦۳۲/۹۸۲.

ـاوژن. ← ـاوزن.

اوستاد. استاد، خواجگان سرای: دوم ۲۳۸٦/۷۱٥.

ـاومند. یکم ٤٥/۹۷.

اومید. امید: یکم ٤٥/۹۷؛ ٤٤۱/۱۱۲؛ ٥٦۸/۱۱۷، ٥٦۹؛ ۱۲٦٤/۱٤٤؛ ۱٤۹/۲۰٥؛ ٦٦۷/۲۸۷؛ ۲٥۲۱/٤۰۲؛ ٥۱۰/٦٥۸؛ ٥٥٦/٦٦۰؛ ٦۰۳/٦٦۲؛ ۸٤۲/٦۷۱؛ ۹۱٤/٦۷٤ و دیگر.

اوی. **۱**- شناسه‌ی سوم شخص مفرد: یکم ٥۷۲/۲۲۲؛ ۲۱۰/۲٦۹؛ ۱۰۹۹/٥٦۰ و دیگر. **۲**- ضمیر مشترک، برابر خود، خویش، خویشتن: یکم ۳۳۲/۱۰۸؛ دوم ۲۰۹۰/۷۰۳.

اهرمن. اهریمن، کنایه از دژخیم: یکم ۲۷/۱۸؛ ۳۸٤/٦٦؛ ٥٦۸/۷۳؛ ٦۳/۹۷؛ ٥۳۳/٦٥۹ // ***جای ~ در زیر زمین***

است: یکم ١٥٦/٢٧ // *کسی را ~ رستخیز کردن*: یکم ٩٢٩/٦٧٥.

اهتوخشی. صنعتگر: یکم ٣١/٢٢.

ای. ١- (حرف صوت) وه، چه، زها، حبّذا: یکم ١٠٢٥/١٣٥. ٢- حرف ندا، الا، یا: یکم ١٦/١؛ ١٥٤٦/١٥٦.

ایچ. (نیز← هیچ) هرگز، اصلاً، ابداً: یکم ١٠/٥١؛ ١١٠/٥٥؛ ٢٠٢/٥٩؛ ٩٥٨/٣٤٠؛ ١٥٠٠/٣٦٢؛ دوم ٥٦٤/٣٩٥ و دیگر.

ایدر. ١- اینجا: یکم ٩٥٥/٨٨؛ ١٥٢/١٨٩؛ ٨٢/٢٠٢؛ ١١١/٢٠٣، ١١٧؛ ٧٠٠/٥٤٤، ٧٠١ و فراوان. ٢- به اینجا: ١١٤١/٣٤٧. ٣- اکنون، حالا: یکم ١٨/١٦٠؛ ٦٦/٢٠١ (؟)؛ ٢٦٦/٤١٣؛ ١١٣١/٥١٢.

ایدون. ١- چنین، این‌چنین، اینگونه، و اما: یکم ٤١٤/٤٥؛ ٩٢٩/١٣١؛ ١٤٢/٤٧٢، ١٤٥. ٢- اکنون، الحال: یکم ١/١٩٩؛ ٤٦٧/٢١٨؛ ٥٧٧/٢٢٢؛ ٤٤١/٢٧٨؛ ٢٩٣/٣١٤؛ ٩٦٢/٣٤٠؛ ١٠١٤/٣٤٢؛ ١٩٥٢/٣٧٩؛ ١٩٦٥/٣٨٠؛ دوم ١٠٩٣/٨٤٤؛ ٢٩١٣/٩٩٣ و دیگر.

ایران. ١- کشور آزادگان // *~ آباد*: یکم ١٢٣٩/٧٣٩ // *~ فرّخ (نهاد)*: یکم ١٢٧١/٧٤١ // ***جهان را به ~ نیاز آوردن***: یکم ١١٦٩/٥٦٣. ٢- بخشی از ایران، ایران اصلی، پایتخت و مرکز ایران، پارس، پایتخت ساسانیان: یکم ٢٨٧٩/٦٣٠؛ ٢٥٤٦/٨٩١، ٢٥٥٠، ٢٥٥٦؛ ٢٦٤٦/٨٩٥؛ ٢٩٣٤/٩٠٧؛ دوم ١١٢٢/٨٣؛ ٢٧٦/١٤٥؛ ٢٨٧/١٤٦؛ ٤٢٥/١٥١؛ ٨١٤/١٦٧؛ ١٠٣٨/١٧٦؛ ١٢٦١/١٨٥؛ ١٤٧٨/١٩٣؛ ١٣٥/٢٢٢؛ ٢٣٨/٢٥٤؛ ٢٨٤/٢٥٦؛ ٢٥٨/٣٥١؛ ١٨٩٤/٨٧٦؛ ١٣٠/١٠٤٦ و دیگر. ٣- ایرانیان نژاده، ایرها (جمع ēr در پهلوی): یکم ٣٠٨/٤٧٩؛ ٣٩٦/٤٨٢؛ ٦٤٧/٤٩٣؛ ٩٥/٥٢٠؛ ١٠٦٩/٥٥٩؛ ١١٨٢/٥٦٣؛ ١٢٦٨/٥٦٧؛ ١٤٤٦/٥٧٣؛ ٢٠٩٨/٥٩٩، ٢١٠١؛ ٢٧٢٠/٦٢٤؛ دوم ٩٥/٤٨٦؛ ١٨٨٩/٥٥٧؛ ١٨٨٩/٦٩٦؛ ٢٩٨/٨١٣؛ ٤١٧/٨١٧؛ ٣٠٤٦/٩٩٩؛ ٣١١٩/١٠٠٢.

ایرانیان. ١- نژادگان ایران: یکم ١١٨/٣٠٧؛ ٥٣٣/٣٢٣؛ ٦٢٩/٦٦٣؛ ٢٦٣٣/٨٩٤؛ دوم ٢٩/١٣٦؛ ١٠٣٢/١٧٦، ١٠٤٠؛ ١٠٦٢/١٧٧، ١٠٧٦؛ دوم ٧٨١/٨٣٢؛ ٤٨٩/٨٩٨؛ ٥٣١/٨٩٩؛ ٨٩٠/٩١٣؛ ١٨٦٠/٩٥٢؛ ٢٩٩١/٩٩٦؛ ٣٩٦٣/١٠٣٥؛ ١٥/١٠٤١، ١٧؛ ٢٥/١٠٤٢؛ ٢٨/١٠٧٢، ٣٣، ٣٦؛ ٥١٧/١١٠١ و دیگر. ٢- بزرگان ایرانی پیش از لهراسپ: دوم ٢٩/١٣٦.

ایرمان. مهمان، یار، مردِ دین: دوم ٣٥٨/١٥؛ ٨٣٦/١٣٤؛ ٤٣٥/٥٠٠؛ ٥٤٣/٥٠٤؛ دوم ٦١٥/٦٤٥ و دیگر.

ایزدگشسپ. دوم ١١٥/٨٨٣؛

.١٦٨١/٩٤٥

ایزدی. یکم ١٢٦٥/٣٥٢.

ایستاده. اصطلاح نجومی: دوم ٣٥٨٩/١٠٢٠.

ایمن. در امن، در امان، مصون: یکم ٣٤٥/٤١٦ // ~ ***شدن:*** یکم ٤٠٢/٣١٨ // ~ ***گشتن:*** یکم ٤٥٧/٣٢٠ // ***به کسی ~ بودن:*** یکم ١٢١١/٣٥٠.

ایمنی. امنیّت، مصونیّت: یکم ٣٤٤/٤١٦.

این. ١- ادات تحسین، اینت!: یکم ٣٦٢/٢٤٩. ٢- در تأکید و تأیید و تعریف و تذکّر و بیان عهد ذهنی (پیشینه‌یادی، پیش‌شناخت): یکم ٢٢٤/٦٠؛ ٨٩٨/١٣٠؛ ٨١٢/٢٣١؛ ٤٥١/٢٧٩؛ ١٠٤٤/٦٧٩؛ دوم ١٩٤٩/٦٩٨؛ ٢٣٨٣/٧١٥؛ ٦٤٢/٩٠٤، ٦٥٣؛ ٦٦٩/٩٠٥؛ ١٠٦٧/٩٢١؛ ٢٠٤٠/٩٥٩ و دیگر (نیز ← آن).

اینت. ١- (از ادات تحسین) زهی! خه‌خه! آفرین! به‌به! این ترا! این به پسند تو! این است چنانکه باید! به‌به از این! این را می‌گویند!: یکم ٤٦٤/٦٩؛ ٥٢١/٧١؛ ٦٢٠/٢٨٥؛ ٢٠٠/٣١١؛ ١٣٨٦/٣٥٧؛ ١٤١٧/٣٥٨؛ ١٥٨١/٣٦٥؛ ٢٣٨٠/٣٩٦؛ ١٢٣/٤٠٧؛ ٤١٢/٤٣٩؛ ١٠٨٩/٥١٠؛ ١١٨٠/٥١٤؛ ٩٣٥/٥٥٤؛ ٢٠٣٠/٨٧٠؛ دوم ٧٣٧/٦٨. ٢- شگفتا، عجبا: یکم ٤١٦/٥٣٣؛ دوم ٣٨٧١/١٠٣١. ٣- در بیان شگفتی به طعنه: دوم ١٠٧/٢٢٩.

اینک. (قید زمان و مکان) اینجا و اکنون: یکم ١٠٧٩/١٣٧؛ دوم ٢٨٣٢/٩٩٠ (نیز ← آنک).

ایننند. (عدد مبهم) اند، چند: دوم ٩٨٣/٧٨.

ایوان. ١- کاخ، قصر، کوشک: یکم ٩/٢٩؛ ٤٣/٣١؛ ٣٤٩/٦٤؛ ٣٩٤/٣١٨؛ ٥١٨/٣٢٣؛ ١٢٨٠/٣٥٣؛ ١٣٠١/٣٥٤؛ ١٤٧٨/٣٦١؛ ٢١٠٠/٣٨٥؛ ٢٣٥٩/٣٩٥؛ ٢٣٦٦/٣٩٦؛ دوم ٢١٣٨/٩٦٣؛ ٢٢١٠/٩٦٥؛ ٢٢٨٣/٩٦٨؛ ٢٣٤٣/٩٧١؛ ٢٣٥٦/٩٧١؛ ٣٣٠٢/١٠٠٩؛ ٣٧٠٧/١٠٢٥، ٣٧١٠؛ ٣٧١٥/١٠٢٥، ٣٧١٨، ٣٧٢١؛ ٣٧٢٧/١٠٢٦؛ ٤٩٨/١٠٦٠ // ~ ***گوهرنگار:*** یکم ٦٩٨/٦٦٦. ٢- صُفّه، پیشگاه: یکم ١٤٢٥/١٥١؛ ٥٢٦/١٧٩؛ ١٦٧٥/٣٦٨؛ ١٨٣٣/٣٧٥.

ب

با. حرف اضافه **١**- همراهِ، در معیّتِ، در همراهیِ، در ملازمتِ← همتایِ، درخورِ، شایسته‌ی، لایقِ، مانندِ: یکم ٣٨٩/١١٠؛ ٤٣٢/١١٢؛ ٦٤٥/٤٩٢؛ ٣٣/٥١٨. **٢**- در بیان مصاحبت و مشارکت: یکم ٦٧٤/١٢١؛ ٧٨٧/٢٩٢. **٣**- در معنی استعانت و کمک: یکم ٧٦٠/٢٩١؛ دوم ٢٦٦١/٩٨٣. **٤**- در حقِ، بجایِ، برایِ، بخاطرِ: یکم ٧١/٢٠٢. **٥**- بر، روی: یکم ٢٧٩/٢٤٥. **٦**- تا، تا به: یکم ٩١٨/١٣١. **٧**- به، در: یکم ١٢٧٥/١٤٥؛ ١١٨/٤٥٥؛ ١٥٤٦/٧٥١. **٨**- سویِ، بنزدِ: یکم ٢٢٢/٣١١؛ ٢٢٦٩/٣٩٢؛ ٢٤٤٢/٣٩٩؛ ٦٤٣/٤٩٢. **٩**- هنگامِ، در وقتِ: یکم ٨٩٠/٨٦؛ ٦٢٤/٢٨٥. **١٠**- در برابرِ، در مقابلِ: یکم ١٣٣٤/٣٥٥؛ ٥٥٦/٤٤٥. **١١**- همچنین، نیز، ایضاً، بعلاوه (بجای واو عطف): یکم ١٠٢١/٩١؛ ٧٠٠/١٢٢؛ ٤٠١/١٧٤؛ ١٣٢/١٨٨؛ ٥٥٩/٢٢١؛ ٢٢٢/٣١١؛ ١١٢٤/٣٤٧؛ ١٤٩٤/٣٦١؛ ١٥٧٧/٣٦٥؛ ٢١٩٠/٣٨٩؛ ٢٢٣٤/٣٩٠؛ ١٩/٤٠٣؛ ٢٣٢/٤٣٢؛ ٤/٤٥١؛ ٨٤/٤٧٠؛ ٩٩/٥٢١؛ ١٠٨٣/٥٥٩؛ دوم ٤١٠/١١٧؛ ١٣٣٧/١٨٨؛ ٧١٢/٦٤٩؛ ٢٦٠٠/٧٢٣؛ ٣٩٣٢/٧٧٦؛ ٤٢٧٢/٧٨٩؛ ٤٦٢/٨١٩؛ ٦٩٠/٨٢٨؛ ١٣٥١/٨٥٤؛ ١٦٨٧/٨٦٧؛ ١٢٩٦/٩٢٩؛ ١٩٥٢/٩٥٥؛ ٢٠٨٩/٩٦١. **١٢**- به، بر: یکم ١٤٣٨/١٥١؛ ٣٤٩/٢٤٨؛ ٤٦٣/٣٢١؛ ١٤٧٥/٧٤٩؛ دوم ١٩٥/١٠٨؛ ٦/٤٤٩؛ ٣٤٥٣/٧٥٧؛ ١/٨٠١؛ ٤٢٣/٨٩٥. **١٣**- صاحبِ، دارنده‌ی (اگر پیش از با مضاعف یا موصوف بیاید کسره‌ی اضافه می‌گیرد): یکم ٨٥٧/٢٩٥؛ ١٠١٢/٣٠١. **١٤**- با وجودِ: یکم ٧١٢/٧٩؛ ١١٩١/٣٤٩؛ ١٢٤٠/٣٥١؛ ٢٤٠٨/٣٩٧؛ دوم ١١٧٨/١٨١. **١٥**- با اسم صفت مرکب سازد: یکم ١١٥٨/١٤٠. **١٦**- درحالیکه: یکم ٢٤٨٩/٨٨٩. **١٧**- به

علّت، به سبب: دوم ۲۳۷/۶۳۰. ۱۸- در مورد: دوم ۳۸۳۵/۷۷۲.

باآفرین (بآفرین). ستوده، محمود، فرخنده، فرّخ، شایسته، درخور، سزاوار، ارزنده: یکم ۳۰۷/۴۱؛ ۶۷۰/۷۷؛ ۱۷۴/۱۹۸؛ ۸۶۱/۲۳۳؛ ۶۰۷/۲۸۵؛ ۱۲۱۴/۳۵۰؛ ۱۶۸۵/۳۶۹؛ ۱۷۱/۴۲۹؛ ۶۵۴/۴۴۹؛ ۵۹/۵۱۹؛ ۶۴۷/۶۶۴؛ دوم ۵۶۲/۱۵۷؛ ۲۱۲۱/۷۰۵؛ ۲۱۶۱/۷۰۶؛ ۳۶۵/۸۱۵؛ ۴۹۴/۱۰۶۰.

باب. پدر، بابا: یکم ۷۹/۹۸؛ ۶۷۸/۲۸۷؛ ۱۳۲۷/۳۵۵؛ ۱۴۴۱/۳۵۹؛ ۴۶/۶۴۸؛ دوم ۶۹۲/۶۶؛ ۴۹۴/۵۰۲؛ ۲۰۷۳/۵۶۴ و دیگر.

بابک. باب، پدر: دوم ۶۷۴/۶۵؛ ۶۹۱/۶۶.

بابزن. سیخ: یکم ۷۶۶/۲۲۹؛ ۱۶/۲۶۱؛ ۶۰۹/۷۱۵.

باتن. نیرومند: یکم ۶۷۶/۳۲۹.

باج.← باژ.

باچنگ. بازور، نیرومند: یکم ۲۵۹/۶۱؛ ۱۱۴۹/۳۴۸ (نیز← چنگ).

باختر. شمال: یکم ۱۲۷۴/۷۴۱؛ ۳۳۴/۸۰۴؛ دوم ۳۱۳۴/۱۰۰۲.

باختن. ۱- ورزیدن: یکم ۶۶۹/۲۸۷؛ ۱۴۲۰/۳۵۸؛ ۴۹۱/۵۳۶. ۲- بازیدن، بازی کردن (شطرنج و نرد): یکم ۱۳۲۲/۳۵۵؛ دوم ۲۷۰۳/۷۲۷.

باخته. ریخته و پراکنده‌شده: یکم ۶۴۴/۲۲۵.

باد[۱]. بباشد! (کوتاه‌شده‌ی بواد): یکم ۳۴/۵۲ و دیگر // ***بادی:*** یکم ۱۰۴/۲۰۳؛ ۱۹۸۰/۳۸۰ // ***بوا:*** یکم ۷۳/۶۴۱ // ***بواد:*** یکم ۷۴۱/۶۶۷ // ***مباد (مبادا):*** یکم ۳۲۰/۳۱۵؛ ۷۳۵/۶۶۷ // ***مبادی:*** یکم ۲۳۷۴/۸۸۴ // ***مه... باد:*** یکم ۸۴۱/۱۲۸ (نیز← بدی).

باد[۲]. ۱- هوای جنبنده، جریان هوا، یکی از چهار عنصر: یکم ۳۷/۲ و دیگر // ~ ***آورده را ~ می‌برد:*** یکم ۱۶۴۶/۷۵۵؛ دوم ۱۴۲۱/۱۹۱ // ~ ***باآفرین:*** یکم ۶۵۴/۴۴۹ // ~ ***بر کسی نرسیدن (برنگذشتن):*** یکم ۱۵۱/۷؛ ۵۹۵/۷۴ // ~ ***بهمن:*** یکم ۶۷۶/۴۹۴ // ~ ***در قفس کردن:*** دوم ۴۱۱/۱۵۱ // ~ ***در گلبرگ افتادن:*** دوم ۶۶۲/۶۵ // ~ ***را در میان راه نبودن:*** یکم ۱۰۳۲/۵۵۷ // ~ ***را در نهفت آوردن:*** یکم ۱۸۵۸/۳۷۶ // ~ ***را هم فرمان نبردن:*** یکم ۱۲۳/۴۲۷ // ~ ***سبک*** نسیم: دوم ۳۴۳/۱۱۴ // ~ ***کژ*** باد مخالف، طوفان: یکم ۱۹۸۰/۸۶۸؛ ۲۰۷۰/۸۷۲ // ~ ***نوشین ایران:*** یکم ۷۱۱/۶۶۶؛ دوم ۸۱/۱۰۸۴ // ~ ***هوا (روی) کسی را ندیدن:*** دوم ۱۱۳۶/۸۴؛ ۱۲۵۵/۸۹ // ***از ~ موج خاستن:*** یکم ۱۶۳۶/۸۵۵ // ***بر***

(با) ~ راز نگشودن: دوم ۲۵۳۵/۹۷۸ // *بر ~ راه بستن*: دوم ۳۹۳/۶۳۶. ۲- کنایه از رعد و برق: یکم ۴۶۰/۴۲۱؛ دوم ۸/۱۳۵. ۳- نماد تیزی و شتاب و سرعت: یکم ۳۹۸/۶۶؛ ۶۵۱/۱۲۰؛ ۹۷۶/۳۴۱؛ دوم ۲۸۲۲/۹۹۰ // *آتش از ~ جنبیدن*: یکم ۳۴۳/۶۴ // *آتش و ~ را داشتن*: یکم ۱۷۴۰/۵۸۵ // *از ~ موج برخاستن*: یکم ۱۰/۲۳۵ // *با ~ انباز (همباز، همراه، جفت) گشتن (گردیدن)*: یکم ۳۹۸/۶۶؛ دوم ۵۸۹/۱۲۴؛ ۲۵۸/۲۳۵؛ ۹۳۲/۹۱۵ // *بکردار (برسان، چو، چون) ~*: یکم ۴۴۶/۴۶؛ ۸۰۶/۸۲؛ ۸۹۹/۸۶؛ ۱۵۴/۱۸۹؛ ۱۲۹/۲۵۸؛ ۹۷/۲۶۵؛ ۱۷۴/۲۶۸؛ ۶۱۳/۲۸۵؛ ۱۸۳۷/۳۷۵؛ ۲۳۳۷/۳۹۵؛ ۶۰/۴۶۹؛ ۱۵۲۵/۵۷۷؛ ۱۵۴۸/۵۷۸؛ ۲۳۵۸/۷۸۴؛ دوم ۴۰۳/۱۷؛ ۲۵۷/۲۳۵؛ ۳۰۲/۲۵۷ و دیگر // *چو ~ از جای اندر آمدن*: دوم ۲۵۹/۲۳۵ // *چو ~ شدن*: یکم ۵۸/۶۳۳ // *ز ~* به زودی، به شتاب: دوم ۱۲۵۱/۸۵۰. ۴- کنایه از آه، دریغ و حسرت: یکم ۲۳۹/۱۶۸؛ دوم ۱۶۳/۱۴۱؛ ۳۱۳۱/۷۴۴؛ ۴۲۵۸/۷۸۹ // *~ سرد* (نیز← سردباد): یکم ۷۷/۲۴؛ ۲۱۹/۳۸؛ ۷۹۳/۱۲۶؛ ۲۲/۱۶۰؛ ۲۴۱/۱۶۸؛ ۴۳/۲۰۱؛ ۹۰۷/۲۹۷؛ ۱۴۵۹/۳۶۰؛ ۲۰۱۴/۳۸۲، ۲۰۱۸؛ ۳۱/۴۶۸؛ ۱۰۳۱/۵۵۷؛ ۸/۶۳۹؛ ۶۶۴/۶۶۴؛ ۸۰۲/۶۷۰؛ ۵۷۲/۷۱۳؛ ۲۴۳/۸۰۰؛ دوم ۸۹۱/۷۴؛ ۱۳۹۹/۹۴؛ ۹۳/۲۰۶؛ ۶۰/۲۱۹ // *~ سرد (بر کسی، بر لب) نزدن (نیاوردن، برزدن، برآوردن)*: یکم ۱۱۴/۲۵؛ ۱۴۷/۳۵؛ ۴۴۷/۶۸؛ ۱۴۵۹/۳۶۰؛ ۲۳۹۹/۳۹۷؛ دوم ۴۰۵۵/۱۰۳۸ // *لب کسی را پر از ~ کردن*: یکم ۲۱۸۴/۸۷۶. ۵- کنایه از سبکساری: یکم ۱۹۱۹/۳۷۸ // *بر ~*: یکم ۳۷۹/۶۶. ۶- کنایه از ناپایداری: یکم ۴۱۳/۶۷؛ ۱۰۷۵/۹۳؛ ۴۳۶/۲۵۲. ۷- کنایه از هیچ، هدر، نابود، بر باد شده؛ هیچی و پوچی، بیهودگی: یکم ۳۷۹/۶۶؛ ۷۷۵/۱۲۵؛ ۴۳۶/۲۵۲؛ ۱۴۷۰/۳۶۰؛ ۳۰۳/۴۳۵؛ ۳۷۳/۴۳۷ // *~ در چنگ (دست، مشت) بودن (داشتن، ماندن)*: یکم ۸۹۳/۸۶؛ ۲۰۶۴/۳۸۴؛ ۳۵۵/۷۰۵؛ ۱۰۳۳/۷۳۱؛ ۴۰۷/۸۰۶؛ دوم ۵۰۴/۲۱؛ ۹۶۹/۱۷۳؛ ۱۵۶۳/۱۹۷؛ ۱۳۰/۲۵۰؛ ۳۶۳۷/۷۶۴ // *~ دشت*: دوم ۱۴۰/۱۴۰ // *~ دیدن*: یکم ۱۰۲۳/۸۳۱ // *~ گشتن*: یکم ۸۹۳/۳۳۸؛ ۱۳۳۷/۳۵۵؛ ۲۱۱۴/۷۷۴ // *~ و بید*: دوم ۲۵۲۷/۹۷۸ // *از ~ آمدن و به ~ شدن*: دوم ۹۷۰/۶۵۹ // *با ~ راست گشتن* با باد یکی شدن، هیچ گشتن و فراموش شدن: دوم

۱۲۴۲/۸۵۰ // *بر ~ بیهوده، بی‌سبب:* دوم ۱۱۸/۶۰۱ // *بر ~ بودن:* یکم ۲۳۱۹/۶۰۸ // *بر ~ چیزی نوشتن:* دوم ۳۴۳۰/۷۵۶ // *بر ~ و دم:* یکم ۲۲۴۵/۳۹۱ // *جهان را ~ داشتن:* دوم ۳۳۰۸/۱۰۰۹ // *چون ~ گشتن از دست رفتن:* دوم ۳۲۸۳/۷۵۰ // *رنج‌ها بر چشم کسی ~ گشتن:* دوم ۳۴۴۹/۷۵۷ // *ز ~ آمدن:* یکم ۷۹۵/۴۹۸ // *کاری را ~ داشتن:* یکم ۲۲۳/۶۴۷ // *همه رنج ~ گشتن به دشت:* یکم ۳۷۳/۴۳۷. **۸**- کنایه از نالایق و ناشایست و ناچیز: یکم ۱۱۷/۵۵؛ ۱۹۴۰/۳۷۹ // *هر ~ را از جای جنبیدن:* یکم ۱۱۷/۵۵؛ ۱۶۰/۲۴۱ // *هر ~ را میان بستن:* یکم ۱۹۴۰/۳۷۹. **۹**- کنایه از ابهت و کرّوفرّ، شکوه، غرور و کبر و منی و نخوت: یکم ۸۳۰/۲۳۲؛ ۳۰۸/۶۳؛ ۱۱۹/۲۵۷؛ ۸۵۲/۲۹۴؛ ۲۰۶۹/۳۸۴؛ ۳۶۶/۴۳۷؛ ۲۴۸/۴۶۱؛ ۲۷۲/۴۷۷؛ ۳۱۴/۴۷۹؛ ۲۶۲/۸۰۱؛ ۲۵۴۱/۸۹۱؛ ۲۸۴/۴۶۲؛ دوم ۹۲۵/۶۵۷ // *~ در مغز اندرافگندن:* یکم ۳۶۶/۴۳۷ // *با (پر از) ~ و دم:* یکم ۲۵۰/۴۱۲؛ ۲۸۴/۸۰۲؛ ۲۹۸۳/۹۰۹؛ دوم ۱۷۱۱/۸۶۸؛ ۳۸۷۷/۱۰۳۱ // *سر کسی را پُر ~ کردن:* یکم ۳۰۸/۶۳؛ دوم ۱۷۴/۲۵۲؛ ۷۸۰/۱۱۱۲. **۱۰**- کنایه از زور و شدّت و حدّت و جنبش سریع در میدان نبرد: یکم ۸۹۵/۸۶؛ ۶۲۳/۱۱۹؛ ۲۶۰/۴۱۳؛ ۲۹۶/۴۳۴ // *~ (آوردن) دبوس (گرز، زوپین):* یکم ۹۵۸/۱۳۲؛ ۹۹۵/۱۳۴؛ ۳۱۷/۴۱۵؛ دوم ۳۱۶۶/۷۴۶ // *~ آوردگاه (نبرد):* یکم ۶۲۳/۱۱۹؛ ۱۵/۲۳۵ // *~ با کسی بودن:* ۵۵۵/۵۳۹ // *~ کسی جستن:* یکم ۴۳۴/۴۲۰ // *برگشتن ~ نبرد:* یکم ۱۵/۲۳۵ // *~ نبرد:* یکم ۵۶۸/۴۸۹؛ ۱۸۹۶/۷۶۵؛ دوم ۴۵۶/۴۳۹؛ ۷۶۱/۱۱۱۱. **۱۱**- کنایه از شدّت و ناملایمی: دوم ۲۰/۱۰۷۶. **۱۲**- باد تند و طوفان‌گونه: یکم ۲۵۷/۵۲۷؛ ۳۷۹/۵۳۲؛ دوم ۳۲۵۴/۷۴۹، ۳۲۵۵. **۱۳**- دم، نفس: دوم ۱۲/۸۰۱ //*~ شرم:* دوم ۳/۸۰۱.

بادآور. به شتاب باد: یکم ۷۴۷/۷۲۰.

بادافره.← پادافره.

بادپا. کنایه از اسب تیزرو: یکم ۳۰۷/۴۱، ۳۰۸؛ ۹۳۱/۱۳۱؛ ۱۶۲/۲۶۷؛ ۱۸۷/۲۶۸؛ ۴۷۶/۴۲۱؛ ۱۷۱/۴۲۹ و دیگر.

بادخنده. خنده‌ی تلخ، زهرخند: دوم ۹۱۱/۷۵.

بادرنگ. ترنج، کنایه و نگاره برای رنگ زرد رخسار: یکم ۴۳/۱۳؛ ۹۷۸/۳۴۱.

بادسار. بادسر، کله‌باد، مغرور، سبکسر:

یکم ۱۹۱۸/۳۷۸؛ ۸۳۷/۶۷۱؛ ۷۵۱/۷۲۰؛ ۲۴۳۳/۷۸۷.

بادسر. مغرور: یکم ۷۲۶/۳۳۱.

باده. //~ ***ساده:*** دوم ۸۴/۴۲۴.

بار[۱]. // ***در~ بستن:*** یکم ۵۶۶/۷۳.

بار[۲]. جنس، کالا، متاع: یکم ۷۹۷/۳۳۴.

بار[۳]. پسوند مکان به معنی ساحل، کنار: یکم ۳۹۶/۱۱۰؛ ۴۰۳/۱۱۱ و دیگر.

بار[۴]. آلایش که بر زبان، معده و پیشاب پدید آید: دوم ۴۲۷/۲۸۲.

بار[۵]. آنچه حمل گردد //~ ***و بنه*** اسباب و اثاثیه، رخت و پخت: یکم ۱۴۷/۵۲۲ و دیگر // ***به دل از کسی ~ داشتن:*** دوم ۹۱۳/۷۵ //~ ***داشتن*** آبستنی: یکم ۵۷۶/۷۳.

بار[۶]. ثمر، میوه، بر // ***به ~ آمدن:*** یکم ۲۶۴/۴۶۱.

بارای. مدبّر، اندیشمند: یکم ۱۱۴۹/۱۴۰.

بارکش. ۱- سنگین: یکم ۲۶۹/۴۱۳. ۲- باردار، کشنده‌ی بار (صفت اسب و شتر و استر پرطاقت): یکم ۱۰۹۴/۱۳۸؛ ۲۸۶/۲۷۲؛ ۴۷۶/۴۲۱؛ ۱۹۲/۵۲۴؛ دوم ۳۶۸/۱۱۵.

بارگی. باره. اسب: یکم ۲۷/۱۸؛ ۲۱۵۱/۳۸۷ و دیگر.

بارگیر. چارپایان بارکش: دوم ۲۳۶/۴۹۲.

بارنج. رنجدیده، زحمتکش: یکم ۲۴۵/۴۳۲.

بارو. باره و دیوار دژ: یکم ۴۳۶/۲۷۸.

باره[۱]. دیوار دژ، حصار، دژ: یکم ۹۰/۳۲؛ ۵۲۱/۱۱۵؛ ۱۵۹۹/۱۵۸؛ ۸۳/۱۸۶؛ ۲۳۱/۲۷۰؛ ۲۵۷/۲۷۱؛ ۲۸۱/۲۷۲؛ ۴۴۴/۲۷۸؛ ۷۷۶/۲۹۱؛ ۶۳۷/۴۴۸؛ ۶۵۷/۴۴۹؛ ۱۰۹۵/۶۸۱.

باره[۲]. اسب: یکم ۶۸۹/۱۲۲ و دیگر // ***(از در) ~ پهلوان خواستن:*** دوم ۱۴۱۹/۹۵ // ***کسی را ~ افگندن:*** یکم ۳۰۵/۲۴۶.

باره[۳]. ۱- بار، دفعه: یکم ۱۶۶/۲۰۵؛ ۱۳۹۴/۳۵۷ // ***ازین ~:*** یکم ۴۰۰/۴۳۸؛ دوم ۲۰۹/۲۳۳ // ***به هر ~یی*** به چند بار: دوم ۳۶۰۶/۷۶۳؛ ۵۳۸/۱۰۶۲ // ***یک ~*** یکبار: دوم ۱۴۹/۶۱۱. ۲- موضوع: دوم ۱۹۱/۸. ۳- جهت، بابت: دوم ۱۷۶۰/۳۳۴؛ ۱۳/۳۴۱. ٤- گونه: دوم ۹۳۱/۵۱۹؛ ۱۳٤/۶۱۰.

باری. ۱- کوتاه‌سخن، بهر حال، بهر جهت، براستی: یکم ۳۷۰/۴۳۷؛ ۶۴۲/۶۶۴؛ ۹۷۱/۷۲۹؛ دوم ۴۸۴/۱۲۰. ۲- ای کاش: یکم ۶۰۴/۵۴۱؛ دوم ۳۰۴۰/۹۹۸.

باریک. ۱- تیزبین، روشن‌بین، دقیق، نکته‌سنج، آگاه: دوم ۳۸۵۱/۱۰۳۰؛ ۵۹۳/۱۰۶۴ // ***اندیشه‌ی ~:*** دوم ۴۲۱۱/۷۸۷ // ***سخن‌های ~:*** دوم

۴۸۴/۴۴۰. ۲- لاغر، تکیده: دوم ۶۹۴/۶۶؛ ۳۵۹۲/۷۶۳. ۳- لغزنده و خطرناک // *راه ~*: دوم ۳۸۷۰/۷۷۴.

باریک‌بین. صفت اسب: یکم ۴۲۰/۴۵.

باریک‌جوی. ژرف‌اندیش: دوم ۴۰۷۷/۷۸۲.

باریک‌سنج. دقیق و ژرف‌نگر: دوم ۱۶۸۷/۳۳۱.

باریک‌موی. // *روان را به ~ اندرآوردن* موشکافی کردن: دوم ۴۰۷۷/۷۸۲.

باریکی. نازکی: دوم ۲۷/۴۵۴.

باز[1]. واحد طول و درازا: یکم ۴۳۸/۴۶؛ ۵۳۲/۱۱۶؛ ۷۸۸/۲۳۰؛ دوم ۵۴۶/۲۳؛ ۱۴۷۱/۳۲۳؛ ۵۴۴/۵۰۴.

باز[2]. پرنده‌ی شکاری // *کبوتر دنبال ~ را گرفتن*: یکم ۲۷/۶۹۲.

بازِ. ۱- سوی، نزدِ: یکم ۴۵۳/۶۹؛ ۲۵۹/۱۰۵؛ ۴۳/۱۶۰، ۴۶؛ ۱۳۳/۱۹۶؛ ۱۶۸/۲۴۱؛ ۳۴۱/۲۷۴؛ ۳۹۴/۲۷۶؛ ۲۸۲/۴۷۸؛ ۷۳۵/۷۱۹؛ ۸۰۴/۷۲۲؛ دوم ۴۱۷/۵۵؛ ۷۳۹/۶۸، ۷۵۴؛ ۷۷۳/۶۹؛ ۱۴۸/۶۰۳ و دیگر. ۲- درباره‌ی: یکم ۹۶۵/۲۹۹ // *~ جای*: یکم ۱۶۸/۲۴۱ // *~ کسی گفتن*: یکم ۹۶۵/۲۹۹.

بازار. ۱- بازارگاه، کوی و گذر، محل خرید و فروش (واقعی یا به کنایه← جلوه، رونق): یکم ۲۳۰/۳۸؛ ۲۶۰/۳۹؛ دوم ۹۴۹/۳۰۲؛ ۱۶۳۶/۳۲۹؛ ۷۰۷/۳۶۹؛ ۱۰۹/۴۲۵؛ ۵۹۳/۴۴۴؛ ۶۶۵/۴۸۱؛ ۲۷۸۹/۷۳۱؛ ۲۹۶۳/۷۳۸ // *~ برخاستن*: یکم ۹۰۸/۶۷۴ // *~ تیز کسی سست شدن*: دوم ۶۷/۲۱۹ // *~ خویش را تیز کردن* به کسب خود رونق دادن: دوم ۴۸۶/۱۲۰ // *~ کسی را برنوشتن (برشکستن)* نقشه و برنامه‌ی او را بر هم زدن: یکم ۹۳۰/۶۷۵؛ دوم ۵۱۶/۲۸۵ // *تیز ~ خاستن*: دوم ۵۰۸/۱۲۱ // *خیره گشتن ~* از رونق افتادن کار و بساط: دوم ۳۶۲۹/۷۶۴ // *دل به ~ خود بستن*: یکم ۹۳۱/۶۷۵. ۲- نقشه، برنامه، فریب، نیرنگ: یکم ۳۱/۱۸؛ ۱۵۳/۲۷؛ ۱۹۰/۵۸؛ ۲۱۰۷/۳۸۵؛ ۱۵۳/۴۲۹؛ دوم ۹۴۴/۳۰۲؛ ۱۶۳۶/۳۲۹؛ ۱۰۹/۴۲۵؛ ۴۵/۶۰۷؛ ۱۰۵۸/۸۴۳ // *~ بهم درکشیدن*: یکم ۱۹۰/۵۸ // *~ خود را تیره (تبه) دانستن (دیدن)*: یکم ۱۸۹۴/۳۷۷؛ ۴۱۵/۴۳۹؛ دوم ۹۳۳/۹۱۵ // *~ کسی را تیز کردن*: ۹۸۳/۱۳۳ // *~ کسی را شکستن*: یکم ۳۱/۱۸. ۳- رونق، رواج: دوم ۶۸۶/۲۸. ۴- سامان، وضع و حال: دوم ۴۱۴۷/۷۸۴؛ ۴۲۲۰/۷۸۷؛ ۴۶۶/۸۱۹؛ ۱۴۷/۱۰۴۷؛ ۲۰۸/۱۰۴۹؛ ۷۱۳/۱۱۰۹. ۵- رفتار، روش، کار، عمل: دوم ۸۳۵/۲۹۸؛ ۸۰۳/۵۱۴؛ ۱۹۶۷/۶۹۹؛ ۲۷۸۷/۷۳۱؛ ۳۴۴۹/۱۰۱۵

// ~ **ننگ و نبرد**: دوم ۴۰۸۶/۷۸۲ // ~ **نیک**: دوم ۴۰۲۶/۷۸۰، ۴۰۳۱.

بازارگان. بازرگانی: دوم ۵/۸۰۱.

بازارگاه. عموم مردم، مردم کوی و گذر: یکم ۲۲۷/۳۸؛ دوم ۹۶۸/۶۵۹.

بازاری. بازرگان: دوم ۵۱۸/۱۲۱.

بازاریان. مردم کوچه و بازار، عموم: دوم ۲۵۰/۶۱۵.

بازآوردن. ۱- برگرداندن: یکم ۸۰۹/۳۳۴. ۲- پیدا کردن، بدست آوردن: یکم ۳۷۴/۲۷۶. ۳- تجدید کردن: یکم ۸۰۹/۳۳۴. ٤- به جای آوردن، عمل کردن: یکم ۱۸۴۸/۵۸۹.

بازایستادن. توقّف کردن: یکم ۳۳۶/۲۷۴.

بازبرگشتن. یکم ۱۵۰۹/۳۶۲.

بازجستن. ۱- پژوهیدن، بررسی کردن: یکم ۱۱۸/۶؛ ۳۶۳/۳۱۷؛ ۱۸۹۳/۳۷۷. ۲- بازشناختن، پدیدار کردن: دوم ۳۸۸۸/۷۷٤ // **چیزی را** ~ در پی راز و رمز آن برآمدن: دوم ۲۸۰٤/۷۳۲.

بازچیدن. بازخواندن // **سپه** ~: یکم ۹۹٤/۸۳۰؛ ۱۵۸٤/۸۵۳؛ دوم ۶۱۸/۳۶۵، ۱۹۳۷/۹۵۵

بازخواندن. پیش خود خواندن، برگرداندن: یکم ۸۶۲/۳۳۶؛ ۱۸۹۹/۳۷۷.

بازداشتن. جلو گرفتن، جلوگیری کردن: یکم ۹۳۳/۸۷؛ ۸۰۵/۱۲۶

بازدانستن. ۱- بازشناختن: یکم ۱۹۰۷/۳۷۸؛ دوم ۱۲۲۹/۸۸؛ ۲۸۲۹/۹۹۰. ۲- تمییز دادن، از یکدیگر بازشناختن، تفاوت گذاشتن: یکم ۱۶۱/۵۷؛ ۶۸۱/۲۸۸، ۶۸۲؛ ۱۰۳۵/۳٤۳؛ ۱۷۲۵/۳۷۰؛ ۲۰۰۰/۳۸۱.

بازشدن. ۱- برگشتن: یکم ۲۳۶/۶۰. ۲- گرویدن: یکم ۱۹۱۵/۳۷۸.

بازکردن. جدا کردن // **سر از تن** ~: دوم ۱۰۷۲/۸۱.

بازگاشتن. برگرداندن // **ز ره** ~: دوم ۱٤۷۳/۸۵۹.

بازگرفتن. دریغ کردن، مضایقه داشتن: یکم ۱۱۲۱/۳٤۷.

بازگشتن. // **به کسی** ~: یکم ۵۲۱/۷۱؛ ۱۹۰۸/۳۷۸.

بازگفتن. هذیان گفتن: یکم ۷۰۲/۳۳۰.

بازماندن. دست کشیدن، نپرداختن، توجّه نکردن: دوم ۲۷۲۰/۹۸۶.

بازو. کنایه از زور و قدرت: ۳۶۵/۲۷۵ // **(یال و) ~ از هم گسلاندن**: یکم ۳۷۹/٤۸۲.

بازهلیدن. واگذار کردن: دوم ۲۵۷۲/۵۸۶

بازی. // ~ **به راه افگندن**: یکم ۱۸۷۶/۵۹۰.

بازیدن.← باختن.

بازیدن. بازی کردن، نرد و شطرنج باختن، به تفریح گذراندن: یکم

۲۴۳۰/۸۸۶؛ دوم ۲۶۹۹/۷۲۷.

باژ. ۱- ساو، باج و خراج: یکم ۱۲۸/۲۰۴؛ ۳۸۶/۴۳۸؛ دوم ۸۴۴/۷۲ و دیگر // ***به خود ~ نهادن:*** یکم ۲۴/۲۳۶. ۲- حق گمرکی و گذر از راهها // ~ ***گرفتن:*** یکم ۳۸۳/۴۳۸، ۳۹۱؛ دوم ۸۴۴/۷۲.

باژبان. باژخواه: یکم ۴۲۶/۴۳۹.

باژخواه. مأمور گمرک و گذرگاه: یکم ۳۷۸/۴۳۸، ۳۸۰؛ ۴۲۵/۴۳۹.

باژدار. باژخواه: یکم ۴۲۶/۴۳۹.

باژگاه. جای باژگیری: یکم ۳۷۸/۴۳۸؛ ۴۰۷/۴۳۹، ۴۲۳.

باسنگ. گرانمایه، ارجمند، موقر، وزین و متین، فرزانه: یکم ۲۳/۱۶؛ ۲۵۹/۶۱؛ ۶۲۲/۷۵؛ دوم ۱۲۶/۲۳۰؛ ۱۲۲/۲۴۴؛ ۱۵۰۲/۹۳۷ (نیز← سنگ).

باشگونه. باژگونه، سرنگون، وارونه // ***کسی را ~ بستن:*** یکم ۱۰۴۶/۱۳۶.

باشه. مرغ شکاری: دوم ۳۳۹۸/۱۰۱۳.

باغ. کنایه از *شاهنامه*: دوم ۱۰۵۰/۸۰، ۱۰۵۲؛ ۱۰۶۳/۸۱ // ~ ***بزرگی:*** یکم ۲۳۶۶/۶۱۰ // ~ ***بی خو کردن***← خو // ~ ***گلشن:*** دوم ۳۰۲۴/۹۹۸ // مانند کردن ~ به خورشید: دوم ۲۸۱/۶۳۲.

بافْدُم. آخر، عاقبت: دوم ۲۰۸/۲۷۳.

بافرین (باآفرین). باآفرین، ستوده: یکم ۳۵/۱۸؛ ۴۵۸/۴۲۱؛ دوم ۲۱۴۳/۷۰۶؛ ۲۹۰۹/۷۳۵؛ ۳۰۶۹/۷۴۲؛ ۵۴۰/۸۲۲؛ ۲۱۹۶/۹۶۵؛ ۲۴۴۶/۹۷۵؛ ۲۴۹۷/۹۷۷؛ ۳۳۲۵/۱۰۱۰ و دیگر.

باقی. مانده، مانده‌ی خراج: دوم ۹۲/۴۸۶، ۹۴.

باک. ۱- ترس: یکم ۲۲۳۷/۳۹۱ و دیگر. ۲- خداترسی: یکم ۱۱۶۲/۳۴۸.

باگیر. با کرّ و فرّ، با دستبرد، با نیرو: یکم ۶۲/۱۳.

بالا. ۱- قد و قامت، اندام: یکم ۱۵۶/۷؛ ۹۶/۳۳؛ ۱۸۲/۱۰۲؛ ۲۷۶/۱۰۶؛ ۴۴۳/۱۱۲؛ ۱۵۲۶/۱۵۵؛ ۷۰/۱۸۶؛ ۹۹/۱۸۷؛ ۵۹/۲۶۳؛ ۶۵۴/۲۸۷، ۶۵۵؛ ۲۰۹/۳۱۱؛ ۲۴۴/۳۱۲؛ ۲۵۲/۳۱۳؛ ۶۰۹/۳۲۷؛ ۱۱۲۳/۳۴۷؛ ۱۲۹۶/۳۵۴؛ ۲۴۳۳/۳۹۸؛ ۵۵،۵۷/۴۲۵؛ ۱۰/۴۶۷؛ ۵۰۶/۴۸۷؛ ۱۰۹۲/۵۶۰؛ ۱۳۰۹/۵۶۸؛ ۱۳۳۸/۵۶۹؛ ۱۵۹۷/۵۷۹؛ ۲۸۱۳/۶۲۷؛ ۲۰۷۳/۷۷۳؛ دوم ۵/۱، ۶؛ ۷۹۶/۳۳؛ ۱۰۵۳/۱۷۶؛ ۱۱۹۶/۱۸۲؛ ۹۵/۲۰۶؛ ۱۴۳/۲۳۱؛ ۸۱/۲۴۸، ۹۳؛ ۹۷/۲۴۹؛ ۱۴۸/۲۵۱؛ ۲۹۶/۳۸۴؛ ۳۰۲۷/۹۹۸؛ ۳۴۲۲/۱۰۱۴؛ ۴۰۷/۱۰۵۷، ۴۲۲ // ***برز ~*** قامت بلند: دوم ۴۹۹/۵۰۲؛ ۳۳۳۱/۷۵۲ و دیگر // ***ز ~ به روی (اندر) آمدن:*** یکم ۱۱۳۹/۵۱۲؛ ۱۲۹۹/۵۶۸. ۲- تپّه، پشته، تل، بلندی، ارتفاع، کوه، درازا، طول: یکم

۵۰۰/۲۸۰؛ ۳۷/۳۰٤؛ ۱۱٦/٤۲۷؛ ۱۵۱/٤۲۹؛ ۲۵۰/٤۳۳، ۲٦۲؛ ۱۵٤۵/۳٦۳؛ ۳٤۰/٤۸۰؛ ٤۱۱/٤۸۳؛ ٦۰۰/٤۹۱ ۸۳۵/۵۵۰، ۱۸۲۵/۷٦۲، ۱۸۲۹؛ ۱۸٤۹/۷٦۳؛ ۱۸٦٤/۷٦٤؛ ۱۹۰۲/۷٦٦، ۱۹۱۷؛ ۱۹۳۱/۷٦۷؛ ۱۹٦۳/۷٦۸؛ ۱۹۷۱/۷٦۹؛ ۲۰۳۵/۷۷۱؛ ۲۰۷۸/۷۷۳؛ ۲۳٤۵/۷۸۳؛ ۲۳٤۷/۷۸٤؛ دوم ۱۳٦٦/۹۳؛ ۱٤۳۵/۹٦؛ ٤۰/۱۰۲؛ ۲۲۸/۱۱۰؛ ۲۹۲/۱۱۲؛ ٤۳۱/۱۱۸؛ ۱۰۲۲/۱۷۵؛ ۱۰۳٦/۱۷٦؛ ۱۱۳۳/۱۸۰، ۱۱۳۵، ۱۱۳۹، ۱۱۵۳؛ ۱۲۰۲/۱۸۲؛ ۱۲۳٦/۱۸٤؛ ۱۲۵٦/۱۸۵؛ ۵۲٦/۲۸٦؛ ۱۷۰۰/۹٤۵؛ ۳۵۷۱/۱۰۱۹؛ ۲۳۲/۱۰۹۰؛ ۳٦۰۷/۱۰۲۱؛ ۳۷٤۵/۱۰۲٦؛ ۵۰۰/۱۰٦۱ (← شماره‌ی ۱) // ~ ***ز جای درآوردن:*** یکم ٦۱٦/۲۸۵ // ***از ~ پهنا کردن:*** دوم ٤۵۳/٦۳۹ // ***از ~ سر فرو بردن:*** یکم ٦٦۵/۷۷ // ***از ~ پرده‌سرای آمدن:*** یکم ۷۲۰/۷۹ // ***از ~ی کسی پهنا کردن:*** یکم ٤٦٤/۸۰۹ // ~ ***گرفتن*** به سوی بلندی رفتن: یکم ۱۹۵۰/۷٦۸. **۳-** هم‌شأن، مناسب، درخور: یکم ۳۸۱/۱۱۰. **٤-** درروـــ راه.

بالان. دهلیز خانه، دالان: دوم ٦۸۷/٦٤۸؛ ۱٦۲۹/٦۸۵.

بالش. **۱-** متکا: دوم ۹۳/۱۰٤٤. **۲-** تشک نشستن: دوم ۱۱۵۰/۵۲۸.

بالیدن. **۱-** رشد کردن، بزرگ شدن، پرورش یافتن: یکم ٤۷/۳، ۵۲؛ ۱۱۰/۳۳؛ ۲۷۳/۱٦۹؛ دوم ٦۲٤/۳۹۷؛ ۲۳۵/٤۳۰؛ ٦۲/٤۸۵؛ ۷٤۹/٦۵۰؛ ۱۳۹۹/٦۷٦ // ~ ***دل تیغ:*** یکم ۲۷۳/۱٦۹ // ***رنج ~:*** دوم ۹۵۳/۸۳۸. **۲-** نازیدن، فخر کردن: یکم ۳/۷۹۱؛ دوم ٤٦۳/۱۹؛ ٦٤۲/۱٦۰. **۳-** از شادی شکفته شدن و قد برافراختن، به ذوق و شوق آمدن: یکم ۲۹٤/۸۰۲؛ ۳۱۲۵/۹۱٤؛ دوم ٦/۱۳۵. **٤-** زیاد کردن، افزون کردن: دوم ٤/٤۲۱.

بالین. **۱-** بالش: یکم ۸۷۰/۲۹۵؛ دوم ۲۲۳/۳۵۰؛ ٤۸۲/۳٦۰؛ ۲۰٤/٤۹۱؛ ۹۲/۱۰٤٤ // ***خاک ~ بودن:*** یکم ۳۹/۱٦۰ // ***کسی را پیش ~ بستن:*** یکم ۲۰۵۰/۳۸۳. **۲-** بستر عموماً: دوم ۲۸۲/۳۵۲، ۲۸۷، ٤۸٤/۳٦۰. **۳-** کنار، جوار: دوم ۳۳٤/۳۵٤.

بام. بامداد: یکم ۳۸۸/٤٤؛ ۲۷۸/۱۰٦.

بامی. (صفت بلخ): دوم ۱۷۹/٤٦؛ ۳۱۷/۵۲.

بامین. مشرق: یکم ۱۲۳۵/۱٤۳؛ ۵٦۰/۱۸۱.

بان[1]. لادن، مشک بید: یکم ٤۳/۲۲.

ـبان[2]. پسوند نگهداری و نگهبانی و دارندگی: یکم ۱۷٤۸/۳۷۱ و دیگر.

بانگ. **۱-** توپ و تشر: یکم ۳۷۷/۱۱۰.

۲- نعره در نبرد: یکم ۱۰۲۲/۱۳۵؛ ۱۳٤/۲۵۸.

بانو. زن اصلی: دوم ۲۲۵۵/۵۷۲؛ ۲۷۸٤/۹۸۸.

بانوزن. زن اصلی و نژاده: دوم ۸۷۱/۵۱۷

باهو. چوبدست ستبر: دوم ۲۲٦/۲۱۲.

بای. نیاز، ضرورت: دوم ۱۰٤/٤۵۹.

بایست(ها). ۱- ضرورت، لازم، واجبات، ضروریات: یکم ۱۳۱/۵٦؛ ۸۵۹/۱۲۹؛ ۱۱۱۸/۳٤۷ // *~ها* واجبات، ضروریات: دوم ۵٦۱/۱۵۷ // **به ~** چنانکه باید و شاید: یکم ۲۵۹۵/٦۱۹. **۲**- لایق، سزاوار، درخور: دوم ٤۱٤۲/۷۸٤.

بایستگی. درخوردی، تناسب، زیبندگی، چنانکه باید و شاید: یکم ۳۲۲/۱۰۷.

بایستن. ضرورت داشتن، لازم بودن: یکم ۳۵٤/۳۱۷؛ ۳۲۱/٤۷۹ و دیگر.

بایسته. سزاوار، لایق، ضروری، لازم: یکم ٦۲۵/٤۹۲؛ ۱۸۲۹/۵۸۸.

باینده. بایسته و شایسته: دوم ۲۷۹٦/۷۳۱؛ ۳٤٤٦/۷۵۷.

باییدن. بایسته بودن: دوم ۸۹۷/۷٤.

ببار. باردار، بارآورده: یکم ۱۰۱/۳۰۷.

ببايد. یکم ۵۳٤/۱۸۰.

ببر. ببر بیان: یکم ۲٤۱/۲۰۸؛ ۲۹۲/۸۰۱؛ ۱۳٦۰/۵۷۰؛ ۲٦٦۳/٦۲۱؛ ۲۸۳٦/٦۲۸؛ دوم ۵۹۵/۱۵۸؛ ۹۳۳/۱۷۲؛ ۹٦٤/۱۷۳؛ ۹۹۳/۱۷٤؛ ۱۳۲۲/۱۸۷؛ ۲۵۳/۲۱۳ و دیگر.

ببستن. بستن: دوم ۷۹/٤۲؛ ۱۸۲/۱٤۲.

ببدن. بودن: دوم ۵۷/٤۱؛ ۸۹۳/۷٤

ببودن. بودن: دوم ۸٦/٤۲؛ ۸٦۱/۷۳.

بپر. پردار، پرنده: یکم ۸۸۵/۱۳۰؛ ۲۲۲/۲۰۸؛ ۷۵۷/۳۳۲.

بپسودن. آزمایش کردن: یکم ٤۸۸/٤٤۲.

بت. // *~ آزری*: یکم ٦٦/۳۰۵ // ***بی ~ برهمن مبادا!***: یکم ۲۲۵/٤٦۰ (نیز← برهمن).

بت‌آرای. ۱- آراینده و پرستنده‌ی بت: یکم ٤۵۹/۱۱۳؛ دوم ۹۱/۲٤۳؛ ۲۲٦۲/۵۷۲؛ ۲۳٤۱/۵۷۵؛ ۳٤۱۱/۷۵۵. **۲**- کنایه از دلبر زیبا: دوم ۲۳٤۵/۷۱۳.

بتاب. تابدار: دوم ۸۸۷/۷٤

بتخانه. کنایه از شبستان: یکم ۱٦۸/۳۰۹.

بتّر. بدتر: یکم ٤۹۰/۷۰؛ ۲۳/۹٦؛ دوم ٦۱٤/۱۰٦۵.

بتّری. ۱- بدتری، بدترین: یکم ۸۸۷/۲۹٦؛ ۱۰۳۵/۳٤۳. **۲**- کبر، خودبزرگ‌بینی، برتنی: دوم ۲٤۵۸/۷۱۸؛ ۳۸۸۸/۷۷٤ و دیگر.

بتستان. کنایه از شبستان: یکم ۳٦٦/۱۰۹؛ دوم ۲۳٤٦/۷۱۳؛ ۲۳٤۸/۷۱٤؛ ۲۳۸٦/۷۱۵.

بجای. ۱- برقرار، برپا، موجود، در جای خود، آنسان که بود، عیناً، درست

مانندِه: یکم ۲۵/۲۲؛ ۳٤۹/٦٤؛ ۳۷٤/٦۵؛ ٤۳۸/٦۸؛ ۵۸۱/۷٤؛ ۸٤۹/۸٤؛ ۱۵۲٦/۱۵۵؛ ۳۱۸/۲۱۲؛ ۲۳۹۵/۳۹۷؛ ۳٦۳/٤۸۱؛ ۲۷۷/۸۰۱؛ دوم ۷۹٦/۳۳ // ~ ***آمدن*** درست شدن، داشتن: دوم ۱۰۰/۲٤۳. **۲**- برقرار خود، به حال عادی و طبیعی: یکم ٤٦۰/٦۹. **۳**- باارزش: یکم ۱۰٤۲/۹۲ (نیز← جای).

بجای. **۱**- در حق، درباره‌ی: یکم ٦۰۵/۱۱۹؛ دوم ۹/۵۸۷؛ ٤۸۵/۸۹۸؛ ۱۳/۱۰٤۱؛ ۳٤/۱۰٤۲. **۲**- برابر، همسان، عیناً، براستی: یکم ۳۸۲/۱۱۰؛ دوم ۹۱۵/۷۵؛ ۲۱۸/۱٤۳؛ ۹۷۰/۳۰۳؛ ۲۹٤۳/۹۹٤. **۳**- در برابرِ، در مقامِ، در سنجش با: یکم ۳۱٦/٦۳؛ ۸۳۵/۱۲۸؛ ۱٤٦۰/۱۵۲؛ دوم ٤۳/٤۰؛ ۲۹۵٤/۹۹۵. ٤- در عوضِ، بدلِ: یکم ٤٦۸/٤٤۱ (نیز← جای). ۵- سزایِ، سزاوارِ، مستحقِ: دوم ۹/٤۱۷.

بخ‌بخ. به‌به! خوشا!: یکم ۷۹٦/۵٤۸.

بخت. **۱**- // ~ ***برگشتن:*** یکم ۱۰٦۷/۹۳؛ ۱۱۹۱/٦۸۵ // ~ ***بریدن:*** یکم ۱۲۹۲/۳۵۳ // ~ ***به چهر تاب اندرآوردن*** کنایه از برگشتن بخت: دوم ۷۰۳/۱۲۸ // ~ ***به سر آوردن:*** یکم ۱۰۳٦/۵۰۸ // ~ ***بیدار غنودن:*** یکم ۲۹/۱٦۰ // ~ ***چون روی آهرمن بودن:*** یکم ۲٤٤/۵۲٦ // ~ ***خمیده:*** یکم ۱۲۳۰/٦۸۷ // ~ ***را روی زرد شدن:*** دوم ۲۹۷۳/۹۹٦ // ~ ***سپهری:*** دوم ۳۷/٦۲۲ // ~ ***کندرو:*** یکم ۳۳/۱۸٤ // ~ ***گردنفراز:*** یکم ٤۷۳/٤٤۱؛ ۱۲٤۵/۷٤۰ // ~ ***لاغر:*** یکم ۱۷۸٦/۵۸۷ // ~ ***نو کهن شدن:*** دوم ۳۹۳۰/۱۰۳٤ // ***آب ~ شور شدن:*** یکم ۳۵٤/٦۵۲ // ***اگر ~ را سر بدی:*** یکم ۳۹/۱۸٤ // ***سر ~ از خواب برآمدن:*** یکم ۵٤۸/٤٤٤ // ***سر ~ به گاز آمدن:*** یکم ۱۲۸۷/۷٤۱ // ***(سر) ~ (بر)گشته شدن (دیدن):*** یکم ۲۷۷/۱۷۰؛ ۳۷۰/۷۰۵؛ ۱٤۷۱/۷٤۸؛ ۱۳۳۹/۸٤۳؛ دوم ٤۹۳/۲۸٤؛ ۸۹/۳٤٤ // ***(سر) ~ پر گرد بودن:*** یکم ۱۰۸/٤۷۱؛ ۱٤۵۷/۷٤۸ // ***سر ~ به خاک اندرآمدن:*** یکم ۳۳۳/٤۱٦ // ***سر ~ خیره گشتن:*** یکم ۷۲۷/۵٤۵ // ***(سر) ~ (بیدار) به خواب (اندر) آمدن:*** یکم ۱۲۸/۱٦٤؛ ۳۲٤/۲٤۷؛ ۲۸۹/٤۱٤؛ ۵۲٦/٤٤۳ // ***سر ~ خندان به خواب آوردن:*** یکم ۲۰۲٦/۳۸۲ // ***سر ~ زیر گشتن:*** دوم ۳۱۰/۲۵۷ // ***سر ~ کسی را به خاک اندرآوردن:*** یکم ۹۱/۳۲ // ***کسی را ~ خویش آمدن:*** یکم ۲۲۹۲/۳۹۳ // ***مایه‌ی ~:*** یکم ٦٦۸/۷۷ // ***نبود از بد ~ مانیده چیزا:*** یکم ٤۸٤/٤۸؛ ۲۰۷/۲۰۰. **۲**- بخت

نیک: یکم ۳۲۰/۶۵۱. **۳**- قضا و قدر: دوم ۲۵۳۹/۷۲۱، ۲۵۴۳.

بخت‌آور. پیروز، نیک‌بخت: یکم ۱۸۲۷/۷۶۲.

بُخته. بخشیده، نجات‌یافته: یکم ۲۲۷۱/۶۰۶.

بُختی. // ***هیون*** ~ گونه‌ای شتر سرخِ نیرومند و دوکوهانه: دوم ۴۱۹۹/۷۸۶.

بختیار. برخوردار از بخت: یکم ۱۵۸۸/۳۶۵؛ ۴۴۱/۴۴۰.

بخرد. باخرد، خردمند: یکم ۳۷۸/۶۶؛ ۴۳۱/۶۸ و دیگر.

بخش[1]. **۱**- تقسیم، قسمت، بهره، حصّه: یکم ۲۷۳/۶۲، ۲۹۳؛ ۳۳۱/۶۴، ۱۱۴/۱۹۵. **۲**- بذل، عطا، بخشش، دهش، جود، کرم: یکم ۱۹۰۹/۳۷۸؛ دوم ۹/۲۴۵؛ ۲۶/۴۰۶؛ ۱۸۳۲/۶۹۳، ۱۸۳۵. **۳**- داده، تقدیر، سرنوشت، قسمت، بخش ازلی، داده‌ی خداوند: یکم ۵۵/۹۷؛ ۶۷۸/۱۲۱؛ ۸۴۶/۲۹۴؛ ۷۳۱/۶۶۷؛ دوم ۴۸۷/۵۸؛ ۶۵۱/۶۴؛ ۱۲۰۷/۶۶۸؛ ۱۲۳۶/۶۷۰ // ~ ***ماه*** تقدیر آسمانی: دوم ۳۱۹۲/۷۴۷. **۴**- بخش: یکم ۷۹۶/۲۹۲ // ~ ***کردن:*** یکم ۳۴۸/۲۱۳ // ~ ***کردن چرخ:*** یکم ۶۸/۳۰۵ // ***سر خامه بر*** ~ ***فرّخ نهادن:*** یکم ۶۷۸/۱۲۱. **۵**- موهبت، ویژگی: یکم ۲۲۲۵/۶۰۴؛ دوم ۴۳۸/۳۹۰. **۶**- برج: یکم ۹۰۴/۵۵۲؛ ۲۵۶۴/۸۹۲؛ دوم ۱۵۷/۸۰۷.

بخش[2]. پخش، پهن: یکم ۱۱۸۵/۶۸۵.

بخشایش. عفو، بخشش، رحم، شفقت: یکم ۶۴۲/۷۶؛ ۲۳۴/۱۰۴؛ ۵۶۹/۱۱۷؛ ۳۱۳/۲۱۱؛ ۷۵۹/۲۲۹؛ ۹۵۳/۶۷۶؛ دوم ۳۰/۸۰۲، ۳۶؛ ۴۵/۸۰۳؛ ۷۳۵/۸۳۰؛ ۱۷۴/۱۰۴۸ و دیگر.

بخشاییدن. عفو کردن، رحمت آوردن: دوم ۳۲۸۵/۱۰۰۸.

بخشش. **۱**- سهم، قسمت، تقسیم‌بندی: یکم ۳۰۵/۶۳؛ ۳۷۹/۶۶؛ ۴۸۵/۷۰؛ ۱۱۰/۱۹۵؛ ۸۰۸/۳۳۴؛ ۱۱۲۹/۷۳۵. **۲**- روزی، بخش و موهبت و رای ایزدی، قسمت، تقدیر، سرنوشت، جبر: یکم ۷۰۳/۱۲۲؛ ۴۰۰/۲۱۵؛ ۴۶۵/۴۲۱؛ ۸۰۶/۴۹۹؛ ۸۲۸/۵۴۹؛ ۱۲۳۱/۵۶۵؛ دوم ۱۲۱۹/۱۸۳؛ ۲۶۹/۲۵۶؛ ۳۶۴/۲۵۹؛ ۱۱۲۶/۳۰۹، ۱۱۲۸؛ ۴۱۳/۳۵۷؛ ۴۷۰/۳۹۱؛ ۱۱۵۸/۶۶۷؛ ۲۶۳۹/۷۲۵؛ ۳۱۹۵/۷۴۷؛ ۱۹۸/۱۰۴۹؛ ۷۰۲/۱۱۰۹ // ~ ***کردن:*** یکم ۳۷۹/۶۶. **۳**- بذل، عطا، جود، کرم، صله و پاداش: دوم ۱۰/۲۰۳، ۱۲؛ ۱۵۰/۳۷۹؛ ۵۷۵/۳۹۵؛ ۶۰۷/۴۷۹؛ ۸۰/۴۸۶؛ ۸۷/۴۸۶؛ ۲۰/۶۰۶؛ ۱۱۷۵/۶۶۷، ۱۱۷۷؛ ۱۲۵۲/۶۷۰؛ ۱۵۶۷/۶۸۳، ۱۵۶۸؛ ۲۵۳۶/۷۲۱؛ ۳۹۳۰/۷۷۶؛ ۲۳/۸۰۲، ۳۶ و دیگر.

بخشنده. کنایه از خداوند: یکم

۴۷۲/۲۱۸.

بخشودن. عفو کردن، رحم و شفقت آوردن: یکم ۵۹۱/۷۴؛ ۶۶۰/۳۲۹؛ دوم ۵۰۶/۴۴۱، ۵۱۸؛ ۴۳۸/۵۰۰؛ ۳۶۸/۶۳۵؛ ۴۲۰/۶۳۷؛ ۵۹۵/۶۴۴؛ ۶۵۵/۶۴۷.

بخشیدن. ۱- بذل و بخشش کردن، جود نمودن، داد و دهش کردن، هدیه دادن: یکم ۲۰۵/۹؛ ۳۳/۲۲؛ ۲۶۶/۳۹؛ ۲۱/۵۲؛ ۸۴۰/۲۳۲، ۸۴۱؛ دوم ۳۰۸/۵۱؛ ۱۳/۴۴۹؛ ۶۰۸/۶۴۵ و دیگر. ۲- عفو کردن، بخشودن، مصون داشتن، رحم آوردن، از گناه گذشتن: یکم ۷۰۱/۲۲۷؛ ۵۴۴/۳۲۴؛ دوم ۸۲/۲۴۲؛ ۳۶۸/۶۳۵. ۳- تقسیم کردن، بخش کردن، جدا نمودن، منقسم کردن: یکم ۴۳/۲؛ ۱۲۱/۲۶؛ ۱۴/۱۸۳، ۱۷؛ ۳۴/۱۸۴؛ ۸۴/۱۹۴، ۱۱۸/۱۹۶؛ ۷۶۶/۳۳۳؛ ۸۰۹/۳۳۴؛ ۱۱۲۸/۷۳۵؛ ۱۴۸۹/۷۴۹؛ دوم ۲۷۸/۵۰؛ ۲۳۷/۲۵۴؛ ۱۲۶/۶۰۲؛ ۷۰/۶۲۴؛ ۳۰۵۹/۷۴۲، ۳۰۷۰؛ ۳۹۵۴/۷۷۷؛ ۳۱۲۱/۱۰۰۲؛ ۳۱۴۷/۱۰۰۳، ۳۱۵۸. ۴- عطا کردن، واگذار کردن (به رسم تیول و اقطاع): دوم ۲۱۴۶/۹۶۳. ۵- قانون بستن، تعیین کردن: دوم ۸۴/۶۲۴ // ***راست*** ~ تعیین کردن: دوم ۱۲۱۱/۶۶۹. ۶- مساحت کردن: دوم ۸۶/۶۲۴.

بخشیدنی. هدیه، پیشکش: یکم ۸۴۴/۶۷۲؛ دوم ۳۵۲۵/۱۰۱۸.

بخشیده. جدا، مجزا، متفاوت، منقسم: یکم ۶۸۸/۶۶۵؛ ۳۱۱۸/۹۱۴؛ دوم ۳۴۰۷/۷۵۵.

بد[۱]. ۱- بدی، بدی‌ها، زشتی‌ها، ناگواری‌ها، ناملایمات: یکم ۴۸۹/۴۸؛ ۴۲۰/۶۷؛ ۱۱۸۵/۱۴۱؛ ۱۳۳۲/۱۴۷؛ ۱۱/۱۸۳؛ ۲۳۱/۲۰۸؛ ۵۲۳/۲۲۰؛ ۲۰۸/۲۴۳؛ ۲۳۵/۲۴۴؛ ۷۱۲/۲۸۹؛ ۴۵۶/۳۲۰؛ دوم ۷۳۷/۱۶۴؛ ۳۱۵۳/۱۰۰۳ و دیگر // ~ ***انداختن:*** یکم ۲۰۸/۲۴۳ // ~ ***به خواب اندرآمدن:*** یکم ۱۲۸۳/۳۵۳ // ~ ***را مکوش!:*** یکم ۲۴۵۸/۳۹۹ // ~ ***روزگار*** بدی زمانه: یکم ۴۲۰/۶۷؛ ۵۲۳/۲۲۰؛ دوم ۲۵۵۰/۵۸۳؛ ۲۲۸۸/۷۱۱ و دیگر // ~ ***سرودن*** بدی گفتن: دوم ۲۴۴۳/۹۷۵ // ~ ***نارسیده به روی:*** یکم ۹۲۷/۳۳۹ // ***~سی بد:*** یکم ۱۶۰۰/۳۶۵ // ***بر ~ شتاب آوردن (گرفتن):*** یکم ۲۰۲۶/۳۸۲؛ دوم ۱۶۲۵/۹۴۲ // ***به ~ سازگاری جفت گشتن:*** یکم ۲۴۸۵/۶۱۴ // ***هر که ~ کند کیفر برد!:*** یکم ۶۳۶/۷۶.
۲- شریر، بدذات: دوم ۱۷۸۲/۹۴۹.

بد[۲] (بَذ/ پَد/ پَذ). حرف اضافه‌ی به پیش از واژه‌های آغازیده به واکه: یکم ۱۲۱/۶؛ ۱۹۳/۹، ۱۹۴؛ ۹۱/۲۴؛ ۴۳۷/۴۶؛ ۲۴۱/۶۰؛ ۱۰۰/۹۹؛

۵۹۷/۲۸٤؛ ۵۷۰/۳۲۵؛ ۳۷۷/٤۳۸؛ ۱۰۵۱/۵۰۹؛ ۲۱۲۵/٦۰۰؛ ۲٦٦٦/٦۲۲؛ ۲۷۲۹/٦۲٤؛ ۲۷٤۷/٦۲۵؛ ۲۷۸٤/٦۲٦؛ ۲۷۹۸/٦۲۷؛ ۳٤۵/٦۵۲؛ ۳۹٦/٦۵٤، ۳۹۹؛ ٤٦٤/٦۵۷؛ ٦٤۲/٦٦٤؛ ۷۱۲/٦٦٦؛ ۸۸۱/٦۷۳؛ ۳٤/٦۹۲؛ ۵۸/٦۹۳، ٦۰؛ ۲۸۷/۷۰۲؛ ٤۷۷/۷۰۹؛ ٤۹۸/۷۱۰، ۵۰۳؛ ۵۷۰/۷۱۳، ۵۸۱؛ ۵۸۷/۷۱٤؛ ٦٤۲/۷۱٦؛ ٦۸۵/۷۱۸؛ ۷۷۸/۷۲۱؛ ۹۰۵/۷۲٦، ۹۱۲؛ ۹۳۸/۷۲۷؛ ۱۰۹۸/۷۳٤؛ ۱۱۲۷/۷۳۵؛ ۱۱۷٤/۷۳۷، ۱۱۸۱؛ ۱۱۹۳/۷۳۷؛ ۱۲۳۷/۷۳۹؛ ۱۲۹۲/۷٤۱؛ ۱۳۱۰/۷٤۲، ۱۳۱٤؛ ۱۳۷٦/۷٤۵، ۱۳۸۳؛ ۱٤۱٤/۷٤٦، ۱٤۱۸؛ ۱٤٤۰/۷٤۷؛ ۱٤۵۱/۷٤۸؛ ۱٤۹۹/۷۵۰؛ ۱٦۵۲/۷۵۵؛ ۱٦۵۹/۷۵٦؛ ۱٦۸٦/۷۵۷؛ ۱۷۲۷/۷۵۸؛ ۱۷۹۵/۷٦۱، ۱۸۰۳؛ ۱۸۱۳/۷٦۲؛ ۱۸٤۲/۷٦۳؛ ۱۸۷۹/۷٦۵؛ ۱۹۷۹/۷٦۹، ۱۹۸۳؛ ۲۰٤۷/۷۷۲، ۲۰٤۸؛ ۲۱۰۱/۷۷٤؛ ۲۱۳۵/۷۷۵؛ ۲۱٦۹/۷۷٦؛ ۲۲۵۷/۷۸۰؛ ۲۳۱۹/۷۸۲؛ ۲۳۵۹/۷۸٤؛ ۲٤۲۷/۷۸۷؛ ۲٤۷۷/۷۸۹؛ ۳۷۹/۸۰۵؛ ٤۰۷/۸۰٦؛ ٤۵۸/۸۰۹؛ ۵۰۳/۸۱۰؛ ۵۱۰/۸۱۱؛ ۵۹۹/۸۱٤؛ ٦٦۲/۸۱۷؛ دوم ۱۵۹/٤۵؛ ۹۹۰/۷۸؛ ۱۳۵٤/۹۲؛ ۳۲/۲۲٦؛ ۳٦۲۷/۷٦٤ و فراوان.

ـبد[۳]. پسوند نگهبانی و سروری: یکم ٦۷٦/۷۷ و دیگر.

بدآمیز. به بدی آلوده، بدسرشت: یکم ۱۹۱۰/۸٦٦؛ دوم ۱۷۹٤/۸۷۲.

بدآهو. بدگوهر، بدذات، بدِ بد: دوم ۷۳۰/٦۸؛ ۸٦۷/۷۳؛ ۸۷۷/۷۳.

بداختر. شوم، نحس: یکم ۱۸۳/٤۳۰.

بدان. ۱- با وجود، با وجود آن: یکم ۱۸٦/۳٦؛ ۳٦۳/۲۱۳؛ ۳/۳۰۳؛ ۲٤٤۹/۳۹۹؛ دوم ۹٦٦/۹۱٦. **۲**- برای آن، از بهر آن، به سبب: یکم ۱۵۱۰/۱۵٤؛ ۹۰۳/۲۹٦. **۳**- در بیان تأکید: دوم ۳٤۲۵/۱۰۱٤.

بدان تا. ۱- برای اینکه، بدین منظور که: یکم ۵۵۸/۲۲۱؛ ۵٤۳/۳۲٤، ۵۵۰؛ ۱۵۲۱/۵۷٦. **۲**- در این باره که: یکم ۱۵۳/٤۲۹.

بداندیش. ۱- بدخواه، بدسگال، دشمن: یکم ۸۲۱/۱۲۷؛ ۹۱۷/۱۳۱؛ دوم ۱۰۷۱/۳٤۵؛ ۱۱۸۲/۵۱٤؛ ۲۹۵۷/۹۹۵؛ ۲۸۷/۱۰۵۲ و دیگر. **۲**- زشت‌اندیش، بدنیّت: یکم ۲۱/۱۹۲؛ ۷۳/۲۰۲؛ ۳۲٤/۳۱۵؛ ۱۹۲۲/۳۷۸؛ ۲۹۸/٤۱٤؛ ۸۸٦/۵۰۲؛ ۱۳۰٤/۵٦۸؛ دوم ۲۰۹۸/۹٦۱؛ ۲۵۲۵/۹۷۸ و دیگر.

بدپسند. یکم ۲٤۹/۱٦۹.

بدتن. شریر، پست، رذل، بدذات، ناپاک: یکم ۲٦٦/٤۳۳؛ ٤۳۰/۸۰۷؛ ۱۲٤٦/۸٤۰، ۱۲۵۱؛ ۱۸۳۰/۸٦۲؛ دوم ۱۸۰/۱۰۸؛ ۲۸۵/۱۱۲؛ ۳۹۳/۱۱٦؛ ۳۵۸۱/۷٦۲؛ ۱۵۲/۸۰۷؛ ٤۱۲/۸۹۵؛

۷۵۰/۹۰۸؛ ۱۷۸۲/۹٤۹؛ ۱۸۱۳/۹۵۰؛ ۱۰۹/۱۰٤۵؛ ۲۰۵/۱۰٤۹؛ ۳۸۵/۱۰۵٦؛ ۵۳۲/۱۰٦۲؛ ۱۹/۱۰٦۸.

بدتنه. بدتن، شریر، رذل: یکم ۲۸٦/۱۷۰؛ دوم ۱۰۲/٤۲۵؛ ٤۰۸۲/۷۸۲.

بدتنی. شرارت، رذالت: یکم ۵۲۳/۳۲۳.

بدخواه. ۱- دشمن: یکم ۵۷۲/۳۲۵؛ ٦۱۷/۳۲۷؛ ۵/٤۰۳؛ ۳۳۵/٤۱٦. ۲- کینه‌ورز، رذل: یکم ۱۱۲/٤۲۷.

بدخوی. بدخویی، تندخویی، بدسرشتی: یکم ۸۷۷/۲۹۵.

بدخیم. بدخوی: یکم ۲۳۹۳/۷۸۵؛ ۱٤٤۷/۸٤۷؛ ۲٦۹۳/۸۹۷.

بددل. ۱- ترسو، کم‌دل: یکم ۲۵۸/٦۱. ۲- کینه‌جو، زشت‌اندیش: یکم ۳۰۲/٤۳۵.

بددلی. بیمناکی: یکم ٤٦۹/۳۲۱.

بدرام. ناشاد، بی‌خوشی و رامش، ناخرسند، ناخشنود: دوم ۲۳٤/٤۹۲.

بدرد. درددار: یکم ۵۳۰/۷۲، ۵٤۲.

بدرگ. بدنژاد، بداصل، بدنهاد: دوم ۱۰۰۳/۱۷۵؛ ۱۲۵۵/۸۵۰.

بدروز. تیره‌بخت: دوم ۳۷/۲٤٦.

بدروزگار[1]. بدبخت، تیره‌روز: دوم ۱۳٤٦/۹۲؛ ۱۲٤/۱۰٦.

بدروزگار[2]. روزگار بد: دوم ۱۱۹۵/۸٦؛ ۱۳۸۲/۹٤.

بدروزگار[3]! (اسم صوت) بدا روزگار! وای از روزگار بد!: یکم ۱۱۸۸/۵٦۳؛ دوم ۸۸۷/۱۷۰؛ ۱۸۰۷/۳۳٦؛ ۵٦/۳۷۵.

بدره. کیسه‌ی پول، همیان: یکم ۷۰۷/۷۸؛ ۸٦۷/۲۳۳؛ ۱٦٦/۲٤۱؛ دوم ۲۵۵۷/۹۷۹؛ ۲۳۲/۱۰۵۰.

بدساز. بدرفتار، ناسازگار: یکم ۳۲۵/٤۱۵؛ دوم ۱۰۹۸/۸٤٤؛ ۳۱۱۲/۱۰۰۱.

بَدَست. وجب: یکم ۱۰٦۲/۸۳۲؛ دوم ۱٤۳۰/۳۲۱.

بدسگال. ۱- دشمن، خصم: یکم ۵۹۰/۷٤؛ ۵۲/۹۷؛ ٦۸۵/۱۲۲؛ ۱۱۱/۱٦۳؛ ۷۵۷/۲۹۱؛ ۷۳۲/۳۳۱؛ ۱٦٦٤/۳٦۸؛ ۲۰۸۵/۳۸۵؛ ۲۲۲۵/۳۹۰؛ ۳٤۸/٤٦٤؛ ٦۹۹/٤۹۵؛ ٦۷۰/۵٤۳؛ دوم ۵٦۵/۸۲۳. ۲- بداندیشنده: یکم ۲۳/۱۲ و دیگر.

بدکامه. بدخواه، دشمن: دوم ۷٦٦/۱۳۱؛ ٤۱٤۲/۷۸٤؛ ۳۰۹۳/۱۰۰۰؛ ۳٦۱۷/۱۰۲۱؛ ۲۰٦/۱۰٤۹؛ ۲٤/۱۰٦۸، ۳۲.

بدکنش. ۱- بدکار، بدکردار: یکم ٤۹/۱۳؛ ۷۷۲/۸۱؛ ۲۳/۹٦؛ ٦۲۱/۲۲٤؛ ٤۲۳/۳۱۹؛ ۳۹۷/۵۳۲؛ ٦۰۰/۵٤۰؛ دوم ۳۷۲/۱۱۵؛ ۱٤۰۹/۱۹۱؛ ۷۵۳/۹۰۸؛ ٤۰۰۳/۱۰۳٦ و دیگر. ۲- کار بد: دوم ۱۱۳۳/۸٤؛ ۱۲٤۸/۸۸؛ ٤۱٦/٦۳۷.

بدگفت. بدگویی، سعایت، سخن‌چینی، تهمت: دوم ۱۵۹۸/٦۸٤.

بدگمان. ۱- دشمن، خصم: یکم ۵۰/۱۳؛ ۶۸/۳۲؛ ۴۱۱/۱۱۱؛ ۸۸۴/۱۲۹؛ ۹۱۹/۱۳۱؛ ۱۱۸۵/۱۴۱؛ ۱۳۳۲/۱۴۷؛ ۱۳۸۰/۱۴۹؛ ۶۳/۱۶۱؛ ۳۸۳/۱۷۴؛ ۱۵۹/۳۰۹؛ ۳۲۴/۴۱۵؛ ۶۵۸/۵۴۳؛ ۸۱۴/۵۴۹، ۸۲۷؛ ۵۵۶/۷۱۲؛ ۲۱۹۸/۷۷۸؛ ۹۵۳/۸۲۸؛ دوم ۴۲۹/۱۱۸؛ ۷۳۷/۱۶۴؛ ۱۳۳/۲۵۰؛ ۲۴۷/۶۳۱؛ ۴۲۹۰/۷۹۰؛ ۴۴۰۱/۷۹۴؛ ۶۰/۱۰۴۳. **۲-** مظنون، مشکوک، بدخیال: یکم ۷۲۳/۱۲۳؛ ۱۵۳/۳۰۹؛ ۴۰۳/۳۱۸؛ ۵۵۱/۳۲۴؛ ۸۳۸/۳۳۶؛ ۱۳۸۴/۳۵۷ (؟)؛ ۱۹۲۲/۳۷۸؛ ۶۵/۵۱۹؛ ۸۱۴/۵۴۹؛ دوم ۲۸۲/۱۲؛ ۳۷۲۳/۱۰۲۵ // ~ *شدن* در شک افتادن، مظنون شدن: دوم ۵۷۱/۴۴۳. **۳-** بددل، دل‌چرکین: یکم ۱۳۸۴/۳۵۷؛ دوم ۵۵۶/۹۰۰. **۴-** بی‌خرد، کم‌خرد، گمراه، نادان: یکم ۲۲۳۴/۳۹۰؛ ۱۲۴۶/۸۴۰؛ دوم ۲۶۰/۸۱۱؛ ۱۰۹۳/۹۲۲ (← شماره‌ی ۱) // *در آیین خویش ~ شدن*: دوم ۱۶۵/۱۰۸۷. **۵-** بداندیشنده، بدنیت: یکم ۹۹/۶۳۴؛ ۵۲۹/۶۵۹. **۶-** صفت دژخیم: دوم ۱۸۱۷/۸۷۳.

بدگوهر. یکم ۱۱۴۶/۱۴۰؛ ۴۲۳/۴۱۹؛ دوم ۷۵۴/۹۰۸.

بدن. بودن، شدن: دوم ۴۴۹۹/۷۹۸ و فراوان.

بدنشان. ۱- بدنام و نشان، بدکار، گناهکار، بدصفت: یکم ۷۵۸/۲۲۹؛ ۲۱۹۲/۳۸۹؛ ۲۳۰۲/۳۹۳؛ ۱۸۴/۴۳۰؛ ۸۵۸/۵۰۱؛ ۲۰۹۴/۸۷۳؛ ۲۳۷۸/۸۸۴؛ دوم ۱۷۲/۴۶؛ ۱۱۰۴/۱۷۹، ۱۱۱۷؛ ۲۳۱۳/۵۷۴؛ ۷۳۹/۸۳۰؛ ۱۸۶۲/۹۵۲؛ ۳۸۴۵/۱۰۳۰. **۲-** بدشکل، شوم، کریه، زشت، بدیمن، نامبارک: یکم ۶۴/۹۷؛ دوم ۱۳۵/۱۰۶؛ ۲۶۱۱/۹۸۱. **۳-** بدبخت، مفلوک، بخت‌برگشته: یکم ۳۹۷/۲۱۵؛ ۲۳۰۲/۳۹۳؛ ۴۹۶/۷۱۰.

بدنهان. بدگوهر، بدنهاد، بدباطن، بدذات: یکم ۶۲۱/۲۲۴؛ ۲۲۴۸/۳۹۱.

بد و نیک. (نیز← نیک و بد) ۱- زشت و زیبا // *~ را یکسان شمردن*: یکم ۸۹۲/۵۰۲. **۲-** بود و نبود، دار و ندار، همه چیز: دوم ۷۵/۲۲۸؛ ۵۶۷/۶۴۳. **۳-** همه کارها، هر کار و هر حال: دوم ۲۷۵/۱۰۹۲.

بدهنر. دوم ۲۴۴۷/۹۷۵، ۲۴۵۱.

بدی! بادی! باد آنکه تو! بباشی!: یکم ۷۰/۵۴، ۷۶؛ ۵۱۵/۱۷۹؛ ۱۱۱۷/۳۴۶؛ ۱۳۲۴/۳۵۵؛ ۲۳۴۳/۳۹۵؛ دوم ۷۸۴/۱۳۲؛ ۳۱۸۸/۷۴۷؛ ۲۹۵۲/۹۹۵ و دیگر. توضیح: در برخی دستنویس‌ها بزی و بوی ثبت کرده‌اند.

بدین. ۱- در بیان تأکید و مبالغه، با وجود این همه، بدین شدّت: یکم

٢٥١/١٦٩؛ ١٢٥٦/٣٥٢؛ ١٤٢٩/٣٥٩؛ ١٩٩٩/٣٨١. **٢-** به سبب این: یکم ١٥٦٥/١٥٦؛ ٣٠١٩/٩١٠؛ دوم ٣٢٨٧/١٠٠٨؛ **٣-** برای این (کار): یکم ١١٤١/٣٤٧. **٤-** علاوه بر این: یکم ٢٤٦٠/٨٨٧؛ ٢٤٧٥/٨٨٨.

بر[1]. **١-** بار، میوه، محصول: یکم ١٠٣٨/١٣٦؛ ٤٣١/٢١٦؛ ٦٥٠/٤٤٨. **٢-** سود، بهره، پاداش، نتیجه: یکم ٢٠٦/٢٠٧؛ ٧٧٤/٣٣٣؛ ١٠٥٠/٣٤٤؛ ١٦٣٣/٣٦٧؛ ٦٢٤/٥٤١ // ***~ خوردن:*** یکم ٢١/٢؛ ٦٤/٣٠٥ // ***به ~ آمدن:*** یکم ٣٩/١٨؛ ١٤٨٤/٣٦١ // ***بی ~*** ← بی‌بر. **٣-** خواسته، مال: دوم ٢٩٧/٢٥٧. **٤-** کنایه از کودک: دوم ١٤٩/٢٢٣.

بر[2]. **١-** تن، بدن، اندام: یکم ٥١٢/٧١؛ ٨٩/٩٨؛ ١٠٤٥/١٣٦؛ ١٥٦٠/١٥٦؛ ٤٠٥/١٧٥؛ ١١٩/١٨٧؛ ٤٢٣/٢١٦، ٤٢٤؛ ١٠١/٢٦٥؛ ٨١٤/٢٩٣؛ ٢٣٧٨/٣٩٦؛ ١٩٠/٤٣٠؛ ٧٨٢/٧٢١؛ ١٩١١/٧٦٦؛ دوم ١١٢٤/١٧٩؛ ٣٤٣٩/١٠١٤ ب. **٢-** پهلوی بدن: یکم ٩٨٧/٨٩؛ ٤٩٨/٢٨٠؛ ٨٦١/٢٩٥، ٣٠٧/٤١٥، ٣٠٩؛ ٢٠٥/٤٣١. **٣-** سینه: یکم ٩٧٨/٨٩؛ ٥١٤/١٧٩؛ ٨٣/١٨٦؛ ٩٧/١٨٧، ٩٨، ٩٩؛ ٧٠٧/٢٢٧؛ ٢٦٤/٢٧١؛ ٤٥٩/٢٧٩؛ ٤٩١/٢٨٠؛ ٦٤٨/٢٨٦؛ ٨٣٧/٢٩٤؛ ١٢٥١/٣٥٢؛ ٢٠٨/٤٣١؛ ٥٧١/٤٤٥ // ***~ گشادن:*** یکم ١٣٩٣/٣٥٧؛ ٢٦١/٤٧٧ // ***دست به ~ زدن:*** یکم ٥١٤/١٧٩. **٤-** آغوش، کنار، بغل: یکم ٥٥/١٣؛ ٥٩٦/٧٤؛ ٢٥٨/١٠٥؛ ٣٧٠/١٠٩؛ ٥٥٦/١١٧؛ ٣٩٦/٢١٥؛ ١٤٨٧/٣٦١؛ ٢٠٨٩/٣٨٥؛ دوم ٩٨٨/١٧٤؛ ٣٤٣٩/١٠١٤آ // ***به ~ (در) گرفتن:*** یکم ٢٥٨/١٠٥؛ ٢٦٨/٢٠٩. **٥-** کنار و دامن: دوم ٣٦٧٦/١٠٢٤. **٦-** جلوی پیراهن: دوم ١٦٤٠/٩٤٣.

بر[3]. پهنا، عرض: دوم ٣٧٠٨/١٠٢٥؛ ٥٠٠/١٠٦١.

بر[4]. **١-** بالا، فراز: یکم ٨٤٧/٢٩٤؛ ١٥١٢/٣٦٢. **٢-** به، برای اتّصال و پیوند: یکم ١٥٠١/١٥٤. **٣-** از (؟): یکم ١٣٠/١٨٨. **٤-** برای، به سبب، به علّت، به جهت، در بیان وجوب و لزوم: یکم ١٦٥/١٠١؛ ٩٦٥/٣٤٠؛ ٩٨٦/٣٤١ // ***~ دست راست:*** یکم ١٧٦/٢٦٨ // ***~ کسی آزرده گشتن:*** یکم ٩٤٧/١٣٢ // ***~ کسی مهر آوردن:*** یکم ٨٠٥/٢٩٢ // ***(چیزی) ~ کسی بودن:*** یکم ٢٦/٢٢.

بر[5]. بجای، در عوض: یکم ٢٥١٢/٨٨٩.

بر[6]. پیشوند فعلی (جداافتاده از فعل): یکم ١٣٠/١٨٨.

بر[7]. **١-** بالایِ: یکم ١٠٦٤/٩٢؛ ١٠٧٢/٩٣؛ ١/١٩١؛ ٦٠١/٢٢٣؛

۲۱۳۳/۳۸٦. ۲- کنار، پهلوی، پیشِ، پای، نزد، سوی: یکم ۱۱۰/۵؛ ۵۱/۹۷؛ ۲۸۸/۱۷۰، ۲۹۳؛ ۳۵۳/۱۷۳؛ ۳۹٤/۲۱۵، ٤۰۸؛ ۲۷۲/۲٤۵؛ ۵۵٦/۲۸۳؛ ۷۳٦/۲۹۰، ۷٤۳، ۷٤٤؛ ۱۰۲/۳۰۷، ۱۱٦؛ ۸۱۸/۳۳۵؛ ۱۹۲۷/۳۷۸؛ ۲۰۸۷/۳۸۵؛ ۲۳۰٤/۳۹۳؛ ۲۳۲۸/۳۹٤؛ ۲٤۲۸/۳۹۸.

برابر. ۱- سینه به سینه، روبرو، طرف مقابل: یکم ۱۳۳۵/۳۵۵؛ ۵۹۹/٤٤٦؛ دوم ۷۳٦/۸۳۰؛ ۲۸۲۵/۹۹۰. ۲- پهلو به پهلو، در کنار هم: یکم ٤۲/۳۰٤؛ دوم ۳۲۲/٦۱۸؛ ۱۰۱۷/٦٦۱ // ~ *ایستادن*: یکم ۲۵٦/۲٤۵ // ~ *شدن* هم سخن گشتن: یکم ۲/۳۰۳؛ دوم ٦٦/۲۰۵ // ~ *کردن* مقایسه کردن، سنجیدن: یکم ۷۷۰/۵٤۷. ۳- یکسان: دوم ۳۲۷/٦۱۸.

برات. سند حواله‌ی وجه: دوم ۳۳۷۳/۷۵٤.

برآختن. برکشیدن: یکم ٦۰۰/۷۱٤.

برادر. // ~ *تا وقتی ~ است که بر سرت افسر است!*: یکم ٤۰٤/٦۷ // ~ *را به خاک نمی‌فروشند!*: یکم ۳۹۳/٦٦.

برادرْپدر. عمو: یکم ٦٦۸/٤٤۹؛ ۱۲٤/٤۷۲؛ ۸۱۸/۷۲۳؛ دوم ۲۰۹۸/۹٦۱.

برآراستن. ۱- آماده و مهیّا گشتن: یکم ۱۰۷/۲۵؛ ۱۵٤/۵۷، ۱۷۲؛ ۳۳۸/۲۷٤؛ ۱۹۳٤/۳۷۹. ۲- ساختن، درست کردن: یکم ۱۲۷/۲٦ // *تاختن ~*: یکم ٤۳٦/٤۲۰ // *جنگ ~*: یکم ۳٦/۱۸؛ ٤۷۱/۱۱۳ // *دار ~*: یکم ۵۲٦/۳۲۳ // *کار ~* ← کار. توضیح: گاه برآراستن کارکرد افعال همکرد را دارد← آراستن.

برآراسته. یکم ۱۵٤/۵۷؛ ٦۲۸/۷۵.

براز. پنهانی، پوشیده، محرمانه: یکم ۵/۲۹؛ ۵٤/۳۱؛ ۷۱۱/۷۹؛ ۲۹٦/۲۷۲؛ ٤۰۳/۲۷۷؛ ۱۷٤/۳۱۰؛ ۱٤۵۷/۳٦۰؛ ۱٤۷٤/۳٦۱.

برازیدن. شایسته و سزاوار بودن: یکم ٦۳/۱۸۵.

برآسوده شدن. آسودن، آسوده گشتن: یکم ۲۲۳/۱٦۸.

برآشفتن. ۱- شورش کردن: یکم ۳۵۸/۲۷۵. ۲- به شورش افتادن، برآشفته شدن، خشمگین شدن: یکم ۱۲۸۵/۳۵۳؛ ۱۲۷۸/۵٦۷؛ دوم ۲۹۲۹/۹۹٤.

برآشفته. خشمناک: یکم ۵۷۱/۲۲۲ // ~ *بودن* نگران و مضطرب بودن: یکم ۳۳۱/۱۷۲.

برآشوبیدن. ۱- خشمگین شدن: دوم ۲۹۱۰/۹۹۳. ۲- پریشان کردن، برهم‌زدن، منغص نمودن: یکم ۳۵۸/۲۷۵؛ دوم ۱۰۹۲/۹۲۱.

برآغالیدن. برانگیختن، برانگیزاندن، تازاندن: یکم ۲۶۷۲/٦۲۲.

برآلودن. مالیدن، اندودن، آغشتن: دوم ۲۳۵/۲۱۲.

برآمدن. ۱- بزرگ شدن، رشد کردن: یکم ۵۸۰/۷۳. ۲- طلوع کردن، دمیدن، بالا آمدن (خورشید، سپیده...): یکم ٤۷۷/٦۹؛ ۲۱۷۵/۳۸۸؛ ٤٥٤/٤۲۰. ۳- گذشتن، سپری شدن: یکم ۲۱/۱۲؛ ۵۷٤/۷۳؛ ۵۸۳/۷٤، ۵۸٤، ۵۹۸؛ ۸٦۹/۱۲۹؛ ۳/۱۵۹؛ ٤۰/۱٦۰؛ ۳۲۵/۲۷٤؛ ٤۰/٤۲٤ // **درنگ** ~: یکم ۱۲۲/۱٦٤؛ ۲۸۱/۱۷۰ // **روزگار** ~: یکم ۱٤۳۸/۱۵۱؛ ۳/۱۵۹؛ ٤۲/۱۸۵؛ ۲۸/۲۳٦؛ ٤۳۷/٤٤۰ و دیگر // **زمان** ~: یکم ۱۷۷/۱٦٦ // **سال** ~: یکم ۳۰/۱۸٤. ٤- بالا آمدن، مشخّص شدن، سر شدن: یکم ٦۱۵/۷۵. ۵- بالا آمدن، ظاهر شدن، پیدا شدن: یکم ۱۰/۱۱؛ ۲٦۱/۲٤۵ // **ابر** ~: یکم ٤٤۰/٤۲۰ // **بلند ~ آفتاب**: یکم ۵۵۸/۲۲۱ // **شب** ~: یکم ۸٦۹/۱۲۹. ٦- برخاستن، بلند شدن: یکم ٤/۱۵۹؛ ۲۳/۱٦۰؛ ۵٦/۲۳۷ // **خروش** (**خروشیدن**) ~: یکم ٤۲/۱۳؛ ۱٤٤۵/۱۵۲؛ ۲۳/۱٦۰؛ ٤۰۰/۱۷٤؛ ۳۱/۱۹۲ و دیگر // **سر از خواب** ~: یکم ۱۲۸۸/۱٤۵ // **عو** ~: یکم ٤/۱۵۹ // **گفت‌وگوی** ~: یکم ۱۸۷٦/۳۷٦ // **هوی‌هوی** ~: یکم ٤۵۹/۱۷۷. ۷- بیرون آمدن، جدا شدن: یکم ۱۳۸/۱۸۸؛ ٤۲/۲۳٦؛ ۲۲۸/۲٤٤؛ ۸۸۸/۵۵۲ // **به کاری** ~ در آن کار کامیاب شدن: یکم ۱۵۳٤/۷۵۱.

برآمیختن. مخلوط کردن: ۱۹۳/۳۷ // ~ **سپه**: یکم ۳۵۲/۱۷۳.

برآوردن. ۱- به بالا کشاندن، بنا کردن کاخ، ساختن عموماً: یکم ۷۸/۱۹٤؛ ۳٤٤/۲٤۸؛ ٦٦۰/٤٤۹؛ ۱۳٦٤/۸٤٤؛ ۲۱٤٦/۸۷۵؛ دوم ۳۱/۲؛ ۲۰۹/٦۱۳. ۲- به بالا بردن: یکم ۵۰/۱۳؛ ۳٦/۱۹۲؛ ۵۷۹/۲۲۲؛ ٦۵۵/۲۲۵؛ ۵٤۷/۲۸۲؛ ۱۰۸۱/۸۳۳. ۳- بزرگ کردن، پرورانیدن: یکم ۸۷/۹۸؛ ۱۳۹/۱۰۰. ٤- به آواز درآوردن، طنین انداختن: یکم ۲٤/۲۰۰. ۵- گذراندن: یکم ۱/٦۹۱. ٦- آفریدن: دوم ۳/۳۹۹.

برآورده. ۱- برافراشته، به بالا کشانده، کاخ (دژ، کوه) بلند سر به آسمان کشیده: یکم ۳۱۲/٤۱؛ ۳٤٤/٦٤؛ ۱٦۲/۲٤۱، ۱٦۳؛ ۱۰٦۳/۸۳۲؛ ۲۰۱۹/۸۷۰؛ دوم ۱۹۲۸/۵۵۹؛ ۵۸٤/٦٤٤؛ ٦۳۱/٦٤٦؛ ٦۸۲/٦٤۸؛ ۲٦۳٤/۹۸۲. ۲- ایجاد کرده: یکم ۳٦/۲. ۳- برکشیده‌شده، به نام و مقام رسانده‌شده: دوم ۲۸٦/۱۰۹۲، ۲۸۹.

برآویختن. ۱- گلاویز شدن، جنگیدن:

یکم ۹۷۷/۸۹، ۹۸۳؛ ۳۷٤/۲۱٤؛ ۵۷۳/۲۲۲؛ ۱۳/۲۳۵؛ ۱۹۰/۲٤۲؛ ۱/۲۵۳؛ ۳۳٤/۳۱٦؛ ۱٤۹۸/۷۵۰؛ ۱۵۳٤/۷۵۱؛ ۱۸۵۲/۷٦۳؛ دوم ۱۰٤۸/۱۷٦؛ ۱۰۹۰/۱۷۸؛ ۱۳۱۹/۱۸۷؛ دوم ۱۷۱۳/۹٤٦ و دیگر. **۲**- گرفتار شدن: یکم ۲۳۳۸/۸۸۲.

برآهنجیدن. کشیدن، آختن، بیرون کشیدن، درآوردن: یکم ۱۲۱۵/۵٦٤؛ ۱۲۷۵/۵٦۷؛ ۱۳۲/٦۳٦؛ ۸۲۹/۷۲۳؛ دوم ۱۱۵٤/۱۸۰ و دیگر.

برآهیختن. کشیدن، آختن: یکم ۱۷/۱۵؛ ۱۰۲۸/۱۳۵؛ ۵۱۷/۲۲۰؛ ۵٦۰/۲۲۱؛ ۸۰۲/۲۳۱؛ دوم ۱۳٤۰/۹۲؛ ۱۳٦٤/۹۳؛ ۱۲۰٦/۳۱۲؛ ۳۵٤/٤٦۹؛ ۲۰۳/٤۹۱؛ ۲۱۰٤/۵٦۵؛ ۱۷۰۰/٦۸۸؛ ۱۷۲۵/۹٤٦.

برافراختن. ۱- ساختن و به بالا کشاندن ساختمان // **دخمه** ~: دوم ۱۳۳۷/۹۲. **۲**- افراشتن، بالا بردن بلند کردن، به اهتزاز درآوردن: یکم ۹٤۰/۸۸؛ ۱۰۵/۹۹؛ ۱٤۸۷/۱۵۳؛ ۱۵۱۹/۱۵٤؛ ۱٦۰۳/۳٦٦؛ دوم ۲۹۲۷/۹۹٤ // **سر** ~: یکم ۲۲/۹٦؛ ۱٦٦/۱٦۵؛ ۱۹۸۹/۳۸۱ // **کلاه** ~: یکم ۹۱۸/۱۳۱ // **گردن** ~: یکم ۵۱۳/۱۷۹. **۳**- بزرگ شدن، بالیدن: یکم ۱٦۹/۳٦. **٤**- بالاندن، نازاندن: یکم ۲۳۹۷/۳۹۷. **۵**- ستودن (؟): یکم ۱٤۸۷/۱۵۳.

برافراشتن. ← برافراختن.

برافروختن. ۱- روشن کردن، تابناک کردن: یکم ۲۳۹۷/۳۹۷. **۲**- روشن شدن، درخشیدن، نورانی شدن، تابیدن، جلوه گرفتن، جلوه‌گر شدن، از احساس عشق منفعل شدن، از شادی گلگون شدن، از خشم سرخ شدن: یکم ۳۵۱/۱۰۹؛ ۵۰/۱٦۱؛ ۸۱۱/۲۳۱؛ ٤۲۵/۲۵۱؛ ۱۳/۲٦۱؛ ٦۹۵/۳۳۰؛ ۱۲۷٦/۳۵۳؛ ۲۱۵۲/۳۸۷؛ ۲۳۷۰/۳۹٦. **۳**- نابود و زایل کردن: یکم ۱۱۲۱/۱۳۹. **٤**- سوختن، آتش گرفتن: یکم ۲۲۹/۲۷۰؛ ۲۰۹۵/۳۸۵؛ ٤۲۷/٤۱۹. **۵**- (گذرا) سوزاندن، آتش زدن: یکم ۲۲۲/٤٦۰.

برافگندن. روانه کردن، گسی کردن، فرستادن، به رسولی فرستادن (فرستاده، هیون، نوند، خلعت، سوار): یکم ۲۹٦/٦۲؛ ۳۱٤/٦۳؛ ۸۹۹/۸٦؛ ۱۱٦۹/۱٤۱؛ ۱۳۳٤/۱٤۷، ۱۳۳۷؛ ۱۳۹۲/۱٤۹؛ ۱۵٦/۱۹۷؛ ٦۳۹/۳۲۸؛ ۸٦۳/۳۳٦ و دیگر // ***اسپ (سوار، هیون)*** ~: یکم ۲۰۱/۱٦۷؛ دوم ۳۳٤۱/۷۵۳ و دیگر // ***کسی را به راه*** ~: یکم ۳۷۹/۱۷٤؛ ۲٤۰/۲٤٤.

برافگندنی. آویختنی (پرده و...): دوم ۸۷/۲٦۸.

برانداختن. رای زدن، تدبیر کردن: دوم ٦٤/۱۰۸۳.

براندودن. مالیدن: یکم ۱٤۰۷/۱۵۰،

۱٤۰۸؛ ۹۷/۳۰٦؛ ۱۱۸٤/٦۸٥.

براندیشیدن. ۱- واهمه کردن، ترسیدن، شکوهیدن: یکم ۲۱٥/۳۷. ۲- تأمّل کردن: یکم ٤۳۱/٤٤۰.

برانگیختن. ۱- به جنبش درآوردن (لشکر)؛ جنباندن و کندن و جهاندن و تیز کردن (اسب): یکم ۹۸/٥؛ ۹۰٥/۱۳۰؛ ۱۰۲۹/۱۳٥؛ ٥۱۲/۲۱۹؛ ۷٥٥/۲۲۹؛ ۱۱۲/۲٥۷، ۱۲۱؛ ٦۰۲/۲۸٤؛ ۳۲۹/٤۱٦؛ ۲۷۹/٤۳٤. ۲- روانه کردن، فرستادن، گسیل کردن، برافکندن: یکم ٥۰۷/۳۲۲ // ***هیون ~:*** یکم ۱٤۹٥/۱٥۳؛ ٦٤۳/۳۲۸؛ ۹٥۲/٦۷٦. ۳- بلند کردن، برداشتن، راندن: یکم ۱۲۲/۲٦٦؛ ۷۲٤/۳۳۱. ٤- شوراندن، تحریک کردن // ***دل (کسی را) ~:*** یکم ۱۹۲۳/۳۷۸.

براه. خوش‌دست، خوش‌قَلِق: یکم ۱۳۸٦/۳٥۷.

بر این. گذشته از این: دوم ۲۹٥۹/۹۹٥.

بربزیدن. بروزیدن، بردمیدن: یکم ۲۲۰۲/۳۸۹.

بربستن. (ناگذر) بربسته شدن: دوم ٦٥/۲٤۷.

بربط. از سازهای سیمی، عود: یکم ۲۲/۲۰۰.

بربط‌شکن. استاد در نواختن بربط: دوم ۸۳۱/٥۱٦؛ ۹۸٥/٥۲۱.

بربند. سینه‌بند اسب: یکم ۲۳٤۲/۷۸۳.

بر (ابر) بی‌گناه (گنه). بی‌گناه: یکم ۱۰٥۸/۱۳٦؛ ۷۱۳/۲۸۹؛ ۸۰۲/۳۳٤؛ ۱٦۲۲/۳٦٦؛ ۱۸/٤۰۳؛ ۳۹۲/٤۱۸؛ ۲۳/٥۱۸؛ ۲۰۲۲/۸۷۰؛ دوم ۱۲۳۸/۸۸؛ ۳٦٤٦/۷٦٥.

برتابیدن. (نیز← برتافتن) ۱- تاب و توان داشتن، تاب آوردن، تحمل کردن، توانستن: یکم ۱۳٥۳/٥۷۰؛ ۲٥۸۹/٦۱۹؛ ۹۷٥/۸۲۹؛ ۱٥۰٦/۸٥۰؛ دوم ٥۰۸/۲۸٥؛ ۱۹٦۹/٥٦۰؛ ۱۹۱۸/٦۹۷. ۲- برگشتن // ***روی ~:*** یکم ۲۳۰/٤٦۰ // ***مبرتاب روی!*** روی برمگردان: یکم ٥۷٦/۷۱۳؛ ۱۰٤۲/۷۳۲ // ***مبرتاب سر!*** سربرمگردان: یکم ۱٤۳۲/۷٤۷.

برتافتن (نیز← برتابیدن). ۱- تاب و توان داشتن، تاب آوردن، تحمّل کردن، توانستن: یکم ۱٥٤۹/۳٦٤؛ ۱٦۸/٤۲۹؛ دوم ٤۸۸/۱۲۰؛ ۳۲/۲٤۰؛ ٦۱/۲٤۷؛ ٤۸۰/۱۱۰۰. ۲- پیچیدن، پیچاندن // ***روی (بر) ~:*** یکم ۳۳۳/۲٤۸؛ ٥۳٦/۳۲٤؛ ۹٦٤/٥۰٥؛ ٤٥۳/٦٥٦؛ ٥۷٦/۷۱۳؛ ۷۰٤/۷۱۸؛ ۱۰٤۲/۷۳۲؛ ۱۱۱۳/۷۳٤؛ ۲۸۰۳/۹۰۱ و دیگر // ***سر ~:*** روی برگرداندن، برگشتن: یکم ۹۹۰/۸۲۹ // ***عنان ~:*** یکم ۸۱۲/۸۲۲ // ***دامن ~:*** دوم ۳۱٥۱/۱۰۰۳.

برتر. ۱- بالاتر: یکم ٤/۱ و دیگر // ~

از برتران: یکم ۱۲۵/۱۰۰. **۲-** برترین: یکم ٦٢٤/٤٤٧.

برتر خدای. یکم ٦٢٤/٤٤٧.

برترمنش. **۱-** والانهاد، برمنش، باهمّت، باشخصیت، بلندپایه: یکم ٥٧٨/٢٢٢؛ ٥٤٠/٨١٢؛ ٨٨٢/٨٢٥؛ دوم ١٢٧/١٠٦؛ ٢٥٤/٢٥٥؛ ٢٧٧/٢٥٦؛ ٢٧٦٤/٧٣٠؛ ٣٧٣١/٧٦٨؛ ٣٨٠٩/٧٧١؛ ١١٦٥/٨٤٧؛ ١٠٣٦/٩١٩. **۲-** صفت جاندار بزرگ چون فیل: یکم ١٣/١٥٩. **۳-** مغرور، متکبر، برمنش، خودخواه: یکم ٢٥٣٢/٨٩٠؛ دوم ٥٩٧/٣٩٦؛ ٢٦٢٠/٧٢٤؛ ٢١٤/٨٨٧؛ ٣٣٢/٨٩٢؛ ٨٢٢/٩١١

برتری. بلندی، مهتری، بزرگی: یکم ٤٩٠/٧٠.

برترین. بالاترین: یکم ٧٨/٢٤ و دیگر.

برترین نام. اسم اعظم: یکم ٥١/١٣؛ ٣٧٦/٦٥.

برتنی. **۱-** زور، نیرو، قدرت: یکم ١٥٢٢/١٥٥. **۲-** تکبر، غرور، منی، خودبزرگ‌بینی: دوم ٦٢٤/٣٩٧.

برتوختن. برکشیدن، بردن: دوم ١١١٦/٨٣.

برجاس. هدف، نشانه: یکم ١٧٧٤/٣٧٢؛ دوم ٦٣٤/٢٦.

برجایِ. **۱-** در عوضِ: یکم ١٧٤/٢٠٦. ۲- از جهت، بخاطرِ (به فدیه و نذر و سربها، در راهِ) // ~ ***نوروز و جشن*** ***سده***: دوم ٥٧٢/١٠٦٣.

بر جزین. جز برین: دوم ٧٧٢/١٦٥؛ ١٠٩٨/٩٢٢.

برجستن. رشد یافتن، بالیدن، به سال بلوغ رسیدن: یکم ٥٨٢/٧٤.

برچدن. برچیدن، برگرفتن، برداشتن: دوم ٤٠٥/٥٥.

برخ. بهره: دوم ٥٤٤/٦٠.

برخاستن. **۱-** بلند شدن، برپا خاستن: یکم ٧١٥/٧٩ و فراوان. **۲-** زائل شدن، دور شدن، گسستن: یکم ٧/٢٣٥؛ ١٩٧١/٣٨٠؛ ٥٤٧/٤٤٤. **۳-** بزرگ شدن، رشد کردن: یکم ١١٤٩/٣٤٨. **٤-** برانگیزاندن، بلند کردن: یکم ٧/١٩١. **٥-** نشست و خاست کردن، همنشینی کردن: یکم ٣٩/٣٠.

برخزیدن. برخیزیدن، برخاستن، اقدام کردن: دوم ٣٩٥٠/١٠٣٤.

برخواندن. برشمردن، نام بردن // ***چو خورشید تابنده*** ~: یکم ٢٠١٠/٣٨٢.

برخوردن. بهره‌مند شدن، برخوردار گشتن: یکم ٢١/٢؛ ١٢٧٦/١٤٥؛ ٦٤/٣٠٥؛ ١٧٦٥/٣٧٢.

بَرد[1]. // ***شاخ و*** ~ *(؟)*: یکم ١١٢٨/٨٣٥.

بَرد[2]. کیش در اصطلاح شطرنج: دوم ٣٣٦٨/٧٥٤ // ***از راه*** ~ دور شو! دورباش!: دوم ٨٧/٤٢٤؛ ١٠٢٠/٥٢٣؛

۲۲۹۱/۵۷۳.

بُرد. پارچه‌ی کتانی //~ ***یمانی*** پارچه‌ی کتانی از یمن: دوم ۱۲۸۶/۸۵۲، ۱۲۸۸.

برداشت. برداشتن سپاه: یکم ۳۳۸/۷۰۴.

برداشتن. ۱- برداشتن سپاه، روانه شدن، کندن (بار و بنه و رفتن)، برگرفتن: یکم ۳۴/۲۳۶؛ ۶۱۸/۶۶۳؛ ۲۱۴۰/۸۷۵؛ ۱۵۰۵/۸۵۰؛ دوم ۶۳/۳؛ ۱۱۲۳/۸۳؛ ۲۲۱۹/۵۷۰؛ ۲۲۹۵/۵۷۳؛ ۳۴۰۴/۷۵۵؛ ۲۱۲۷/۹۶۲. ۲- تحمّل کردن، بردباری نمودن: یکم ۸۱/۳۰۶؛ ۶۷۸/۶۶۵؛ ۱۰۲۵/۶۷۹؛ دوم ۳۱۴/۱۱۳. ۳- پذیرفتن، پسندیدن: یکم ۱۶۴۸/۷۵۵. ۴- برکندن، برانگیختن //***اسپ*** ~: دوم ۱۳۱۷/۹۱. ۵- نابود کردن: یکم ۷۴۴/۵۴۶. ۶- بردن، روی آوردن، درخواست کردن، گزارش کردن، رساندن (خبر، سخن): دوم ۱۹۵۰/۶۹۸؛ ۳۶۹۷/۷۶۷؛ ۳۷۷۷/۷۷۰ // ***به کسی*** ~: دوم ۷۱۶/۹۰۷. ۷- سر دادن، آغازیدن: دوم ۳۶۵۳/۱۰۲۳.

بردرخشیدن. درخشیدن: یکم ۳۰۲۴/۹۱۰.

بردمیدن. ۱- خروشیدن، خشمگین شدن، برافروختن، تفتن، جوشیدن (از خشم، اندوه، شادی): یکم ۱۰۸/۲۵۷؛ ۲۵۲/۴۱۲؛ ۳۰۴/۴۱۴؛ ۱۰۹۳/۵۶۰؛ ۵۴۲/۷۱۲؛ ۲۶۷۷/۸۹۶؛ دوم ۳۵۶/۱۵؛ ۱۴۷۳/۹۷؛ ۶۸۳/۱۶۲؛ ۱۷۲/۲۳۲؛ ۲۱۸/۲۳۳؛ ۱۵۱۷/۳۲۵؛ ۴۱۳۶/۷۸۴؛ ۶۸۴/۸۲۸؛ ۱۵۵۹/۸۶۲؛ ۳۹۷۸/۱۰۳۵؛ ۳۹۹۶/۱۰۳۶. ۲- برافروختن، شعله‌ور شدن، جوشیدن: یکم ۳۷۶/۱۱۰؛ ۳۸۴/۱۷۴؛ ۳۷۸/۲۱۴؛ ۱۹۸/۲۶۹؛ ۸۵۲/۲۹۴؛ ۱۳۳/۳۰۸؛ ۶۰۱/۴۴۶؛ ۸۰۸/۴۹۹؛ ۹۴۸/۵۰۵؛ ۲۱۳۰/۶۰۰؛ ۶۸۶/۷۱۸. ۳- برافروختن، روشن شدن: یکم ۶۸۲/۴۵۰. ۴- وزیدن: یکم ۹۵۹/۵۵۴؛ ۳۰۷۹/۹۱۳. ۵- شتابیدن، حمله‌ور شدن، توفیدن: یکم ۱۴۱۳/۳۵۸؛ ۱۳۶/۴۲۸؛ ۳۵۰/۴۳۶؛ ۱۳۹۶/۷۴۵؛ دوم ۲۶۵/۱۱۱؛ ۷۹۲/۵۱۴ // ***بکردار باد دمان*** ~: دوم ۹۰۵/۳۰۰. ۶- برخاستن، توفیدن: یکم ۷۳۱/۲۲۸؛ ۶۴۳/۴۴۸؛ ۴۵۸/۸۹۷؛ ۳۲۳/۵۲۹؛ ۱۸۸۴/۵۹۱؛ ۲۱۱۰/۶۰۰؛ ۳۶۶/۷۰۵؛ ۶۲۷/۷۱۵؛ ۱۵۰۸/۷۵۰. ۷- طلوع کردن، پدیدار گشتن، سر زدن، برآمدن: یکم ۶۵۲/۴۴۸؛ ۶۵۷/۴۴۹؛ دوم ۷۰۰/۲۹؛ ۶۲/۴۸۵ // ***سر*** ~: یکم ۸۴۱/۸۴؛ ۷۴۴/۷۲۰؛ دوم ۲۸۷/۴۳۲. ۸- جوشیدن، موج گرفتن، به تلاطم آمدن: یکم ۴۷۲/۶۵۷؛ ۴۴/۶۹۲؛ ۲۸۰/۷۰۲. ۹- شکفتن: دوم ۳۰۶/۴۳۳؛ ۵۱۲/۴۴۱؛ ۵۱۴/۴۷۵؛ ۱۵۸۷/۵۴۵.

بردن. ۱- گرفتن، اخذ کردن، نصیب و بهره بردن: یکم ۲۹۵/۱۰۶؛ ۲۲٤۹/۳۹۱. **۲-** کشیدن، تحمل کردن، شکیبایی نمودن: یکم ۲۳۷۸/٦۱۰.

بررسیدن. پژوهش کردن // ***سخن*** ~: یکم ۵/۱۹۱.

برز. **۱-** بلند: یکم ۱۵٦/۷؛ ۹٦/۳۳؛ ۲٦۵/۳۹؛ ۲۸۹/٤۰؛ ۳۱۸/٤۱؛ ٦۳٤/۷٦؛ ۹۵/۹۹؛ ٤۵۱/۱۱۲؛ ۱۲۱۹/۱٤۳؛ ۱۰/۲۵۳؛ ٤٦۲/۲۷۹؛ ٤۹۱/۲۸۰؛ ۵۱۸/۲۸۱؛ ٦۵۵/۲۸۷؛ ۸۳۷/۲۹٤؛ ۹۹۱/۳۰۰؛ ۱۱۱/۳۰۷؛ ۱۲۹۸/۳۵٤؛ ۱۹۹۹/۳۸۱؛ ۲۳۸٤/۳۹٦؛ ۵۰/٤۰۵؛ ۱۹٤/٤۳۰؛ ۵٦٦/٤٤۵؛ ۸۹/٤۵٤؛ ۳۲۷/٤٦٤؛ دوم ٦/۱؛ ۱۳۸۳/۹٤؛ ۱۰۵۳/۱۷٦؛ ۱۱۹٦/۱۸۲؛ ۹۵/۲۰٦؛ ٦۹٦/۹۰٦؛ ۳۰٤۲/۹۹۸ و فراوان // ~ ***بالا*** اندام بلند ← بالا. **۲-** بلندی، شکوه، بزرگی، عظمت، زیبایی (در این معنی غالباً با فرّ و آیین می‌آید): یکم ۲۸۸/۱۰٦؛ ۳۸۱/۱۱۰؛ ۱۲۱٦/۱٤۲؛ ۱۲۹۲/۱٤۵؛ ۱۷۸/۱٦٦؛ ۱٤۸/۱۸۹؛ ۲٦٤/۲۷۱؛ ۷٤۵/۲۹۰؛ ۹٤٦/۲۹۸؛ ۱۹۰٤/۳۷۷؛ ٤٦۲/٤۲۱؛ ۱٤٤/٤۲۸؛ ۱۵۰/٤۲۹؛ ۳۹۷/٤۳۸؛ ۵۳۱/٤٤٤؛ ۵۷٤/٤٤۵؛ ۵۹۲/٤٤٦؛ ٦۳۳/٤٤۸؛ ۱۰۹۲/۵٦۰؛ ۱۳۲۰/۵٦۹؛ ۱۷٤٦/۵۸۵؛ ۳٤۱/٦۵۲؛ ۵۹۳/٦٦۲؛ ۲۰۱۸/۸۷۰؛ ۳۰۳۲/۹۱۱؛ دوم ۵۱٦/۱۱۰۱ // ***خسروی*** ~: دوم ۳٤۳۸/۱۰۱٤. **۳-** باشکوه، بزرگ: یکم ۸۸٦/۸٦.

برزبالا. بلندقامت ← بالا، برز (شماره‌ی ۱).

برزدن. بر یکدیگر افکندن، به جان هم انداختن، حمله کردن، مشاجره و ستیز کردن: دوم ۲۹۷۸/۷۳۸؛ ۳۸۲۷/۱۰۳۰ // ***این بدان، آن بدین*** ~: دوم ۱۵٦۹/۱۹۷.

برزن. محلّه: یکم ۱۷٦/۲۰٦؛ ۹۵/۳۰٦؛ ۲۱۵/۳۱۱؛ ٤۲۳/۳۱۹؛ ۱۷۵۷/۳۷۲؛ دوم ۲۹۸۹/۹۹٦.

برزیدن. ورزیدن: یکم ۱۲۷۹/۱٤۵.

بُرزین. آتشکده‌ی برزین‌مهر: یکم ۱۰/۹۵؛ ۱۰/۲۵۳؛ ۱۹۷/٤۷٤.

برساختن. ۱- نقشه کشیدن، تدبیر نمودن، آماده شدن، اقدام کردن، دست به کار شدن: یکم ٦۸۵/۷۸؛ ۲۷٤/۲٤۵؛ ۸۳۹/۳۳٦؛ ۱۵۱۵/۳٦۲؛ ٦۲۰/٤۹۱. **۲-** آماده شدن/ کردن، تجهیز کردن، اقدام کردن، دست به کار شدن: یکم ۲۲/۳۰٤؛ ۲۰٦/۳۱۱؛ دوم ٦٤/۱۰۸۳. **۳-** زدن، بکار بردن، انداختن: یکم ۱۷۱/۲٦۸.

برسری. (قید مقدار) افزون بر آن: یکم ۲۳۸٦/٦۱۱؛ دوم ۱۰۰٦/۳۰٤.

برسم. شاخه‌های نازک درخت انار یا

هوم یا خرما یا گز در برگزاری آیین نیایش در دین بهی: یکم ۲۲۰۵/۸۷۷؛ دوم ۱۸۶/۲۷۲؛ ۲۹۳/۴۳۲، ۲۹۴؛ ۱۶۰۶/۵۴۶؛ ۲۳۹۴/۵۷۷؛ ۵۱۸/۶۴۱؛ ۱۵۸۹/۶۸۴؛ ۱۶۱۴/۶۸۵؛ ۲۳۷۵/۷۱۵؛ ۶۶۹/۹۰۵؛ ۱۹۷۳/۹۵۶؛ ۲۰۷۳/۹۶۰؛ ۴۷۱/۱۰۵۹؛ ۵۲۲/۱۱۰۲، ۵۲۴، ۵۲۷، ۵۳۱، ۵۳۶ و دیگر.

برشده. بلند شده، به نیکی آوازه یافته: یکم ۶۱۳/۶۶۲.

برشکفتن. از خنده شکفتن: یکم ۱۲۸۳/۱۴۵.

برشمردن. (نیز← شمردن) ۱- ناسزا گفتن، بر بدی یاد کردن: یکم ۶۲۲/۲۸۵؛ دوم ۸۷۷/۳۶؛ ۹۵/۲۲۹ // *کسی را* ~ بدو دشنام دادن: دوم ۶۸۴/۵۱۰. ۲- شماره کردن، یکی یکی نام بردن: یکم ۸۷۴/۳۳۷؛ دوم ۳۰۱۰/۹۹۷. ۳- یک به یک گفتن، نقل کردن، شرح دادن، یاد نمودن: یکم ۷۵۴/۸۰؛ ۵۱۵/۲۸۱؛ ۶۳۵/۲۸۶؛ ۱۵۱۰/۳۶۲؛ ۲۳۱۵/۳۹۴؛ ۱۳۴۰/۵۶۹؛ ۱۶۱۹/۵۸۰؛ ۲۶۶۱/۶۲۱؛ دوم ۱۱۵/۲۲۹؛ ۴۰۸/۲۶۱؛ ۱۲۱۲/۹۲۶؛ ۱۶۶۸/۹۴۴. ٤- شمردن، حساب کردن: دوم ۴۵۵/۲۶۳. ۵- شمردن و تحویل دادن: دوم ۸۸۶/۳۶؛ ۱۶۵۴/۲۰۰؛ ۹۲/۲۴۳.

برفتن. رفتن: یکم ۸۴۲/۶۷۱ // ~ گرفتن: یکم ۱۰۶۲/۷۳۲.

برفراختن. بلند ساختن، برافروختن، به بالا کشیدن، برافراشتن: یکم ۹۲۵/۸۷؛ ۱/۱۵۹؛ ۲۲/۱۹۲؛ ۱۵۸۴/۳۶۵؛ ۲۰۳/۷۹۸؛ دوم ۷۲۴/۱۶۳.

برفراشتن.← برفراختن.

برفروختن. ۱- برافروختن، روشن کردن: یکم ۲۸۱/۲۱۰؛ ۳۳۱/۲۱۲؛ ۱۵/۲۶۱؛ ۴۸۳/۴۸۶؛ ۶۱۵/۴۹۱. ۲- برافروخته شدن، روشن شدن، برق زدن، جلوه‌گر شدن، سرخ شدن (از احساسات گوناگون): یکم ۱۰۸۱/۱۳۷؛ ۷۴۶/۲۲۹؛ ۱۷۷۶/۳۷۲؛ ۲۴۴۰/۳۹۹؛ ۹۹/۴۲۷؛ ۶۹۴/۴۹۴؛ ۶۴/۵۱۹؛ ۷۹/۵۲۰؛ ۴۴۷/۵۳۴؛ دوم ۸۳۹/۱۳۴؛ ۲۰۰/۲۱۰؛ ۱۰۳/۲۴۳؛ ۶۱/۶۲۳. ۳- سوختن، آتش گرفتن، برافروختن، گداختن، شعله‌ور شدن: یکم ۱۰۰۷/۱۳۴؛ ۶۰۲/۴۴۶؛ ۲۸۱/۴۷۸؛ ۱۶۰۷/۵۸۰؛ ۱۳۱۶/۸۴۲؛ دوم ۶۵۲/۱۶۱؛ ۱۳۰۹/۳۱۶؛ ۲۹/۳۷۴؛ ۸۹۲/۵۱۸؛ ۲۱۵۰/۵۶۷.

برفزود. ۱- (قید مقدار) فراوان، بیشمار: یکم ۴۹۱/۸۱۰؛ دوم ۳۵۳/۱۴۸؛ ۴۲۶/۲۶۲. ۲- بیشتر، افزون بر آن: دوم ۱۱۳/۶۲۵. ۳- بالا، توانگر، از اغنیاء: دوم ۲۶۴/۶۱۵.

برفسردن. چسبیدن، یخ زدن: یکم ۵۸۳/۴۹۰.

برفشاندن. ۱- بیرون ریختن، تهی کردن: یکم ۸۱۱/٤۹۹. **۲**- حیف و میل کردن: دوم ۱۲۱/۲۳۰.

برکاست. پایین: دوم ۱۲۹۸/۱۸٦.

برکردن. ۱- ریختن: یکم ۷۹٤/۱۲٦؛ ۵۲۵/۱۷۹. ۲- آویختن: یکم ۳۵۲/۲۷۵.

برکشیدن. ۱- به بالا کشیدن، به سوی خود کشیدن: ۱۳٦۱/۳۵٦. **۲**- پروریدن، بزرگ کردن: یکم ۸٦٤/۲۹۵. **۳**- سربلند کردن، پیروز و ارجمند و مفتخر نمودن: یکم ۱۰۱۷/۹۱؛ ۱۰٤۱/۳٤۳؛ ۲۹٤۰/۹۰۷. **٤**- رفتن، راندن: یکم ۲۸۵/۱۷۰. **۵**- برآمدن، طلوع کردن، بالا آمدن // ***آفتاب*** ~: دوم ۵۰۵/۱۱۰۱. **٦**- بالا بردن، مقام دادن، از گم‌نامی به نام رساندن // ***کسی را*** ~: دوم ۲۸۷/۱۰۹۲.

برکندن. ۱- برانگیختن و از جای کندن (اسب): یکم ۱۳/۲٦۱؛ دوم ۳۹۷۱/۱۰۳۵. **۲**- بار بربستن، رخت بربستن، حرکت کردن، کوچیدن: دوم ٦/٤٤۹. **۳**- نابود کردن: دوم ۳٤۳/٤۳٤.

برگ. ساز، نوا، سامان، توانایی، وسیله و امکان، مادیّات زندگی، ساز و برگ، توشه، آزوقه // ~ ***ساختن***: دوم ۲۵۸٤/۵۸۵ // ***کار به*** ~ ***کردن***: دوم ۱۷۸۳/۳۳۵.

برگاردن. برگاشتن // ***پشت*** ~ پشت کردن: دوم ۳۷٤٦/۷٦۹.

برگاشت. // ***سر*** ~ ***بودن***: یکم ۱۹۳٤/۷٦۷.

برگاشتن. ۱- (گذرا) چرخاندن، برگرداندن: یکم ۳۹۷/٦٦؛ ۱۲٦/٦۳٦؛ ۷۰۸/٦٦٦؛ ۲۳۹٦/۷۸۵؛ دوم ۸۹۱/۳۷؛ ۳٦/۲٤۰؛ ۱۸۸٦/۸۷۵ // ***اسب (باره)*** ~: یکم ۲۰۲/۲٦۹؛ دوم ۱۰۱/۲۲۹؛ ٤٦۱/۸۱۹؛ ۱۸۷۲/۹۵۲؛ ۳۰۳٤/۹۹۸ // ***پشت*** ~ پشت کردن، گریختن، برگشتن: یکم ۷۷۸/٤۹۸؛ ۹۳۲/۵۰٤؛ ۱٦۸۸/۵۸۳؛ دوم ۹۲/۲۲۱؛ ۸۷۵/۸۳۵؛ ۵۵۵/۹۰۰؛ ۳۳۲۰/۱۰۰۹؛ ٦۱۲/۱۱۰۵ // ***روی*** ~← روی، شماره‌ی ۱: یکم ٦۹۲/٤۹٤؛ ۱۰۱۹/۵۰۷؛ ٤۱۳/۵۳۳؛ ٦۲۱/۷۱۵؛ ۷٤۱/۷۲۰؛ ۸۵۰/۷۲٤؛ ۱٦۱۵/۷۵٤؛ ۱۷۷٤/۷٦۰؛ ۲۰۰۵/۷۷۰؛ دوم ٦۹۸/۱۲۸؛ ۳٦/۲٤۰؛ ۳۱۳/۲۵۷؛ ۳۹۳۷/۱۰۳٤ // ***نیزه*** ~: یکم ٤٦۰/٦۵۷؛ ۵۸۹/۷۱٤ // ***کسانی را*** ~ برگرداندن، گریزاندن: دوم ۲۸٦٤/۹۹۱. **۲**- (ناگذر) برگشتن: یکم ٦۳۱/۷۱۵؛ ۱۹۷۸/۸٦۸؛ دوم ۱۷۰/۲۵۲؛ ۱۲۵۱/۹۲۸.

برگاشته. برگشته، کج: دوم ۱۵۱۱/۸٦۱.

برگذاردن. عبور دادن، گذرانیدن، فراتر بردن: دوم ۲٦۱/٤۹؛ ٦۷۰/۸۲۷؛

۷۳۸/۹۰۷.

برگذاشتن. برگذراندن، بالاتر بردن: یکم ۴۱۶/۴۳۹؛ دوم ۲۱۲۴/۹۶۲.

برگذاردن. یکم ۱۹۰۶/۳۷۷.

برگذشتن. ۱- فراتر رفتن: یکم ۳۰/۶۳۲؛ ۱۱۳/۶۳۵. ۲- سپری شدن: یکم ۵۲/۶۳۳.

برگراییدن. ۱- سنجیدن، آزمودن، برآورد کردن: یکم ۱۴۹/۷؛ ۹۶۲/۸۸؛ ۱۰۴۲/۹۲؛ ۱۳۰۸/۱۴۶؛ ۷۴۷/۲۹۰؛ ۱۳۸۱/۳۵۷؛ ۲۶۸/۴۱۳؛ دوم ۷۳/۲۴۸؛ ۱۲۴/۲۵۰ ۲- پیچاندن // ***سر از خواب خوش*** ~: دوم ۵۱۷/۱۵۵ // ***عنان*** ~← عنان. ۳- پیچیدن، برگشتن: یکم ۳۰۳/۲۴۶. ۴- (با حرف اضافه‌ی به) روی کردن به: دوم ۲۷۴۰/۹۸۶.

برگرفتن. ۱- جنبیدن، حمله‌ور شدن، حرکت کردن: یکم ۱۱۲/۴۰۷، ۱۱۳؛ دوم ۱۱۴۶/۸۴؛ ۴۵۷/۲۶۳. ۲- آموختن، اخذ کردن، سرمشق گرفتن// ***ز کردار کسی مردمی*** ~: دوم ۱۳۰/۶۱۰. ۳- به دل گرفتن: دوم ۴۹۵/۶۴۰.

برگزینان. نژادگان ایرانی: دوم ۳۹۹/۵۵.

برگستوان. جامه‌ی جنگ اسب و سوار: یکم ۷۸۸/۸۲؛ ۲۴۹/۴۱۲؛ دوم ۱۰۵۹/۱۷۷.

برگستوان‌ور. دارای برگستوان: یکم ۲۸۴/۲۴۶؛ ۶۲/۲۵۵؛ ۲۲۷۶/۳۹۲؛ ۵۳۸/۴۴۴.

برگسستن. برکندن، برگرفتن، گسلیدن // ***از زین*** ~: یکم ۹۸۶/۸۹؛ ۹۱۱/۱۳۱.

برگسلیدن. برکندن، برگسستن: دوم ۱۰۴/۵۹۵.

برگشادن. ۱- باز کردن: یکم ۴۵۸/۶۹ و دیگر. ۲- آشکار کردن، پدیدار کردن: یکم ۳۶/۴۲۴ و دیگر.

برگشتن. ۱- روی برگرداندن: یکم ۲۰۲/۲۰۷؛ ۱۳۹۴/۷۴۵ // ~ ***خورشید:*** یکم ۵۱۸/۲۲۰ // ***سر بخت برگشته دیدن:*** یکم ۷۷۰/۴۹۷. ۲- بازگشتن به آن جهان (که سرای اصلی و همیشگی است): یکم ۴۵/۱۶۱؛ دوم ۵۶۴/۱۱۰۳. ۳- شدن، گشتن: یکم ۵۸۳/۷۱۴؛ ۱۳۹۴/۷۴۵؛ دوم ۱۴۳۷/۱۹۲؛ ۶۱۷/۳۶۵؛ ۷/۴۲۱؛ ۸۷۶/۵۱۷؛ ۱۰۸۶/۵۲۵؛ ۱۲۱۸/۵۳۱؛ ۶۴۰/۶۴۶؛ ۹۹۵/۸۴۰؛ ۱۳۲۱/۹۳۰؛ ۲۹۶۵/۹۹۵. ۴- از کسی برگشتن و با او دشمن شدن: دوم ۱۰۹۳/۹۲۲.

برگشته. گشته، گردیده // ***مردان*** ~: یکم ۱۶۲/۲۵۹ // ~ **گرد جهان** جهان‌دیده و آزمون‌یافته: دوم ۲۹۶۹/۷۳۸ // ~ **شدن** برگشتن: یکم ۳۵۴/۱۷۳؛ ۲۰۰/۴۱۰.

برگماردن. ۱- بستن: یکم ۲۱۹/۵۹. ۲-

تعیین کردن، منصوب نمودن: یکم ۱۰۸۸/۳٤۵.

برگماشتن. // **چشم** ~: یکم ۲۵۳/۳۱۳.

برگناه. گناهکار: دوم ۳۹۱۹/۱۰۳۳.

برگوا. گوا، گواه، شاهد: یکم ۸۵۸/۳۳٦؛ ۹۱۱/۳۳۸.

برگوش. یکم ٤۸۵/۲۱۸.

برمنش. ۱- بالامنش، والانهاد، بلندطبع، باهمّت، باشخصیّت، بلندپایه، گرانمایه: یکم ۳۵۱/٦۵؛ ۱۲۱٤/۱٤۲؛ ٤۸٤/۱۷۸؛ ٤۸٤/۸۱۰؛ دوم ٤۷۵/۲۰؛ ۱۰٦۹/۱۷۷؛ ۱۱٦۷/۱۸۱؛ ۲۷٦/۲۱٤؛ ۹٦/۲۲۹؛ ۲۷۰/٤۳۲؛ ۵٦۸/٤٤۳؛ ۵۲/٤۵۷؛ ٦٤۱/۵۰۸؛ ۷۱۰/۵۱۱؛ ۳٦٦۱/۷٦۵؛ ۲۲۷۸/۹٦۸. ۲- مغرور، متکبّر، خودخواه، خودپسند: یکم ٦۹/۳۲؛ دوم ۱۱۸۵/۸٦؛ ۱۷۱۳/۵۵۰؛ ٤۷٦/٦۳۹؛ ۱۵۳۰/٦۸۱؛ ۱٦۱۲/٦۸۵؛ ۳۲۹۲/۷۵۱؛ ۱۵۰۳/۸٦۰؛ ۱۰۸۲/۹۲۱؛ ۳۵۱۱/۱۰۱۷. ۳- مبالغه‌آمیز: دوم ۱۸۱۹/۸۷۳.

برمنش‌وار. خودپسندانه: دوم ۸۱۷/۹۱۱.

برنا. جوان، مرد جوان: یکم ۱٤/۱؛ ۱۹۸/۳۷؛ ۲۳۸/٤۱۲؛ ٤۸۸/٤۲۲.

برنادل. جوان: یکم ۱٤۳۲/۳۵۹؛ دوم ۸۵۰/۳۵.

برنخستین. نوبر، برِ اول: دوم ۱۲۵٦/٦۷۰؛ ۱۷۵/۸۰۸.

برنده. کشنده، زهرناک: دوم ۱٦۳/۱۰۷.

برنده‌دست. دوم ۱٦۵۹/۲۰۱.

برنشاندن. بر اسب نشاندن: یکم ۱۱٦/۹۹؛ ٤۲٤/۲۷۷؛ ۳۳۱/٤۳٦؛ ۵۹۰/٤٤٦؛ ٦٦۳/٤٤۹ // ***گرد ~ بر کسی:*** یکم ۳۷۸/۲۷٦.

برنشست. ۱- نشستن (بر زین اسب)، آیین سواری: یکم ۱۳/۹۵؛ دوم ۹٤۹/۷٦ // ***جامه‌ی*** ~ فرش، افکندنی: دوم ۵۱٤/٤٤۱؛ ٦۵/۱۰۸۳. ۲- مرکب، اسب سواری: یکم ۱۱۸/۱۸۷؛ دوم ۱۹۸/٤۹۱ // ***باره‌ی*** ~: دوم ۷۰۳/٦۷.

برنشستن. بر اسب نشستن: یکم ۱۰٦۰/۹۲؛ ۱۷٦/۱۰۲؛ ٤٦۱/۲۱۷؛ ۵۵۹/۲۲۱؛ ٦۱۹/۳۲۷؛ ۲۸۹/٤۳٤؛ ۳۲۹/٤۳٦؛ ۳۵۸/٤۳۷؛ ٤٦۱/٤٤۱؛ ٦۱۹/٤٤۷؛ ۲۸٤۷/٦۲۹؛ ۱۰۱۵/۸۳۰؛ ۱٦۱٦/۸۵٤؛ ۲۱۰۹/۸۷۳؛ دوم ۲۰۷/۲۱۱؛ ۸۳٤/۸۳٤؛ ۱۲۹٤/۸۵۲؛ ۹٦۷/۹۱۷؛ ۱٦۰۲/۹٤۱؛ ۲۰۸۱/۹٦۰؛ ۲۲۵۹/۹٦۷؛ ۲۲۷٤/۹٦۸؛ ۲۸۰٦/۹۸۹؛ ۳۲۲٦/۱۰۰٦.

برنگاریدن. نقّاشی کردن، کشیدن: یکم ۱٤۹۱/۱۵۳.

برنهادن. ۱- بار کردن: یکم ٤۲٤/۲۷۷؛ ۳۱۰/۳۱۵؛ ۱۵٦۳/۳٦٤. ۲- گرفتن، حمل کردن، توجیه نمودن، تعبیر کردن: یکم ٦٤۳/۷٦؛ ۷۸٤/۱۲٦. ۳- قرار گذاشتن، توافق کردن، معیّن

نمودن // ***بر (به) چیزی*** ~: یکم ۳۰۰/۱۷۱؛ ۵۰۵/۱۷۹؛ ۱٦/۱۸۳؛ ۱۵۸/٦٤۵؛ ۲۹۹/۲۷۳؛ ۱٦۱۰/۷۵٤؛ ۸۹٤/۸۲٦؛ ۱٦۰٦/۸۵٤؛ دوم ۳۳/۲۱۸؛ ۷۹/۲٤۲؛ ٤۲۹۱/۷۹۰؛ ۲٤٦۲/۹۷۵؛ ۲۸۰۱/۹۸۹. ٤- مفروض گرفتن، از پیش پذیرفتن، حتمی دانستن: دوم ۱۵۳٦/۹۳۹.

برنوردیدن. به شتاب تاختن، در هم پیچیدن، تاکردن، برنوشتن: یکم ۳۲٤/٦۳ // ***زمین را*** ~: یکم ۳۲۳/٤۲؛ ۸۸۵/۳۳۷؛ دوم ۵٤۲/٦۰ // ***زمین را بر کسی*** ~: یکم ٤۳۷/۷۰۸؛ ٤۸۰/۷۱۰.

برنوشتن. به شتاب تاختن، در هم پیچیدن، تاکردن، درنوردیدن // ***روی زمین را*** ~: یکم ۸٤٤/۸٤؛ ۲۳۱۳/۳۹٤ // ***ره ایزدی را*** ~: یکم ۲۷۰۹/۸۹۷ // ***روی زمین را*** ~: یکم ۱۹۳۷/۵۹۳ // ***ره بندگی*** ~: دوم ۱۱۱۸/۸۳.

برو(ی). ابرو: یکم ۷۵۳/۸۰؛ ٦٤۰/۲۲٤؛ ٤۹۹/۲۸۰؛ ٦۳۸/۲۸٦؛ ۱۸۲۱/۳۷٤؛ دوم ۳۹۲٤/۷۷٦ و دیگر // ***~ها پر از چین کردن:*** یکم ۱٤۰۲/۵۷۲؛ ۱۷۵۰/۵۸۵ // ***~های پرتاب:*** یکم ۳۱۱/٤۷۹ // ***چین در*** ~: یکم ۲۱۵۱/٦۰۱.

بَرور. دوم ۱۰۲٤/٦٦۱.

بروزیدن. دوم ٦۱۰/٤٤۵.

برومند. ۱- باردار، میوه‌دار، درخت میوه: یکم ۳۹۲/۱۱۰؛ ۱/۱۹۹؛ دوم ۱۲۳/۲۳۰ // ~ ***را شورستان کردن:*** یکم ۲۰۵۸/۵۹۷. ۲- آبستن، باردار: یکم ٤۵/۹۷. ۳- شاداب، خرّم: یکم ٦۹٤/۷۸؛ ۹۵/۹۹.

برون. // ***چیزی را ~ آوردن*** آنرا کشف کردن، راه آنرا معلوم کردن: دوم ۲٦۸۸/۷۲۷؛ ۲۸۰٦/۷۳۲ // ***لشکر ~ تاختن*** لشکر راندن: کم ۵۲۰/۵۳۷ // ~ ***کردن*** روانه کردن، راهی کردن، فرستادن پیک: یکم ٤۹۷/۵۳٦ // ***کسی را ~ کردن:*** یکم ۱۰۳۱/۹۱.

بره. ۱- برج حمل: یکم ۱۹۱۰/۳۷۸؛ ۳۰۵/۷۰۳ و دیگر. ۲- کنایه از زن: یکم ٤٦۸/۱۱۳.

برهمن. // ***بت به دست ~ رسیدن:*** دوم ۲٦٤/۱۰۵۱.

بریازیدن. آهنگ کردن: یکم ۵۲۵/۱۱۵.

بریدن. ۱- جدا شدن، بریده شدن: یکم ۱۲۹۲/۳۵۳؛ ۱٤۵٦/۳٦۰؛ دوم ۵٦۱/٤٤۳. ۲- پشت سر گذاشتن راه: یکم ۱٤۰/٤۲۸.

بریده شدن. دوم ٤۵/۱۰۲، ٤۷.

بریشم. ابریشم: دوم ۱۵۰۷/۹۳۸؛ ۳۷۱٤/۱۰۲۵ // ~ ***دادن:*** دوم ۲۵٦٤/۵۸٤.

برین. بر این، به سبب این (نیز← بدین).

برین. بزرگ: یکم ۱۰۹۷/۷۳۴؛ دوم ۲۴۹۷/۹۷۷؛ ۱۶۱/۱۰۴۷.

بَز. پارچه‌ی کتانی و پنبه‌ای و نخی: دوم ۱۵۴/۴۲۷.

بزار. زاروار، زارناک، با زاری: یکم ۴۲/۱۳؛ ۵۳۱/۷۲، ۵۶۴، ۵۶۸.

بزر. زردار، زرّین: یکم ۸۷/۱۹۴.

بزرگ. ۱- مهم، خطیر، بااهمیت: دوم ۴۶۶/۱۵۳. ۲- معتبر، مشهور و معروف // ***داستان*** ~: دوم ۱۸۱۱/۹۵۰.

بزرگان. جمع برای نخچیر شکارشده: دوم ۲۹۷/۱۳.

بزرگی. یکم ۲۱۹/۳۱۱ // ***~ به دانش برآوردن:*** دوم ۳۲۷۹/۱۰۰۸.

بزشک. یکم ۱۶۰/۲۷ و دیگر.

بزم. // ***~ اندیشیدن:*** یکم ۲۹۱/۴۷۸.

بزم‌ساز. یکم ۲۸۴/۱۰۶.

بزه. گناه: دوم ۱۴۲۰/۶۷۷؛ ۲۶۶۰/۷۲۶؛ ۴۰۲۱/۷۸۰ // ***~ بی‌مزه:*** دوم ۲۳۷۶/۵۷۶.

بس. ۱- (قید مقدار) بسی، فراوان، بسیار: یکم ۳۴/۴۲۴ و دیگر. ۲- (قید حصر، بیشتر با واو عطف) تنها همین و دیگر نه: یکم ۶۲۰/۷۵؛ دوم ۱۹۵۰/۹۵۵ و دیگر // ***~ کردن (از چیزی یا کسی)*** بسنده کردن، اکتفا نمودن، قانع بودن: دوم ۱۱۲/۲۴۳؛ ۳۱۲۵/۱۰۰۲. ۳- (حرف صوت) کافی است! بس است!: یکم ۲۲۵/۴۳۲ و دیگر.

بساط. فرش، گستردنی: یکم ۱۳۵۸/۱۴۸؛ دوم ۱۳۱۲/۹۱.

بسامان. منظَم، آراسته: یکم ۱۵۹۳/۳۶۵.

بست. بسته (؟): یکم ۱۷۳۳/۷۵۹.

بستان. ۱- باغ گل: یکم ۳۹۸/۲۱۵. ۲- کنایه از شبستان: یکم ۳۳۱/۱۰۸.

بستن. ۱- (مجهول) بسته شدن: یکم ۲۵۶۷/۸۹۲؛ دوم ۸۸۲/۱۷۰؛ ۱۲۸۴/۱۸۶ // ***از در ~ بودن:*** دوم ۲۶۰۸/۹۸۱. ۲- نسبت دادن // ***چیزی را بر کسی ~:*** دوم ۱۱/۳۴۱.

بستور. دوم ۳۶۲/۵۳.

بسته. ۱- اسیر، زندانی: یکم ۴۸۱/۴۸؛ ۴۰۳/۶۵۴ و دیگر // ***~ شدن:*** منقاد گشتن، مجاب شدن // ***در... ~:*** یکم ۱۹۱۶/۳۷۸. ۲- بند، عهد و پیمان، پیوند: یکم ۹۲۷/۱۳۱. ۳- جراحت‌بندی شده: یکم ۴۲۷/۱۷۵؛ ۲۳۵/۲۷۰ // ***خسته و ~:*** یکم ۲۳۵/۲۷۰ // ***به چیزی ~ بودن:*** دوم ۲۷۲۷/۹۸۶.

بسَد. ۱- مرجان: یکم ۱۴۹/۱۰۱؛ ۴۸۶/۱۱۴؛ ۱۲۳/۱۸۸؛ دوم ۱۱۴/۱۰۵؛ ۳۲۱۷/۱۰۰۵؛ ۳۵۸۶/۱۰۲۰. ۲- کنایه از لب سرخ: یکم ۳۷۳/۱۰۹؛ دوم ۹۵۶/۳۰۲.

بسند. بسنده، کافی: دوم ۱۶۷۷/۵۴۹؛

۳۹/٦۰٦؛ ۱۲۳٦/٦۷۰.

بسنده. // ~ ***بودن*** برابر بودن، از عهده برآمدن، حریف شدن: یکم ۲۰۷/۲٦۹؛ ۵۵۵/۳۲٤؛ ٤۰۲/٤۸۳؛ ۱۳۱٤/۷٤۲؛ ۱٦٦٦/۷۵٦؛ دوم ۱۸۹/۱٤۲؛ ۱٦۱۵/۱۹۹؛ ٦۷۸/۳٦۸؛ ۹۱٤/٦۵۷ // ~ ***کردن*** کفایت کردن، کافی دانستن، قانع بودن: یکم ۵۰۷/۷۱؛ ۹۰۸/۳۳۸؛ دوم ۱۰۲۱/۵۲۳.

بسودن. ۱- آزمودن، به کار بردن: یکم ۹٦۱/۸۸؛ ۸۱۷/۲۳۱ // ***تاج*** ~: یکم ۳٦/۱٦۰ // ***دار*** ~: یکم ۸۲/۳۲ // ***عنان*** ~: یکم ۳۰۹/۲۷۳ // ***عنان و رکیب*** ~: یکم ۹۱٤/۸۷. ۲- سودن، ساییدن // ***چنگ و کمر*** ~: یکم ۱۰۱۳/٦۷۸ // ***عنان و رکیب*** ~: یکم ۵۰٤/۵۳۷ // ***یاره و تاج و تخت*** ~: یکم ۲۵۹۲/۸۹۳ // ***پای در بند*** ~: یکم ۹۱۹/٦۷۵.

بسودی. کشاورز، برزگر: یکم ۲٦/۲۲.

بسی. بیشتر: دوم ۱۳۰/۱۰٦.

بسیارخواره. بسیارخوار، پرخور: دوم ۳٦۸/۱٤۹.

بسیج. ۱- آراسته، آماده، مهیّا: یکم ۸۰/٤ // ~ ***کردن:*** یکم ۳۷۹/٤۱۸. ۲- آمادگی، سپاه، جنگ: یکم ۱۵۱۹/۸۵۰ // ~ ***گذر کردن:*** یکم ۲/٦۳۹ // ***آرام اندر ~ خوار است!:*** یکم ۲۲۲۲/۳۹۰ // ***آسایش در ~ از خامی است!:*** یکم ۳۱۷/٦۳.

بسیچیدن. ۱- آماده شدن، مهیّا شدن، آماده بودن، لشکر کشیدن: یکم ۷٦۱/۸۱؛ ۱۳٤/۱۹٦؛ ۷۲۷/۲۲۸؛ ۱۰۹/۲۵۷؛ ۹۳۱/۳۳۹ // ***ره جایی را*** ~: یکم ٦۱٦/٦٦۳؛ ۱۲۵۸/٦۸۸. ۲- تدبیر کردن، اراده نمودن، آهنگ کردن، انجام دادن، آماده کردن: یکم ۲۵۳/۱۰۵؛ ۱۱۷۰/۱٤۱؛ ٤۱٤/۲۵۱؛ ۳۷۵/۳۱۷؛ ۱۵۰۰/۳٦۲؛ ۳٤٦/٤۱٦. ۳- تدارک دیدن، تهیه کردن: یکم ۸٤٤/۵۰۰.

بسیچیده. آماده: یکم ۲۱۰۱/۳۸۵؛ ۵۵۰/٤۸۹ // ~ ***بودن*** آماده و مهیّا بودن: یکم ۱۰۱۸/۳۰۱؛ ۲۰۳۹/۳۸۳؛ ۸٦۷/٦۷۲.

بَش. چفت و بست: دوم ۳۵۷۷/۱۰۲۰، ۳۵۷۸.

بُش. یال اسب: دوم ۱۳۸۳/۱۹۰؛ ۱۵۲۵/۱۹۵؛ ۳٤٦/٤٦۹.

بشخودنی. خسته، مجروح: یکم ۳۱۷/۵۲۹.

بشکوفه. شکوفه: یکم ۱۳۷/۱۸۸؛ دوم ۵۱۲/۱۵۵.

بشنودنی. شنیدنی: دوم ۲٤۸/٤۹.

بطریق. سرکرده‌ی راهبان مسیحی، کارشناس جنگی رومی: دوم ٤۷۲/۲۰؛ ٦۰٤/۲۵؛ ۸۹۳/٦۵٦؛ ۱۷۵۲/۹٤۷.

بغپور. یکم ۱۴۹۷/۸۴۹.

بغستان. دوم ۳۲۶/۲۷۸، ۳۴۰، ۳۴۲.

بکردار. بمانند، بسان، همچون: یکم ۷۴۳/۸۰؛ ۸۴۶/۸۴ و فراوان // ~ *آذرگشسپ*: یکم ۶۴۸/۱۲۰ //~ *باد*: یکم ۴۴۶/۴۶ //~ *کوه*: یکم ۴۳۴/۴۶ //~ *گوی*: یکم ۲۷۳/۴۱۳.

بکشتن. // ~ *گرفتن* مردن، خاموش شدن: یکم ۶۱۷/۴۹۱.

بکندن. //~ *گرفتن*: یکم ۲۴۸۶/۶۱۵.

بگماز. باده و میگساری: یکم ۳۸/۹۶؛ ۹۲۰/۱۳۱؛ ۱۷۳/۶۳۸؛ ۳۰/۶۴۰؛ دوم ۳۱۰/۱۴۷.

بلا. // ~ *را کلید جستن*: یکم ۴۷۴/۳۲۱ // *بر ~ کامرانی کردن*: دوم ۸۴۳/۱۶۸ // *برگ ~ را بوییدن*: یکم ۳۷۴/۴۸۲ // *به پیش ~ داستان‌ها زدن*: یکم ۲۰۲۵/۳۸۲ // *چشم ~ را خاریدن*: دوم ۱۵۱۶/۱۹۵ // *درخت ~ را جنباندن*: یکم ۲۳۰/۶۴۸.

بلبل[۱]. جام بزرگ شراب، بلبله: یکم ۷۵/۲۵۶.

بلبل[۲]. یکم ۲۶۰/۴۶۱؛ دوم ۹/۱۳۵، ۱۳، ۱۴، ۱۷.

بلبلی. جام بزرگ شراب، بلبله: ۶۸/۲۵۵.

بلند. **۱**- بزرگ، بزرگوار، عظیم‌الشأن، صاحب‌جاه (صفت خداوند، شاه، پهلوان): یکم ۳۸۵/۶۶؛ ۱۱۵۸/۱۴۰؛ ۱۱۹۳/۱۴۲؛ ۱۰/۱۵۹؛ ۳۲۴/۱۷۱؛ ۵۹/۲۰۱؛ ۱۲۹/۲۴۰؛ ۳۲۵/۲۷۴؛ ۴۲۷/۳۱۹؛ ۱۳۵۷/۳۵۶؛ ۱۳۹۶/۳۵۷؛ ۲۴۳۰/۳۹۸؛ ۲۸۵/۴۳۴؛ ۱۲/۵۱۷؛ دوم ۴۳۳/۱۵۲؛ ۵۴۵/۱۵۶؛ ۱۱۰/۲۲۱؛ ۲۹/۴۵۲؛ ۶۷۱/۴۸۱؛ ۱۲۸۳/۶۷۱؛ ۱۶۹۰/۶۸۸، ۱۶۹۲؛ ۲۰۹۱/۷۰۳؛ ۲۸۶۸/۷۳۴؛ ۲۲۲۲/۹۶۶؛ ۲۳۵۳/۹۷۱؛ ۲۸۶۲/۹۹۱؛ ۳۳۴۵/۱۰۱۰؛ ۴۹/۱۰۴۳؛ ۸۳/۱۰۸۴ و دیگر. **۲**- بزرگ، عالی، ارجمند، باشکوه، باعظمت (صفت تاج، کاخ، ایوان، تخت، کوه): یکم ۱۰۵۹/۱۳۶؛ ۱۲۰۹/۱۴۲؛ ۵۲۶/۱۷۹؛ ۵۵۸/۱۸۱؛ ۴۶۱/۲۷۹؛ ۸۳۰/۳۳۵؛ ۱۳۹۸/۳۵۷؛ ۲۴/۴۰۴؛ ۴۳۶/۴۴۰؛ ۴۵۷/۴۴۱؛ ۲۶۱۱/۶۱۹؛ دوم ۸۳۹/۱۶۸؛ ۱۴۷/۲۲۳؛ ۱۱۵۱/۶۶۶؛ ۱۶۹۲/۶۸۸؛ ۲۰۹۱/۷۰۳؛ ۲۴۹۴/۹۷۷؛ ۲۶۳۴/۹۸۲؛ ۱۴۲/۱۰۸۷ و دیگر. **۳**- بلندی // *~ و مَغاک* هرجا، همه‌جا: دوم ۱۸۵۲/۵۵۶.

بلندی. **۱**- بزرگی، عظمت: یکم ۱۹۲/۱۰۲. **۲**- جاه‌طلبی، خودبزرگ‌بینی، برمنشی، برتنی: یکم ۶۵۶/۲۲۵؛ دوم ۴۱۱۱/۷۸۳. **۳**- ارتفاع // *~ از مغاک (نشیب) باز ندانستن*: یکم ۸۱۵/۸۳؛ ۶۵۵/۲۲۵؛ ۶۱۵/۵۴۱؛ دوم ۱۱۴۲/۸۴.

بلور. کنایه از روز: یکم ۱۲۳۰/۱٤۳.

بمیان. به میان: یکم ۷۱۷/۷۱۹.

بن. ۱- پایان، اصل، بنیاد، پایه، ریشه: یکم ۲۲۰۳/۳۸۹ و دیگر // ***از سر تا به ~***: یکم ۱۵۹۲/۵۷۹ // ***~ افگندن*** بنیاد کردن، ساختن، بنا نهادن، ایجاد کردن، بوجود آوردن، قرار گذاشتن، بستن، طرح کردن، مطرح کردن، بنیان و اساس نهادن، پی افکندن، به میان آوردن، رای زدن، اراده کردن، نقشه کشیدن، اتخاذ کردن، گرفتن: یکم ٥٤٥/۱۸۰؛ ۱۲۰/۲٥۷؛ ۱۹۷۲/۳۸۰؛ ۹٥/٤۲٦؛ ۸۰٥/٤۹۹؛ ۹٦۳/٥٥٥؛ ۱۱۳۲/٦۸۳؛ ۱۱۰۲/۷۳٤؛ دوم ۱٤۳٤/۱۹۲ // ***پاسخ ~ افگندن***: یکم ٤۸۷/۷۰؛ ۱۷۰۸/٥۸٤ // ***پند ~ افگندن***: یکم ۱۲۲/۲٦ // ***پیمان ~ افگندن***: یکم ٥۰٥/۱۷۹ // ***چاره ~ افگندن***: یکم ۷۱٦/٤۹٥ // ***راستی ~ افگندن***: یکم ٦٦۳/۲۸۷ // ***رای (نو) ~ افگندن***: یکم ٥۸/٥۳؛ ٦۰۱/۱۱۸؛ ۲٦/۲٥٤؛ ۸۹٤/۸۲٦ // ***رای با دانش ~ افگندن***: یکم ۱۱٥٥/۳٤۸ // ***سخن ~ افگندن***: یکم ٦۹/۳۲؛ ۹۳۲/۱۳۱؛ ۳۰۰/۱۷۱؛ ۱۰٤۷/۳٤٤؛ ۱۹۱/٤۱۰؛ ٥۸۳/٤٤٦؛ ۱۲٥۷/۷٤۰ // ***شادکامی ~ افگندن***: یکم ۱۳۰۸/۳٥٤ // ***نامه ~ افگندن***: یکم ۱۲٤/٦ // ***ز ~*** (قید) تماماً، کاملاً، پاک: دوم ۱٦٦۸/٥٤۸.

۲- اصل و نسب: دوم ۱۳۳۱/٦۷۳.

۳- درخت: یکم ۷۰٥/۱۲۳؛ دوم ۲۳۹/۲۱۲.

بنچیدن. یاری کردن: دوم ۱٤٤/٤۸۸.

بند. ۱- زنجیر و ریسمانی که بر پای و تن اسیر زندانی بندند: یکم ٥۸٥/۲۲۲؛ ۳۲٤/٤۳٥، ۳۲٥؛ ۳۲۸/٤۳٦؛ ۳٦۲/٤۳۷؛ دوم ۹۱/۱۳۸؛ ۷۰۸/۱٦۳؛ ۱۱۰/۲۲۱؛ ۱۲۰/۲۲۲ // ***از در~ شدن***: دوم ۳۰٦۳/۷٤۲ // ***~ دراز***: یکم ۳۲٤/٤۳٥ // ***~ رومی***: یکم ۳۸۱/٦٥۳؛ دوم ۱۲۸۱/۹۰. ۲- بند کردن، به زنجیر و زندان کشیدن؛ حبس، زندان، اسارت: یکم ٤۹٦/٤۸؛ ۳۰۳/۱۷۱؛ ٤۲۷/۳۱۹؛ دوم ۳۱۲۹/۱۰۰۲ // ***از در ~ بودن***: یکم ۹۷۷/۲۹۹ // ***در ~***: یکم ۲٤/۱۸. ۳- کمربند: یکم ۷۲۲/۲۸۹؛ ۱۰٤۰/٦۷۹ // ***~ (کستی) بستن***: دوم ۹۹۳/۷۸. ٤- گره، مشکل، دشواری، دردسر، گرفتاری، معضل، مسئله: یکم ۱۰۳٥/۹۱، ۱۰۳۸؛ ٦۰٤/۱۱۸؛ ٥٦/۲۰۱؛ ۳٤٦/۳۱٦؛ ۱۱۹۷/۳٥۰؛ ۲۲۳۲/۳۹۰؛ ٤٦٥/٤۲۱، ٤٦۸؛ ٦۲۱/ ۲٦٦٥؛ دوم ۸۸۲/۳۰۰؛ ۳٦۰٦/۷٦۳ // ***~ بد***: یکم ۱۰۳۷/۹۱ // ***~(ها) را کلید (پدید، بجای) آمدن (آوردن)***: یکم ٦۷٦/۷۷؛ ٥۱۹/۱۷۹؛ ۷٤/٤۲٦ // ***~ را گشودن (گشادن)***: یکم ۷٥٤/

۱۶۲۶؛ دوم ۱۹۹۹/۵۶۱. ۵- قفل: یکم ۵۲۰/۳۲۳؛ دوم ۱۱۹/ ۴۷۱ // ~ *بد را کلید بودن:* دوم ۵۸۲/۱۱۰۴. ۶- قبض، بستگی // *به ~ بودن:* یکم ۴۵۱/ ۴ // *زبان از ~ گشادن:* یکم ۹۲۳/۲۹۷. ۷- سدّ: یکم ۱۸۹۱/۳۷۷؛ ۹۲۴/۸۲۷. ۸- پیمان، عهد، شرط، اتحاد: یکم ۱۰۲/۲۵؛ ۲۰۰۵/۳۸۱؛ ۸۶/۴۵۴؛ ۱۱۰۸/۵۱۱؛ ۱۲۸۷/۷۴۱؛ دوم ۵۰۸/۲۱؛ ۸۶/۱۳۸؛ ۱۱۸۳/۹۲۵؛ ۲۹۵۰/۹۹۵؛ ۳۴۲۹/۱۰۱۴ // *بر جان کسی ~ خواستن:* دوم ۲۲۰۷/۹۶۵ // ~ *پیمودن:* دوم ۸۶/۱۳۸ // ~ *را سر پدید آمدن:* یکم ۲۴۳۰/۶۱۲ // ~ *سپهری:* یکم ۱۲۸۷/۷۴۱ // ~ *گسلاندن:* یکم ۸۲۲/۶۷۱. ۹- عقد، پیوند، وصلت: یکم ۱۴۱۹/۱۵۰؛ ۴۱۲/۳۱۹؛ ۳۲۶/۴۳۵؛ دوم ۲۷۷۶/۹۸۸. ۱۰- فریب، نیرنگ، سحر، افسون، حیله: یکم ۳۹۷/۴۴؛ ۲۰۲/۵۹؛ ۳۸۸/۱۱۰؛ ۴۱۴/۲۱۵؛ ۸۱۲/۲۹۳؛ ۲۶۴/۳۱۳؛ ۳۴۶/۳۱۶؛ ۳۷۹/۳۱۷؛ ۲۰۰۱/۳۸۱؛ ۲۷۳۰/۶۲۴؛ ۴۹۲/۶۵۸؛ ۸۳۷/۶۷۱؛ ۶۷۶/۷۱۷؛ ۱۱۰۳/۷۳۴؛ ۱۲۱۷/۷۳۸؛ ۱۲۸۸/۸۴۱؛ دوم ۱۲۵/۱۳۹؛ ۱۴۳۱/۱۹۱؛ ۱۶۰۴/۱۹۸؛ ۱۶۶۶/۶۸۷؛ ۳۱۲۹/۷۴۴؛ ۹۴۴/۸۳۸ // ~ *بد را فروغ دادن:* دوم ۷۶۶/۱۱۱۱ // ~ *برنهادن:* یکم ۷۶۹/ ۱۹۸۴. ۱۱- مفصل، مهره: یکم ۲۷۸۵/۶۲۶. ۱۲- بست، شیرازه: یکم ۲۷۹۷/۶۲۷. ۱۳- بسته، حلقه // ~ *بازو* بازوبند: دوم ۳۵۲۴/۷۶۰، ۳۵۲۶؛ ۳۶۸۳/۷۶۶.

بندگی. دوم ۸۲۳/۳۴؛ ۲۵۰/۱۴۴؛ ۶۹۹/۱۶۲.

بندوش. یکم ۴۴/۱۹۳.

بنده. دوم ۳۴/ ۸۲۳ // ~ *با گوشوار:* یکم ۱۱۸/۵۵؛ ۳۶۶/۲۷۵.

بندی. یکم ۱۱۴۷/۱۴۰.

بنفرین. ۱- ناآفرین، ناستوده: دوم ۱۶۷/ ۸۱۸. ۲- نفرین شده، لعین، گجسته: دوم ۲۱۱/ ۲۱۴.

بنفش. ۱- تیره // *روز کسی را ~ کردن:* یکم ۵۰۸/۵۳۷. ۲- کنایه از درفش: یکم ۵۳۲/ ۳۹۳.

بنفشه. ۱- یکم ۵۰۳/۱۱۴. ۲- کنایه از ریش نورسته، خط: یکم ۶۴۵/ ۱۶۸.

بنگاه. ۱- مقر، جای باشش و بار و بنه و تجهیزات سپاه: یکم ۲۲۴۲/۳۹۱؛ ۱۷۱۹/۵۸۴؛ دوم ۹۷۸/۹۱۷. ۲- خیمه و خرگاه: دوم ۱۶۳/۴۵.

بنه. ۱- آشیانه: یکم ۷۵/۹۸. ۲- خانه‌ی مردم: یکم ۲۸۶/۱۷۰، ۲۹۶. ۳- بار، اسباب و آلات زندگی، بار و بنه، ساز و برگ: یکم ۴۲۴/۲۷۷؛ ۵۲۱/۲۸۱؛ ۱۵۳/۵۲۳؛ دوم ۲۷۹/۵۰؛ ۳۱۰/۵۱؛ ۱۹۲/۱۰۸؛ ۳۷۵/۱۱۶ و دیگر // ~

برنهادن بار رفتن را بستن: یکم ۱۵۶۳/۳۶٤، ۱۵٦٦، ۱۵٦۷؛ ۱٦٦۷/۳٦۸؛ ۵۹۰/٤٤٦؛ ٦٦۳/٤٤۹؛ دوم ٦۱۸/۹۰۳؛ ۳۰۰٦/۹۹۷ // ~ ***به دوزخ فرستادن*** خیمه در جهنم زدن: دوم ٤۰۸۲/۷۸۲ // ~ ***کشیدن:*** یکم ۱۵۳/۲۰۵. ٤- جای بار و بنه و خوار و بار و تجهیزات سپاه، بنگاه: یکم ۱۰۸۳/۵۵۹؛ ٥٦٥/ ۱۲۲٦، ۱۲۳۷؛ ۸۰۲/ ۲۹۷؛ ۳۱۱/۸۰۳؛ دوم ٤٦۲/۸۱۹؛ ۲۸۲۳/۹۹۰.

بنیاد. ۱- تنه و ریشه‌ی درخت: یکم ۱۹/۱۲؛ ۱۵٤۷/۱۵٦. ۲- ریشه، بیخ و بن، شالوده، بنیان، پی‌افکند، سرشت، نهاد: یکم ۱٦۳/۳۰۹ // ~ ***کردن*** پایه گذاشتن، آغاز کردن: یکم ٦۳۱/ ۱۱ // ***جهان را تازه ~ بودن:*** یکم ۸٦۳/ ۱۸۳۵ // ***روان و خرد ~ کسی گشتن:*** یکم ۹۵۹/۱۳۲ // ***فرخنده ~:*** یکم ۱۵۷۸/۳٦۵، ۱۵۹٤؛ ۱۹۱۱/۳۷۸. ۳- هر چه هست و نیست: یکم ۳۲/۱٦۰. ٤- اصل و نژاد، گوهر: یکم ۱۱۳۵/۱۳۹؛ دوم ۱۲۵/۲٤٤؛ دوم ۵۱/٤۰۱. ۵- خان و مان: یکم ۸۵/۵٤؛ دوم ۲٤/۲٤٦. ٦- پی ساختمان: دوم ۳۷۰۸/۱۰۲۵، ۳۷۰۹.

بنیز. ۱- نیز، هم، همچنین: یکم ۹۸/۲۳۸؛ ۱۲۸۱/۷٤۱؛ دوم ۸۵۸/۳۵؛ دوم ٦۱۰/٤۷۹؛ ٤۰۹۹/۷۸۳؛ ۱۷۲۸/۸٦۹؛ ۱٦۳۷/۹٤۳؛ ۲۱٦۳/۹٦٤؛ ۳۱۸۳/۱۰۰٤. ۲- هرگز، دیگر، هیچ: یکم ۷۷/۵٤؛ ۳۹٦/۱۷٤؛ ۲۲۸۳/۳۹۲؛ ۸٦٤/۵۵۱؛ ۷۷٤/٦٦۹؛ ۱۱۳۹/۷۳۵؛ دوم ۸۵۸/۷۳؛ ۷۵/۲۲۸؛ ۲۰۵/۲۷۳؛ ۲۲٦/۲۷٤؛ ۲٦۰/۲۷۵؛ ۹۹۱/۳۰٤؛ ۱۰۸۸/۳۰۸؛ ٦٤٦/۳۹۸؛ ۱۲۷/٤۸۸؛ ٤۸۷/۵۰۲؛ ۲۵۰۹/۵۸۲؛ ۸٦۹/٦۵۵؛ ۱٤۲۲/٦۷۷؛ ۲٦۲٤/۷۲٤؛ ۳۸۹۱/۷۷٤؛ ۲۵۱٦/۹۷۸؛ ۳۳۵/۱۰۹٤.

بوا.← باد[1].

بواد. ← باد[1].

بودن. ۱- ماندن، اقامت داشتن، گذراندن: یکم ٤۹۲/٤٤۲. ۲- ماندن، بقا داشتن: یکم ۳۳٦/٤۲؛ ٤٦۷/۳۲۱. ۳- ماندن، منتظر بودن، صبر کردن، درنگ نمودن: یکم ٥٦٥/۲۲۱؛ ۱۸۹٦/۳۷۷؛ ۱٤۱/٤۲۸؛ ٦۵۸/ ٤۸۷؛ دوم ۲٦۰۳/۹۸۱آ؛ ۱٦۹٦/۹٤۵؛ ۲۸۵۸/۹۹۱. ٤- مربوط بودن، ارتباط داشتن: یکم ۲۳۲/۳۱۲. ۵- شدن، رخ دادن، اتفاق افتادن (چه بود، چنان بُد): یکم ۳۵/۲٦۲؛ ۱۹۵۹/۳۸۰؛ ۲۰۸۹/۳۸۵؛ دوم ٦۱۷/٦۳؛ ۱۸۰۰/۸۷۲؛ ۳۱۹۱/۱۰۰٤. ٦- ممکن بودن، توان بودن (بُوَد): یکم ۱۰۷٦/۱۳۷؛ ۱۵۵۹/۳٦٤؛ ۱۷۳/٤۲۹. ۷- درست بودن، شدن، تحقّق پذیرفتن، واقع شدن، انجام شدن، به

حقیقت پیوستن: یکم ۸۱۷/۱۲۷؛ ۴۲۱/۴۳۹؛ ۸۶۹/ ۳ ۲۰۰۳. ۸- معتقد و مصمّم بودن، اعتقاد داشتن، گمان و تصوّر کردن // ***برآن (بدان)*** ~: یکم ۱۱۹۹/۱۴۲؛ ۳۷۰/۱۷۳؛ ۳۱۴/۳۱۵؛ ۱۰۷۹/۳۴۵؛ ۶۷/۴۲۵؛ ۷۱۵/ ۶۳۲؛ ۷۱۷/ ۶۸۳. ۹- بر پیمان و تصمیمی استوار ماندن و از آن بیرون نرفتن: یکم ۲۸۷/۳۱۴. ۱۰- رفتار کردن، واکنش نشان دادن // ***با کسی*** ~: یکم ۲۲۲۶/۳۹۰. ۱۱- رسم بودن: یکم ۸۴۸/۳۳۶. ۱۲- وجود داشتن: یکم ۲۵۹/۴۳۳. ۱۳- شدن، گشتن، گذشتن: یکم ۵۷/۹۷؛ ۶۷۳/۱۲۱؛ ۳۳/۱۸۴؛ ۶۸/۱۸۶؛ ۸۱۱/۲۳۱؛ ۳۵/۲۶۲؛ ۳۷۴/۲۷۶؛ ۸۰۰/۲۹۲؛ ۱۱۹۸/۳۵۰؛ ۱۳۹۴/۳۵۷؛ ۱۹۵۹/۳۸۰؛ ۱۹۰/۴۱۰؛ ۴۲۴/۶۵۵؛ دوم ۳۴۴/۱۵؛ ۲۰۰/ ۱۶۳۳؛ ۱۹۲/۲۱۰. ۱۴- واقعیت داشتن، راست بودن: یکم ۶۴۸/ ۲۴۰. ۱۵- خواستن، در صدد بودن // ***بدان*** ~: دوم ۲۶۱/۱۱۱. ۱۶- مقصود و منظور بودن: دوم ۲۸۸۹/۹۹۲. ۱۷- باور داشتن، گمان کردن // ***بر چیزی*** ~: دوم ۲۹۳۰/۹۹۴.

بودنی. ۱- درخور، لازم: یکم ۵۷/۱۶۱. ۲- مقدّر، تقدیر، کاری که باید رخ دهد، حادثه، پیشامد، آینده، حقایق، رازها: یکم ۱۶۳/۲۷؛ ۷۸/۳۲، ۷۹، ۸۲؛ ۲۴۶/۳۹؛ ۴۰۰/۶۶؛ ۷۱۶/۷۹؛ ۸۳/۹۸؛ ۵۷۶/۱۱۷؛ ۳۸۹/۲۵۰؛ ۸۸۸/۲۹۶؛ ۱۱۱/۳۰۷؛ ۲۰۶/۳۱۱؛ ۱۱۴۳/۳۴۷؛ ۱۵۰۵/۳۶۲؛ ۱۶۱۸/۳۶۶؛ ۱۶۴۶/۳۶۷؛ ۲۴۰۵/۳۹۷؛ ۳۱۷/۵۲۹؛ ۵۶۷/۶۶۱؛ ۱۴۲۱/۷۴۶ // ~ **بودن** مقدر روی دادن: یکم ۷۰۶/۷۱۸؛ ۲۱۱۴/۷۷۴؛ ۱۰۹۳/۸۳۳؛ دوم ۴۳۴/۵۶؛ ۷۳/۱۳۷؛ ۲۷۰/۲۵۶. ۳- مشکل، معضل، رازها: یکم ۲۵۴۳/۸۹۱؛ ۲۵۶۵/۸۹۲.

بودنی کار.← بودنی، شماره‌ی ۲. مقدر، تقدیر، پیشامد، کار قضا و قدر، سرنوشت: یکم ۴۹/۵۱۹؛ ۱۴۲۵/۷۴۷؛ دوم ۱۲۱۳/۱۸۳؛ ۴۳/۲۱۹؛ ۳۲۷۹/۷۵۰؛ ۳۶۸۴/۷۶۶ و دیگر.

بودنی‌ها.← بودنی، شماره‌ی ۲. ۱- رویدادهای آینده، رازها، پیشامدها، مقدّرات، سرنوشت، هستی: دوم ۲۶۶/۲۷۵؛ ۲۸۵/۲۷۶؛ ۱۲۲/۴۲۶؛ ۱۳۴/۴۲۶؛ ۱۵۷۵/۵۴۵؛ ۱۲۰/۶۰۲؛ ۹۸۳/۶۶۰؛ ۳۲۸۱/۷۵۰؛ ۴۴/۱۰۸۳ و دیگر. ۲- ممکنات: دوم ۱۲۰۴/۶۶۸؛ ۱۲۷۳/۶۷۱، ۱۲۷۴.

بور. ۱- رنگ سرخ متمایل به قهوه‌ای: یکم ۱۰۲/۱۸۷. ۲- مطلق اسب: یکم ۱۵۷/۴۰۹؛ ۴۲۷/۶۵۵.

بورابرش. یکم ۱۰۲/۱۸۷.

بورزیدن. ورزیدن: دوم ۶۲۰/۶۳.

بوس[1]. بوسه // ***بر دست خود (او)*** ~

دادن: دوم ۱۵٤۸/۹۳۹.

بوس[۲]. ۱- سختی: یکم ۲۱۳/۲۰۷؛ دوم ۲۵/۲٤٦؛ ۱۷۷۷/۳۳۵؛ ٥٤٦/۳۹٤؛ ۲٤۷/۱۰۵۰. ۲- فروتنی: دوم ۱۱۸۰/۸٦.

بوستان. باغ گل: یکم ۱۰٦/۲٥؛ ۲۳/٥۲ و دیگر // ***فلک باد و مهر ردان*** ~: دوم ۱٥٦۲/۹٤۰.

بُوش. تقدیر، حکم ازلی: یکم ٦۳۸/۷٦؛ ٦۳۲/۱۲۰ // ***اندک*** ~: یکم ۱۳/۱٥۹.

بوشن. بوش، تقدیر، سرنوشت، رفته‌قلم: دوم ۲۲٤۳/۷۰۹.

بوم. ۱- زمین، خاک: دوم ۱٤٤٤/۹٦ // ~ ***سیه***: دوم ۳۱۲۷/۱۰۰۲. ۲- زمینه‌ی درفش و پارچه و جز آن: یکم ۲۳۹/۳۸؛ ۲۰۰/۱۰۳؛ ۱۲۲٥/۳٥۱؛ ۱۷۲/٤٥۸؛ ۱۲٦٦/٦۸۸؛ ۸٦۷/۷۲٥؛ دوم ۷٥/۲٤۲؛ ٥۳/۲٤۷؛ ۱٤۳۳/۸٥۷؛ ۱۷۰۸/۸٦۸؛ ۱۱٤۱/۹۲۳؛ ۳٤۱۸/۱۰۱۳.

بوم و بر. یکم ۳۸٦/٤۱۸.

بوم و رُست. بوم و بر، سرزمین و میهن و زادگاه: دوم ۲۱۷۲/٥٦۸؛ ٥۷۳/٦٤۳؛ ۲۹۳/۸۱۲.

بوم و گنج. یکم ۱٥۸۷/۳٦٥.

بومَهن.← بومهین: دوم ٤۲٥/۳٥۸.

بومِهین. زلزله، زمین‌لرزه: یکم ۱۲٤٦/۱٤٤.

بون. بوم، زمینه‌ی پارچه // ***دیبای زربفت*** ~ پارچه‌ی ابریشمین رنگین با زمینه‌ی زربافت: دوم ۲۲۲۹/۷۰۹.

بوی. ۱- بوی خوش، عطر، بوبینه‌ها، عطریات: یکم ۳۳۳/۱۰۸؛ دوم ۲٥۰/٤٦٥؛ ۷۸/٤۸٦؛ دوم ۲۹۷۷/۹۹٦ //~ ***سوزاندن***: دوم ۳۲۹۲/۱۰۰۸. ۲- گل: دوم ۲۹٦/٤۹٤. ۳- بوی‌افزار، ادویه //~ ***هند***: دوم ۲۳۹۹/۷۱٦.

بوی و رنگ. (نیز← رنگ و بوی) ۱- کنایه از گل: یکم ٥٦/٤۲٥؛ دوم ۳۳۸/۱٤. ۲- کنایه از آرایش و بزک زنان مرکب از بوبینه‌ها و رنگینه‌ها: یکم ۳۹٦/۱۱۰؛ ۲٥۱۳/۸۹۰؛ دوم ۷٤٥/۲۹٤. ۳- موادّ آرایش از بوبینه‌ها و رنگینه‌ها: یکم ۱۷٤٦/۳۷۱ // ***جایی با*** ~ ***شدن***: یکم ٦٦۲/٤٤۹. ٤- کنایه از فر و شکوه و جلوه: دوم ۱٤۸۳/٥٤۱؛ ٤۱۰٥/۷۸۳ // ***از کسی*** ~ ***نماندن*** از دست رفتن نام و فر و شکوه او، بدآوازه شدن: دوم ۸۲۲/۱٦۷.

بوی و رنگ و نگار. ۱- آرایش زنان مرکب از بوبینه‌ها و رنگینه‌ها و زینت‌آلات، خال، رخ و دیگر نقش‌هایی که زنان بر دست و ناخن می‌کشیدند: یکم ۱٥۹/٥۷؛ ۳۳۳/۱۰۸؛ دوم ۹٥/۲٤۳؛ ۲۱۸۹/٥٦۹؛ ۱۰٤۳/٦٦۲؛ ۳٥٦/۸۱٥. ۲- کنایه از جلوه و رونق، زیبایی و شادابی، فرّ و

شکوه: یکم ٤٧٩/٤٤٢. **۳**- تزئین مجلس به عطر و گل و نقش و نگار: دوم ۲٤۲۷/٥۷۸. ٤- صفت نامه: دوم ۲۲٤۱/۷۰۹؛ ۱٦۹٥/۸٦۸.

بویه. آرزومندی: یکم ۱۲۹٤/۱٤٦

بوییدن. **۱**- بوی دادن: یکم ۷٤/٥٤. **۲**- بوی کردن، استشمام کردن، کنایه از زنده و پایدار بودن: یکم ۷٤/٥٤.

به[1]. (نیز ← بد). حرف اضافه **۱**- را (جلوی مفعول باواسطه): یکم و فراوان. **۲**- (ظرف زمان و مکان) در: یکم ۱۰٥/٥٥؛ ۷۱/۲۰۲؛ ۲۲۳۱/۳۹۰؛ دوم ۳۰۰۳/۹۹۷ب و دیگر. **۳**- به سبب، به علّت برای، بخاطر، از بهر، در ازای، از سر: یکم ٤۹٤/۷۰؛ ٦۱۲/۷٥؛ ۹۸۸/۸۹؛ ٥۸۷/۱۱۸؛ ۱۰۸۱/۱۳۷؛ ۱٥٥۹/۱٥٦؛ ٥۳۸/۱۸۰؛ ۱۳٥/۲۰٤؛ ۸٦۷/۲۹٥؛ ۸٦۲/۳۳٦؛ ٤۸۷/٤۲۲؛ ۳۸۹/٤۳۸؛ ۲۳۷۷/٦۱۰؛ ۱۰۲٦/٦۷۹؛ ۱۳٦۳/۷٤٤؛ ۲۷۲۷/۸۹۸؛ دوم ۱٤۰۸/۹٥؛ ٦۹۰/۱۲۸ و دیگر؛ ۸۷۲/۲۹۹؛ ۳۱۹٤/۷٤۷؛ ٤٤۷۲/۷۹۷؛ ٤۹/۸۰۳؛ ۷۹۹/۹۱۰؛ ۱۷۸۸/۹٤۹؛ ۳۸۲٥/۱۰۲۹؛ ۲۰/۱۰٤۲؛ ۸/۱۰٦۷؛ ۷٦۹/۱۱۱۲؛ ۸۷۰/۱۱۱٦ و دیگر. ٤- از، با، بوسیله‌ی، بواسطه‌ی، به کمک، بدست، از راه: یکم ۲۷۳/٤۰؛ ۱٥۹۷/۱٥۸؛ ۱۷۰/۲٤۱؛ ۱۱٥/۳۰۷؛ ۱٤۹۳/۳٦۱؛ ۲۰۸۹/۳۸٥؛ ٦۱۳/٦٦۲؛ ۲٥۰٦/۸۸۹؛ دوم ۷۲٥/۲۹۳؛ ۱۳٦٦/٦۷٥؛ ۲٤۸٤/۹۷٦ و دیگر. **٥**- به سوی، به طرف: یکم ٥۳۸/۱۸۰ و دیگر. ٦- در، هنگام: یکم ۱۰٦۲/۹۲ و دیگر. **۷**- با، در برابر، در مقابله‌ی با: یکم ۱٥۹٥/۱٥۷؛ ۱٦۷/۲٦۷؛ ۱۰۸۰/۳٤٥. **۸**- در بیان اندازه و مقدار: یکم ٦۹/۱۹٤. **۹**- برابر، همسنگ: یکم ٤۳۹/۳۲۰. **۱۰**- در بیان لیاقت و شایستگی: یکم ۳۸۱/۱۱۰؛ ۱٦۷/۲٦۷. **۱۱**- در بیان سوگند: یکم ۱۳۳۸/۳٥٥؛ ۱۷۰۰/٥۸۳؛ ٦۸۹/۷۱۸؛ ۲۲٤٦/۷۷۹، ۲۲٤۷؛ ٥٥۹/۸۱۳ و دیگر. **۱۲**- با وجود: یکم ۳٦۳/۲۱۳؛ ۱۱۷۸/۳٤۹؛ ۲٤٤۹/۳۹۹؛ ۲٦۸۹/۸۹۷. **۱۳**- در نزد، در چشم: دوم ۲٥۱۱/۹۷۷. ۱٤- در جلوی اسم درآید و صفت مرکب سازد و برخی آن را کوتاه‌شده‌ی با دانند: یکم ۸۷/۱۹٤؛ ۲٤٥/۲۷۰ و دیگر. **۱٥**- درباره‌ی، راجع به: یکم ۳٥۸/٤٦٥؛ ۱۰٦٥/۷۳۲؛ دوم ۲۹۱۸/۹۹۳.

به[2]. پیشوند فعلی، بای زینت یا تأکید (بیشتر در بیان آغاز کار): یکم ٦۷۱/۷۷؛ ۱۸۳/۲٤۲؛ ۲٦،۳٤/۲٥٤ و دیگر. توضیح: در *شاهنامه* و دیگر متون کهن فارسی، افعال با این پیشوند خیلی بیش از آن بکار رفته‌اند

که در فرهنگ‌ها ثبت گردیده است. چند گواه: ببودن: دوم ۳۹۰/٥٤؛ بپوشیدن: دوم ٤٨١/٥٨؛ بخواستن: دوم ٦٦٦/٦٥؛ بشدن: دوم ٤٨٠/٥٨؛ بکشتن: یکم ٦١٧/٤٩١؛ بماندن: دوم ٦٩٢/٦٦؛ بنگیختن: دوم ٥٤٩/٦١؛ بورزیدن: دوم ٦٢٠/٦٣؛ بیستادن: دوم ٩٣٤/٧٦ و دیگر (نیز← زیر فعل‌ها. توضیح: این پیشوند فعلی در سخن دقیقی بیشتر بکار رفته است).

به. خوبتر، بهتر: یکم ١٦١/٥٧؛ ٣٠٠/٦٣؛ ٤٨٢/١١٤ // ~ ***آمدن:*** یکم ٢٢٢٨/٣٩٠.

بها. ١- ارزش، قیمت، نرخ: یکم ٧٠٩/٧٩؛ ٧٢٩/١٢٣، ٧٣٠ // ~ ***آوردن:*** ١- سودمند بودن، ارزش داشتن، اعتبار داشتن، ارزیدن، کرایش کردن: یکم ٣٨٥/٢٧٦؛ ٢٤٧٥/٦١٤؛ دوم ٨٦٢/٢٩٩؛ ١١٣٠/٣٠٩؛ ٣١٢/٣٥٣؛ ٣٥٨/٤٦٩؛ ٢٩٣٢/٧٣٧؛ ٣٨٤٤/٧٧٣؛ ١٢٢٣/٩٢٧؛ ٤٩٠/١٠٦٠ // ~ ***خواستن:*** دوم ٦/٨٠١ // ***بی ~*** بی‌اندازه گرانبها: دوم ٩٩٦/٣٠٤. **٢**- موثر بودن، کارگر افتادن: دوم ٣٥٧/١١٥ // ~ ***خواستن:*** یکم ٤٩٦/١١٤. **٢**- عظمت و شکوه (شاید در این معنی عربی باشد): یکم ٣١٧/٤١.

بهار. // ***نو ~ به شادی در گشادن:*** یکم ٧٩١/٦٦٩ // ***از کسی چون خرّم ~ شدن:*** دوم ٢٩٧٧/٩٩٦ // ***به دل با کسی چون ~ نو بودن:*** دوم ١٦٦٠/٩٤٤.

بهاگیر. بهادار، پرارزش: دوم ١٦٦٩/٣٣١؛ ٥١٧/٤٧٥؛ ٣٤٧١/٧٥٨؛ ١٥٨/٨٠٧؛ ٢٢٦/٨٨٨.

به‌اندیش. نیک‌اندیش، درست‌اندیش: یکم ٦١٣/١١٩.

بهانه. ١- عذر: یکم ٦٤٤/٧٦؛ ٢٠٥٣/٣٨٣. **٢**- سبب، علّت، باعث، واسطه: یکم ٩٩/٣٣؛ دوم ١٦٤٨/٥٤٨؛ ١٩٠٥/٥٥٨؛ ٣٨٤٦/٧٧٣؛ ٤٠/١٠٤٢ // ~ ***جستن*** یکم ٦٩٥/١٢٢؛ ٢٠٣/٣١١؛ ٥٤٣/٣٢٤؛ ١١٧٦/٣٤٩؛ حاشیه رفتن، لفت دادن، طول دادن، تعلل ورزیدن: یکم ١٠٤/٢٥؛ دوم ٢٦١٧/٩٨٢؛ تن مزن!: یکم ١١٢٨/١٣٩؛ دوم ١٤٧٨/١٩٣؛ ایرادتراشی مکن!: یکم ٢١٦/٢٠٧؛ ٥١٣/٤٤٣ // ~ ***مجوی!:*** سخن را کش مده! حاشیه مرو! دوم ٦٥٤/٨٢٧ // ***بی~ شدن*** گله‌ای از بخت نداشتن: دوم ٥٢٣/٨٢٢. **٣**- دستاویز، مستمسک، عذر بی‌جا، چون و چرا، بازخواست، خرده‌گیری، ایرادتراشی، گله، ناخرسندی: یکم ٦٩٥/١٢٢؛ ٧٧٤/٢٩١؛ ٢٧/٣٠٤؛ ١١٧٦/٣٤٩.

بهایی. بهادار، بهاگیر، ارزش‌دار، کالای

فروختنی: یکم ۴۹۲/۳۲۲؛ ۸۴۴/۶۷۲؛ ۸۹۷/۶۷۴؛ ۱۸۳۲/۸۶۳؛ دوم ۵۷۴/۸۲۴؛ ۱۵/۱۰۷۱؛ ۸۴۱/۱۱۱۴ // ~ **کردن** قیمت نهادن، بها کردن: دوم ۱۲۷/۴۶۰؛ ۲۶۶/۸۱۱.

بهتری. ۱- نیکوتری، بهروزی، تندرستی و رفاه: یکم ۱۱۹۵/۱۴۲؛ ۱۱۳۹/۳۴۷. ۲- عاقبت به خیری، آمرزیدگی: دوم ۱۹/۴۰۰.

بهر. ۱- بهره، نصیب: یکم ۳۹/۲۳۶؛ ۲۸۳/۲۴۶؛ ۳۲۸/۲۴۷؛ ۷۹/۲۶۴؛ ۲۰۳/۳۱۱. ۲- بهره، بخش: یکم ۲۳۶/۴۱۲؛ دوم ۳۱۴۷/۱۰۰۳، ۳۱۴۸ // ***ز هر کار ~ی پسندیدن:*** یکم ۲۵۶۱/۶۱۷.

بهرام[1]. نام روز بیستم از هر ماه و شوم‌ترین روز: دوم ۱۱۰/۶۲۵؛ ۳۰۶۷/۷۴۲؛ ۲۵۷۶/۹۸۰.

بهرام[2]. ۱- مریخ: یکم ۳/۵۱۷. ۲- کنایه از مرد: دوم ۱۹۲/۲۳۲.

بهرام‌تَل. دوم ۱۱۰۲/۸۴۴.

بهرام‌چید. دوم ۱۷۶۱/۹۴۸.

به‌روزگار. بهروز، نیکبخت، دارنده‌ی روزگار نیکو: یکم ۶۵۳/۳۲۸؛ ۱۲۰۴/۳۵۰؛ ۲۷۹۰/۹۰۱؛ دوم ۷۸۴/۱۳۲؛ ۱۴۱۸/۱۹۱؛ ۳۹۸۹/۷۷۸؛ ۴۲۸۰/۷۹۰؛ ۴۴۵۷/۷۹۷؛ ۱۱۰۶/۹۲۲.

بهره. ۱- سهم، نصیب: یکم ۷۶۶/۳۳۳. ۲- بخش، باره: یکم ۳۷/۱۸؛ ۸۸/۲۴؛ ۲۲۰/۵۱۷؛ ۳۲۵/۲۴۷؛ ۵۵/۲۶۳.

بهره‌مند. یکم ۲۴۱۱/۸۸۵.

بهشت کنگ. یکم ۱۱۷۷/۸۳۷.

به‌گزین. ۱- برگزیننده، گزیننده‌ی بهترین، گلچین‌کننده: دوم ۲۱۲۵/۷۰۵. ۲- گزینش نیک، انتخاب احسن، نیکوگزینی، برگزیده، منتخب: یکم ۳۰۹۴/۹۱۳؛ دوم ۲۱۹۷/۷۰۸؛ ۲۱۸۰/۷۰۷.

بهم. ۱- با هم، با یکدیگر، به اتفاق: یکم ۶۹۶/۷۸؛ ۱۴۲۶/۳۵۹، ۱۴۲۷؛ ۱۵۱۱/۳۶۲. ۲- همراه: یکم ۲۳۴/۲۷۰؛ ۲۸۴/۲۷۲ // ~ ***آمدن*** گرد شدن، جمع شدن، فراهم آمدن: یکم ۱۱/۴۵۱. ۳- مشترک: یکم ۱۰۲۱/۳۴۳.

بهم بر. بر روی یکدیگر: یکم ۴۶۳/۶۵۷.

بهمن. یکی از امشاسپندان: یکم ۷۳۶/۶۶۷.

بهوش. هوشیار، هوشمند، هوشمندانه: یکم ۱۷۰/۳۰۹.

بهی. خوبی، نیکویی، خوشی: یکم ۱۰۳/۲۳۹؛ ۳۸۷/۲۷۶؛ ۸۹۲/۳۳۸ // ***اندر ~ آمدن:*** یکم ۲۸۲/۱۰۶.

بیابان. // ~ ***بر کوه راه جستن:*** دوم ۱۶۹۱/۹۴۵.

بی‌آزار. ۱- بی‌رنج (قید): یکم ۱۳۳/۱۰۰، ۱۴۲. ۲- بی‌رنج (صفت):

یکم ۱۵۹/۳۵ و دیگر. **۳**- راضی، خرسند: دوم ۲۸۶۱/۹۹۱.

بی‌آزرم. بی‌شرم و حیا: یکم ۴۰/۳۰۴.

بی‌ارز. بی‌ارزش، بی‌بها: دوم ۱۳۳۶/۹۳۱.

بی‌انجمن. بی‌مردم، تنها، در خلوت: یکم ۴۱۵/۳۱۹.

بی‌اندوه. فارغ، آسوده: یکم ۸۱۵/۲۳۱

بی‌بر. بی‌ثمر، بی‌فایده، ضایع، خراب، بیهوده، ناسودمند، عاطل و باطل: یکم ۱۴۴/۱۸۸؛ ۵۰۳/۳۲۲؛ دوم ۱۳۹/۴۶۰؛ ۳۹۴/۴۹۸ // ~ ***شدن:*** یکم ۵۳۱/۲۲۰؛ ۱۴۸۴/۳۶۱.

بی‌برگ. ضایع، بی‌سامان، خراب // ***کار ~ شدن:*** دوم ۶۰۴/۹۰۲.

بی‌بُن. بی‌ریشه، بی‌اصل و نسب: دوم ۴۱۲/۸۹۵؛ ۲۵۳۱/۹۷۸.

بی‌بها. ۱- پست، بی‌ارزش: یکم ۳۳۸/۶۴؛ ۴۳۱/۶۸؛ دوم ۱۸۰/۱۰۸. **۲**- پرارزش، بسیار بهادار که برای آن نتوان بهایی تعیین کرد: یکم ۷۸/۳۲؛ ۷۰۹/۷۹؛ دوم ۱۷۴۱/۸۷۰ و دیگر.

بی‌تن. ناتوان، بی‌مایه: یکم ۸۰۴/۵۴۸؛ دوم ۹۳۷/۵۲۰؛ ۴۳۵/۸۱۸؛ ۳۸۳۰/۱۰۳۰؛ ۷۷۹/۱۱۱۲؛ ۷۹۹/۱۱۱۳.

بی‌توش. ناتوان: یکم ۱۳۱/۲۵۸.

بی‌پایه. بی‌بن، بسیار ژرف (صفت دریا): یکم ۲۰۶۸/۸۷۲.

بیجاده. ۱- سنگی بمانند یاقوت: یکم ۴۱/۲۲؛ ۵۸/۴۲۵ و دیگر. **۲**- کنایه از لب سرخ: یکم ۵۱۱/۱۱۵؛ دوم ۲۲۹۶/۹۶۹.

بیچار. بیچاره: دوم ۳۵۵/۱۱۵.

بیچاره. کنایه از زن (؟): یکم ۳۹۴/۱۱۰.

بیخ. اصل، منشاء، ریشه، سبب، علت // ***پی و ~ چیزی را پدیدار کردن:*** دوم ۷۲/۳۷۶.

بیختن. پراکندن، پاشیدن، افشاندن، ریختن: یکم ۲۱۷/۱۰۳؛ ۱۴۴/۲۴۰؛ ۱۰۶/۴۵۵؛ ۱۵۶۵/۵۷۸؛ ۲۸۴۳/۶۲۹؛ ۱۰۹۸/۸۳۴؛ دوم ۱۸۱۶/۳۳۷؛ ۱۴۱/۳۷۸؛ ۵۱۷/۴۴۱؛ ۲۲۷۰/۷۱۱؛ ۳۴۵۹/۱۰۱۵.

بید[۱]. **۱**- نوعی درخت: یکم ۱۱۱/۹۹ و دیگر // ***از سرخ ~ یاقوت مجویید!:*** دوم ۱۶۳۸/۹۴۳ // ***افسر از سرخ بید:*** دوم ۱۶۹۵/۵۴۹ // ***باد و ~*** کنایه از ناسودمندی: یکم ۷۷۷/۲۳۰؛ ۲۲۷۵/۳۹۲؛ دوم ۲۵۲۷/۹۷۸ // ***بار ~*** دوم ۲۹۰۸/۹۹۳ // ***بی‌بر بکردار ~:*** یکم ۲۰۶/۲۰۷ // ***لرزان بکردار (چو) ~:*** یکم ۱۵۸/۷؛ ۶/۲۹؛ ۲۴۸۴/۴۰۰. **۲**- کنایه از بی‌وزنی و سبکی: دوم ۱۲۱۸/۱۸۳.

بید[۲]. گونه‌ی کوتاه بوید (دوم کس جمع از وجه امری فعل بودن)، باشید: یکم ۸۲۹/۸۳؛ ۳۵۷/۱۰۹؛ ۱۶۷/۱۹۸؛

۵۴۴/۲۲۱؛ دوم ۱۴۰/۲۵۰؛ دوم ۴۴/۶۲۳؛ ۵۲۹/۶۴۲؛ ۳۱۳۵/۱۰۰۲.

بیداد. ۱- بیدادگر: یکم ۵۲۳/۷۱؛ ۵۵۹/۷۳؛ ۶۱۷/۷۵؛ ۶۸۱/۷۷؛ ۹۹۵/۹۰؛ ۲۰۳۵/۸۷۱؛ دوم ۶۱۸/۴۴۵؛ ۱۸۲۱/۵۵۴، ۱۸۲۳، ۱۸۲۴؛ ۳۹۰۱/۷۷۵؛ ۴۳۹۸/۷۹۴. ۲- (قید) بیدادانه، بیدادگرانه، به ناحق: دوم ۳۰۵۰/۷۴۱؛ ۳۸۲۵/۱۰۲۹؛ ۳۸۳۳/۱۰۳۰.

بیدار. هوشیار، آگاه، خردمندانه: یکم ۶۸۵/۳۳۰؛ ۸۳۷/۳۳۵؛ ۲۷۲۹/۸۹۸ و دیگر.

بیداردل. صفت اسب: یکم ۲۱۴۹/۳۸۷.

بیدرفش. دوم ۱۲۴/۴۴.

بی‌دل. ۱- خودباخته از ترس، ترسو: یکم ۱۰۰۶/۹۰؛ دوم ۷/۱. ۲- نادان، کودن، خرفت: یکم ۲۴۵/۴۶۰.

بی‌دیدگان. // ***شب و روز ~ را یکیست!***: یکم ۱۳۲۲/۷۴۳.

بیراه. ۱- نادرست، ناهنجار: یکم ۲۳۹/۶۰. ۲- بی‌گذر، بی‌گدار: یکم ۲۴۱/۴۳۲. ۳- بیراهه، راه فرعی: یکم ۲۱۱/۴۳۱؛ دوم ۱۰۵۱/۹۲۰ // ~ ***بسیار و راه اندکیست!***: دوم ۶۹۶/۱۶۲. ۴- گمراه، بدآیین: دوم ۱۵۸۴/۵۴۵؛ ۴۳۱۲/۷۹۱؛ ۱۹۲۶/۹۵۴؛ ۲۶۵۴/۹۸۳. ۵- به ناحق، ناروا: دوم ۳۷۸/۴۹۸.

بیراهی. گمراهی، بی‌قانونی: دوم ۴۴۵/۵۰۰؛ ۲۶۲/۶۱۵.

بیرنگ. طرح و نقش و نگار: یکم ۱۶۶/۳۵؛ ۳۴۶/۱۷۲؛ ۵۲/۱۹۳.

بیرون. // ***از میان ~ شدن***: دوم ۳۷۰۰/۱۰۲۵ // ***~ شدن کار***: یکم ۴۶۷/۳۲۱ // ***~ شدن سخن***: یکم ۱۲۲/۴۵۶.

بیره (بیراه). گمراه: یکم ۳۵۵/۲۴۹، ۳۶۷ // ***~ شدن*** راه بیراهه و فرعی برگزیدن: یکم ۷۳۵/۴۹۶؛ دوم ۱۳۰/۱۰۴۶.

بیستادن. ۱- ایستادن: دوم ۵۱۲/۵۹؛ ۵۳۴/۶۰ و دیگر. ۲- قرار گذاشتن، توافق کردن، برنهادن: دوم ۹۳۴/۷۶.

بیستگانی. مواجب ماهیانه‌ی سپاهیان: دوم ۲۲۲۴/۹۶۶.

بی‌سر. بی‌همتا: دوم ۷۱/۴.

بیش. ۱- بیشتر، زیادتر: یکم ۲۹۳/۴۰ و دیگر .۲- دیگر، زیاده، باز، از این پس: یکم ۲۷۱/۲۱۰؛ ۲۸۸/۳۱۴؛ ۴۶۷/۳۲۱؛ ۱۱۱/۴۲۷؛ دوم ۱۲۵/۱۰۸۶ (؟).

بیش‌خورد. پرخوری، افراط در خوراک: دوم ۳۷۵۹/۷۶۹.

بیش‌وکم. (نیز← کم‌بیش، کمّوبیش، کمابیش) کم و زیاد، بالا و پایین، جوانب، از هر چیزی و هر دری، از هر چه، همه چیز: یکم ۲۴۹۸/۴۰۱،

۲۵۰٤؛ دوم ٤۲۲/۱۱۷؛ ۱۵۱/۳۷۹؛ ۲۹۳٤/۹۹٤ و دیگر // **از (و) ~** ۱- و چیزهای دیگر، و غیره و غیره: یکم ۱٤۰۳/۳۵۸؛ ۱۵٤۳/۳٦۳؛ ٤۱۸/٤۱۹. **۲**- تقریباً، کمابیش: یکم ۳۷۹/۲۷٦؛ ٤٤۲/٤٤۰؛ ۲٤/٤۵۲؛ دوم ۲۹٦۰/۹۹۵ // **از ~ نیندیشیدن:** یکم ۱۱۹۹/۱٤۲ // **از هر ~ گفتن:** یکم ۱٤۲۷/۳۵۹ // **بر ~ انداختن:** دوم ۲۳۹٦/۹۷۳ // **بر ~ سخن رفتن (یاد کردن):** یکم ۸۹٤/۳۳۸؛ ۱۲٤۱/۳۵۱ // **بر ~ رای زدن:** یکم ٤۰۷/٤۵؛ ۳۰۵/۱۷۱؛ ۱۷/۲۰۰ // **بر ~ سگالیدن:** یکم ۱۹۹/٤۷۵ // **بر ~ یاد کردن:** یکم ٦۰۳/٥٤۱ // **به هر ~** به هر گونه: یکم ٦۱۱/٦٦۲ // **به هر ~ رای فرّخ زدن:** یکم ۱٤۹/۵۷ // **~ چیزی را نگاه کردن:** دوم ۱۷۷/۱۰٤۸ // **~ سخنی را ندانستن:** دوم ۱۷٦/۱۰٤۸ // **رای بر ~ زدن:** یکم ۹۸۷/۷۲۹؛ دوم ۲۹۱۳/۹۹۳ // **و از ~** و چیزهای دیگر، و غیره و غیره: دوم ۷۳/۲۲۰ // **هر ~ گفتن:** یکم ۷٤/٤۵٤ // **هر گونه از ~ رفتن** درباره‌ی هر چیز سخن گفتن: دوم ۲۲٤۸/۵۷۱؛ ۲٤۲۲/۵۷۸.

بیشه[1]. // **~ نارون:** دوم ۲۸۸۷/۹۹۲ // **نامور ~:** یکم ٤۳/٤۲٤.

بیشه[2]. کنایه از آشفتگی و پریشانی // **جهان پیش چشم ~ بودن:** دوم ۱۷۰۹/۹٤٦ // **جهان از اندیشه چون ~ شدن:** دوم ۸۱٦/۱٦۷ // **دل (از اندیشه) چو ~ شدن:** یکم ۲٤۷۹/٦۱٤؛ دوم ۲٤۵۳/۹۷۵ // **دل (روان) را از اندیشه ~ کردن:** یکم ۹۰/۱٦۲؛ ۵۷۷/۳۲۵ // **سر از اندیشه چون ~ شدن:** دوم ۷٤/۱۳۸.

بیشی. **۱**- زیادی، فزونی، بسیاری، برتری: یکم ٦۹۸/٤۵۰؛ ۵۰۰/۸۱۰؛ دوم ۱٦۳۱/۱۹۹؛ ٤۱٤٤/۷۸٤ // **رای ~ کردن:** یکم ۱۱۰۹/۵۱۱ // **گفتار ~** گفتار زیاده، پرگویی و بیهوده‌گویی: دوم ۷۸۷/۱٦٦. **۲**- زیاده‌طلبی، فزون‌خواهی، کبر، آز: یکم ۲۲/۹٦؛ ۷۸٦/۲۹۲؛ ۱٦/٤۲۳؛ ۲۰۲/۵۲۵؛ دوم ۱۹/۲۰۳؛ ۳٤۲/۲۵۹؛ دوم ۳۹۲/۲۸۰؛ ٦۵۷/٤٤۷؛ ۲۵۱/٤۹۳؛ ۱۰۹۷/٦٦٤؛ ۳۲۵۷/۷٤۹؛ ۳۸۹۹/۷۷۵؛ ۳۹٤۹/۷۷۷؛ ۳۳۷٦/۱۰۲۷ // **~ سگالیدن** آزاندیشی: دوم ٤۰۲۵/۷۸۰ // **~ کردن** فزونی جستن، آز ورزیدن: دوم ۱۲۸۲/۹۲۹ // **پیش ~ روان نهادن:** دوم ۳۰۳۹/۷٤۱. **۳**- جاه‌طلبی: دوم ٤۱۳٦/۷۸٤.

بیعت. دوم ٤۰۸۸/۱۰٤۰.

بیغوله.← پیغوله.

بیکار. **۱**- بیهوده، بی‌فایده، ناسودمند، عاطل، بی‌مصرف، مهمل و تباه،

نابکار، کار هرزه: یکم ۱۲/۱؛ ۸۸۳/۲۹۶؛ ۱٦٤۷/۳٦۷؛ ۱۸٤۲/۳۷۵؛ ۷۹۵/٦۷۰؛ ۱۰۹۷/۸۳٤؛ دوم ۷۸۸/۱٦٦؛ ٤۱٤/۲۸۱؛ ۵۰٦/۲۸۵؛ ۱۷/٤۵۵؛ ۱۲۳۲/۵۳۱؛ ۳٤۳/٦۳٤؛ ۲٦۰۳/۷۲٤؛ ۷۰۵/۸۲۹؛ ۱۳۳٦/۹۳۱؛ ۲٤۰۷/۹۷۳؛ ۱۵۱/۱۰٤۷؛ ۳۱۸/۱۰۵۳ // ~ ***شدن*** از کاری دست کشیدن: دوم ۱٦۰۲/۹٤۱ // ***دست ~ شدن*** دست از کار و توان افتادن: دوم ۵۸/۲٤۷ // ***گفتار*** ~: دوم ۱٦٦۰/۹٤٤. **۲**- تُنبُل، نیرنگ، جادو: یکم ۲۸۲/٤۰؛ ۱٦۸/۵۷؛ ٦۳۰/۲۲٤؛ دوم ۳۵۸/۱۰۹۵. **۳**- تهی، خالی، فروگذاشته، بلامتصدّی: یکم ٤٤/۱۸۵؛ ۳۹۹/٤۳۸؛ دوم ۱/۲۲۵ // ***تخت ~ بودن (شدن)***: دوم ۵۹/٤۰۱؛ ۸۷/٤۰۸؛ ۲۷/٤۲۰؛ ٤۲۸/٤۷۲؛ ۱٦۱۳/۸٦۵. **٤**- نابکار، نابکارانه: دوم ۲۱/۳۷٤.

بیکاربخت. بخت بد: یکم ۱۰۱۹/۸۳۱.

بیکارستان. سرزمین تنبل و جادوی: یکم ۲٤۷۰/٦۱٤؛ دوم ٤۲/۱۰۲.

بیکارگو. یاوه‌گو: دوم ۱۲۹۳/٦۷۲.

بیکاری. بیهودگی، کار بیهوده، بطالت و عطالت: یکم ۳٦۳/۱۰۹.

بی‌کران. بسیار، بی‌اندازه: یکم ٤۰۷/۳۱۹ و دیگر.

بی‌کیار. ناکاهل، چابک، جلد، شتابان: یکم ۱۷٤/۱۰۲؛ ۱۳۹/٤۷۲؛ ۸۹٦/۵۰۲؛ دوم ۳۰٦۳/۹۹۹؛ ۵۲۵/۱۱۰۲.

بیگانگی. // ***روز ~ جستن***: دوم ٦۸۹/۱۲۸ // ***به ~ به پیش اندر آمدن***: دوم ۳۲۲۹/۱۰۰٦ // ***از ~ بس کردن***: دوم ۳۳۰۱/۱۰۰۹ // ***کسی را فزون‌تر ز خویشی و ~ خلعت افگندن***: دوم ۳۳٦۵/۱۰۱۱.

بی‌گمانی. بی‌گمان، بی‌شک و تردید: یکم ۳۱۰/٤۷۹؛ ٤۹۳/۵۳٦ // ***روان را ~ کردن***: یکم ۲۵۱۹/۸۹۰.

بیم[1]. ترس، هراس // ~ ***یافتن***: یکم ٤۱۱/۲۷۷ // ***کسی را ~ کردن***: یکم ۱۸۷/۲۸؛ ۲۰۰٦/۳۸۱ // ***کسانی را از کسی ~ کردن*** با سیاست کردن کسی دیگران را ترساندن: دوم ۳۵/۱۰۲.

بیم[2]. کوتاه‌شده‌ی بویم: یکم ۱٤۸/۲۰۵.

بیمارستان. یکم ۷۷٦/۳۳۳.

بی‌مایه. **۱**- ناشایسته، بی‌لیاقت: یکم ۳۰۱/٤۷۹. **۲**- ناتوان: یکم ۷۸۰/٤۹۸ // ***سر کاری (چیزی) را ~ کردن***: دوم ٤۵/۲٤۷.

بی‌منش. ناسزاوار، بی‌قدر و اعتبار: دوم ۱۲۰۵/۸٤۸؛ ۱۳۸۰/۸۵۵.

بیم و اومید. // ***به ~ بودن***: یکم ۷۹٤/۷۲۲ // ***(گیتی) از کسی به ~ (امید و بیم) بودن***: یکم ۳۱۳٤/۹۱۵؛ دوم ۱۳٤٤/۹۳۱؛ ۲٦٤۹/۹۸۳؛ ۳۳٦/۱۰۵٤.

بینا. دانا، داننده، ژرف‌بین: یکم ۱۵۷/۵۷ و دیگر.

بینادل. هوشیار (صفت اسب): یکم ۱۲۸/۱۸۸.

بینایی. // **به ~** جلوی چشم، برای عبرت: دوم ۳۷۹۹/۷۷۱.

بیننده. چشم، دیده: یکم ۱/۵؛ ۸۴۶؛ دوم ۲۱۷٤/۷۰۷.

بی‌نوا. // ***همه کام و اندیشه ~ شدن*** آرزوها و تدبیرها و خیال‌ها بر باد رفتن: یکم ۱۵۳۸/۵۷۷.

بیور. ده‌هزار: یکم ۸٦/۲٤، ۸۷

بیورهزار (هزاران). دوم ۳۰۳/۵۱؛ ۳۳۷٤/۱۰۱۲.

بیهش. یکم ٤۲۹/٤۱۹ // ***چون بیهشان:*** یکم ۲۳۳۲/۳۹٤؛ ۲٤۵۷/۳۹۹؛ ۳۹/٤۲٤؛ ۳۰۱/٤۳۵؛ ۱٦۵۷/۷۵٦.

بیهده. ۱۲۸۹/۵٦۷.

بیهودگی. // **به ~:** یکم ۳۸۳/۲۷٦؛ ۲۱۹۲/۳۸۹.

بیهوده. عاطل، باطل، یاوه، یاوه‌کار (صفت انسان): یکم ۳٦۹/٦۵؛ ٤۷۸/٦۹ // ***رای ~:*** یکم ۸۵۹/۸٤ // ***گفتار ~:*** یکم ۳٤۵/۳۱٦.

پ

پابند.← پای‌بند.

پاداشن. پاداش، پادافراه: دوم ٤٥/٣٧٥.

پادافره. مجازات، مکافات: یکم ٧٧٣/٨١؛ ٣٥١/٢٤٨؛ ٢٣٦٥/٨٨٤؛ ٢٧٩٤/٩٠١؛ دوم ١٣٧٥/١٨٩؛ ١٥٦٢/١٩٧؛ ٤٣١/٢٦٢؛ ١١٣١/٣٠٩؛ ٥٥/٣٧٥؛ ١١٣/٤٨٧؛ ٨٧٥/٦٥٥؛ ١٣٥١/٦٧٤؛ ١٨٧٠/٦٩٥؛ ٣٨٧٥/٧٧٤؛ ٧٦٠/٨٣١؛ ١٨٤٩/٨٧٤؛ ١٨٧٨/٨٧٥ و دیگر // ~ *ایزدی:* یکم ٩٣٢/٣٣٩؛ ١١٤/٤٠٧ // ~ *بد:* یکم ٣٦٢/٣١٧؛ ٢٠١٩/٣٨٢.

پادشا. ١- چیره، پیروز، مجاز، مسلّط، صاحب اختیار، فرمانروا: یکم ١٠١٥/٩٠؛ ٥٥٢/١١٦؛ ٩٨٠/١٣٣؛ ٢٣٠/٣١٢؛ ٢٢٠٠/٣٨٩؛ ٩١٨/٥٥٣؛ ٢٤٧٥/٦١٤؛ ٧٠٩/٧١٨؛ ٧٩٠/٧٢٢؛ ١٨٧٦/٨٦٤؛ دوم ٣٩٤/١٧؛ ٣٢٢/٣٨٥؛ ٥٣١/٤٧٦؛ ٥٤/٤٨٥، ٥٥؛ ١٨٢٧/٥٥٥؛ ١٣٧٢/٦٧٥؛ ٢٥٨٢/٧٢٣؛ ٦٢/٨٠٣؛ ١٣٨٨/٨٥٦؛ ٦٠٢/١٠٦٤ و دیگر // *بر تن خیش نا~ بودن:* یکم ٣٦٢/٦٥. ٢- کنایه از خداوند: دوم ٣٤٢٦/٧٥٦. ٣- کنایه از مرگ: دوم ٣٢/٤٠٦.

پادشایی. قلمرو، کشور: دوم ١٢٢/٢٥٠.

پاردم. رانکی: یکم ٥٩/١٨٥.

پارسا. پاکدامن، پرهیزکار: یکم ٥١٧/٣٢٣؛ ٧٥٣/٣٣٢ و دیگر.

پارسی. ١- زبان پارسیگ، فارسی میانه: دوم ٧١/١٠٤٤. ٢- ایرانی: دوم ١٩٥/٨٨٦. ٣- از استان فارس (یا ایرانی): دوم ١٦٤٩/٩٤٣.

پاره. رشوه، پول، پیشکش: یکم ١٣٠/٣٤؛ ١٢٢/٥٦؛ ٨٦٨/٥٥١؛ ٩١٠/٥٥٣؛ ١٤٩٢/٥٧٥؛ ١٧٩١/٥٨٧.

پاس. ١- نگهبانی، پاسبانی //~ *داشتن:* یکم ١٠٠٥/١٣٤؛ دوم ٦٧٥/١٢٧. ٢- هر یک از سه نگهبان تن (چشم، گوش، زبان): یکم ٢٦/٢، ٢٧. ٣- یک پاره از چهار حصّه‌ی شب یا هشت حصّه‌ی شبانروز: یکم ٢٨٧/٢١٠؛ ١٩٤/٣١٠؛ ٧٠٢/٣٣٠؛ دوم

۳۲۸۷/۱۰۰۸؛ ۳۹۹۱/۱۰۳٦. ٤- نگهبان، پاسبان: دوم ٦۷۵/۱۲۷ // **سه ~ شب:** یکم ۱۱۰٤/۸۳٤؛ دوم ٦۸۰/۱۲۸؛ ۳۹٤/۱۵۰.

پاسبانی. یکم ۲۳۵/۳۱۲.

پاسخ. ۱- جواب: یکم ۹۹/۵۵ و فراوان // ~ ***آراستن***← آراستن // ~ ***پی افگندن:*** یکم ۷۱/۲۳۷ //~ ***دادن*** نظر دادن (به پرسش و مسئله‌ای): دوم ٤۲٤۵/۷۸۸ // ~ ***گزاردن:*** یکم ۹۵/۵٤ // ~ ***یاد آوردن:*** یکم ۸۳٤/۳۳۵ // ***به*** ~ ***نماندن:*** یکم ٦٤٤/۳۲۸. ۲- پاسخ مثبت، تمکین، اجابت، فرمانبرداری //~ ***بودن:*** یکم ۱۸۹/۹؛ ۱۵۰٦/۳٦۲ // ~ ***دادن*** پذیرفتن، اجابت کردن: یکم ۳۱٤/۱۰۷؛ ٤٤٦/٤۲۰؛ یکم ۲۵۱٦/۸۹۰.

پاسخ‌سرای. پاسخ‌گوی، پاسخ‌آورنده: یکم ۱۹۳/٦٤٦.

پاشنه. // ~ ***زدن*** مهمیز زدن و برانگیزاندن اسب: دوم ۲۸۲۹/۹۹۰.

پاشنه‌خیز. // ~ ***کردن باره*** راندن و جهاندن اسب: دوم ۱۵٤٤/۹۳۹.

پاک. ۱- بی‌آلایش، بیگناه: یکم ۲٦۰/۳۱۳، ۲٦۱. ۲- (قید) تماماً، یکسر، همه، بکلّی، سخت، بسیار، نیک: یکم ۲٦۸/۳۹؛ ۳۵٦/٤۳؛ ۱٤٤/۵٦؛ ۲۸۱/٦۲؛ ٦٦۹/۷۷؛ ۱۳۷٦/۱٤۹؛ ۱۸۳/۲۰٦؛ ۳۸۰/۲۱٤؛ ۸۸٤/۲۳٤؛ ۱۰۵۸/۳٤٤؛ ۱٤۹۵/۳٦۱؛ ۱۸٤۹/۳۷۵؛ ٤۰۱/٤۱۸؛ ۱۸۷/٦۳۸؛ ۲۳۸۱/۷۸۵؛ دوم ۱۷۵۱/۹٤۷؛ ۲٤٦۸/۹۷٦ و دیگر. ۳- (قید) تنها، فقط: یکم ۲۵۰/۳۹.

پاک‌رای. یکم ۱۸۲/۱۹۸.

پاک‌وداد. (نیز← داد و پاک) دوم ۱۷۰۷/۹٤٦.

پاکیزه. ۱- پاک، خوب، پسندیده، درست و راست: یکم ۵۸/۵۳ و دیگر. ۲- پارسا، پاکدامن، عفیف: یکم ٦/۲۹؛ ۹۰/۵٤ و دیگر.

پاکیزه‌تخم. یکم ۵۱٦/۳۲۳.

پالان. نشیمنی که بر پشت ستور نهند: یکم ۱٤۲۹/۱۵۱؛ ۲۸۱/۲٤٦؛ دوم ۷۷۱/۵۱۳.

پالای. ۱- اسب: یکم ۱۰/٤٦۷؛ ۹۰/٤۷۰؛ ۲۷۲/۵۲۷؛ ۹٦۸/۵۵۵؛ ۲۲۲۵/۸۷۸؛ دوم ۸٦۹/۳٦؛ ۱٦۵۲/۲۰۰. ۲- اسب یدک، اسب کُتل، اسب جنیبت، بالاد: یکم ۳۰۲/۱۰۷؛ ۹٤۱/۱۳۲؛ ۱۲۸٦/۱٤۵؛ ۵۲۳/۲۸۱؛ دوم ۷۵/۲٤۸؛ ۲۹۱/۳۵۲؛ ٤۹۵/۵۰۲؛ ۹۲٤/۵۱۹؛ ۱۹۷٤/٦۹۹؛ ۲۷٤۰/۷۲۹؛ ۱۱۱۸/۹۲۲؛ ۱۷۹۷/۹٤۹؛ ۲۱۰۷/۹٦۱؛ ۲۲۵۷/۹٦۷؛ ۳۳۹۵/۱۰۱۲؛ ۳٤۳۲/۱۰۱٤؛ ٤۱۷/۱۰۵۷ و دیگر // ***اسپ*** ~: یکم

۲۴۴۳/۳۹۹ // ***مرد ~ خواه:*** یکم ۱۲۸۶/۱۴۵.

پالایش. ۱- پاکی، زدودگی: دوم ۶۳/۲۱۹؛ ۲۰۴/۱۰۴۹. ۲- فروریختن: دوم ۴۳۹۲/۷۹۴.

پالودن. ۱- شستن // ***مژگان ~:*** یکم ۵۱/۱۳. ۲- پاک کردن، زدودن، زایل شدن، پریدن، رفتن: یکم ۳۳۳/۴۲؛ دوم ۱۵۳۶/۱۹۶ // ***خواب ~:*** یکم ۴۷۷/۶۹؛ دوم ۲۳۵/۴۳۰؛ ۶۲/۴۸۵؛ ۶۴۷/۶۴۶؛ ۹۵۳/۸۳۸ // ***رنگ ~:*** دوم ۲۰۱۸/۵۶۲؛ ۱۱۱/۸۰۵ // ***جان ~:*** دوم ۴۰۶۶/۷۸۱. ۳- (ناگذر) فروریختن، جاری شدن، تراویدن: یکم ۴۵۱/۴۴۱؛ ۹۴۶/۶۷۶؛ ۱۰۴۸/۶۸۰؛ ۵۹۴/۷۱۴؛ ۱۵۶/۷۹۷؛ دوم ۶/۱۰۱؛ ۱۸۰/۲۱۰؛ ۱۴۲/۲۳۰؛ ۵۴۳/۳۹۴. ۴- (گذرا) فروریختن: دوم ۴۰۱۰/۷۷۹. ۵- (گذرا) خالی کردن: دوم ۲۲۰۸/۷۰۸.

پالوده. ۱- خالص: یکم ۳۴۳/۲۴۸. ۲- پاک // ***از رای ~ گشتن:*** دوم ۶۳۰/۴۴۶ // ***~ خون:*** یکم ۴۱۹/۲۵۱. ۳- تهی: دوم ۳۴۵۵/۱۰۱۵ // ***مغز ~:*** یکم ۳۶۹/۶۵.

پالهنگ. ریسمانی که به لگام اسب بندند و با آن اسبی را یدک کشند و نیز اسیر و شکار را بدان بندند: یکم ۴۹/۳۱؛ ۲۶۶/۲۰۹؛ ۳۱۵/۲۱۱؛ ۲۱۸۲/۳۸۸؛ ۲۳۱۷/۳۹۴؛ ۷۴/۴۰۶؛ ۳۴۶/۴۳۶؛ دوم ۱۴۶۶/۹۷؛ ۴۰۷/۱۵۱؛ ۱۳/۱۰۷۵؛ ۲۳۸/۱۰۹۰.

پالیز. باغ: یکم ۱۹۵/۵۸؛ ۱۸۲/۲۴۲؛ ۱/۴۵۱.

پالیزگر. باغبان: دوم ۳۶۴۹/۱۰۲۲.

پامس. پای‌بسته: یکم ۹۱۸/۵۰۳.

پانسد. پانصد: یکم ۱۱/۵۱.

پای. ۱- عضوی از تن // ***از ~ آمدن:*** یکم ۶۳۱/۲۸۶ // ***از ~ افگندن:*** یکم ۳۷۶/۴۱۷ // ***از ~ اندر آمدن:*** یکم ۱۴۵۹/۱۵۲ // ***از ~ برداشتن:*** یکم ۲۲۲۳/۳۹۰ // ***از ~ فرود آمدن:*** یکم ۵۱۳/۷۱ // ***از ~ نشاندن (کسی را):*** یکم ۳۵۷/۶۵ // ***از ~ نشستن*** از حالت ایستاده به حالت نشسته درآمدن: دوم ۵۰۰/۳۹۲ // ***بر ~*** ایستاده: دوم ۲۸۵/۴۶۶، ۲۸۶ // ***به ~*** ۱- ایستاده: یکم ۴۱۷/۱۱۱؛ ۷۸۰/۲۳۰؛ ۷۴۳/۶۶۸، ۷۶۲؛ ۷۷۲/۶۶۹. ۲- برپای بودن، استوار بودن، پایدار، برقرار، برجای: یکم ۹۰/۳۲؛ ۲۶۸/۲۷۱ // ***بر ~ کردن*** برافراشتن: یکم ۱۹۶۵/۷۶۸ // ***به ~ آمدن*** ۱- برجای ماندن، پایدار ماندن: یکم ۱۷۰۰/۳۶۹؛ ۸۰/۶۳۴. ۲- ویران شدن: دوم ۴۲۷/۵۰۰ // ***به ~ (اندر) آوردن*** ۱- زیر پای آوردن، گردیدن، جستجو کردن: یکم ۶۸۴/۱۲۲؛

۴۲۳/۳۱۹؛ ۷۷/۴۲۶. ۲- ویران کردن، نابود کردن: یکم ۱۵۲/۳۵؛ ۲۳۲/۲۷۰؛ ۳۴۸/۴۱۶؛ ۴۳۳/۴۲۰؛ ۲۹۸/۴۷۹؛ ۱۴۵۰/۷۴۸؛ ۱۷۵۳/۷۵۹. ۳- به پایان آوردن: دوم ۱۲۳۱/۱۸۳ // **به ~ اندرآمدن:** یکم ۶۸۵/۲۲۶ // **به ~ بودن** ۱- ایستادن، درنگ کردن، منتظر بودن: یکم ۴۱/۶۴۰؛ ۸۷۶/۶۷۳؛ ۲۵۱۴/۸۹۰؛ ۲۵۶۰/۸۹۱؛ ۲۵۸۸/۸۹۳؛ دوم ۱۱۵۳/۱۸۰. ۲- وجود داشتن، استوار بودن، برجای بودن، نگهدار بودن: یکم ۳۰۷/۴۶۳؛ ۱۲/۶۳۱؛ ۲۱۷۰/۷۷۷؛ ۱۳۴۱/۸۴۳ // **به ~ شدن** به پایان رسیدن: دوم ۶۴۹/۹۰۴ // **به ~ کردن** مأمور نمودن: دوم ۴۳۹/۵۰۰ // **~ از جای رفتن** وضعیت نیک خود را از دست دادن: دوم ۴۱۷/۳۸۹ // **~ از دیگری پیش ننهادن:** یکم ۸۳۶/۸۴ // **~ از سر ندانستن:** یکم ۱۸۰۳/۵۸۷ // **~ افشاردن:** دوم ۷۲۲/۱۲۹ // **~ اندرآوردن:** یکم ۱۶۱/۱۹۷؛ ۷۳۴/۲۹۰ و دیگر // **~ باز آوردن:** یکم ۸۰۹/۳۳۴ // **~ برتر آوردن:** یکم ۴۸/۲۳ // **~ بر جای (بودن):** یکم ۳۸۶/۱۷۴؛ دوم ۶۰۷/۹۰۲ // **~ بودن:** ۱- صبر و تاب داشتن، طاقت آوردن: یکم ۳۰۵/۶۳. ۲- پایداری داشتن، ایستادگی و مقاومت داشتن، تاب و توان داشتن، از عهده برآمدن: یکم ۱۷۹/۳۶؛ ۱۰۶۵/۱۳۷؛ ۸۲/۱۹۴؛ ۷۲/۲۵۶؛ ۱۵۶/۲۶۷؛ ۶۵۳/۲۸۶؛ ۱۴۵۲/۳۶۰؛ ۲۱۶۴/۳۸۸؛ ۲۰۳۳/۵۹۶؛ ۲۰۴۴/۵۹۷؛ ۲۸۰۶/۶۲۷؛ ۶۵۴/۸۱۶، ۶۵۸؛ ۸۵۷/۸۲۴؛ ۹۹۹/۸۳۰؛ دوم ۱۹۱۴/۵۵۸؛ ۳۰۶۲/۷۴۲ و دیگر // **~ به بند داشتن:** یکم ۲۴/۲ // **~ به نیکی خرامیدن:** یکم ۱۴۱/۷ // **~ به هشتاد بر بودن** در هشتادسالگی بودن: دوم ۴۴۵۴/۷۹۷ // **~ خویش را بر جایگه نگهداشتن:** یکم ۱۴۳۵/۵۷۳ // **~ داشتن** ۱- نیروی پایداری و ایستادگی داشتن: یکم ۸۷/۱۸۶؛ ۲۴۸/۲۷۱؛ ۳۳۰/۲۷۴؛ ۵۹۸/۲۸۴؛ ۲۲۱۱/۳۹۰؛ ۱۰۴۳/۵۵۸؛ ۱۷۳۴/۵۸۵؛ ۱۹۰۶/۵۹۱؛ ۳۶۲/۶۵۳؛ ۲۰۶۰/۷۷۲؛ ۹۷۰/۸۲۹؛ دوم ۱۱۲۹/۸۴. ۲- پایدار بودن: دوم ۴۹/۱۳۷ // **~ را گرد کردن:** یکم ۵/۱۷؛ ۱۴۱۸/۸۴۶ // **~ زمانه را کشیدن:** دوم ۱۶۰۹/۶۸۴ // **~ گذاردن** پیش آمدن: دوم ۶۹۲/۹۰۶؛ ۸۰۷/۹۱۰ // **~ گسلیدن (از جایی):** یکم ۳/۱۹۹ // **~ نگرداندن از اسب:** یکم ۲۶۵/۲۰۹؛ دوم ۱۲۲۸/۱۸۳ // **جهان زیر ~ بودن:** یکم ۶۶۱/۲۸۷ // **سر کینه جستن را به ~ آوردن:** یکم ۱۵۸۴/۵۷۹ // **کسی را به ~ کردن**

ایستاندن، نگهبان کردن: یکم ۹۰۳/٦٧٤؛ ۱۲۵۵/٦٨٨؛ ۱۵۱۰/۸۵۰ // ***کسی را از ~ گرداندن:*** یکم ٤٨٢/٦٥٧؛ ۸۳۸/٦٧۱ // ***یزدان ~ کسی را بستن:*** یکم ۱۱٦/٤۰۷ // ***سر از ~ ندانستن*** ۱- کنایه از گریختن: دوم ۲۳۰۷/۷۱۲. ۲- کنایه از دست و پای خود را گم کردن، دستپاچه شدن: دوم ۳۱٦۲/۷٤٦. **۲-** پایان سپاه، ساقه: دوم ۲۸۷/۵۰، ۲۸۸. **۳-** لنگه (کفش): یکم ۲۵۸/٦٤۹.

پایاب. نیرو، توانایی، تاب و توان، مقاومت، ایستادگی: یکم ۲۸۱/۲۷۲؛ ٤٤۱/۳۲۰؛ ۱٦۲/٤۰۹؛ ۳۱۱/٤۷۹؛ ۷۷۲/۵٤۷؛ ۲٦٦۹/٦۲۲؛ دوم ۲۱۱۳/۷۰٤.

پایان. پایین: یکم ۲۸۸/٤۰؛ ۲۰٦۱/۳۸٤.

پای‌بند. (نیز← پای‌وند) بندی که به پای زندانی بندند، پابند، خلخال، پاآورنجن: ۲۹۳/۱۰٦؛ ٤۲۰/۱۱۱؛ دوم ۱۲۸۵/۹۰ (پابند)؛ ۳۹۰/۱۱٦، ۳۹۵.

پایدار. استوار، پای برجا: یکم ٦۹۷/۲۸۸؛ ۲۲۱/٤۳۱.

پایدانی. کوتاه‌شده‌ی پایندانی، ضمانت، تعهد، نگهبانی: دوم ۳۹۲/۲۸۰.

پای‌زهر. پادزهر، تریاق، تریاک: دوم ۱۱۷/٤۰٤؛ ۲۲۳/٦۱٤؛ ۲۵۵/٦۱۵؛ ٤٤۲۷/۷۹۵؛ ۱۲۸/۸۰٦؛ ۵۳۸/۸۲۲؛ ۱۱٤۵/۸٤٦ و دیگر.

پایکار. فرمانبر، پیشکار، خدمتکار، مأمور دیوانی: یکم ۲٤۲۲/۸۸٦؛ ۲۹۷۱/۹۰۸؛ دوم ۱۰/٤٤۹؛ ۲۲۱/٤۹۱؛ ۷۱٦/۵۱۱؛ ۱۹۳۱/۵۵۹؛ ۲۵٤۲/۵۸۳؛ ۱۵۲/٦۲۷؛ ۲٦٤۹/۷۲۵؛ ٤۰۲٦/۱۰۳۷ و دیگر.

پایگاه. ۱- جایگاه، مقام، رتبه، درجه: یکم ۳۹۰/۱۱۰. **۲-** حد و اندازه: یکم ۳٤۱/٤۲. **۳-** زمینه و پایه‌ی کار و گفتگو: یکم ۱۸۱۵/۵۸۸.

پایمرد. یاور، یاری‌رسان: یکم ۲۱۳/۳۷؛ ۲۰۲۷/۳۸۲؛ ٤۵۷/۸۰۸؛ دوم ۱۸۲/۸؛ ٤۱٤۵/۷۸٤؛ ۱٤۱۳/۹۳٤.

پای و پر. (نیز← پرّ و پای) نیرو، تاب و توان: یکم ۱۳۷/۱٦٤؛ ۵٦/۱۹۳؛ ٤۹۳/۲۱۹؛ ۹۷/٤۲٦؛ ۲۱٤۰/۷۷۵؛ ۲۰۱۸/۸۷۰؛ ۲٤٦۰/۸۸۷؛ دوم ۱۲۹۲/۳۱٦؛ ۳۸۰/٤۹۸؛ ۱۱٤۱/۵۲۸ // ***~ بودن:*** یکم ۵٤۹/۸۱۲؛ دوم ۳٦٤/۱۱۵ // ***~ یافتن:*** دوم ۸۸۱/۱۱۱٦.

پای و پی. نیرو و تاب و توان: یکم ٦۲٤/۲۸۵.

پای‌وند. (نیز← پای‌بند) بندی که به پای زندانی بندند: یکم ٤۳/۵۱۸؛ ۳۲۲/٦۵۱؛ ۱۰۷۰/٦۸۰؛ ۱۰۷٤/٦۸۱.

پایه. ۱- مقام و منزلت، ارج: یکم ۲٤٦/٦۰؛ ۷٤۰/۲۹۰ // ***~ برتری خواستن:*** یکم ۲۲٤/۱۰٤ // ***کسی را***

~ *نهادن:* دوم ۸۱۰/۷۱. **۲**- بن، ته: یکم ۲۰۶۸/۸۷۲.

پاییدن. **۱**- توقّف کردن، ایستادن، درنگ کردن، صبر نمودن، منتظر شدن: یکم ۶۴۲/۳۲۸؛ ۲۲۶۳/۳۹۲؛ ۲۳۷۷/۳۹۶؛ ۴۲۶/۶۵۵؛ ۶۳۷/۶۶۳؛ ۶۹۵/۱۱۱؛ ۱۴۴۹/۷۴۸؛ ۲۵۹۴/۸۹۳؛ دوم ۶۳/۶۲۱؛ ۶۹/۷۷۲؛ ۴۸۹/۱۵۰؛ ۱۰۳۹/۴۰۶۴؛ ۱۱۱۰/۷۳۱. **۲**- پایدار بودن، ماندگار و جاویدان ماندن، به سر بردن: یکم ۱۴۵/۱۲۷۶؛ ۱۹۸/۱۸۲؛ ۲۲۹۵/۳۹۳؛ ۱۸۷۰/۵۹۰. **۳**- پاس کسی را داشتن، مراقب و مواظب بودن: یکم ۲۱۱۰/۳۸۶. **٤**- ایستادگی کردن: یکم ۲۰۱/۶۹۹؛ ۱۷۷۱/۷۶۰.

پتیاره. آفت، بلا، مصیبت، دشمن اهریمنی، بلایه: یکم ۶۰/۳۱؛ ۱۰۳٤/۱۳۵؛ ۱۵۹۹/۱۵۸؛ ۳۷۰/۲٤۹؛ ۱۲/٤۵۱؛ ۱۱۳۲/۵٦۱؛ ۳۹/٦۳۲؛ ۱۰۹۷/۸۳٤؛ دوم ٦۵۸/۱٦۱؛ ۹۱۵/۳۰۱؛ ۱۱۰۹/۳۰۸؛ ۱۱۲۱/۳۰۹؛ ۲۲۸/٤۳۰؛ ۱۲۱٦/۸٤۹؛ ۱۷۹۳/۸۷۲ // *زشت* ~: دوم ۱۸۳۵/۹۵۱؛ ۲۹٤٤/۹۹٤.

پَخسیدن. پژمردن: یکم ۵۹۲/۷۱٤.

پدرام. **۱**- خوش، خرَم، شاد، خجسته، فرّخ: یکم ۱٤۳/۱۰۰؛ ۲۵۲/٤۷۷؛ ۲۵۵۷/٦۱۷؛ ٦۹۵/٦٦٦؛ دوم ۳۷۲/۲٦۰؛ ٤۸٤/۳٦۰؛ ۱۰۲۲/۸٤۱؛ ۱۵۰۷/۸٦۰؛ ۱۸٤۲/۸۷٤؛ ۲٦۰۳/۹۸۱. **۲**- شادی، خوشی: دوم ۳۲۹۷/۱۰۰۸.

پدرام‌شهر. دوم ۱۹۵۰/۵۵۹؛ ۳۸۵۸/۷۷۳؛ ٤۱۲٦/۷۸٤؛ ۳۲۵۱/۱۰۰۷.

پدرود. خداحافظی، وداع: یکم ۵۵٦/۱۱۷؛ ۱۵۸۰/۱۵۷؛ ۱٤۲/۲۰٤؛ ۲۷۱/۲۱۰؛ ۱٦۵۸/۳٦۸ // ~ *باش!*: یکم ۲۲۷۳/۳۹۲؛ ٤۸۳/٤۲۲.

پدرْمادر. نیای مادری: یکم ٤۸۲/۸۰۹ و دیگر.

پدید. // ~ *آمدن* آشکار شدن، مشخص شدن، معلوم گشتن: یکم ۷۳۱/۲۹۰؛ دوم ۱۰۳/۲۲۱ // *میش از گرگ ~ آمدن* تفاوت دوست و دشمن و نیک و بد روشن شدن: دوم ۳۲۲۸/۷٤۸ و دیگر.

پذیرفتن. **۱**- قبول کردن: یکم ۱۲٤۰/۳۵۱. **۲**- تعهّد کردن: یکم ۱۲۷۳/۳۵۳ // ~ *اندر خدای (کسی)* با خدای (با کسی) پیمان کردن: دوم ٦۲۵/٦۳؛ ٦۵٤/٦۵.

پذیره. // ~ *آمدن* پذیرفتن، قبول کردن: یکم ۱۹۳۸/۳۷۹؛ ۲۰٦۰/۳۸٤؛ ۷۷۵/٦٦۹ // ~ *شدن* ۱- به مقابله‌ی دشمن رفتن: یکم ۳٤/۱۲. ۲- پیشباز رفتن، استقبال کردن: یکم ٤۵۷/٦۹، ٤۷۰؛ ۵۲۷/۷۱؛ ۵۳۸/۷۲؛ ۱۷٤/۱۰۲؛

۲۸۳/۱۰۶؛ ۸٦٤/۱۲۹؛ ۱۵۳۳/۱۵۵؛ ۱۱۰٦/۳٤٦؛ ۲۱۷٤/۳۸۸؛ ۷٦٤/۵٤۷ و دیگر // ~ **شدن (را) ساختن**: یکم ۱۲۱۲/۳۵۰ // ~ **فرستادن**: دوم ۲۰۵۳/۹۵۹. ۳- پیشتاز رفتن: یکم ۷٦٤/۵٤۷.

پر. // **به ~ عقاب اندر بودن** کنایه از نابود شدن: یکم ۵۹۵/۵٤۰ // ~ **برآوردن** نیرو گرفتن: یکم ۳۷۸/۸۰۵ // ~ **گستردن** ۱- عرض ادب کردن، تواضع و خضوع و فروتنی کردن: یکم ۸۲۰/٦۷۱. ۲- سایه‌ی حمایت گستردن: یکم ۲۸۱/٦۵۰؛ ۷٦۸/٦٦۹ // ~ **همای**: یکم ۱٦۱/٦٤۵ (نیز ← فر همای) // **جهان را زیر ~ داشتن (گرفتن)**: دوم ۵۷۸/٦٤۳؛ ۳۹۳۷/۷۷٦؛ ۲۱/۸۰۲؛ ٤۰۸/۱۰۵۷ // **در ~ کسی نازیدن** در حمایت و پناه او بالیدن: دوم ۲۳۱۷/۹۷۰ // **سایه‌ی ~**: دوم ۱۵/۳۹۹؛ ۲۰۸٤/۷۰۳ // **کسی را در ~ خویش داشتن**: یکم ۳۰٦/۷۰۳ // **کسی را زیر ~ گرفتن**: یکم ۸۸۸/٦۷۳

پرآب. شاداب، بسیار شاداب: دوم ۸/۱۰۱

پراگندگان. سربازان مزدور، اوباش و ولگردان: دوم ۸٦۰/٦۵۵؛ ۱۰۳/۱۰٤۵ (نیز ← دوم ۳۰۸۳/۱۰۰۰).

پراگندن. ۱- پاشیدن: یکم ۱٦۳۹/۳٦۷. ۲- پخش کردن // **طلایه ~**: یکم ۸۲۵/۸۳ ۳- پراگنده شدن، گسترش یافتن، پخش شدن: یکم ۱۰۰۵/۹۰؛ دوم ٦۳۷/٤٤٦؛ ۳/٤۵۳؛ ۲٦۵۳/۹۸۳. ٤- اسراف، ولخرجی، گزاف در هزینه: دوم ۱۵/٤۵۱؛ ۱۸/٤۵۲. ۵- رواج دادن: دوم ۱٦/٤۵۳. ٦- پراکندگی، مهاجرت، جلای وطن // ~ **انجمن**: دوم ٦۱۸/٤۷۹؛ ۲۳۷۰/۵۷٦؛ ۷- دور شدن: دوم ۳٦٦/٦۱۹.

پراگنده. ۱- پخش‌شده، گسترده، روان، متفرّق، از هم پاشیده، هر سو رونده، همه‌جا پخش شده: یکم ٤۸٦/۲۱۸؛ ٦۰٦/۲۲۳؛ ۷۳/٦٤۱؛ دوم ۳۰۸۳/۱۰۰۰؛ ۱۰۳/۱۰٤۵ // **از جایی ~ شدن**: دوم ۲۲۹/۱۰۵۰. ۲- پخش، دور، جدا: دوم ۲۷/٤۵۲. ۳- رفع‌شده، مرتفع‌شده، زایل‌شده، دورشده: یکم ۷۵/۵٤. ٤- متعدّد، مختلف: دوم ۱۷٦۷/۵۵۲. ۵- منفرد، پریشان، شوریده: یکم ۱٦۵/۲۰۵. ٦- رواج‌یافته، مشهور: یکم ۲۵۳/٦۱؛ ۱۲٦۵/۳۵۲ // ~ **بودن**: یکم ۳۹۳/٤۱۸ // ~ **شدن** ۱- پاشیده و پخش شدن، متفرّق گشتن: یکم ۲٤۰/٤۳۲. ۲- گسترش یافتن، نشر یافتن، همه جا را گرفتن: یکم ۳/۲۹؛ ۱۹۲/۲٤۲. ۷- هزینه شدن، از دست

رفتن: یکم ۲/۴۰۳؛ ۳۵۷/۴۳۷. **۸**- شعله‌ور شدن: یکم ۱۶/۲۶۱ // ~ **کردن**: یکم ۶۷۵/۳۲۹. **۹**- مردم بیگانه: یکم ۱۸۱۲/۸۶۲؛ دوم ۲۹۵/۸۹۰ // ~ **بودن**: دوم ۸۰۶/۱۳۳. **۱۰**- سرباز مزدور: دوم ۸۶۰/۶۵۵؛ ۳۰۸۳/۱۰۰۰. **۱۱**- تارومار، نابود، ناپدید: دوم ۵۱۲/۳۹۳؛ ۲۰/۴۲۰؛ ۳۸۲/۶۳۶. **۱۲**- نثر، سخن منثور: دوم ۳۵۰۸/۷۵۹، ۳۵۱۰؛ ۴۳۲۱/۷۹۱.

پُراگنده. پر، مملو: یکم ۷۵/۵۴؛ ۱۷۸/۲۰۶؛ ۱۵۸/۷۹۷؛ دوم ۲۹۲/۵۰؛ ۲۷۳/۴۶۶؛ ۱۶۱۳/۵۴۶؛ ۷۲۶/۶۴۹؛ ۷۴۲/۶۵۰؛ ۳۹۲۸/۷۷۶.

پراگندنی. چیزهای نثار و بخشش: یکم ۲۳۷۴/۶۱۰.

پُراندیشگان. یکم ۶۱۸/۷۵.

پُراندیشه. سخت نگران، پریشان، مشوّش: یکم ۳۲/۲۲؛ ۲۶۰/۱۰۵؛ ۲۹۹/۱۰۷؛ ۷۲۱/۱۲۳؛ ۹۳۶/۱۳۲؛ ۸۳/۲۰۲؛ ۳۲۴/۲۱۲؛ ۷۶۱/۲۹۱؛ ۱۳۳/۳۰۸؛ ۱۹۴۳/۳۷۹؛ ۴۵۶/۴۲۱؛ ۶۹۴/۵۴۴؛ دوم ۱۰۴۰/۸۰؛ ۲۶۶/۲۳۵؛ ۳۱۹/۲۳۷ و فراوان // ~ **شدن**: یکم ۴۰۳/۳۱۸ // **جان** ~ **شدن**: یکم ۳۷۲/۲۴۹ // **دل** ~ **کردن**: یکم ۱۰۰۹/۳۴۲.

پَرتاب. فاصله‌ی پرتاب یک تیر: دوم ۴۱۸/۳۵۷ // ~ **تیر**: دوم ۱۱۶۵/۵۲۸؛ ۱۷۷۴/۵۵۲؛ ۲۴۲۵/۵۷۸؛ ۳۸۰۲/۱۰۲۹.

پُرتاب. **۱**- پرچین، درهم‌کشیده: یکم ۳۱۱/۴۷۹. **۲**- سخت، شدید: دوم ۵/۱۰۱.

پرته. یکم ۱۸۱۸/۷۶۲.

پرجوش. پرغلیان، آشفته، تهییج‌گشته: یکم ۲۷۸/۴۳۴ و دیگر.

پرچین. چَپر، خاربست: دوم ۳۳۷۱/۷۵۴؛ ۲۷۸/۱۰۵۲.

پرخاش. جنگ و ستیز، ستیزه، رزم، نبرد: یکم ۱۳۲/۲۴۰؛ ۱۰۰۳/۳۴۲؛ ۱۲۹۳/۳۵۳؛ ۱۴۶۱/۳۶۰؛ ۱۲۳/۴۰۷؛ ۱۴۵/۴۰۸؛ ۲۴۵/۴۱۲؛ ۱۹۳/۴۳۰؛ ۵۸۰/۴۴۶؛ ۱۲۲/۴۷۱؛ ۱۱۰۴/۵۱۱؛ ۲۵۲۰/۶۱۶؛ ۲۶۶۰/۶۲۱؛ ۱۵۸۸/۷۵۳؛ دوم ۷۲۳/۱۶۳؛ ۱۳۸۶/۸۵۶؛ ۲۶۷۲/۹۸۴ و دیگر.

پرخاشجوی. **۱**- جنگجو، جنگاور، دلیر: یکم ۲۷۹/۱۷۰؛ ۳۴۳/۱۷۲؛ ۵۱۶/۱۷۹؛ ۵۲۵/۲۲۰؛ ۳۲۶/۲۷۴؛ ۳۵۴/۲۷۵؛ ۷۲۷/۲۸۹؛ ۱۸۰۴/۳۷۴؛ ۱۸۴۱/۳۷۵؛ ۱۶۰/۴۰۹؛ ۲۰۷/۴۱۱؛ ۲۵۸/۴۱۳؛ ۲۷۹/۴۱۴؛ ۵۲۳/۴۴۳؛ دوم ۱۷۰۳/۹۴۶. **۲**- ستیزه‌جوی، منازعه‌جوی، با عتاب و درشتی، پرخاش‌کنان: یکم ۳۹۸/۲۵۰؛ ۴۵/۳۰۴. **۳**- گستاخ، جسور: یکم ۴۷۲/۳۲۱. **۴**- دشمن: یکم ۴۲/۲۵۴؛

۳۲۰/۴۱۵؛ ۱۰۷/۴۲۷.

پرخاشجویان. پرخاش‌کنان (؟): یکم ۳۵۴/۲۷۵.

پرخاشخر. ۱- جنگجوی، رزمنده: دوم ۱۷۹۹/۹۴۹؛ ۳۱۳۲/۱۰۰۲؛ ۴۰۱۵/۱۰۳۷؛ ۲۳۵/۱۰۹۰. **۲-** پرخاشجوی، خریدار و دوستدار جنگ و ستیز، ستیزه‌جو، گستاخ: یکم ۲۳۸/۶۰؛ ۴۴۷/۲۱۷؛ ۱۷۹۸/۳۷۳؛ ۱۲۵/۴۰۷؛ ۳۱۰/۴۱۵؛ دوم ۴۴۸/۴۳۹؛ ۲۰۹۸/۹۶۱.

پرداختن. ۱- آزاد شدن، فارغ شدن، دست کشیدن. ۱- با حرف اضافه‌ی *از*: یکم ۵/۵۱؛ ۶۸۵/۷۸؛ ۱۲۰۳/۱۴۲؛ ۳۵۰/۱۷۲؛ ۵۰۲/۱۷۸؛ ۳۷۸/۴۱۷؛ ۱۸۶۴/۵۹۰؛ ۱۶۷۳/۸۵۶؛ ۱۸۰۸/۸۶۲؛ دوم ۷۱۹/۳۶۹؛ ۱۶۰/۳۷۹؛ ۳۸۱/۳۸۸؛ ۳۷۵/۶۲۰؛ ۶۱۹/۶۴۵؛ ۱۵۵۴/۸۶۲؛ ۱۲۵۳/۹۲۸؛ ۳۱۴۶/۱۰۰۳ // ***از کاری دل ~***: دل را از آن کار فارغ و آسوده نمودن، کاری را به پایان بردن (نیز← دل): دوم ۱۲۹۶/۳۱۶؛ ۱۴۴۴/۳۲۲؛ ۲۲۱۹/۷۰۸ // ***مغز ~*** اندیشه را از چیزی آزاد کردن: دوم ۸۸۸/۶۵۶ ۲- با حذف *از*: یکم ۳۳۲/۲۱۲؛ ۴۳۶/۴۲۰. **۲-** خالی کردن، تهی کردن، پاک کردن، آزاد کردن، زدودن ۱- با حرف اضافه‌ی *از*: یکم ۴۹/۱۳؛ ۲۵۳/۳۹؛ ۳۲۲/۶۳؛ ۴۶۷/۶۹؛ ۳۶۲/۱۰۹؛ ۱۱۱۹/۱۳۹؛ ۲۹/۱۸۴؛ ۴۶۹/۲۱۸؛ ۵۱۷/۲۲۰؛ ۱۰۶/۲۵۷؛ ۸۶۰/۳۳۶؛ ۲۱۵۰/۶۰۱؛ ۲۶۳۲/۶۲۰؛ دوم ۲۳۵۴/۹۷۱؛ ۲۹۳۳/۹۹۴؛ ۲۷/۱۰۶۸؛ ۲۷۱۷/۹۸۶ // ***جای ~*** (خانه، ایوان) خالی کردن و آماده ساختن جای نشستن یا اقامت برای کسی، خلوت کردن و با مشاوران و فرستادگان نشستن و رای زدن: دوم ۳۰۲/۲۷۷؛ ۹۶۲/۳۰۳؛ ۱۶۴/۴۲۷؛ ۲۶۰/۴۳۱؛ ۷۱/۴۸۶؛ ۹۶۹/۵۲۱؛ ۱۴۰۴/۵۳۸؛ ۲۰۰۰/۵۶۱؛ ۶۳/۵۹۹؛ ۲۱۱۷/۷۰۴؛ ۲۷۰۰/۷۲۷؛ ۱۳۰۷/۸۵۲؛ ۱۳۳۰/۹۳۱؛ ۲۵۰۷/۹۷۷، ۲۵۱۲؛ ۳۳۰۲/۱۰۰۹. ۲- با حذف *از*: یکم ۱۴/۲۹(؟)؛ ۱۰۲۰/۳۴۳؛ ۱۶۸۲/۸۵۷؛ ۲۱۰۰/۸۷۳ // ***جای ~*** ۱- خالی کردن جای، جایی را ترک کردن: یکم ۱۵۰/۳۵؛ دوم ۳۷۱/۳۸۷؛ ۲۵۷۷/۵۸۴. ۲- خلوت کردن: یکم ۷۲۱/۷۹؛ ۴۱۶/۲۵۱. ۳- رفتن، گریختن: یکم ۴۳۳/۶۸؛ ۱۰۴۰/۱۳۶؛ ۲۱۹/۴۷۵؛ دوم ۹۵۱/۱۷۲. ۴- خود را برای مرگ آماده کردن: یکم ۵۲۶/۳۲۳ // ***دل ~ (از اندوه، اندیشه، داوری، کین، نفرین...)***: یکم ۵/۵۱؛ ۲۴۷/۱۰۴؛ ۲۹/۱۸۴؛ ۴۶/۲۰۱؛ ۱۳۷/۲۰۴؛ ۴۶۸/۲۱۸؛ ۲۰۶/۳۱۱؛ ۱۵۶۲/۳۶۴؛ ۱۸۷۳/۳۷۶؛ ۲۳۹۷/۳۹۷. ۵- آماده

کردن جای اقامت برای کسی: یکم ۱۲۰۲/۷۳۸؛ ۱۰۷٦/۸۳۳ // **جای را از کسی (کسانی) ~** نابود کردن او (آنها): یکم ۳۰۸/٦۵۱؛ ۲۳۱/۷۰۰؛ ۱۲۷۹/۷٤۱؛ دوم ۱٦۱/۳۷۹ // **جایی را از کسان ~**: خلوت کردن: یکم ۲۰۲/٦٤٦؛ ۲۳۸/۸۰۰ // **جایی را از کسی (چیزی) ~** آن جای را از آن کس (چیز) خالی کردن: یکم ۱۰٤۵/٦۷۹؛ دوم ۱۳۷٤/۵۳۷؛ ۲۱۳۳/۵٦۷؛ ٦۲۹/٦٤٦؛ ۱۷۳۳/۸٦۹. ۳- خالی کردن جایی و رفتن از آنجا، عقب کشیدن از جایی: یکم ۵۰۰/۱۷۸؛ ۲۷٤/۲٤۵؛ ۳۰۸/۲٤۷؛ ۱۰۳۱/۳٤۳. ٤- مهیّا کردن، آماده ساختن، ساختن، آراستن: یکم ۱٤/۲۹ (؟). ۵- کشتن: یکم ۲۹/۳۰؛ دوم ۲٤۳۵/۷۱۷؛ ۱۷۳۳/۸٦۹؛ ٦٤۰/۱۱۰٦ // **چیزی را از جایی ~** آنرا از آنجا بیرون کردن (ریختن): دوم ۱۸/۲٦٦ // **ظرفی را ~** آنرا خالی کردن: دوم ۵۷۷/۳٦٤ // **لب را از داوری ~** دست از جدل کشیدن و خاموش شدن: دوم ۸٤۳/۲۹۸. ٦- (با حرف اضافه‌ی به) دست زدن، آهنگ کردن، مشغول شدن، گراییدن: یکم ٦٦۹/۱۲۱؛ ٤۰۵/۲۵۱. ۷- آزاد و رها کردن: دوم ٤۳۷/٤۷۲. ۸- توجه کردن (با حرف اضافه‌ی به): دوم ۲۵۸۸/۹۸۰ // **بر کاری ~** بدان کار سرگرم شدن: دوم ۱۲۱۲/۳۱۳.

پرداخته. ۱- خالی، تهی: یکم ۱۷۲/۲۸ // **~ گشتن از (کاری)** آزاد و فارغ شدن از آن، دست کشیدن از آن: یکم ۳۸٦/۲۱٤؛ دوم ۵٦۰/۲۸۷؛ ۱۵٦۹/۵٤٤. ۲- فارغ، آسوده: دوم ۱٤۳/۱۰٦ // **از کاری ~ گشتن** آزاد و فارغ شدن از آن، دست کشیدن از آن: دوم ۵٦۰/۲۸۷؛ ۱۵٦۹/۵٤٤.

پردخت. // **جای ~ شدن**: یکم ۲۳۹۰/۳۹۷ // **جایی (را از کسی یا چیزی) ~ کردن**: یکم ۲٤۱/۲۰۸؛ ۱۸۵۱/۳۷۵؛ ۲۱٤۱/۳۸۷؛ دوم ۱۰۳۹/٦٦۲ // **جایی (را از کسی یا چیزی) ~ ماندن**: یکم ۳۰/۱۸؛ ۱٦۷/۲۷؛ ۲۱/۱٦۰؛ ۱۹۲۵/۳۷۸؛ ۱۰٤٦/٦۸۰؛ دوم ۲۷۷/٦۳۲.

پردختن. ۱- آزاد شدن، فارغ شدن، دست کشیدن: یکم ۱۸۱/۸؛ ٤۲۷/۳۱۹؛ ۲۲۹۷/۸۸۱؛ دوم ۳۹۹/۲٦۱ // **از کسی ~** از او دست کشیدن، او را مرخص کردن: دوم ۲٤٤/۳۵۰. ۲- (مجهول) خالی و تهی شدن: دوم ۳٤٦/۲۵۹ // **جایی از کسی ~**: دوم ۷۷۸/٦۵۲. ۳- خالی و تهی کردن // **جای ~** جایی را از بیگانه خالی کردن: دوم ۲۳۹/۳۸۲؛ ۲۲۰۹/۷۰۸.

پردخته. ۱- آزاد، فارغ // ***از کاری ~ شدن (گشتن)*** آن کار را به پایان رساندن و از آن دست کشیدن، فراغت حاصل کردن: یکم ۳۲۷/۲۱۲؛ دوم ۱۰۵/۴۲۵؛ ۷۴۷/۵۱۲؛ ۱۰۷۳/۶۶۳؛ ۲۲۴۰/۷۰۹؛ ۴۲۱۸/۷۸۷؛ ۱۷۰۰/۸۶۸ و دیگر // ***دل ~ شدن از:*** یکم ۶۲۸/۷۵ // ***دل ~ کردن از:*** یکم ۴۹/۱۳. **۲**- خالی، خلوت: یکم ۱۷۵/۳۱۰؛ دوم ۳۹۰/۱۵۰ // ***جایی را از کسی ~ دیدن:*** یکم ۵۱۷/۶۵۹ // ***جایی را ~ کردن*** آنجا را از مردم خالی کردن: دوم ۱۰۳۹/۶۶۲ // ***دل را از راز ~ کردن:*** دوم ۱۵۵۶/۸۶۲ // ***زمین ~ ماندن از:*** یکم ۳۶۱/۴۳.

پرده. ۱- شبستان، اندرونی: دوم ۷۳/۲۶۸؛ ۵۸۵/۱۰۶۴. **۲**- پرده‌ی اندرونی، شبستان: یکم ۴۰/۳۰؛ ۶۱/۵۳؛ ۹۰/۵۴؛ ۲۹۱/۱۰۶؛ ۳۲۱/۱۰۷؛ ۸۶/۲۳۸؛ ۵۶۸/۲۸۳؛ ۱۴۶/۳۰۸؛ ۱۷۸/۳۱۰؛ ۳۶۸/۶۵۳ و دیگر. **۳**- جای زنان در بارگاه: دوم ۵۲۴/۱۰۶۱؛ ۵۳۱/۱۰۶۲. **۴**- پرده‌ی بارگاه: یکم ۳۴۶/۶۴؛ ۳۵۲/۶۵؛ ۱۰۷۵/۳۴۵. **۵**- پرده‌سرای، سراپرده: یکم ۷۲۰/۷۹. **۶**- نگهبان، پاسبان: یکم ۳۱۳/۴۳۵. **۷**- پرده‌ی راز: یکم ۱۲۴۸/۱۴۴. **۸**- خانه، سرا: دوم ۱۰۴۷/۵۲۴. **۹**- خیمه، چادر: یکم ۷۹۰/۵۴۸. **۱۰**- آویختنی // ***~ آبنوس*** کنایه از شب تیره: دوم ۹۵۱/۸۳۸.

پرده‌سرای. // ***~ گشادن:*** یکم ۱۳۹۱/۱۴۹ // ***~ نهفت:*** یکم ۲۰۲/۳۱۱ // ***از بالای ~ آمدن:*** یکم ۷۲۰/۷۹.

پرستار. ۱- مرد خدمتگار: یکم ۱۷۶/۲۰۶. **۲**- زن خدمتگار: یکم ۱۹۰/۳۱۰ و دیگر. **۳**- زاهد، عابد: یکم ۲۲۳۴/۸۷۸؛ ۲۲۵۵/۸۷۹.

پرستشکده. پرستشگاه: دوم ۸۳/۴۲

پرستنده. ۱- زن، کنیز (شوی‌کرده): یکم ۵۷۵/۷۳. **۲**- خدمتگار عموماً: یکم ۱۲۴۴/۱۴۴ و دیگر. **۳**- زن خدمتگار عموماً، پرستار کودک: یکم ۵۹۶/۷۴؛ ۱۷۷/۲۰۶ و دیگر. **۴**- مرد خدمتگار، خدمتگار، خادم، نگهبان: یکم ۱۳۱/۳۴. **۵**- سوار نگهبان و همراه: یکم ۲۵/۳۰۴. **۶**- خداپرست: دوم ۱۰۶۰/۹۲۰. **۷**- بندگان خدا، خلائق (پرستندگان): دوم ۱۴۵۱/۹۳۶.

پرسخن. فضول، بی‌ادب، ورّاج: دوم ۶۸۶/۶۴۸.

پرسش. ۱- بازخواست، مؤاخذه: یکم ۹۳/۳۳؛ ۱۲۵۲/۷۴۰. **۲**- احوال‌پرسی: یکم ۱۸۳۶/۳۷۵؛ ۸۰۰/۵۴۸؛ ۶۴۸/۶۶۴؛ دوم ۷۸۶/۲۹۶ // ~

گرفتن: یکم ۴۵۹/۶۹ // ~ ***گرم***: یکم ۱۱۲۷/۵۶۱.

پرسیدن. ۱- سؤال کردن: یکم ۵۵۹/۲۸۳؛ ۷۹۹/۲۹۲؛ دوم ۶۸۲/۲۹۲ و فراوان. ۲- احوال‌پرسی کردن، درود گفتن، کسی را مورد تفقّد و عنایت قرار دادن: یکم ۶۶۰/۱۲۱؛ ۴۰۴/۲۱۵؛ ۶۸۱/۲۲۶؛ ۷۰۴/۲۲۷، ۷۰۵؛ ۱۰۹/۳۰۷؛ ۴۰۶/۳۱۹، ۴۲۶؛ ۷۹۹/۳۳۴؛ ۸۲۴/۳۳۵؛ ۱۵۵۸/۳۶۴؛ ۱۷۰۵/۳۷۰؛ ۱۹۲۸/۳۷۸؛ ۱۲۱۶/۶۸۶؛ ۹۷۴/۷۲۹، ۹۷۵؛ ۱۱۹۴/۷۳۸؛ ۲۴۸۰/۷۸۹؛ ۲۶۳۰/۸۹۴، ۲۶۳۲؛ دوم ۶۰۳/۲۵؛ ۷۹/۲۴۸؛ ۱۲۳/۲۷۰؛ ۷۹۶/۲۹۶؛ ۸۲۴/۲۹۷؛ ۶۴/۴۵۷؛ ۱۰۹/۸۰۵؛ ۱۳۰۶/۸۵۲؛ ۱۰۵۹/۹۲۰؛ ۱۵۴۵/۹۳۹، ۱۵۴۸؛ ۱۵۸۵/۹۴۱، ۱۵۸۹؛ ۲۱۹۴/۹۶۵ و دیگر. ۳- تفحّص کردن، رای دیگران را پرسیدن، بازخواست کردن: یکم ۸۳۵/۳۳۵؛ ۱۴۳۵/۸۴۷؛ دوم ۳۰/۴۱۰. ۴- خواستار شدن، طلبیدن، آرزو کردن: یکم ۱۵۰۶/۳۶۲؛ ۳۷/۴۲۴.

پرشتاب. // ~ ***شدن*** ناآرام و نگران بودن: دوم ۱۱۷۸/۱۸۱.

پرگار. ۱- آلت اندازه‌گیری: یکم ۲۶۲/۳۹ // ~ ***راندن***: یکم ۴۰۸/۳۱۹ // ***از ~ بهره مرکز بودن***: یکم ۲۰۷۶/۳۸۴. ۲- کنایه از بخت: یکم ۲۵۰۳/۷۹۰ // ***به ~ تنگ بودن***: دوم ۳/۱۰۸۱ // ~ ***برگشتن*** برگشت روال کار: یکم ۲۷۱۴/۶۲۳؛ ۲۳۲۴/۷۸۳ // ~ ***راست را به خیره کژ کردن***: یکم ۵۹۵/۴۹۱ // ~ ***کژّ بودن***: دوم ۲۱/۱۰۷۶ // ~ ***تنگ***: دوم ۴۶۹/۲۸۳ // ***سر به ~ تنگ اندرآوردن***: یکم ۴۵۰/۷۰۸ // ***کژ*** ~: یکم ۷۹۶/۶۷۰ // ***گردش کژّ*** ~: دوم ۵۵/۱۰۸۳.

پرگست. مبادا، حاشا، معاذالله: دوم ۵۰۶/۳۶۱ (؟)؛ ۸۵۳/۸۳۴؛ ۵۰۷/۱۰۶۱.

پرگندن. پراکندن: یکم ۱۸۸۹/۳۷۷.

پُرمایه. ۱- گرانبها، پربها، پرارز: یکم ۱۵/۲۱؛ ۱۶۱/۲۵۹ // ~ ***برگستوان***: یکم ۱۶۹/۴۲۹ // ~ ***تاج***: یکم ۳۳۸/۴۱۶ // ~ ***جام***: یکم ۵۹۴/۷۴ // ***تاج*** ~: یکم ۱۳۲۲/۱۴۷ // ***تخت*** ~: یکم ۵۳۱/۲۸۲؛ دوم ۳۵۳۶/۱۰۱۸. ۲- ارجمند، گرامی، عزیز، گرانمایه: یکم ۴۲۸/۳۱۹؛ ۴۷۹/۳۲۱؛ ۶۱۶/۳۲۷؛ ۷۱۳/۳۳۱؛ ۱۴۴۹/۳۶۰؛ ۳۳/۴۲۴. ۳- نژاده، بزرگوار، شریف، نجیب (جمع: برمایگان): یکم ۳۹۶/۴۴؛ ۶۳/۵۳؛ ۲۴۴/۶۰؛ ۱۶۶/۲۴۱؛ ۶۹۳/۴۵۰؛ دوم ۱۳/۲۲۵؛ ۲۱۲۲/۹۶۲ // ~ ***اسب***: یکم ۱۶۰/۲۵۹ // ~ ***بالای*** اسب اصیل: دوم ۲۱۰۷/۹۶۱. ۴- پرخرد، خردمند: یکم ۳۳۸/۴۱۶. ۵- مهم، سنگین،

خطیر // **کار ~**: یکم ۱۸۸۵/۳۷۷. ۶- بالغ، رسیده، برومند: یکم ۸۸/۹۸.

پرند. ۱- جامه‌ی ابریشمین: یکم ۶۲۸/۱۱۹. ۲- کنایه از شمشیر، شمشیر جوهردار: یکم ۱۰۹۳/۱۳۸ // **رومی ~**: یکم ۱۴۱۶/۵۷۲.

پرندآور. کنایه از شمشیر آبدار و جوهردار: یکم ۴۹۸/۲۸۰؛ ۴۸۰/۴۲۱؛ ۱۴۵۰/۵۷۴؛ ۲۰۲۲/۵۹۶؛ ۷۸۳/۷۲۱؛ ۹۰۸/۷۲۶؛ ۱۸۳۳/۷۶۳، ۱۸۴۵؛ دوم ۵۴۹/۲۳؛ ۵۵۱/۹۰۰.

پرنیان. ۱- کاغذ از جنس پرنیان: یکم ۱۵۴۶/۳۶۳ و دیگر. ۲- عروسک از جنس پرنیان: یکم ۱۵۰۳/۱۵۴. ۳- پارچه‌ی روی تابوت: یکم ۵۳۲/۷۲، ۵۳۵ // **~ بر تن خار گشتن (شدن)**: یکم ۲۵۳۶/۶۱۷؛ دوم ۱۳۳۱/۹۱؛ ۳۱/۱۳۶ // **~ بنفش** کنایه از آسمان نیلگون شب: یکم ۲۶۷۹/۶۲۲.

پَر. اطلاق به آدمی: یکم ۱۱۱/۳۰۷ // **~ برآوردن (انسان، اسب، هیون)**: یکم ۱۱۵۹/۱۴۰؛ ۱۴۱/۱۶۴؛ ۱۰۰۴/۳۴۲؛ ۱۲۴۳/۳۵۱ // **~ گستردن** ۱- فروتنی کردن، تواضع و خضوع: یکم ۹۵۳/۱۳۲؛ ۱۲۵۰/۱۴۴. ۲- بال گستردن // **در ~ خویش نشاندن**: یکم ۲۹۱/۳۱۴.

پرو. کوتاه‌شده‌ی پروین: یکم ۳۶۷/۱۰۹؛ دوم ۲۶۰۲/۹۸۱.

پروار. پرورش: یکم ۱۲۳۲/۸۳۹.

پرّ و پای. (نیز← پای و پر) نیرو و تاب و توان: یکم ۳۹۹/۴۱۸؛ دوم ۴۹۵/۴۴۰ // **~ آوردن**: یکم ۱۷۶/۴۱۰.

پروردگار. ۱- خداوند و صفت او: یکم ۶۶۰/۳۲۹؛ دوم ۳/۴۱۹ و دیگر. ۲- پرورش‌دهنده، پرورنده، پدر، روزی‌ده، مربّی، آموزگار، دایه: یکم ۲۴۵/۱۰۴؛ ۲۳۹/۲۰۸؛ ۵۹۱/۳۲۶؛ ۱۱۴۹/۳۴۸؛ ۱۴۵۴/۳۶۰؛ ۲۲۰۶/۳۸۹؛ ۲۴۵۹/۳۹۹؛ ۳۳۸/۴۳۶؛ ۲۳۰/۵۲۶؛ ۵۵۹/۸۱۳؛ دوم ۱۵۰۹/۱۹۵؛ ۸/۴۰۹؛ ۲۰/۴۱۸؛ ۲۳۲۷/۵۷۴؛ ۲۵۴۲/۵۸۳؛ ۱۷/۵۸۷؛ ۳۸۴/۱۰۵۶؛ ۵/۱۰۷۷. ۳- کنایه از پادشاه: یکم ۵۵۹/۸۱۳؛ دوم ۶۰۶/۳۹۷؛ ۸۴/۱۰۸۴. ۴- تیمارکننده، غمخوار: یکم ۷۹۰/۴۹۸.

پروردن. بزرگ کردن و ادب آموختن: یکم ۱۶۸/۳۵؛ ۵۸۰/۷۳؛ ۵۹۵/۷۴.

پرورده. ۱- پرورش‌گیرنده (جمع: پروردگان): یکم ۱۹۸/۹؛ ۱۸۹۲/۳۷۷؛ ۱۹۶/۴۱۰. ۲- پروار، چاق: دوم ۱۰۴۱/۵۲۴.

پرورش. ۱- خورد و خوراک، تغذیه، غذا، طعام: یکم ۱۳۲/۲۶، ۱۳۹؛ ۱۶۵/۲۷؛ دوم ۴۴۱/۱۵۲؛ ۶۶۷/۹۰۵. ۲- تربیت: یکم ۱۲۳۶/۷۳۹.

پرورنده. خداوند: یکم ۵۵۵/۳۲۴.

پروریدن. تغذیه کردن: یکم ۱۶/۱۵.

پروز. نژاد: یکم ۳۳/۳۰۴؛ ۱۴۴۱/۳۵۹.

پروین. نگاره برای رخسار زن: یکم ۵۸۲/۷۴.

پرهیز. خویشتن‌داری، اجتناب، حذر و احتراز، احتیاط، محافظه‌کاری: یکم ۱۵۰۵/۳۶۲؛ دوم ۱۶۲۷/۱۹۹.

پرهیزگار. پرهیزگاری، پارسایی، تقوی: دوم ۲۰۲۸/۹۵۸.

پَری. یکم ۳۳۴/۲۴۸؛ ۲۸۱/۶۵۰، ۲۸۷؛ ۹۵۷/۶۷۶.

پُری. توانایی، بی‌نیازی، برخورداری از مال و قدرت، سیری و غرور: یکم ۷۹۳/۴۹۸؛ دوم ۲۵۱۹/۵۸۲؛ ۱۸۷/۶۰۴.

پَزد. خون، جان: دوم ۴۹۱/۵۸.

پژمان. غمگین: دوم ۸/۱.

پژمردن. افسردن، سرد شدن، خاکستر شدن: یکم ۷۶۸/۳۳۳.

پژمریدن. خشکاندن: یکم ۷۶۹/۱۲۵.

پژوهش. بازپرسی، بازخواست (در روز شمار): دوم ۵۶۴/۱۵۷؛ ۱۵۶۶/۱۹۷؛ ۳۰۶۱/۷۴۲.

پژوهنده. جستجوکننده، بازپرسنده، تحقیق‌کننده: یکم ۱۱۸/۶؛ ۱۱۹/۲۶.

پژوهیدن. ۱- بازپرسیدن، بازجو شدن، تفحّص و تجسّس نمودن، بازخواست نمودن، تحقیق کردن، آزمودن، محک کردن: یکم ۱۵۱/۳۵، ۱۵۴؛ ۶۰/۵۳؛ ۱۵۲/۳۰۹. ۲- تفتیش بدنی نمودن: دوم ۶۳/۴۵۷ (؟).

پژوهیده. جستجوشده، بازپرسیده: یکم ۴۶۸/۶۹.

پژوهیده‌راز. دوم ۱۰۱۷/۷۹.

پَس. // *~تر*: یکم ۱۳۸۸/۱۴۹ // *~ و پیش را نگریدن*: دوم ۱۴۰/۴۴ // *از آن ~ که*: یکم ۵۴۴/۳۲۴.

پُس. پسر، پور: یکم ۱۹/۱۲؛ دوم ۲۴۲/۴۸؛ ۳۴۶/۵۳، ۳۶۵؛ ۴۸۵/۵۸، ۴۹۱؛ ۵۰۹/۵۹؛ ۵۳۵/۶۰؛ ۷۰۶/۶۷، ۷۲۴؛ ۷۴۰/۶۸.

پساویدن. (نیز← پسودن) آزمودن، کاویدن، پژوهیدن: دوم ۱۴۴۵/۶۷۸ // *دست ~*: یکم ۲۲۸/۳۱۲.

پساییدن. (نیز← پسودن) لمس کردن، مماس شدن: یکم ۷۴۷/۲۹۰.

پس پشت. در پشت، به دنبال: یکم ۲۴۳/۶۰؛ ۸۹۳/۸۶؛ ۱۱۹/۱۶۴؛ ۱۵۷۳/۳۶۴ و دیگر.

پست. ۱- خوار، بی‌اهمیّت، به خواری، با بی‌اعتنایی: یکم ۹۲۵/۲۹۷؛ ۱۷۰/۴۰۹؛ ۱۴۴/۶۳۶؛ ۱۱۶/۶۴۳؛ ۲۰۹۵/۷۷۴؛ دوم ۶۷/۳۷۵. ۲- زبون، ذلیل، خوار // *~ شدن* نابود گشتن، بر باد رفتن: یکم ۱۳۸۰/۷۴۵ // *~ فروماندن* درماندن، ناتوان شدن: یکم ۱۸۳۵/۷۶۳. ۳- فرود، پایین: یکم ۱۷/۵۱؛ ۱۱۰۹/۱۳۸ // *~ نشستن* بر

زمین نشستن: یکم ۱۰۶۸/۱۳۷؛ دوم ۳۷۷۳/۷۷۰. ٤- متلاشی: یکم ۱۱۲/۲۵ // ~ **کردن (کسی، جایی، چیزی را)**: یکم ۱٤۹/۳۵؛ ۱٤٦٤/۱۵۲؛ ۷۷٦/۲۹۱ // ~ **گشتن (شدن)**: یکم ۵۱۵/۳۲۳؛ ٤۰۱/٤۱۸ // ~ **نهادن**: یکم ۸۲۰/۲۹۳. ۵- ریز، خرد: یکم ۱۹۵۵/۷٦۸؛ دوم ۳٦/۳۷٤. ٦- هامون، دشت: یکم ۱۸۳٤/۷٦۳؛ ۱۹۵۱/۷٦۸؛ ۲۰۷۸/۷۷۳.

پِسْت. آرد بوداده: دوم ۳٤/۳۷٤، ۳۵، ٤۰.

پسر. یکم ۸۷/۱٦۲.

پسند. پسندیده: دوم ۱۷۸۰/۵۵۳.

پسنده. پسندیده: دوم ۲۸٤۹/۹۹۱.

پسندیدن. چشیدن، دیدن، آزمودن: دوم ۲۵۸۷/۹۸۰.

پسندیده. پذیرفته، برگزیده: یکم ۲٦۳۲/٦۲۰.

پسودن. ۱- آزمودن: یکم ۱۵۸/۲٤۱؛ ٤۸۸/٤٤۲. ۲- لمس کردن، دست کشیدن، تماس حاصل کردن: یکم ۳۱۵/٤۱؛ ۹۳۵/۱۳۲؛ ۱۱۲/۲٦۵؛ ٤٦۵/۲۷۹؛ ۳٦٦/۳۱۷؛ ۱۰٦/٤۰۷ // **به تندی کسی (یا چیزی) را ~**: یکم ٤٦۵/۲۷۹؛ ۱۵۳/٤۷۳ // **جایی را ~**: یکم ۲۸٦/۲۱۰ // **دست کسی را ~**: یکم ۲٦۳۰/۸۹٤ // **روی کسی را به دست ~ (ستردن)** یکم ۱۷۷۵/۸٦۰؛ دوم ۱۳٦۷/۹۳؛ ۲۸۷/۲۳٦ // **زمین را به بوسه ~**: یکم ۳۵٦/٦۵ // **ستاره را ~**: یکم ۳۱۵/٤۱ // **کسی را نپسودن**: دوم ۱۲۲۸/۵۳۱.

پشت. ۱- صلب، تخم، نسب، نسل بیواسطه و باواسطه: یکم ۲۲٦/۳۱۲؛ ۳۵۷/۳۱۷؛ ٤۱۲/۳۱۹؛ ٤۳۵/۳۲۰؛ ۱۸/٤۲۳ و دیگر. ۲- عضوی از تن، پس تن از کمر به بالا // **از اندیشه ~ راست شدن** رها گشتن از نگرانی: دوم ۳٦۵۵/۷٦۵ // **به (از) کسی ~ راست داشتن (بودن)** بدو متّکی بودن: دوم ۱۹۷۱/۵٦۰؛ ۲۰٦۷/۵٦٤؛ ٤۳۷۵/۷۹۳ // **به (بر) ~ خفتن** کنایه از آسودگی و رفاه و امنیّت: دوم ۱۰۷/٦۲۵؛ ۲۲۸۵/۷۱۱ // ~ **آگندن** نیرومند گشتن جسمی، پرورش یافتن به سال: دوم ۳۷۳٤/۷٦۸ // ~ **(به) ~ آوردن** پشت به پشت هم دادن، متحد و متفق شدن: یکم ۳۳۸/٤۸۰؛ دوم ۲۰۹/۲۵۳؛ ۱۸۲۰/۹۵۰ // ~ **به خم آوردن کسی را**: یکم ۵٤٦/۲۲۱ // ~ ~ **نهادن** متحد و متفق شدن: یکم ۹۵۷/۵۰۰ // ~ **تهی کردن**: یکم ۱۱۷/۱۸۷ // ~ **خم آوردن**: یکم ۸۵۹/۲۹۵ // ~ **راست شدن**: یکم ۱۵۱٦/۱۵٤ // ~ **راست کردن در پادشاهی**: یکم ۱۸۸/۳٦ // ~ **راست**

داشتن مستقل و متکی به خود بودن: یکم ١٢١٠/٥٦٤؛ دوم ٢٥٦٩/٧٢٢ // ~ ***را سوی یزدان کردن*** از یزدان پشتیبانی جستن، توکل به خدا کردن: دوم ١٨٤٠/٩٥١ // ~ ***کردن بر کاری:*** یکم ٢٣٢٧/٣٩٤ // ~ ***نمودن*** گریختن (در جنگ): یکم ٢٩٤/٤١٤؛ ١٠٤/٦٣٥، ١٢٢ // ***جایی به کسی ~ راست کردن*** آنجا بدو ثبات و امنیّت یافتن: دوم ١٢٧٦/١٨٥.

پشت‌گرمی. یکم ٩٩/٢٣٨.

پشمینه‌پوش. زاهد، صوفی: یکم ٢٢٣٦/٨٧٨.

پشّه. ١- // ***بر مور و ~ راه بستن:*** دوم ١٦٧٨/٩٤٤. ٢- کنایه از ذرّه: دوم ٣٥٥/٨٩٣.

پشیمان. پشیمانی: دوم ١٦٩/٦١٢؛ ٤٣٦٧/٧٩٣؛ ٢٦٤٢/٩٨٣.

پگاه. آغاز بامداد: یکم ٣٣٠/١٠٨؛ ١٢٧/٢٣٩؛ ٣٥٢/٢٤٨؛ ١٣٢١/٣٥٥؛ ١٥٥٢/٣٦٤؛ ١٦٤١/٣٦٧؛ ١٧٥٤/٣٧٢؛ ٢٢١٢/٣٩٠؛ ١١٥/٤٢٧.

پلشت. ناپاک، پلید: دوم ٢٩٤/٥١.

پلنگ. ١- کنایه از اسب: یکم ٦٥٠/١٢٠؛ ٣٩/١٩٣؛ ٦٩/١٩٤. ٢- پوست پلنگ، پلنگینه: یکم ٦٠٣/٧٤؛ ٣٩/١٩٣؛ ٥١٦/٢٨١؛ ١٢٤/٣٠٨؛ ١٧١٢/٣٧٠؛ ١٣٠/٤٢٨؛ ٦٤٠/٧١٦؛ ١٦٥٦/٧٥٦؛ ١٩١٠/٧٦٦؛ دوم ٢٣٨/١٠٩٠ // ~ ***بربری:*** یکم ٦٥/٩٧ // ~ ***دورنگ:*** یکم ٦٥/٩٧ // ~ ***از پس پشت و صیّاد از پیش!:*** یکم ٧٧٠/٨١ // ***از ~ شیر خوردن (نخوردن):*** یکم ١٩٩/٢٤٢ // ***راه ~ آوردن:*** یکم ٢٩٢/٤١٤ // ***پشت ~:*** یکم ١٤٩٠/٨٤٩ // ***پشت ران از خون مژه ~ شدن:*** یکم ٦٣٢/٦٦٣ // ***چرم ~*** ببر بیان، پلنگینه: ١٧٧٠/٥٨٦ // ***کسی را ~ به مردی گردن دادن:*** یکم ٥٩٠/٦٦٢ // ***مانند کردن هوا از سرنیزه‌ها به پشت ~:*** یکم ٢٢٣/٤١١.

پلنگینه. ١- جامه از پوست پلنگ: یکم ١٠/١١. ٢- ببر بیان رستم: یکم ٤٣٧/٢١٦.

پلنگینه‌پوش. یکم ٢٩/١٢؛ ٢٤٦٨/٦١٤.

پناه. ١- ملجأ، آستان امید و حمایت: یکم ٥٩٨/٣٢٦؛ ٢٧١٥/٨٩٨ // ~ ***آوردن:*** یکم ١٥٧/٢٠٥؛ ٧١/٣٠٥ // ~ ***گرفتن:*** یکم ٢٠٨٤/٣٨٥. ٢. زینهار، امان: دوم ١٢/٤٠٩، ١٣.

پنجسد. پانصد: یکم ٥٠١/٤٨.

پنجه. ١- پنجاه: یکم ١٤/٢١؛ ١٩/٢٢؛ ٤٧/٢٣. ٢- چنگال فلزی نوک‌تیز: یکم ١٠٨٣/٨٣٣.

پند. ١- اندرز، نصیحت، وصیّت، عبرت، موعظه: یکم ١٥٩/٧؛ ١/٢١؛ ١٧٧/٢٦٨؛ دوم ١٢٠/٢٢٢ و دیگر. ٢- سفارش، دستور: یکم ١٣٢/٣٤،

۱۳۳. **۳-** قول و قرار، عهد و میثاق، پیمان: یکم ۲۲۷۵/۳۹۲؛ دوم ۲۸۶۲/۹۹۱ // ***سخن‌های نیکو به ~ اندرست!***: یکم ۶/۲۵۳.

پنداوسی. همیان چرمی پول، بدره: دوم ۳۳۵۴/۱۰۱۱؛ ۲۳۷/۱۰۵۰.

پندمند. پندآمیز // ***نامه‌ی ~***: یکم ۴۳۹/۶۸؛ ۶۳۱/۲۲۴؛ ۱۱۳۴/۳۴۷؛ ۶۳۸/۴۴۸.

پندنامه. دوم ۱۷۱/۴۶.

پنهان. محرمانه، مخفیانه: یکم ۱۱۳/۲۶۵.

پنیر. // ***چرخ ~*** قالب‌های بزرگ و گرد پنیر: دوم ۱۲۰۱/۵۳۰.

پود. نخ‌های افقی پارچه: یکم ۵۵۶/۱۱۷.

پودن. پودنه، پونه، گونه‌ای نعناع: دوم ۶۶۶/۹۰۵.

پوده. پوسیده: دوم ۴۰۶۵/۷۸۱؛ ۳۳۳۶/۱۰۱۰؛ ۳۸۶/۱۰۵۶.

پوزش. عذر، معذرت: دوم ۳۷۴۰/۱۰۲۶، ۳۷۴۲ // ***~ بردن***: یکم ۹۰۳/۸۶ // ***~ پیش آوردن***: یکم ۶۷۴/۴۴۹ // ***~ خواستن***: یکم ۴۱۳/۲۷۷؛ ۸۲۲/۳۳۵ // ***ره ~ آوردن***: یکم ۹۴۷/۱۳۲.

پوست. **۱-** قشر بیرونی تن // ***از ~ برآمدن***: یکم ۱۱۶۳/۱۴۰ // ***~ بر تن خویش نگه داشتن***: یکم ۳۱۱/۲۴۷ // ***~ بر تن دریدن***: یکم ۲۳۹/۳۱۲ // ***~ بر تن کفتن***: یکم ۷۶۶/۱۲۵؛ ۴۱۸/۲۵۱. **۲-** کنایه از پوچ و بی‌بها: یکم ۳۲۷/۱۷۲.

پوشش. **۱-** جامه‌ی زمان بزم و آسودگی: یکم ۹/۱۷؛ ۲۷۰۷/۸۹۷. **۲-** کنایه از کفن: دوم ۱۴۸۶/۱۹۴.

پوشیدن. **۱-** (گذرا) پوشاندن: یکم ۱۵۵/۱۰۱؛ ۹۶/۲۳۸؛ ۱۹/۲۵۳؛ ۱۸۴/۴۱۰؛ ۴۴۴/۵۳۴؛ ۱۲۱۸/۵۶۵؛ دوم ۱۶۵/۲۵۱؛ ۲۱۹۴/۷۰۸؛ ۲۵۷۲/۷۲۲؛ ۴۴۹۲/۷۹۸؛ ۱۲۴۴/۸۵۰. **۲-** (مجهول) پوشیده شدن: دوم ۲۳۹/۱۰۹۰.

پوشیدنی. جامه: یکم ۸۹/۳۰۶.

پوشیده. زن پوشیده‌رو و عفیف: یکم ۳۵۳/۴۳.

پول. پُل: دوم ۱۴/۴۲۱؛ ۱۸/۴۲۲.

پولاد. **۱-** کنایه از شمشیر: یکم ۱۰۳۹/۹۱. **۲-** کنایه از پیکان تیر: یکم ۸۲۵/۲۳۲ **۳-** کنایه از کلاه‌خود: یکم ۸۲۶/۲۳۲ // ***دل ~ پر از آتش است!***: یکم ۱۷۸/۴۱۰.

پولادبست. پولاد بسته، سراپا در پولاد: یکم ۱۵۹۰/۷۵۳.

پوی. // ***کسی را در تگ و ~ افگندن***: یکم ۴۹۱/۶۵۸.

پویان. دوان، شتابان: یکم ۴۱۷/۲۱۶؛ ۲۳/۲۶۲؛ ۱۶۲/۲۶۷؛ دوم ۲۸۰/۱۱۲.

پوی‌پوی. شتابان، دوان‌دوان: یکم ۸۹۰/۱۳۰؛ ۴۹۱/۶۵۸؛ ۶۲۶/۶۶۳؛ ۸۸۳/۶۷۳؛ ۱۰۰۱/۶۷۸؛ ۶۲۱/۷۱۵؛ دوم ۱۰۰۲/۹۱۸.

پوینده. ۱- رونده، دونده: یکم ۵۲/۳؛ ۱۷/۱۵؛ ۱۹/۱۶؛ ۱۰/۱۷. ۲- مرکب، نوند: یکم ۵۰۹/۱۷۹. ۳- پیک: یکم ۲۳۲/۲۰۸.

پوییدن. ۱- رفتن: یکم ۳۱/۲؛ ۵۲/۳؛ ۱۷۸/۳۶؛ ۱۴۴/۵۶؛ ۳۳۵/۲۱۲؛ ۲۶/۲۶۲؛ ۴۰۹/۴۱۹؛ ۱۳۲/۴۲۸. ۲- به شتاب رفتن، گریختن: یکم ۹۹۲/۹۰.

پَهْلَوْ. ۱- شهر، پایتخت (پارت): یکم ۱۷۱/۲۸؛ ۷۶۸/۸۱، ۷۷۹؛ ۱۵۲/۲۰۵؛ ۳۶۰/۲۴۹؛ ۴۲۶/۲۷۸؛ ۴۴۹/۳۲۰؛ ۶۰۶/۳۲۶؛ ۶۱۲/۳۲۷، ۶۱۵؛ ۶۷۹/۴۴۹؛ ۶۹۳/۴۵۰؛ ۳۲/۴۵۲؛ ۱۳۵/۴۵۶؛ ۱۵۹/۴۵۷؛ دوم ۳۵۵/۴۳۵. ۲- پهلوان: یکم ۲۷۴/۲۱۰؛ ۲۲/۴۵۲؛ ۲۴۵/۴۷۶؛ ۴۳۵/۶۵۶؛ دوم ۵۷۷/۶۲؛ ۱۱۴۱/۸۴؛ ۴۵۹/۱۱۹؛ ۱۵۱۰/۱۹۵؛ ۳۴/۲۴۰؛ ۱۹۵/۲۵۳؛ ۶۵/۲۶۷؛ ۳۸۰/۴۷۰؛ ۱۶۵۶/۵۴۸؛ ۱۱۸۹/۸۴۸؛ ۷۸۲/۱۱۱۲.

پهلوان. ۱- دلیر، گرد: یکم ۵۴۲/۷۲ و فراوان. ۲- لقب ابومنصور عبدالرزّاق: یکم ۱۱۷/۶؛ ۱۴۷/۷؛ دوم ۳۹۲۰/۷۷۶.

پهلوانی. ۱- منصب پهلوانی: یکم ۳۹/۹۶؛ ۶۷۶/۴۴۹. ۲- درخور و شایسته‌ی پهلوان: یکم ۲۸۵/۱۰۶؛ دوم ۱۲۰/۲۴۴. ۳- زبان پهلوی، زبان ایرانیان عموماً: یکم ۸۶/۲۴؛ ۲۹۶/۴۱، ۳۱۱؛ ۱۳۷۲/۳۵۶؛ ۱۳۷۷/۳۵۷؛ دوم ۳۴۹۸/۷۵۹؛ ۳۹۱۹/۷۷۶؛ ۳۸۶۹/۱۰۳۱؛ ۴۰۲/۱۰۵۷. ۴- پهلوانانه، حماسی // ~ **سرود:** یکم ۲۸۶۸/۶۳۰؛ دوم ۱۶۸۷/۸۶۷؛ ۳۶۵۳/۱۰۲۳ // ***سخن گفتن*** ~: یکم ۱۴۳/۷؛ دوم ۱۲۰/۲۴۴. ۵- زورمند، تنومند: دوم ۲۹۹/۲۱۴ (درباره‌ی زن)؛ ۱۲۱/۲۴۴ // **سرِ** ~ جهان‌پهلوان: دوم ۹۹۶/۷۸.

پَهْلَوْسپاه. یکم ۱۶۷/۶۴۵؛ دوم ۳۸۸/۴۷۰.

پهلوی. ۱- زبان پهلوی (پارتی): یکم ۸۶/۲۴؛ ۶۲۱/۴۴۷؛ ۹۴/۴۵۵؛ ۳۵۲/۵۳۱؛ ۱۱۳/۷۹۵؛ ۲۱۶/۷۹۹؛ دوم ۱۹۵۴/۵۶۰؛ ۲۳۰۱/۵۷۳؛ ۲۴۵۶/۵۷۹؛ ۲۰۰۶/۷۰۰؛ ۲۴۳۱/۷۱۷؛ ۲۷۹۲/۷۳۱؛ ۳۴۹۶/۷۵۹، ۳۵۰۱؛ ۱۷۰۶/۹۴۶؛ ۳۴۲۵/۱۰۱۴؛ ۴۰۷۸/۱۰۳۹؛ ۷۱/۱۰۴۴؛ ۲۰۶/۱۰۴۹ // ***دفتر*** ~ (~ ***دفتر***): یکم ۱۴۲/۷؛ ۲۲/۶۳۹؛ دوم ۵۰۲/۱۰۶۱. ۲- پهلوانی، پهلوانانه، حماسی: دوم ۱۰۵/۲۶۹. ۳- پهلوانی (پارتی): یکم ۷۰۷/۲۲۷؛ ۸۸۴/۲۹۶؛ ۲۳۴۰/۳۹۵؛ ۳۷/۴۰۴؛ ۲۲/۶۳۹؛ دوم ۲۸۸۴/۹۹۲ // **پیکر** ~: دوم

۳۴۱۹/۱۰۱۳ // ~ **یال و دست**: دوم ۱۳۱۹/۵۳۵. ۴- زبان محلی، فهلویات: دوم ۱۴/۱۳۵. ۵- شهری، پارتی، بومی، ایرانی: دوم ۳۷۳/۵۴؛ ۳۰۰/۱۴۶؛ ۱۰۵۱/۳۰۶. اصطلاحات ۴-۳: // **باره‌ی** ~: دوم ۱۳۰۱/۹۰ // **جامه‌ی** ~: یکم ۴۴۲/۶۵۶ // **جوشن** ~: دوم ۳۳۴/۲۵۸ // **دین** ~: دوم ۱۴۱/۲۲۲ // **گوهر** ~: دوم ۲۲۸/۱۴۴. ۶- ایرانی، مردم ایران: یکم ۲۰۴۲/۵۹۷؛ دوم ۲۵۳/۴۹؛ ۳۶۶/۵۳؛ ۳۷۳/۵۴.

پهلوی‌دستبرد. دوم ۳۶۶/۵۳؛ ۸۳۳/۷۲.

پهلوی‌شاه. دوم ۳۷۳/۵۴.

پهلوی‌کیش. دوم ۱۴۰/۴۴.

پهلوی‌نامه. نامه به زبان پهلوی: دوم ۲۴۰۳/۵۷۷.

پی[۱]. رگ، عصب: یکم ۵۷۷/۲۲۲؛ ۶۴۱/۲۲۴؛ ۶۹۷/۲۲۷؛ ۱۴۵/۳۰۸ // ~ **بریدن (کردن)**: یکم ۳۵۳/۲۱۳؛ ۲۱۵۲/۳۸۷ // ~ **و پوست از نهیب دریدن**: یکم ۴۹۴/۲۱۹ // ~**ها و پیوند**: یکم ۳۱۱/۱۷۱.

پی[۲]. **۱**- پا: یکم ۲۸۲/۱۷۰؛ ۱۲۲/۲۶۶؛ ۵۸۹/۲۸۴؛ ۴۱/۴۰۴ // **از** ~← از پی // **بر جایی** ~**پی را راه (جای) نماندن (ندیدن)**: دوم ۲۲۶۵/۵۷۲؛ ۱۶/۵۹۱؛ ۶۶۵/۶۴۷ // ~ **برگسلیدن** پای کندن، رفتن: دوم ۱۵۵۳/۶۸۲ // ~ **بریدن (کسی را از جایی)**: یکم ۳۵۶/۴۳؛ ۱۹۴/۲۰۷ // ~ **کسی را به جایی نماندن** پای او را از هر جا بریدن: دوم ۵۸/۵۹۳ // **زیر** ~ **سپردن**: یکم ۳۱۵/۱۷۱. **۲**- گام، قدم // ~ **برداشتن**: یکم ۴۹۵/۲۱۹ // ~ **روز شمردن**: یکم ۸۱۰/۵۴۹ // ~ **سپردن**: یکم ۲۱۳/۲۴۳ // ~ **شمردن** ۱- حساب کردن // ~ **روز ناآمده را نشمردن (پیِ روز شمردن، روزْ پی شمردن)**: یکم ۲۷۲/۲۱۰؛ ۳۶۲/۴۶۵؛ دوم ۱۱۰۳/۵۲۶؛ ۱۳۲۰/۶۷۳. ۲- گام برداشتن: دوم ۵۲/۵۹۳ // ~ **فرّخ**: یکم ۴۴۶/۴۲۰ // **زمانه** ~ **کسی را شمردن** زمان عمر او را به سر آوردن: دوم ۴۰۲۹/۷۸۰ // **فرخنده** ~← فرخنده‌پی // **نیک**~← نیک‌پی. **۳**- جای پا، رد، اثر: یکم ۶۸۵/۱۲۲؛ ۲۱/۲۶۱؛ ۴۰/۲۶۲، ۴۶؛ ۱۱۸۰/۳۴۹؛ ۵/۵۱۷؛ ۹۰/۵۲۰؛ ۸۸/۶۳۴ // ~ **اندر گرفتن**: یکم ۸۹۴/۸۶ // ~ **سپردن**: یکم ۳۴۲/۱۰۸ // ~ **و بخش**: یکم ۷۹۶/۲۹۲ // **به** ~: یکم ۹۴۰/۲۹۸. **۴**- پایداری، پای، قدرت: یکم ۹۵/۲۳۸؛ ۲۶۸/۴۱۳ // ~ **افشاردن**: یکم ۵۴۶/۱۸۰ // ~ **جایی تاو داشتن**: دوم ۷۸/۲۴۲ // ~ **کسی را ز جای بردن**: یکم ۸۰/۶۳۴؛ دوم ۲۷۲/۱۱۲ // ~ **و تاب**: یکم ۵۷۵/۳۲۵ // ~ **و**

شاخ و دم: یکم ۲٦۸/٤۱۳ // ~ ***و مایه داشتن:*** یکم ۹۵/۲۳۸ // ~ ***و مایه گرفتن:*** یکم ۲۷٦/۲۷۲ // ***کسی را با کسی ~ (و تاو) نبودن:*** دوم ۲۲/۲٤٦. ۵- بن، پایه // ~ ***(اندر) افگندن*** آغاز کردن: یکم ۱۳۹/٤۵٦؛ ۳۵۷/٤٦۵. ٦- اصل، منشأ، بنیاد، علت، سبب // ~ ***افگندن*** بنا کردن، ایجاد کردن، طرح انداختن: یکم ۲۳۸/۳۸، ۲٤۰؛ ۷۱/۲۳۷؛ ٤٦٤/۲۱۷؛ ۳۲۹/۲٤۷ // ~ ***افگندن سخن:*** دوم ۲۲٦٤/۹٦۸ // ***اختر ~ افگندن*** ← اختر // ***پاسخ ~ افگندن*** ← پاسخ // ***جهانی به شادی نو ~ افگندن:*** یکم ۳۲۹/۲٤۷ // ***فال فرّخ ~ افگندن*** ← فال // ~ ***و بیخ:*** دوم ۱٦٦/۸۰۷ // ~ ***و بیخ چیزی را پدیدار کردن:*** دوم ۷۲/۳۷٦ // ***سخت ~*** بامقاومت: دوم ۳۰٤٤/۹۹۸. ۷- رگ پشت پا // ~ ***بریدن:*** یکم ٤۸۵/٤۸٦ // ~ ***کردن:*** دوم ۹۱۹/۱۷۱. ۸- عمل، همت: دوم ۲۷۱/۲۳٦.

پیاده. سرباز پیاده‌ی کم‌تجربه: دوم ۹۹/۱۰۸۵.

پی‌آهو. یکم ٦٤۹/۲۸٦؛ دوم ۱۱۹/۱۰٤۵.

پیاده. // ~ ***را سوار کردن:*** یکم ۱۳۵۳/۷٤٤.

پیام. گزارش شفاهی همراه نامه (نیز ← پیغام): یکم ٦٦۰/۱۲۱؛ ٦٦٦/۲۲۵؛ ۷۱۰/۲۲۷ // ~ ***به خنجر فرستادن:*** دوم ۷۰۲/۱۲۸.

پیام‌آور. پیامبر، پیغمبر: دوم ۳۳۱/۵۲.

پیامبر. پیک، فرستاده: یکم ۵۱۲/٤٤۳.

پیچ. خمیدگی کمان: دوم ۱۹۵/۲۱۰.

پیچان. از درد، غم یا خشم بر خود پیچنده، نگران: یکم ۲۳۸/۳۱۲؛ ۱۸۲۵/۳۷٤؛ ۱۹۲۱/۳۷۸؛ ۲۲۲۱/۳۹۰؛ ۲۱٤٤/٦۰۱؛ دوم ۳۸۳/۱٦؛ ۷۷۳/۳۲؛ ۷۱۹/۵۱۱؛ ۳۸۵/٦۳٦؛ ٤۳۵/۸۱۸ // ~ ***بودن:*** یکم ۱۷٦٤/۳۷۲ // ~ ***چو مار:*** دوم ٤۲٦۰/۷۸۹ // ~ ***شدن*** ۱- از راه راست برگشتن: یکم ۱۲۷۹/۱٤۵. ۲- عذاب دیدن، پیچیدن، رنج بردن: یکم ۵۳۵/۳۲٤، ۵٤۲؛ ۲۱٤/۵۲۵؛ ۱۳۵۰/۵۷۰؛ دوم ۱۱۸/۱۳۹؛ ۲۸۲/۳۵۲؛ ۷۲۸/۵۱۱؛ ۱۸۳۵/۵۵۵ و دیگر // ~ ***کردن*** به درد آوردن: یکم ۲٤٦/٤۳۲؛ دوم ۳۳۲/۱٤۸ // ***خرد را (به چیزی) ~ کردن:*** یکم ۳٦۸/۲۷۵.

پیچان‌دل. نگران، مضطرب، مشوّش، به خود پیچان: یکم ۳۲۸/۱۰۸.

پیچاندن. گرفتار کردن، به اندوه و بادافره و دردسر انداختن، به درد آوردن: یکم ۵۰۳/۷۰ // ***روان را ~:*** دوم ۱۵/٤۱۳ // ***کسی را ~:*** دوم ۱۳۰/۵۹٦.

پیچش. ۱- به شدّت به چپ و راست

پیچیدن در میدان نبرد و بازی، گردیدن و اسب گرداندن در میدان: یکم ۱۳۷۳/۳۵۷؛ ۲۲۱/۴۳۱؛ دوم ۲۰۳۸/۵۶۳. ۲- پیچ خوردن و دراز گشتن کار: یکم ۹۸۲/۸۲۹. ۳- روی برگرداندن، برگشتن: دوم ۱۹۱۲/۵۵۸. ٤- درد و اندوه، بر خود پیچیدن از نگرانی، خشم و...: دوم ۵۳۰/٤۷٦؛ ۲۱٤۲/۵٦۷.

پیچنده. // ~ ***اسپ*** ← اسپ.

پیچیدن. ۱- سرپیچی کردن، نافرمانی کردن، روی برگرداندن از، شوریدن (از): یکم ۲۲۱/۳۸؛ ۳٤۸/۲۷۵؛ ۲۷۰/۳۱۳؛ ۳۱۲/۳۱۵؛ ۵۱٦/٤٤۳؛ ۵٦٤/٤٤۵؛ ۸۳/٤۵٤؛ دوم ۳۸٤/۱٦؛ ۳۲۸/۲۱٦؛ ۳۸۹۳/۱۰۳۲؛ ۳۹۳٦/۱۰۳٤، ۳۹٤۱ // ***کسی را از راه ~***: یکم ۲۵٤۲/۸۹۱ // ***ز یزدان ~***: یکم ۲۵۳۸/۸۹۱. ۲- روی گرداندن، برگشتن (از): دوم ٤۱۱۳/۷۸۳؛ ۱۹۳۵/۹۵۵؛ ۲۱۰۳/۹٦۱ // ***از کسی (چیزی، کاری) ~*** ۱- از آن کار روی گرداندن، بدان پشت کردن: دوم ۱۸۵/۳۸۰؛ ٤٤۸/٦۳۸؛ ۳۸۳٤/۷۷۲. ۲- به سبب آن کیفر دیدن: دوم ۱۷۰۲/۵۵۰؛ ۱۱٤۰/۸٤٦. ۳- روی کردن به...: یکم ۱۸۲۸/۳۷٤؛ ۲۳۷٤/۳۹٦؛ ۲۵٦/٤۳۳؛ ۲۸۲/٤۳٤، ۲۸٦؛ ۸۸/٤۵٤. ٤- در نبرد به چپ و راست تاختن، نبرد کردن: یکم ۱۵۹/۳۰۹. ۵- از راه راست برگشتن: یکم ۷۳/۲۰۲. ٦- پیچاندن، برگرداندن: یکم ۲۳۳/۲۷۰؛ دوم ۱۲۵٦/۹۲۸؛ ۲۲٤٤/۹٦۷ // ***جان و خرد را از گفتار ~*** از حرف خود برگشتن: دوم ٦۲۳/٤۷۹ // ***روان را ~*** روان را به درد آوردن: دوم ٦۱۳/٤۷۹. ۷- بر خود پیچیدن و رنج بردن (از اندوه، پشیمانی، خشم، حسد، درد، گزند، نگرانی)، پادافراه دیدن: یکم ۷٤/۲۰۲؛ ٦۹۵/۲۲۷؛ ٦۹٦/۲۸۸؛ ۸٦۲/۲۹۵، ۳۷۱/۳۱۷؛ ۸٦۸/۳۳۷، ۱۱۱۰/۳٤٦؛ ۱۸٤۹/۳۷۵؛ ۱۹۵۱/۳۷۹؛ ۱۹۵۸/۳۸۰؛ ۲۰٦۷/۳۸٤؛ ۲۲۰٦/۳۸۹؛ ۲۲۲۲/۳۹۰؛ ۳۹٦/٤۱۸؛ ۳٦۵/٤۳۷؛ ٤۸۹/٤٤۲؛ ٦۷٤/٤٤۹؛ ٦۸٦/٤۹٤؛ ۸۰/۵۲۰؛ ۲۵۳۸/٦۱۷؛ ۸۰۳/٦۷۰؛ ۸۲۷/٦۷۱، ۸۲۹؛ ۱۰۷۹/٦۸۱؛ ۱۲٦۵/٦۸۸؛ دوم ٦۸۵/۲۸؛ ۸۷۳/۳٦؛ ۱۸٦/٤٦؛ ۱۲۰۷/۸۷؛ ۵۸/۱۰۳؛ ۷۵/۱۰٤؛ ۱۵۱۲/۱۹۵؛ ۱۷۰/۲۰۹؛ ۲۰/۲٦٦؛ ٦٦۰/۳٦۷؛ ٦٦۹/۳٦۷؛ ۵۹۷/۳۹٦؛ ۹۱۰/۵۱۹؛ ٤۸٤/٦٤۰؛ ۱۳۸/۸۰٦؛ ۲٦۷/۸۱۱؛ ۱۲۳۱/۸٤۹؛ ۱۷۲٦/۸٦۹؛ ۲۰۸۷/۹٦۱؛ ۲۲۲۲/۹٦٦؛ ۵۹۳/۱۱۰٤ // ***بر خویشتن ~*** از خشم (درد، اندوه، نگرانی) رنج بردن: دوم

۳٤۵۵/۷۵۷ // ***دل*** ~ دل به درد آمدن: دوم ۲٤۹/۳۵۱ // ***روان*** ~ جان به درد آمدن: دوم ٤۹۸/۸۲۱. ۸- // ***با کسی (چیزی)*** ~ تاب او (آن) را داشتن: دوم ۲۹۵/۲۷٦؛ ۳٤٤/٤۳٤. ۹- پیچاندن، بر باد دادن، نابود کردن: دوم ۵٦۱/۳۹۵.

پیخسته. بیچاره، مانده و درمانده: یکم ۱۰۵۳/۵۵۸.

پی‌خیزی. بر پا خاستن، شورش و طغیان: دوم ۱۸/٤۲۰.

پیدا. آشکارا، بی‌گمان: یکم ۸۱٦/۱۲۷؛ ۱٤۹/۱٦۵ // ~ ***آمدن*** آشکار شدن، پدیدار گشتن: یکم ۳۳۲/٦٤ // ~ **بودن** ۱- آشکار و شناخته بودن: یکم ۸۰/٤۲٦. ۲- تفاوت داشتن، متمایز و مشخّص بودن: یکم ۲۲۷/۱٦۸؛ ۳٤۷/۲٤۸ // ~ ***شدن*** آشکار شدن، پدیدار گشتن: یکم ۱۷۲/۸؛ ۸۳٤/۸۳ // ~ ***کردن*** ۱- کشف کردن، اختراع کردن: یکم ۱۲/۲۱. ۲- نشان دادن، آشکار کردن، نمایاندن: یکم ٤٦۵/۲۱۷؛ دوم ۳۳۱۲/۷۵۲؛ ۲۷۸۲/۹۸۸ // ~ ***نبودن*** تفاوت نداشتن، یکسان بودن: یکم ۳۵/٤٦۸؛ دوم ۳۲/۲۰٤؛ ۲۸۵۹/۷۳٤؛ ۲۳۳۷/۸۱۰؛ ۳۱۰۳/۱۰۰۱. ۳- روشن کردن، حل کردن: یکم ٤۵۱/۳۲۰. ٤- تعیین کردن، برقرار ساختن: یکم ۱۲۵۸/۱٤٤. ۵- وانمود کردن، نشان دادن: یکم ۷٦٤/۱۲۵.

پیداوسی. همیان چرمی پول، بدره: دوم ۱٦۱۵/۵٤٦.

پیر. ۱- سالخورده، فرسوده: یکم ۱٤/۱؛ ٦۸۱/٤۵۰ // ~ ***ی چو خاک***: دوم ۲۱۷/۲۱۱ // ***جوانی کند ~ کانا بود!***: یکم ٦۹۹/۲۸۸ // ***لب ~ با پند نیکوترست!***: یکم ۳۸٤/۲۷٦. ۲- افسرده، دژم: یکم ۲۱٦۲/۸۷۵.

پیراستن. ۱- آراستن، زیب و زیور دادن: یکم ٦۵٤/۷٦؛ ۳۹۵/۱۱۰؛ ۵۰۱/۱۱٤؛ ۹۳۸/۱۳۲؛ ۱۵۳۷/۱۵۵؛ ۱۵۳/۱۸۹. ۲- زدودن، پاک کردن، کاستن: یکم ۲۲۰/۲٤۳ // ~ ***تیغ و ژوپین و سنان و سپر***: یکم ۷۳۷/۲۲۸ // ~ ***درفش***: یکم ۲۵۰/۲٤٤ // ~ ***دل از غم***: یکم ۲۹۸/۱۷۰.

پیراسته. ۱- آراسته: یکم ۸۱۳/۳۳۵ و دیگر // ~ ***شدن کار*** سامان گرفتن آن: یکم ۸۹۲/٦۷۳. ۲- زدوده، صیقل‌داده: دوم ۵۲/۱۰٤۳.

پیران‌سرا. یکم ۹٦۰/۲۹۹.

پیراهن. // ~ ***بخت بودن***: دوم ۹۳۷/۱۷۲ // ~ ***قیرگون*** کنایه از شب: دوم ۳۷٤/۱٦ // ~ ***مشک‌رنگ*** کنایه از شب: یکم ۷۳٦/۵٤٦.

پیرایه. زیورآلات، زینت، آرایه: یکم ۱۲٦/۳٤؛ ۳٤٦/٤۲؛ ۷۲۵/۱۲۳؛

۷۳۳/۱۲٤؛ ۸۳٤/۱۲۷؛ دوم ۲۸۸/۱۲؛ ۱۱۰۵/٦٦٤؛ ۱۱۷۹/٦٦۷؛ ۱۰/۸۰۱؛ ۳٦۰/۸۱۵.

پیرسر. ۱- پیری، پیرسری: یکم ۷۱۲/۷۹؛ ۱۳۳٦/۱٤۷؛ ۱۲٤۰/۳۵۱. ۲- پیر، کهنسال: یکم ۱۱۷/۳٤؛ ۳۳۹/۱۰۸؛ ٤۹٤/۱۱٤؛ ۱٤۳۲/۳۵۹؛ ۲٦۲/٤۱۳؛ ٤۸۸/٤۲۲؛ ۳۱۱/٤۳۵.

پیروزگر. ۱- پیروز: یکم ۳۰۳/۵۲۹، ۳۰٦. ۲- خداوند: یکم ۵۵۷/۲۲۱؛ ۳۳۲/۵۳۰؛ ۱۷۰۰/۵۸۳؛ دوم ۲۰۷۸/۷۰۳. ۳- لقب کیخسرو: یکم ۲۵۸۳/۸۹۲.

پیروزه. پیروزی: دوم ۱٤۳۸/۹٦.

پیروزی. // ***به ~ از ترس یاد مکن!:*** یکم ۲۱۷٦/۷۷۷.

پیسه. دورنگ، سیاه و سفید، منافق، دورو: یکم ۱۹۷۵/۳۸۰؛ دوم ۱۰۲۳/٦٦۱ // ***~ گرگ:*** دوم ۱۸۱۱/۹۵۰.

پیش. ۱- نزد: یکم ۱۲۵۵/٦۸۸ // ***به ~ کسی آوردن:*** یکم ۸۳۹/۲۹٤ . ۲- جلو، برابر: یکم ۱۲۵۵/٦۸۸ // ***~ دیبای چینی تبر بردن:*** دوم ۹۵٤/۱۷۳ // ***از ~ و پس:*** یکم ۲۰۲۰/۳۸۲ // ***کسی را به ~ داشتن:*** یکم ۲۲/۲.

پیش بار. دوم ۱٤۰٤/۹٤.

پیش‌بین. ۱- پیشگو، آینده‌نگر: یکم ۳٦۱/٤۳؛ ۵۹۷/۱۱۸. ۲- محتاط، دوراندیش، خردمند: یکم ۱٦/۲۹؛ ۵۹۷/۱۱۸؛ ۸۳۳/۳۳۵.

پیشتر. نخستین، نخست، جلوتر: یکم ٤۹٦/٤۸؛ ۱۵٤/٦٤۵.

پیشدست. پیشدستی: دوم ۲۲٦۳/۹٦۸ // ***~ شدن:*** یکم ۱۲٦/٤۵٦ // ***~ کردن:*** یکم ۲۵۹/۷۰۱؛ ٤۲۱/۸۰۷.

پیشرو. ۱- پیشین، پیشینه، سلف: یکم ۱٤/۳۰۳. ۲- پیشروی، سالاری: یکم ٦۰/۱۳. ۳- سپاه کوچک جلورو، بخش آغازین لشکر: یکم ۷۵٤/۵٤٦؛ ۲۱٤۰/۸۷۵.

پیش روی. جلوی: دوم ۱٦۹٦/۹٤۵.

پیشکار. خادم، خدمتگار، مأمور، فرمانبر، کارمند: یکم ۹۵۲/۲۹۸؛ دوم ۱۸۳/٤۹۰، ۱۸۸؛ ۲۷۰/٦۳۱؛ ۱٦۲۸/٦۸۵؛ ٤۰۰۵/۱۰۳٦ و دیگر.

پیشگاه. ۱- صدر مجلس: یکم ۱۵۸/۵۷؛ ٦۵/٦٤۱؛ دوم ۲۳۹۸/۵۷۷؛ ۲۵٦٦/۹۸۰. ۲- صدر، بالا: یکم ۲٤۲/٤۳۲. ۳- جای، مسند، تخت: یکم ۳٦۰/٦۵؛ ۱۱۰۷/۳٤٦؛ ۱۷۵۹/۳۷۲؛ ۲/٦۳۹؛ ٤- پادشاه، حضرت، دربار، بارگاه: یکم ٦٤۳/۷٦؛ ۹۱۵/۸۷؛ ۸٤٦/۱۲۸؛ ۱۲٤٤/۱٤٤؛ ۷٦/۲۰۲؛ ٤۳۲/۳۲۰؛ ۹۵۲/۳٤۰؛ ۲٤۷۸/٤۰۰؛ ۵۵٦/٤٤۵؛ ۸۲٦/٦۷۱؛ ۲۰۰۰/۸٦۹؛ دوم ۱۸٤/۱٤۲؛ ۲۹۱/۱٤٦؛ ۳٦۵/۱٤۹؛ ۱۲۲۰/۵۳۱؛

۲۰۳۷/۵۶۳؛ ۲۴۵۹/۵۸۰؛ ۶۹/۶۰۸؛ ۲۸۲۱/۷۳۲؛ ۲۹۹۵/۷۳۹؛ ۴۳۷/۸۱۸؛ ۲۷۰۷/۹۸۵؛ ۲۷۵۵/۹۸۷. ۵- پادشاهی، کشور، تاج و تخت: یکم ۸۴۵. ۶- تخت پادشاهی: یکم ۵۷۲/۶۶۱؛ ۵۹۴/۶۶۲؛ ۱۲۶۱/۶۸۸؛ ۶۹/۷۹۳؛ ۱۷۷۴/۸۶۰؛ ۱۸۹۳/۸۶۵؛ ۲۴۰۶/۸۸۵؛ دوم ۱۳۰/۱۴۰؛ ۲۱۰۶/۷۰۴؛ ۲۱۱/۸۸۷؛ ۱۳۳۴/۹۳۱؛ ۲۴۰۰/۹۷۳؛ ۳۱/۱۰۷۲. ۷- مقام: دوم ۲۲۳۲/۵۷۱.

پیشگو. دوم ۲۸۶/۵۰.

پیشگه.← پیشگاه.

پیشه. ۱- صنعت، دست‌ورزی: یکم ۳۲/۲۲ // ~ ***کردن:*** یکم ۹/۱۵. ۲- کار، عمل: یکم ۸/۴۲۳ // ***بر کاهلی ~ گرفتن:*** یکم ۳۸/۲۰۰. ۳- اطلاع، آگاهی: یکم ۲۰۰۸/۳۸۲.

پیشه‌کار. پیشه‌ور، دست‌ورز: دوم ۱۹۸/۹.

پیشی[1]. پیشین: دوم ۱۰۵۹/۸۱؛ ۳۳۰/۱۴۸؛ ۴۰۳/۱۵۰؛ ۸۵۰/۱۶۸؛ ۱۳۴۸/۱۸۸؛ ۳۴۴۲/۱۰۱۴. ۲- رهبری، پیشوایی: دوم ۳۱۰/۱۳. ۳- بلندپایگی: دوم ۱۹/۲۰۳.

پیشی[2]. پیشدستی // ~ ***کردن:*** دوم ۲۲۶۴/۹۶۸.

پیغاره. سرزنش، ملامت: یکم ۲۸/۲۲؛ ۳۹۷/۵۳۲؛ ۴۱۴/۵۳۳؛ ۱۳/۶۹۱؛ ۲۰۱۱/۷۷۰؛ ۵۷/۷۹۳؛ ۱۴۰۳/۸۴۶؛ ۲۳۵۲/۸۸۳؛ دوم ۳۷۳/۲۶۰؛ ۵۹۷/۳۹۶؛ ۵۲/۴۵۷؛ ۴۸۵/۴۷۴؛ ۳۷۳۱/۷۶۸؛ ۲۱۷۲/۹۶۴؛ ۳۰۵۱/۹۹۹.

پیغاره‌جو. عیب‌جو، ایرادگیر: دوم ۹/۶۰۵.

پیغام. گزارش شفاهی همراه نامه (نیز← پیام): یکم ۱۹۱/۲۰۶؛ ۷۱۲/۲۲۷.

پیغامبر. پیام‌برنده، فرستاده: دوم ۳۲۲۵/۱۰۰۶.

پیغامبری. ۱- خبربری، پیام‌بری: یکم ۹۲۴/۸۷. ۲- فرستادگی از سوی خداوند: دوم ۱۴۷۷/۹۳۷.

پیغوله. یکم ۲۲۲۰/۳۹۰؛ دوم ۲۵۷/۱۱؛ ۹۵۲/۱۷۲.

پیکار. ۱- جنگ، نبرد: یکم ۲۳۵/۱۶۸ و دیگر. ۲- جدال لفظی، مجادله، پرخاش، اعتراض، مشاجره، ستیزه: یکم ۳۷۹/۱۱۰؛ ۷۳۱/۱۲۴؛ ۴۵۳/۱۷۷؛ ۳۴۶/۲۱۳؛ ۴۰۶/۲۷۷؛ ۱۱۰۳/۳۴۶؛ ۴۴۰/۷۰۸؛ ۵۵۰/۷۱۲ .

پیکارگر. یکم ۲۰۶/۵۲۵.

پیکارگرد. نام یکی از دستان‌های باربد: دوم ۳۶۶۳/۱۰۲۳.

پیکر. ۱- کالبد، زمینه: یکم ۱۵۲۶/۳۶۳؛ ۴۵۸/۴۴۱. ۲- تندیس، عروسک: یکم ۱۵۰۲/۱۵۴، ۱۵۰۴، ۱۵۱۲. ۳- درفش، پرچم، نقش درفش: یکم

۳۲۰/۲۴۷؛ ۵۱۸/۲۸۱، ۵۲۴، ۵۲۵؛ ۵۲۷/۲۸۲، ۵۳۸، ۵۴۷؛ ۵۵۶/۲۸۳، ۵۶۱؛ ۲۸۲/۴۶۲، ۲۹۱، ۲۹۳؛ ۳۰۴/۴۶۳؛ ۳۱۰/۴۶۳، ۳۱۶؛ ۱۷۰۷/۷۵۸؛ دوم ۲۹۷/۶۳۳ و دیگر. ۵- آرایه، تصویر، شکل و صورت: یکم ۲۶۲/۳۹؛ ۱۸۵/۴۷۴؛ ۵۶۴/۶۶۱؛ ۱۲۴۵/۶۸۷. ۶- نقش و نگار، آرایه‌ی پارچه، آنچه بر زمینه سازند، کشند، دوزند و بافند: یکم ۲۳۹/۳۸؛ ۳۴۶/۴۲؛ ۲۰۰/۱۰۳؛ ۷۱۴/۱۲۳؛ ۱۳۵۸/۱۴۸، ۱۳۵۹، ۱۳۶۱؛ ۲۷۹/۲۴۵؛ ۱۷۲/۴۵۸؛ ۲۱۵/۴۵۹؛ ۱۲۶۶/۶۸۸؛ ۸۶۷/۷۲۵؛ دوم ۸۷/۲۴۲؛ ۷۵/۲۶۸؛ ۱۴۳۳/۸۵۷؛ ۱۷۰۸/۸۶۸؛ ۱۱۴۱/۹۲۳؛ ۳۴۱۸/۱۰۱۳؛ ۴۲۴/۱۰۹۸، ۴۲۹ // ~ ***پهلوی***: دوم ۳۴۱۹/۱۰۱۳. ۷- پیکره، شکل (مهره‌های شطرنج): دوم ۲۶۹۵/۷۲۷، ۲۶۹۶؛ ۳۳۵۴/۷۵۳. ۸- تنه، بدنه، جسم: دوم ۸۹۲/۳۰۰؛ ۱۷۳۶/۶۸۹؛ ۱۹۲۸/۹۵۴. ۹- لنگه، پاره، بخش، قطعه: دوم ۹۹۹/۳۰۴؛ ۵۱۲/۱۱۰۱.

پیکرنگار. نگارگر، نقّاش: دوم ۲۳۰/۶۳۰.

پیل. ۱- فیل // ~ ***بازی کردن***: یکم ۱۶۵۳/۵۸۲ // ~ ***جنگ***: یکم ۶۶۱/۷۷ // ~ ***کوس***: یکم ۲۴۵/۶۰ // ~ ***گردون‌کش***: یکم ۶۲۶/۷۵ // ***روی ~ سیاه کردن***: یکم ۵۴۰/۷۲ // ***دندان پسندیده‌ی ~ را کندن***: دوم ۱۴۰۸/۱۹۱. ۲- کنایه از اسب: یکم ۷۵۶/۲۲۹.

پیل‌دندان. یکم ۱۵۴۴/۵۷۷.

پیلتن. کنایه از اسب: یکم ۱۰۲۹/۱۳۵.

پیلسته. عاج: دوم ۸۹۱/۳۰۰؛ ۱۷۳۶/۶۸۹.

پیمان. عهد، قرار، شرط: یکم ۱۰۳۵/۹۱؛ ۲۹/۹۶؛ ۵۷۸/۲۸۴؛ دوم ۱۵۷۵/۵۴۵ و دیگر // ~ ***آراستن***: یکم ۸۳/۲۶۴ // ~ ***درست کردن***: یکم ۸۵۷/۳۳۶ // ~ ***شکستن از شاه زشت است!***: یکم ۵۹/۱۹۳؛ ۹۵۲/۳۴۰ // ~ ***کردن*** ۱- به عقد آوردن: یکم ۲۸۸/۳۱۴. ۲- قول و قرار گذاشتن: یکم ۱۱۱۶/۳۴۶ // ~ ***گفتار***: دوم ۱۱۳۵/۹۲۳ // ~ ***نو***: یکم ۱۱۷۷/۱۴۱ // ***جای ~***: یکم ۲۹/۹۶.

پیمان‌سخن. براندازه‌گو: دوم ۳۹۵۶/۷۷۷.

پیمان‌شکن. // ~ ***به کفن نیرزد***: دوم ۱۳۰۳/۹۳۰ // ~ ***خاک یابد کفن***: دوم ۲۵۲۵/۹۷۸.

پیمان‌منش. اندازه‌اندیش، دارنده‌ی اندیشه‌ی معتدل: دوم ۲۴۵۹/۷۱۸؛ ۳۹۱۱/۷۷۵.

پیمانه. آلت اندازه‌گیری: یکم ۴۷۴/۲۱۸.

پیمایش. رفتن: دوم ۲۸/۲.

پیمودن. ۱- پر کردن: یکم ۳۸۲/۴۴؛

۶۸/۲۵۵. **۲**- پوشاندن: یکم ۵۶۳/۷۳. **۳**- آزمودن: یکم ۹۶۱/۸۸؛ ۲۱۲/۲۴۳؛ ۱۳۷/۲۵۸. **٤**- اندازه گرفتن: دوم ۳۷۱۵/۱۰۲۵، ۳۷۱٦؛ ۳۷٤۵/۱۰۲٦. **۵**- گفتن، راندن: یکم ۹٦۱/۸۸ // ***سخن*** ~ سخن راندن: دوم ۸٦۲/۱٦۹؛ ۱۱۷۰/۱۸۱. **٦**- سپری شدن، گذشتن: یکم ۱۲/۳۰۳. **۷**- سپردن، طی کردن، گذراندن: یکم ٤۷۰/٤۷ // ***بالای شب (را)*** ~: یکم ۱۲۰۵/۱٤۲ // ***بند*** ~ پیمان بستن: دوم ۸٦/۱۳۸ // ***بالای هشت (سالگی را)*** ~: یکم ۱۵۲٤/۱۵۵ // ***روز*** ~: یکم ٦۷۵/۳۲۹ // ***خاک*** ~: یکم ۸۳۹/۲۳۲؛ ٤۱٦/۲۵۱ // ***خواب*** ~ خوابیدن: دوم ۲۱۷۸/۷۰۷ // ***می (نبید)*** ~ ۱- پر کردن جام: یکم ۱۸٤/٦۳۸؛ ۱۹/٦۳۹. ۲- نوشیدن // ***می*** ~: دوم ٦/۱۰۸۱.

پینو. دوغ ترش، کشک: دوم ۱۲۰٤/۵۳۰.

پی و پای و پر. نیرو، تاب و توان: دوم ۲۹/٤۲۲.

پیوستگی. **۱**- وصلت، ازدواج، پیوند: یکم ۳٦۷/۱۷۳؛ ۱۸۷۳/۳۷٦؛ دوم ۲۱۲۹/۷۰۵؛ ۲۱٤٤/۷۰٦. **۲**- خویشاوندی: یکم ۱۷٤/۲٤۱؛ ۲۰۸/۲٤۳. **۳**- همبستگی و اتحاد، دوستی و مودّت: دوم ۲٤۹۱/۷۱۹.

پیوستن. **۱**- به نظم کشیدن، سرودن: یکم ٤۱/۹٦؛ ۹/۲٦۱؛ ۳۲/۷۹۲؛ ۵۰/۷۹۳؛ دوم ۹۰۸/۳۷؛ ۱۰٤۲/۸۰؛ ۳۵۰۸/۷۵۹؛ ٤۳۲۲/۷۹۱؛ ٤٤۳۵/۷۹٦. **۲**- ورزیدن، جستن // ***با کسی مهر*** ~: یکم ۲٤/۱٦ // ***با کسی هنر*** ~: یکم ۷۲/۲٤. **۳**- بستن // ~ ***سخن بر کسی*** متهم کردن کسی، بستن حرف بر دیگری: یکم ۲۷۷۱/۹۰۰. **٤**- رسیدن، وصول گشتن: یکم ۷٤۱/٤۹٦ // ***نامه*** ~: دوم ۲۳۹۷/۷۱٦. **۵**- یار شدن، سازش کردن، پیمان، اتحاد: یکم ۲٦/٦٤۰؛ دوم ۱۳۲۳/۹۳۱ // ***راز*** ~← راز. **٦**- رخ دادن، درگرفتن، وقوع یافتن: یکم ۷۲۱/۸۱۹؛ ۲۷۷۱/۹۰۰. **۷**- درمان یافتن: یکم ۲۵۰۰/۷۹۰.

پیوسته. **۱**- خویشاوند: یکم ٦۳/۵۳؛ ۹۲۷/۱۳۱؛ ۷۲۵/۳۳۱؛ ۱٤۰/٤۵٦؛ دوم ۱۳۳۸/۹۳۱ // ~ ***خون***← خون. **۲**- نزدیکان، متعلّقان: یکم ٤۱۵/٤۱۹. **۳**- موفّق، کامیاب، به انجام رسیده: یکم ۱۲۲/۲٦ // ~ ***بودن***: یکم ۲۰٦۲/۳۸٤ // ~ ***شدن اندیشه***: یکم ۱۹۱٦/۳۷۸ // ~ ***شدن پیکار***: یکم ۲۳۵/۱٦۸ // ~ ***شدن رای***: یکم ۱٦۱/۲٤۱؛ ۲۷۰۵/۸۹۷ // ~ ***شدن کار***: یکم ٤۵/۳؛ ۱۹۰/۵۸ // ~ ***شدن مهر***: یکم ۲۵۱٦/٤۰۲. **٤**- متصل، جفت، چسبیده، رسیده // ~ ***بودن (شدن،***

گشتن) متصل بودن (شدن، گشتن)، وصول گشتن: دوم ٥٤/٢٤١ // ***آفرین ~ ستایش برخاستن***: دوم ٢٥٤٩/٥٨٣ // ***نامه ~ شدن***: یکم ١٤٧١/٨٤٨؛ دوم ٢٥٠٦/٥٨١؛ ٢٥١٠/٥٨٢ // ***~ دیدن پرخاش***: یکم ٢٧١٢/٦٢٣ // ***~ دیدن می و نوش***: یکم ٢٤٩/٦٤٨ // ***~ شدن آواز***: دوم ٦٩١/١٢٨ // ***~ شدن دلیری با درد***: دوم ٤٠٤/١٧ // ***~ شدن رزم*** *(پیکار، جنگ)*: یکم ١١٣٧/٥١٢؛ ٤٧٧/٨٠٩؛ ١٧٦٤/٨٦٠. **٥**- نظم، شعر، سخن منظوم: دوم ٣٥٠٥/٧٥٩، ٣٥١٠؛ ٣٩٦٠/٧٧٧. **٦**- بافته: دوم ٥٤٩/٨٢٣.

پیوند. ۱- مفصل، بند: یکم ٣١١/١٧١؛ ٨٠٦/٢٣١؛ ٧٥١/٢٩٠؛ دوم ١٩٢٥/٩٥٤. **٢**- نظم، شعر: دوم ١٠٣٨/٨٠؛ ١٠٤٠/٨٠، ١٠٤١ // ***~ گفتار***: یکم ١٣٦/٧. **٣**- پیوستگی، خویشی، خویشاوندی، وصلت: یکم ٥٦/٥٣؛ ٧٨/٥٤، ٨١، ٨٢؛ ٩٦١/١٣٣؛ ١٣٤١/١٤٧؛ ٨٢/٢٣٨، ٨٥؛ ١٠٩/٢٣٩؛ ١٤٠/٣٠٨؛ ٤٤٣/٣٢٠؛ ١٤٥٨/٣٦٠؛ دوم ٣٢٠٩/٧٤٧؛ ٢٧٤٩/٩٨٧؛ ٢٣١٨/١٠٠٩. **٤**- پیوسته، خویش، خویشاوند: یکم ٩٢٨/١٣١؛ ١١٥٢/١٤٠؛ ١٤٣٠/١٥١؛ ١٤٤٩/٣٦٠؛ ١٦٠٧/٣٦٦؛ ٢٠٣٨/٣٨٣؛ ٢٣٥٤/٣٩٥؛ ٤٣٢/٤٢٠؛ دوم ٢٢٠٤/٩٦٥. **٥**- عهد و پیمان، مودّت، پیوستگی، اتحاد: یکم ١١٣٩/١٣٩؛ دوم ٩٨١/٣٠٣؛ ١١٨٣/٩٢٥؛ ٢١٠٠/٩٦١، ٢١٠١؛ ٢٩٦٤/٩٩٥ // ***~ کسی (را) جستن***: یکم ٤١/١٨؛ ٢١٠/٣٧. **٦**- پیوستن، ورزیدن // ***~ کین***: یکم ١٨٢/٣٦.

پیی. // ***مرد ~***: یکم ٩٤٣/٨٨.

ت

تا[1]. ۱- حرف اضافه‌ی زمانی: یکم ۹۸۲/۸۹ و فراوان. ۲- حرف اضافه‌ی مکانی: یکم ۱۶۶/۸ و فراوان. ۳- مرادف که، تا اینکه: یکم ۱۰۰۸/۹۰؛ ۴۶۳/۱۱۳؛ دوم ۱۷۳۹/۹۴۷ و فراوان. ۴- در بیان آغاز، از زمانیکه: یکم ۱۶۳/۸؛ ۱۱۱/۲۶۵ و دیگر. ۵- هر مدّتی که، چندانکه: یکم ۸۷/۴ و دیگر. ۶- مرادف که، برای اینکه: یکم ۱۵۲/۲۷؛ ۲۲۱۲/۷۷۸. ۷- آیا، اینکه آیا، سرانجام، عاقبت: یکم ۳۸۵/۶۶. ۸- زنهار: دوم ۱۶۳۸/۹۴۳. توضیح: برای معانی گوناگون و گواه‌های آن در *شاهنامه* ← *فرهنگ ولف*.

تا[2]. تای، تاه، دست (قواره، توپ، تخته، طاق): دوم ۲۰۴۸/۹۵۹.

تاب. ۱- اندوه، نگرانی، خشم: یکم ۱۱۱۰/۳۴۶؛ دوم ۱۶۲/۱۴۱؛ ۱۱۰۳/۱۷۸. ۲- پیچیدگی، انحراف: یکم ۱۷۶/۱۹۸؛ ۲۰۳۳/۳۸۲ // ***از کسی ~ گرفتن*** از او سرپیچی کردن: دوم ۱۷۶۰/۵۵۲ // ***~ اندرآوردن*** فتنه و تباهی کردن: دوم ۴۳۹/۱۰۵۸ // ***به دل ~ اندرآوردن (~ به دل اندر آوردن)***: سرپیچی، نافرمانی، کژّی و تباهی پیش گرفتن، یکدل و صادق نبودن: دوم ۶/۲۴۵؛ ۸۱۳/۲۹۷؛ ۱۵۵۳/۶۸۲ // ***به کار ~ اندرآوردن*** فتنه و تباهی کردن، کژّی و تمرد پیش گرفتن: دوم ۶۹۹/۲۹۲ // ***به گفتار ~ آوردن*** کژی در سخن: دوم ۶۳۱/۴۸۰ // ***~ کسی را راست کردن***: دوم ۱۶۹/۲۷۱ // ***~ گرفتن***: دوم ۸۷/۱۳۸ // ***در سر ~ داشتن*** قصد کژی و سرپیچی داشتن: دوم ۱۰۴۵/۱۰۸۶ // ***دل ~ گرفتن***: یکم ۳۰۴۳/۹۱۱ // ***دل ~ گرفتن از چیزی*** از آن سرپیچی کردن: دوم ۷۴۰/۵۱۲ // ***~ آوردن***: یکم ۳۴۲/۴۱۶ // ***~ گرفتن به سوی***: یکم ۸۵۶/۱۲۸ // ***به ~ گشتن***: یکم ۲۹۸/۲۴۶ // ***عنان و***

سنان را پر از ~ کردن: یکم ۲۰۰/۲۶۹. **۳**- چین و چروک، اخم: دوم ۱۱۱۳/۳۰۹؛ ۵۰٦/٤٤۱؛ ۱۲۲٤/۵۳۱ // ***رخساره بی~ کردن*** چین از پیشانی گشادن: دوم ۳٦۷۸/۷٦٦.

تاباندن. به پرتو درآوردن، جلوه‌گر ساختن، روشن نمودن: دوم ٤۰۳/۵۵.

تابناک. کنایه از خورشید: یکم ۲۵۲/۲۰۹.

تابنده شدن. یکم ٤۲۷/۲۵۱.

تابیدن. (نیز← تافتن) **۱**- برگشتن، پیچیدن، روی برگردانیدن (بیشتر با حرف اضافه‌ی به): دوم ٤۹/٤۰۷ // **چشم** ~ چشم‌پوشی کردن: دوم ۲٤۸۷۷/۷۱۹ // ***روی (چهر)*** ~ برگشتن (بیشتر با حرف اضافه‌ی *از*): دوم ۱۵۲۹/٦۸۱؛ ۳۱۰۱/۷٤۳. **۲**- تاب آوردن، تاب و توان داشتن، تحمّل کردن، حریف شدن، مقاومت کردن (بیشتر با حرف اضافه‌ی *با*): یکم ٦۱/۱۸۵؛ ۹۷/۱۹۵؛ ۷۳۹/۲۹۰؛ ۵٤۱/٤۸۸؛ ۱۱۱۰/۵۱۱؛ ٤۵۵/۸۰۸؛ ۵٤۱/٤۸۸؛ ۱۱۱۰/۵۱۱؛ ٤۵۵/۸۰۸؛ دوم ۹٤/٤۳؛ ۱۰۲/۱۰۵؛ ۱۳٤/٤۲٦؛ ۱۰٤٤/۵۲٤؛ ۱٤۷۹/٦۷۹. **۳**- آزار دیدن، رنج بردن، بر خود پیچیدن: یکم ۷۹۲/۲۹۲؛ ۲۰۱۳/۸۷۰. **٤**- پیچاندن، خم کردن: یکم ۷۷۳/۸۱. **۵**- پیچاندن و برگرداندن (روی، سر، عنان، لگام و... با حرف اضافه‌ی *از* و بدون آن): یکم ۱۰٤/۳۳؛ ۳۷۷/۱۱۰؛ ۱۲۹۸/۱٤٦؛ ۱٤۷۹/۱۵۳؛ ٤۸۹/۱۷۸؛ ٤٤۳/۲۱۷؛ ۱۰۱/۲۳۸؛ ۵۰٦/۲۸۱؛ ۵٦۲/۲۸۳؛ ۷۳۹/۲۹۰؛ ۷۷۹/۲۹۱؛ ۵٦٦/۳۲۵؛ ۲۲۲٤/۳۹۰؛ ۲۳٤۱/۳۹۵ ۲۵٤۲/٦۱۷؛ ۲۱۳/۸۷۰؛ دوم ۱۲۱۹/۱۸۳. **٦**- سرپیچی کردن، تمرّد کردن، نافرمانی کردن (بیشتر با حرف اضافه‌ی *از* و نیز بدون آن): یکم ۱۰۱/۲۵؛ ۲۰/۹٦؛ ۱٦۰۷/۱۵۸؛ ۱۰۱/۲۳۸؛ ۷۱۷/٦٦٦؛ ۱٤۳۲/۷٤۷؛ ۱۲۵۸/۸٤۰؛ ۲۰۱۳/۸۷۰؛ دوم ۱۸٦/۱٤۲ // **سر** ~ سرپیچی و تمرّد کردن: دوم ۸۱٦/۲۹۷؛ ۱٤۹۳/٦۸۰؛ ٤۳۰/۸۱۸. **۷**- روی آوردن، گراییدن، شتافتن (با حرف اضافه‌ی به، سوی): یکم ۱۲٦٦/۳۵۲؛ ۲۲۹۱/۳۹۳. **۸**- برآمدن و حریف شدن: یکم ۱۰۸٤/۵۱۰؛ ۱٦۱۷/۵۸۰؛ دوم ۵۱۷/۵۹؛ ۳۳۱/۱٤۸. **۹**- افروختن // **چشم** ~ چشم‌غرّه رفتن: دوم ۲٤۸۷/۷۱۹.

تاج. افسر، دیهیم، نیم‌تاج: یکم ۱۲۵٤/٦۸۸ // ~ ***آز:*** دوم ۱/۱۰٤۱ // ~ ***آویختن:*** یکم ۸۸٦/۳۳۷ // ~ ***بسودن:*** یکم ۳٦/۱٦۰ // ~ ***بلند:*** دوم ۱٤۲/۱۰۸۷ // ~ ***خون:*** یکم ۵۹۲/۵٤۰

// ~ *را خویشتن پروریدن:* یکم ۱۶/۱۵؛ ۲۳۶/۲۰۸ // ~ *گوهرنگار:* یکم ۱۶۲/۴۲۹ و دیگر // ~ *گهر:* یکم ۲۷۳/۲۴۵ // ~ *و تخت:* یکم ۱۰۷۴/۳۴۵ و دیگر // *بر ~ آفرین یاد کردن:* دوم ۹۰۱/۳۷ // *گوشوار ~ بودن:* دوم ۱۹۳۶/۹۵۵.

تاج‌بخش. ۱- لقب رستم: یکم ۵۲۲/۲۲۰؛ ۷۰۶/۶۶۶. ۲- لقب اسفندیار: دوم ۴۷۴/۱۵۳.

تاجور. تاجدار، پادشاه: یکم ۱۰۵/۳۳ و دیگر // *سر ~ باشد، افسر بود!:* یکم ۲۵۹/۴۳۳.

تاختن. ۱- بردن، رسانیدن: یکم ۵۸۶/۷۴؛ ۱۴۸۷/۱۵۳ // *آگهی ~:* یکم ۸۰۲/۸۲؛ ۸۹۴/۲۹۶. ۲- راندن، کشاندن، روان کردن: یکم ۶۲۰/۴۹۱ // *آب ~:* یکم ۱۰/۱۵ // *~ بردن* هجوم آوردن، در حمله غافلگیر کردن: یکم ۴۶/۲۵۵ // *لشکر ~:* یکم ۳۷/۲۳۶. ۳- فرستادن، گسیل کردن: یکم ۸۷/۳۰۶ // *برون ~:* یکم ۷۶۲/۸۱. ۴- دواندن: یکم ۲۱۸۴/۳۸۹. ۵- تازاندن: دوم ۷۳۹/۳۱؛ ۱۶/۱۰۷۵.

تاخته. ۱- کشیده، نقاشی‌کرده: دوم ۲۲۱/۴۶۴. ۲- ریخته، دوانیده: یکم ۲۴۲۳/۸۸۶.

تار. نخ‌های عمودی پارچه: یکم ۵۵۶/۱۱۷.

تاراج. ۱- غارت، چپاول، یغما: یکم ۲۰۲/۲۰۷؛ ۱۶۶/۲۴۱؛ ۲۲۰/۲۴۳؛ ۲۵۵/۲۷۱. ۲- دستبرد: یکم ۲۳۸۲/۳۹۶.

تارک. ۱- سر آدمی، فرق سر: یکم ۳۳۸/۶۴؛ ۱۴۰۳/۱۵۰؛ دوم ۳۶۸۶/۷۶۶؛ ۲۹۰۶/۹۹۳. ۲- سر و رأس هر چیز: یکم ۱۲۲/۱۰۰.

تاروپود. کنایه از هستی و موجودیت: یکم ۱۷۶۱/۸۶۰ // *بی~* ۱- ویران: یکم ۵۲۷/۴۸۸. ۲- از هم گسسته، منهزم: یکم ۷۸۰/۴۹۸. ۳- دمدمی، پریشان‌اندیش: یکم ۲۱۲/۴۷۵.

تاره[1]. تار، تاری، تاریک: یکم ۹۸/۵۵.

تاره[2]. تار، رشته، مقابل پود: یکم ۳۰۰۷/۹۱۰ // *پود و ~* (~ و پود): یکم ۱۰/۱۸۳؛ دوم ۱۰۲۰/۳۰۵؛ ۱۰۲۰/۹۱۹؛ ۲۰۰۱/۹۵۷.

تاری. کژی، گمراهی، ناراستی: یکم ۵۴۶/۸۱۲؛ دوم ۶۱۳/۴۷۹؛ ۱۰۹۸/۶۶۴؛ ۲۳۹۲/۷۱۵؛ ۵۳۵/۱۰۶۲.

تاریک. ۱- غمگین، افسرده‌حال // *جان ~:* دوم ۲۶/۲۶۶، ۱۶۴۲/۹۴۳، ۲۲۱۳/۹۶۶. ۲- بد، معطل، پیچیده: دوم ۱۶۷۱/۹۴۴ // *سرانجام کسی ~ بودن:* دوم ۳۸۷۳/۱۰۳۱.

تاریک‌تن. یکم ۳۶۶/۲۱۴؛ ۱۰۰/۴۰۷ (← تن‌روشن).

تاریک‌روز. تیره‌روزی: یکم ۱۰۱۹/٦۷۸.

تاریکی. کنایه از گمراهی: یکم ۷۹۷/٦۷۰.

تازانه. تازیانه: یکم ۱۰۳٤/۵۰۸، ۱۰٤۳، ۱۰٤۹؛ دوم ۱۰٤۷/۵۲٤؛ ٤۲/۱۰۷۲.

تازنان. تازان، تازیان: یکم ٤۸۱/٤۸؛ ۱٦٤/۱۰۱؛ ۳۹۳/۱۱۰؛ ۱۵۰/۱۸۹؛ ۳۹/۳۰٤؛ ۸٦٤/۳۳۷؛ ۱۷۵۱/۳۷۱؛ ۲۲۹۵/٦۰۷؛ ۲۵۰۹/٦۱۵؛ ٤۱۲/٦۵۵؛ ۱۸/٦۹۱؛ ۲۲۲۱/۷۷۸؛ ۲۳۵۷/۷۸٤؛ دوم ۳٤۷/۵۳؛ ۱۱۸۸/۳۱۲؛ ۷۹۵/۵۱٤؛ ۱٤۹٤/۵٤۱.

تازنده. کنایه از اسب: دوم ۹۰۳/۷٤.

تازنیدن. ۱- تازیدن، حمله کردن: دوم ۳۸۹/۵٤. ۲- تازاندن: دوم ۳۹۸/۵۵.

تازه. // ~ ***شدن:*** یکم ۳۰۱/۲٤٦ // ~ ***کردن کام کسی را:*** یکم ۷۵۹/۲۹۱ // ~ ***کردن کسی یا چیزی را بر کسی:*** یکم ۷۸۳/۲۳۰؛ ۸۱/۲۳۸ // ~ ***نبودن چهر:*** دوم ۱۰۰٦/۹۱۸.

تازه‌روی. // ***خود را ~ کردن:*** دوم ۲۵۵۲/۹۷۹.

تازیان. اسبان تازی: یکم ۲۷٦/٤۰.

تازیدن. تاختن: یکم ۷۰۷/۲۸۹.

تاسیدن. نفس زدن پیاپی: یکم ۳۰۸/٤۱.

تافتن. (نیز ← تابیدن) ۱- درخشیدن: یکم ۱۱۰/۳۳؛ ۲۰۱/۱٦۷. ۲- پیچاندن: یکم ۱۱۹/۵۵. ۳- گراییدن، روی آوردن، شتافتن (با حرف اضافه‌ی به و سوی): یکم ۱۲۳/۲٦؛ ۱۹٦۱/۵۹٤. ٤- پیچاندن و برگرداندن (روی، عنان و... با حرف اضافه‌ی به، سوی): یکم ٦۵۷/۲۲۵. ۵- پیچاندن و برگرداندن (سر از): یکم ۱۰۸۱/۳٤۵؛ ۱۸۷۱/۳۷٦. ٦- پیچیدن // ***به زر ~:*** دوم ۱۰٦۳/۵۲٤. ۷- سرپیچی و تمرّد کردن (بیشتر با حرف اضافه‌ی *از*) // ***سر ~:*** ۱۲٤۲/۳۱٤. ۸- در آتش گداختن: دوم ۲۰۳/۹.

تافته. ۱- آسیب‌دیده: یکم ٤۲۵/۱۷۵ // ~ ***شدن*** آسیب دیدن، آزرده گشتن: یکم ٤۰٦/۱۷۵. ۲- درخشان، روشن // ***باده‌ی ~:*** دوم ۱٦۹۳/۵٤۹. ۳- متغیّر، دلتنگ و خشمگین: دوم ۱۲۷۲/٦۷۱ // ***از کسی ~ بودن:*** دوم ۲٦۸/٦۳۱.

تال و مال. تار و مار: یکم ٦۰۷/۵٤۱؛ ۲۸۱۸/٦۲۸.

تام. تمام: یکم ۵۰۹/۱۱۵.

-تان. شناسه‌ی پیوسته‌ی دوم شخص جمع ۱- در حالت اضافی: یکم ٤٤۸/٦۸؛ ٦۸۳/۷۸. ۲- در حالت مفعول باواسطه: یکم ۵۸/۳۱؛ ۱٤۹/۵۷؛ ۱۸٦/۵۸؛ ٦۸۳/۷۸؛ ٤۸۲/۱۱٤ و دیگر. ۳- در حالت مفعول بی‌واسطه: یکم ۲۵۲/٦۱؛ ٤۷۹/۱۱۳ و دیگر. ٤- در معنی ضمیر

مشترک خود: یکم ۶۸/۲۳.

تاو. تاب، نیرو، توان و قدرت، امکان: یکم ۱۲۵/۱۸۸؛ ۶۲۶/۲۲۴؛ ۴/۲۳۵؛ ۲۰۸/۴۵۹؛ ۶۸۵/۴۹۴، ۶۷۹؛ دوم ۵۹۷/۲۵؛ ۶۸۹/۲۹؛ ۱۰۴/۲۰۷؛ ۵۲۷/۴۴۲؛ ۱۳۷۸/۵۳۷؛ ۱۴۹۱/۵۴۱؛ ۱۶۰۷/۵۴۶؛ ۲۸۸/۶۳۲؛ ۴۹۴/۶۴۰؛ ۱۹۴/۱۰۴۸ و دیگر // ***کسی را با کسی (پی و) ~ نبودن:*** دوم ۲۲/۲۴۶.

تاوان. غرامت، خسارت // ***بر کسی ~ بودن:*** دوم ۱۲۱/۴۰۴.

تاودار. نیرومند: دوم ۴۶۸/۲۰.

تاویدن. گراییدن: دوم ۹۰/۴۲.

تاه. تا، تای، یکدانه: یکم ۱۲۲۷/۱۴۳؛ ۳۷۸/۶۵۳؛ دوم ۱۷۴/۴۶؛ ۴۸۹/۱۲۰؛ ۱۶۹۶/۵۴۹؛ ۲۰۲۲/۵۶۲؛ ۲۵۵۷/۹۷۹.

تأیید. نیرو و توفیق دادن: دوم ۱۷۹/۱۰۸۸.

تبار. اصل، نژاد، خاندان: یکم ۲۵۵/۴۷۷؛ ۷۳۱/۷۱۹؛ دوم ۲۵۲/۸۸۹؛ ۴۴۵/۸۹۶.

تُبُرگ. دوم ۲۸۲۶/۹۹۰، ۲۸۳۳.

تبش. ۱- گرمی، حرارت: یکم ۷۷۸/۷۲۱. ۲- تپش، اضطراب: دوم ۲۵۵۵/۹۷۹.

تبنگوی. سبد، صندوقچه: دوم ۳۰۶/۱۰۵۳.

تبیره. کوس، طبل: یکم ۵۲۸/۷۱؛ ۸۶۴/۱۲۹؛ ۱۲۲۱/۳۵۱؛ ۱۶۵۴/۳۶۸؛ ۱۸۹/۵۲۴؛ ۲۸۹/۵۲۸ و دیگر // ***~ سیاه کردن:*** یکم ۵۴۰/۷۲.

تپانچه. سیلی، کشیده: دوم ۳۶۹/۱۰۵۵.

تخت[1]**.** ۱- کنایه از پادشاهی و قدرت، مال و مقام: یکم ۱۸۰/۱۹۸؛ ۶۰۴/۲۸۵؛ ۴۸۶/۴۴۲؛ دوم ۲۵۷۲/۹۸۰ // ***~ برابر کشیدن:*** یکم ۶۵/۳۰۵ // ***~ بلند*** ← بلند، شماره‌ی ۲ // ***~ پرمایه:*** یکم ۱۳۷۷/۱۴۹؛ ۵۳۱/۲۸۲ // ***~ گرانمایگی:*** یکم ۲۴۹/۶۱ // ***گریستن ~:*** یکم ۲۳۴۷/۳۹۵ // ***زمانه زیر ~ کسی بودن:*** یکم ۱۸۷۳/۸۶۴ // ***سر کسی زیر ~ آوردن:*** یکم ۱۹۰۲/۸۶۵ // ***نفرین کردن ~:*** یکم ۲۲۵۹/۳۹۱. ۲- صفحه‌ی شطرنج: دوم ۲۶۸۲/۷۲۷، ۲۶۸۴، ۲۶۹۵، ۲۶۹۶، ۲۷۰۲؛ ۲۷۳۳/۷۲۹، ۲۷۴۵؛ ۲۷۷۷/۷۳۰. ۳- صفحه‌ی نرد: دوم ۲۷۵۰/۷۲۹، ۲۷۵۲؛ ۲۷۸۹/۷۳۱؛ ۲۸۱۲/۷۳۲. ۴- دست (برای جامه): دوم ۱۳۱۹/۸۵۳.

تخت[2]**.** تخته، توپ، واحد پارچه: یکم ۱۰۹۲/۱۳۸؛ ۱۶۷۱/۳۶۸؛ دوم ۵۱۰/۱۲۱.

تختگاه. تخت، گاه، نشیمنگاه: یکم ۱۰۴۱/۱۳۶.

تخته. لنگه، توپ (واحد فرش و پارچه): دوم ۳۱۸/۲۳۷.

تُخشش. کوشش، ورزش: دوم ۲۹۸/۳۸٤؛ ٦۰۲/٤٤۵.

تخم[1]. تخمه، نژاد، نسل، نسب، خاندان، دودمان، گوهر، دوده، تبار: یکم ۱۵۵/۳۵، ۱۵۹؛ ۱۰٦/۱۹۵؛ ۱۲۵٤/۳۵۲؛ دوم ۲۸۸۵/۷۳۵؛ ٤۲۵/۱۰۵۷ و دیگر // ~ **کور (؟)**: یکم ۱۵۷۷/۵۷۹.

تخم[2]. // ~ **کاشتن**: دوم ۸٦۰/۷۳ // ~**ی که هرگز نروید مکار**: دوم ۸۱۰/۱٦۷

تخمه. تخم، نژاد، نسل و نسب، خاندان: یکم ۹۲۵/۱۳۱؛ ٦٦٤/۲۸۷، ٦٦۵؛ ۹۵۸/۲۹۸؛ ۱۲۵۵/۳۵۲؛ ٤٤۵/٤۲۰؛ ٤٤۰/٤٤۰.

تذرو. کنایه از شادمانی و کامرانی: یکم ۹/٤۰۳ // **مانند کردن چشمه به چشم ~**: یکم ۳۹۰/۲۱۵ // **مانند کردن سیاه به پر ~**: یکم ۱۷٤/۵۸ // **مانند کردن خون به پر ~**: دوم ۲۸۱۹/۹۹۰ // **مانند کردن رفتن و خرامیدن به ~**: دوم ۳۰۱۳/۹۹۷ // **مانند کردن لشکر به پر ~**: دوم ۲۵٦۰/۹۷۹.

تر. تازه: یکم ۲۸۱/۲٤٦؛ دوم ۱۲٦۷/۱۸۵ //~ **و خشک را درودن**: یکم ۱۲٤۱/۱٤٤.

تراز. ۱- کنار و حاشیه‌ی پارچه، حاشیه‌دوزی پایین جامه: یکم ۱۰۹۲/۱۳۸؛ دوم ۵۲۵/۳٦۲. **۲-** رشته، تار، نخ، ریسمان: یکم ۱۳٤/۳۰۸؛ دوم ۵٤۵/۳٦۲؛ ۵٤۷/۳٦۳.

تراک. اسم صوت: یکم ٦٤٤/٤٤۸.

ترجمان. **۱-** مترجم، برگرداننده: یکم ٤٤٦/۷۰۸؛ ٤۵۷/۷۰۹، ٤٦۰، ٤٦۵؛ ٤۹۵/۷۱۰؛ ۷۱٤/۷۱۹، ۷۱۸؛ ۷٤۷/۷۲۰، ۷٤۸؛ ۷٦٦/۷۲۱ و دیگر // ~ **کسی بودن** ۱- درباره‌ی شخص: دوم ۱۱۳۳/۹۲۳. ۲- درباره‌ی تیر (مجازاً به معنی پیک): دوم ۱۸۹/۲۱۰؛ ۲۲۵۰/۹٦۷. **۲-** واسطه میان دو تن، گزارش‌کننده: دوم ۳٦۳٦/۷٦٤.

ترسا. مسیحی: دوم ۱۰۲۳/۹۱۹؛ ۱۱۰۰/۹۲۲؛ ۲۰٦۸/۹٦۰؛ ۲۰۹۱/۹٦۱.

ترسگار. **۱-** محتاط، دوراندیش، پارسا، خداترس: یکم ۵۵۳/۳۲٤؛ دوم ۱٤۹۷/۹۸. **۲-** کنایه از ترسا، نصرانی، مسیحی: دوم ۱۱۰۲/۹۲۲.

ترسنده شدن. یکم ٤۰۳/۲۷۷.

ترسیدن. کنایه از گمان کردن: یکم ۳۱۹/٤۱؛ ۳۸۹/٦٦.

ترسیده. //~ **شدن**: یکم ۱۸۷۸/۵۹۰.

تَرف. کشک سیاه، قراقروت: دوم ۱۲۰٤/۵۳۰؛ ۱٤۷۲/۹۳٦.

ترک. سرزمین ترکان، ترکستان: یکم ۲۷٤/٦۲؛ ۲٤۲/۱٦۸؛ ۲۳/۳۰٤؛ دوم ۵٦٤/٦۱؛ ۲۳۳٤/۹۷۰؛ ۲۵٦۱/۹۷۹.

ترکان. سرزمین ترکان، ترکستان: یکم

۲۹۷/۶۲؛ ۳۴۰/۶۴؛ ۱۱۴/۱۶۳؛ ۱۱۸۶/۸۳۷.

ترکمان. ترکمن: یکم ۹۰/۴۰۶.

ترگ. کلاهخود، مغفر: یکم ۱۸۶/۲۶۸ و دیگر // ~ ***تیره:*** یکم ۱۳۲/۶؛ ۴۷۷/۱۷۸ // ***(ز شادی) ~ بر (با) ماه سودن:*** یکم ۵۹۱/۷۱۴ // ***فرسودن ~*** کنایه از جنگیدن: دوم ۳۱۳/۱۱۳.

ترگ‌دار. سوار نژاده: دوم ۵۶۷/۶۱.

ترنج. یکم ۵۲/۱۹۳ // ~ ***در دست داشتن:*** دوم ۶۲۳/۱۵۹.

ترنگاترنگ. دوم ۳۴۲/۵۲.

تَرّه. تره، گندنا // ~ ***جویبار:*** ۲۵۵۴/۹۷۹؛ ۵۱۹/۱۱۰۲.

ترّه‌گر. سبزی‌کار: دوم ۲۵۵۵/۹۷۹.

تریاک. پادزهر: یکم ۷۷۶/۱۲۵؛ ۶۰/۱۹۳؛ ۱۷۴/۲۰۶؛ ۸۴۱/۳۳۶؛ ۲/۴۲۳؛ ۱۲۹/۵۲۲؛ ۱۷۰/۵۲۳؛ ۸۴۲/۵۵۰؛ دوم ۲۵۰۰/۹۷۷ // ~ ***را به زهر اندر آمیختن:*** یکم ۱۲۷۵/۳۵۳؛ ۲۴۰۲/۷۸۶ // ~ ***زهر شدن:*** دوم ۵۴۸/۱۲۲ // ~ ***و زهر همتا نیستند!:*** یکم ۸۵۵/۱۲۸ // ***بار ~ زهر آمدن:*** یکم ۱۶۷۶/۸۸۳ // ***روان کسی را زهر ~ شدن:*** دوم ۷۵۷/۱۱۱۱ // ***زهر ~ سوز:*** یکم ۹۹۲/۱۳۴.

ترینه. گونه‌ای خوراک از سبزیجات: دوم ۷۰۰/۵۱۰.

تش. کوتاه‌شده‌ی آتش: یکم ۱۷۳۴/۸۵۹؛ دوم ۱۶۲۴/۱۹۹؛ ۹۷۵/۶۵۹؛ ۲۲۷/۸۱۰.

تشویر. شرمندگی، شرمساری، خجلت: یکم ۱۰۱/۵۲۱؛ دوم ۴۱/۱۳۶؛ ۱۵۹۰/۵۴۵؛ ۳۴۲۷/۷۵۶؛ ۱۸۵/۸۰۸؛ ۵۱۸/۱۱۰۲ // ~ ***بردن:*** دوم ۸۷۷/۳۶.

تف. گرمی، حرارت، تابش، سوزش: یکم ۷۴۶/۲۲۹؛ ۱۱۱/۲۵۷؛ ۵۱۵/۳۲۳؛ دوم ۱۵۶/۲۵۱.

تفت. زود، به‌شتاب، شتابان: یکم ۱۶۲/۲۷؛ ۱۱۰۵/۱۳۸؛ ۱۴۲۷/۱۵۱؛ ۱۵۲/۲۰۵؛ ۳۷۵/۲۷۶؛ ۱۹۱/۳۱۰؛ ۱۶۶۵/۳۶۸؛ ۶۳۷/۴۴۸؛ ۱۵۰/۵۲۳؛ ۱۱۱۷/۵۶۱؛ ۱۸۶۸/۵۹۰؛ دوم ۱۷۹۲/۹۴۹؛ ۲۲۵۴/۹۶۷ و دیگر.

تفتن. گداختن، تفسیدن: یکم ۸۵۸/۸۴.

تفته. گداخته، تفسیده: یکم ۳۸/۱۸۴؛ ۱۹۴۸/۷۶۸؛ دوم ۲۹۸/۱۱۳.

تفسیدن. گداختن: یکم ۳۱۵/۶۵۱؛ ۱۹۳۸/۷۶۷.

تفسیده. گداخته، تفته: یکم ۷۷۳/۸۱؛ دوم ۱۴۱۹/۸۵۷.

تقویم. گاهنامه، سالنامه: یکم ۱۳/۳۰۳.

تگ. ۱- دو، تاخت، پویه: یکم ۱۳۰۲/۱۴۶؛ ۴۵۵/۱۷۷؛ ۲۷۸/۲۱۰؛ ۶۱۴/۲۸۵؛ ۳۸۸/۴۳۸؛ ۳۷۳/۴۸۲؛ ۱۴۳/۶۳۶؛ ۱۱۱۶/۶۸۲؛ دوم ۴۳۸/۱۱۸؛ ۱۳۳/۴۶۰؛ ۳۴۰۲/۱۰۱۳ // ~ ***آوردن*** دویدن، تاختن: یکم

۳۴۸/۲۱۳؛ دوم ۱۴۳۶/۳۲۱ // ~ ***گران شدن***: یکم ۲۷۸/۲۱۰ // ***باد را به ~ کوتاه داشتن***: یکم ۳۸۸/۴۳۸. **۲**- پایان: یکم ۱۵۱/۲۵۹. **۳**- واحد مساحت: یکم ۶۶۰/۴۴۹. **۴**- سم (؟): یکم ۳۱۶/۴۱۵.

تگاپوی. جست‌وجوی، کوشش فراوان و به‌شتاب: یکم ۹۹۷/۶۷۸؛ ۱۱۰۷/۶۸۲؛ ۱۵۳۲/۷۵۱.

تگاور. **۱**- دونده، تیزرو (صفت اسب و هیون): یکم ۸۷۰/۱۲۹؛ ۸۸۶/۱۳۰؛ ۹۰۵؛ ۱۴۹۵/۱۵۳؛ ۱۴۱/۱۶۴؛ ۶۹/۱۸۶؛ ۵۷/۲۰۱؛ ۳۲۷/۲۱۲؛ ۲۱/۲۵۳؛ ۲۰۵۵/۳۸۳. **۲**- اسب: یکم ۳۰۹/۲۷۳؛ ۳۱۰/۴۱۵؛ ۱۹۹۲/۷۶۹.

تگین. بزرگ ترکان: دوم ۱۱۱۸/۸۴۵.

تگینان. دلیران ترک: یکم ۷۵۹/۸۲۰؛ دوم ۱۰۱/۴۳؛ ۲۱۲/۴۷؛ ۲۷۳/۵۰؛ ۵۷۵/۶۲؛ ۷۱۲/۶۷، ۷۱۶.

تل. تپه: دوم ۱۱۰۳/۸۴۴.

تَم. آفتی در پرده‌ی چشم؛ تیرگی، سیاهی: یکم ۵۳۹/۲۲۰.

تمام. کامل و بی‌عیب، استاد و ماهر: دوم ۹۹/۲۲۹.

تموز. تابستان: دوم ۱/۸۰۱؛ ۲۷۲/۸۱۲؛ ۱۸۰۰/۸۷۲؛ ۶۷۲/۹۰۵.

تن. **۱**- بدن: یکم ۳۳/۱۲ و دیگر // ~ ***آباد داشتن***: یکم ۲۰۶/۴۳۱ // ~ ***به کین نهادن***: یکم ۶۷/۴۰۵ // ~ ***پیش داشتن***: یکم ۱۵۱۸/۷۵۰ // ~ ***پیچیدن***: یکم ۷۷۲/۸۱ // ~ ***را از جان دور کردن***: یکم ۲۶/۴۲۴ // ~ ***را به مرگ نهادن***: یکم ۱۹۰/۴۳۰ // ~ ***را ز یزدان درود دادن***: دوم ۱۱۷۳/۱۸۱ // ~ ***را نگهداشتن***: یکم ۶۲/۳۱ // ~ ***روشن***: یکم ۱۰۳۶/۱۳۵؛ ۸۷۹/۲۹۵؛ ۲۰۵۱/۷۷۲ // ~ ***سوختن***: یکم ۸۵/۳۰۶ // ~ ***گذاشتن***: یکم ۱۱۱۹/۷۳۵ // ***از ~ خود بس‌کردن***: دست از جان کشیدن: دوم ۶۱/۱۰۳ // ***با ~ خود ستیز ساختن***: یکم ۲۳۸/۴۱۲ // ***تیره ~***: دوم ۱۷۳۰/۹۴۷. **۲**- کس، شخص، نفر: یکم ۴۹۱/۲۱۸؛ ۲۰/۲۶۱؛ ۸۱۴/۳۳۵؛ دوم ۱۳۱۲/۱۸۷؛ ۲۵۶/۴۳۱؛ ۶۲۸/۴۴۶؛ ۵/۴۵۱؛ ۱۹۹۶/۵۶۱؛ ۱۷/۶۰۵؛ ۲۳/۶۲۲؛ ۱۰۱۸/۸۴۱؛ ۸۸۰/۹۱۳ و دیگر. **۳**- مردم، کسان، نفوس: یکم ۴۰۹/۲۵۱؛ دوم ۶۰۸/۹۰۲. **۴**- خود، خویشتن: یکم ۶۲/۳۱؛ دوم ۴۸/۵۹۹؛ ۱۶/۶۰۵؛ ۹۱۵/۹۱۴ // ~ ***خویش (خود)***: شناسه‌ی همگانی، خود، خویشتن: دوم ۳۴۱/۱۴۸؛ ۶۸۱/۱۶۲؛ ۸۱۲/۱۶۷؛ ۴۳۵۶/۷۹۳؛ ۲۲۶/۶۳۰؛ ۱۴۹۸/۶۸۰؛ ۱۵۳۹/۶۸۲؛ ۱۵۹۱/۶۸۴؛ ۱۶۸۹/۶۸۸؛ ۳۸۱۷/۷۷۱؛ ۴۰۰۳/۷۷۹؛ ۱۶۵۱/۸۶۶؛ ۱۱۱۱/۹۲۲؛ ۲۰۸۰/۹۶۰ // ***~ش***: شناسه‌ی همگانی، خود: دوم

۳۶۲/۱۴۹ // **به ~** شناسه‌ی همگانی، خود: دوم ۸۴۲/۱۶۸. **۵**- وجود، هستی، ذات، زندگی: یکم ۳۶۲/۶۵؛ ۱۰۷۱/۱۳۷؛ ۵۰۸/۱۷۹؛ ۲۶۰/۲۰۹؛ ۱۰۱۷/۳۴۳، ۱۰۲۲؛ ۱۶۰۰/۳۶۵؛ ۱۶۲۴/۳۶۶؛ دوم ۱۴۵۱/۵۴۰؛ ۲۵۱۳/۷۲۰؛ ۲۹۴۳/۹۹۴ // **بد ~** ← بدتن (نیز← شماره‌ی ۱). **۶**- نیرو: یکم ۳۷۴/۲۱۴؛ ۹۱۵/۲۹۷ (← باتن)؛ دوم ۷۵۸/۶۵۱ // **بی~** بی‌نیرو (نیز← بی‌تن): یکم ۸۰۴/۵۴۸؛ دوم ۴۸۸/۲۰.

تن‌آسان. ۱- آسوده، مرفّه، راحت، بی‌رنج: یکم ۱۶۸/۲۵۹؛ ۲۰۰۹/۵۹۵؛ ۲۲۶۱/۶۰۶؛ ۲۵۸۳/۶۱۸؛ ۳۰۰۳/۹۰۹؛ دوم ۲۴/۲؛ ۱۴/۴۱۳؛ ۳۸/۴۸۴؛ ۱۷۱/۴۸۹؛ ۱۲۳۴/۶۶۹؛ ۱۲۵۷/۶۷۰؛ ۱۲۷۴/۶۷۱؛ ۱۴۴۰/۶۷۸؛ ۱۸۹۱/۶۹۶؛ ۱۹۴۶/۶۹۸؛ ۴۰۲۵/۷۸۰؛ ۲۲/۸۰۲؛ ۳۷۹/۸۹۴؛ ۲۸۷۸/۹۹۲؛ ۲۸۰/۱۰۹۲. **۲**- بی‌رنج، آسان، به آسانی، به راحتی، سهل و ساده: یکم ۶۱۱/۲۸۵؛ ۱۹۹۲/۸۶۹؛ دوم ۲۹۷/۱۴۶؛ ۶۷۶/۱۶۱؛ ۱۷۰۵/۵۵۰؛ ۲۹۹/۶۳۳؛ ۱۲۵۲/۹۲۸؛ ۲۱۹۸/۹۶۵؛ ۲۲۴۵/۹۶۷، ۱۶۰۳/۸۶۴. **۳**- تن‌آسانی، آسودگی: یکم ۲۲۶۲/۶۰۶؛ ۲۹۱۲/۹۰۶؛ دوم ۴۰۲۳/۷۸۰. ٤- کاهل: دوم ۱۶۰۳/۸۶۴.

تن‌آسانی. ۱- آسودگی، رفاه، راحتی، آسایش، بی‌رنجی: یکم ۹/۵۱؛ ۱۶۵/۱۹۷؛ ۹۵۴/۳۴۰، ۹۶۴؛ ۸۱/۷۹۴؛ دوم ۷۲۳/۳۷۰؛ ۴۶۹/۳۹۱؛ ۵۶۸/۴۷۷؛ ۱۰۴۵/۵۲۴؛ ۲۱۱۲/۷۰۴. **۲**- تنبلی، کاهلی: یکم ۱۷۳۱/۸۵۹.

تُنْبُل. مکر، نیرنگ، حیله، فریب، افسون، جادو: یکم ۳۵۱/۴۳؛ ۸۲۴/۲۳۲؛ ۳۷۴/۵۳۱؛ ۱۴۶۰/۵۷۴؛ ۵۰۶/۸۱۰؛ دوم ۵۹۱/۱۲۴؛ ۶۷۵/۱۶۱؛ ۱۶۰۵/۶۸۴؛ ۸۴۱/۸۳۴؛ ۱۱۱۹/۸۴۵؛ ۳۰۲/۸۹۱؛ ۲۷۳۱/۹۸۶؛ ۴۹۷/۱۰۶۰؛ ۵۵۷/۱۰۶۳ // **~ فروختن**: یکم ۲۰۰۱/۳۸۱.

تند. ۱- با شتاب، خشمگین: یکم ۳۵۹/۲۷۵؛ ۵۷۰/۴۴۵. **۲**- بی‌پروا و سرزنده: یکم ۱۰۰/۱۸۷. **۳**- بلند، سربالا: یکم ۵۰۰/۲۸۰؛ ۲۵۰/۴۳۳؛ ۴۱۱/۴۸۳؛ دوم ۱۳۶۶/۹۳؛ ۱۲۳۶/۱۸۴؛ ۵۰۶/۲۸۵؛ ۲۳۲/۱۰۹۰.

تندرست. بی‌عیب و نقص، کامل، استوار: دوم ۳۷۷۷/۱۰۲۷.

تندی. ۱- خشم: یکم ۶۱۸/۲۲۴؛ ۳۵۵/۲۷۵؛ ۳۸۵/۲۷۶؛ ۴۱۴/۲۷۷؛ ۶۱۴/۲۸۵؛ ۴۶/۳۰۴؛ دوم ۱۷۰۰/۶۸۸ و دیگر // **به ~** ۱- در خشم، هنگام خشمگینی: یکم ۳۹۳/۲۷۶. ۲- با شتاب: یکم ۶۰۰/۴۴۶. **۲**- چستی، شتاب: دوم ۲۹۹۲/۹۹۶.

تندیاز. صفت اسب، تیزتک: یکم

۱۱۰۲/۵۱۱؛ ۴۹/۶۳۳.

تُنُک: کم، اندک: دوم ۲۹/۱۰۷۲ // ***چیزی را ~ داشتن***: یکم ۱۳۳۰/۷۴۳ // ***کسی را به رای و دانش ~ داشتن***: دوم ۵۹۲/۱۵۸ // ***مغز ~*** کم‌مغز، کم‌خرد: دوم ۱۱۴۰/۶۶۶؛ ۱۲۴۹/۸۵۰ // ***میخواره‌ای ~ بودن***: دوم ۳۷۵/۱۴۹.

تنگ. ۱- تسمه و بندی که با آن زین را بر اسب بربندند: یکم ۴۳۴/۱۷۶ // ***~ برآختن*** تنگ برکشیدن بر اسب: یکم ۶۰۰/۷۱۴. ۲- بسیار، سخت: یکم ۴۵۶/۶۹. ۳- نزدیک، تقریباً: یکم ۱۸۰/۲۸؛ دوم ۴۵۴/۳۵۹؛ ۴۱۹۵/۷۸۶؛ ۱۳۱۷/۸۵۳ // ***~ اندرآمدن*** سخت نزدیک شدن: یکم ۱۰۷۸/۵۵۹؛ ۲۱۸۵/۷۷۷ // ***(به) ~ (اندر، اندرون) آمدن***: یکم ۱۸۰/۲۸؛ ۴۵۶/۶۹؛ ۲۳۴/۱۶۸؛ ۳۱۸/۱۷۱؛ ۸۸/۲۰۲؛ ۴۴۴/۲۱۷؛ ۷۳۴/۲۲۸، ۱۹۷/۲۶۹، ۲۰۹؛ ۳۱۱/۲۷۳؛ ۴۰۹/۲۷۷؛ ۶۴۵/۳۲۸، ۶۴۷؛ ۳۸۲/۴۳۸ // ***~ برگشتن از کاری***: یکم ۹۸۵/۸۹ // ***~ رفتن نزد کسی***: یکم ۱۲۱/۴۲۷ // ***با کسی زمین را ~ اندرآوردن***: یکم ۱۰۲۸/۱۳۵؛ ۳۸/۱۹۲. ۴- جای تنگ و سخت، وضع دشوار: دوم ۱۲۵۹/۳۱۴؛ ۱۴۹/۱۰۴۷ // ***~ بودن*** کم بودن، در مضیقه بودن: دوم ۶۲۰/۳۶۵ // ***~ شدن*** ناچیز شدن: دوم ۶۲۹/۳۶۶.

تنگدل. ۱- افسرده، غمگین: یکم ۱۲۲/۱۹۶؛ ۳۳۲/۳۱۶؛ ۲۴۸۶/۷۸۹؛ دوم ۹۶۶/۹۱۶. ۲- مأیوس، ناامید: یکم ۴۹۹/۳۲۲. ۳- دل‌چرکین: دوم ۴۲۷/۱۱۸.

تنگی. ۱- تنگ‌جایی، درهم‌فشردگی: یکم ۴۲۰/۱۱۱ و دیگر // ***~ دل*** افسردگی، غمگینی، ناامیدی، خشم: دوم ۲۵/۶۲۲؛ ۲۵۶۶/۹۸۰ // ***به ~ فراز آمدن*** سخت نزدیک شدن: دوم ۲۴۸۲/۹۷۶. ۲- مضیقه، خشکسالی، قحطی: یکم ۶/۱۸۳، ۱۰، ۱۵؛ ۲۸/۱۸۴؛ ۴۴۲/۴۲۰. ۳- عسرت، فشار، اضطرار، دشواری، سختی، تنگنا: یکم ۱۰۸/۳۳؛ ۷۰۹/۱۲۳؛ ۱۵۳۶/۵۷۷؛ ۱۵/۶۳۹؛ دوم ۶۲۳/۳۶۶ // ***~ دل***: یکم ۳۶۰/۳۱۷ // ***به ~ دل***: یکم ۴۷۳/۱۱۳؛ ۷۸۳/۱۲۶؛ ۹۸۲/۱۳۳ // ***دل به ~ ندادن***: یکم ۴۴۴/۲۷۸. ۴- نزدیکی: یکم ۱۰۰۱/۹۰؛ ۵۷۰/۲۲۲؛ ۱۴۱/۴۰۸؛ دوم ۱۰۳۷/۱۷۶ // ***به ~ فراز آمدن***: یکم ۵۵/۱۸۵؛ ۴/۲۵۳؛ ۱۲۸/۴۲۸؛ ۲۸۲۰/۹۰۲ // ***چیزی به ~ آمدن***: یکم ۵۷۰/۲۲۲. ۵- تنگ: یکم ۴۲۴/۴۵. ۶- هراس، دهشت: دوم ۲۵۵/۲۳۵.

تنومند. ۱- زنده: یکم ۲۰۳۰/۵۹۶. **۲-** دارای جسمیت: دوم ۲۵٤۱/۷۲۱ //~ ***بودن*** جسم داشتن: دوم ٦۸۹/۱۱۰۸. **۳-** شخص، کس: دوم ۱٤۵۹/٦۷۸.

تنها. دور، جدا: دوم ٤۱۸/۱۰۵۷.

تنّین. اژدها: دوم ۱٤۳۸/۳۲۲، ۱٤٤۳؛ ۸۱/۳٤٤

تو. ۱- شناسه‌ی همگانی، در کارکرد ضمیر مشترک خود، بجای شناسه‌ی پیوسته‌ی دوم کس مفرد: یکم ۱۸۰٦/۳۷٤؛ ۹۵۲/٦۷٦؛ دوم ۱۳۵۳/۱۸۸؛ ٤۷۰/۲۸۳ب؛ ۲۱۲۹/۵٦۷؛ ۳۹۸۱/۱۰۳۵ب. **۲-** شما، شماها (؟): یکم ۱٦۱۳/۵۸۰.

توانگر. دوم ۷۹۱/۱۳۲؛ ۸/۲۲۵؛ ۷۷/۲۲۸.

توتیا. سنگی که از گرد آن سرمه سازند: دوم ۳۰۱/۱۱۳.

توختن. کردن، گزاردن، پرداختن، ادا کردن // ***بدی*** ~: دوم ۱۵۷۰/۱۹۷ // ***فام*** ~ وام گزاردن: دوم ۱٦۱۷/۱۹۹ (نیز← فام) // ***فام کین*** ~: یکم ٤۰۲/٤۱۸.

تور[۱]. توران: یکم ۱۸/۱۸٤؛ ۲٤/۳۰٤؛ ۱۰۰۵/٦۷۸؛ ۵۸٦/۷۱٤.

تور[۲]. از اتباع تار: دوم ۲۵٦/٤٦۵ (؟)؛ ٤۱۲/٤۷۱.

توران. ۱- سرزمین توران: یکم ۹۱۵/۸۱۱. **۲-** تورانیان: یکم ۱۵۵/٦٤۵؛ ۲۳٤۹/۷۸٤.

توری. تورانی //~ ***قبای***: دوم ۱۲۱۳/۸۷ // ~ ***کلاه***: دوم ۱۲۱۹/۸۷ // ***تیغ*** ~: دوم ۲۲۵٦/۹٦۷ // ***زین*** ~: یکم ۱۳۹/۲۵۸.

توری‌نژاد. // ***اسپ*** ~: دوم ۲۲۷۹/۹٦۸.

توز. پوست درخت خدنگ: یکم ۲۹٦/۱۰٦؛ ٦۷۲/۳۲۹.

توژ. ← توز.

توش. تاب و توان، طاقت، نیرو: یکم ۳۸۳/۲۱٤؛ ۱۳۱/۲۵۸؛ ۸۷٤/۲۹۵؛ ۹۱٤/۲۹۷؛ ۳۰٦/٤٦۳؛ ۷۸٤/٤۹۸؛ ۱۱۳۸/۵۱۲؛ ۸۰۲/۷۲۲؛ دوم ۱۰۹۳/۱۷۸ // ***می روان را*** ~ ***گشتن***: دوم ۸۰۵/۱٦۷

توشه. ۱- معاش، هزینه‌ی زندگی: یکم ۵۰۷/۷۱؛ ۱٦۹/۱۹۸. **۲-** آذوقه، زاد راه (خوراک همراه مسافر، بیشتر در معنی مجرَّد): یکم ۲۷۳/٤۰؛ ۲۳۳۷/٦۰۹؛ ۱۹٦۷/۸٦۸ // ***به تن*** ~ ***یافتن***: دوم ۱۲۸۵/٦۷۲ // ***پند کسی را*** ~ ***جان کردن***: دوم ۲۹۵۸/۷۳۸ // ~ ***راستی***: دوم ۱۳۱/۵۹٦ // ~ ***ره***: یکم ۳۹٦/٦٦؛ ۱۲۷۸/۱٤۵ // ***جهان (روان) را به دیدار*** ~ ***بودن***: یکم ۱۳۲٤/۳۵۵؛ ۲۳٤۳/۳۹۵؛ ۱۸۱۰/۵۸۸؛ دوم ۲۷۱/۳۸۳؛ ۸۰۰/۹۱۰؛ ۳۰۲۱/۹۹۸ // ***خرد را به گفتار*** ~ ***بودن***: دوم ۲٤۹/٦۱۵؛ ۱٦٦۹/٦۸۷ //

روان را به فرهنگ ~ بودن: دوم ٢١١/٦٢٩ // ***روان را به راستی ~ بودن:*** دوم ٨٠٣/١٦٧. **٣-** زادراه آن جهان: دوم ٢٠/٦٠٦.

توقیع. دستینه: دوم ٣٧٠٠/٧٦٧، ٣٧٠٦؛ ٣٧١٣/٧٦٧؛ ٣٨٥٠/٧٧٣؛ ٣٢٠٨/١٠٠٥.

تهم. دلیر، نیرومند: دوم ٧٧/٤٢؛ ٥٠٩/٥٩؛ ٦٠٧/١٢٥؛ ٦٦/١٣٧.

تهمتن. **١-** لقب رستم: یکم ٣٤/٤٥٢ و فراوان. **٢-** لقب اسفندیار: دوم ٤٠٦/١١٧؛ ٧٢٤/١٢٩؛ ٧٨٨/١٣٢؛ ٦١٧/١٥٩.

تهم‌زاده. پهلوان‌زاده: دوم ٢٢٠٢/٥٦٩.

تهی. خالی // ***جای ~ کردن:*** یکم ١١١٢/٣٤٦.

تهیگاه. پهلو: یکم ١٤٦٦/١٥٢؛ دوم ٤٤٩٧/٧٩٨.

تیر[1]. ماه چهارم سال: یکم ٥٧٣/١١٧.

تیر[2]. **١-** چوبی که از کمان رها کنند // ***~ از چرخ گذاشتن:*** یکم ٣٠٩/٧٠٣ // ***~ بر ~ پَر شکافتن:*** دوم ٢١٠/٤٦٣ // ***~ پرتاب:*** یکم ١٥٧٣/٨٥٢ (نیز← پرتاب) // ***~ شاهنشهی:*** یکم ١٢٩٦/١٤٦ // ***~ گز:*** دوم ١٣٦٩/١٨٩ // ***~ ناوک:*** یکم ١٥٤٩/١٥٦ // ***سر ~ و زه را بر شست بستن:*** دوم ٩٧١/١٧٣ // ***کژی نیاید ز ~:*** یکم ٥٠١/٢٨١. **٢-** کنایه از راستی و درستی: یکم ١٨٨/٦٣٨ // ***ره ~ گرفتن:*** دوم ٢٥٠٤/٧٢٠.

تیرگی. **١-** کوری، نابینایی: یکم ٥٣٩/٢٢٠؛ ٥٤٢/٢٢١. **٢-** کنایه از این جهان: دوم ١٤٦٥/٩٣٦.

تیره[1]. **١-** کور، نابینا: یکم ٥٣٩/٢٢٠. **٢-** تاریک // ***~ ترگ:*** یکم ١٣٢/٦ // ***~ روان:*** یکم ٢٦/٢٦٢؛ ٢٢٧٨/٣٩٢ // ***~ گمان:*** یکم ٣٢٣/٢١٢ // ***~ میغ:*** یکم ٢٣٨٨/٣٩٧. **٣-** کنایه از شب: دوم ١٦٤١/٩٤٣.

تیره[2]. طیره، خشمناک، دلتنگ، آزرده، شرمزده: یکم ١٣٨٤/٣٥٧؛ ١٨١٣/٥٨٨؛ ٤٧٩/٦٥٧.

تیره‌آب. // ***دامن از ~ کشیدن:*** دوم ١٢٢٦/٩٢٧.

تیره‌تن. زشت و ناپاک و اهریمنی: دوم ١٧٣٠/٩٤٧.

تیره‌جان. نفس ناآگاه، روان گمراه و اهریمنی: یکم ٥٥٢/٨١٢.

تیره‌روان. **١-** غمگین، دلتنگ، افسرده، مکدّرخاطر، اندوه‌زده، دل‌آزرده: یکم ١١٦٢/٥٦٢؛ ٢٠٤٣/٧٧١؛ دوم ٣١٦/٣٥٣؛ ٦٦٠/٣٦٧؛ ٨٣/٦٠٨؛ ٨٨١/٨٣٦؛ ١٦٠٤/٨٦٤. **٢-** شرمسار، شرمزده، شرمنده: یکم ٣٠٤/٤٧٩؛ ١٠٩٩/٥١٠؛ دوم ١٩٤/١٤٢. **٣-** دارنده‌ی جان گمراه و نفس تیره: دوم ٣١١٦/٧٤٤.

تیز[۱]. ۱- زود، تند، باشتاب، سریع: یکم ۱۱٤/۱۸۷؛ ۲۰۲/۲۰۷؛ ۵۲۱/۲۲۰؛ ۱۷۰/۲٦۸؛ ٤۱/۳۰٤؛ ۷۰٤/۳۳۰؛ ۹٤۸/۳٤۰؛ ۱۲۳۱/۳۵۱؛ ۲۰۰/٤۱۰؛ ٦۱/٤۲۵؛ ٤۲۸/٤٤۰؛ دوم ۳٦۷/۲٦۰؛ ۱٤۹٤/۵٤۱؛ ۲۱٤۳/۵٦۷؛ ۳۰۸۷/۷٤۳ // ~ **برگشتن**: یکم ٦۱۵/۳۲۷ // ~ **بگذشتن**: دوم ۳۱۳/۱٤۷ // ~ **کردن** *(ران) اسب*: یکم ۲۷۸/۲۱۰؛ ۲٦٤/۲٤۵. ۲- چابک: یکم ۱۰۱٤/۱۳۵؛ ۵/٤۰۳. ۳- فروزان، سوزان: یکم ۱۰/۹۵؛ ۱۰۱٤/۱۳۵؛ ۵۳۱/۳۲۳؛ ۱٤۹٤/۳٦۱. ٤- مشتاق، مشتاقانه: یکم ۲۸۷/۱۰٦؛ ۱۲٤/۱۸۸؛ ۳۹٤/٤۱۸ // ~ **کردن**: یکم ۹۵/۲۵٦. ۵- خشمناک، تندخو: یکم ۸۲٤/۱۲۷؛ ۱۸۷/۱٦٦؛ ۳۹۸/۲۵۰؛ ۷۱۱/۲۸۹؛ ۵۵۵/۳۲٤؛ ۲۳۸/٤۱۲؛ ۲۳۷۳/۸۸٤؛ دوم ۵۹۷/۳۹٦؛ ۱۱۷۱/٦٦۷؛ ۳٦۱۵/۷٦٤؛ ۳۳۰/۱۰۵٤ // ~ **شدن**: یکم ٤۳۲/۲۱٦ // ~ **گشتن**: یکم ٤۹۰/۱۷۸؛ ۸۲/۲۰۲؛ دوم ۲۲٤۳/۹٦۷. ٦- تند، برّنده، چابک // **جنگ را جنگ ~ کردن**: یکم ۱۱۲۰/٦۸۲. ۷- برّان، قاطع: یکم ۵٦٦/۱۱۷ .

تیز[۲]. جایی در مکران: یکم ۱۹۰۸/۸٦۵.

تیزتاز. تیزتازنده: یکم ۱۲۲۹/۱٤۳.

تیزتگ. چابک، سریع: یکم ۱۲۵/۱۸۸؛ ۷۰۳/۲۸۸.

تیزپرّان. تیزپر: یکم ۳۸۳/۲۵۰.

تیزچنگ. چابک، قوی‌پنجه، نیرومند: یکم ٦۹/۱٦۲؛ ۲۹۳/۲۱۱؛ ۸۱۷/۲۳۱؛ ٦۸/۲٦۳؛ ۲۲۱٦/٦۰٤؛ دوم ۲۲۵۲/۹٦۷ // ~ **شدن**: یکم ۸۰۲/۱۲٦؛ ٤۹۸/۱۷۸؛ ۱۱٦٦/٦۸٤؛ ۸٤/٦۹٤.

تیزکوش. بسیار کوشا: یکم ۸٤/۳۲.

تیزدم. ۱- آه سوزان، کنایه از دریغ و افسوس و شگفتی: یکم ٦۵/۱٦۱؛ ۳۷۹/۲۱٤؛ ۱۱۷٤/٦۸۵؛ ۲۳۲۸/۷۸۳؛ ۵۸۰/۸۱۳؛ دوم ۱٤۹۹/۱۹٤. ۲- کنایه از سخن درشت: یکم ۲٤٦۷/٤۰۰. ۳- کنایه از آتش فروزان: یکم ۲۰۹۷/۳۸۵. ٤- نفس تند //~ **برزدن** نفس تند (و بدبوی) کشیدن: دوم ۹٦/۲٤۳.

تیزدندان. درّنده: یکم ۱۸۸۰/۳۷٦.

تیزگرد. یکم ۱٤۲۷/۷٤۷.

تیزویر. تیزحافظه، تیزیاد، یادگیر: دوم ۲۲۰/۱٤۳ (نیز← ویر).

تیزی. ۱- بزودی، به شتاب: یکم ۷۰٦/۳۳۰. ۲- تندی، خشم، خشم و شتاب، نادرنگی در کارها، خشونت: یکم ۳۹۰/٦٦؛ ۹۸۸/۸۹؛ ۷٤/۱٦۲؛ ۳۳۳/۲۷٤؛ ۳۸۵/۲۷٦، ۳۸۷؛ ۵۷۲/۳۲۵؛ ۲۲۰۰/۳۸۹، ۲۲۰۳؛ دوم ٤۵۰/۱۹؛ ٤/٤٤۹؛ ۱۳۳۱/٦۷۳؛ ۳۰۳٦/۷٤۱؛ ۳۲۸۳/۷۵۰ // ~

آراستن: یکم ۴۱۶/۲۷۷. **۳**- تأثیر، گیرایی: دوم ۷۹۸/۱۶۶.

تیشتاریان. رزمیان، جنگیان: یکم ۲۳/۲۲.

تیغ. ۱- کنایه از زبان: یکم ۱۰۷۷/۱۳۷. **۲**- پرتو: یکم ۷۱۵/۲۸۹. **۳**- سر و چکاد کوه: یکم ۶۶۱/۱۲۱؛ ۲۹۸/۲۱۱؛ ۴۷۵/۲۱۸؛ ۶۶/۴۶۹؛ ۳۷۰/۴۸۱؛ ۸۳۴/۵۵۰؛ ۱۲۴۱/۵۶۵؛ ۲۳۱۲/۸۸۱؛ دوم ۵۴۰/۲۲؛ ۴۰۳/۶۳۷، ۴۰۶ و فراوان. **۴**- میانه‌ی آسمان: یکم ۹۴۶/۸۸؛ ۱۱۸/۴۲۷. **۵**- شمشیر // ~ *آهرمنی:* دوم ۱۷۷۶/۹۴۸ // ~ *توری*← توری // ~ ***تیره از نیام برآوردن:*** یکم ۱۸۳/۱۹۸ // ~ ***دژم:*** یکم ۴۱۹/۱۱۱ // ~ ***دینارگان:*** دوم ۶۵۳/۱۲۶ // ***آتش از ~ فروغ گرفتن:*** یکم ۱۶۲۶/۵۸۱ // ***بالیدن دل ~:*** یکم ۲۷۳/۱۶۹ // ***به ~ گیا بریدن:*** یکم ۵۱۹/۷۱۱ // ***رخ ~ هندی شستن:*** یکم ۲/۲۵۳ // ***روشن‌جهان زیر ~ اندر است!:*** یکم ۷۱۶/۲۸۹. **۶**- کنایه از روان: دوم ۲۴۶۳/۷۱۸. **۷**- بالا // ~ ***گنبد:*** دوم ۱۵۲۱/۳۲۵. **۸**- پیچیدن در نبرد: دوم ۱۱۳/۴۵۹.

تیمار. ۱- اندوه، سوگ، غم و غصّه، نگرانی، رنج، آزار: یکم ۳۹/۱۳؛ ۶۳۷/۷۶؛ ۷۶۶/۱۲۵؛ ۸۰۹/۱۲۷؛ ۹۶۸/۱۳۳؛ ۱۲۸۱/۱۴۵؛ ۳۷۰/۱۷۳؛ ۳۸/۱۸۴؛ ۲۱۲/۲۰۷؛ ۱۰۶۱/۳۴۴؛ ۱۴۳۷/۳۵۹؛ ۱۹۶۳/۳۸۰؛ ۲۰۵۳/۳۸۳؛ ۲۲۹۴/۳۹۳؛ ۲۳۱۲/۳۹۴؛ ۲۳۵۴/۳۹۵؛ ۹۱/۴۲۶؛ ۳۰۶/۴۳۵؛ ۴۸۹/۴۴۲؛ ۱۳۵/۵۲۲؛ ۲۱۳۰/۶۰۰؛ ۵۰۶/۶۵۸؛ ۵۱۸/۶۵۹؛ ۵۴۸/۶۶۰؛ ۵۷۶/۶۶۱؛ ۶۷۵/۶۶۵؛ ۸۹۶/۶۷۴؛ ۹۳۷/۶۷۵؛ ۳۲۸/۷۰۳؛ ۲۳۲۲/۷۸۳؛ ۲۳۹۱/۷۸۵؛ دوم ۶۸۴/۱۶۲؛ ۱۳۲۶/۱۸۷؛ ۱۶۲۴/۱۹۹؛ ۱۴۳/۲۲۲؛ ۷/۲۲۵؛ ۲۴۹/۲۳۵؛ ۱۷۲/۳۴۷؛ ۸۳۰/۶۵۴؛ ۱۱۱۰/۶۶۵؛ ۱۰۸۱/۹۲۱؛ ۲۳۲۲/۹۷۰؛ ۲۷۵۸/۹۸۷؛ ۲۷۸۲/۹۸۸؛ ۲۸۶۰/۹۹۱؛ ۶۰۸/۱۰۶۵؛ ۶/۱۰۸۱، ۸؛ ۳۲۴/۱۰۹۴، ۳۳۷ // ~ ***خوردن*** غم خوردن، سوگواری کردن: دوم ۲۹۰۱/۹۹۳؛ ۷۴۳/۱۱۱۱ // ~ ***مرگ:*** یکم ۵۷۱/۷۳. **۲**- غمخواری، خدمت، رسیدگی به کار کسی، پرستاری، مواظبت، دلسوزی، حمایت و دستگیری: یکم ۹۴۶/۱۳۲؛ ۹۳۸/۲۹۸؛ دوم ۹۱۶/۱۷۱؛ ۱۶۶۴/۲۰۱؛ ۳۰۴۹/۹۹۹ // ***از کسی ~ خوردن*** برای او غمخواری و دلسوزی کردن، از او حمایت نمودن: دوم ۳۴/۱۰۴۲ // ~ ***بردن*** غم خوردن و دلسوزی کردن: یکم ۱۴۲/۴۵۶؛ دوم ۶۲/۱۰۴۳ // ~ ***چیزی را داشتن*** غم آنرا خوردن، نگران آن بودن: دوم ۳۸۱۷/۱۰۲۹ // ~ ***خوردن:*** یکم

۸۸۳/۱۲۹؛ ۸۹۲/۱۳۰؛ ۲۱۱۸/۷۷٤؛ دوم ۷۲۳/۱٦۳ // ~ ***کاری را خوردن*** در غم آن کار و درست کردن آن بودن: دوم ۲۷۸۱/۹۸۸ // ~ ***کشیدن*** غمخواری کردن: یکم ۲۱۹۵/۷۷۷ // ***گرد ~ کسی گشتن***: یکم ۲۰۱۲/۳۸۲ // ***میان را به ~ کسی بستن***: یکم ۱۵۱٦/۳٦۲.

تیماربر. برنده‌ی تیمار کسی به کسی دیگر: یکم ۲٦٤٦/٦۲۱.

تیماردار. غمخوار، دلسوز: یکم ۲۵۱۰/۷۹۰؛ دوم ۲۰۱/۱۰٤۹.

تیمارکش. غمخوار: یکم ۱۳٦/۵۲۲.

ج

جاثلیق. ۱- پیشوای ترسایان: یکم ۸٤/۱۸٦؛ دوم ٦۰٤/۲٥؛ ۲۱۷/۲۳۳؛ ۲۰٥۷/۹٥۹. ۲- استاد، دانشمند: یکم ۲٤۷۸/٦۱٤؛ ۱۰۸۱/۸۳۳. ۳- جنگجوی مسیحی، کارشناس جنگی مسیحی و رومی: دوم ۸۹۳/٦٥٦، ۹۰۱؛ ٤۱۸۳/۷۸٦؛ ۱۷٥۳/۹٤۷. ٤- مهندس و معمار مسیحی و رومی: دوم ٥۸۷/٦٤٤.

جادو. جادوگر: یکم ۳۳/۱۸؛ ۳۲۸/٤۲؛ ۳۸۹/۱۱۰؛ ۱۲۷/۱۸۸؛ ۱۷۰/۲۰٦؛ ٤۹۷/۲۱۹ // ***نرّه ~*** دربارهٔ زن: دوم ٤۹٥/۱۰٦۰.

جادوستان. دوم ۲۳۹/۱۰٥۰.

جادوی. ۱- // ***~ها نبشتن:*** دوم ۲۰۹/۱۰۹. ۲- شگفتی نمودن در داستان‌سرایی، افسون کردن در سخن‌پردازی: یکم ۷٥/۷۹۳.

جام. // ***~ پنجاه و هشت:*** یکم ۷/٤۰۳ // ***~ زرد:*** یکم ۷٤/۲٥٦ // ***~ گیتی‌نمای:*** یکم ٥٤٤/٦٦۰؛ ٥٦۷/٦٦۱؛ ٦٥٦/٦٦٤؛ ٦٥۹، ٦٦۱ // ***~ می شکردن:*** یکم ۲۲۳۲/٦۰٤ // ***بر آیین شمشیر ~ آوردن:*** یکم ۲٥۱۲/۸۸۹ // ***جفت ~ باده بودن:*** یکم ۱۲۷۸/٥٦۷ // ***کشتی بر ~ می گذار کردن:*** دوم ۷۹٤/۱٦٦ // ***می در ~ موج زدن:*** یکم ۱۸۱٦/۸٦۲؛ ۲۱۹۱/۸۷۷. ۲- کنایه از کامرانی و عشرت: یکم ۲٤٦٤/۸۸۸.

جامه[1]. ۱- زیرانداز، گستردنی، فرش: یکم ۹٥۲/۲۹۸، ۹٥۳؛ دوم ۱۳۱۸/۹۱؛ ۲٤۲٤/٥۷۸؛ ۳٦۱۳/۱۰۲۱، ۳٦۱٤، ۳٦۱۷، ۳٦۱۸؛ ۲۰٥/۱۰۸۹ // ***~ (بر)نشست:*** دوم ٤۹٤/۱۲۰؛ ٥۱٤/٤٤۱؛ ٦٥/۱۰۸۳ // ***~ تخت*** روکش تخت: دوم ۳۳٦٦/۱۰۱۱. ۲- جای خواب، بستر: یکم ۳۹۲/۳۱۸؛ ۷۰۱/۳۳۰؛ ۱۰٦۱/٥۰۹؛ ٤٥۸/٥۳٥؛ ۱۱۰٥/٦۸۲؛ دوم ٤٥٤/۱۹، ٤٥٦؛ ۱۸۰/۲۳۲؛ ۹۷/۲٤۳؛ ۱۰٥۷/٥۲٤؛ ۱۹۹۲/۹٥۷ // ***~ کردن*** (؟): دوم

۲۵٤۵/۵۸۳. **۳**- پارچه (یا لباس): یکم ۱۰۹۸/۱۳۸؛ دوم ۲۰٤۸/۹۵۹ // ~ ***بربری:*** یکم ۲۸۷۳/٦۳۰ // ~ ***نابرید:*** یکم ٦۰۳/۳۲٦؛ ۱٤۰۲/۳۵۸؛ ۱۵۲۰/۳٦۲؛ دوم ۱٦۵۲/۲۰۰ // ~ ***نابسود:*** دوم ۲٤۷۰/۵۸۰. **٤**- لباس: یکم ۱۷۲/۲٤۱؛ دوم ۱۸۳/۲۳۲ و دیگر // ~ ***بر کسی لاژورد کردن:*** یکم ۱۳۱٦/۱٤٦ // ~ ***بزم رومی:*** دوم ۳۲۲۰/۱۰۰۵ // ~ ***پاک:*** ۳۰۳۷/۹۹۸ // ~ ***پارسی:*** یکم ۱۵۲۷/۳٦۳ // ~ ***پهلوانی:*** دوم ۱۲۹۲/۹۰ // ~ ***پهلوی:*** یکم ۸۸٤/۲۹٦؛ ۲۳٤۰/۳۹۵؛ ۳۷/٤۰٤؛ ٤٤۲/٦۵٦؛ دوم ۱۲۹/۳٤٦؛ ۸۲/٤۸٦؛ ۲۸/۵۹۸؛ ۲۸۸٤/۹۹۲ // ~ ***پیروزه‌رنگ کردن:*** یکم ٤۳/۱۳ // ~ ***چاک کردن:*** یکم ۵۳٦/۷۲ // ~ ***خسروآرای:*** یکم ۱۵٦/۱۰۱؛ ۲٤٤۳/۳۹۹ // ~ ***خسروی:*** یکم ۱٦۹/۲٤۱؛ ۳۱/٤۰٤؛ ۲۰٤/٤۱۱ // ~ ***خویش را بخشیدن:*** یکم ۲۸۳۷/۹۰۳ // ~ ***خویش را دادن:*** یکم ۵۲۲/۱۷۹ // ~ ***دست:*** یکم ۱٤۰۲/۳۵۸ // ~ ***دیبه:*** یکم ۳۳۸/٤۱٦ // ~ ***راه:*** دوم ۵۳٦/۱۵٦ // ~ ***سره:*** دوم ۲۵٦۹/۹۸۰ // ~ ***سیاه کردن:*** یکم ۵۷۲/۷۳ // ~ ***شاه:*** یکم ۱۷۹/٦۳۸ // ~ ***شهریار:*** دوم ۲٤۸/٤٦۵ // ~ ***کبود کردن:*** یکم ۵۷۲/۷۳ // ~ ***گلیم:*** دوم ۷۱٤/۳٦۹ // ~ ***نابسود (ناسوده):*** یکم ۲۱٤٤/۸۷۵؛ ۲٦۰۵/۸۹۳؛ دوم ۵۸٦/۲٤ // ~ ***ناز:*** یکم ٤۷۲/۱۷۷ // ~ ***نو:*** یکم ۲٤۷۱/۸۸۸ // ***دست بر ~ زدن:*** دوم ۱۳۱۸/۹۱. **۵**- آنچه برای تزیین از بام و در آویزند: یکم ۱۲۲٦/۵۱۵ // ~ ***آویختن:*** دوم ۸۲۳/۱۳۳. **٦**- همه گونه پوشش (نیز بستر، فرش، رخت و پخت): دوم ۲۲۱۰/۹٦۵؛ ۲۵۱۲/۹۷۷. **۷**- در معنی مجازی و تعبیر کنایی // ~ ***گفت‌وگوی:*** دوم ۳۹۵۸/۱۰۳۵.

جامه[۲]. جام // ~ ***می:*** یکم ۷٤۲/٤۹٦؛ دوم ۷۸۸/۳۳؛ ۲۹۸/٤۹۵؛ ٦٤۲/۵۰۸؛ ۲٤۲۹/۵۷۸؛ ۳٦۷۱/۱۰۲۳ و دیگر.

جان. **۱**- زندگی، هستی: یکم ۸۳٦/۲۹٤ و دیگر. **۲**- نیروی اندیشمند و شناسنده در آدمی، نفس (به آلمانی Geist)، نفس کلّی، روان: یکم ۱/۱، ۷، ۱۰، ۱۱؛ ٤/۲٦۱؛ دوم ۲۱۸٤/۹٦٤ و دیگر. توضیح: معانی ۱ و ۲ همیشه و دقیقاً از یکدیگر متمایز نیستند // ~ ***از تن گسلاندن:*** یکم ۱۲٤۷/۷٤۰ // ~ ***با خرد جفت کردن:*** دوم ۸۵۰/۱٦۸ // ~ ***باریک:*** روان روشن‌بین و تیزبین: دوم ۵۹۳/۱۰٦٤ // ~ ***بر سر آوردن به کاری*** جان را رهاندن به واسطه‌ی آن کار: دوم ۲۱۸٤/۵٦۹ // ~ ***بر کسی فشاندن:***

یکم ۱۱۴۲/۱۴۰ // ~ **بر فسوس شدن**: یکم ۵۹۳/۵۴۰ // ~ **به کین نهادن**: یکم ۶۷/۴۰۵ // ~ **به سر آوردن**: یکم ۱۴۸۳/۳۶۱ // ~ **بیدار**: یکم ۱۹۳۰/۳۷۸؛ ۲۰۴۰/۳۸۳؛ ۴۲۹/۴۱۹ // ~ **پراندیشه شدن**: یکم ۳۷۲/۲۴۹ // ~ **پرنهیب گشتن**: یکم ۱۳۴۱/۷۴۳ // ~ **تاریک** ۱- جان غمگین و افسرده: یکم ۱۴۵/۷؛ ۱۰۶۸/۳۴۵؛ ۱۹۲/۶۴۶؛ ۱۴۴۷/۷۴۷؛ دوم ۱۲۷/۲۳۰؛ ۲۶/۲۶۶؛ ۲۸۹/۲۷۶؛ ۲۷۶/۴۶۶؛ ۶۵۵/۵۰۹؛ ۳۱۱۱/۷۴۴؛ ۱۱۹۵/۸۴۸؛ ۱۲۲۲/۸۴۹؛ ۱۳۹۷/۸۵۶؛ ۱۶۴۲/۹۴۳؛ ۲۲۱۳/۹۶۶؛ ۲۵۲۹/۹۷۸؛ ۳۹۰۹/۱۰۳۳؛ ۴۰۷۶/۱۰۳۹؛ ۴۷/۱۰۶۹. ۲- نفس و روان گمراه و ناآگاه: یکم ۸۳۴/۵۰۰؛ دوم ۱۴۸۰/۱۹۳؛ ۱۴۹۸/۱۹۴؛ ۲۴۴/۲۷۴؛ ۱۹/۴۵۶؛ ۱۶۰۲/۶۸۴؛ ۳۱۰۲/۷۴۳؛ ۲۵۶/۱۰۵۱ (توجه: *تاریک* و *باریک* در بسیاری جاها به یکدیگر گشتگی یافته‌اند و گاه شناخت ریخت درست آسان نیست) // ~ **تیره** نفس گمراه: دوم ۱۶۵/۶۲۷؛ ۹۱۲/۶۵۷ // ~ **خرد بودن**: یکم ۱۴۸۲/۳۶۱ // ~ **خوش است!**: یکم ۵۰۵/۷۱ // ~ **دار** ~ **ستانی نمی‌کند!**: یکم ۵۰۴/۷۰ // ~ **در فام کسی داشتن**: یکم ۴۱۲/۲۵۱ // ~ **را به باده از غم شستن**: یکم ۱۵۱۱/۳۶۲ // ~ **را کوشیدن**: یکم ۱۰۷۵/۱۳۷؛ ۱۰۴۹/۵۵۸ // ~ **را هراسان کردن**: یکم ۷۰۲/۲۲۷ // ~ **(و چهر) را به آب خرد شستن**: دوم ۳۷۸/۲۶۰ // ~ **روشن** جان پاک، روان تابناک: یکم ۲۷۵/۳۱۳؛ دوم ۱۰۸۱/۶۶۴؛ ۲۴۶۵/۷۱۸ // ~ **سخنگوی** نفس ناطقه: یکم ۸۱۵/۷۲۳؛ دوم ۱۱۷۸/۹۲۵؛ ۳۲۳۷/۱۰۰۶ // ~ **شرم** حیای مطلق، آزرم و دیگر هیچ: دوم ۲۷۷/۲۷۶ // ~ **کسی را روشن کردن**: یکم ۲۳۵۹/۳۹۵ // ~ **گروگان کردن**: یکم ۱۳۰/۳۴؛ دوم ۴۸۵/۲۰ // ~ **گسلیدن**: یکم ۱۱۵۱/۱۴۰؛ ۳۰۴/۳۱۵ // **از** ~ **(و کیش) بریدن**: یکم ۱۶۲۵/۷۵۴ // **از چیزی (خواهش) آرایش** ~ **کردن**: دوم ۵۷۴/۱۲۳ // **از چیزی (دیدار کسی) رامش** ~ **بردن (کردن)**: دوم ۱۰۷۶/۸۱؛ ۱۲۰۳/۸۶؛ ۱۳۸۸/۹۴؛ ۵۲۳/۱۵۵ // **از خرد بر** ~ **لگام زدن**: دوم ۵۵۰/۱۱۰۳ // **بر** ~ **کسی بند خواستن**: دوم ۲۲۰۷/۹۶۵ // **به** ~ **اندر آویختن**: با جان خود ستیزه کردن: دوم ۱۱۸۷/۱۸۲ // **به** ~ **زنهار خواستن**: یکم ۳۸/۱۸؛ ۵۰۱/۷۰ // **به** ~ **زنهار دادن**: یکم ۳۱/۳۰ // **به می** ~ **روشن را آراستن**: دوم ۱۰۸۱/۶۶۴ // **پیش کسی** ~ **نثار**

کردن: یکم ۱۱٦۷/۱٤۱ // ***تا ~ کوشیدن*** تا پای جان زدن: دوم ۱۷۸۷/۸۷۱ // ***تن ~ بودن***: یکم ٦۰/۲٦۳ // ***چو ~ بر دل هر کسی دوست بودن***: یکم ۲۳/۱۸ // ***خرد داشتن ~***: دوم ۲۹۷۰/۹۹٦ // ***خرد را پیش ~ جوشن کردن***: دوم ۲۱۸٤/۹٦٤ // ***دل از ~ کسی برگرفتن***: یکم ۸٤۰/۲۹٤ // ***دست را در ~ زدن***: یکم ۵۲۹/۱۱٦ // ***رنج ~***: یکم ۱۰۷۸/۱۳۷ // ***ز گفتار (رای، پند) کسی آرایش ~ کردن***: دوم ۲۱۸٦/۵٦۹؛ ۲۳۸۰/۵۷٦؛ ۳۱۵۳/۷٤۵ // ***غم ~ گرفتن***: در اندیشه‌ی نگهداشت جان خود بودن: یکم ۱٦۹۷/۸۵۷ // ***کسی را چو ~ پیش دل برگماردن***: یکم ۲۱۹/۵۹.

جان‌پرستی. دوم ۲۱۰/۲۵۳.

جانور. مطلق انسان: دوم ٦۰۰/۵۰٦؛ ۲۲/۵۹۲؛ ٦۰۱/٦٤٤؛ ٤۱۲۸/۷۸٤.

جانوسپار. ۱- جانسپار، فداکار، جاندار، نگهبان پادشاه: دوم ۵۵/۲٦۷؛ ٤۱۱/۱۰۵۷. ۲- نام خاص: دوم ۳۱٦/۲۵۸، ۳۲۳.

جاودان. تا ابد، همیشه، دائم، جاوید: یکم ۷۸۱/۲۹۱.

جاودانه. تا ابد، همیشه، دائم، جاوید: یکم ۷۷۳/۲۹۱، ۷۷٤.

جاوید. ۱- ابدی، همیشگی، دائمی: یکم ۱۸۵/۹ و دیگر. ۲- تا ابد، همیشه، دائم: یکم ۲۰۷/۹ و دیگر.

جای. (نیز← بجای) ۱- جای باشش ما در این جهان: یکم ۱۲۰/۱۹٦. ۲- جای باشش ما در آن جهان: یکم ۸/۲٦۱؛ ۱٦/۳۰۳. ۳- مکان در معنای فلسفی آن، کون، مقابل زمان و هستی: یکم ۲/۱؛ ۲۲٦۹/۳۹۲؛ ۳٦۸/۵۳۱؛ ۲۲۹۸/٦۰۷؛ دوم ۳/٤۰۹. ٤- منزل، مأوا: یکم ۳۱٦/٤۱. ۵- محل، موضع، مکان: یکم ۳٦۸/٤۳ و دیگر // ***~ بنفش***: یکم ۳۹۳/۵۳۲ // ***سبک‌مایه ~***: دوم ۲٦۰/٤۳۱ // ***~ بودن***: یکم ٦۵۳/۲۸٦ // ***~ به (بهتر) آمدن***: یکم ۱۵۸۹/۱۵۷؛ ۸/۲٦۱ // ***~ پرداختن***← پرداختن // ***~ تنگ***: یکم ۳۲۸/٦٤ // ***~ خشم بودن***: یکم ۱٦۱/۱٦۵ // ***~ کسی را دوست داشتن***: یکم ۵۳/۱۳ // ***~ مهر*** ٦۹۹/۷۸ // ***~ نشست***: یکم ۱٤۲٤/۱۵۱ // ***~ نیکان***: یکم ٤٤٦/٦۵٦ // ***از ~ آمدن***: یکم ۳٦٦/٤۱۷ // ***از ~ اندرآمدن*** فروریختن: یکم ٤۹/۱۹۳؛ ۲۸۲/٤۱٤؛ دوم ۱۷۵/۲۳۲؛ ۲۵٤/۲۳۵ // ***از ~ برآمدن***: یکم ۱۵٦/۲۵۹؛ ۲۰٤/٤۳۱ // ***از ~ برآوردن***: یکم ۸۲۰/۲۹۳؛ ٦۱٦/۲۸۵؛ ۸۱۰/۷۲۲؛ دوم ۷۲۵/۱۲۹ // ***از ~ برخاستن*** ۱- اختیار خود را

از دست دادن، از جا دررفتن: یکم ٤٧٣/١١٣؛ ٩٨٢/١٣٣. ٢- آماده‌ی حمله شدن: یکم ٢٤١/٢٤٤ // ***از ~ برخاسته:*** یکم ١٥٠/٢٤٠ // ***از ~ برگرفتن لشکر:*** یکم ١٤٦/٢٥٨ // ***از ~ جمبیدن*** ١- تغییر کردن: یکم ١٦٠/٢٤١. ٢- حرکت کردن، گشتن: یکم ٢٦٩/١٠٥؛ ٧١٩/٢٢٨؛ ٧٨٥/٢٣٠. ٣- اقدام کردن، دست به کار شدن: یکم ٢٤٢/٢٤٤ // ***به ~ آمدن*** ١- جایگزین شدن: یکم ٦١/١٩٣. ٢- ایجاد گشتن، پدید آمدن: یکم ٤٠/٢؛ ٦١/١٩٣. ٣- درست شدن، به انجام رسیدن، فراهم آمدن، سرانجام یافتن، روشن شدن، معلوم گشتن: یکم ٤٨/٢٣؛ ٧٩/٢٤؛ ٨٤٧/٣٣٦؛ ١٥٦١/٣٦٤؛ ١٥٨٥/٣٦٥؛ ٤٧٣/٤٢١؛ ٨٦٣/٥٥١؛ ٥٥٤/٦٦٠؛ دوم ١٦٣٧/٢٠٠ // ***به ~ آوردن (آوریدن)*** ١- پیدا کردن، راه چیزی را معلوم نمودن، بدست آوردن، کشف کردن، چیزی را بر سر جای خود آوردن، چیزی را دوباره پدید آوردن: یکم ٨٠/٢٦٤؛ ٤٢٣/٣١٩؛ ١٣٢٣/٥٦٩؛ دوم ٣٢١/١٤؛ ٤٠٦/٢٨١؛ ٢٧٢٧/٧٢٨. ٢٧٢٩؛ ٢٦٨٥/٧٢٧؛ ٢٧٠٨/٧٢٨؛ ٢٧٧٩/٧٣١. ٢٧٨٣؛ ٣٣٩٥/٧٥٥؛ ٣٦٠٣/٧٦٣؛ ٣٩٨/٨١٧؛ ٧١٤/٨٢٩؛ ٣٠٦٦/٩٩٩؛ ٣٦٦٥/١٠٢٣. ٢- دریافتن: یکم ١٨٦٢/٣٧٦. ٣- نشان دادن، به ظهور رساندن، به دست آوردن، کسب کردن: یکم ١٧٦/٤١٠؛ ٧٤/٤٢٦؛ ٨٨/٤٧٠. ٤- فراهم آوردن، گرد کردن: دوم ٨٠/٢٠٦. ٥- به نتیجه رساندن: یکم ٤٣٣/٤٢٠؛ ٧٧/٤٢٦ // ***به ~ بودن*** وجود داشتن؛ زنده بودن؛ برقرار بودن: یکم ٤٨٦/١٧٨؛ ٥١٠/٦٥٨ // ***به ~ داشتن چیزی را:*** یکم ٣١٨/٢١٢ // ***به ~ کردن:*** یکم ٩/١٧ // ***به ~ فروماندن:*** یکم ٥٢٦/٦٥٩ // ***به ~ ماندن*** باقی ماندن، زنده ماندن: یکم ١٤٨٦/٧٤٩ // ***به ~ نهادن:*** یکم ٩١٣/٨٧ // ***به یک ~*** ← یکجا // ***چیزی (کسی) را از ~ گسلاندن:*** یکم ١٤٤٩/٧٤٨ // ***دل از ~ برآمدن:*** یکم ١٤٥٩/١٥٢ // ***دل از ~ شدن:*** یکم ٢٠٦/١٦٧ // ***ز یکسو ~ پرداختن:*** یکم ١٠٠/٦٤٢ // ***~ چیزی یا کاری بودن:*** یکم ١٦١/١٦٥ // ***کسی را به ~ کسی داشتن:*** یکم ٥٣/١٣. ٦- وضع و موقع مناسب // ***به ~ آمدن*** ١- درست شدن، انجام یافتن، بدست آمدن، تحقق پذیرفتن، معلوم و کشف شدن، وصول گشتن، به نتیجه رسیدن: دوم ٤٧/٤٥٧؛ ٢٧١٦/٧٢٨؛ ٢٧٧٧/٧٣٠؛ ٢٧٨٥/٧٣١؛ ٢٨١٦/٧٣٢؛ ١٤٦٨/٨٥٩؛ ٢٥٣٣/٩٧٨؛ ٣٧١٠/١٠٢٥؛ ٣٧٤٢/١٠٢٦؛

۳۷۵۳/۱۰۲۷. ۲- رخ دادن، صورت گرفتن: دوم ۲۷۹۴/۷۳۱ // **به ~:** برقرار، پایدار: دوم ۳/۴۰۹ // **به ~ *رسیدن*** بالغ شدن: یکم ۹۹۷/۱۳۴؛ ۲۷۱/۳۱۳؛ دوم ۲۳۰/۱۰؛ ۲۹۰۹/۷۳۶ // ***رسیده به ~*** بالغ: دوم ۲۱۹۹/۷۰۸؛ ۴۲۳۶/۷۸۸ // ***نارسیده به ~*** نابالغ: دوم ۲۲۰۱/۷۰۸؛ ۴۲۶۸/۷۸۹.

جایِ. ۱- //~ ***(بر ~) کاری بودن*** حق و سزای آن بودن، برای کاری سبب و بهانه و موجب و انگیزه بودن و داشتن: دوم ۴۳۹۲/۷۹۴ و دیگر // ***بر ~*** در عوضِ، برابرِ: دوم ۲۷۸۲/۷۳۱. **۲-** انتظار، چشمداشت: ~ ***اومید:*** یکم ۳۴/۴۶۸.

جایگاه. **۱-** مکان، در مقابل زمان و هستی (← جای، شماره‌ی ۳): یکم ۶/۱؛ ۱۲۷/۱۰۰. **۲-** جای، محل، موضع // ~ ***درنگ:*** یکم ۲۹۰/۴۱۴ // ***بر ~:*** یکم ۲۵۸/۶۱.

جایگه.← جایگاه // ~ ***ساختن:*** یکم ۲۰۱۱/۳۸۲.

جایگیر. مؤثر، کاری، کارگر: یکم ۱۷۲/۲۶۸؛ ۸۳۱/۲۹۳؛ دوم ۷۹۵/۶۵۲.

جدا. // ~ ***داشتن*** متمایز کردن، ممتاز نمودن: دوم ۳۵۳۳/۱۰۱۸ // ~ ***شدن از مادر:*** یکم ۵۸۶/۷۴.

جرنگ. اسم صوت: یکم ۳۲۳/۲۴۷.

جرنگیدن. یکم ۷۸۵/۸۲۱؛ دوم ۱۶۱/۲۵۱.

جریده. **۱-** سوار زبده: یکم ۸۷۷/۵۵۱. **۲-** سیاهه و دفتر شمار سربازان: دوم ۳۱۳/۸۱۳.

جز. //~ **که** به‌جز: دوم ۱۰۰۸/۷۹.

جزاز. بجز: یکم ۷۷/۲۳۸ و فراوان.

جزع. سنگی با خال‌هایی به رنگ‌های زرد، سرخ، سیاه و سفید، مهره‌ی یمانی (Onyx): دوم ۷۹۱/۲۹۶؛ ۸۲۷/۲۹۷؛ ۸۳۱/۲۹۸؛ ۸۹۲/۳۰۰.

جزگونه. دگرگونه: یکم ۷۶۹/۲۹۱؛ ۵۲۵/۵۳۷؛ ۱۵۸۶/۵۷۹؛ ۹۳۰/۸۲۷؛ دوم ۴۹۶/۲۸۴؛ ۶۳/۱۰۸۳.

جَست. رهایی، نجات، گریز، فرار، جستن: یکم ۹۱۷/۸۷؛ دوم ۳۲۱۴/۷۴۸ // ~ ***گزیدن:*** دوم ۸۲۸/۱۱۱۴.

جَستن. رهایی یافتن: یکم ۶۲۳/۴۴۷.

جُستن. **۱-** پیدا کردن، یافتن: یکم ۷۳۲/۱۲۴؛ ۴۰۶/۳۱۹. **۲-** پژوهش کردن، بازجستن، تفحّص و تجسّس نمودن: یکم ۱۲۴۸/۱۴۴؛ ۱۳۹/۱۶۴؛ ۵۶۶/۲۲۲؛ ۴۱۳/۳۱۹؛ ۱۰۰۶/۳۴۲؛ ۱۸۹۹/۳۷۷؛ دوم ۲۵۲۹/۹۷۸؛ ۳۱۵۱/۱۰۰۳. **۳-** خواستار شدن، طلبیدن، جستجو کردن، دنبال رفتن، خواستن: یکم ۱/۱۱؛ ۱۶۶/۲۷؛ ۷۳۲/۱۲۴؛ ۱۳۰۷/۱۴۶؛ ۱۳۱۶؛ ۱۳۵۲/۱۴۸؛ ۱۵۱۴/۱۵۴؛ ۱۵۷۶/۱۵۷؛

١٥٩٨/١٥٨؛ ٧٤/١٦٢، ٨٠؛ ١٠٠/١٦٣؛ ١٣٤/١٦٤؛ ١٤٨/١٦٥؛ ٤٦٥/١٧٧؛ ٢١/١٨٤؛ ٨٢/١٩٤؛ ٣٨٢/٢١٤؛ ٢٩٣/٢٤٦؛ ٧٥/٢٦٤؛ ٩٥٦/٢٩٨؛ ١٣٧/٣٠٨؛ ٤٠٦/٣١٩؛ ٤٦١/٣٢١؛ ٨٨٨/٣٣٧؛ ١٣٢٦/٣٥٥؛ ٣١١/٤١٥؛ ٣٣٤/٤١٦، ٣٤٤؛ ٥٣/٤٢٥؛ ٢٣٩/٤٣٢؛ ٢٦٥/٤٣٣؛ ٣٧٠/٤٣٧؛ ٣٨٩/٤٣٨؛ ٤٤٥/٤٤٠؛ ٤٩٢/٤٤٢؛ ٥٦٧/٤٤٥؛ دوم ١٧١/١٠٧؛ ٢٦٧٨/٩٨٤؛ ٢٩١٨/٩٩٣؛ ٣٧٣٣/١٠٢٦؛ ٤١/١٠٤٢. ٤- کسی را مترصّد بودن و پاییدن: یکم ٩٠٩/١٣٠.

جست‌وجوی. ١- کاوش، پی‌گیری: یکم ١٦٦/٢٧؛ ١٦٤٦/٣٦٧؛ دوم ٦٩٢/٢٩. ٢- کنجکاوی و فضولی: یکم ٧١٣/٢٢٧. ٣- تفتیش، بازخواست: دوم ٦٠٧/٤٧٩. ٤- تشویش، اضطراب، کندوکاو و ناآرامی: دوم ٢٩٧١/٧٣٨. ٥- بگومگو، مجادله؛ سماجت: دوم ٦٥٠/٨٢٧؛ ٤٠٤/٨٩٥ و دیگر.

جُسته. خواستار شده: یکم ١٥٧٦/١٥٧.

جشن. //~ ***ماتم:*** دوم ٦١٦/٢٨٩.

جفت. ١- رفیق، یار، همدل، همباز: یکم ١٣٤/١٠٠؛ ٥٥٠/١١٦؛ ٥٣٣/٤٤٤ // ~ ***آوردن:*** یکم ١٨٥٨/٣٧٦ // ~ ***بودن با کسی:*** یکم ١٣٣٨/٣٥٥ //~ ***شدن با کسی:*** یکم ٣٣٤/٢١٢. ٢- همنشین، مشاور: یکم ٥١٩/٤٤٣. ٣- زوجه، همسر: یکم ٢١٤٥/٣٨٧.

جفت‌جوی. همسرجوینده: یکم ٥٠٨/١١٥؛ ٥٩٥/١١٨؛ ٢٩/٢٠٠.

جُفته. لگد ستور، جُفتک: دوم ٣٥٦/٤٦٩.

جگر. //~ ***سوختن*** جگر سوزاندن، دل سوزاندن، رنج بسیار بردن: دوم ١٤٧٠/٦٧٩ // ~ ***سوختن به رنج و به سختی:*** یکم ١٤٣٣/٥٧٣.

جگربند. کنایه از فرزند: دوم ٣٥٣/٥٣.

جگرخسته. داغدار، دلخسته: یکم ٢٠٢/٤١١؛ دوم ٢٧٢٧/٩٨٦.

جُلّ. پوشش ستور: دوم ٣١١/١٠٥٣.

جَلَب. ١- بانگ، هیاهو، غوغا: یکم ٢٠٦٩/٧٧٣؛ ٩٥٩/٨٢٨؛ دوم ٨١١/٣٤؛ ١١٦٧/٨٥؛ ٣٨٤/١١٦؛ ٤٧٥/٣٦٠؛ ٨٩/٤٢٤؛ ٤١٨٠/٧٨٦. ٢- آلت موسیقی، سنج: یکم ٤٩٨/٢١٩؛ ٧٤٧/٤٩٧.

جُلجُله. زنگوله: دوم ١٥٠٩/٥٤٢.

جُلَیل. پرده‌ای که روی کجاوه کشند: دوم ٧٩٩/١٣٢.

جم. //~ ***برین:*** یکم ١٠٩٧/٧٣٤.

جمشیدیان. دوم ١٤٣/٤٥.

جُنا. جناغ // ~ ***(جناغ) پلنگ (خدنگ):*** یکم ١٧١٢/٣٧٠؛ ١٣٠/٤٢٨؛ ٩٢٢/٥٥٣؛ ٥٦/٦٣٣؛ ١١١٢/٦٨٢.

جمب‌جمبان. جمبان‌جمبان، متزلزل: یکم ۸۴۷/۸٤؛ ۸۹۱/۱۳۰؛ ۱۹۵/۱٦٦؛ دوم ۱۸۱۸/۹۵۰.

جمبش. ۱- حرکت اوّل فلک: یکم ۳۸/۲؛ ۷۰/٤؛ ۱٦٤۲/۳٦۷. ۲- حرکت، اقدام، عمل: یکم ۹۷/۱٦۳؛ ۲۱۲۸/۸۷٤.

جنگ. ۱- مشاجره، مخالفت، ستیزه، اعتراض: یکم ۳۳٤/۳۱٦؛ ۱٤۱۹/۳۵۸؛ ۲۱٦۱/۳۸۸؛ دوم ۲۰۸۰/۹٦۰ // ***(به) ~ بسیچیدن:*** یکم ۸٤/٦۹٤؛ ۲۰۲/٦۹۹، ۲۰۵ // ***~ را عنان گرد کردن*** ← عنان گرد کردن // ***~ ساختن (گرفتن) با کسی:*** یکم ۱٤۱۹/۳۵۸؛ ۲۱٦۱/۳۸۸. ۲- نبرد: یکم ۳۳/۱۲ و فراوان // ***~ درنگی:*** یکم ۲۸۳/۱۷۰ // ***چاره به از ~ !:*** یکم ۹۱۷/۳۳۹ // ***در آشتی ~ نمی‌جویند!:*** یکم ۲۲٤/۲۷۰.

جنگ (و) جوش. یکم ۱۷۳۲/۳۷۱؛ ۳۹۹/۸۰٦؛ ٦۰٤/۸۱٤؛ ۱۵۳٦/۸۵۱؛ ۱۹٤٦/۸٦۷، ۱۹۵۲؛ دوم ۸۱۱/۳٤؛ ۱۰٤/۲۲۱ و دیگر.

جنگی. جنگاور، جنگنده، مبارز: یکم ۳۸۱/۲۷٦؛ ۵۸۷/٤۹۰؛ دوم ۱۹۹۳/۹۵۷.

جنّی. جن، پری: دوم ۱۷۸/۱۰۸۸.

جواز. روادید، پروانه، دستوری، اجازه‌نامه، گذرنامه: یکم ۳۰۲/٤۱؛ دوم ۱٤۷۵/۸۵۹ // ***از کاری ~ یافتن*** از آن خلاص و رهایی یافتن، یکم ۱٤٤۲/۱۵۱؛ ۳۲۵/۱۷۱؛ ۱۳۹/۲۰٤؛ ۲۹/۲۳٦؛ ۱۹۹۵/۷۷۰؛ دوم ۱۲٤۰/۵۳۱ // ***از کسی ~ یافتن*** از او اجازه‌ی رفتن گرفتن: دوم ۱۷۰۸/۵۵۰.

جوان. نو، تازه: دوم ۳۲/۸۰۲.

جوانه. جوان: یکم ۷٦٤/۸۱؛ ۱۱۵/۱٦۳؛ ٦۸۸/۲۸۸؛ دوم ۲۲۰/۲۵٤؛ دوم ۱٤/۳۹۹.

جوش. شور و طغیان، خشم، مقابل مهر: یکم ۲٤٦/۲٤٤ // ***~ برآمدن:*** یکم ۸۵۳/۲۳۳ // ***~ برآوردن*** کوشش کردن: یکم ۸۰۲/۲۳۱؛ ۳۸۷/۵۳۲ // ***~ خون*** ← خون // ***~ کسی را نشاندن:*** دوم ۵۹۳/۳۹٦ // ***~ مغز*** ← مغز // ***به ~ (بر) آمدن:*** یکم ۱٦۰/۱٦۵؛ ۱۷۵/۱٦٦؛ ۸۹۵/۲۹٦؛ ۲۲۹٦/۳۹۳؛ ۳۰۵/٤۱۵ و دیگر (← جوشیدن) // ***خاک تیره به ~ آمدن:*** یکم ۳۰/٤۰٤.

جوشان. به شور و هیجان آمده، مضطرب: یکم ٤۹۷/۳۲۲.

جوشن. // ***پیش کسی ~ بودن:*** یکم ۱٤۱۲/۷٤٦ // ***یک ~ آهرمن:*** یکم ٦٤۳/۷۱٦.

جوشیدن. ۱- غلیان کردن: یکم ٤۲۸/۲۷۸. ۲- شوریدن، شورش و طغیان کردن، به هیجان آمدن، قیام

کردن: یکم ۶۰۱/۱۱۸؛ ۷۱۱/۱۲۳؛ ۳۹٤/۲۷۶؛ ۵۳۵/۲۸۲، ۵۳۶؛ ۵۳۰/۵۳۸؛ دوم ۲۲۲۹/۹۶۶ // **دل ~**: یکم ۲۸۱/۳۱٤ // **سر ~**: یکم ٤۹۶/۱۷۸. ۳- خوراک توی دیگ: دوم ۲۵۳۸/۹۷۹.

جوله. ترکش، تیردان: دوم ۱۵۲۷/۱۹۵.

جوی. ۱- رود کوچک: یکم ۱۱/۱۵؛ دوم ۲۹٤۰/۹۹٤ // ***~ کسی روشن بودن***: دوم ۳٤۶۵/۱۰۱۵. ۲- گودال، مغاک: یکم ٤۲۰/۲۱۶ // ***آبی را در جهان ~ نبودن***: یکم ۱۷۲۵/۵۸٤.

جویا. // ***روان به ~ سپردن***: دوم ۲۸۷٤/۹۹۲ // ***شب و روز به ~ سپردن***: دوم ۲۹۸۸/۹۹۶.

جویندگان. مراجعه‌کنندگان: دوم ۹۵۲/۷۶.

جوینده. ۱- طالب // ***~ جهان***: دوم ٤٤۲۹/۷۹۶؛ دوم ۳۱۹۸/۱۰۰۵. ۲- پژوهنده، عالم، دانشمند: دوم ۱۳۸۵/۶۷۶؛ ۳۶٤۳/۷۶۵. ۳- مبارزه‌جو، پرخاشجوی: یکم ۷٤٤/۲۲۹.

جوینده‌راه. ۱- صفت مرد کاردان و مدبّر: یکم ۲۰۵/۲٤۳؛ ۵۵۰/٤٤٤. ۲- صفت اسب راهوار و تندرو: یکم ۹۳۱/۱۳۱.

جهان. ۱- دنیا، گیتی // ***~ از بدی(ها) شستن***: یکم ۵/۱۷ // ***~ از تابش خورشید بر سان دریای آب گشتن***: یکم ٤۶۵/۵۳۵ // ***~ با کسی رام نمی‌گیرد!***: یکم ۳۹٤/۶۶ // ***~ بر کسی سیاه شدن***: یکم ۲۵/۱۲ // ***~ جهان***: یکم ۳۱٤۰/۹۱۵؛ دوم ۱٤۹/۲۰۸؛ ۷۷۸/۳۷۲؛ ۶٤۸/۳۹۸؛ ۵/٤٤۹؛ ۲/۱۰۷۷ // ***~ را باد داشتن***: دوم ۳۳۰۸/۱۰۰۹ // ***~ را بر کسی چشم سوزن کردن***: یکم ۱۳۷۲/۵۷۱ // ***~ را به بخت زیر آوردن***: یکم ۷۳۵/۸۰ // ***~ به مهر کسی نیاز آمدن***: یکم ۲۵۱۸/۶۱۶ // ***~ را چپ و راست پیمودن***: یکم ۲۶۳/٤۱۳؛ ۲۷۳/۸۰۱ // ***~ را خواستار آمدن***: دوم ٤۳۸/۱۵۲ // ***~ در کنار گرفتن***: یکم ۱٤۹۱/۳۶۱ // ***چشم ~ به سوزن نتوان دوخت!***: یکم ۱۳۸/۲۰٤ // ***در ~ رستخیز برانگیختن***: یکم ۷۶/٤۰۶ // ***ناسپرده ~***: یکم ۶۸۵/۲۸۸؛ ۲٤٤۱/۳۹۹. ۲- جهانیان: یکم ۱۲۷/۶؛ ۷٤۲/۸۰؛ ٤/۱۵۹ و فراوان. ۳- حلقه‌ی کوچکی از مردم: یکم ۷۱۰/۳۳۱. ٤- ایران: دوم ۳۱۲۱/۱۰۰۲.

جهان‌آفرین. خداوند: یکم ۲۳۳/۳۸؛ ۲۵۰/۳۹؛ ۵۸۳/۳۲۵ و دیگر // ***~ یک خدای***: یکم ۲۶۵/۲۰۹ // ***بر کسی ~ را خواندن***: یکم ۶۱/۲۶۳؛ ٤۸۵/٤۲۲ // ***به زور ~***: یکم ۱۶۲۹/۷۵۵.

جهان‌آفریننده. جهان‌آفرین، خداوند: یکم ۳۰/۱۹۲.

جهان‌بان. کنایه از پادشاه: یکم ۱۷۹/٦۹۸.

جهان‌بین. ۱- جهان‌بیننده // کنایه از چشم: یکم ۳۳٥/٦٤؛ ٥٦٥/۷۳؛ ۱٥۱٥/۱٥٤؛ ۳۹/۱٦۰؛ ۱۰٦۳/٦۸۰؛ ۱٤۷٤/۷٤۹؛ ۱۰٥۸/۸۳۲؛ دوم ۷۸۹/۳۳؛ ۲۷٥٦/۹۸۷؛ ۳۳۸۸/۱۰۱۲ // کنایه از فرزند: یکم ۹۷/٥٥؛ ۱۳۸/٥٦؛ ۲۱۸/٥۹؛ ٤۹٤/٦٥۸؛ ۲٤۱۳/۸۸٦؛ دوم ۲۲٥۰/۷۱۰؛ ۳۸۷/۸۱٦؛ ۲۳۲۸/۹۷۰. **۲**- جهاندیده: دوم ۱۸۷/۲۱۰.

جهان‌خورده. جهان‌دیده: یکم ۳۷٥/۷۰٥.

جهاندار. ۱- خداوند: یکم ۲۲/۱۸ و فراوان. **۲**- پادشاه: یکم ٥۸٥/٤٤٦ و فراوان.

جهان‌داور. خداوند: یکم ۱٦/٥۱ و دیگر.

جهاندیده. کنایه از فرزند (؟): یکم ۲٤۹/٦۱.

جهان کدخدای. فرمانروا، پادشاه: یکم ٦٦٦/۷۷، ٦۷۷؛ ۱٦/۲۰۰؛ ۱۰۲/۲۰۳ (← کدخدای).

جهانی. ۱- یک جهان، سراسر جهان: یکم ۹۳/۳۰٦. ۲- مردم بسیار، یک جهان مردم: یکم ۷٦۳/۸۱؛ ۲۳/۱۸٤؛ ۲٤۷۷/٤۰۰.

جَهِشن. سرشت، طینت؛ کوشایی، همّت: دوم ۳۱۰/۸۹۱.

جهیدن. گریختن: دوم ۲٥۸٤/۹۸۰.

جهیز. روان، در جریان، زبانزد: دوم ۱٤۰/٦۰۲.

ـجی. پسوند اتّصاف و نسبت: یکم ٦٥/۳؛ ۱۱۲/۱۹٥.

چ

چابلوس. خوشامدگو، متملّق و چرب‌زبان: دوم ۵۲/۵۹۹.

چادر. ۱- بالاپوش، پوشش // ~ ***آزمندی پوشیدن:*** یکم ۴۴۱/۱۷۶ // ~ ***خون به تن پوشیدن:*** یکم ۱۰۷۵/۱۳۷ // ~ ***خون کشیدن:*** یکم ۵۱۱/۷۱ // ~ ***شرم:*** دوم ۱۰۴۸/۶۶۲؛ ۱۲۴۲/۶۷۰ // ~ ***قار*** کنایه از شب: دوم ۲۳۳/۴۳۰ // ~ ***قیر*** کنایه از شب: یکم ۱۱۷۳/۵۶۳ // ~ ***کسی را پوشیدن*** زیر چتر و یاری او رفتن: دوم ۴۴۰۴/۷۹۵ // ~ ***لاژورد*** کنایه از شب: یکم ۵۶۴/۵۳۹؛ دوم ۹۷۷/۱۷۳ و دیگر // ~ ***نیلگون*** کنایه از شب: یکم ۵۳۲/۵۳۸ // ***بر چیزی ~ پرنیان پوشیدن*** آنرا (به تردستی) پنهان کردن: دوم ۱۲۴۴/۸۵۰ // ***بر کسی ~ مهربانی پوشیدن:*** یکم ۱۳۲/۶۹۶ // ***همه زیر یک ~ بودن:*** دوم ۳۹۱۲/۱۰۳۳. ۲- لحاف، روی‌انداز: دوم ۱۰۴۵/۵۲۴؛ ۱۰۲۱/۶۶۱، ۱۰۲۳. ۳- کنایه از کفن: یکم ۱۲۸۰/۱۴۵؛ دوم ۲۳/۴۱۸. ۴- طاقه‌شالی که روی تابوت اندازند: دوم ۹۶۱/۶۵۹.

چارپای. گاو و گوسفند، حشم: یکم ۷۹/۲۴ و دیگر.

چارسوی. ۱- چهار جهت: دوم ۱۸۴/۲۷۲، ۱۹۰. ۲- از هر سو، از همه جا: دوم ۲۹۹۸/۷۳۹؛ ۳۷۵۷/۷۶۹. ۳- انباشته، پُر، آکنده: دوم ۱۴۸۲/۶۷۹.

چاره. ۱- علاج درد، درمان، کمک، تدبیر، راه‌حل: یکم ۱۵۷/۲۷، ۱۶۱، ۱۶۴؛ دوم ۳۶۰۶/۷۶۳؛ ۸۴۱/۸۳۴. ۲- حیله، مکر، نیرنگ، جادو: یکم ۱۶۷/۲۷؛ ۳۸۹/۱۱۰؛ ۱۲۶/۲۳۹؛ ۴۱/۲۵۴؛ ۲۱۷/۲۶۹؛ ۵۰۴/۲۸۱؛ ۸۳۰/۲۹۳؛ ۳۰۵/۳۱۵؛ ۱۸۷۷/۵۹۰؛ ۲۶۷۳/۶۲۲؛ ۴۵/۶۳۲؛ ۵۰۵/۸۱۰؛ دوم ۴۵۴/۱۱۹؛ ۷۴۸/۱۳۰؛ ۳۱۲۲/۷۴۴؛ ۳۷۶۲/۷۶۹؛ ۹۳۱/۸۳۸؛ ۸۷۷/۹۱۳ // ***به ~ ماه را فرود آوردن:*** دوم

۴۹۷/۱۰۶۰ // ~ **جستن** رهایی جستن، دوری جستن: یکم ۳۱۰/۱۷۱؛ ۱۳۰/۲۴۰؛ دوم ۱۳۴۷/۱۸۸؛ ۲۱۷۴/۹۶۴؛ ۲۳۰۶/۹۶۹. **۳**- فن، تدبیر، علاج کار، عمل، شیوه: یکم ۹۱۷/۸۷؛ ۹۶۶/۸۹؛ ۱۰۳۲/۹۱؛ ۳۸۹/۱۱۰؛ ۷۹۰/۱۲۶؛ ۸۲۷/۱۲۷؛ ۴۹۵/۱۷۸؛ ۵۵/۱۸۵؛ ۲۹۲/۲۱۱؛ ۳۷۴/۲۴۹؛ ۱۳۸/۲۶۶؛ ۳۷۸/۳۱۷؛ ۴۶۸/۳۲۱؛ ۹۱۹/۳۳۹، ۹۲۰؛ ۱۹۶۹/۳۸۰؛ ۴۷۵/۴۴۱؛ ۵۲۴/۵۳۷؛ ۴۸/۶۳۳؛ ۲۰/۶۳۹؛ ۵۰۲/۸۱۰؛ دوم ۷۵۹/۱۳۱ // ~ ***آراستن:*** یکم ۹۲۰/۳۳۹ // ~ ***بردن:*** یکم ۳۰۳/۲۱۱ // ~ ***به از جنگ!:*** یکم ۹۱۷/۳۳۹ // ~ ***جان:*** یکم ۲۱۰۴/۳۸۵ // ~ ***جستن*** ۱- علاج و تدبیر خواستن: یکم ۳۸۱/۳۱۸. ۲- علاج و تدبیر کردن: یکم ۴۹۸/۱۱۴؛ ۲۰۹/۲۴۳؛ ۳۶۳/۳۱۷؛ ۳۸۶/۳۱۸ // ~ ***دانستن:*** ۲۲۳۴/۳۹۰ // ~ ***ساختن:*** یکم ۳۶۲/۱۰۹؛ ۱۹۵۵/۳۷۹ // ~ ***کار (کسی را) ساختن:*** یکم ۴۹۲/۱۱۴ // ~ ***کردن*** ۱- قصد کردن، بکار گرفتن، وسیله قرار دادن: یکم ۶۹۲/۲۸۸. ۲- راه جستن: یکم ۷۵۴/۲۹۰؛ ۱۹۵۷/۳۸۰ // ***در ~ جادو شدن:*** یکم ۳۸۹/۱۱۰ // ***در ~ کسی را به دست گرفتن:*** یکم ۹۱۷/۸۷.

چاره‌جوی. ۱- فریبنده، مکّار، نیرنگساز، نیرنگ‌باز: یکم ۱۳۸/۴۲۸؛ دوم ۳۱۲۰/۷۴۴؛ ۶۱۳/۹۰۳؛ ۳۸۶۶/۱۰۳۱؛ ۳۸۷۸/۱۰۳۲؛ ۴۰۱۳/۱۰۳۷. **۲**- کمک‌جوینده: یکم ۷۲۴/۱۲۳؛ دوم ۵۱۳/۲۱. **۳**- در پی علاج کار برآینده، تدبیر کار کننده، کمک‌کننده: یکم ۴۳۶/۴۶؛ ۱۰۶۸/۱۳۷، ۱۰۸۳؛ ۱۹۶۷/۳۸۰؛ ۱۲۷/۴۲۸؛ ۱۰۴۹/۸۳۲. **٤**- کارگشا، مأمور: دوم ۳۸۵۹/۱۰۳۱؛ ۵۳۶/۱۱۰۲.

چاره‌گر. ۱- حیله‌گر، مکّار: یکم ۵۴۵/۲۲۱؛ ۲۳۸/۳۱۲؛ دوم ۴۸۸/۲۰؛ ۲۶۹/۱۱۱. **۲**- چاره‌جو، چاره‌ساز، کارساز: یکم ۲۱۳۱/۳۸۶؛ دوم ۲۹۷۵/۹۹۶.

چاریک. خراج زمین مزروعی: دوم ۸۱/۶۲۴.

چاشت. // ***بر کسی ~ خوردن:*** یکم ۴۰۹/۶۷.

چاشنی. چشیدن، پیش‌چشی خوراک پادشاهان: دوم ۱۶۳۸/۶۸۶.

چاک. ۱- (اسم صوت) چکاچاک: یکم ۲۷۷/۳۱۴؛ ۱۵/۴۶۷؛ دوم ۸۹۸/۵۱۸. **۲**- پاره: یکم ۲۱۲۷/۳۸۶. **۳**- کنایه از سپیده‌ی روز: یکم ۱۱۴۳/۱۴۰؛ ۵۲۸/۵۳۷.

چاک‌چاک. ۱- (اسم صوت) چکاچاک: یکم ۱۰۵۲/۱۳۶؛ ۶۶/۱۹۴؛ ۵۹/۲۳۷؛

۲۵٦/۵۲۷. **۲**- پارگی‌ها: یکم ۵۱/۱۹۳. **۳**- پاره‌پاره: یکم ۳۱۰/۲۱۱؛ ۷٦۷/۲۲۹.

چالش. // ***جای*** ~ آلت تناسلی (؟): دوم ۵۵۰/٤۷۷.

چامه. نغمه، سرود، غزل، تصنیف (بزمی و رزمی): یکم ٤۰۲/۲۱۵؛ دوم ٤۵۹/۵۰۱؛ ٤۷۵/۵۰۲؛ ۸۲۹/۵۱۵؛ ۸۵۱/۵۱٦؛ ۹۹۲/۵۲۲، ۹۹۵؛ ۱۰۱۲/۵۲۳؛ ۱۰۸۸/۵۲۵؛ ۱۱۰۹/۵۲٦؛ ۱٤۰٤/۵۳۸ // ~ ***گفتن***: دوم ۸۳۹/۵۱٦.

چامه‌زن. چامه‌گوی: دوم ۸۳۹/۵۱٦.

چامه‌گوی. سرودساز، سرودخوان: دوم ٤٦۰/۵۰۱؛ ۸۲۹/۵۱۵؛ ۸۳٦/۵۱٦؛ ۹۸۵/۵۲۱؛ ۲٤۲٦/۵۷۸؛ ۱۸۰/٦۰٤.

چاه. زندان، سیاه‌چال: دوم ٤٦۰/۳۹۱؛ ۳۱۲۹/۱۰۰۲ // ~ ***را بر گاه برگزیدن***: یکم ۷۳۸/۱۲٤.

چاهسار. یکم ٤۷٤/۲۱۸، ٤۷٦.

چپ. // ***عنان به*** ~ ***بازبردن***: یکم ٦۷۰/۲۸۷.

چپیره. //~ ***شدن*** حلقه زدن، گرد آمدن: یکم ۹۳۹/۱۳۲؛ ٦۷۸/۲۲٦؛ دوم ۲۸۳۵/۷۳۳.

چپین. طبق چوبی، سبد: یکم ٦۹۹/۳۳۰؛ دوم ٦۸۹/۵۱۰، ۷۰۱؛ ۸۰/۸۰٤؛ ۵٤۹/۸۲۳؛ ۵۲۳/۱۱۰۲، ۵۳۲؛ ٦۵۹/۱۱۰۷ و دیگر.

چخیدن. کوشیدن، جنگیدن، ستیزیدن: یکم ۲۱٤۱/٦۰۱؛ ۳۰۰/٦۵۰؛ دوم ۳۹٤٦/۱۰۳٤.

چدن. گونه‌ی کوتاه چیدن: یکم ۳۹۸/۱۱۰؛ ٤۰٦/٦۵٤؛ دوم ۲۸/٦۲۲.

چر. اسم صوت: دوم ۸٤/۲۲۰

چرا. چریدن // ***به گاه*** ~ ***مرغزار کسی بودن***: یکم ۲۲۷۷/۳۹۲.

چراغ. **۱**- // ~ ***دل را کشتن***: یکم ۷۹٦/٦۷۰. **۲**- کنایه از خورشید: یکم ۷۰/۳۲؛ ۲۳٦/٤٦۰؛ دوم ۲۵۰/۱۱ // ***روشن (درخشان)*** ~: دوم ۸۲۲/۲۹۷؛ ۱۵٦٤/۳۲۷؛ ۱۹۰۵/٦۹٦؛ ۱٤۵۷/۸۵۸ // ~ ***زمانه*** کنایه از خورشید: دوم ۲۵۵/۱۱۱ // ***دل (از شادی) چون روشن*** ~ ***شدن***: دوم ۳٦٤۳/۱۰۲۲ // ***گرامی*** ~ کنایه از چشم: دوم ٤/۳٤۱.

چرا. یکم ۲۲۷۷/۳۹۲.

چراگاه. جای تغذیه‌ی مردم: یکم ۱۲/۱۵؛ ۱۷۰/۱۹۸؛ ٦۹/۲۰۲؛ ۲۰۷/۲۰۷ (نیز← چریدن).

چرا و چون. بگومگو، چون و چرا: یکم ٤۸۱/۷۰.

چرایی. علت، سبب: دوم ۱٤۵۷/٦۷۸.

چرب. **۱**- نرم، خوش، ملایم، مؤثر: یکم ۵۲۰/۱۱۵؛ ۱۳٤٤/۱٤۸؛ ٦۵٦/۲۸۷؛ ۲۸۳/۳۱٤ // ***سخن*** ~: دوم ۱٤۵۷/۹۳٦. **۲**- ملایم، نرمگوی: دوم ۱۱۲۱/۹۲۳.

چربدست. ماهر، استاد: یکم ۱۴۷۸/۱۵۳؛ دوم ۲۸/۲۲۶.

چرب‌گفتار. یکم ۱۳۴۴/۱۴۸؛ دوم ۲۷۸۳/۹۸۸.

چرب‌گوی. نرم‌گوی، فصیح، حرّاف، خوش‌سخن، سخندان، زبان‌آور: یکم ۳۱۵/۶۳؛ ۱۰۴/۲۳۹؛ ۸۸۷/۳۳۷؛ ۲۳۰/۴۶۰؛ ۱۲۶/۵۲۲؛ ۶۹۹/۵۴۴؛ دوم ۳۰۸۷/۷۴۳، ۳۰۹۸.

چربی. ۱- نرمی، ملایمت: یکم ۴۸۰/۴۸؛ ۶۷/۵۳؛ ۱۲۵/۵۶؛ ۳۰۸/۶۳؛ ۶۹۴/۱۲۲؛ ۵۷۸/۳۲۵؛ ۸۱۱/۳۳۴؛ ۱۰۷۲/۳۴۵؛ دوم ۳۱۲۹/۱۰۰۲ // ***به ~ سخن گفتن:*** دوم ۲۴۴۴/۹۷۵. ۲- سخن نرم و ملایم و خوش: یکم ۱۷۴۱/۳۷۱؛ ۲۷۲/۶۴۹ // ***~ راندن:*** یکم ۱۱۰/۵۲۱.

چرخ. ۱- فلک، آسمان // ***~ ماه:*** یکم ۲۱۰/۱۰۳؛ ۹۵/۱۶۳؛ ۳۷۳/۲۴۹؛ ۵۹۱/۷۱۴ // ***با ~ جفتی کردن:*** دوم ۱۴۱/۶ // ***بر ~ گردنده زین کردن*** به خوبی به کام دل رسیدن، کامیاب و کامروا شدن: دوم ۱۴۹۶/۵۴۲ // ***خم ~ گردان زمین کسی بودن:*** دوم ۵۸/۸۰۳ // ***خم ~ گردنده را سپردن:*** دوم ۱۶۲۱/۸۶۵ // ***خم ~ گردون:*** یکم ۳۲۵/۱۰۸ // ***سر ~ گردان زمین کسی بودن:*** یکم ۲۳۲۵/۶۰۸. ۲- حلقه // ***~ خام:*** یکم ۴۵۴/۲۱۷. ۳- کمان عموماً و کمان چرخ: یکم ۱۰۲۳/۱۳۵؛ ۳۹۲/۱۷۴؛ ۳۵۱/۴۸۱؛ ۱۰۹۶/۵۱۰؛ ۱۶۲/۷۹۷؛ ۱۰۸۲/۸۳۳؛ ۱۲۹۴/۸۴۱؛ ۱۳۱۲/۸۴۲. ۴- آسمانه و سقف و طاق کاخ شاهی: دوم ۱۸۲/۶۲۸؛ ۲۶۶۵/۷۲۶؛ ۱۴۳۱/۸۵۷؛ ۳۷۵۷/۱۰۲۷.

چرغ. پرنده‌ای شکاری: دوم ۷۷۷/۵۱۳؛ ۱۲۷۵/۵۳۳؛ ۱۵۴۶/۵۴۳؛ ۱۷۹۸/۶۹۲؛ ۳۳۹۸/۱۰۱۳.

چرم. // ***~ بر تن دریدن:*** یکم ۳۳۱/۴۸۰ // ***~ پلنگ*** پلنگینه، ببر بیان: یکم ۱۶۴۵/۵۸۱؛ ۱۷۷۰/۵۸۶ // ***گاومیش به ~ اندر بودن:*** یکم ۵۹۶/۴۹۱ // ***~ گوزن*** کنایه از زه کمان: دوم ۸۹۲/۸۳۶.

چرمه. اسب سفید، مطلق اسب: یکم ۹۹۳/۹۰؛ ۳۲۵/۱۰۸؛ ۶۵۱/۱۲۰؛ ۹۱۰/۱۳۰؛ ۴۷۶/۱۷۷؛ ۴۹۷/۲۸۰؛ ۶۲۴/۶۶۳.

چریدن. تغذیه‌ی مردم، خوردنِ آدمی: یکم ۱۶/۱۵؛ ۲۳۶/۲۰۸؛ ۳۹۰/۲۵۰؛ ۲۲۷۷/۳۹۲؛ ۲۴۶/۸۰۰؛ ۲۲۵۲/۸۷۹؛ ۲۸۱۰/۹۰۱؛ دوم ۴۸۱/۳۶۰؛ ۲۳۵/۶۳۰؛ ۳۲۶/۶۳۴؛ ۳۷۹۰/۱۰۲۸ (نیز ← چراگاه).

چسبیدن (؟). دوم ۷/۱۳۵.

چشم. // ***~ بد:*** یکم ۶۵۱/۶۶۴ // ***~ برگماشتن*** ← برگماشتن // ***~ بودن:***

یکم ۶۳۵/۷۶ // ~ **تابیدن**← تابیدن // ~ **تذرو:** یکم ۳۹۰/۲۱۵ // ~ **خروس**← خروس // ~ **خوابیدن** چشم بستن (به نشان خشم): یکم ۹۶/۲۳۸؛ دوم ۱۷۳۲/۹۴۷ // ~ **داشتن:** یکم ۱۰۲/۵؛ ۳۶۸/۶۵؛ ۶۴۲/۷۶ // ~ **دژم:** یکم ۲۶۰۸/۶۱۹ //~ **را خواب دادن:** یکم ۵۵/۶۳۳ // ~ **رخشان کردن:** دوم ۹۶/۱۰۸۵ // ~ **رسیدن:** دوم ۵۰۶/۵۹ // ~ **کسی بر روی کسی تیره شدن:** یکم ۴۷۹/۶۵۷؛ ۲۷۶۰/۹۰۰ // ~ **گرم کردن** چرت زدن، خوابی کوتاه کردن: دوم ۳۵۲۱/۷۶۰ // ~ **گشادن:** یکم ۹۶۱/۳۴۰ // ~ **گماشتن**← گماشتن // ~ **نگشادن** کنایه از خشمگین بودن: دوم ۳۵۴۰/۷۶۱ //~ **و گوش و زبان:** یکم ۲۷/۲ //~**ها دوختن:** یکم ۳۸۸/۱۱۰ // **بر کسی ~ نگشادن:** دوم ۲۲۳۶/۹۶۶ // **دیو ~ کسی را تیره کردن:** دوم ۱۹۸۷/۹۵۷ // **کسی را ~ داشتن:** دوم ۲۱۸۱/۹۶۴ // **مانند کردن ~ به گوزن:** یکم ۲۲۸/۲۷۰ // **نوک سنان را به ~ اندر آوردن:** یکم ۴۸۹/۱۷۸.

چشمه. ۱- آبگیر // ~ **بر ژرف دریا بردن:** یکم ۱۴۳۶/۵۷۳ // ~ **چون گلاب:** دوم ۱۹۸/۱۰۹. **۲**- رود (؟): دوم ۱۱۰/۸۸۳. **۳**- کنایه از خورشید: یکم ۱۰۷۳/۱۳۷؛ ۱۱۷۲/۱۴۱؛ ۸۴/۶۳۴؛ ۷۹۲/۸۲۲؛ دوم ۲۳۳/۴۳۰؛ ۹۴۱/۹۱۵ // **مانند کردن ~ به چشم تذرو:** یکم ۳۹۰/۲۱۵ // ~ **آفتاب:** یکم ۹۹۷/۸۳۰؛ دوم ۱۸۱۱/۵۵۴؛ ۳۳۶/۶۳۴ // ~ **روز:** دوم ۷۲۲/۳۰. ۴- کنایه از می // ~ **زرد (سرخ):** دوم ۷۹۵/۱۶۶. **۵**- دانه: دوم ۷۹۱/۲۹۶؛ ۳۵۴۲/۱۰۱۸. ۶- // ~ **آب شور** کنایه از جهان: دوم ۱۴۸۷/۳۲۳. ۷- //~ **لاژورد** کنایه از شب: دوم ۱۳۴۹/۳۱۸.

چَفته. خمیده، متمایل، گراییده: دوم ۲۹۵۱/۷۳۷.

چَک. ۱- حواله و حجّت و برات: یکم ۱۰۶۹/۳۴۵؛ دوم ۱۰۱۶/۸۴۱؛ ۱۳۳۷/۹۳۱. **۲**- منشور، فرمان: دوم ۵۶/۵۹۳؛ ۷۱/۵۹۴.

چکاو. چکاوک، چکوک، کاکلی: یکم ۶۴۳/۴۹۲؛ ۶۸۸/۴۹۴؛ دوم ۹۸۹/۶۶۰.

چلیپا. ۱- صلیب، خاج: دوم ۸۵۹/۶۵۵؛ ۲۰۵۸/۹۵۹؛ ۲۰۷۶/۹۶۰ // **خود را ~ کردن:** یکم ۴/۳۰۳ // **در میان ~ شدن:** دوم ۲۰۶۱/۹۶۰. **۲**- کنایه از کلیسا: دوم ۱۰۵۰/۹۲۰.

چلیپاپرست. نصرانی، مسیحی: دوم ۲۰۷۷/۹۶۰.

چَم. روش، رفتار؛ راه: یکم ۳۰/۱۶۰؛ ۸۵۳/۲۹۴

چمان. خوش‌خرام: یکم ۴۷۶/۱۷۷؛ ۵۴۸/۴۸۹.

چماندن. به ناز راندن، خوش خراماندن: یکم ۶۸۹/۱۲۲؛ ۱۱۶۶/۱۴۰؛ دوم ۲۷۱/۴۶۶.

چماننده. خوش‌خرام به رفتن آورنده: یکم ۶۲۲/۱۱۹؛ ۶۵۳/۱۲۰.

چمانندهپای. پیاده: دوم ۴۴۷/۲۶۳.

چمانه. کاسه، ظرف: دوم ۴۸۰/۳۶۰.

چمانیدن. یکم ۱۰۴۰/۱۳۶.

چمن. // ***بر ~ خار گشتن***: یکم ۳۴۰/۴۸۰.

چمنده. خرامنده: دوم ۶۶۵/۶۵.

چمیدن. ۱- رفتن، گذراندن، به سر بردن، زندگی کردن: یکم ۲۴۴/۱۰۴؛ ۳۹۰/۲۵۰؛ دوم ۲۷۱/۴۶۶؛ ۲۳۵/۶۳۰؛ ۳۲۶/۶۳۴؛ ۳۷۹۰/۱۰۲۸. ۲- خرامیدن، به ناز رفتن: یکم ۲۳۶/۲۰۸؛ ۲۵۹/۲۰۹.

چن. (در جلوی مصوّت؛ گویا شاعر پیش از واکه‌ها بجای چو و چون همیشه چن به کار برده است) چو، چون: ۱- مانند، همانند: یکم ۱۴۷/۵۷؛ ۲۱۱/۵۹؛ ۱۰۴۶/۹۲ و دیگر. ۲- زیرا که، برای اینکه: یکم ۳۳۴/۴۲؛ ۹۲/۵۴ و دیگر. ۳- هنگامیکه، زمانیکه: یکم ۷۱/۲۴؛ ۴۲/۳۱؛ ۲۳۸/۳۸؛ ۴۷۶/۴۷؛ ۱۷۴/۵۸؛ دوم ۱۰۲۳/۹۱۹؛ ۲۰۳۸/۹۵۹ و دیگر (نیز ← چو، چون).

چنان. ۱- همچنان، همینگونه: یکم ۱۱۰/۳۰۷؛ ۶۵۸/۳۲۸؛ ۲۹۹/۴۳۴. ۲- یک‌چنان، آنچنان: یکم ۵۳۹/۱۸۰؛ ۲۰۴۰/۳۸۳ // ***~ بُد*** چنین روی داد، داستان بدین گونه بود، اتفاق چنین افتاد، قضا را: یکم ۸۹/۲۴؛ ۱۶۲/۳۵؛ ۱۸۵/۳۶؛ ۱۵/۲۰۰؛ ۳۵۲/۲۴۸؛ دوم ۲۲۸۸/۹۶۹، ۲۲۹۸ و دیگر.

چنان‌چون. (قید مرکب مانندگی) ۱- بمانند، بسان: یکم ۸۵۲/۸۴؛ دوم ۳۹۲/۵۴. ۲- چنانکه، همچنانکه، بهمان‌گونه که، بدانگونه که: یکم ۳۸۴/۴۴، ۳۸۷؛ ۱۸۲/۵۸؛ ۹۰۰/۵۰۳، ۹۰۱؛ ۷۱۹/۶۶۷؛ دوم ۴۴۳/۵۶؛ ۶۵۷/۶۵، ۶۶۲؛ ۹۵۱/۷۶؛ ۴۲۰/۱۵۱؛ ۷۸۴/۱۶۶؛ ۳۴۱/۲۵۹؛ ۲۸۰/۴۹۴؛ ۲۷۰۷/۹۸۵ و فراوان.

چنان‌هم. (قید مرکب مانندگی) همچنان، بدانگونه، به‌همان‌گونه: یکم ۱۳۴۷/۱۴۸؛ ۱۵۴۴/۱۵۵؛ ۱۱۴۳/۳۴۷؛ دوم ۲۳۷/۲۱۲؛ ۲۳۴۵/۹۷۱؛ ۳/۱۰۴۱.

چنان همچو. چنان‌چون، چنانکه: دوم ۱۴۴/۴۵.

چنبر. // ***~ از یال بیرون کردن***: دوم ۸۵۲/۱۶۸.

چند. ۱- عدد مبهم: دوم ۱۱۲/۲۰۷. ۲- چقدر، تا کی: یکم ۱۴۷/۱۶۵.

چندان. آنقدر، آن اندازه، آن‌همه، بسیار:

یکم ۳٤۸/٦٤؛ ۱٦۲/۱٦٥؛ ۱۷٥۹/۳۷۲؛ ۱۹٦/٤۳۰.

چندوچون. کمیت و کیفیت: یکم ۳۱۳۱/۹۱٥.

چندین. ۱- اینقدر، این اندازه، این‌همه: یکم ۲۲۲۲/۳۹۰؛ ۲٥۳/٤۳۳. ۲- با وجود این همه: یکم ٥۷۰/۳۲٥.

چنگ. ۱- چنگال، پنجه // ~ ***به زهر آب دادن:*** یکم ۳٦/٦۹۲ // ~ ***خاییدن*** حسرت خوردن: یکم ٥٦۹/۷۱۳ // ~ ***را به خون شستن:*** یکم ۱۲۱/۲٥۷ // ~ ***فراختن:*** یکم ۱٤۷۹/٥۷٥ // ~ ***کوتاه کردن:*** یکم ۸۳۳/۱۲۷ // ~ ***یاختن:*** یکم ۱۸۳٤/٥۸۹؛ ۳۳۳/۷۰٤ // ***جنگ را ~ تیز کردن (داشتن):*** یکم ۱۰٤۱/٦۷۹؛ ٤۸۸/۷۱۰؛ ۸۷٤/۷۲٥ ۲- کنایه از زور و نیرو و قدرت: یکم ۷۳/۱۹٤ (نیز← با چنگ) // ~ ***باز کردن:*** یکم ۳۲۳/۲۷٤ // ***~های دراز:*** یکم ٤۸۸/۱۷۸؛ ۷۷/۱۸٦؛ ۲٥٥۸/٦۱۷؛ ۲۸٦۱/٦۲۹ // ~ ***دریدن:*** یکم ۲٥٥/۲٤٥؛ ۷۱/۲٦٤؛ ۲۲٥۳/۳۹۱ // ~ ***کوتاه:*** یکم ٥۷/۱۹۳ // ***کسی را ~ دادن*** به او قدرت دادن: دوم ۹۱/٦۰۸. ۳- چنگال // ~ ***تیز*** چنگال فلزی نوک‌تیز: یکم ۱۰۸٥/۸۳۳.

چنین‌هم. (قید مرکب ماندگی) همچنین، بدینسان، بدینگونه: یکم ۱۲۰٤/۳٥۰؛ ۱۲۱۸/۳٥۱؛ ۳٦۱/٤۳۷؛ دوم ٦۳۳/٤٤٦؛ ٤/۱۰٤۱ و دیگر.

چو. ۱- نظیر، امثال، از قبیل (قید ماندگی در بیان تأکید و تفخیم): یکم ٤۱/۲۲؛ ۷٤۱/۸۰، ۷٤٦؛ ۱٥٤/۲٤۱؛ ۱۳٦/۲٦٦؛ ۲۹٤/۲۷۲؛ ۹۲۲/۲۹۷؛ ۱٤٥٤/۳٦۰، ۱٤٥٥؛ ۲۲٥۳/۳۹۱؛ ۱۳۲۹/۳٥٥، ۱۳٤۲، ۱۳٤۳، ۱۳٤٤؛ ۱۱۸۹/٦۸٥؛ ۱۰۷۱/۸۳۳؛ ۱۲۸۲/۸٤۱؛ دوم ۱۰۸٥/۱۷۸؛ ۱٦۲۳/۸٦٥؛ ۲۷٦٥/۹۸۷؛ ٤۰۱٤/۱۰۳۷؛ ۱٥/۱۰٦۷، ۱٦ و فراوان (نیز← چون، شماره‌ی ۱). ۲- (از ادات تشبیه) مانند، همانند: یکم ۳٦٦/۱۰۹ و فراوان. ۳- چنانکه، بدانگونه که، آنچنانکه، همچنانکه: یکم ۹/۱؛ ۷٤٤/۱۲٤؛ ۱۹/٤۰۳؛ ۷۷۳/۷۲۱؛ ۱۸٤٥/۷٦۳. ٤- همانگونه که، همانطور که: یکم ۱٤۲/۲٦٦. ٥- چونکه، برای اینکه: یکم ۹۳/۳۰٦. ٦- هنگامیکه، زمانیکه، چونکه: یکم ۷٤٦/۸۰؛ ۱۷۷۱/۳۷۲. ۷- (از ادات پرسش) چگونه، چطور، چون، چه: یکم ۸٥٥/۱۲۸؛ ۳٦۱/۳۱۷؛ دوم ۳۲۹/٦۱۸؛ ۲۳٥۱/۹۷۱. ۸- (از ادات شرط) اگر: یکم ۱۱/٤۲۳؛ ۳۷۰/٤۳۷. ۹- (پیش از عدد) تقریباً، حدود: یکم ۹۹/٥؛ ۷۸۷/۸۲، ۷۹۰؛ ۱۰۹۷/۱۳۸؛ ٤۸٤/۲۱۸؛ ٦٦۰/٤٤۹؛ ٦٤/٦۹۳؛ ۱۳۸٥/۷٤٥؛ دوم ۱۳٥۸/۹۳؛ ۷۹۸/۱۳۲؛ ۱۳۳۰/٥۳٥؛ ۱۹۷٤/٦۹۹؛

۲۲۳۷/۷۰۹؛ ۳۷۸٤/۷۷۰؛ ۱۷٥٤/۸۷۰؛ ۳٤۱۲/۱۰۱۳؛ ۳۸۷۲/۱۰۳۱ و دیگر. **۱۰-** بجای چه: یکم ۹٥۳/۳٤۰؛ دوم ۲٥٤/۲٥٥.

چوب. گرز، چماق: دوم ۸۹۱/۱۷۰ // ~ **خمیده:** یکم ۲٤۲٤/۳۹۸ // **زخم ~:** یکم ٥۰/۱۹۳.

چوبه. واحد شمارش برای تیر: یکم ۳۹۳/۱۷٤.

چوگان. یکم ۲٦۷/۲٤٥؛ ۲۰٤/۲٦۹؛ دوم ۳۱٥۹/۱۰۰۳.

چون. ۱- نظیر، امثال، از قبیلِ (قید مانندگی در بیان تأکید و تفخیم): یکم ۱٥٤/۲٤۱؛ ۱۳٦/۲٦٦؛ ۹۲۲/۲۹۷؛ ۱٤٥٥/۳٦۰؛ ۲۲٥٤/۳۹۱؛ دوم ۱٦۲۳/۸٦٥؛ ۱۹۳۳/۹٥٥ و دیگر (نیز← چو، شماره‌ی ۱). **۲-** (از ادات پرسش) چگونه، چطور، چه: یکم ۱۰٥/۲٦٥؛ ۱٤۸/۳۰۹؛ دوم ۲۸٦/۳٥۲؛ ۲۸۷۰/۹۹۲، ۲۸۷۱ و دیگر (نیز← چو، شماره‌ی ۷). **۳-** (از ادات شرط) اگر: یکم ٤۱/۲٥٤؛ ۱٤۸/۳۰۹ (نیز← چو، شماره‌ی ۸). **٤-** (پیش از عدد) تقریباً، حدود، کمابیش، پیرامونِ: یکم ۱۰۸۷/۱۳۷؛ ۱۲٥/۱٦٤؛ دوم ٥٤٦/۲۳؛ ۲۰۹٤/۷۰٤؛ ۲۷۱۱/۹۸٥ (نیز← چو، شماره‌ی ۹) **٥-** همان‌گونه که، همان‌طور که: یکم ۱/٦۹۱. **٦-** چونی، چگونگی: دوم ۱٤٥۷/٦۷۸.

چونان کجا. یکم ۱۳٥/۱٦٤.

چون و چرا. جرّ و بحث، پرسش و پاسخ، بگو و مگو: یکم ٤۸۱/۷۰؛ ۱٤۹/۲٤۰؛ ٦٥٦/۳۲۸؛ ۳۷/۷۹۲ // ~ **نگفتن:** یکم ۷۰/۲٤.

چون و چند. ۱- هر چیز ممکن، کم و کیف: یکم ٦۹/۳۰٥. **۲-** هر مقدار و اندازه‌ی ممکن: یکم ٤۷۳/۳۲۱.

چه. ۱- (از ادات پرسش): یکم ۹٥/٥ و فراوان. **۲-** (در بیان انکار) کی، کجا، چگونه، چطور: یکم ٤۱۱/۱۱۱؛ ۱۳۱۷/۱٤٦؛ ۱٤٥۲/۱٥۲؛ ۲۰۲/۱٦۷؛ ٥۹۱/۲۸٤؛ ۱٦٤۳/۳٦۷؛ ۱۹٦/٤۱۰؛ ۲٥۸/٤۳۳؛ دوم ٤٦۹/۲۰؛ ۲۲۰٤/۹٦٥. **۳-** چرا، برای چه: یکم ۹٤/۲٥؛ ٥۰۸/۷۱. **٤-** که، بلکه: یکم ٤۳/۱۸؛ ۲٥۸/٤۳۳. **٥-** هرچه، آنچه: یکم ۳۰۰/۳۱٤. **٦-** (در بیان کثرت) بسیار، چه، چه‌مایه: یکم ٤٥/۱۹؛ ۳٤۰/٤۱٦؛ ٤٦۱/٦٥۷؛ دوم ۲٥۷۰/۹۸۰. **۷-** چیستی، چه‌ای: یکم ۷۸/۳۰٦.

چه با... چه با. همان... همان: یکم ۱۰٤۹/۹۲، ۱۰٥۰.

چه... چه. همان... همان، خواه... خواه: یکم ٤۳/۱۸؛ ٤٤/۱۹؛ ٦۰٤/۷٤؛ ٦۲٥/۷٥؛ ۲۰۱/۱۰۳؛ ۲۱۷۹/٦۰۲؛ ٦۰۷/٦٦۲.

چهر. ۱- رخسار // ~ ***(بر) گشادن:***

یکم ۴۵۸/۶۹؛ ۶۷۰/۷۷ // ~ ***نگشادن:*** ۱۶۲۲/۵۸۰ // ~ ***نمودن*** روی نشان دادن، موافقت کردن: یکم ۲۶۷/۶۱؛ دوم ۳۱۴۷/۷۴۵ // ***(با کسی) چین به ~ اندر آوردن:*** یکم ۷۱۷/۷۹؛ ۱۹۹۷/۳۸۱ // ***بر (به) کاری (بیداری) ~ گشادن:*** دوم ۱۶۰۲/۵۴۶؛ ۱۲۴/۶۲۶ // ***به ~ تاب اندرآوردن:*** دوم ۲۸/۱۳۶ // ***تازه نبودن ~:*** دوم ۱۰۰۶/۹۱۸ // ***(جان و) ~ را به آب خرد شستن:*** دوم ۳۷۸/۲۶۰. **۲**- نژاد: دوم ۲۵۴/۴۹.

چهره. ساخت، آفرینش: دوم ۲۸۷/۴۹۴.

چه مایه. فراوان، بسیار، زیاد: یکم ۱۸۷/۹؛ ۳/۱۷؛ ۱۶۳/۳۵؛ ۳۳۹/۴۲، ۳۴۰؛ ۱۸۰/۵۸؛ ۵۷۳/۷۳؛ ۵۱۸/۱۱۵؛ ۸۷/۱۹۴؛ ۱۱۲/۲۰۳؛ ۲۳۷/۲۰۸؛ ۸۹۲/۵۰۲؛ ۶۷۶/۶۶۵؛ ۱۵۳۱/۷۵۱؛ ۱۵۷۹/۷۵۳ و دیگر.

چه و چند و چون. یکم ۲۷/۵۱۸.

چه و چون و چند. یکم ۷۸/۳۰۶؛ ۸۸۶/۵۵۲؛ ۵۶۳/۶۶۰؛ دوم ۳۱۵۵/۱۰۰۳؛ ۳۵۵۱/۱۰۱۹.

چیچست. یکم ۲۲۷۱/۸۸۰.

چیر. پیروز، چیره: یکم ۴۰۸/۴۳۹.

چیره. // ***کسی را بر خویشتن ~ کردن:*** دوم ۲۲۳۰/۹۶۶.

چیره‌زوان. سخنور، حرّاف، زبان‌آور، خوش‌سخن: یکم ۶۲۱/۷۵؛ ۱۵۳/۳۰۹.

چیز. **۱**- ثروت، خواسته، مال: یکم ۱۲۸۹/۳۵۳؛ ۳۲۲/۴۳۵؛ ۱۶۹۹/۵۸۳؛ دوم ۴۰۹۹/۷۸۳؛ ۴۹۹/۸۲۱؛ ۶۱۰/۹۰۲؛ ۱۲۸۰/۹۲۹؛ ۲۰۶۱/۹۶۰ و دیگر. **۲**- کنایه از ارج و بها، چیزی: یکم ۴۷/۲۳؛ ۴۸۴/۴۸؛ ۶۸۲/۷۷ // ***به ~ نیامدن*** بی‌ارزش بودن: یکم ۸۱/۵۲۰ // ***به ~ نداشتن*** ناچیز شمردن: دوم ۲۹۵۴/۹۹۵. **۳**- هیچ: یکم ۷۵۳/۸۰ // ***هر ~ پژوهیدن:*** یکم ۲۶۳/۱۰۵ // ***هر ~ راندن:*** یکم ۲۶۳/۱۰۵. **۴**- غنائم جنگ: دوم ۷۹۸/۷۰. **۵**- مطلب، آگاهی، دانش: دوم ۳۱۶۴/۱۰۰۳ // ~ ***خواننده*** کتابخوان، دانا: دوم ۱۰۲۹/۵۲۳؛ ۵۱۹/۱۰۶۱. **۶**- حرف، سخن: دوم ۳۱۸۳/۱۰۰۴. **۷**- وجود، بود، هست: دوم ۳۳۵/۱۰۹۴.

چین[1]. // ~ ***به چهر درآوردن:*** یکم ۷۱۷/۷۹.

چین[2]. // ***بازار ~:*** دوم ۱۳۴۶/۵۳۶ // ***کاسه بر آرایش ~ نهادن*** آلات خوان را از ظروف چین گزیدن: دوم ۱۳۲۲/۵۳۵.

چینوَدُپل. دوم ۳۶۰/۱۰۵۵.

چینی. // ~ ***سطرخ*** استخر و تالاب و آبگیر چینی: دوم ۱۲۸۵/۵۳۳ // ***درم ~:*** دوم ۱۴۹۸/۵۴۲.

ح

حدیث. یکم: ۱۲۹۰/۷٤۱ // ~... *باد گشتن*: یکم ۸۹۳/۳۳۸

حرام. // ~ *شدن* مصرف شدن (؟)، هدر رفتن (؟): دوم ۸۱۹/٤٥٦.

حصن. دژ: یکم ۸٦/۹۰۷، ۹۰۸، ۹۱۱؛ ۸۷/۹۱۹؛ ۸۸/۹٤٤؛ ۲٤۲/۱۷۹؛ ٤٤٦/٥۹۹؛ ٤۸۳/٤۱٥؛ ٤۸٥/٤٦٥.

حقّه. صندوقچه‌ی جواهر، مجری: دوم ۳۷٥/٦۸؛ ۳۷٦/٦۹، ۷۰، ۷۲؛ ۸۰۹/۲۰۱؛ ۱۰٥۳/۳۰۷.

حلقه. // *چون ~ در بودن*: دوم ۱۱۳/۳۰۹.

حمایل. آویخته از کمر: یکم ۱۱٦/٥٤۱.

حنظل. یکم ۱۸۰/٥۳۰؛ ۱۸٥/٤۲ // *بر جام ~ شهد پراگندن*: دوم ۹٦۲/۲۱۲٦.

حواصل. کلنگ، ماهیخوار: دوم ٤۸۳/۳.

حور. یکم ٤۰/۲۷۹؛ ۱۱٦/٥۳٦؛ ۲۰٦/۱۸۳.

خ

خاتونی. یکم ۵۵/۳۰۵.

خار. خاره، خارا: یکم ۷۵۳/۲۹۰؛ ۲۰۱/۴۳۱ // ***بر گوشه‌ی گلستان ~ رستن***: یکم ۲۸/۲۳۶ // ***دیدگان پر ز ~***: یکم ۲۳۱٤/۳۹٤ // ***رنج ~ از رنگ گل افزون است***: یکم ۸۳/۷۹٤ // ***مانند کردن سر نیزه به ~ و خو***: دوم ۱۷۰۸/۹٤٦.

خارا. // ***به کوشش نروید ز ~ گیا***: یکم ۱۰۱۰/۷۳۰.

خارزن. خارکن: دوم ۱۱۸٦/۵۲۹، ۱۱۸۹؛ ۱۱۹٦/۵۳۰.

خاریدن. (گذرا) // ***بر کاری سر ~***: یکم ۱۳٤٦/۷٤۳ // ***چشم بلا را ~***: دوم ۱۵۱٦/۱۹۵ // ***سر ~***: یکم ۳۸۰/۱۷٤؛ ۷۰/۲۰۲ // ***سر بر ~***: یکم ۲۲۱۵/۷۷۸.

خاستن. ۱- برخاستن، زایل شدن، از میان رفتن: یکم ۱۲۷۵/۳۵۳. ۲- پدید آمدن، ظاهر شدن: یکم ۱۲۸٤/۳۵۳؛ ۱۹۷۰/۳۸۰؛ ۵۵۲/٤٤٤. ۳- بر کسی شوریدن، طغیان کردن: یکم ۲۸۷/٤۰.

خاشه. خار و خاشاک: یکم ۵٦/۳.

خاک. ۱- یکی از چهار عنصر، تراب // ***~ خوردن***: دوم ۷٤۵/۱٦٤ // ***از جنگ ~ برداشتن***: یکم ۱٦٤٤/۸۵۵ // ***از ~ به شمشیر گل ساختن***: یکم ۲۵۷۱/٦۱۸ // ***انگشت به ~ زدن و بر لب آلودن*** نشانه‌ی پوزش: یکم ۲۹۵۳/۹۰۷، ۲۹۵٤. ۲- نماد سردی و بی‌جنبشی: یکم ۲٦۰/٦۱ // ***~ برآوردن از جایی***: یکم ۷٦۲/۱۲۵ // ***~ بر سر ریختن***: یکم ۵٤۱/۷۲ // ***~ پیمودن***: یکم ۸۳۹/۲۳۲؛ ٤۱٦/۲۵۱ // ***~ لاژورد شدن***: یکم ۱۹۳/٤۳۰ // ***~ میدان گرفتن***: یکم ۱۷۷۲/۳۷۲ // ***از آب ~ به گردون زدن***: یکم ۳۲۱/۲٤۷ // ***با ~ راز گفتن***: یکم ۱۰۷/۳۰۷ // ***به ~ افگندن چیزی را***: یکم ۱۰۱۷/۹۱ // ***به ~ اندر آوردن سر جایی را***: یکم ٦۲۹/٤٤۸. ۳- زمین: دوم ۱۱۱/۲۰۷ و دیگر. ٤-

گور، مزار: یکم ۹۵۵/۵۰۵.

خال. دایی، خالو، برادر مادر: دوم ۱۴۱/۱۰۴۶.

خالی. // ***کسی را ~ یافتن*** او را تنها یافتن: دوم ۲۵۱۴/۹۷۸.

خام. ۱- خالص، ناب: یکم ۲۰۱/۱۰۳. ۲- کنایه از (چرم) کمند، پوست: یکم ۴۵۴/۲۱۷؛ ۱۴۵۶/۵۷۴، ۱۴۵۷؛ ۱۶۳۵/۵۸۱؛ ۲۱۴۸/۶۰۱، ۲۱۵۰، ۲۱۵۱؛ ۲۶۱۶/۶۲۰؛ ۲۳۱۹/۸۸۲؛ ۲۳۲۳/۸۸۲؛ دوم ۱۲۰۸/۳۱۲؛ ۴۱۲/۴۳۷، ۴۱۴؛ ۴۳۶/۴۳۸؛ ۵۹۸/۴۴۴ // ***خم ~***: یکم ۴۰/۴۰۴ // ***خمّیده ~***: یکم ۲۶۵/۲۴۵. ۳- ناپخته← ~ گفتار، ~ گوی.

خامش. آرام، باوقار، باطمأنینه: یکم ۶۰۹/۳۲۷؛ ۱۳۱۹/۳۵۴؛ ۱۴۹۹/۳۶۲؛ ۴۸/۴۰۵؛ ۵۶۲/۴۴۵؛ ۴۴/۴۵۳؛ ۳۸۲/۸۰۶.

خامشی. // ***گفتار بر ~ گزیدن***: دوم ۱۵۶۱/۹۴۰.

خام‌گفتار. سخن ناپخته: یکم ۳۷۹/۱۱۰؛ ۴۱۵/۴۳۹؛ ۵۶۵/۴۴۵.

خام‌گوی. ناپخته و نسنجیده‌گو: یکم ۲۲۰/۳۸.

خامه. قلم: یکم ۱۱۵۷/۳۴۸ و دیگر // ***~ را به زهر برزدن***: دوم ۶۷۱/۲۸ // ***~ را از خنجر کردن***: دوم ۲۳۹۸/۹۷۳ // ***سر ~ را از پیکان تیر کردن***: دوم ۲۳۹۷/۹۷۳.

خان. ۱- خانه، سرا: یکم ۱۵۱/۳۵؛ ۴۱۳/۴۵؛ ۲۳/۵۲؛ ۲۳۸/۱۰۴؛ ۳۱۰/۱۰۷، ۳۱۱؛ ۲۹۹/۱۷۰؛ ۴۸/۲۶۳؛ ۲۲۸/۳۱۲؛ ۶۰۴/۳۲۶؛ ۱۵۵۰/۳۶۴؛ ۲۲۹۶/۳۹۳؛ ۵۸/۴۰۵؛ ۴۶۲/۵۳۵؛ ۶۸۷/۶۶۵؛ ۲۵/۶۹۲؛ ۱۳۸۹/۸۴۵؛ ۱۴۲۴/۸۴۶؛ ۲۲۰۴/۸۷۷، ۲۲۱۰؛ دوم ۴۹۷/۱۵۴؛ ۵۲۱/۱۵۵، ۵۲۹؛ ۸۰۷/۱۶۷؛ ۱۳۴۲/۱۸۸؛ ۲۵۶/۴۳۱؛ ۳۰۸/۴۳۳؛ ۴۴۱/۴۳۸؛ ۱۷۹/۴۹۰؛ ۱۳۹۲/۹۳۳ و بسیار. ۲- تخت اتاق‌مانند: دوم ۸۹۱/۳۰۰. ۳- منزل (در راه): دوم ۱۵۳۴/۱۰۰.

خانسار. چشمه‌سار: یکم ۲۳۱۷/۷۸۲.

خانگی. دوم ۳۲۲۳/۱۰۰۶.

خان و مان. خانه و سرا، خانمان: یکم ۲۳۹/۱۰۴.

خانه. ۱- سرا، کاخ، کاشانه، جای زندگی: یکم ۶/۲۹ و دیگر // ***~ جامه‌ی نابرید***: یکم ۱۵۲۰/۳۶۲ // ***~ زرنگار***: یکم ۱۴۱۶/۱۵۰ // ***~ سور***: یکم ۳۹۵/۲۱۵ // ***~ گوهرآگین***: دوم ۳۰۴۷/۹۹۹؛ ۳۴۳۳/۱۰۱۴. ۲- اطاق، جایگاه: یکم ۲۲۶۴/۳۹۲، ۲۲۶۵. ۳- خانه‌ی کمان: یکم ۱۳۸۳/۳۵۷، ۱۳۸۵؛ ۳۵۱/۴۸۱. ۴- خانه‌های شطرنج: دوم ۲۶۸۶/۷۲۷ و دیگر. ۵- کنایه از آلت زن: دوم ۳۲۶/۴۹۶.

خاور[۱]. مغرب: یکم ۷۷/٤؛ ۱۷۱۹/۳۷۰.

خاور[۲]. خار، خارور، خاراسنگ، خارستان، کوه خارا: یکم ۱۰۳۸/۱۳٦؛ ۷۲۸/٥٤٥؛ دوم ۱٥۳٤/۱۰۰؛ ۲۱٥۰/٥٦۷؛ ٦۰۱/٦٤٤.

خایسک. پتک: یکم ۳۹۷/٦٥٤.

خاییدن. ۱- جویدن، به دندان ریز کردن: یکم ٦۳٤/۱۲۰؛ ۱٤٥۷/۱٥۲. ۲- گاز گرفتن، گزیدن // **پشت دست** ~: یکم ٤۳/۱۹۳؛ ۳۹٦/۲۷٦ // **چنگ** ~: دست خود را از پشیمانی یا شگفتی گزیدن، نشان تأسف: دوم ٥۹٤/۱٥۸؛ ۱۹۸۷/٥٦۱ // ***لب (به دندان)*** ~ (نشان تأسف): یکم ٥۲٤/۸۱۱؛ دوم ۸٤۷/۲۹۸ // ***لب از تنگ*** ~: دوم ۱۷۲۰/۹٤٦؛ ۲- پاره کردن: دوم ٥/٦۲۱.

خباک. آغُل سرگشاده و محصور، کنایه از تنگنا و جای خفگی‌آور: دوم ٤۱٤/٤۷۱ // **جهان بر کسی ~ گشتن**: دوم ۱۳۹٤/۱۹۰.

خداوند. ۱- پروردگار، آفریننده: یکم ۱/۱ و فراوان. ۲- صاحب، دارنده؛ مالک: یکم ۹٥/٥؛ ۱٤۸/۷؛ ۱٦۲/۸؛ ۸۸٤/۸٥؛ ۱۰۱۰/۹۰؛ ۱۱/۹٥؛ ٦۱۹/۱۱۹؛ ۱٥۱۱/۱٥٤؛ ۱۰۸/۱۸۷؛ ۱۱٦۱/۳٤۸، ۱۱٦۲؛ ۱۷۱۹/۳۷۰؛ ۱۹۱۷/۳۷۸؛ ۱۱۱/٤۷۱؛ ۲۸۳٦/٦۲۸؛ دوم ۱۰٤٦/۱۷٦؛ ۳۰۹۰/۱۰۰۰. ۳- خداوند خانه در اصطلاح منجّمان، رب، کدخدا: یکم ۲۷۰/٦۱، ۲۷۱.

خداوندکُش. دوم ۸٦٤/۱۱۱٥.

خدای. ۱- آفریننده: یکم ۳۲٦/٦٤ و فراوان. ۲- شاه، فرمانروا: یکم ۲۷۷/٦۲، ۲۸٥؛ ۳۰۷/٦۳؛ ٤۳۷/٦۸؛ ۷۲۰/۷۹؛ ۹۸۹/۸۹؛ ۳۰۳/۱۰۷؛ ٤۷۸/۱۱۳ و دیگر (در ترکیباتی چون: ایران ~، توران ~، خاور ~، کاول ~ و...).

خدنگ. نام درختی: یکم ٦۰٦/۷٥؛ ۹۰٤/۱۳۰؛ ۱۰۲۳/۱۳٥؛ ۱۳۹۳/۳٥۷ // ~ ***پیوستن*** راندن تیر در کمان: دوم ۲۰۳۲/٥٦۳.

خدیو. ۱- پادشاه، بزرگ، رهبر: یکم ۳۸/۱۲؛ ٦/۱۷. ۲- کنایه از خداوند // ***گیهان*** ~: دوم ٥۹٦/۱۱۰٥ (نیز← گیهان‌خدیو).

خراج. // ***اصل و فرع*** ~: دوم ۸۸۲/۱۱۱٦

خرّاد. ۱- نام یک پهلوان ایرانی: یکم ۱٥٥/۱۹۷. ۲- نام آتشکده یا یکی از امشاسپندان: یکم ۳٥۹/٤۳۷.

خراسان. خاور: یکم ۲۹۱۲/۹۰٦؛ دوم ۳۱۳۷/۱۰۰۲.

خَراستر. خزندگان: دوم ۱۱٦۳/۳۱۱.

خرام. ۱- مهمانی، ضیافت: یکم ۱۳٥/۲٤۰؛ ۳٤۲/۲٤۸؛ ٤۲۰/۲٥۱؛ ۳٥/۲٥٤ // **به ~ آمدن**: یکم

١٤١٧/٨٤٦ (نیز← درود و خرام). ۲- فراخواندن به مهمانی، دعوت: یکم ١١٤٣/٥٦٢؛ دوم ٥٨٩/١٥٨؛ ٦٠٩/١٥٩؛ ٣٤٧/٢٥٩ // ~ ***آوردن*** به مهمانی خواندن: یکم ٩٠/٤٧٠ // ~ ***بردن*** به مهمانی خواندن: دوم ٨١٤/٣٤ // ~ ***پذیرفتن*** دعوت به مهمانی را پذیرفتن: یکم ٢٢٢/٤٧٥. ۳- شادی، کامروایی: دوم ٤٣٠٦/٧٩١، ٤٣١١. ٤- کنایه از فراخواندن بدان جهان: یکم ٧١/٦٣٣؛ ٢٦٧٢/٨٩٦.

خرامان. با ناز و بالیدن رفتن: یکم ١٠١/٣٠٧؛ ١٩٢/٣١٠؛ ٢٤٥/٣١٢ و دیگر //~ ***به چنگ نهنگ رفتن:*** یکم ١١٩٥/٣٥٠.

خرام و نوید. ۱- مژده و بشارت و خبر خوش: یکم ٨٠٤/٣٣٤ ۲- تعارف، خوش‌زبانی: یکم ٦١٧/١١٩؛ دوم ٨٥٥/٢٦٩

خرامیدن. ۱- رفتن با ناز و بالش، شیوه‌ی رفتن بزرگان عموماً از زن و مرد: یکم ١١٠٥/١٣٨؛ ٣٣٠/٣١٦؛ ٥١٨/٣٢٣؛ ١٥١٠/٣٦٢؛ ١٩٣٣/٣٧٩ و دیگر. ۲- رفتن، از جهان رفتن: یکم ٩٨٠/٢٩٩.

خربنده. خرکچی: دوم ٧١٤/٣٦٩.

خرچنگ. سرطان: یکم ٢٨٨/٥٢٨.

خرد. ۱- عقل اوّل یا عقل کلّی: یکم ١/١؛ ٢٦/٢. ۲- عقل انسانی یا جزوی: یکم ٨/١ و فراوان //~ ***اندر کنار داشتن:*** یکم ٩١٦/٣٣٩ // ~ ***با روان پروراندن:*** یکم ٨٩٧/٣٣٨ // ~ ***برافشاندن روان:*** یکم ٢٠١/٣١١ //~ ***بهتر از هرچه ایزدت داد!:*** یکم ١٧/١ //~ ***به روشن روان برگراییدن:*** دوم ٢٧٤٠/٩٨٦ //~ ***پروراندن جان:*** دوم ٧٧٨/٣٢ // ~ ***پروراندن روان:*** یکم ١١٢/٣٠٧ // ~ ***پروردن:*** یکم ٦١٣/٨١٥ // ~ ***پیش جان جوشن کردن:*** دوم ٢١٨٤/٩٦٤ // ~ ***جان پاک است:*** دوم ١٤٦٠/٦٧٨ // ~ ***جان را به دانش پرورد:*** دوم ٧٧٧/١٣١ // ~ ***جفت جان (پاک) بودن:*** یکم ٥٩٩/٣٢٦؛ دوم ١٥١/٧؛ ٢٨٠/٢٥٦ // ~ ***چشم جان است!:*** یکم ٢٥/٢ // ~ ***داشتن روان:*** دوم ٣٨٣/١٥٠ //~ ***دل اژدها را بشکرد!:*** یکم ٨٦٠/١٢٩ //~ ***بر اندیشه سالار کردن:*** یکم ٩١٦/٨٢٧ // ~ ***را پیچیدن:*** یکم ٢٢٨/٥٢٦ //~ ***را بر کاری پیچان کردن:*** یکم ٣٦٨/٢٧٥ //~ ***را به اندیشه توشه بودن:*** یکم ١٢٠٧/٥٦٤ //~ ***را به نام کسی نیاز آمدن:*** یکم ٦٦/٤٢٥ // ~ ***را تار و کسی را پود کردن:*** یکم ١٨٧٠/٣٧٦ //~ ***را به کار بستن:*** یکم ٩٣٧/٣٣٩ //~ ***را چو تبر کردن:*** دوم ٨٣٧/١٦٨

// ~ **را روان بودن**: یکم ۱۲۷/٦٤٤ // ~ **را گزین کرده بر خواسته!**: یکم ۱۵۷۵/۱۵۷ // ~ **(را) یاد داشتن**: یکم ۲۰٦/٤۳۱ // ~ **رهنما و دلگشا**: یکم ۱۸/۱ // ~ **رهنمای روان**: یکم ۷۹۷/۱۲٦ // ~ **ساخته کرده بر خواسته!**: یکم ۱٥٤/٥۷ // ~ **گرفتن**: یکم ۱٥۰۰/۳٦۲ // ~ **نگهبان جان و سه پاس**: یکم ۲٦/۲ // **از ~ بر جان لگام زدن**: دوم ٥٥۰/۱۱۰۳ // **برآمیختن ~ با روان**: یکم ۱۷۲۷/۳۷۰ // **باد ~**: یکم ۲۲۰۲/۳۸۹ // **بی ~ پای در بند است!**: یکم ۲٤/۲ // **تنومند بودن ~**: دوم ٦۸۹/۱۱۰۸ // **جان ~ بودن**: یکم ۱٤۸۲/۳٦۱ // **جان ~ داشتن**: دوم ۲۹۷۰/۹۹٦ // **جان (گردن) را از فام ~ آزاد کردن**: یکم ٤۸٦/۷۱۰ // **چشم ~ را دوختن**: یکم ۲۲٦۲/۳۹۲ // **دل از ~ آراسته گنجی است پر از خواسته!**: یکم ۸٥٤/۳۳٦ // **روان ~ بودن**: یکم ٦۰/۲٦۳ // **سخنی را با ~ برابر کردن**: دوم ۱۳۲٥/۱۸۷ // **ستون ~**: یکم ۹۰۲/۳۳۸ // **شادمانی، غم، فزونی، کمی از ~ است!**: یکم ۱۹/۱ // **فام ~ توختن**: دوم ۱٦۱۷/۱۹۹ // **کاری را پیش ~ آوردن**: ۱۲۲٥/۹۲۷ // **کام بر ~ پادشا بودن**: یکم ۷۰۹/۷۱۸.

خرد. ۱- کوچک: یکم ۸۸/۹۸. ۲- کنایه از کودک: یکم ۸٤/۹۸.

خرداد. ۱- نام روز ششم ماه: یکم ۲۷۱/٤۰؛ دوم ۳۸٦٤/۷۷۳؛ ۱۷۰۳/۸٦۸. ۲- یکی از امشاسپندان: یکم ۷٤۰/٦٦۷. ۳- ← خرّاد.

خردمند. خردمندانه: یکم ۱٦٤٥/۳٦۷؛ ۲۳۷٥/۳۹٦ // ~ **گوهرفروش**: یکم ۲٤٥۸/۳۹۹.

خردیافته. خردمند: یکم ۷۸۱/۱۲٥؛ ۷۸٥/۱۲٦؛ ۱٤٦۰/۳٦۰.

خرف. کم‌خرد در اثر پیری: یکم ٥۱۷/۷۱.

خرگاه. ۱- سراپرده: یکم ٥٦/۳۰٥. ۲- سرزمین ترکان: یکم ۱۱۲/۱۹٥؛ ۱٥۸/۲٥۹؛ ۹۷۸/۳٤۱ // **رسم ~**: یکم ۲۰/۱۸٤.

خرگه. یکم ۹۸۷/۳٤۱ (نیز ← خرگاه).

خَرم. بریدن و شکافتن: دوم ٤۰۱/۱۷.

خرّم. یکم ۸٤/٥٤؛ ۱٥٥/٥۷.

خرما. // **به ~ چه یازی، چو ترسی ز خاره**: دوم ۱٦۰۲/۸٦٤.

خرمی. // **بدین ~**: دوم ۲۱۹/۱۰۹۰.

خرور. خربر، برنده‌ی خر، خرسوار: دوم ۱۳٦٤/٥۳٦.

خروس. یکم ۱٥/۱۷ // **بانگ ~**: یکم ۲۳/۱٦۰ و دیگر // **چشم ~**: یکم ۱۰۰/٥؛ ۱۳۹٤/۱٥۰؛ ۱٥۰٦/۱٥٤؛ ٥٤۲/۱۸۰؛ ۳۰٤/٥۲۹؛ ۹۲٦/٥٥۳؛

۱۲۲۹/٥٦٥؛ ۱٥۲/٦٤٤ // ***خروش*** ~← خروش.

خروش. ۱- بانگ و نعره و فریاد در نبرد // ~ ***خروشیدن:*** یکم ۸۹۹/۱۳۰. ۲- بانگ و آواز // ~ ***خروس:*** یکم ۱۹/۳۰۳؛ ۱٥۷۲/۳٦٤ // ~ ***مغان*** آواز و نغمه‌ای در موسیقی ایران: دوم ۹۹٤/٥۲۲ // ~ ***مغانی:*** یکم ٥٦۹/۷۳؛ یکم ٤٤۰/٥۳٤؛ دوم ٥/۱۰۱. ۳- شیهه‌ی اسب: یکم ٥۲٤/۲۲۰. ٤- نوحه و زاری: یکم ٥۳۱/۷۲ // ~ ***برآمدن:*** یکم ۲۲۹٦/۳۹۳.

خروشان. به بانگ زاری‌کنان: یکم ۳۰٤/٤۳٥.

خروشیدن. ۱- بانگ و فریاد زدن // ***خروش*** ~: یکم ۸۹۹/۱۳۰ // ***خون*** ~: یکم ۲۸٥/٤۱٤. ۲- شیهه‌ی اسب: یکم ٥۲٤/۲۲۰. ۳- ناله و زاری کردن: یکم ٥٤۲/۷۲.

خره. تل انبار: یکم ٤٥٦/۲۱۷.

خرّه‌اردشیر. دوم ۳۸۹۹/۱۰۳۲.

خریدار بودن. یکم ۱۱۲۸/۳٤۷.

خرید و فروخت. خرید و فروش، کسب: دوم ٥۳۲/۱۲۲؛ ۱٤۱/۲۷۰؛ ۱۹۸/۲۷۳؛ ۱۱۲۸/٥۲۷.

خرّیدن. دوم ٤۹۳/۱۲۰.

خزوران. یکم ۳۸/۱۲.

خسبیدن. خفتن، خوابیدن: دوم ٥۳۰/۳۹٤.

خسپیدن. خوابیدن: یکم ۱٤۲۹/۳٥۹؛ ۲۳۷۷/۳۹٦.

خستگی. ۱- جراحت، زخم: یکم ۲٥۱/۱٦۹؛ دوم ۱۱٥٦/۱۸۱؛ ۱۱٦۳/۱۸۱، ۱۱۷۱؛ ۱۲۰٦/۱۸۳، ۱۲۱۱؛ ۱٦۷/۲۰۹؛ ۱۷۹٦/۹٤۹ و دیگر. ۲- آزردگی، دردمندی: یکم ۱۳۳٤/٥٦۹.

خستن. ۱- آزرده شدن، به درد آمدن، رنجیدن: یکم ۳٥۰/۲۷٥؛ ۸۸۱/۲۹٥؛ ۱۱٤۰/٥٦۲؛ دوم ۱۷٥۹/۹٤۸ و دیگر. ۲- آزرده کردن، رنجاندن: یکم ۸۸۸/۲۹٦. ۳- خراشیدن، مجروح ساختن، زخمی کردن: یکم ٥۱۰/۳۲۳؛ ۲۰۷۷/۳۸٤؛ ۲۲۱۸/۳۹۰، ۲۲۳٥؛ ۱۱٥٥/٥۱۳، ۱۱٥۷؛ ۲۰۲۱/٥۹٦، ۲۰۲٤؛ دوم ۲۸٥۳/۹۹۱ و دیگر. ٤- مجروح شدن، زخمی شدن: دوم ۱٦٤٤/٦۸٦.

خَستو. مُقر، معترف: یکم ۱۲/۱؛ ٤۲۸/۳۱۹؛ دوم ۹۹٤/٦٦۰؛ ۲٤٦٦/۷۱۸؛ ۲۸۱۰/۷۳۲؛ ۳٦۰۸/۷٦۳؛ ۳۷۰۰/۷٦۷ // ~ ***آمدن:*** یکم ٤۳۰/۳۱۹؛ ۱۲/٤۲۳ // ~ ***شدن:*** یکم ٤/٦۳۱؛ ۲٤٦٤/۷۸۸؛ ۹۷۸/۸۲۹؛ دوم ۲۰/۲.

خسته. ۱- آزرده، دردمند، رنجیده‌خاطر: یکم ۲٥۱/۱٦۹؛ ۳۰۹/۱۷۱؛ ۷۸/۲۰۲؛ ۸۳۰/۲۳۲؛ دوم ۳٥۳/۲٥۹؛

۱۷۵۱/۹٤۷؛ ۱۸۸۲/۹۵۳؛ ۲۷۵۸/۹۸۷ و دیگر. **۲-** زخم، جراحت، ریش، خستگی: دوم ۵۲۲/۱۵۵؛ ۱۲۲۷/۱۸۳. **۳-** زخمی، مجروح: یکم ۵۵۸/۷۳؛ ۹۸۷/۸۹؛ ۲۳۵/۱٦۸؛ ٤۲۷/۱۷۵؛ ۹۳۹/۲۹۸؛ ۳٤۵/٤۳٦؛ ۳۵۵/٤۸۱؛ دوم ۱۷۵۹/۹٤۸؛ ۱۸۲۲/۹۵۰؛ ۱۹۳٤/۹۵۵؛ ۲٦۲۷/۹۸۲؛ ۲٦٤۵/۹۸۳ و فراوان. **٤-** دردمند: دوم ۲٦۲۹/۹۸۲؛ ۲٦٤٤/۹۸۳.

خسته‌آزار. آسیب‌دیده: دوم ۲۰۵۹/۷۰۲.

خسته‌تن. یکم ۱۵۹/۲۵۹.

خسته‌جگر. غمگین، خاطرآزرده، زاروار: یکم ۲۳۸/۳۱۲؛ ٤۰۰/۳۱۸.

خسته‌دل. دل‌آزرده: یکم ۱۱٤/۲۳۹؛ ٤٤۷/۳۲۰ و دیگر.

خسته‌روان. دل‌آزرده، خسته‌جان: یکم ۹۲۱/۲۹۷.

خسته و بسته. یکم ۳۸/۱۸؛ ۲۳۵/۲۷۰؛ ۲۰۲/٤۳۱؛ ۷۸۸/٤۹۸؛ دوم ۲۹۳٦/۹۹٤.

خسته و گشته. یکم ٦۹٤/۲۸۸.

خُسُر. پدرزن: یکم ۲۱٦۵/۳۸۸.

خسروآرای. // ***جوشن*** ~: دوم ۲۲۵۷/۹٦۷ // ***مغفر*** ~: دوم ۱۷۹۷/۹٤۹.

خسروانی. شاهانه، درخور شاهان: یکم ۹۹۷/۹۰؛ ۱۳۳۵/۱٤۷ و دیگر // ***دیبه‌ی*** ~: یکم ٤۵۷/٤٤۱ // ***دخمه‌ی*** ~: یکم ۱۷۹/۱٦٦.

خسروانی‌درخت. یکم ۱٤۷۲/۱۵۳؛ ۵٤۸/۲۲۱ و دیگر.

خسروپرست. یکم ۱٦۸/۱۰۱؛ ۱۷٦/۱۰۲؛ دوم ۱۱۲۳/۹۲۳.

خسروی. شاهانه، درخور شاهان: یکم ۱۷۷/۸؛ ۱۹۷/۵۸؛ ۵۰۸/۲۱۹؛ ٦۲۱/٤٤۷ و دیگر.

خشت. **۱-** نیزه‌ی کوتاه و پردار و ریسمان‌دار: یکم ۸۷٤/۱۲۹؛ ۱۳۰۳/۱٤٦؛ ۱٤٦۱/۱۵۲؛ ۱۹۰/۱٦٦؛ ۳۵٤/۲۱۳؛ ۲٦۱/۲٤۵؛ ٤۳۰/۲۷۸؛ ۱٦۱/۵۲۳؛ ۱۹٤/۵۲٤؛ ۱۹۸/۵۲۵ و دیگر. **۲-** // ~ ***(~ خشک) اندر آب افگندن*** کنایه از کار نادرست کردن و نتیجه‌ی بد بردن: دوم ۲٦۳۲/۷۲۵؛ ۱۲۱۹/۸٤۹.

خشک. خشکی، مقابل دریا: یکم ۲۱۸/۲٤۳ // ~ ***شدن***: یکم ٤٦۸/۲۷۹ // ***ره ~ را پیش گرفتن***: یکم ۱۷۲٦/۵۸٤.

خشم. // ~ ***داور را بر کسی ریختن***: دوم ۳۷۲۹/۱۰۲٦.

خُشنُدی. خوشنودی: دوم ٤٤۸/۵۰۰؛ ۲۵۱۳/۷۲۰.

خشنسار. نوعی مرغابی کبودرنگ: یکم ٤۰۳/۱۱۱.

خطّ. // ~ ***آوردگاه***: یکم ۱۷۸۲/۳۷۳ // ~ ***خسروی***: دوم ۱۳۳۲/۹۳۱ // ~ ***مَعقِلی***: دوم ۲۹/٤۲۰ // ~ ***بیغوی***:

دوم ۱۳۲/٤٤؛ ۱۸۵/٤٦ // ***بر ~ راست:*** یکم ۳٤٦/۲٤۸.

خفتان. // ***از ~ کفن بریدن:*** یکم ۱۲٦۱/۵٦٦.

خُفتن. دوم ۵۵۰/٦۱ // ***به پشت*** ~ کنایه از آسودگی و رفاه و امنیت: دوم ۱۰۷/٦۲۵.

خَفتن. خوابیدن، خم شدن، دوتا گشتن: دوم ۳۰۲/۱٤٦؛ ۵۳۰/۳۹٤؛ ۳۲۵٦/۷٤۹.

خُفت و خیز. آمیختن، همخوابگی، جماع، گرد آمدن: دوم ٤۲۱/۲۸۱؛ ۹۳۰/۵۱۹؛ ۹۳۷/۵۲۰.

خلعت. //~ ***برافگندن:*** یکم ۱۵٦/۱۹۷.

خَلوق. بوی خوش: یکم ۱٤۰۸/۱۵۰ // ***تشت‌های*** ~: دوم ۲۲۷۱/۷۱۱؛ ۳۱۰۱/۱۰۰۱.

خَله. ۱- فریاد و هیاهو: یکم ۱۲۷٤/۱٤۵. ۲- پاروی کشتی: یکم ۱۹۷۸/۸٦۸ // ~ ***کردن*** پارو زدن: یکم ۲۰۷۳/۸۷۲.

خلیده‌دل. دل‌آزرده، خسته‌دل: یکم ۵۵/۱۹۳.

خلیده‌رخ. رخ‌خراشیده: دوم ٤۵/۲۲۷.

خلیده‌روان. آزرده‌جان، دل‌شکسته، اندوهگین: یکم ۷٦۲/۲۹۱؛ ۱۷۰۰/۵۸۳؛ دوم ۱۳۲۲/۹۱.

خم. ۱- حلقه‌ی کمند: یکم ٤۱۹/۲۱٦؛ ٤۵۸/۲۱۷، ٤٦۰؛ ٦۷۵/۲۲٦؛ ۵۰/٤۰۵؛ ٦۳۱/٤٤۸ //~ ***بر میان فسردن:*** یکم ۲٦٦/۲٤۵. ۲- پیچ، تا، کج // ~ ***آوردن:*** یکم ۸۵۹/۲۹۵ // ~ ***اندر برو:*** یکم٤۹۹/۲۸۰ // ~ ***چرخ گردان:*** یکم ۳۲۵/۱۰۸ // ~ ***دادن:*** یکم ۱۰٤/۱۸۷. ۳- کنایه از راه: یکم ۳۸۷/۲۱٤. ٤- پیچ ایوان به درون خانه (؟): دوم ۹٦۳/۵۲۱. ۵- کنایه از بند: دوم ۷/۱۰٦۷.

خماندن. دوتا کردن، کوژ کردن، خم کردن: یکم ۳۷۵/٦۵؛ ۱۰٤۵/۱۳٦.

خمانیده. خم‌شده: یکم ۳۷۵/٦۵.

خمانیده‌شیز. کنایه از کمان: یکم ۲٦٤/٤۷۷.

خُمب. دوم ٦۵۷/٤٤۷.

خُمبره. خمره: دوم ٤۱۲/۱۰۹۷.

خمیدن. ← اندرخمیدن.

خمّیده. پیچان: یکم ۲٦۵/۲٤۵.

خمیر. // ***چون موی از ~ بیرون آمدن:*** یکم ٤۱۸/٤۵.

خنجر. // ~ ***تابناک*** کنایه از خورشید: یکم ۲۲٤۷/٦۰۵ // ~ ***سردرو:*** یکم ۷٦۱/۲۲۹ // ***تیز زهرآبگون ~:*** یکم ۵۱۲/۷۱ // ***زمین را به ~ شستن:*** یکم ۱۳۱/۲٦٦.

خنجرگزار. به کار برنده‌ی خنجر، خنجرزن: یکم ۸٦۷/۸۵؛ ۱۰۹/۲۵۷.

خنده. // ***یک لب پر از ~ داشتن:*** یکم ٤۹۷/۱۱٤.

خندیدنی. یکم ۹۷۵/٦۷۷.

خُنُک. (از اصوات) شادا، خوشا، خوشبختا، حبذا!: یکم ٦۹۰/۱۲۲؛ ۱۳۱۸/۱٤٦؛ ۵۱۷/۳۲۳؛ ۹۱۵/٦۷٤؛ ۱۲۳٤/٦۸۷؛ ۱٤۲۸/۸٤۷؛ ۲۲۳۰/۸۷۸؛ دوم ۵٤٦/۱۲۲؛ ۲/۱۳۵؛ ٤۸۳/۱۵٤، ٤۸٤؛ ٤۹۲/۱۵٤، ٤۹۳؛ ۷٦۰/۱٦۵؛ ۸۸۰/۱۷۰؛ ۱۳/۲۰۳؛ ٤۵۳/۳۹۱؛ ٤٦۳/۳۹۱ و فراوان.

خنگ. ۱- سفید: یکم ۹۷/۱۸۷؛ دوم ۱۱۵/۲٤٤. ۲- مطلق اسب: یکم ۵۸۸/٤۹۰. ۳- اسب سروش: دوم ۱۸۹۰/۹۵۳ // ~ **عاج**: دوم ۱۲۳/۸۸٤؛ ۲۲٦/۸۸۸؛ ٤۲۳/۸۹۵.

خنگ‌بید. یکم ۱۱۱/۹۹.

خَنور. ظروف از کاسه و کوزه و بشقاب و جز آن: دوم ۲٤۲۹/۵۷۸.

خنیا. خنیاگری، رامشگری: دوم ۳۸۰٦/۷۷۱.

خنیدن. خواندن: یکم ۸۷۵/٦۷۳

خنیده. ۱- شناسا، مشهور، معروف: یکم ۲۱/۱۸؛ ۱۰۵/۲۵۷؛ ۱۲۵۹/۳۵۲؛ ۱٦۸٦/۳٦۹، ۱٦۸۷؛ ۱۷۵۰/۳۷۱؛ دوم ۵٦۷/٦۱؛ ۲۹۱٦/۷۳٦؛ ۱۱۳/۸۸۳؛ ۳۵۹/۱۰۹۵. ۲- ستوده، پسندیده: یکم ۲۸۳۷/٦۲۸؛ دوم ۱۰۰٤/۵۲۲. ۳- به هر دو معنی پیشین: دوم ۲۸۵۱/۷۳۳.

خَوْ. ۱- گیاه هرزه، کنایه از آلودگی: یکم ۱۸۳۲/۸٦۳؛ ۲۲٦۸/۸۸۰ // ~ ***پالیز (باغ) بودن***: یکم ۱۸۲۸/۸٦۲؛ دوم ۵۵/۳ // ***(از بدان) روی پالیز (باغ) بی ~ کردن***: یکم ۱۲۷۰/۸٤۰؛ دوم ۱۰٦۳/۸۱؛ ۷۸۵/۱٦٦ // ***بر بوم و بر خار و ~ نماندن***: یکم ۲٤۱٤/٦۱۲ // ***به باغ ~ کاشتن*** کنایه از کار نادرست: دم ۵/٤۵۱ // ***جایی (باغ، بستان، کشور، جهان) را بی ~ کردن***: دوم ۳٦۷/۳۵۵؛ ۱۳٦۵/٦۷۵؛ ۱۸۹٦/٦۹٦؛ ٤۳۲۲/۷۹۱ // ***جهان از ستمگاره (بدان) بی ~ کردن***: دوم ۱۳۱۱/۹۱؛ ۲٤/۱۳٦ // ***گل ~ به پالیز شاهان مبادا!***: دوم ۸۰۷/۱۱۱۳. ۲- نماد سستی // ***سنان خار و ~ گشتن (شدن)***: دوم ۵۸۸/٤۷۸؛ ۱۰٤۵/۸٤۲.

خواب. ۱- // ~ ***بریدن***: یکم ۱۰۵/۲۳۹ // ~ ***پیمودن***: یکم ۸۳۹/۵۰۰؛ ۱۲۷۷/۸٤۱ // ~ ***جایی را هم ندیدن***: یکم ۱۲٤/۱۹٦ // ~ ***را بر کسی بستن***: یکم ۱٤۳/۲٦٦ // ~ ***شمردن***: دوم ۱۳۲۷/۱۸۷ // ~ ***شوم***: یکم ۲۰۹۹/۳۸۵ // ~ ***کسی را بستن***: یکم ۱۱۰۵/٦۸۲ // ~ ***کسی را کوتاه کردن***: یکم ۲٤٤/٤۳۲ // ~ ***نوشین***: یکم ۲۳۷۲/۳۹٦ // ***بی ~***: یکم ۳٦۲/۱۷۳ // ***جای ~***: یکم ۱۹٦۳/۸٦۸، ۱۹۷٦ // ***چیزی کسی را به ~ نمودن***: دوم ۱٦۸٤/۸٦۷ // سر

از ~ برآمدن: یکم ۱۳۶۳/۳۵۶؛ ۲۴۶۴/۳۹۹؛ ۲۰۵/۴۱۱ // ***سر (بخت، تیره‌بخت) به ~ (اندر) آمدن:*** یکم ۳۰۸/۴۱؛ ۳۲۴/۲۴۷؛ ۵۹۹/۲۸۴؛ ۲۱۲۴/۳۸۶؛ ۲۳۸۸/۳۹۷ // ***سر روزگار به ~ اندر آمدن:*** یکم ۳۵۰/۲۴۸ // ***سر سیر~ شدن:*** یکم ۸۵۲/۳۳۶ // ***سر کسی را از ~ خوش بیدار کردن (برگراییدن):*** یکم ۶۵۳/۲۲۵؛ دوم ۵۱۷/۱۵۵ // ***کاری (چیزی) ~ گشتن:*** یکم ۱۴۳۲/۷۴۷ // ***هنگام ~:*** یکم ۱۳۳/۱۶۴؛ ۲۸۷/۱۷۰؛ ۵۵۰/۱۸۰؛ ۱۶۵۹/۳۶۸. **۲**- کنایه از خمار و مخمور: یکم ۱۴۴/۶۴۴.

خوابنیدن. خوابانیدن: یکم ۸۴۳/۱۲۸؛ دوم ۶۶۳/۶۵؛ ۲۴۹/۲۱۲ // ***دو چشم ~*** چشم‌پوشی کردن: دوم ۴۹۷/۴۴۰.

خوابیدن. (گذرا) خوابانیدن: یکم ۹۵۳/۲۹۸؛ ۱۸۳/۴۱۰؛ ۲۵۸/۴۷۷؛ ۱۱۹۹/۵۱۴؛ دوم ۵۷۰/۳۹۵؛ ۴۹/۴۰۷، ۶۸؛ ۲۹۵/۶۱۷؛ ۱۲۰۰/۶۶۸؛ ۱۷۳۲/۹۴۷ // ***چشم ~*** ۱- چشم‌ها را بستن: یکم ۳۷۷/۱۱۰. ۲- عفو کردن، چشم‌پوشی نمودن: دوم ۲۶۵۷/۷۲۶. ۳- صبر کردن، مترصّد بودن: یکم ۹۶/۲۳۸ // ***از چیزی چشم ~*** بدان ننگریستن: دوم ۸۴۰/۸۳۴.

خوار. **۱**- سبک، آسان، ساده، بی‌زحمت: یکم ۹۸۶/۸۹؛ ۵۳۰/۱۱۶؛ ۷۶۳/۱۲۵؛ ۱۳۱۴/۱۴۶؛ ۴۱۴/۱۷۵؛ ۲۸۴/۲۱۰؛ ۴۲۶/۲۱۶؛ ۳۳۹/۲۷۴؛ ۶۸۴/۲۸۸؛ ۱۸۲۹/۳۷۵، ۱۸۴۲؛ ۱۰۷/۴۰۷؛ ۲۰۷۳/۵۹۸؛ ۱۷۷/۶۳۸؛ ۴۳۷/۶۵۶؛ ۱۶۰۲/۷۵۴؛ ۸۲۶/۸۲۳؛ دوم ۱۸۸۸/۸۷۵ // ***~ داشتن:*** یکم ۱۰۷/۴۰۷ // ***~ گشتن:*** یکم ۱۸۲۳/۳۷۴ // ***دشخوار و ~*** از هر دری، از هر گونه: دوم ۸۲/۶۰۸. **۲**- پست، حقیر، با بی‌اعتنایی، بی‌اهمیّت، با تحقیر، زار و زبون: یکم ۶۹/۱۴؛ ۴۷۵/۴۷؛ ۷۱/۹۸؛ ۱۳۰۶/۱۴۶؛ ۴۳۹/۱۷۶، ۴۴۶؛ ۴۸/۱۹۳؛ ۴۱/۲۵۴؛ ۴۷۱/۲۷۹؛ ۲۲۷۸/۳۹۲؛ ۱۳۰/۴۰۸؛ ۱۶۷/۴۰۹؛ ۲۷۴/۴۱۳؛ ۲۸۸/۴۳۴؛ ۴۲۲/۴۳۹؛ ۴۲۰/۴۸۳ // ***~ افگندن:*** یکم ۴۵۵/۲۱۷ // ***~ کردن:*** یکم ۳۵۸/۲۷۵ // ***به ~:*** یکم ۲۲۶۸/۳۹۲؛ ۳۰۱/۴۳۵ // ***کار کسی را ~ گرفتن:*** دوم ۵۷۷/۱۵۷ // ***کاری (چیزی) را ~ داشتن:*** یکم ۹۱۶/۸۲۷؛ دوم ۱۲۹۹/۱۸۶ // ***کسی را ~ بگذاشتن:*** یکم ۱۶۷۲/۸۵۶. **۳**- بی‌مایه، بی‌ارزش، بی‌قدر: یکم ۲۲۲۲/۳۹۰ // ***(کسی را) ~ بگذاشتن:*** یکم ۱۲۱/۶؛ ۳۲/۲۳۶؛ دوم ۵۵۵/۹۰۰. ۴- پایین // ***~ نشستن:*** دوم ۱۴۰۰/۹۳۴.

خوارخوار. ۱- بی‌اعتنا، با بی‌اعتنایی، گستاخانه، آهسته‌آهسته: یکم ۹٤/۱۹٥؛ ۱٥۰/٤۷۳؛ دوم ۱۹٤/٤۹۰؛ ۲۰٦/۱۰۸۹. ۲- رک و راست، ساده و بی‌لاپوشانی: دوم ۲٥۰/٦۱٥. ۳- به آسانی، بی‌قید و شرط: دوم ۱۱٥۰/۸٤٦.

خوارمایه. ۱- اندک: یکم ۷۱٤/٥٤٥؛ ۱۰۰۱/٥٥٦. ۲- ناچیز، حقیر، بی‌اهمیت: دوم ۳۱۹/۱۱۳؛ ٦۷/۱۳۷. ۳- زبون، ناتوان: یکم ۱٥٤٦/٥۷۷.

خواری. پستی، زبونی، مذلّت: یکم ٤۲۳/۱۷٥.

خواست. آرزو، خواسته، میل: یکم ۱٦۲۳/۳٦٦.

خواستار. ۱- خواهش‌کننده: یکم ۲۲/٤۰٤. ۲- طلب، جستجو // ~ *آمدن (کاری را، کسی را)*: یکم ۷۰/۱٤؛ ٤٥/۲۳؛ ٤۷۹/٤۲۱؛ ۱۲٤/٤۲۸ // ~ *کردن*: یکم ٤۰/۲۲؛ ٥٤/٤۲٥، ٦٥.

خواستاری. خواستگاری دختر: یکم ۱۰٤/۲۳۹.

خواستن. // *کسی را از کسی* ~ برای او از آن کس طلب بخشش کردن: یکم ۲۰٤۲/۳۸۳؛ ۸۰۰/٦۷۰.

خواسته. ۱- آرزو، میل: یکم ۱٥٤/٥۷؛ دوم ٤۳۰/۱۰۹۸. ۲- مال، مکنت، ثروت، دارایی: یکم ٦۰۹/۷٥؛ ٥۰۷/۲۸۱ و دیگر // ~ *پراگنده شدن*: یکم ۱۳۹/٤۰۸.

خواسته‌خورده. ورشکست، سرمایه بر باد داده: دوم ٥٦٦/٥۰٥.

خوالیگر. آشپز: یکم ۱۲۹/۲٦؛ ۲٦/۳۰، ۲۷؛ ۹٥٥/٦۷٦؛ ۹۹٤/٦۷۷؛ دوم ۲٥۹/۸۱۱.

خوالیگری. آشپزی: یکم ۱۹/۳۰، ۲۲.

خوان. ۱- سفره // ~ *زرّین*: یکم ۱٦٤۸/۳٦۷ // *ناساز* ~: دوم ۱۰۳٦/۸۰. ۲- طبق، مجمعه، میز: دوم ۳۲۱۷/۱۰۰٥.

خواندن. ۱- گفتن، بر زبان آوردن // *نام یزدان را بر کسی* ~: یکم ۱٥٥۹/۱٥٦. ۲- نام کسی را بر زبان آوردن: یکم ۱۲۱/٤۲۷. ۳- نامیدن، دانستن: دوم ۱۰/۱۰۱. ٤- کسی را پیش خود خواستن، دعوت کردن: یکم ۱۱۷/۲٦٥؛ ۹۷۳/۳٤۱؛ ۱۹۱۲/۳۷۸؛ دوم ٥٦۸/۱٥۷؛ ۲۹۳/۸۹۰.

خوانندگان. اهل سواد: دوم ۲۸۱۷/۷۳۲.

خواننده. ۱- کسی که کتابی را در انجمن‌ها می‌خواند: یکم ۱۲٦/٦؛ دوم ۳۱٦٤/۱۰۰۳؛ ۳٥۰/۱۰٥٤؛ ۳٦۲/۱۰٥٥. ۲- کسی که برای خواندن و دعوت کردن دیگران می‌فرستند، خواستار، جوینده: یکم ٥٦۳/۱۱۷؛ دوم ٦۰/٤٥۷.

خواهش. //~ *آراستن:* یکم ۷۱/۲۵۵.

خواهشگر. ۱- خواهش‌کننده، متقاضی: یکم ۶۴۷/۷۶. ۲- شفیع، شفاعت‌کننده: یکم ۱۳/۴۰۳؛ ۹۵۲/۶۷۶.

خواهشگری. شفاعت: یکم ۴۴۷/۱۷۶؛ ۲۰۴۲/۳۸۳؛ ۵۰۰/۴۴۲؛ ۲۶۸/۶۴۹.

خواهندگان. نیازمندان، مستحقّان: یکم ۱۵۰۷/۱۵۴.

خواهندگی. خواستگاری: دوم ۳۵۲/۸۱۵.

خواهنده. نیازمند، درخواست‌کننده، درویش و بینوا، سزاوار: دوم ۱۰۶۱/۸۱؛ ۵۷۱/۱۲۳؛ ۶۴۹/۴۸۰.

خوب. ۱- زیبا: یکم ۶۵/۲۶۳. ۲- نیک، پسندیده // ~ *و زشت را پدیدار کردن:* یکم ۲۰۲۸/۳۸۲.

خوب‌رای. یکم ۱۵۸۵/۳۶۵.

خوچ. تاج خروس: یکم ۳۰۸/۴۶۳.

خود. ۱- ضمیر مشترک: یکم ۱۰/۱۱ و فراوان. ۲- ضمیر ملکی: یکم ۸۸/۴ و فراوان. ۳- ضمیر مشترک در بیان تأکید و رفع ابهام، اصلاً، براستی، در واقع، آری، واقعاً، حتّی، همانا، هرگز، پاک، بکلّی، دیگر: یکم ۸۹/۴؛ ۲۸/۱۲؛ ۲۳۶/۳۸؛ ۲۰۸/۵۹؛ ۴۰۲/۶۶؛ ۴۹۴/۷۰؛ ۶۸۲/۷۷؛ ۸۳۸/۸۴؛ ۳۷/۱۶۰؛ ۱۳۳/۲۴۰؛ ۵۶۵/۲۸۳؛ ۱۱۲۶/۳۴۷؛ ۲۰۶۰/۳۸۴؛ ۲۴۵۸/۳۹۹؛ ۳۶۷/۴۱۷؛ ۶۳۲/۴۴۸؛ ۳۲۳/۴۸۰؛ ۸۳۰/۵۰۰؛ ۱۰۹۵/۵۱۰؛ ۱۷۰/۶۳۷؛ دوم ۱۱۱۹/۱۷۹؛ ۲۱/۴۲۰؛ ۱۰/۵۸۹؛ ۳۹۷۷/۷۷۸؛ ۲۷۶۳/۹۸۷؛ ۲۸۳۸/۹۹۰؛ ۲۸۴۹/۹۹۱؛ ۶۳۶/۱۱۰۶؛ ۷۹۹/۱۱۱۳ و دیگر // ~ *بی‌گمان:* دوم ۲۷۹۷/۹۸۹.

خودرُست. طبیعی، ذاتی: دوم ۳۴۴/۴۹۶.

خودکام. ۱- سرکش، خودرای: دوم ۱۷۶۹/۸۷۱. ۲- زورمند، توانا: ۲۲۶/۴۶۴؛ ۲۰۶۹/۵۶۴؛ ۲۱۹۵/۵۶۹؛ ۱۹۹۶/۹۵۷.

خودکامه. ۱- مستبد، خودرای، خودسر: یکم ۷۵/۲۰۲؛ ۷۱۰/۲۲۷؛ ۲۱۲/۴۷۵؛ ۲۳۰/۴۷۶؛ دوم ۸۶/۶۰۸ ۲- قدرتمند، توانا، کامگار، صاحب قدرت: یکم ۲۶۵۰/۶۲۱؛ ۱۸۰/۶۴۶؛ دوم ۱۳۷۶/۱۸۹؛ ۱۲/۲۴۵؛ ۳۱/۲۶۶؛ ۳۳۲/۲۷۸؛ ۱۶۵۶/۵۴۸؛ ۲۳/۵۹۲؛ ۲۴۳/۶۳۰؛ ۴۱۴۵/۷۸۴؛ ۱۳۰۸/۹۳۰؛ ۲۷۵۲/۹۸۷؛ ۲۹۷۵/۹۹۶.

خور[۱]. خورشید //~ *از آزمایش جواز نمی‌یابد!:* یکم ۲۹/۲۳۶ //~ *از گرد اسپان پراندیشه شد!:* یکم ۸/۲۳۵ // ~ *پیش برج بره:* دوم ۱۴۲۶/۹۵ // *تازه نبودن ~ در آسمان از گرد:* یکم ۸۹۲/۵۵۲

خور[۲]. خوراک، خوردن: یکم ۵۵/۳؛

۶۸/۲۳؛ ۳۹۲/۲۱۵؛ ۹۶/۴۲۶.

خورد. ۱- خوراک، خوردن: یکم ۲۹۹/۱۰۷؛ ۳۵۲/۱۰۹؛ ۱۶۹/۱۹۸؛ ۹۴/۴۲۶؛ ۱۰۹/۴۲۷. ۲- بهره‌مندی از نعمت‌های جهان: یکم ۲۵۳/۱۰۵؛ ۱۶۰۴/۱۵۸؛ دوم ۲۳۸۹/۹۷۳.

خوردن. مصرف کردن، هزینه کردن، سپری کردن زمان و جهان و بهره‌مندی از نعمت‌های آن: یکم ۱۹/۲۲، ۳۳؛ ۱۵۷۱/۳۶۴؛ ۱۶۳۴/۳۶۷؛ ۱۷۰۸/۳۷۰؛ ۲۴۳۶/۶۱۳؛ ۱۷۳/۶۳۸؛ دوم ۶۷۲/۲۸؛ ۹۴۹/۷۶؛ ۲۱۲/۳۴۹؛ ۱۳/۴۴۹؛ ۷۳/۴۸۶؛ ۱۵۰۷/۵۴۲؛ ۱۶۸۸/۵۴۹، ۱۶۸۹، ۱۶۹۱؛ ۲۵۶۷/۵۸۴؛ ۲۸۶۵/۷۳۴؛ ۱۰۰/۸۰۵؛ ۱۱۲۳/۸۴۵؛ ۲۳۹۲/۹۷۳؛ ۷۹/۱۰۸۴؛ ۷۳۳/۱۱۱۰، ۷۳۴.

خورده. مصرف‌شده، از دست رفته: یکم ۱۲/۶۹۱؛ دوم ۳۷۸۷/۷۷۰ // ~ ***شدن:*** دوم ۳۷۸۵/۷۷۰.

خورشید (نیز ← خور، شید، هور). ۱- // ~ ***از برج بره:*** یکم ۱۴۱۸/۵۷۲ // ~ ***از گنبد (بالا) گشتن:*** یکم ۴۰۰/۱۷۴؛ ۸۸۹/۲۹۶ // ~ ***اندر بره چراغ نهادن:*** دوم ۳۵۷۹/۱۰۲۰ // ~ ***بر تیغ گنبد کشیدن (شدن):*** یکم ۹۴۶/۸۸؛ ۱۱۸/۴۲۷ // ~ ***به یوز گرفتن:*** یکم ۵۲/۳۰۵ // ~ ***در دوپیکر:*** یکم ۳۳۵/۴۸۰ // ~ ***در شیر درشت گرفتن:*** دوم ۳۵۸۰/۱۰۲۰ // ~ ***را نتوان نهفت!:*** یکم ۶۷۸/۷۷ // ~ ***رخ را به زرآب شستن:*** یکم ۱۳۸۶/۵۷۱ // ~ ***روشن روان:*** یکم ۱۶۶۶/۵۸۲ // ~ ***شمشیر گردان را ندیدن:*** یکم ۳۶۶/۷۰۵ // ~ ***گاه:*** یکم ۳۲۲/۳۱۵ // ~ ***گشته بلند:*** یکم ۴۳۹/۶۸؛ ۷۸/۹۸ // ***از بالای ~ پهنا کردن:*** دوم ۱۸۵/۱۰۸ // ***از ~ تف ستاندن:*** یکم ۱۱۱/۲۵۷ // ***از ~ ثریا کردن:*** یکم ۳۲۳/۸۳۰؛ دوم ۵۰۳/۴۷۵ // ***از ~ تا پشت ماهی:*** دوم ۳۱۲۴/۷۴۴ // ***افسوس خوردن ~:*** یکم ۱۸۹۸/۵۹۱ // ***بر تخت زرین نشستن ~:*** دوم ۷۷۴/۳۲ // ***برگشتن ~*** غروب کردن: یکم ۵۱۸/۲۲۰؛ دوم ۳۶۵۲/۱۰۲۳ // ***به ~ دست یازیدن:*** دوم ۱۳۲۴/۱۸۷ // ***به ~ جادوی‌ها نبشتن:*** یکم ۱۳۶۳/۱۴۸ // ***به ~ نام برآوردن:*** یکم ۱۰۵۱/۷۳۲ // ***به مردی از ~ منشور داشتن:*** یکم ۶۹۵/۲۲۷ // ***پشت باریک شدن ~:*** یکم ۸۰۲/۸۲۲ // ***پشت نمودن ~:*** یکم ۱۲۱۵/۳۵۰ // ***تاج (از فراز) نمودن ~:*** یکم ۸۳/۲۰۲؛ ۲۵۱۲/۶۱۶ // ***تیره ~:*** یکم ۳۳۰/۷۰۴؛ ۱۴۲۶/۷۴۷ // ***تیغ نمودن (از میان برکشیدن) ~:*** یکم ۵۹۹/۲۸۴؛ ۲۳۸۸/۳۹۷ // ***چو ~ تابنده برخواندن:*** یکم ۲۰۱۰/۳۸۲ //

داد دادن ~: یکم ۸۸/۲۳۸ // ***درفش نمودن ~***: یکم ۲۶۷۹/۶۲۲ // ***راز گشادن ~***: یکم ۱۷۶۹/۳۷۲ // ***راست گشتن ~***: یکم ۴۵۰/۴۸۵ // ***راه گم کردن ~ (بر چرخ)***: یکم ۱۶/۱۹۲؛ دوم ۳۰۵/۲۵۷ // ***رزم آرزو کردن ~***: یکم ۳۱۹/۷۰۳ // ***ز گردنده ~ (و رخشنده ماه) پرسیدن***: یکم ۱۷۷۶/۸۶۰ // ***سال و ~ و ماه بر کسی گذشتن***: یکم ۷۶/۲۰۲ // ***سنان زدن ~ از فراز***: دوم ۵۵۴/۲۳؛ ۴۰۲۰/۱۰۳۷ // ***شیر ~ چهر***: یکم ۱۰/۷۹۱ // ***کام گستردن ~ به هر جای***: یکم ۷۷۹/۶۶۹ // ***نام به ~ نبشته بودن***: دوم ۳۲۳۹/۱۰۰۶ // ***نهان رفتن چو ~ گرد زمین***: یکم ۲۸۲/۲۴۶ // مانند کردن ~ به درفش سپید: دوم ۱۷۶۸/۹۴۸. نیز ← چشمه، دریا، شنبلید، کشتی. **۲**- کنایه از مرد زیبا: یکم ۱۳۴۱/۱۴۷ و دیگر. **۳**- کنایه از زن زیبا: یکم ۱۳۸۲/۱۴۹.

خورشیدفر. به زیبایی و شکوه خورشید: یکم ۲۷۸/۲۴۵.

خورشیدفش. خورشیدگون: یکم ۳۲/۱۸۴؛ ۲۳۷۴/۳۹۶؛ ۲۳۹۱/۳۹۷؛ ۲۴۳۲/۳۹۸.

خورشیدگون. یکم ۶۵۹/۷۷.

خورشید و ماه. کنایه از چرخ و آسمان: یکم ۸۴۶/۲۹۴ // ***~ بر کسی تیره شدن***: یکم ۱۹۰۵/۳۷۷.

خوشاب. **۱**- آبدار، درخشان، کنایه از مروارید: دوم ۵۱۲/۱۱۰۱ // ***درّ ~***: یکم ۱۳۵۹/۱۴۸؛ ۹۱/۴۰۶؛ ۲۲۷/۴۶۰؛ دوم ۳۳۶۰/۱۰۱۱؛ ۳۸۰۲/۱۰۲۹؛ ۳۰۶/۱۰۵۳ // ***دریای ~***: دوم ۲۶۳۴/۹۸۲. **۲**- کنایه از دندان درخشان: یکم ۳۳۷/۱۰۸؛ ۲۲۶/۲۷۰؛ ۸/۴۰۳. **۳**- کنایه از اشک: یکم ۲۰۷۹/۳۸۴. **٤**- مروارید: یکم ۱۰۴۱/۵۰۸.

خوش‌آواز. دفترخوان، شاهنامه‌خوان: دوم ۳۹۵۵/۷۷۷.

خوشاندن. خشک کردن، خشکاندن: یکم ۱۰۷٤/۳٤۵.

خوش‌منش. **۱**- خوش‌خوی و شادان: یکم ۱۴۳۱/۱۵۱؛ دوم ۴۱۶/۶۳۷؛ ۱۲۰۶/۸۴۹؛ ۷۳۲/۹۰۷. **۲**- خوش‌منشی: دوم ۶/۱۰۴۱.

خوشه. **۱**- ساقه‌ی رستنی دانه‌دار // ***بار ~ تازه نبودن***: دوم ۴۴۶/۱۱۸. **۲**- ششمین برج، سنبله: یکم ۱۳۴/۴۵۶ // ***ناهید (خورشید) در برج ~ بودن***: دوم ۲۹۵۲/۹۹۵.

خَوشّی. **۱**- راحتی، آرامش: یکم ۹۳۰/۸۷؛ ۹۶۶/۱۳۳؛ ۴۱۱/۴۱۹؛ دوم ۱۳۴/۲۴۴. **۲**- خوبی، لطف، نرمی، ملاطفت: یکم ۴۲۶/۳۱۹.

خون. **۱**- ماده‌ی سرخی که در رگ‌ها

روان است و کنایه از زندگی، خون ریختن، قتل، کشتن: یکم ۱۱۲۶/۳۴۷؛ ۲۲۲۲/۳۹۰؛ ۲۲۸۱/۳۹۲؛ ۳۱۲/۴۳۵؛ دوم ۱۲۲۹/۵۳۱؛ ۲۴۰/۶۱۴ // ~ **جوشیدن**: یکم ۶۲/۹۷؛ ۴۱۱/۱۷۵ // ~ **خروشیدن** فریاد خون‌خواهی کشیدن، خون گریستن: یکم ۲۸۵/۴۱۴؛ ۱۱۹۹/۵۶۴؛ ۱۶۸۲/۵۸۳، ۱۶۸۴؛ دوم ۱۵۹/۲۵۱؛ ۱۸۱۸/۳۳۷؛ ۳۲۴۵/۷۴۹؛ ۴۳۹۴/۷۹۴؛ ۱۷۵۶/۹۴۸؛ ۲۶۸۲/۹۸۴ // ~ **خریدن**: یکم ۶۷۵/۷۷ // ~ **ریختن**: یکم ۵۴۴/۳۲۴ // ~ **شستن**: یکم ۷۰۷/۷۸ // **آب جوی را با ~ یکی داشتن** کنایه از بی‌باکی در خون ریختن: یکم ۳۲۷/۸۰۳ // **آب و ~ به جوی اندر آوردن**: دوم ۳۹۳۴/۱۰۳۴ // **بر جای ~ خاک بودن**: یکم ۹۴۸/۱۳۲ // **به جایی به ~ آمدن**: یکم ۳۲۷/۶۵۱ // **به خیره نباید ~ ریخت!**: یکم ۱۰۲۵/۹۱؛ ۱۰۳۴/۳۴۳ // **بی‌گنه نباید ~ ریخت!**: یکم ۳۹۴/۴۱۸ // **جنگ را به ~ شستن**: یکم ۱۲۱/۲۵۷ // **جوش ~**: یکم ۱۰۲۷/۱۳۵؛ ۷۲۵/۲۲۸؛ ۱۲۸۷/۳۵۳ // **خوی شرم ~ گشتن**: یکم ۳۴۱/۳۱۶ // **دامن اندر ~ کشیدن**: یکم ۶۷۹/۳۲۹ // **در ~ شدن**: یکم ۷۹/۱۸۶ // **در ~ کسی شدن**: دوم ۲۹۵/۱۱۲ // **دست به ~ شستن**← دست // **دست ~ باختن**: دوم ۲۲۲/۸۱۰ // **رنگ از ~ دل بریدن**: یکم ۸۵/۱۸۶ // **مانند کردن ~ به ارغوان**: یکم ۲۰۳/۴۳۱ // **مانند کردن ~ به دیبه**: یکم ۷۵۲/۳۳۲ // **مانند کردن ~ به می**: یکم ۱۹۹/۴۳۱ // **(مغز و) ~ جوشیدن**: یکم ۱۱۲۰/۵۱۱. **۲**- انتقام، کین، قصاص: دوم ۲۸۷۱/۹۹۲. **۳**- خویشاوندی: یکم ۲۰۰۷/۳۸۱ // **پیوستگی (خویشی) به ~**: یکم ۱۲۶۷/۳۵۲؛ ۱۸۷۳/۳۷۶؛ دوم ۱۵۳۶/۹۳۹ // **پیوسته‌ی ~**: یکم ۱۵۶/۲۴۱، ۱۵۷؛ ۱۴۸/۳۰۹؛ ۸۴۲/۳۳۶، ۸۵۷؛ ۱۴۳۵/۳۵۹ // **مهر ~**: یکم ۵۵۷/۳۲۴؛ ۱۸۶۱/۳۷۶. ۴- کنایه از اشک خونین: یکم ۲۳۰۹/۳۹۳؛ ۲۳۱۴/۳۹۴؛ ۲۳۳۸/۳۹۵؛ ۳۷۴/۴۱۷؛ دوم ۱۱۸۷/۱۸۲. ۵- کنایه از رنگ سرخ رخسار: یکم ۴۵۹/۲۷۹.

خونی. ۱- جنگی: یکم ۹۸۲/۸۹؛ ۷۶۱/۷۲۱؛ ۷۹۴/۷۲۲؛ ۱۹۶۶/۷۶۸؛ ۲۲۷۴/۷۸۱؛ دوم ۱۸۰۸/۹۵۰. ۲- خونریز، مردم‌کُش، قاتل، جنایتکار: یکم ۶۷۱/۷۷؛ ۷۶۶/۸۱؛ ۸۰۴/۸۲؛ ۸۵۸/۸۴؛ یکم ۱۷۲۱/۸۵۸؛ دوم ۱۵/۲۱۷؛ ۲۲۵/۶۱۴؛ ۶۵۰/۹۰۴؛ ۱۸۱۳/۹۵۰.

خوی[1]. عرق: یکم ۴۵۵/۱۷۷؛

٤٢٤/٢١٦؛ ٥٠٨/٢١٩؛ ٦٨٨/٢٢٦؛ ٣٨٦/٢٥٠؛ ٤٥١/٤٤١؛ ٤٨٥/٤٨٦؛ ٢٦٠٢/٨٩٣ // ~ **پالودن:** یکم ٥٩٤/٧١٤ // ~ **شرم خون گشتن:** یکم ٣٤١/٣١٦ // ~ **کشیدن:** یکم ٤٥٥/١٧٧ // **به ~ درنشاندن:** یکم ١٨٤٠/٣٧٥.

خوی[٢]. اخلاق: یکم ٣٥٣/١٠٩؛ ٤٤٤/١١٢؛ ٥/٣٠٣؛ ١٥٧/٣٠٩؛ ١٩٧٦/٣٨٠.

خوید. علف سبز، قصیل، کشتزار نارس، غلّه‌ی سبز: یکم ١٠٤/١٦٣؛ ٤٢١/٢١٦، ٤٢٦، ٤٣١؛ ١٩٦١/٨٦٨؛ دوم ٤٢٣/٤٩٩.

خویش. ١- برای خویش: یکم ١٤٣٧/٣٥٩. ٢- به جای شناسه‌ی ملکی او: یکم ٢٤٦١/٧٨٨ // **به جان و تن با کسی ~ بودن:** یکم ١٢٨٩/٣٥٣.

خویشتن. // ~ **را ندیدن:** دوم ٢١٤/٢٣٣ // ~ **را نیافتن:** یکم ١٠٨١/٣٤٥.

خویشکار. برزیگر (؟)، پارسا (؟): دوم ١٣١٥/٩١ // **مردم** ~ مردم پارسا: دوم ١٧٧٤/٣٣٥؛ ٢٥٣٥/٧٢١.

خویشکام. ١- خودسر، خودرای، خودکام، مستبد: دوم ٤٦٦/٥٧؛ ٥١٤/٥٩؛ ٣٢٠٨/٧٤٧؛ ٢٨٨/١٠٥٢. ٢- قدرتمند، توانا: دوم ٣٥٧٦/٧٦٢.

خیرگی. ١- بیهودگی: یکم ١٦١/٢٤١. ٢- شگفتی، تحیّر: یکم ١٣٧/٤٢٨؛ دوم ٥١٣/١١٠١. ٣- تباه‌کاری، خودکامگی: دوم ١١٠٨/١٧٩.

خیره. ١- (قید کیفیّت با حرف اضافه‌ی *ابر، بر، به* و بدون حرف اضافه) بیهوده، یاوه، بی‌ربط، بی‌اساس، بی‌سبب، ابلهانه، نابخردانه، عاطل و باطل: یکم ٦٨/٣٢؛ ٥١٧/٧١؛ ٥٣٤/٧٢؛ ١٠٢٥/٩١؛ ١٨٤/١٠٢؛ ٥٢٩/١١٦؛ ٦٩٧/١٢٢؛ ٨٠٨/١٢٦؛ ٨٥٣/١٢٨؛ ٨٩٠/١٣٠؛ ٢٨/١٦٠؛ ٣٤٦/٢١٣؛ ٤٦٩/٢١٨؛ ١٦٠/٢٤١؛ ٤٠٩/٢٧٧؛ ٧٩٤/٢٩٢؛ ٨٧٧/٢٩٥؛ ١٠٢٠/٣٠١؛ ٣٢٥/٣١٥؛ ٤٠٢/٣١٨؛ ٥٥٤/٣٢٤؛ ٨٦٤/٣٣٧؛ ٩٥٥/٣٤٠؛ ١٠١٤/٣٤٢؛ ١٠٣٤/٣٤٣؛ ١٢٦٦/٣٥٢؛ ١٦١١/٣٦٦؛ ١٨٥٨/٣٧٦؛ ١٩٦٥/٣٨٠؛ ١٩٨٣/٣٨١؛ ٢٠٠٢/٣٨١؛ ٢٠٢٦/٣٨٢؛ ٢١٦٢/٣٨٨؛ ٢٢١٦/٣٩٠، ٢٢٢٤؛ ٢٢٦٠/٣٩١؛ ٢٣٤٥/٣٩٥، ٢٣٥٥؛ ٣٦٩/٤١٧؛ ٢٣٢/٤٧٦، ٢٣٧؛ ٢٦٣/٤٧٧؛ ١٠٤٦/٥٠٨؛ ١١١٦/٥١١؛ ٣٩٢/٥٣٢؛ ٦٠٥/٥٤١؛ ٩٣٨/٥٥٤؛ ١١٩٧/٥٦٤؛ ١٧٨١/٥٨٧؛ ٢١١٦/٦٠٠؛ ٢٧٣٦/٦٢٤؛ ٣٥١/٦٥٢؛ ٣٥٧/٦٥٣؛ ٧٩٦/٦٧٠، ٨٠٤؛ ٤٥٨/٧٠٩؛ ٤٩٢/٧١٠؛ ٦١٦/٧١٥؛ ١٧٩٨/٧٦١؛ دوم ٤٠/٣٧٤؛ ٣٤٣٠/٧٥٦؛

۳۶۲۹/۷٦٤؛ ٤۳۰/۸۱۸؛ ۷٥۱/۹۰۸؛ ۱۲۰۲/۹۲٦؛ ۱۸٦۷/۹٥۲؛ ۱۹۳۳/۹٥٥؛ ٤۰۰۸/۱۰۳۷ و دیگر. **۲-** (صفت) بیهوده: یکم ٦۸۲/۷۷؛ ۱۱۰۰/۳٤٦. **۳-** بی‌پروا، بی‌باک: یکم ۷۹۱/۱۲٦؛ ۳۰۹/۲٤۷؛ ۲۹۹/٤۳٤. **٤-** لجوج، خودسر، گستاخ، گستاخانه: یکم ۲۲٦۲/۳۹۲؛ ٥٦۳/۷۱۳؛ دوم ۷٥٤/۹۰۸. **٥-** تار، مات، بی‌حس و حرکت: یکم ٥۳۹/۲۲۰؛ ۱۰۱/۲٥۷؛ ۱۰۰۹/٥۰۷؛ دوم ۱۷۳٤/۹٤۷؛ ۲۷۹٥/۹۸۹؛ ۲۹۳۲/۹۹٤. **٦-** از خود بی‌خود، گیج، فرومانده، سست، ناتوان: یکم ٦۹۹/۷۸؛ ۱۱۰۸/۱۳۸؛ ۲۲۰/۱٦۷؛ ۱۱۳/۱۸۷؛ ۷٥۰/۲۲۹؛ ۱۰۱/۲٥۷؛ ۹۸۳/۳٤۱؛ ۲۹٥/٤۳٤؛ ٤٤۹/٤۸٥؛ ٥۰/٥۱۹؛ ۲۲٦/٥۲٦؛ ۱۳٦۳/۸٤٤ // ***سر از می ~ شدن:*** یکم ۱۲۸٥/۱٤٥؛ ۱۳۱۲/۳٥٤. **۷-** (قید حالت) حیران، متحیّر، شگفت‌زده، سرگشته: یکم ۱۰۱٦/۹۱؛ ۸٥/۹۸؛ ٦٦۲/۱۲۱؛ ۳۷٦/۲۱٤؛ ٦۸۳/۲۲٦؛ ٦۱/۲٦۳؛ ۲۹٥/۲۷۲؛ ۳۱۹/۲۷۳؛ ۳٥۱/۲۷٥؛ ٤۱۰/۲۷۷؛ ٤۷٥/۲۷۹؛ ۷۱۹/۲۸۹؛ ۸۷۳/۲۹٥؛ ۳۰۳/۳۱٥؛ ۱۲٥۲/۳٥۲؛ ۱۲۹۹/۳٥٤؛ ۱۳۸۲/۳٥۷؛ ۱٥۹۰/۳٦٥؛ ۲۰۱٥/۳۸۲؛ ۲۰۸۸/۳۸٥؛ ۱۳۷/٤۲۸؛ ٤٥۲/٤۸٥؛ ۱۲٥۷/٥٦٦؛ ۱٤۱۲/٥۷۲؛ ۱۷٦۷/٥۸٦؛ ۱۹۰۱/٥۹۱؛ ۲۷۱۳/٦۲۳؛ ۱۰٥/٦٤۳؛ ٥۲٦/٦٥۹؛ ۹۷۲/٦۷۷؛ ۱٥٤۸/۸٥۱؛ دوم ۲٥۲۳/۹۷۸؛ ٥۱۳/۱۱۰۱ و دیگر // ***به ~ ماندن:*** یکم ٦۷۲/٦٦٥ // ***سر از فسوس ~ شدن:*** یکم ٥٦۰/٥۳۹. **۸-** کور، نابینا، بی‌بصیرت، ناآگاه، نادان، ابله: دوم ۷۲۸/۱٦٤؛ ۱۱٤۰/٦٦٦.

خیره‌خیر **(خیرخیر)**. **۱-** بیهوده، بی‌فایده، بی‌سبب، ابلهانه، گستاخانه، نابخردانه: یکم ٥۱۸/۷۱؛ ۱٦٥/۲٦۷؛ ۱۹۷۷/۳۸۰؛ ۹۹۸/٥۰٦؛ ۱۳۰۳/٥٦۸؛ ۲۷۲۲/٦۲٤؛ دوم ۱۹٤۲/٦۹۸؛ ۱۹۲۲/۹٥٤ // ***به ~ ماندن:*** دوم ۹۳۰/۷٥. **۲-** تیره و تار: یکم ۷۰۹/٥٤٥. **۳-** مات، ناتوان: یکم ۱۹۷/۲۰۷. **٤-** نابه‌دلخواه: یکم ۳۰۰/۲۱۱.

خیره‌سر. یکم ٥۲۹/٦٥۹.

خیزران. نی: دوم ٥٤/۲٤۷.

خیل. گروه: یکم ٥۷۹/٤٤٦ و دیگر.

خیل‌خیل. گروه‌گروه، دسته‌دسته: یکم ٥٥٥/۲۸۳؛ ۱٥۳۲/۳٦۳.

خیم. خوی، خصلت، سرشت، نهاد، طبع، طبیعت: یکم ٤۳۳/٤٦؛ دوم ۲٥۰۰/۷۲۰ و دیگر.

خیو. آب دهان، تف، خدو: دوم ٥٥۹/۱۰٦۳.

د

داد. ۱- عدل، عدالت، انصاف: یکم ۱۷/۱؛ ۱۵۹/۷؛ دوم ۱۹/۳۴۱؛ ۴۰/۳۴۲، ۴۱؛ ۶۴۵/۴۸۰ و فراوان // ~ ***بجای آمدن:*** یکم ۶/۹۵ // ~ ***جنگ دادن:*** یکم ۶۰۲/۵۴۰ // ~ ***خواستن:*** یکم ۴۱۸/۳۱۹ // ~ ***دادن*** ۱- دادگستری پیشه کردن: یکم ۳۴۶/۴۱۶. ۲- حق کسی را به انصاف واگذاشتن: یکم ۱۷۱/۱۶۶، ۱۸۵؛ ۸۸/۲۳۸. ۳- حق کاری را ادا کردن: یکم ۴۰/۱۹۳ // ~ ***سخن دادن:*** یکم: ۱۲/۴۰۳ // ~ ***گرفتن*** داد پیشه کردن: یکم ۱۸۵۶/۸۶۳ // ~ ***مردی دادن:*** یکم ۸۸۰/۸۵ // ***این نیست ~!:*** یکم ۵۲۸/۱۱۵ // ***دامن ~ برتافتن:*** دوم ۳۱۵۱/۱۰۰۳. ۲. داده، بخشش: یکم ۳۳۷/۶۴؛ ۴۵۱/۴۲۰ // ~ ***اختر:*** یکم ۱۲۱۳/۱۴۲ // ~ ***یزدان:*** یکم ۲۱۲۱/۳۸۶. ۳- بخشش، عطیه. قسمت ازلی: یکم ۱۱۶۰/۳۴۸؛ دوم ۱۶۱۰/۳۲۸. ٤- بخشش بیش از اندازه: دوم ۲۵۰۷/۵۸۱ // ٥- دادگر: یکم ۵۶۸/۱۱۷؛ ۷۸۲/۲۳۰؛ دوم ۴۰۰/۱۵۰؛ ۴۰۹/۲۶۱؛ ۶۹۴/۲۹۲؛ ۹۸۶/۳۰۴؛ ۱۸۲۳/۵۵۴؛ ۶۳/۵۹۳؛ ۷٤/۶۰۰ (نیز← بیداد). ٦- حق. برحق، راست و درست: دوم ۲۵۸/۶۱۵. ۷- حق و حقیقت، راستی و درستی، قانون: دوم ۲۳۶/۳۸۲؛ ۱۰۹/۴۸۷، ۱۱۳؛ ۲۱۹۳/۷۰۷.

دادار. آفریننده، خداوند دادگر: یکم ۲۶۹/۳۹؛ ۱۴۶۲/۱۵۲؛ ۲۷/۱۸۴؛ ۴۰۸/۲۱۵؛ ۱۱۷/۳۰۷؛ ۲۴۶۲/۳۹۹، ۲۴۶۳؛ ۳۸/۴۰۴؛ ۹۵/۴۲۶؛ ۶۴۲/۴۴۸؛ دوم ۲۷۰۶/۹۸۵.

دادآفرید. نام یکی از سرودهای باربد: دوم ۳۶۵۵/۱۰۲۳.

دادخواه. دادخواهی: دوم ۳۶۹۱/۷۶۷.

دادگر. منصف: دوم ۴۰۹۸/۷۸۲ //~ ***را گوا خواستن بد است!:*** یکم ۱۶۷۹/۵۸۳ // ~ ***یک خدای:*** یکم ۲۱۲۲/۸۷۴.

دادن. ۱- بخشیدن، بخشش: یکم ۱۳۰/۱۸۸؛ ۳۵۰/۲٤۸؛ ۱٦۳٤/۳٦۷. ۲- تعیین کردن، گرفتن، قرار دادن: یکم ۳٤٤/۲٤۸. ۳- زدن، زخم زدن در نبرد: یکم ۹۲٦/۸۷؛ ۲۱۷۷/۳۸۸؛ ۱۱۳۲/٥۱۲؛ ٥۹۲/٥٤۰؛ ۱۸۰٤/٥۸۷؛ ۲۰٦٥/٥۹۸؛ دوم ۸٥۹/۸۳٥؛ ۲۷۹۸/۹۸۹ و دیگر (نیز← اندر دادن).

داد و بیداد. یکم ٥٦/۱٦۱.

داد و پاک. دادگر و منزّه: یکم ٥٦۸/۱۱۷؛ ۲۰۱۷/۸۷۰؛ دوم ۱۱۹/۱۰٥؛ ۱۱۷٤/۱۸۱؛ ۱۰۱/٥۹٥؛ ۸۲۹/۸۳٤؛ ۱٦۰۸/۹٤۲؛ ۲۰۲۲/۹٥۸؛ ۳۲۳۳/۱۰۰٦ (نیز← داد و راست).

داد و دهش. ۱- بخشش و عطا: یکم ۲٥۰٥/٤۰۱. ۲- عدالت و بخشش: یکم ٥٤/۱٦۱.

داد و راست. دادگر و برحق: یکم ۳۰/۹٦؛ ۲۰۹/۱۰۳؛ ۱۸٥٦/٥۸۹؛ ۲٦۸۷/۸۹۷؛ دوم ۱۱۸۹/۸٦؛ ۱٤۹۷/۹۸؛ ۱۰۲/۲۲۱؛ ٦۹٤/۲۹۲؛ ٦/٤٥۳؛ ۳۳٥/٤٦۸؛ ۱۸۷۹/٥٥۷؛ ۱۰۸۷/٦٦٤؛ ۹۳۹/۸۳۸؛ ۲۲۳/۸۸۸؛ ٦۱۹/۹۰۳؛ ۳٤٥۲/۱۰۱٥؛ ۱۹٦/۱۰٤۸.

داده. // ~ ***ناخواسته نیکوست!***: دوم ۱۱٥/٤۳.

دار. ۱- درخت: یکم ٥۷۳/۱۱۷؛ دوم ۱۳۱٤/۹۱؛ ۱۰۲٥/٦٦۱ // ~ **چینی** دارچین: دوم ۱٦۳۰/۳۲۹. ۲- آلت حلق‌آویز کردن // ~ ***آمل***: یکم ۱۰٥۳/۱۳٦ // ~ ***برآراستن***: یکم ٥۲٦/۳۲۳ // ~ ***و منبر***: یکم ۷۱٦/۲۸۹؛ ۲۲٥/٦٤۷ // ***(به) زنده بر ~ کردن (برآوردن)***: یکم ۳٤۹/۲۷٥، ۳٥۲، ۳٥۸؛ ۱۰۱۲/۳٤۲؛ ٤۰۲/٤۳۹؛ دوم ۱۲۲/٤٤؛ ۲۲۲/٤۸؛ ٤۰۱/۲٦۱؛ ۷/۱۰۷۷ // ***سر را بر ~ کردن***: دوم ۲۰۸/٤۷؛ ۷٤۲-۷٤۱/۱۳۰.

دارا. دارنده، خداوند: دوم ۱٤۸۲/۹۳۷.

داراد. بداردا!: یکم ۲۷۹/۳۱٤.

دارنده. ۱- نگاهدارنده، پرستار، دایه، مربّی: یکم ۷٤/۳۰٦. ۲- سلاحدار پهلوان: یکم ۸۰۱/۲۳۱. ۳- کنایه از خداوند: یکم ٤۲۳/٤۸٤؛ دوم ۱٤۸۷/۹۳۷.

دارو. // ~ی ***بیهشی*** کنایه از می: دوم ۱۰۹٥/٥۲٦ // ~ی ***هوشبر***: یکم ۲۱۰/٦٤۷.

داروبرد. کرّوفرّ، شکوه: یکم ٦۲۳/۲۸٥؛ ۱٤۰۸/٥۷۲؛ ۱٤٤۹/٥۷٤؛ ٥٦٤/۸۱۳؛ ۱٥۳۱/۸٥۱؛ دوم ۱۱۷۷/۱۸۱.

دارورو. یکم ۱٥۳٤/۱٥٥.

داروکوب. یکم ٥۰/۱۹۳.

داروگیر. یکم ۳۹۳/۱۷٤؛ ۱٥۸/۲٦۷ // ~ ***تازه شدن***: دوم ۱٦۲۸/۹٤۳.

داستان. ۱- ماجرا، سرگذشت، افسانه: یکم ۱۱٥/٦؛ ۱۱/٤۰۳ و فراوان // ~

با رنگ و بوی: یکم ۷/۲۵۳ // ~ ***پر آب چشم:*** یکم ۱۰۲۱/۳۰۱. **۲**- موضوع، قضیّه، اتّفاق، واقعه، جریان، مطلب، شرح: یکم ۱۹۴/۳۷؛ ۹۸/۹۹؛ ۵۴۴/۱۱۶؛ ۲۹۲/۲۷۲؛ ۳۳۹/۲۷۴؛ ۲۴۰/۳۱۲؛ ۳۴۱/۳۱۶؛ ۴۲۸/۳۱۹؛ ۷۰۷/۳۳۰؛ ۸۲۰/۳۳۵؛ ۱۳۵۰/۳۵۶؛ ۲۲۱۲/۳۹۰؛ دوم ۷۱۹/۹۰۷؛ ۳۴۶۶/۱۰۱۵؛ ۲۶۵/۱۰۹۱. **۳**- مَثَل، حکایت، تمثیل، نکته، سخن، گفتنی، پیشنهاد: یکم ۱۱۷/۲۵؛ ۳۲۴/۱۰۸؛ ۷۸۴/۱۲۶؛ ۷۸۸/۳۳۴؛ ۱۱۴۷/۳۴۸؛ ۱۶۸۱/۳۶۹؛ ۳۳۴/۴۱۶؛ ۵۸۴/۴۴۶؛ ۸۹۷/۶۷۰؛ ۱۱۶۷/۶۸۴؛ دوم ۲۹۴/۱۰۹۳ // ~ ***برگشادن:*** یکم ۱۰۹/۲۰۳؛ ۱۹۲۶/۳۷۸ // ~ ***(ها) راندن*** ۱- مثل زدن: یکم ۱۴۸۱/۳۶۱. ۲- سخن راندن: یکم ۴۴/۲۵۴؛ ۴۱۰/۲۷۷؛ ۵۸۹/۳۲۶ // ~ ***زدن*** رفتار کردن: یکم ۳۲۵/۴۸۰ // ~ ***(ها) زدن:*** ۱- رای زدن، مشورت کردن: یکم ۱۶۰/۲۷. ۲- حکایت کردن، گزارش کردن، سخن راندن به اندرز و راهنمایی، سخن گفتن، نقل کردن: یکم ۱۵۶/۳۵؛ ۱۸/۹۶؛ ۱۹۲/۱۰۲؛ ۱۵۸۶/۱۵۷؛ ۳۸۶/۲۷۶؛ ۱۷۴/۴۰۹؛ ۴۱۰/۴۱۹؛ ۶۹/۴۲۵؛ ۵۲۵/۴۴۳؛ ۶۱۸/۷۱۵؛ ۱۰۰۴/۷۳۰؛ ۱۶۶۶/۷۵۶؛ ۲۲۲۴/۷۷۹؛ دوم ۶۸۵/۱۲۸. ۳- مَثَل زدن، کنایه زدن، تمثیل آوردن، مثال زدن: یکم ۸۱/۵۴؛ ۷۶۹/۸۱؛ ۹۳۸/۸۸؛ ۷۲/۹۸؛ ۷۱۱/۱۲۳؛ ۷۸۵/۱۲۶، ۷۸۶، ۸۰۲؛ ۱۰۷۴/۱۳۷؛ ۱۱۹/۲۶۵؛ ۵۵۷/۳۲۴؛ ۱۸۹۰/۳۷۷؛ ۱۹۱۸/۳۷۸؛ ۲۷۱/۴۳۳؛ ۲۵۳۳/۸۹۰ // ~ ***شدن:*** یکم ۱۶۸۱/۳۶۹ // ***با کسی بسی ~ بودن:*** یکم ۲۴۴۲/۳۹۹ // ***به پیش بلا ~ها زدن:*** یکم ۲۰۲۵/۳۸۲ // ***به کام کسی ~ زدن:*** یکم ۴/۴۶۷ // ***به کسی ~ خواندن:*** یکم ۶۶/۱۸۵ // ***به نیکی ~ زدن:*** یکم ۱۱۴۸/۸۳۶. ۴- سخن // ~ ***(ها) زدن*** سخن گفتن، گفتگو کردن، رای زدن، از هر دری سخن گفتن: دوم ۳۹۲/۴۷۰؛ ۶۴۴/۴۸۰؛ ۵۳۲/۸۲۲؛ ۹۸۹/۸۴۰؛ ۱۴۹۵/۸۶۰؛ ۱۹۸۵/۹۵۷؛ ۲۴۲۶/۹۷۴؛ ۳۱۹۰/۱۰۰۴؛ ۳۹۹۷/۱۰۳۶؛ ۴۰۵۳/۱۰۳۸؛ ۴۴۴/۱۰۵۸ // ***کسی را ~ها زدن*** با او (به پند و راهنمایی) سخن گفتن: دوم ۱۰۴۷/۳۰۶.

داستان را. مثلاً، برای مثال: یکم ۸۶/۵۴؛ ۵۰۶/۱۷۹؛ ۳۰۶/۲۷۳؛ ۵۸۵/۶۶۱؛ ۱۰۳۶/۷۳۱؛ دوم ۱۰۵۹/۸۱؛ ۷۸۶/۹۰۹؛ ۱۱۲۹/۹۲۳.

داشتن. ۱- دارا بودن، مالک بودن: یکم ۵۲/۳ و فراوان. **۲**- نگهداری کردن، غمخواری نمودن، تیمار داشتن: یکم ۱۵۱/۷؛ ۲۱۹/۵۹؛ ۵۴/۱۶۱؛

١١٣٦/٣٤٧، ١١٣٧؛ ١١٧١/٣٤٩؛ ٣٧٨/٨٠٥. **٣**- شناختن، دانستن، به شمار آوردن، گرفتن: دوم ٢٤٢٤/٩٧٤؛ ٣٩٣٧/١٠٣٤. **٤**- بکار بستن: یکم ٢٠٨/٢٠٧. **٥**- باز داشتن، نگهداشتن، خودداری کردن: دوم ٦٣٥/٤٤٦؛ ٢٠/١٠٤٢. **٦**- برگزار کردن، برچیدن، گرفتن: یکم ١/١٥٩. **٧**- شناختن، دانستن، پذیرفتن، به شمار آوردن، گرفتن، پنداشتن: یکم ٧٧٨/٨١؛ ١٥٦٤/١٥٦؛ ٢٠٣٦/٣٨٣؛ ٣٨٨/٤٣٨ // ***به رنج ~***: دوم ٥١٥/١٢١. **٨**- کردن (؟): دوم ١٥١١/٨٦١.

داشته. کارکرده، کهنه، فرسوده: دوم ٢١٨٩/٧٠٧.

داغ. نشان مالکیّت بر اسب: یکم ٩٣/١٨٦ // ***از ~ دو روی ران تهی بودن:*** یکم ١٠٦/١٨٧.

داغ‌دل. دل‌سوخته، داغدیده: یکم ١٢٥/٣٤؛ ٥٤٧/٧٢؛ ٦٣٣/٧٦؛ ٩٢/٩٩؛ ١٩٢/٤١٠؛ ٢٩٣/٤١٤؛ ٢٣٧/٤٣٢؛ ١٠٥٣/٥٠٩؛ ٢٤/٥١٨؛ ٦١٨/٨١٥؛ ١١٥٣/٨٣٦؛ ١٣٤٣/٨٤٣؛ دوم ١١٧٩/٨٦؛ ١٣٤٣/٩٢؛ ١٣٦٧/٩٣؛ ٢٨/١٠٢؛ ١٧٨/١٠٨؛ ٣٩٠/١١٦؛ ٥٥٥/١٢٣؛ ١٠٦١/١٧٧؛ ٣٥٣/٢٥٩؛ ١٦٥٨/٦٨٦؛ ١٦٦٢/٦٨٧؛ ١٩٠٢/٨٧٦.

دام[1]. تله و کنایه از نیرنگ: یکم ١٢٠/٣٤؛ ٢٠٠٢/٣٨١ و دیگر // ***~ بلا:*** یکم ٩٢/٥ // ***~ زدن:*** یکم ٢٢٢٤/٣٩٠ // ***~ ساختن*** فریب دادن: دوم ١٤٨/١٤٠ // ***~ قضا:*** یکم ٦٣٩/٧٦ // ***~ کرگس:*** یکم ٩٧٤/٨٩ // ***به ~ کسی فراز آمدن:*** دوم ٣٨٧١/١٠٣١؛ ٣٨٨٧/١٠٣٢ // ***سر از ~ کسی نپیچیدن:*** یکم ٢٧٦/٣١٤ // ***سر به ~ آوریدن کسی را:*** یکم ١٠٣/٢٥ // ***کسی ~ آهرمن بودن:*** دوم ٦٧٩/١٢٨.

دام[2]. جانور اهلی و وحشی غیر درنده: یکم ١٤/١٢؛ ٤٠/٤٠٤ و دیگر // ***~ و دد*** ← دد و دام // ***~ و دده:*** یکم ٢٣٦٩/٣٩٦.

دام‌ساز. یکم ١٩٣٤/٣٧٩.

دامن. // ***~ (از خشم) اندر (در) خون کشیدن:*** یکم ٦٧٩/٣٢٩؛ ٣٧١/٤٣٧ // ***~ یک اندر (در) دگر بستن:*** یکم ١٥٦٥/٧٥٢؛ ٧٠٢/٨١٨؛ ١٣٢٦/٨٤٣؛ دوم ٢١٦/٢٥٣ // ***~ نگهداشتن:*** دوم ١٥٣٢/٩٣٩ // ***از ~ کسی درفش کردن:*** دوم ٦٤٣/١١٠٦ // ***به ~ بر از راستی دشمن بودن:*** یکم ٢٨٤/٧٠٢ // ***دشمن و دوست بر ~ بودن*** کنایه از بسیار داشتن دشمن و دوست یا مهربان بودن با آنها: دوم ٤١٥٦/٧٨٥.

دانا. ١- کنایه از خداوند: یکم ٥٨/٣.

۲- دانسته: دوم ۱۰/۶۰۵.

دانستن. ۱- شناختن: یکم ۱۶۱/۵۷؛ ۱۲۰/۱۸۸؛ ۳۴/۱۹۲؛ ۷۳/۱۹۴؛ ۱۳۹/۲۶۶؛ ۵۷۰/۲۸۳؛ ۶۸۲/۲۸۸؛ ۱۹۷۶/۳۸۰؛ ۲۴۳۸/۳۹۸؛ ۳۸۹/۴۳۸؛ ۷۵/۴۷۰، ۹۶؛ ۱۱۲/۴۷۱؛ ۳۶۳/۶۵۳؛ ۹۳۳/۶۷۵؛ دوم ۳۰۴/۱۴۷؛ ۱۱۰۰/۶۶۴؛ ۱۷۸۵/۸۷۱؛ ۲۹۱۲/۹۹۳؛ ۳۱۲۵/۱۰۰۲ و فراوان // ***کسی را ~:*** یکم ۱۹۴۵/۵۹۳. ۲- توانستن: یکم ۴/۵۱۷؛ ۳۲۸/۵۳۰؛ دوم ۳۰۱۱/۹۹۷. ۳- تفاوت نهادن: یکم ۲۵۲۰/۸۹۰. ۴- گمان بردن، تصور کردن: دوم ۶۸/۱۰۴۳.

دانش. ۱- علم، دانستن: یکم ۱۶۴/۵۷؛ ۱۴/۴۲۳ // ***~ ایزدی:*** دوم ۲۴۰۱/۹۷۳ // ***~ بآفرین*** دانشِ ستوده: دوم ۲۸۴/۶۱۶ // ***به ~ کوشیدن:*** دوم ۴۰۳۴/۱۰۳۸. ۲- بخردی، دانایی، تعقّل در کار: یکم ۶۶۷/۱۲۱؛ ۳۸۶/۱۷۴؛ ۵۳۲/۱۸۰، ۵۳۷ و دیگر // ***~ فراوان است ولی نزد همگان است!:*** یکم ۳۴/۴۲۴ // ***از ~ اندازه گرفتن:*** یکم ۶۵/۲۰۱.

دانش‌افروز. یکم ۵۲۵/۲۲۰.

دانش‌پذیر. یکم ۵۹۴/۲۲۳؛ دوم ۳۰/۲۰۴.

دانش‌پژوه. یکم ۲۵۱/۱۰۵؛ ۷۹/۲۳۸؛ ۳۰۵/۴۳۵؛ ۳۷۳/۵۳۱؛ دوم ۲۰۶/۲۷۳؛ ۲۲۷/۲۷۴؛ ۸۸۸/۳۰۰؛ ۹۱۶/۳۰۱؛ ۱۳۸۸/۳۲۰؛ ۱۴۱۷/۶۷۷.

دانش‌فروز. شمع اصحاب، چراغ دانایان: دوم ۲۸۰۱/۷۳۱.

دانش‌فروش. دانشمند: دوم ۲۱۳/۶۱۳؛ ۲۵۰۵/۹۷۷.

دانشومند. دانشمند: دوم ۲۰۱/۲۷۳.

دانشی. ۱- خردمندانه: یکم ۱۵۶/۳۵ // ***~ پاسخ:*** یکم ۲۶۵۶/۸۹۵. ۲- دانشمند، دانا، خردمند: یکم ۱۶۳۰/۸۵۵؛ ۲۵۵۵/۸۹۱؛ دوم ۱۲۰/۲۷۰؛ ۱۲/۳۴۱؛ ۴۵۳/۴۷۳؛ ۲۴۶۹/۷۱۸؛ ۲۸۳۰/۷۳۳؛ ۳۵۵۲/۷۶۱؛ ۳۸۸۹/۷۷۴؛ ۳۱۹۹/۱۰۰۵؛ ۳۴۶۶/۱۰۱۵.

دانشی‌مرد. دانشمند: دوم ۹/۴۵۱؛ ۲۶۵۳/۷۲۵.

داننده. ۱- کنایه از خداوند: یکم ۴۳/۲. ۲- دانا، فرزانه: دوم ۳۷۷۹/۱۰۲۸.

داو. نوبت در بازی: یکم ۱۱۸۳/۵۱۴.

داور. ۱- کنایه از پروردگار: یکم ۲۵۱/۳۹؛ ۵۵۷/۷۳؛ ۱۲۵/۱۰۰؛ ۱۱۹/۲۰۴؛ ۷۸۱/۲۳۰؛ ۸۳۸/۲۳۲؛ ۱۸۸۲/۳۷۷؛ ۱۵۰/۴۲۹؛ ۳۱۲/۴۳۵؛ دوم ۲۴۲۸/۹۷۴ // ***~ آسمان:*** یکم ۷۳۲/۵۴۶ // ***~ دادگر یک خدای:*** یکم ۱۸۳۳/۸۶۳ // ***~ هور و ماه:*** یکم ۲۲۴۰/۳۹۱. ۲- کنایه از پادشاه دادگستر: یکم ۴۶۳/۱۷۷. ۳- قاضی:

دوم ۱۴۱۸/۶۷۷. ٤- داوری، بگومگو، ستیزه: یکم ۲۹/۲۲ // **خشم ~ را بر کسی ریختن**: دوم ۳۷۲۹/۱۰۲٦.

داوری. ۱- دادرسی، دادخواهی: یکم ٤٤٤/۳۲۰؛ ۱۳/٦۳۱ // ~ **افگندن** شکایت بردن: دوم ۱۱۱/۲۲۱ // ~ **ساختن** میانجیگری نمودن: دوم ۷٦۸/۱٦۵. ۲- گفتگو: یکم ٤۰٦/٦۷؛ ۹۷۱/٦۷۷ // ~ **کردن**: یکم ۱۱/٤۲۳. ۳- خودکامگی، خودرایی، مطلق‌گرایی: یکم ۷۹/۱٦۲؛ ۹٦۹/۳٤۱؛ ۱۹۸٦/۳۸۱؛ ۲۳۰۸/۳۹۳؛ ۲۳۳/٤۱۲. ٤- جنگ و جدال و ستیزه؛ بحث، گفتگو؛ مجادله، بگومگو؛ اختلاف، دشمنی، اوضاع، وضع، روال و جریان: یکم ۵/۵۱؛ ٦٦۷/۱۲۱؛ ٤۷/۳۰٤؛ ۱۰۹۳/۵۱۰؛ ۲٤۷/۵۲٦؛ ۵٤۱/۵۳۸؛ ۱۹۷٦/۵۹٤؛ دوم ۱٦۱۳/٦۸۵؛ ۲۹۸۷/۷۳۹؛ ۳۰۹۰/۷٤۳؛ ۱۳٤/۸۰٦؛ ۱٦۰۵/۸٦٤؛ ۱۸۷۱/۸۷۵ // ~ **آراستن**: یکم ٤٤۷/۱۷٦ // ~ **برخاستن** غوغا بلند شدن: یکم ۱۰۷٤/۷۳۳ // ~ **شنیدن از کسی**: یکم ٦۵٦/۲۲۵ // ~ **کردن** ستیزه کردن: دوم ٤۷۳/٦۳۹؛ ۱۷۰/۸۰۸ // ~ **گسلیدن از جایی**: یکم ۱۸۸٤/۳۷۷ // **از کسی ~ شنیدن**: دوم ۱۲۹/۱٤۰ // **بی ~ می خوردن**: دوم ۲۰۷۹/۹٦۰ // **جهان را ~ دگرگونه شدن**: دوم ۱۸٤۲/۳۳۸؛ ۳۲۵/۳۵٤ // **در سر ~ فزودن**: دوم ۲۵۱۸/۵۸۲ // **زمانه از ~ برآسودن**: یکم ٦/۲۱؛ ۱٤۸/۲٦۷؛ ۲۳۳/٤۱۲ // **سر از ~ آسوده گشتن**: یکم ٤۰٦/٦۷ // **کوتاه (کوته) شدن ~**: یکم ۱۸/٦۳۱؛ دوم ۱۵۱٤/۳۲۵؛ ۳۵۰٤/۷۵۹ // **لب را از ~ پرداختن** دست از مجادله کشیدن و خاموش شدن: دوم ۸٤۳/۲۹۸ // **نو شدن ~**: دوم ٤۹۱/٤٤۰. ۵- دعوی، ادعا: یکم ۱٤۳٦/۵۷۳؛ ۲٤۷۷/٦۱٤؛ دوم ۱۵/٦۰۵؛ ۱۲٦۰/٦۷۱؛ ۳۵٦۱/۷٦۱؛ ۷٤۷/۹۰۸. ٦- چاره، تدبیر، چاره‌اندیشی، نظر، حکم: دوم ٤۲۲/۸۱۸؛ ۱۵۸۳/۸٦۳؛ ۲۸۵۸/۹۹۱؛ ٤٤۱/۱۰۵۸ // **خرد از کسی ~ گسلیدن**: دوم ۱۱۰٦/٦٦٤. ۷- صدور حکم و قضاوت دادگاهی: دوم ۱۳۳۹/٦۷٤.

داه. اشباع ده: یکم ٤۳/۲؛ ٤٤/۳.

داه و دو. ۱- دوازده: یکم ٤۳/۲ و دیگر. ۲- دوازدهان، دوازده برج: یکم ٤٤/۳.

دایگان. دایه، تربیت‌کننده، مربّی: دوم ۵۱/۲۱۹.

دایم. همیشه: دوم ۱۲۵٤/۳۱٤.

دایه. یکم ۱۷۲/۳٦؛ ۵۱/۹۷؛ ۱۱۰/۹۹؛ ۷٤/۳۰٦.

دبْق. گیاهی که در شستن و تطهیر مرده

به کار می‌بردند: یکم ۵۲۰/۴۸۷؛ ۶۸۴/۸۱۷؛ ۲۴۲۳/۸۸۶؛ دوم ۲۴/۲۲۶، ۳۰؛ ۳۲۹۶/۷۵۱؛ ۶۹۸/۱۱۰۹، ۷۰۰.

دبوس. گرز آهنین: یکم ۹۹۵/۱۳۴.

دبیر. // ~ ***پژوهنده:*** یکم ۲۰۴۳/۳۸۳ // ~ ***نبیسنده:*** یکم ۱۴۷۴/۸۴۸؛ دوم ۷۴۸/۱۳۰.

دبیقی. پارچه‌ای ابریشمین و نازک از شهر دبیق مصر: یکم ۲۴۲۲/۸۸۶.

دخش.← رخش.

دخل. درآمد: دوم ۷۳۴/۱۱۱۰.

دخمه. گورستان زرتشتیان: یکم ۱۰۷۱/۹۳، ۱۰۷۴؛ ۱۲۷/۱۶۴؛ ۳۶۱/۱۷۳؛ ۱۰۱۴/۳۰۱، ۱۰۱۶.

دد. // ***رمنده*** ~: یکم ۱۱/۱۷.

دد و دام. یکم ۱۴/۱۲؛ ۱۲۶/۱۰۰؛ ۱۴۰۶/۱۵۰؛ ۲۴۶۶/۴۰۰؛ ۲۵۰۸/۴۰۱ // ~ ***بر کسی گریستن:*** یکم ۸۱۲/۸۳.

دده. دد، جانور درنده: یکم ۱۹/۱۸؛ ۴۳۱/۴۶؛ ۲۳۶۹/۳۹۶ // ~ ***بر کسی بخشایش آوردن:*** یکم ۵۶۰/۷۳.

در[۱]. **۱**- باب، دروازه: یکم ۱۷۲/۲۰۶؛ ۵۰۱/۲۱۹؛ ۱۳۲/۳۰۸، ۵۷۹/۶۶۶ // ~ ***اندر گشادن:*** یکم ۴۵۶/۱۷۷؛ ۶۲/۱۹۳؛ ۳۳۰/۲۴۷ // ~ ***بند:*** یکم ۲۴/۱۸ //~ ***بیم:*** یکم ۲۸۵/۲۱۰ //~ ***گاو:*** یکم ۶۲۷/۴۴۷ (نیز← در، شماره‌ی ۲). **۲**- باب، راه، وسیله، آیین و روش // ~ ***آشتی:*** یکم ۷۸۹/۳۳۴ // ~ ***تندرستی:*** یکم ۴۴/۲۳ //~ ***خوردن:*** دوم ۷۳۳/۱۱۱۰ // ~ ***راستی:*** یکم ۴۷۵/۳۲۱ // ~ ***کهتری:*** یکم ۳۲/۲۳۶ // ~ ***مهتری:*** یکم ۲۶۲/۶۱ //~ ***نام جستن:*** یکم ۱۰/۲۱ // ~ ***هیزم و گندم و گوسفند:*** دوم ۷۳۶/۱۱۱۰ // ~***ی به جایی جستن:*** دوم ۲۱/۲۴۰ // ***از*** ~← از در (نیز← در، شماره‌ی ۱).
۳- باب، بابت، باره، جهت: یکم ۴۶۸/۶۹؛ ۶۸۲/۷۷؛ ۹۶/۹۹؛ ۸۰۸/۱۲۶؛ ۷۸۰/۲۹۱؛ ۸۰۹/۲۹۳؛ ۹۰۵/۲۹۶؛ ۳۴۸/۳۱۶؛ ۳۸۲/۳۱۸؛ ۷۴۵/۳۳۲؛ ۹۹۹/۳۴۲؛ ۲۰۴۱/۳۸۳.
۴- باب، فصل، بخش: دوم ۳۴۶۳/۷۵۷؛ ۳۴۶۵/۷۵۸؛ ۳۴۹۰/۷۵۹، ۳۴۹۵ //~ ***به*** ~: یکم ۳/۱۱؛ ۳۰/۱۲؛ ۱۱۹۰/۳۴۹؛ ۱۴۸۷/۳۶۱؛ ۶۰۲/۷۱۴؛ ۱۲۷۳/۸۴۱؛ ۱۳۹۱/۸۴۵؛ دوم ۱۲۳۲/۸۸؛ ۲۴۳۶/۷۱۷؛ ۲۵۳۲/۷۲۱؛ ۹/۱۰۴۱؛ ۲۴/۱۰۴۲. **۵**- کار، امر: یکم ۱۳۳/۲۰۴؛ دوم ۲۹۵۷/۹۹۵؛ ۵۹۲/۱۱۰۴. **۶**- دربار، درگاه، بارگاه، پایتخت: یکم ۶۲۷/۷۵؛ ۷۳۰/۷۹؛ ۱۰۴۳/۹۲؛ ۳۰۲/۱۰۷؛ ۱۲۹۰/۱۴۵؛ ۱۷۱/۲۰۶؛ ۲۰/۳۰۳؛ ۷۳۵/۳۳۲، ۷۳۶؛ ۸۴۸/۳۳۶؛ ۱۰۷۵/۳۴۵؛ ۱۱۰۴/۳۴۶؛ ۱۶۵۴/۳۶۸؛ ۱۸۶۴/۳۷۶؛ ۱۸۸۳/۳۷۷؛

٢١٢٩/٣٨٦؛ ٢٣٣١/٣٩٤؛ ٢٣٤١/٣٩٥؛ ٢٣٩٢/٣٩٧؛ ٣٥/٤٠٤؛ ٦٠٦/٥٤١؛ ١١٧١/٥٦٣؛ ٥١٧/٦٥٩؛ ١٠٧/٧٩٥؛ دوم ٩٨٩/٧٨؛ ٢٠٧٢/٥٦٤؛ ٣٠٥/٦١٧؛ ١٥٥٦/٦٨٢؛ ١٥٥٩/٦٨٢؛ ١٥٩٤/٦٨٤؛ ٣٨٣٠/٧٧٢؛ ٤١٥١/٧٨٥، ٤١٥٢؛ ١٨٥٩/٨٧٤؛ ٢٤١٧/٩٧٤؛ ٢٥٦٧/٩٨٠؛ ٣٠٠٦/٩٩٧؛ ٣٠٨٣/١٠٠٠؛ ٣١٦٨/١٠٠٣؛ ٣٩٢٥/١٠٣٣؛ ٣٩٤٠/١٠٣٤؛ ٤٦/١٠٤٣؛ ٤٨٩/١٠٦٠ و دیگر. ٧- مرز: یکم ٧٤٠/٥٤٦؛ دوم ٣١٣٤/١٠٠٢. ٨- آغاز: دوم ٥٨٠/١٢٤.

در[٢]. دره: یکم ١٢٤/١٠٠؛ ١٣٩/٦٤٤.

درآمدن. ١- آهنگ کردن، دست یازیدن: یکم ١٥٧/٤٠٩. ٢- حمله‌ور شدن، هجوم آوردن: یکم ١٩٣/٤٣٠. ٣- آغاز کردن: یکم ١٤١٥/٧٤٦.

درآویختن. گرفتار شدن // ***به دام بلا ~***: دوم ٦٠٤/٩٠٢.

دراج. // ***در و دشت چون پر ~ کردن***: یکم ٢١٩٨/٦٠٣.

دراز. // ***~ کردن***: یکم ٢٠٣٩/٣٨٣ // ***~ گشتن کار بر کسی***: یکم ٢٩٦/٢٧٢.

درازا. // ***~ی کسی پهنای او شدن***: یکم ٢٥٩/٨٠١.

دُرافشان. یکم ٣٤٥/١٠٨؛ ٥٢/٤٠٥.

درانداختن. زدن: یکم ١٣٠/٢٥٨.

دراندر. یکم ١٠٦/٢٥؛ ٧٣١/٧٩؛ ٢٢٧/٢٧٠؛ دوم ٥٤٤/١١٠٣.

درای. ١- زنگ: یکم ٨٧٧/٢٣٤؛ ٧٢٦/٤٩٦؛ ٩٠٧/٥٠٣؛ ٩٢٢/٥٥٣؛ ١٢١١/٥٦٤؛ ٢٠٦٠/٥٩٧؛ ٨٧٤/٦٧٣؛ دوم ٤٧٩/١٢٠ // ***زخم ~***: یکم ١٥٨١/١٥٧؛ ٢٠/٢٣٥ // ***هندی ~*** ← هندی درای. ٢- پتگ آهنگری (؟): یکم ٢٢٩/٣٨.

دربند. خانه و سرای: یکم ١٣٣/٥٦؛ ١٠٧/٤٧١؛ ٤١٥/٤٨٣.

درپرست. پرستنده‌ی درگاه و بارگاه پادشاه، درباریان، نژادگان: دوم ٦٤٦/٤٤٦؛ ٥٨٩/٥٠٦؛ ١٩٧٨/٥٦٠؛ ١٠٦/٦٠٩؛ ١٢٩/٦٢٦؛ ٢٨٥٧/٧٣٤؛ ٣٨٨١/٧٧٤.

دُرج. صندوقچه، طبله، مجری، تبنگو: دوم ٣٤٥٣/٧٥٧؛ ٣٥٩٥/٧٦٣؛ ٣٦٠٧/٧٦٣؛ ٣٦١٧/٧٦٤، ٣٦٢٠؛ ٣٦٤٧/٧٦٥، ٣٦٥٠، ٣٦٥٥، ٣٦٦٣؛ ٣٦٧١/٧٦٦.

درخت. ١- یکم ٢٤٥٨/٨٨٧ // ***~ بلا حنظل بار آوردن***: دوم ٥٩٧/١٢٤ // ***~ بلا را به بار آوردن***: یکم ٣٦١/٦٥٣ // ***~ بلا را جنباندن*** دردسر و گرفتاری درست کردن: یکم ٢٣٠/٦٤٨ // ***~ به بار***: یکم ٣٣٣/٤٦٤ // ***~ زدن***: یکم ٧٥٥/٦٦٨ // ***بر و بار با ~ خواستن***: دوم ١٢٥١/١٨٤ // ***~ بهشت*** طوبی: دوم ١٨١/١٠٨٨ //

جهان را ~ نو به بار آمدن: یکم ۸۴۹/۵۰۱ // ***در باغ بزرگی ~ کاشتن***: یکم ۲۳۶۶/۶۱۰ // ***لرزیدن بر سان برگ (شاخ) ~***: یکم ۲۷۰۹/۶۲۳. **۲**- شاخ درخت، درخت جوان: یکم ۱۵/۲۶۱؛ دوم ۳۲۵/۱۴۷، ۳۲۶ // ~ **پرستش**: یکم ۱۴۳/۳۰۸ // ~ ***جنگی***: یکم ۹۵۰/۲۹۸ // ~ ***کینه***: یکم ۲۰۷۱/۳۸۴ // ~ ***نشاندن به دست خود***: یکم ۳۱۲/۶۳ // ~ ***نوآیین***: یکم ۱۰۵۸/۹۲ //~ ***وفا***: یکم ۴۷۱/۴۲۱؛ ۹۷۴/۶۷۷؛ ۱۹۳/۶۹۸ // ***پهلوانی ~***: یکم ۱۰۱/۴۰۷ // ***خسروانی ~***: یکم ۱۴۷۲/۱۵۳؛ ۵۴۸/۲۲۱؛ ۱۰۷۴/۳۴۵؛ ۲۶۴/۴۶۱؛ ۲۴۶۱/۶۱۴ و دیگر // ***کیانی ~***: یکم ۱۰۶۷/۹۳؛ دوم ۱۲۰۹/۸۷ // ***نو ~***: یکم ۶۶۶/۳۲۹ // ***نیازی ~***: یکم ۵۲۲/۷۱. **۳**- دار: یکم ۳۲۰/۶۵۱؛ دوم ۲۳۸/۱۱۰.

درخور. شایسته، سزاوار: یکم ۳۹/۱۸۴؛ ۱۵۷/۱۹۷؛ ۸۶/۲۳۸؛ ۳۷۴/۲۷۶؛ ۱۵۸۴/۳۶۵؛ ۶۰/۴۲۵.

درخورد. به پسند، موافق حال: یکم ۱۳۸/۱۹۶.

درخوردن. مناسب و شایسته بودن، سزا و سزاوار بودن: یکم ۱۰۶۰/۱۳۶؛ ۵۳۷/۱۸۰؛ ۱۳۲/۱۹۶.

درد. // ~ ***از دلیری خوردن***: یکم ۶۹۶/۲۸۸.

دررسیدن. بررسیدن، پژوهش کردن، پی بردن: یکم ۱۲۵۷/۱۴۴.

درست. ۱- تندرست: یکم ۲۷۱/۲۷۱؛ ۴۰۹/۴۳۹؛ ۷۴۸/۶۶۸؛ دوم ۱۲۶۰/۱۸۵؛ ۱۳۳۳/۱۸۸. **۲**- (قید) به درستی، به یقین، بی‌تردید: یکم ۹۰/۵؛ ۳۲۲/۴۲؛ ۸۵۱/۸۴؛ ۶۵۶/۱۲۱؛ ۱۲۸/۱۹۶؛ ۲/۱۹۹؛ ۱۸۳/۲۰۶؛ ۷/۶۹۱ // ~ ***آمدن*** به هنگام آمدن: یکم ۷۴۴/۶۶۸ // ~ ***بودن*** ۱- یقین و مسلم بودن، محقق بودن، معلوم و روشن بودن: یکم ۱۹۶۵/۵۹۴؛ دوم ۲۹۶/۱۱۲. ۲- تندرست بودن← درست. **۲**- ثابت، محقق // ~ ***شدن (گردیدن)***: یقین گشتن، روشن شدن، معلوم شدن، ثابت شدن، محقق گردیدن: یکم ۸۱۷/۱۲۷؛ ۳۸۶/۳۱۸؛ ۱۳۸۶/۵۷۱؛ ۱۸۴۲/۵۸۹؛ دوم ۲۶۹۳/۹۸۵ // ~ ***کردن*** معلوم کردن، پژوهیدن: یکم ۴۶۱/۳۲۱؛ ۱۰۰۶/۳۴۲؛ ۳۷۳/۸۰۵ // ***چیزی بر کسی ~ بودن*** آن چیز بر او مسلم بودن: دوم ۳۱۹۲/۷۴۷، ۳۲۰۰. **۳**- کامل، بی‌نقص // ~ ***آمدی*** خوش آمدی! تندرست باشی!: دوم ۹۶۵/۵۲۱. **٤**- استوار، معتمد: دوم ۷/۱۰۷۵ // ***چیزی را ~ داشتن*** آنرا برحق دانستن و قبول داشتن: دوم

۵۳۵/٤٤۲. **۵-** (قید تأکید) بدرستی، به یقین، بیگمان: دوم ۲۳۱۸/۹۷۰.

درستی. تندرستی: یکم ۲٦۲۲/۸۹٤.

درشت. ۱- دشوار، سخت، ناهموار، نامساعد، شدید: یکم ۱٦۱۰/۱۵۸؛ ۱۲۱۵/۳۵۰؛ ۹۲٦/۵۰٤؛ ۱۳٤۰/۸٤۳ // ***باد** ~*: دوم ۳۲۷۲/۷۵۰ // ***دم** ~*: دوم ۳۳۱۷/۷۵۲ // ***راه** ~*: دوم ۸۱۹/۱۳۳ // ***روزگار** ~*: دوم ۹۹/٦۰۱؛ ۱۷۲۰/۸٦۹؛ ۷۲۳/۱۱۱۰. **۲-** سخن خشن و بی‌ادبانه، گستاخ، بی‌پروا، بی‌واهمه: یکم ۳٤۲/٦٤؛ ۳٦۳/٦۵؛ ٦۱۲/۲۸۵؛ ۵۱۸/٤٤۳؛ دوم ٦۷/٦۰۷؛ ۲٦۲۱/۷۲٤؛ ۳۱۵۷/۷٤۵؛ ۳۷٤۰/۷٦۹؛ ۳۷۷۲/۷۷۰؛ ۵۵٦/۸۲۳؛ ۲۱۷۷/۹٦٤؛ ۱۲٤/۱۰۸٦ // ***~ بودن (شدن)***: یکم ۲٤۵۷/۸۸۷؛ دوم ۲۸۸۲/۹۹۲ // ***~ شدن با یزدان***: یکم ۲۲۵۸/۸۷۹ // ***~ شدن دل کسی از (بر) کسی***: دوم ۱٦۳۵/۹٤۳؛ ۳۰۸٦/۱۰۰۰ // ***~ گفتن*** پرخاش کردن: یکم ۵۲/۱۸۵؛ دوم ۸/۳۹؛ ۱۷۱/۱٤۱ // ***با کسی ~ گشتن***: دوم ۳۵۵۱/۷٦۱ // ***گفتار ~***: یکم ۳٦۱/٤۸۱ // ***سپاه ~ اندرآمدن***: دوم ۱۱۵/۵۹۵. **۳-** ناسازگار // ***~ شدن اختر***: یکم ٤۰۵/۵۳۳ // ***روزگار ~***: یکم ۹۵٤/۵۰۵؛ ۱۰۷۰/۸۳۳؛ دوم ۱۱۷۵/۸۵؛ ٤۹۳/۱۵٤. **٤-** نگران، مشوش // ***~ بودن دل***: یکم ۲۵۲/٤۷۷ // ***دل ~*** نگران، اندوهگین: دوم ۳۲۹/۱۰۹٤ // ***~ شدن دل***: یکم ۱۱٤۳/۵۱۲. **۵-** رک و راست و صریح‌اللحن: دوم ۳۷۵۵/۷٦۹. **٦-** رشدیافته، فربه: دوم ۳۷۳٤/۷٦۸.

درشت و درست. بی‌ملاحظه و درستکار: دوم ۳۷۵۵/۷٦۹.

درشتی. ۱- گستاخی: دوم ۲۲۳/٦۳۰، ۲۲٤. **۲-** سخن درشت و خشن، خشونت: یکم ٦۱۸/۲۲٤؛ ۱۸/۳۰۳؛ ۳۲۰/٤۳۵؛ ۳۹۲/٤۳۸؛ ۱۹٤۷/۸٦۷؛ دوم ۳۱۹٤/۷٤۷؛ ۳۱۹۸/۷٤۷، ۳۱۹۹؛ ٤۸/۸۰۳.

درشدن. درون رفتن: یکم ٦۵۵/٤٤۹.

درع. زره: یکم ۱۵٤۹/۱۵٦؛ ۷٦۵/۲۲۹؛ ۱۸۵/۲٦۸؛ ۱٦۷/٤۲۹؛ ٦۱۹/٤٤۷؛ ۱۰٤۳/۵۰۸ و دیگر // ***~ سیاوش***: یکم ٦۱۰/۷۱۵.

دَرْغمی. // ***می ~***: شراب منسوب به دَرغم (جایی در دو فرسنگی سمرقند): دوم ٦۵۷/٤٤۷.

درفش[1]. **۱-** پرچم، علم: یکم ۲۸۲/٤٦۲ // ***~ برافراختن***: یکم ۳۱/۲۳٦ // ***~ پیراستن***: یکم ۲۵۰/۲٤٤ // ***~ جمشیدی***: دوم ۷۱۰/٦۷ // ***~ خجسته***: یکم ۲۹٦/۷۰۲ // ***~ دریدن***: یکم ۵۳۹/۷۲ // ***~ سپید*** کنایه از خورشید: دوم ۱۷٦۸/۹٤۸ // ***~ شب***: دوم ۱٤٦/۱۰۷؛ ۱۹۳۷/۹۵۵ // ~

فریدون: دوم ۳۵۹/۵۳؛ ۵۲۹/۶۰ // ~ ***همایون:*** یکم ۷۸۰/۸۱؛ ۹۱۸/۸۷؛ ۸۶/۲۰۲؛ ۲۰۹۶/۵۹۹؛ دوم ۶۳۶/۶۴ // ***از دامن کسی ~ کردن:*** دوم ۶۴۳/۱۱۰۶ // ***کاویانی ~:*** یکم ۲۴۱/۳۸ // ***مانند کردن ~ به درخت رسته بر کوه:*** دوم ۳۱۵/۵۱ و دیگر. **۲-** پارچه‌ای که بر کلاهخود می‌پیچیدند: یکم۲۷/۱۹۲؛ دوم ۴۹/۴۲۳، ۵۰.

درفش[۲]. آلت رزم: دوم ۳۵۹/۵۳.

درفشان. درخشنده، درخشان: یکم ۱۲۳/۲۵۷؛ ۲۱۰/۲۶۹.

درفشی. // ***~ شدن:*** یکم ۱۸۷۸/۳۷۶ // ***~ کردن خود را:*** یکم ۲۲۴۸/۳۹۱؛ ۲۳۵۷/۳۹۵.

درفشیدن. درخشیدن، تابیدن: یکم ۸۱۴/۸۳.

درقه. // ***~ کرگ*** سپر از پوست کرگدن: یکم ۱۵۴۵/۷۵۱.

درگاه. **۱-** کاخ، بارگاه: یکم ۶۳۴/۷۶؛ ۶۶۰/۷۷ و دیگر. **۲-** جلوی در: یکم ۱۹۹/۳۷؛ ۴۷۰/۱۱۳؛ ۲۱۰۰/۳۸۵.

درگذاشتن رها کردن، فراموش نمودن: یکم ۴۶/۴۲۵؛ ۱۶۴۵/۷۵۵.

درگذشتن. بی‌نیاز شدن، فارغ گشتن: یکم ۲۷۷/۴۱۳.

دُرگر. درودگر، نجّار: دوم ۱۳۷/۱۰۶، ۱۳۹؛ ۲۴۰/۲۱۲؛ ۲۲/۲۲۶؛ ۳۵۶۵/۱۰۱۹.

درگه. یکم ۲۲۳/۳۸.

درم. واحد مسکوک نقره و کنایه از مال و ثروت: یکم ۱۲۳/۲۰۴؛ ۴۸۷/۲۱۸ و دیگر // ***~ (های) گنجی:*** دوم ۶۵۷/۵۰۹؛ ۱۶۲۳/۵۴۶؛ ۱۸۵۹/۵۵۶؛ ۲۴۹/۸۱۱؛ ۱۰۰۳/۸۴۰؛ ۳۷۷۳/۱۰۲۷ // ***گنج ~*** ← گنج // ***میخ ~:*** دوم ۲۳۵/۱۰۵۰.

درمان بردن. یکم ۵۹۰/۱۱۸.

درمگان. دوم ۱۰۰۸/۹۱۸ // ***~ به دینارگان فروختن:*** دوم ۴۸۱/۱۲۰.

درنشاختن. درنشاندن، نشانیدن: یکم ۱۴۲۹/۱۵۱؛ دوم ۱۳۸/۱۰۶؛ ۱۳۱۵/۱۸۷؛ ۲۳۰۴/۵۷۳؛ ۳۵۳۵/۱۰۱۸ (نیز ← نشاختن).

درنشاندن. نشاندن: یکم ۳۸۶/۲۵۰.

درنگ. **۱-** پایداری، ایستادگی، مقاومت، استقامت: یکم ۳۶/۱۸؛ ۸۷/۱۸۶؛ ۱۶۴۳/۸۵۵؛ دوم ۴۹۹/۸۲۱ // ***~ آمدن:*** یکم ۲۷۵۱/۸۹۹ // ***روزگار ~:*** یکم ۱۵/۱۸۳؛ دوم ۱۸۶۱/۹۵۲. **۲-** توقّف، سکون، سکونت، ماندن، کندی: یکم ۹۰۹/۱۳۰؛ ۲۵۱۸/۴۰۲؛ ۶۶۲/۴۴۹؛ ۲۹۰/۸۰۲؛ دوم ۲۰۲۶/۷۰۱؛ ۵۰۲/۸۲۱؛ ۱۴۷۷/۸۵۹ و دیگر // ***جایگاه ~:*** یکم ۲۹۰/۴۱۴ // ***جنگ با ~*** جنگ فرسایشی: دوم ۱۸۱۶/۶۹۳

// **سرای ~**: ۱- کنایه از این جهان: یکم ۳۲۸/٦٤؛ ۱۲۷۹/۳۵۳. ۲- کنایه از آن جهان: یکم ۱۲۷۱/۱٤٥. ۳- دیرکرد، تأخیر، تعلّل: یکم ۲۲۲/۲٤۳؛ ۲۱۵۹/۳۸۸ // ~ **برآمدن**: یکم ۵۸۳/۷٤؛ ۱۲۲/۱٦٤؛ ۲۸۱/۱۷۰ // ~ **برآوردن**: یکم ۳۳۳/۱۷۲؛ ۲۰٦٤/۳۸٤ // ~ **داشتن**: یکم ۷۱۱/٥٤٥ // ~ **ساختن** تعلّل ورزیدن، پا به پا کردن: یکم ۷٦۷/۲۹۱؛ دوم ۲۷٤/۲٥٦ // ~ **کردن**: یکم ۹۳۰/۳۳۹ // **با ~ بودن**: یکم ۸۷۸/٥۰۲ // **رسم ~ آوردن** سستی و تعلّل ورزیدن در کار: یکم ۱۳۹۱/٥۷۱ // **ره با ~ آمدن**: یکم ۲۰۸۳/۳۸٤. ٤- تأمّل، احتیاط، دوراندیشی: یکم ۷٥/۱۹٤؛ ۱۸۹۷/۳۷۷؛ ۱۹۱۷/۳۷۸؛ دوم ٥٦۹/٦٤۳؛ ۸۳۷/٦٥٤ // ~ **کردن**: یکم ٦۷٤/۳۲۹؛ ٤۸۱/٥۳٦؛ ٦۹۷/۷۱۸ // ~ **آوردن**: یکم ۸۷۸/٥۰۲ // **با ~ بودن**: یکم ۸۹۰/٥۰۲. ٥- ماندگاری، عمر، فرصت: یکم ۱۳۸/۷ // **روزگار ~**: یکم ۲٥۱۸/٤۰۲. ٦- صبر: یکم ۷۲۰/٥٤٥؛ ۲۲۲/٦۹۹؛ ۱۷۲۸/۷٥۸ // ~ **جستن** صبر کردن: یکم ٥٥٤/۷۱۲ // ~ **کردن** صبر کردن، ایستادن: یکم ۱۸۳٤/۷٦۳. ۷- مهلت: یکم ۸۹٥/٥۰۲؛ ۹۰۲/٥۰۳؛ ۱۳۱۸/۷٤۲. ۸- لحظه، زمان: دوم ۱۳۰۰/۸٥۲ // ~ **برآمدن**: یکم ۲۸٤٦/٦۲۹ // **کار با ~ شدن** زمان بردن و به درازا کشیدن کار: یکم ۳۰۷۸/۹۱۲.

درنگی. ۱- کند، تعلّل‌کننده: یکم ۱۰٥٤/۳٤٤؛ ۲۱۳۱/٦۰۰؛ ۲۲۹٥/٦۰۷ // ~ **رفتن**: دوم ۱۷۸۰/۸۷۱ // ~ **ساختن**: یکم ۱۰۱۸/۳۰۱؛ ۲۰۳۹/۳۸۳؛ دوم ۱٦٤۷/۲۰۰؛ ۱۳٦۲/۹۳۲ // ~ **شدن**: یکم ۲۸۱/۲۷۲؛ دوم ۱۷۷۹/۹٤۹ // **اسپ ~**: دوم ۸۰۲/۳۳ // **جنگ ~**: یکم ۲۸۳/۱۷۰. ۲- پایداری‌کننده، با ایستادگی، پابرجا، چیره، مقاوم، مرد نبرد و حمله: یکم ۷۰/۱٦۲؛ ۲۲٥/۲٤۳؛ ۹٥۳/٥۰٥؛ ۱۷٦/٥۲٤؛ ۱٥٤٥/٥۷۷؛ ۲۷۷٥/٦۲٦؛ دوم ۱٤٥٥/۹٦؛ ٥۹٦/۱٥۸؛ ٤٥۱/۸۱۹؛ ۱٦۹۷/۹٤٥؛ ۲۲۲٦/۹٦٦. ۳- تأمّل‌کننده در کارها، با صبر و احتیاط // ~ **بسیج**: یکم ٥۸۳/٥٤۰ // **مرد ~**: یکم ٤۷٥/٤٤۱.

درنوشتن. کنار گذاشتن، ترک کردن، پیچیدن: یکم ٥/۱٥۹؛ ۲٤۲۳/۸۸٦.

درود. ۱- بخشایش، آمرزش: یکم ۱٥/۱٥۹؛ ۱۲۱۳/٥۱٥؛ دوم ٤۳۱/۱۰۹۸ // ~ **دادن بر روان مرده**: یکم ۱۰٦/۱۹٥؛ ۱۲۱/٤۰۷. ۲- ستایش، ثنا و سلام و پیام، خوشامد، تهنیت: یکم ٦۱۷/۱۱۹؛ ۳٥/۱۸٤؛

۱۲۵/۱۹۶؛ ۲۲۷٤/۳۹۲ // ~ **بودن** آفرین و ستایش بودن: یکم ۵۹۲/٤۹۰ // ~ **دادن سپهر**: یکم ٦۳٤/۳۲۷ // ~ **دادن نیکی‌دهش را**: یکم ۲۸۰/٤۳٤ // ~ **فرستادن (دادن)**: یکم ۲۷۷/٤۰؛ ۲۹۸/٤۱؛ ۷۲/٥٤ // ~ **فرستادن تخت مهی را**: یکم ۳۹٤/٤۳۸ // ~ **و خرام** تعارف و خوشامدگویی: یکم ۹۱/۲۳۸؛ دوم ۱٦۳۲/۳۲۹ // **روان و زبان پُر ~ آمدن**: یکم ٦۸۷/٤٥۰. **۳-** خیر و نیکویی، بهتری // **~ است!**: یکم ۹۷۱/۷۲۹ // **نباشد ~!**: یکم ۲۱۲/٤۷٥ // **هست این ~!**: دوم ٤۲/۲۲٦؛ ۸/٤۲۱؛ ۲٤۹/٤۳۱. **٤-** بدرود، تودیع // **سر تن را ~ دادن**: یکم ۲۱۱٤/٦۰۰.

درودن. درو کردن، بریدن: یکم ٤۷/۱۹؛ ۱٦۳/۲۷؛ ۹۳٥/۱۳۲؛ ۱۷/۳۰۳.

دروغ. سخن نادرست، پیمان‌شکنی، فریبکاری، رفتار اهریمنی: یکم ۹٥۸/۳٤۰.

دروغ‌آزمای. درغگوی، نیرنگ‌باز: یکم ۱۹٦٦/۳۸۰؛ دوم ۱۱/٤٥۱؛ ۱۱۳۷/۸٤٦.

درویش. تهیدست، بینوا: یکم ۷۰٤/۱۲۲؛ ٤۱٤/۳۱۹ // ~ **پوشیده**: دوم ۳۱٤۳/۱۰۰۲ // **زار ~**: دوم ۲۰۱۱/۹٥۸ // **کوشنده ~**: یکم ۲۳۹۰/۸۸٥؛ دوم ۱۳۱٥/۹۳۰؛ ۳۷٦۳/۱۰۲۷.

دریا. ۱- رود: یکم ۱۰/۱٥؛ ۱۰؛ ۳٤٤/۱۰۸ و دیگر. **۲-** بحر: یکم ۹۸/٥ و دیگر // **~ی آب** ۱- کنایه از انبوهی و بزرگی: یکم ۱٦۰/٥۲۳؛ ٤۸۲/٥۳٦؛ ۱۰۸٦/٥٥۹. ۲- کنایه از دریای خون: یکم ٥۲۳/٥۳۷ // **~ی دانش** کنایه از *کلیله و دمنه*: دوم ۳٤٦۸/۷٥۸ // **~ی زنگارگون** کنایه از خورشید: دوم ٦۱۹/۳٦٥ // **~ی سبز**: یکم ۲٤/۱٦۰؛ ٥۹۸/۲۸٤؛ دوم ۱٤۳۷/۳۲۱؛ ٤۱۷٦/۷۸٦ // **~ی قلزم**: یکم ٤٤۸/٤۲۰ // **~ی یاقوت زرد**: یکم ٤۲۳/٥۳۳ // **آراستن ~ به شمع**: دوم ٥۲۲/۲۲، ٥۲٤ // **از ~ به ~**: یکم ٦۷۰/۲۲٦ // **از ~ بی‌آشناه نمی‌توان گذشت**: دوم ٤۱۲/۱٥۱ // **با آب ~ نبرد نجویند!**: دوم ۷۰/٤۰۸؛ **جوی خود را پیش ~ بردن**: دوم ۱۹۱٥/٥٥۸ // **کسی را به ~ی تهمت شستن**: دوم ۱۰۳/۳۷۷.

دریافتن. ۱- چاره کردن، اصلاح نمودن: دوم ۳۱٥۱/۱۰۰۳. **۲-** رسیدن، پیشی گرفتن: یکم ۲۱٤۷/۳۸۷.

دریدن. (ناگذر) پاره شدن: یکم ۷۱/۲٦٤؛ ۱۰۰٥/۳۰۰؛ ۲۳۹/۳۱۲؛ دوم ۱۱۱٤/٥۲٦؛ ۳٥۲۷/۷٦۰.

دز. دژ: یکم ۷۷٦/۲۹۱ // **پی مرد بیراه**

در ~ نبودن: دوم ٦٧٧/١٦١.

دژ. ← دز.

دُژآگاه. ۱- خشمگین، بی‌باک: دوم ٥٤١/٦٠؛ ٥٦٢/٦١؛ ٦/٥٨٧؛ ٢٤٨٨/٧١٩. ۲- دژخیم، جلّاد، روزبان: دوم ٧٣٣/٢٩٤؛ ٤٣٧/٣٥٨؛ ٢٢٤/٨١٠.

دژخیم. ۱- روزبان، جلّاد: یکم ٥٣٦/٣٢٤ و دیگر. ۲- بدخوی، بدنهاد: یکم ١٦١/٢٠٥؛ ٣٥٨/٢٤٩.

دژم. ۱- غمناک، افسرده، خسته و فرسوده، تیره و تاریک: یکم ٤١/١٣؛ ٨٥٠/١٢٨؛ ٥٨٠/٨١٣؛ دوم ٨/١٣٥ ۲- خشمناک: یکم ٢٠١/٣٧؛ ٢٥٠/٦١؛ ٣٧٨/١١٠؛ ٩٣٤/١٣١؛ ١٠٠٨/١٣٤؛ ٢٦/٦٣٢ و دیگر. ۳- سیاه یا مست و مخمور (صفت چشم): یکم ٨٤٣/١٢٨؛ ٢٦٠٨/٦١٩.

دست. ۱- عضوی از تن // ~ **با بد پسودن:** یکم ٧١٢/٢٨٩ // ~ **بازداشتن** دریغ کردن: یکم ٤٨٨/١٧٨؛ ٨٢٣/٥٤٩ // ~ **بد را شستن** دست از بدی کشیدن: یکم ٢٥٥/٢٧١؛ ٨٥/٤٠٦؛ دوم ٣٩٩٠/٧٧٨ // ~ **بد شدن:** یکم ٢٠٦/٥٢٥ // ~ **بر ~ برسودن** از شادی دو دست را بر هم مالیدن: دوم ٢٤٣٩/٥٧٩ // ~ **بردن به کسی:** یکم ٣٥٠/٢٧٥ // ~ **بردن کاری را:** یکم ١٠/٢١ // ~ **بر سر گرفتن:** یکم ٣٨٦/٤١٨؛ ٤٥/٤٥٣؛ ١١٠٩/٨٣٤ // ~ **بریاختن** دست دراز کردن: دوم ١٣٨٢/٩٣٣ // **(کاری را) ~ به برزدن:** یکم ٥١٤/١٧٩؛ ٨٤٩/٢٣٣؛ ١٧٨٠/٣٧٣؛ ١٩٩/٤٥٩. ٢١٠؛ ١٥٠٢/٥٧٦؛ دوم ١٤٦٨/١٩٣ // ~ **به خون شستن (یازیدن):** یکم ١٣٨٣/٥٧١؛ دوم ٣١٣/١٣؛ ١٢٣٧/٨٨؛ ٦٠٥/١٢٥؛ ١٨٥/٢٥٢؛ ٢٢٢/٨١٠؛ ١٩٩٨/٩٥٧ // ~ **به کش کردن:** یکم ١٠٦٩/١٣٧؛ ١٠٦٩/١٣٧؛ ١٠١/٢٠٣؛ ١٠٣/٣٠٧؛ ٢٤٨/٣١٢؛ ٩٢٢/٣٣٩؛ ٢٤٨٩/٨٨٩؛ دوم ٨٢٨/٧١؛ ٩٤٤/٧٦؛ ٧٨/١٣٨؛ ٧٦/١٠٤٤ // ~ **بیکار شدن** از توان افتادن دست: دوم ٥٨/٢٤٧ // ~ **پساویدن:** یکم ٢٢٨/٣١٢ // ~ **پسین کوبیدن:** یکم ٢٥٣/١٦٩ // ~ **پیش آوردن کاری را:** یکم ١٣٦/٧ // ~ **پیش کردن** پیشدستی کردن، اقدام نمودن، دست به کار شدن: یکم ٦٩٣/٧٨؛ ٣٣٤/٧٠٤؛ ٩٥١/٧٢٨؛ ١٢٢٩/٧٣٩؛ ٦١٤/٨١٥؛ دوم ٣٦٠/١٥؛ ٧١٦/٣٠؛ ٣١٦٧/٧٤٦ // ~ **چپ را از ~ راست ندانستن:** دوم ٧٢١/١٢٩ // ~ **خون:** دوم ١٥٦٦/٨٦٣ // ~ **راست از کسی دریغ نداشتن:** یکم ٢٣٨٤/٧٨٥ // ~ **(کین) را شستن:** یکم ١٢٤٧/٨٤٠؛ دوم ٧٦/٢٢٠ // ~ **زدن:** یکم ٥٧٩/٢٢٢؛ ٤٨٣/٢٨٠؛

۶۴۴/۲۸۶؛ ۸۲۰/۲۹۳ // ~ ***ساییدن با رنج:*** دوم ۷۱۶/۳۰ // ~ ***ساییدن به کاری:*** دوم ۲۵۴۸/۹۷۹؛ ۳۷۸۸/۱۰۲۸؛ ۲۵۴۸/۹۷۹؛ ۳۷۸۸/۱۰۲۸ // ~ ***(چنگ) سودن با کسی و چیزی*** گلاویز شدن با...: یکم ۱۰۱۰/۱۳۴؛ ۸۱۷/۲۳۱؛ ۲۷۵۳/۶۲۵؛ ۱۰۴۷/۶۸۰؛ ۲۳۳۹/۷۸۳ // ~ ***فراز بردن:*** یکم ۱۴۶/۷؛ ۱۶۱/۸؛ ۸۲/۲۴ // ~ ***کرده دراز*** درازدست: دوم ۹۴۳/۷۶ // ~ ***کسی را از جایی کوتاه کردن:*** یکم ۶/۱۷ // ~ ***کسی را به پیمان به ~ گرفتن:*** یکم ۷۵۲/۱۲۴؛ دوم ۲۹۸۳/۹۹۶ // ~ ***کسی را به ~ گرفتن:*** یکم ۲۷۶/۲۷۲ // ~ ***کسی را زیر ~ آوردن:*** یکم ۷۷۶/۲۹۱ // ~ ***کشیدن:*** یکم ۲۲۲۴/۳۹۰ // ~ ***کوتاه بودن از جایی:*** یکم ۲۰/۱۸۴ // ~ ***گسترده شدن:*** دوم ۳۱۱۷/۱۰۰۱ // ~ ***کوتاه گشتن از کاری:*** یکم ۲۵۶/۲۷۱ // ~ ***کوته کردن:*** یکم ۱۷۴/۲۴۱ // ~ ***گشادن*** ۱- دست‌ها را از یکدیگر گشودن: یکم ۹۷۸/۸۹. ۲- بذل و بخشش کردن: یکم ۲۸۰/۶۲؛ دوم ۱/۲۱۷؛ ۹/۲۳۹. ۳- کنایه از شمشیر کشیدن: یکم ۹۴۳/۳۴۰. ٤- کنایه از کشاندن کمان و رها کردن تیر: دوم ۲۰۳۲/۵۶۳. ۵- نشان بر خود بالیدن: یکم ۱۸۳۱/۳۷۵ // ~ ***نگشادن*** دست به سینه ماندن: یکم ۲۵۶۲/۸۹۱ // ~ ***نمودن*** ۱- دست بلند کردن به نشان اعتراض: یکم ۴۸۴/۲۸۰؛ ۱۶۶/۴۷۳؛ دوم ۷۰۰/۱۶۲؛ ۵۵۵/۱۰۶۳. ۲- قدرت نشان دادن: یکم ۱۶۶۴/۸۵۶؛ دوم ۱۷۷/۱۴۲ // ~ ***نمودن آفتاب (خورشید)*** کنایه از زبانه زدن خورشید: دوم ۲۵۷۹/۵۸۴؛ ۱۰۹/۶۰۱ // ~ ***و پای زدن*** کوشیدن: دوم ۲۶۷۸/۷۲۷ // ~ ***یاختن*** دست بردن، دست زدن: یکم ۱۷۶/۶۹۸ // ~ ***یازیدن به کسی و چیزی:*** یکم ۲۵/۹۶؛ ۳۶۲/۲۷۵ // ~ ***یافتن بر کسی*** بر او پیروز شدن: یکم ۴۰۱/۴۱۸؛ ۱۶۰۴/۸۵۴؛ دوم ۳۷۲/۱۱۵ // ~ ***یکدیگر را در ~ گرفتن:*** یکم ۱۲۸۷/۱۴۵ // ***از ~ آهرمن بودن:*** یکم ۶۳۳/۴۴۸ // ***از کسی چیزی به ~ گرفتن:*** دوم ۲۷۳/۱۴۵؛ ۲۹۴/۲۳۷ // ***با کسی ~ داشتن*** با او همکاری کردن، به او یاری رساندن: دوم ۹۸/۵؛ ۳۴۱۰/۷۵۵ // ***با کسی ~ زدن*** با او همدمی کردن: دوم ۱۶۰/۴۸۹ // ***بر ~ راست:*** یکم ۱۷۶/۲۶۸؛ ۱۳۹۵/۳۵۷ // ***بر کسی ~ بودن:*** دوم ۴۲۱/۱۰۹۸ // ***بر کسی ~ گشادن*** بر او توفیق و برتری یافتن: دوم ۴۰۹۶/۷۸۲ // ***به کاری***

(چیزی) ~ بردن: یکم ۹۷۱/٦۷۷ // *به کسی ~ راست کردن*: یکم ۲۰۱۱/۵۹٦ // *به کسی (کسی را) ~ نمودن* حال او را پرسیدن، با او تفقد کردن: دوم ٤۳۰۳/۷۹۱؛ ٤۱۳۷/۷۸٤ // *پشت ~ خاییدن*: یکم ۳۹٦/۲۷٦ // *تن را از جان ~ تهی کردن*: دوم ۸٤۱/۲۹۸ // *تیز ~ نمودن*: دوم ۱۷۷/۱٤۲ // *چیزی (کاری) را از (به) ~ گذراندن*: یکم ۱٤۳/٦۳٦؛ ۱۱۲۹/۸۳۵ // *چیزی را بر ~ گذاشتن* آن را دست به دست (بر دست) بردن: دوم ۲٤٤/۲۱۲؛ ۹٦٦/٦۵۹ // *چیزی را ~ بر ~ گذاشتن*: دوم ۳۹۵/۲٦۱؛ دوم ۳٤۸۱/۱۰۱٦؛ ۳۵۵٦/۱۰۱۹ // *ز نیک و ز بد ~ کوته شدن*: یکم ۱٦۸۵/۵۸۳ // *کسی به ~ نیامدن* مطیع و فرمانبردار نشدن: دوم ۱۵۰۳/۸٦۰ // *کسی را نزد کسی ~ بودن* پیش او قدر و منزلت و نفوذ و امکان داشتن: دوم ۲۰۸٤/٦۵٦ // *گرد ~ برآوردن*: دوم ۲۳۰۹/۷۱۲؛ ۲۹۳۹/۷۳۷ // *گشاده دو ~* کنایه از مردم بخشنده: دوم ۲۹۲٦/۷۳٦؛ ۲۹۳۹/۷۳۷ // *مانند کردن ~ به ابر بهمن*: یکم ۱۹۵/۹ // *مانند کردن ~ به رود نیل*: یکم ۳٤٤/۱۰۸ // *وفا را ~ با ~ پسودن* پیمان وفاداری بستن: دوم ۲۳٤۱/۵۷۵. **۲**- طرف، سمت، سو، جانب: دوم ۲۸۰/۵۰، ۲۸۱؛ ۱٦۹۳/٦۸۸؛ ۳۱۳۹/۷٤۵؛ ۱٤۳۱/۸۵۷ و دیگر // *از (بر) ~ راست*: یکم ۱۸٤۵/۷٦۳؛ دوم ۱۲٦۸/۱۸۵ // *به یک ~... به ~ دگر*: یکم ۳٤۷/٦٤؛ ٦٦۱/۷۷؛ ٦۸۹/۷۸، ٦۹۰؛ ۹/۱۹۱؛ ۹۷/۱۹۵ و دیگر. **۳**- واحدی کامل از هر چیز: یکم ۸٦۳/۲۳۳؛ ۱٤۰۲/۳۵۸؛ ۱۵۲۵/۳٦۳. **٤**- واحد جامه: دوم ۳٤۸۰/۷۵۸. **۵**- نوبت، بار، دست بازی: دوم ۲۷۰۳/۷۲۷. **٦**- دسته، قبضه: یکم ۹۷۵/۸۹؛ ۷۹۲/۱۲٦؛ دوم ۹۵/٦۰۹. **۷**- زخم: یکم ۳۵۹/۲۷۵؛ ۳٦۵/۵۳۱. **۸**- صاف چون کف دست // *جایی را چون ~ کردن*: یکم ٤۵۸/٦۵٦؛ دوم ٦۷٤/۲۸. **۹**- نوع، گونه، جور: یکم ٤۷٤/٤۸٦؛ ۹٦۲/٦۷٦؛ ۲۷۹۳/۹۰۱. **۱۰**- چیرگی، تسلط، دسترسی، قدرت، ید، توانایی، امکان: یکم ۱۰۱۷/۵۰۷؛ ٦۰۱/۸۱٤؛ دوم ۲۸/۸۰۲ // *بر کسی ~ بودن* بر او توانایی داشتن: دوم ۱۳٦۲/۱۸۹. **۱۱**- نیرو، توانایی، هنر: یکم ۱۰۹۷/۵٦۰؛ ۱۲۹۵/۵٦۸؛ ۲۷٤۵/٦۲۵. **۱۲**- یاری، کمک // *~ بخشیدن* کمک کردن، یاری نمودن: دوم ۱۱٦٤/٦٦۷. **۱۳**- خدمت، حق خدمت // *کسی را نزد کسی ~ها*

بودن: دوم ۹۰/۶۰۸.

دستار. سربند: دوم ۱۳۴۰/۹۲.

دستان[۱]. ۱- نیرنگ و بند و فریب: یکم ۸۱۲/۲۹۳؛ ۱۳۷/۳۰۸؛ ۳۴۶/۳۱۶؛ ۴۹۲/۶۵۸؛ دوم ۳۳۳/۱۱۴ // ***دستار ~:*** دوم ۲۱۹۴/۷۰۸ // ~ ***نمودن*** نیرنگ زدن: یکم ۸۰۹/۶۷۰. ۲- آهنگ، نوا، سرود: دوم ۱۳۲۵/۸۵۳؛ ۳۶۵۴/۱۰۲۳.

دستان[۲]. لقب زال: یکم ۶۵۷/۱۲۱؛ ۵۳۰/۶۵۹؛ ۱۱۶۷/۶۸۴؛ دوم ۱۲۰/۲۲۲.

دستبرد. دلیری، چابکی، پیروزی، چابکدستی در نبرد، ضرب‌شست: یکم ۱۴۹/۱۶۵؛ ۸۱/۱۹۴؛ ۲۱۶۳/۳۸۸؛ ۲۴۵/۴۱۲؛ ۵۵۴/۴۸۹؛ ۱۹۷/۵۲۴؛ ۲۴۱۵/۶۱۲؛ ۲۷۵۶/۶۲۵؛ ۱۲۸۳/۷۴۱؛ ۶۶۲/۸۱۷؛ ۳۳/۸۲۴؛ ۸۲۴/۸۲۳؛ دوم ۳۴۲/۱۵؛ ۳۶۶/۵۳؛ ۴۶۷/۵۷؛ ۷۳۰/۶۸؛ ۸۳۳/۷۲.

دستبُردار. ۱- پهلوان کمک و پیشرو به جنگ: یکم ۱۵۰/۴۵۷. ۲- با دستبرد و چیرگی: دوم ۱۴۲۸/۸۵۷؛ ۱۷۷۵/۸۷۱؛ ۲۲۱۶/۹۶۶.

دستبند[۱]. ۱- حلقه‌ی دست زنان و مردان، دستاورنجن، النگو (؟)، گونه‌ای رقص (؟): یکم ۱۴۲۶/۱۵۱؛ ۴۶۱/۲۷۹؛ دوم ۴۷۴/۵۰۱. ۲- رقاص، پایکوب: دوم ۱۴۰۶/۵۳۸.

دستبند[۲]. فنی در کشتی: یکم ۲۷۵۹/۶۲۵.

دسترس. ۱- توانا: یکم ۱۲۷۶/۶۸۹. ۲- توانگر: دوم ۶۸/۲۲۷.

دست‌کش. دست‌پرورده، دست‌آموز: یکم ۱۲۸/۱۸۸؛ ۳۶۱/۲۱۳؛ ۲۴/۲۶۲؛ ۲۴۳۲/۳۹۸؛ ۳۰۵/۴۱۵؛ ۲۶۳/۴۳۳.

دستگاه. کرّوفرّ، بزرگی، توانایی، دست، تسلط، شکوه، حشمت و اعتبار، اهلیّت و شایستگی، ارز، اسباب و امکانات، مال و منال، خواسته، دم و دستگاه: یکم ۱۸۸/۲۸؛ ۸۲۱/۸۳؛ ۱۰۲۱/۹۱؛ ۵۲۸/۱۷۹؛ ۱۰۵/۱۹۵؛ ۶۱۹/۲۲۴؛ ۷۵۶/۲۹۰؛ ۸۴۶/۲۹۴؛ ۲۰/۴۲۳؛ ۳۲۸/۴۳۶؛ ۵۹۴/۴۴۶؛ ۶۳۰/۴۴۸؛ ۶۶۴/۴۴۹، ۶۷۷؛ ۵۹۶/۶۶۲، ۶۰۸؛ ۶۷۶/۶۶۵؛ ۶۷۵/۸۱۷؛ دوم ۱۶۳۴/۲۰۰؛ ۴۱/۲۰۴؛ ۴۲۴/۳۵۸؛ ۶۲۹/۳۶۶؛ ۳۴۸/۳۸۶؛ ۴۳۲/۳۹۰؛ ۴۹۹/۵۰۲؛ ۱۵۴۰/۵۴۳؛ ۲۱۶۱/۵۶۸؛ ۲۳۸۸/۵۷۷؛ ۵۲۴/۶۴۱؛ ۲۸۴۷/۷۳۳؛ ۱۰۰۷/۹۱۸؛ ۱۹۱۹/۹۵۴؛ ۳۱۶۲/۱۰۰۳؛ ۳۶۱۰/۱۰۲۱؛ ۳۷۰۷/۱۰۲۵؛ ۳۷۹۳/۱۰۲۸؛ ۲۵/۱۰۴۲؛ ۴۰۶/۱۰۵۷ و دیگر // ~ ***بودن:*** یکم ۷۴۵/۴۹۶؛ ۴۹۳/۶۵۸ // ~ ***خواستن:*** یکم ۱۶۴۳/۵۸۱ // ***گشتن ~:*** دوم ۱۵۳۳/۶۸۱، ۱۵۳۵؛ ۵۸۹/۱۱۰۴ // ~ ***یافتن بر کسی،***

کاری، چیزی: یکم ۱۹/۱۸؛ ۸۰۶/۱۲۶؛ ۸۷۱/۲۳۴ // ***از کسی ~ بودن:*** یکم ۱۱۰۵/۸۳۴؛ ۲۴۳۸/۸۸۷ // ***با ~:*** یکم ۳۵۱/۶۵؛ ۶۷۷/۳۲۹؛ ۲۲۶۱/۸۷۹؛ دوم ۱۲۷۸/۱۸۵؛ ۴۰۷/۲۶۱ // ***بر کسی ~ جستن:*** یکم ۱۴۸۳/۸۴۹ // ***(بر کسی، کاری) ~ دادن:*** یکم ۸۱۵/۴۹۹؛ ۲۳۷۸/۷۸۵؛ دوم ۵۶۶/۲۴؛ ۸۴۸/۱۳۴؛ ۲۷۰/۱۱۱ // ***بر کسی ~ یافتن:*** یکم ۳۵۹/۷۰۵ // ***بی~:*** دوم ۳۷۳/۱۰۵۵ // ***گشتن ~:*** یکم ۹۶۷/۶۷۶ // ***مرد با ~*** توانگر، با خواسته: دوم ۲۶۳۸/۷۲۵ // ***مرد بی ~*** بی‌خواسته، تهیدست: دوم ۲۴۱۵/۷۱۶ // ***نزد کسی ~ بودن:*** یکم ۱۶۱/۶۹۷؛ ۱۴۱۱/۷۴۶ // ***نزد کسی ~ جستن:*** یکم ۹۶۰/۷۲۸.

دستوار. ۱- عصا، چوبدستی: یکم ۱۷۳/۲۰۶؛ دوم ۶۶/۲۱۹. ۲- کنایه از یاور و پشتیبان: دوم ۲۴۵۹/۹۷۵.

دستَور. صاحبدست، توانا: دوم ۵۹۲/۱۱۰۴.

دستور. ۱- راهنما، مشاور، رایزن، وزیر: یکم ۱۷۵/۸؛ ۵۳/۱۳؛ ۱۳۱/۲۶؛ ۷۲۸/۷۹؛ ۵۶۴/۱۱۷؛ ۴۷۰/۳۲۱؛ ۱۳۸/۴۰۸؛ ۳۰۱/۴۷۹؛ دوم ۹۱۴/۱۷۱؛ ۴۶/۶۲۳، ۴۸؛ ۳۰۳۰/۹۹۸؛ ۳۶۰۴/۱۰۲۱ و دیگر // ***~ بیدار بهتر ز گنج!:*** یکم ۲۰۴/۲۰۷. ۲- دستوری، اجازه، فرمان: دوم ۲۳۳۱/۹۷۰ // ***(کسی را) ~ بودن*** (به او) اجازه دادن: یکم ۶۴۴/۱۲۰؛ ۷۵۴/۱۲۴؛ ۶۳۵/۷۱۶؛ دوم ۲۷۶/۱۴۵؛ ۹۹۶/۹۱۸ // ***~ بودن کسی را:*** یکم ۴۲۰/۶۷؛ ۷۵۳/۲۲۹؛ ۴۵۰/۲۷۸. ۳- فرزین در شطرنج: دوم ۳۳۵۳/۷۵۳.

دست‌ورز. دستکار، صنعتگر: یکم ۳۱/۲۲.

دستوری. ۱- اجازه، فرمان، رخصت، اذن: یکم ۱۱۷۶/۱۴۱؛ ۱۲۹۰/۱۴۵؛ ۵۸/۱۶۱؛ ۱۴۸/۱۶۵؛ ۷۴۵/۲۲۹؛ ۵۱۷/۴۴۳؛ ۱۲۵۱/۶۸۸؛ ۷۹۷/۷۲۲؛ دوم ۶۰۶/۲۵؛ ۱۰۱۸/۳۰۵؛ ۷۳۴/۳۷۰؛ ۲۰۹۶/۵۶۵؛ ۲۲۱۳/۵۷۰؛ ۲۴۶۶/۵۸۰؛ ۴۱/۵۹۸؛ ۲۸/۶۰۶؛ ۳۳۹۴/۷۵۵؛ ۳۴۶۹/۷۵۸؛ ۳۵۹۰/۷۶۳ // ***از کسی ~ بودن:*** یکم ۴۶۷/۷۰۹. ۲- امر و نهی: دوم ۲۶/۶۰۶ (؟). ۳- وزارت: دوم ۲۶/۶۰۶ (؟)؛ ۱۴۴۲/۹۳۵؛ ۳۶۰۶/۱۰۲۱.

دسته. دسته‌ی گل: دوم ۲۴۳/۱۱، ۲۴۷؛ ۸۹۱/۳۰۰ ۸۹۳.

دستیاب. دسترس: یکم ۱۴۶۵/۸۴۸؛ ۲۷۰۳/۸۹۷.

دشت. ۱- کنایه از گورستان: یکم ۷/۴۰۳. ۲- بیابان و سرزمین تازیان، کشور حیره // ***~ دلیران*** سرزمین تازیان: دوم ۵۲۶/۴۴۲؛ ۱۹۱۹/۶۹۷ //

~ ***سواران نیزه‌گزار*** سرزمین تازیان: یکم ۷٦/۲٤؛ دوم ۱۹۷۹/٦۹۹؛ ۲۹۱/۸۱۲ // ~ ***گردان:*** یکم ۱۳۰/٥٦؛ ۲۷٤/٦۲ // ~ ***نیزه‌وران:*** یکم ۱۰۳/٥٥؛ ۲۸۳/٦۲ // ~ ***یلان:*** یکم ۳۰۳/٦۳. **۳-** میدان جنگ: یکم ۱٥٥۱/۸٥۱ // ~ ***سواران:*** دوم ۱۳۳/۱٤۰ // ~ ***هامون:*** یکم ۱۱۷۳/٦۸٥؛ دوم ۱٤۳/۲٥۰؛ ۳۰٥۹/۹۹۹.

دشتوان. دشتبان: یکم ٤۲۸/۲۱٦، ٤۳۰، ٤۳٤، ٤۳٦؛ ٤٤۲/۲۱۷.

دشتی. غیراهلی، کوهی، وحشی: یکم ۳۱۹/۲۱۲.

دشخوار. دشوار: یکم ۳۰۹/۱۰۷؛ ٦۷۲/۱۲۱؛ ۱۱۹٤/۱٤۲؛ ۱۳/۱٥۹؛ ٤۱/۱٦۰؛ ٥٦/۲۰۱؛ ۱٥۰/۲۰٥ و دیگر.

دشخواری. یکم ۱۳/۱٥۹.

دشمن. // ~ ***بی پی و پوست به:*** دوم ۱۸۱۲/۹٥۰ // ~ ***خانگی:*** دوم ٦۸۹/۱۲۸ // ~ ***خوار مدار ارچه خرد!:*** یکم ۸٤۲/۲۹٤ // ~ ***دانا به ز دوست!:*** دوم ۱۳٤۸/۹۲ // ~ ***را خرد ندانستن:*** یکم ۱۳۲٥/٥٦۹ // ~ ***کشته به یا گریخته!:*** یکم ۳۳٤/٤۱٦– ۳۳٥ // ~ ***و دوست بر دامن داشتن:*** دوم ٤۱٥٦/۷۸٥ // ***با ~ خوب گفتن رواست!:*** یکم ۱۰۱۱/۷۳۰ // ***بزرگی به داشتن ~ بسیار است:*** دوم ٤۱٥٦/۷۸٥ // ***سلیح خود را به ~ دادن:*** دوم ۲۸٦/۱۰٥۲.

دشمن‌گداز. دوم ۱۸۳٦/۹٥۱.

دُشمنش. دلچرکین: دوم ۳٤۸۰/۱۰۱٦.

دفتر. ۱- کتاب، کنایه از *شاهنامه‌ی ابومنصوری:* یکم ۱۲٦/٦؛ دوم ۱٦٦۹/۲۰۱؛ ۳۸۲۲/۱۰۲۹ // ~ ***پهلوان*** *شاهنامه‌ی ابومنصوری:* دوم ۳۹۲۰/۷۷٦ // ~ ***پهلوی*** کنایه از *شاهنامه‌ی ابومنصوری:* یکم ۱٤۲/۷؛ ۲۲/٦۳۹؛ ۳۲/۷۹۲ // ~ ***جایی را بر کسی خواندن:*** دوم ٤٤۲/۱۱۸ // ~ ***خسروان*** تاریخ شاهان: دوم ٦۰٤/٥۰۷ // ~ ***شاه*** *شاهنامه‌ی ابومنصوری:* دوم ۳۷۸٥/۱۰۲۸ // ***بر کسی ~ کهتری خواندن:*** دوم ۹٦٥/۱۷۳ // ***سخنی از ~ کهن نگشتن:*** دوم ۲۹۸/۲۳۷. **۲-** کتابچه، برگ‌های به هم پیوسته، کتابچه‌ی سفید: دوم ٥۰۲/۱۰٦۱ // ~ ***شکستن:*** یکم ۱۳٦/٤٥٦. **۳-** کنایه از کتاب سرنوشت: دوم ٤۱۸/۱۰٥۷. **٤-** فهرست عرض، دفتر ثبت نام و حقوق سپاهیان و درباریان و دیگر کارمندان و کارداران دولت: دوم ٦٤٤/۲۷؛ ۱۱۲۹/٦٦٥؛ ۳۷۹۲/۷۷۱.

دگر. دیگر // ~ ***داشتن آیین و کار:*** یکم ۱۸٥۲/۳۷٥.

دگرگونه. // ~ ***گشتن کار:*** یکم

٩٠٢/٢٩٦.

دگرگونه‌تر. دگرگونه، طور و گونه‌ی دیگر، غیر از این: یکم ٢٩١/٦٢؛ ٤٠٩/٢١٥؛ ٦/٢٣٥؛ ٨٢٥/٢٩٣؛ ١٧٦١/٣٧٢؛ دوم ١٣٧٥/٩٣٣؛ ٣٩٩٠/١٠٣٦؛ ٤٥٤/١٠٩٩.

دل. ١- قلب // ~ ***آراستن (به، بر)...*** ١- دل از غم زدودن، دل شاد کردن: یکم ١١٥٧/١٤٠؛ ١٧٦/٣١٠؛ دوم ١٣٣٩/٩٣١؛ ٧٣١/١١١٠. ٢- آماده کردن دل، بسیچیدن، آماده شدن: یکم ٤٦٢/٤٧؛ ٧٦٦/٨١؛ ٧٣١/١٢٤؛ ٨٠٠/٢٩٢؛ ١٠٥٣/٣٤٤؛ ٥٨٥/٤٤٦ // ~ ***آراسته بودن:*** یکم ٩٩/٢٣٨ // ~ ***آراسته شدن:*** یکم ٩٣٣/٣٣٩ // ~ ***آراسته شد، روان کاسته!:*** یکم ٤٠٦/٤١٩ // ~ ***آگندن از آتش:*** یکم ٥٤/٤٠٥ // ~ ***آگندن به درد:*** یکم ٧١/٤٠٥ // ~ ***آگندن به مهر:*** یکم ١٠٩٣/٣٤٥ // ~ ***آگنده بودن:*** یکم ٦١٦/١١٩؛ ٨١١/٤٩٩ // ~ ***آگنده بودن به مهر:*** یکم ١٢٨٨/٣٥٣ // ~ ***آرمیده از جای برانگیختن:*** یکم ٣٨٥/٤١٨ // ~ ***از اندیشه گسلیدن:*** دوم ٩٢٧/١٧١ // ~ ***از جای برآمدن*** دل‌کنده و خشمگین شدن: یکم ٧٤٧/٨٢٠؛ ١١١٤/٨٣٤؛ دوم ٨٢/٢٢٠؛ ١٦٠/٢٥١؛ ٢٩١/٣٥٢ // ~ ***از جای برآوردن:*** یکم ١٢٢١/٥٦٥ // ~ ***از جای رفتن*** خود را باختن: دوم ١١٣٥/٨٤ // ~ ***از جایی (چیزی، کاری) پرداختن*** دل کندن از...: یکم ٤٩/١٣؛ ١٣٧/٢٠٤؛ ٢٠٦/٣١١؛ ١٥٦٢/٣٦٤؛ ١٨٧٣/٣٧٦؛ ٢٣٩٧/٣٩٧؛ دوم ٥٠/٢٤٧ // ~ ***از کسی تنگ شدن:*** دوم ١٩٥٩/٩٥٦ // ~ ***از (بر) کسی (کاری) درشت شدن:*** دوم ١٦٣٥/٩٤٣؛ ٣٠٨٦/١٠٠٠ // ~ ***افروختن کسی را چو خورشید:*** یکم ٤٢/١٨ // ~ ***اندرآویختن به کینه:*** یکم ١٠٣٤/٣٤٣ // ~ ***اندر گمان افکندن*** به خود شک و تردید راه دادن: دوم ١٥٧٣/٦٨٣ // ~ ***اندیشه‌ی بد بردن:*** یکم ١١٩٦/٥٦٤ // ~ ***باریک گشتن (شدن)*** بی‌تاب گشتن: یکم ٤١٥/٢٧٧؛ دوم ٣٥٩٢/٧٦٣ // ~ ***با زبان آشنایی نداشتن:*** یکم ١٢٢٤/٧٣٩ // ~ ***با زبان راست نبودن:*** یکم ٢٦٤/٧٠١ // ~ ***با زبان همسایه نبودن:*** یکم ١٢١٣/٧٣٨ // ~ ***باز جای آمدن:*** یکم ٩٠٠/١٣٠ // ~ ***باز شدن:*** یکم ٦٠٠/٧٤ // ~ ***بد یاد کردن:*** یکم ٢٩٧/٢٤٦ // ~ ***بر آتش کردن:*** یکم ١١١/١٦٣ // ~ ***برافروختن:*** دوم ٢٠٠/٢١٠ // ~ ***برنا پیر گشتن:*** یکم ١٣١٣/٥٦٨ // ~ ***بسته آمدن*** راه و راز چیزی را ندانستن: دوم ٣٦١٦/٧٦٤ //

~ **به دو چاک بودن:** یکم ۱۳۲۹/۵۶۹ // ~ **به دو نیم شدن:** یکم ۱۳۳۷/۵۶۹ // ~ **برآمدن از جای** ۱- دل از جای کنده شدن: یکم ۲۰۴/۴۳۱. ۲- دل را از ترس باختن: یکم ۱۴۵۹/۱۵۲. ۳- دل به جوش آمدن: یکم ۱۱۱/۴۰۷ // ~ **برافروختن:** یکم ۲۳۹۷/۳۹۷ // ~ **برانگیختن کسی را:** یکم ۱۹۲۳/۳۷۸ // ~ **برگرفتن از جان کسی:** یکم ۸۴۰/۲۹۴ // ~ **برگشادن:** یکم ۲۲۴/۳۱۲ // ~ **بریدن** دل شکستن: یکم ۱۰۵/۲۳۹ // ~ **بستن در اندیشه:** یکم ۳۸۱/۲۵۰ // ~ **بسته‌ی کسی را از اندیشه گشادن:** یکم ۷۲۷/۱۲۳ // ~ **بس کردن کسی را:** یکم ۴۰۰/۲۷۷ // ~ **به ترس و امید:** یکم ۷۴۲/۸۰ // ~ **به تنگی ندادن:** یکم ۴۴۴/۲۷۸ // ~ **به جای نداشتن:** یکم ۲۲۹۴/۴۰۱ // ~ **به جوش آمدن** منفعل شدن، اختیار خود را از دست دادن: یکم ۳۲/۱۲؛ ۱۷۶۱/۳۷۲ // ~ **به جوش آوردن کسی را** دل او را بردن، او را دلباخته کردن: یکم ۲۹۸/۱۰۷ // ~ **(و دست و مغز) به خون شستن:** دوم ۳۱۳/۱۳ // ~ **به دو نیم بودن:** یکم ۳۵۸/۲۱۳ // ~ **بیراه شدن:** یکم ۳۶۷/۲۴۹ // ~ **پاک:** یکم ۲۶۰/۳۱۳، ۲۶۱ // ~ **پدید آمدن از پوست:** یکم ۱۳۵/۲۵۸ // ~ **پر اندیشه داشتن:** یکم ۴۶/۴۲۵ // ~ **پرداختن (از)** دل کندن از...، خالی کردن دل از...، آسوده گشتن از...، به انجام رساندن کاری و دست کشیدن از آن (نیز← پرداختن): یکم ۲۴۷/۱۰۴؛ ۱۵۲۹/۷۵۱؛ دوم ۵۰/۲۴۷؛ ۸۳۹/۵۱۶، ۸۴۰؛ ۸۲۱/۶۵۳؛ ۲۷۷۱/۷۳۰؛ ۲۷۱۷/۹۸۶ // ~ **پرداختن به (بر) چیزی:** یکم ۶۶۹/۱۲۱؛ دوم ۳۰۵۶/۹۹۹ // ~ **پردخته کردن از اندیشه** از نگرانی آسوده شدن: دوم ۱۷۰۶/۵۵۰؛ ۱۷۰۶/۵۵۰ // ~ **پر دود کردن:** یکم ۱۴۲/۲۰۴ // ~ **پرسخن:** یکم۶۵۱/۷۶ // ~ **پرشتاب شدن (گشتن):** یکم ۸۸/۱۶۲؛ ۴۹۰/۱۷۸؛ ۳۱۴/۲۴۷؛ ۸۱۲/۵۴۹؛ ۲۳۲۸/۸۸۲ // ~ **پست بودن:** یکم ۱۴۰۷/۸۴۶ // ~ **پرشکن:** یکم ۲۱۶۵/۶۰۲ // ~ **پیچان کردن کسی را:** یکم ۲۴۶/۴۳۲ // ~ **پیچان گشتن** دل به درد آمدن: یکم ۱۰۶۱/۳۴۴؛ دوم ۱۸۱۶/۵۵۴ // ~ **پیچیدن از...:** ۱- به درد آمدن دل از...: یکم ۴۲۰/۳۱۹؛ ۲۴۵۰/۳۹۹؛ دوم ۲۴۹/۳۵۱؛ ۱۴۴۷/۵۴۰. ۲- دور کردن دل از...: یکم ۱۲۱۳/۳۵۰؛ دوم ۴۸۷/۳۹۲ // ~ **پیچیدن اندر کاری:** دوم ۲۷۹۲/۹۸۸ // ~ **پیر:** یکم ۱۴/۱؛

۶۸۱/۴۵۰ // ~ **پیراستن از غم:** یکم ۲۹۸/۱۷۰ // ~ **تاب گرفتن:** یکم ۳۰۴۳/۹۱۱ // ~ **تابیدن (از):** دوم ۱۳۴۰/۱۸۸ // ~ **تاریک:** یکم ۱۰۶۸/۳۴۵ // ~ **تفتن از کینه:** یکم ۸۵۸/۸۴ // ~ **تنگ برگشتن از جنگ:** یکم ۹۸۵/۸۹ // ~ **تنگ داشتن:** یکم ۱۸۵/۵۲۴؛ ۶۰۶/۸۱۴ // ~ **تنگ(تر) شدن (گشتن)** اندوهگین(تر) شدن: یکم ۸۶/۳۲؛ ۴۷۱/۱۱۳، ۴۷۳؛ ۲۸۸/۱۷۰؛ ۵۶۱/۳۲۵؛ دوم ۳۵۹۲/۷۶۳ // ~ **تنگ کردن:** یکم ۴۷۱/۱۱۳؛ ۲۸۸/۱۷۰ // ~ **تیره شدن از کار کسی:** یکم ۱۰۸۶/۳۴۵ // ~ **تیزتر گشتن بر (در) کار کسی:** یکم ۲۸۷/۱۰۶ // ~ **تیز شدن:** یکم ۱۶۶۳/۵۸۲ // ~ **جستن** دوم ۲۹۱۹/۹۹۴ // ~ **جنبیدن از جای:** یکم ۲۹۱/۶۲؛ ۱۵۲۹/۱۵۵؛ ۷۸/۲۳۸؛ ۱۵۷۷/۳۶۵ // ~ **جوشیدن:** یکم ۲۸۱/۳۱۴ // ~ **چو بیشه شدن:** یکم ۲۴۷۹/۶۱۴ // ~ **چون تیغ پولاد گشتن:** یکم ۱۱۹۶/۳۵۰ // ~ **(از شادی) چون روشن‌چراغ شدن:** دوم ۳۶۴۳/۱۰۲۲ // ~ **دادن به کسی:** یکم ۱۱۹۱/۱۴۲ // ~ **داشتن بر...:** یکم ۱۱۱/۱۹۵ // ~ **در اندیشه بستن:** دوم ۵۳۹/۱۵۶ // ~ **درشت (درست) بودن (شدن):** یکم

۲۵۲/۴۷۷؛ ۱۱۴۳/۵۱۲؛ دوم ۲۵۲/۱۱۱؛ ۳۲۹/۱۰۹۴ // ~ **را برهنه پیش کسی بردن:** دوم ۱۵۵۲/۶۸۲ // ~ **را درود دادن به شادی:** یکم ۱۷۶۸/۳۷۲ // ~ **را گرداندن از آیین و راه:** یکم ۵۷۲/۴۴۵ // ~ **را گرد برآوردن:** دوم ۵۴۵/۱۱۰۳ // ~ **رنجه کردن:** یکم ۴۴۵/۲۷۸؛ ۹۳۸/۲۹۸ // ~ **روشن:** یکم ۱۳۵/۶؛ ۳۲۰/۱۰۷؛ ۷۲۳/۱۲۳؛ ۲۳۴/۲۰۸ // ~ **روشن را به آب تیره شستن:** یکم ۹۵۵/۳۴۰ // ~ **روشن را تیز کردن:** دوم ۱۵۴۴/۹۳۹ // ~ **رهنمون پیچیدن بر...:** یکم ۵۷۶/۳۲۵ // ~ **زنده بودن به کسی:** یکم ۱۸/۱۲ // ~ **زیر و زبر گشتن:** یکم ۴۸۹/۴۲۲ // ~ **ساختن بر...:** یکم ۲۲۵/۲۷۰ // ~ **سالخورده:** یکم ۱۵۸۰/۳۶۵ // ~ **سخت کردن:** یکم ۲۱۴۱/۳۸۷ // ~ **سیاه کردن در جنگ:** یکم ۵۱۲/۱۷۹ // ~ **سیر گشتن:** یکم ۲۱۶/۴۳۱ // ~ **شدن از جای:** یکم ۲۰۶/۱۶۷ // ~ **شستن از...** فراموش کردن و رها کردن...: یکم ۶۹۸/۷۸؛ ۲۹۷/۲۷۳؛ ۱۵۱/۳۰۹؛ ۸۵۱/۳۳۶؛ ۹۰۹/۳۳۸؛ دوم ۳۷۲۷/۷۶۸ // ~ **شستن به...:** یکم ۳۲/۴۲۴ // ~ **شسته بودن:** یکم ۲۲۰۷/۶۰۳ // ~ **شکستن** خود را باختن: دوم ۹۱۰/۹۱۴ // ~ **فسردن:**

یکم ۴۵۰/۲۱۷ // ~ **(و گوش و چشم) کسانی بودن**: دوم ۹۱۴/۱۷۱ // **~ کسی بر کسی جنبیدن**: یکم ۶۶۲/۲۸۷ // **~ کسی را (از اندیشه) شستن**: دوم ۱۷۸۹/۹۴۹ // **~ کسی را پیچان کردن**: دوم ۳۳۲/۱۴۸ // **~ کسی را کند کردن**: دوم ۸۱۸/۹۱۱ // **~ کنده بودن**: یکم ۱۴۹/۴۲۹ // **~ کور بودن از آشتی**: یکم ۱۲۸۶/۳۵۳ // **~ گذشتن از کسی** دل گرفتن از او و نا امید شدن: یکم ۱۳۵/۶ // **~ گرد آمدن کسی را**: یکم۱۰۵/۴۲۷ // **~ گرفتن از کسی**: یکم ۱۵۵۹/۳۶۴ // **~ گرفتن چیزی را**: یکم ۱۰۲/۲۶۵ // **~ گرم داشتن بر کاری**: یکم ۴۷۸/۶۹ // **~ گرم گشتن بر کسی**: یکم ۴۰/۳۰۴ // **~ گروگان کردن**: یکم ۱۳۵/۲۶؛ دوم ۲۷۳۸/۹۸۶ // **~ نپیچیدن از پیمان**: یکم ۶۸۵/۳۳۰ // **~ نرم کردن (بر...)**: یکم ۵۶/۱۶۱؛ ۹۰/۲۳۸ // **~ نهادن بر...** ۱- آهنگ کردن به، مشغول شدن به: یکم ۵۷/۱۳؛ ۴۴۷/۳۲۰؛ ۶۷/۴۰۵. ۲- تسلیم شدن به، گردن نهادن به: یکم ۵۲۹/۳۲۳ // **~ و دیده از شرم یزدان شستن**: دوم ۳۰۸۴/۱۰۰۰ // **~ و دیده خواستار کردن**: یکم ۲۴۱۷/۳۹۸ // **~ و دیده راست داشتن با کسی**: یکم ۱۴۳۵/۱۵۱ //

از ~ دور کردن...: یکم ۳۶۰/۴۱۷ // **از ~ خندیدن**: یکم ۴۷۱/۴۴۱ // **از کاری ~ گسلیدن** از آن کار منصرف شدن و برگشتن: یکم ۱۳۱۳/۷۴۲ // **امید بر ~ چیره شدن**: یکم ۸۸۷/۶۷۳ // **اندر ~ کسی آویختن**: یکم ۳۷۷/۳۱۷ // **اندیشه بر ~ دراز کردن**: یکم ۱۰۷۲/۳۴۵؛ ۱۶۱۱/۳۶۶ // **با ~ اندیشه کردن**: یکم ۱۵۱/۳۰۹ // **با ~ به راز بودن**: یکم ۱۵۹۱/۳۶۵ // **با ~ شاه بودن**: یکم ۶۰۷/۴۴۷ // **بر ~ از کسی یاد نیامدن**: یکم ۱۷۴/۲۶۸ // **بر ~ شیون کردن**: یکم ۲۶۱/۳۱۳ // **بر ~ گماشتن**: یکم ۳۶۸/۶۵ // **بر ~ یاد آمدن**: یکم ۲۶۰/۳۱۳ // **بر ~ یاد گرفتن**: یکم ۳۵۷/۲۴۹ // **به ~**: دوم ۲۷۵۳/۹۸۷ // **به ~ از کسی بار (ریغ) داشتن**: دوم ۹۱۳/۷۵، ۹۱۷ // **به ~ از کسی هیچ یاد نکردن**: دوم ۲۸۲۲/۹۹۰ // **به ~ با کسی چون بهار نو بودن**: دوم ۱۶۶۰/۹۴۴ // **به ~ داوری‌ها افزودن**: دوم ۲۸۵۸/۹۹۱ // **به ~ دشمن بودن کسی را**: یکم ۶۲۸/۴۴۸ // **به ~ یک ز دیگر شتاب گرفتن**: یکم ۱۸۵۷/۳۷۶ // **تاب به ~ اندر آوردن**: دوم ۶/۲۴۵ (نیز ← تاب) // **جهان را بر ~ خود تنگ آوردن**: یکم ۱۰۸/۴۲۷ // **چراغ ~ را کشتن**: یکم

۷۹۶/۶۷۰ // ***زنگ از ~ زدودن:*** یکم ۶۹۴/۶۶۶ // ***زوان با ~ راز نگفتن:*** دوم ۲۹۴۲/۹۹۴ // ***کسی را ~ از جای جنباندن:*** یکم ۸۳۸/۶۷۱ // ***کسی را ~ برافروختن:*** یکم ۲۷۷۴/۶۲۶ // ***گرامی به ~:*** یکم ۲۲۲/۵۹ // ***گرد ~ را آذین شادی بستن:*** یکم ۱۷۸۲/۸۶۱ // ***گشاده ~:*** یکم ۳۰/۷۹۲ // ***مانند کردن ~ به ماه نو:*** یکم ۴۱۵/۲۷۷ // **۲-** کنایه از بی‌باکی و دلیری: یکم ۷۳/۱۹۴؛ ۱۲۵/۲۰۴؛ ۱۰۱۷/۵۰۷؛ ۳۰/۷۹۲؛ دوم ۳۰۲/۱۱۳؛ ۴۷۸/۱۲۰ و فراوان // ***~ شهریار کسی بودن:*** یکم ۳۶۵/۲۷۵ // ***مانند کردن ~ به (موجِ) دریا و رود نیل:*** یکم ۱۹۵/۹؛ ۸۴/۱۶۲؛ دوم ۱۰۰۴/۳۰۴ // ***ناباک ~:*** یکم ۱۸۴۲/۳۷۵. **۳-** میان، وسط: یکم ۶۶۸/۱۲۱؛ دوم ۱۷۱۲/۶۸۸. **۴-** جایگاه اندیشه، رای، هوش: یکم ۱۴۸۳/۱۵۳؛ ۱۰۲/۱۹۵؛ ۵۱۱/۲۸۱؛ ۳۳۷/۴۳۶؛ دوم ۳۶۱۶/۷۶۴ و دیگر // ***~ هوشمند:*** یکم ۱۹۹۹/۳۸۱ (نیز ← دل، شماره‌ی ۱).

دل‌آرام. دلپذیر، دلپسند (صفت مرد): یکم ۲۱۲۰/۳۸۶.

دل‌آگنده. دل‌پر: یکم ۳۹۰/۱۷۴.

دلاور. ۱- دلاورانه، دلیرانه: یکم ۲۶۷/۴۳۳ // ***~ شکیب:*** یکم ۳۱۶/۶۳.

۲- گستاخ: دوم ۱۶۳۳/۸۶۵؛ ۱۸۷۴/۸۷۵. **۳-** صدیق، امین، درستکار: دوم ۳۷۰۱/۱۰۲۵.

دل‌افروز. (دل‌افروزه) **۱-** کسی که دل دیگری را بسوزاند، بدخواه: دوم ۱۴۲۸/۱۹۱. **۲-** کام، شادمانی: دوم ۱۴۳۸/۹۶.

دلبر. دلربا، دلفریب: یکم ۵۳/۳۰۵.

دلپذیر. باخبر شدن دل، شست خبردار شدن: دوم ۲۹۰/۳۵۲.

دل‌زدای. یکم ۳۸۳/۴۴.

دلسوزگی. دلسوزی، مهربانی، یاری، شفقت: یکم ۳۷۱/۴۳؛ ۱۳۵/۲۰۴؛ ۱۱۷۸/۳۴۹؛ ۲۳۰۴/۷۸۲.

دلسوزه. دلسوز، غمخوار: یکم ۵۳/۵۳؛ دوم ۳۶۰۰/۱۰۲۱.

دلشده. دلباخته، عاشق: یکم ۸۴۵/۱۲۸؛ ۸۴۶؛ ۲۲۹۵/۸۸۱.

دلگسل. ۱- تشویش خاطر، دل از جای رفتگی: یکم ۴۶۸/۳۲۱. **۲-** فریبکار، افسونگر: یکم ۱۹۸۳/۳۸۱. **۳-** دلبر، دلربا، دلفریب (صفت زن): دوم ۲۰۵/۱۰۹؛ ۱۵۱۳/۹۳۸. **۴-** منصرف، برگشته: یکم ۱۳۱۳/۷۴۲. **۵-** (اسم فاعل) دل‌کننده، پاره‌کننده‌ی دل، دل‌شکن: دوم ۶/۲۴۵؛ ۲۶۱۷/۷۲۴. **۶-** (اسم مفعول) دل‌پاره‌شده، دل‌شکسته: دوم ۱۳۴۴/۸۵۴.

دلیر. ۱- دلاور: یکم ۱۱۷/۶ و فراوان.

۲- بی‌باک، بی‌پروا، گستاخ، دلیرانه: یکم ۵۱۳/۲۱۹؛ دوم ۱۲۳/۲۵۰؛ ۴۸۶/۲۸۴؛ ۱۱۳۹/۶۶۶. **۳-** متمرّد، سرکش، نافرمان: یکم ۱۰۸۰/۳۴۵.

دلیری. ۱- // ***~ کردن بر جایی و کاری*** چیرگی و هنر نشان دادن در آنجا و در آن کار: یکم ۲۰۶۷/۸۷۲. **۲-** گستاخی: دوم ۴۹۶/۲۸۴؛ ۲۱۳/۶۲۹؛ ۱۳۶۹/۸۵۵.

دَم. **۱-** نفس: یکم ۱۵۱۳/۱۵۴؛ ۳۴۳/۲۷۴ // ***~ جان:*** یکم ۴۵۰/۲۱۷ // ***~ برزدن*** نفس کشیدن، نفسی تازه کردن، آسودن، خستگی به در کردن: یکم ۳۱۷/۲۷۳؛ ۳۲۷/۲۷۴؛ ۱۲۵۰/۳۵۲؛ ۱۶۴۷/۳۶۷؛ ۳۰۱۲/۹۱۰؛ ۳۰۳۸/۹۱۱؛ دوم ۷۹/۴؛ ۷۱۸/۳۶۹ // ***~ بر لب آوردن:*** یکم ۷۴۰/۳۳۲ // ***~ بر کسی شمردن:*** دوم ۳۸۱۹/۱۰۲۹؛ ۷۳۲/۱۱۱۰ // ***~ در کشیدن*** ۱- مردن، جان دادن: یکم ۱۹۹۲/۷۶۹. ۲- خاموش شدن: یکم ۴۳۸/۲۷۸؛ دوم ۵۸/۱۰۳؛ ۱۵۵/۱۰۷. ۳- نفس نکشیدن و کنایه از معطل نشدن: دوم ۳۱۵۶/۷۴۵ // ***~ خویش بی‌رای کسی نشمردن:*** دوم ۴۵۰۳/۷۹۹؛ ۳۵۰/۱۰۹۵ // ***~ زدن*** نفس کشیدن، وقت را سپری کردن: یکم ۳۸۳/۱۷۴؛ ۲۴۰/۲۰۸؛ ۲۷۵/۲۷۲؛ دوم ۹۶/۲۴۳ // ***~ (زدن) را بر کسی شمردن:*** یکم ۱۲۷۰/۱۴۵، ۱۲۷۳؛ ۲۷۲/۴۳۳؛ ۳۴۶/۴۶۴ // ***~ کسی با کسی ساختن:*** یکم ۸۸۸/۳۳۷ // ***~ نزدن*** ۱- خاموش ماندن: یکم ۸۴۳/۱۲۸؛ ۳۹۸/۳۱۸؛ دوم ۱۵۵۰/۶۸۲. ۲- معطّل ماندن: یکم ۵۳۰/۱۱۶؛ ۶۹۷/۱۲۲؛ ۱۳۹۸/۷۴۶ // ***از ~ گزند یافتن:*** یکم ۱۵۱۳/۱۵۴ // ***بر خیره ~ پیمودن:*** یکم ۷۳۳/۵۴۶ // ***تیز ~*** ← تیزدم // ***زمانه ~ کسی را شمردن:*** یکم ۲۲۳۱/۶۰۴. **۲-** خودنمایی، غرور، کرّوفرّ // ***با باد و ~:*** یکم ۲۵۰/۴۱۲. **۳-** هیچ و پوچ // ***بر باد و ~:*** یکم ۲۲۴۵/۳۹۱. **۴-** صدا، آواز، نوا، دمیدن: یکم ۵۴/۲۳۷؛ ۶۳۱/۲۸۶؛ ۱۳۵۳/۳۵۶؛ ۳۴/۴۰۴؛ ۸۲/۴۰۶ ۹۲؛ ۲۰۹/۴۱۱؛ ۲۹۲/۴۳۴ // ***~ برآمدن:*** یکم ۱۹۳۴/۵۹۲. **۵-** تفّ، حرارت، شعله: یکم ۲۵۰/۶۱؛ ۱۳/۹۵؛ ۹۳۴/۱۳۱؛ ۶۴/۱۹۳؛ ۳۳۰/۲۷۴؛ ۵۹۸/۲۸۴؛ ۵۰۵/۳۲۲؛ ۲۷۲/۴۱۳؛ دوم ۱۴۶۸/۳۲۳ // ***~ آتش:*** یکم ۵۹۸/۲۸۴؛ ۵۰۵/۳۲۲ // ***~ (و دود و گرد) از کسی برآوردن:*** دوم ۱۵۸۹/۱۹۸ // ***~ اژدها*** ← اژدها // ***~ برآوردن از جایی:*** یکم ۲۴۰۰/۳۹۷؛ دوم ۱۵۶۱/۱۹۷ // ***از کسی ~ رستخیز برآوردن:*** یکم ۱۲۷۶/۷۴۱ // ***زمین را به ~ سوزاندن:*** یکم

٦٤/١٩٣. ٦- دهان، کام: یکم ٣٣٤/٦٤؛ ٤٣١/٦٨؛ ٢٣٧/٢٠٨؛ ٢١١/٢٤٣؛ ٣٤٣/٢٧٤؛ ١١٩٩/٣٥٠؛ ١٩٩٥/٣٨١؛ ٣٩٥/٤١٨؛ ٢٥٣/٤٣٣؛ ٣٠٢/٤٣٥. ٧- لبه، دهانه: یکم ٣٤٣/٢٧٤. ٨- پایداری: یکم ٤٨٦/٥٣٦ // ***پی و شاخ و ~***: یکم ٢٦٨/٤١٣ // ***زور و ~***: یکم ٢٦١/٤١٣. ٩- باد: دوم ١٤٢١/١٩١؛ ١٦١٤/٣٢٩؛ ١٨٩٥/٣٤٠ // ***از باد آمده بازگردد به ~***: دوم ٤٠/٥٩٨. ١٠- دم آهنگری: دوم ٢٠٧/٩؛ ١٤٦٦/٣٢٣. ١٠- نیرنگ: یکم ٢٤٧٨/٦١٤.

دُم. عضوی از جانور // ***~ مار را سپردن***: یکم ٢٢١٨/٣٩٠.

دَمادَم. ١- پی در پی: دوم ٢٩/١٠٢. ٢- لبالب: یکم ٢٤٢١/٦١٢؛ دوم ٢٨٤/١١٢.

دُمادُم. پشت سر یکدیگر، دنبال هم: یکم ٤٧٤/٤٧؛ ١٠٥١/٩٢؛ ١٤٠/١٨٨؛ ١٥٢/٢٠٥؛ ١٨٥/٧٩٨؛ ٨٣٦/٨٢٣؛ دوم ١٠٧٤/٨١؛ ١٠٨/٢٦٩.

دمار. هلاک // ***~ برآمدن***: یکم ٣٨٩/٤١٨ // ***~ برآوردن***: یکم ٣٤١/٦٤ // ***~ برانگیختن***: یکم ١٣٠/٤٠٨.

دَمان. ١- تند و خروشان، دم‌زنان و شتابان، غرّان و ستیزان: یکم ٤٤٨/٤٦؛ ١٩٨/٥٨؛ ٢٣٠/٦٠؛ ٨٤٨/٨٤؛ ٣٥٨/١٠٩؛ ٢٩٠/٢١٠؛ ٩٩/٢٥٧؛ ٥٨٧/٢٨٤؛ ٦٧٤/٢٨٧؛ ٧٣٦/٢٩٠؛ ٢١٧/٤١١؛ ٢٧١/٤٣٣؛ ١٢٠٩/٦٨٦؛ ٨٧١/٧٢٥ // ***~ و دنان***: یکم ٩٩١/٩٠. ٢- شتابان: یکم ٨٧٨/٨٥؛ ٩١٥/٨٧؛ ٩٩١/٩٠؛ ٧٥/٩٨، ٨١؛ ١٧٣/١٠٢؛ ٦٥٥/١٢١؛ ١١٧١/١٤١؛ ١٨٩/١٦٦؛ ١٩٦/١٦٧؛ ٢٣١/٢٤٤؛ ٥٥/٢٥٥؛ ١٩٣/٢٦٨؛ ٣٨/٣٠٤؛ ٦٣٦/٣٢٨؛ ١٠٣٠/٣٤٣؛ ٢٣٤٢/٣٩٥؛ ٣٣٢/٤٣٦. ٣- وزان، شعله‌ور، برافروخته: یکم ٤٨٣/٣٢٢.

دَم‌آهنج. به دَم درکشنده: یکم ٢٥/١٩٢ // ***~ نراژدها***: دوم ١٨٠/١٠٨ // ***نهنگ ~***: دوم ١٨٠/١٠٨؛ ٢١٣٢/٥٦٧.

دُمب. دُم، پشت، دنبال // ***به ~ کسی کشیدن***: یکم ٢٩٢/١٧٠.

دُمدار. ساقه و دنباله‌کش سپاه: یکم ٢١٤٠/٨٧٥.

دَمنده. ١- دمان، دم‌زننده، شتابنده، غرّنده، ستیزنده: یکم ٣٤/١٨؛ ٢٣٤/٦٠؛ ١٠٢٤/٧٣١؛ دوم ٩١٤/٦٥٧. ٢- تهییج‌کننده‌ی سپاه در رزم: یکم ٢٢٠٨/٣٨٩؛ ١٠٣٩/٧٣١. ٣- نوازنده‌ی ساز بادی: یکم ١٢٠٧/٦٨٦.

دمنه. (نیز ← کلیله) *کلیله و دمنه*: دوم ٦٩/٨٨٢.

دَم و دار. یکم ١١٨٢/٥٦٣.

دمه. باد تند با برف و سرما، طوفان و برف: یکم ۱۰۰۵/۹۰؛ ۷۱۵/۵۴۵ // ~ *آوردن*: یکم ۱۹۰۸/۳۷۸ // *رمه روزگار ~ دیدن*: دوم ۱۸۲۵/۹۵۰ // *روز ~*: دوم ۱۸۵۵/۸۷۴ // *گرگ هنگام ~ رمه را می‌بیند!*: یکم ۴۷۷/۲۸۰.

دمیدن. ۱- فوت کردن، باد کردن، برافروختن آتش: یکم ۸۹۶/۲۹۶؛ ۴۸۱/۳۲۱؛ ۴۸۲/۳۲۲؛ ۲۰۹۷/۳۸۵. **۲**- برافروخته شدن، شعله‌ور گشتن: یکم ۳۷۶/۱۱۰؛ ۳۸۴/۱۷۴. **۳**- شتابیدن، حمله‌ور گشتن، هجوم آوردن: یکم ۹۲۶/۸۷؛ ۱۴۱۳/۳۵۸؛ ۱۸۰۴/۵۸۷؛ ۲۰۶۵/۵۹۸؛ ۶۹۸/۷۱۸؛ دوم ۲۷۹۸/۹۸۹. **٤**- خروشیدن، غرّیدن: یکم ۷۲۹/۳۳۱. **٥**- جوشیدن، برآمدن، بیرون زدن: یکم ۳۷۸/۲۱۴. **٦**- طلوع کردن: یکم ۸٤۱/۸٤. **۷**- لاف زدن، باد در آستین انداختن: یکم ۱٤٤٤/۵۷۳.

دنان. از خشم به جوش آمده، به شور و هیجان آمده، جوشان و خشمناک: یکم ۲۱۷/٤۱۱؛ ۱۲۰۹/٦۸٦؛ ۸۷۱/۷۲۵؛ ۱٦۰۹/۷۵٤؛ ۱۸۷۷/۷٦٤؛ ۲۰٦۷/۷۷۲؛ دوم ۳٤۵/٤٦۹؛ ۳۳٦٤/۷۵٤ // *دمان و ~*: یکم ۹۹۱/۹۰.

دنبر. یکم ۱۹۳۹/۵۹۳.

دندان. // ~ *به لب برنهادن*: یکم ٤۱۳/۱۱۱؛ ۱۲٤۹/۳۵۲ // *آب ~ بودن*: یکم ۱۷٤۸/۳۷۱ // *سیم ~ شدن*: یکم ٤۲۵/۱۱۱؛ دوم ۱۵۰/۱۰۸۷ // *لب به ~ گزیدن*: یکم ۷٤/۲٦٤؛ ۱۹۰/۲٦۸؛ ۵۰/۳۰۵.

دندان‌کنان. ناگزیر، ناچار: دوم ٦۸٦/۵۱۰.

دواج. لحاف: دوم ۸۸۲/۱۱۱٦

دواسپه. راندن با دو اسپ و تعویض اسپ هنگام شتاب: دوم ۱٦۹۱/٦۸۸.

دوال. ۱- تسمه، چرم: یکم ٦۸/۱٤؛ ٤۸/۳۱؛ ٤۱/۱۹۳؛ ٦۹۰/۲۸۸؛ ۷۵۱/۲۹۰؛ ۸۵۵/۲۹٤؛ ۱۷۹۸/۳۷۳؛ ٤۰/٤۲٤؛ ٦۳۱/٤٤۸ // ~ *رکیب را گران کردن*: یکم ۲۰۷۲/۳۸٤ // ~ *کردن*: یکم ۲۸٦/٤۳٤ // *پای از ~*: یکم ٦۳٤/۲۲٤. **۲**- رسن // *موبین ~* رسن از مو (بجای قشو): دوم ٦۸۱/۵۱۰.

دوان. جمع دو: یکم ٦۲۱/۷۵.

دوباره. دوبار: یکم ۱۳۹٤/۳۵۷؛ دوم ۲۰۹/۲۳۳.

دوپیکر. برج جوزا، توأمان: یکم ۲٦۳/۲۷۱؛ ۳۳۵/٤۸۰؛ دوم ۱۲۷۰/۳۱۵؛ ۱۵۷/۸۰۷.

دوتاه. خمیده: دوم ۱۷٤/٤٦.

دوتاهی. دوتایی، خمیده، خم گشته: یکم ۱۵/۱۲؛ ۲۳٤۳/۸۸۳.

دوخته. متَصل، پشت یکدیگر: یکم ۲۲۱/۵۹.

دود. ۱- بخاری که از آتش برخیزد // ~ ***برآمدن از جایی*** آتش گرفتن و نابود شدن آنجا: یکم ۸۰۷/۱۲٦ // ~ ***برآوردن*** آتش زدن و نابود ساختن: یکم ۹۲۷/۲۹۷ // ~ ***برّنده*** دود زهرناک و کشنده: دوم ۱٦۳/۱۰۷ // ***از کسی (جایی) ~ برآوردن*** نابود کردن آن کس (و آن جای): یکم ۱۰۰۰/۷۳۰؛ ۱۷۷۸/۷٦۰؛ دوم ۱۲٦۷/۸۹. **۲-** کنایه از تندی و شتاب // ***از ~*** ← از دود // ***برسان (بکردار، چو) ~***: یکم ۲۲۳/۲۰۸؛ ۳۰۹/۲۷۳؛ ٤۷٤/۲۷۹؛ ۹٤۹/۲۹۸؛ ۷٦٤/٤۹۷؛ ۸۳۸/۷۲۳؛ ۱۱۹۳/۷۳۷؛ ۱۵۵۰/۷۵۲؛ ۱۵۷۹/۷۵۳؛ ۱۷۷۱/۷٦۰؛ ۱۸۲۹/۷٦۲؛ ۲۲۲۲/۷۷۹؛ ۱۳۰۹/۸٤۲؛ دوم ۳٤۸/۱٤۸؛ ٦۸/۳۷۵؛ ۱٦۹۱/٦۸۸. **۳-** کنایه از غم و اندوه: یکم ٦۹/٤٦۹؛ ٤۹۰/٤۸٦؛ دوم ۲۸۹/۲۱٤؛ ۵۳۰/٤۷٦؛ ۳۱/۵۹۸؛ ۳٦۵/٦۱۹؛ ۹٤۸/٦۵۸؛ ۱٦۷۵/٦۸۷؛ ۱٦۸۹/٦۸۸؛ ۱۲۵۷/۸۵۰؛ ۱۳٦۷/۸۵۵ // ~ ***برخاستن از جایی***: یکم ۱۰۰۹/۳۰۱ (← دود، شماره‌ی ۱) // ***از کسی در دل (داغ و) ~ داشتن***: یکم ۲۹۹۵/۹۰۹ // ***دل (سر، مغز) پر ~ کردن (بودن، شدن)***: یکم ۱٤۲/۲۰٤؛ ۳٤۸/٤٦٤؛ ۲۸۷/٤۷۸؛ ۳۰۱۸/۹۱۰؛ دوم ۲۹۷/۲۳۷. **٤-** کنایه از آه: دوم ۳۸۲۹/۷۷۲.

دودل. دورنگ، نااستوار: دوم ۲۸۸/۱۰۵۲.

دودمان. دوده، خاندان: یکم ۱۱٤۳/۱٤۰.

دوده. خاندان، دودمان: یکم ۲۳۹/۲۷۰؛ ۲۸٤/۲۷۲ // ~ ***را مغز و پوست نخواستن***: یکم ۲٦٤/۳۱۳.

دور. // ~ ***از ایدر*** خدای نخواسته، معاذالله: یکم ۷۰۰/٤۹۵؛ دوم ۹۲۰/٦۵۷.

دورویه. ۱- دوپشته، دوصفه: یکم ۷۸۵/۸۲. **۲-** سراسر، یکسره، همه: یکم ۳۱۵/۲٤۷.

دوزخ‌آیین. یکم ۲۳۵۸/۳۹۵.

دوستار. دوستدار: یکم ۱۹۹/۹ و دیگر.

دوستاری. // ***از کسی ~ جستن***: دوم ۳٤۹۱/۱۰۱٦.

دوستان. // ***گل بوستان چون رخ ~***: دوم ۲۹٦۳/۹۹۵.

دوستداری. // ***با کسی ~ کردن***: دوم ۲۹٤۱/۹۹٤.

دوست‌وار. دوم ۱۵۳/٤۵.

دوستی. // ~ ***را همال نجویند!***: یکم ۸۳/۵٤

دوشا. دوشیدنی، شیرده: یکم ۸۰/۲٤

دوشیزگی. باکرگی، بکارت: دوم ٤۸٦/۵۰۲.

دوشیزه. دختر باکره: دوم ٤۸٦/۵۰۲.

دوک[۱]. آلت نخ‌ریسی: دوم ۱۳۷۸/۸۵۵؛ ۱۵۲۰/۸۶۱؛ ۱۶۶۷/۸۶۷.

دوک[۲]. // **دشت** ~: دوم ۱۵۶۷/۹۴۰.

دوکدان. جعبه‌ی دوک: دوم ۱۳۷۷/۸۵۵؛ ۱۳۹۵/۸۵۶؛ ۱۵۰۹/۸۶۰؛ ۱۷۱۳/۸۶۸.

دولت. // ~ *تیز*: یکم ۲۰۰/۴۱۰ // ~ *دیریاز* بخت پاینده: یکم ۶۳۹/۵۴۲؛ ۲۳۲۲/۶۰۸.

دویت. دوات: دوم ۸۵۱/۹۱۲؛ ۱۳۳۱/۹۳۱؛ ۲۹۹۴/۹۹۷.

دویم. یکم ۱۱۷۲/۱۴۱.

دهاده. فریادی که هنگام جنگ برای تهییج سپاهیان برآورند، بگیربگیر: یکم ۸۵۰/۸۴؛ ۹۷۴/۸۹؛ ۲۲۷/۱۶۸؛ ۱۶۴۷/۸۵۵.

دهان. // ~ *به اندوه و شادی نبندد!*: یکم ۲۲۵۷/۷۸۰.

دهش. بخشش، عطا: یکم ۵۴/۱۶۱؛ ۲۵۰۰/۴۰۱.

دهشن. دهش، بخشش: یکم ۶/۹۵.

دهقان. ۱- ایرانی نژاده: یکم ۶۳/۵۳؛ دوم ۲۱۰۳/۹۶۱. ۲- مؤلفان *شاهنامه‌ی ابومنصوری*: یکم ۱/۱۱؛ ۹/۲۶۱؛ ۱۵/۴۰۳. ۳- کشاورز: یکم ۲۲۷/۲۷۰.

دهقان‌نژاد. از نژاد ایرانیان نژاده (ابومنصور عبدالرزّاق): یکم ۱۱۷/۶.

دهلیز. // ~ *پرده‌سرای*: یکم ۱۰۴۴/۹۲؛ ۲۵۵/۱۰۵؛ ۷۰۰/۱۲۲.

ده و دار. یکم ۲۷۹/۴۱۴.

ده و دار و گیر. دهاده: دوم ۱۱۶۱/۸۵.

ده و دو. کنایه از دوازده برج: دوم ۳۱۰۳/۷۴۳.

ده و گیر و دار و بکش. دهاده: یکم ۱۶۲۶/۸۵۴.

ده‌یک. خراج زمین مزروعی: دوم ۴۴۲/۳۹۰، ۴۴۳، ۴۴۵؛ ۸۱/۶۲۴، ۸۲

دیبا. // **پیش ~ی چینی تبر بردن**: دوم ۹۵۴/۱۷۳ // **جهان از داد ~ شدن**: یکم ۴۲۸/۲۵۱ // **زمین را به گوهر ~ کردن**: دوم ۱۵۶۰/۹۴۰.

دیبارخ. یکم ۴۹۵/۱۱۴؛ ۱۲۴۶/۶۸۷؛ دوم ۲۱۰/۱۰۹ و دیگر.

دیبه. دیبا: یکم ۶۰۳/۷۴؛ ۱۴/۹۵ // ~ *خسروان*: یکم ۹۶۹/۲۹۹ // ~ *خسروانی (خسروی)*: یکم ۴۵۷/۴۴۱؛ ۷۵۴/۶۶۸؛ دوم ۳۸۰۵/۱۰۲۹ // *گیتی به رنگ ~ شدن*: یکم ۷۵۲/۳۳۲.

دیجور. شب تار، سیاه: دوم ۵۲۰/۲۸۵.

دیدار. ۱- دیدن، ملاقات، مشاهده، تماشا: یکم ۴۳۶/۶۸؛ ۲۸۷/۱۰۶؛ ۳۱۴/۱۰۷؛ ۴۹۱/۱۱۴؛ ۵۲۱/۱۱۵؛ ۱۳۵۰/۱۴۸؛ ۱۵۲۹/۱۵۵؛ ۲۵۳/۱۶۹؛ ۴۱/۱۸۴؛ ۵۶۵/۲۲۱؛ ۲۲۴/۳۱۲؛ ۳۵۳/۳۱۶؛ ۶۲۳/۳۲۷؛ ۱۰۹۲/۳۴۵؛ ۱۳۲۴/۳۵۵؛ ۱۳۶۰/۳۵۶؛ ۲۰۵۱/۳۸۳؛

۲۰۶۷/۳۸۴؛ ۲۳۴۳/۳۹۵؛ ۳۹۱/٤۱۸؛ ٤۸٤/٤۲۲؛ دوم ۲۷۱/۳۸۳؛ ۵۰۹/۳۹۳؛ ۸۰۰/۹۱۰؛ ۲۵۲۳/۹۷۸؛ ۲۹۳۲/۹۹٤؛ ۳۰۲۱/۹۹۸؛ ۵۵۹/۱۰٦۳. ۲- روی، رخسار، چهره: یکم ۱٦۱/۵۷؛ ۱۸۳/۵۸؛ ۳۲۲/۱۰۷؛ ٤٤۳/۱۱۲، ٤٤٤؛ ٤٦٤/۱۱۳؛ ۱٤۸۱/۱۵۳؛ ۱۵۲٦/۱۵۵؛ ۲۷/۳۰٤؛ ۱۷٦/۳۱۰؛ ۲۰۹/۳۱۱، ۲۱٦؛ ۲۵۲/۳۱۳؛ ٤۳۵/۳۲۰؛ ۹۱۵/۳۳۹؛ ۱۱۲۳/۳٤۷؛ ۱۱۹۸/۳۵۰؛ ۱۲۵۱/۳۵۲؛ ۱۲۹۹/۳۵٤؛ ۱۳٦٦/۳۵٦؛ ٤۷۰/٤٤۱؛ ۵۰٦/٤۸۷؛ ۵۵٦/۵۳۹؛ ۷٤۲/۵٤٦؛ ۱۳٤٦/۵۷۰، ۱۳٤۹؛ ۱۷۰/٦۳۷؛ ۱۲۲۸/٦۸۷؛ دوم ۲٤۲/۱۱؛ ۷۹٦/۳۳؛ ۲۲۷/۱۱۰؛ ٦٤۱/۱٦۰؛ ۸۱/۲٤۸؛ ۱٤۸/۲۵۱؛ ۲۲/٤۰۰؛ ۱۰۳۳/۵۲۳؛ ۷٤۵/٦۵۰؛ ۱۸۲/۸۰۸؛ ۱۵۷٤/۸٦۳؛ ۸۵٦/۹۱۲؛ ۱٤٦۳/۹۳٦؛ ٤۰٤۹/۱۰۳۸؛ ۱٤۹/۱۰۸۷. ۳- دیده، چشم: یکم ۱۰۵/۵۵؛ ٤۱٤/٦۷؛ ۷۱۹/۷۹؛ ۱۰۱۹/۹۱؛ ۲۰۵/۲۰۷؛ ۱۰۱/۲۵۷؛ ٦۱۷/۳۲۷؛ ۸۹٦/۷۲٦؛ ۲۰۷٦/۷۷۳؛ ٤۷۰/۸۰۹؛ ۱۸۵۸/۸٦٤؛ دوم ۱٦۵/۲۵۱؛ ۲۰۹/٤۹۱؛ ۱٤۵/٦۱۱؛ ۲۳۹/۱۰۹۰، ۲٤۱. ٤- پدیدار: یکم ۱۸۲٦/۷٦۲.

دیدن. ۱- نگاه کردن: یکم ۱۷۰/۸؛ ۹۰۷/۷۲٦ و دیگر // ***به ~ از آگهی فزون آمدن:*** دوم ۵٤٤/۱۵٦. ۲- تماشا کردن: یکم ٤۷۱/۳۲۱. ۳- مشاهده کردن، یقین یافتن: یکم ۵٤٤/۳۲٤. ٤- حس کردن، چشیدن، تجربه کردن، تحمّل کردن: یکم ۱٤۵۸/۱۵۲؛ ٤٦۰/۳۲۱؛ ۲۳۵۲/۳۹۵. ۵- یافته پنداشتن، گمان بردن: یکم ۱٦٦/۲۷. ٦- دانستن: یکم ۲۷/۹٦؛ ۵٤۲/۳۲٤؛ ۷- شناختن، پی بردن: یکم ۱۲۵/۱۸۸؛ ۲۰۲/۳۱۱؛ ۳٦۳/٤۱۷؛ ۲۹۲۰/۹۹٤. ۸- توجّه کردن، بررسی کردن، پژوهیدن: یکم ۵/۱۹۱؛ ۳۲۹/۲۱۲؛ دوم ٤۳۳/٦۳۸؛ ۲۷۱۸/۷۲۸؛ ۳۲۸۳/۱۰۰۸. ۹- روا دیدن، روا داشتن، مصلحت دیدن، موافق بودن، لازم و واجب دانستن: یکم ۹۱٦/۸۷؛ ۱۳۸۷/۱٤۹؛ ٤۹۲/۱۷۸؛ ۱۲۸/۲٤۰؛ ۱۱۳٤/۳٤۷؛ ٤۵۳/٤۸۵؛ ۸۷۷/۵۰۲؛ ۸۳۲/٦۷۱؛ ۱۹۵۰/۸٦۷؛ دوم ۳۳۵/۱۱٤؛ ٤۹۷/۱۲۰؛ ۵۳/۲۱۹؛ ۳۲۳/٦۳٤؛ ۳۷۱۱/۱۰۲۵. ۱۰- منتظر ماندن، صبر کردن: یکم ۱۰۱/٤۲۷. ۱۱- اندیشیدن: یکم ۲/٦۳۱. ۱۲- عقیده داشتن، نظر داشتن: دوم ۲٦۵/۱۰۹۱.

دیده. ۱- چشم // ***~ اندر زمین گرداندن:*** یکم ۱۳۰۰/۳۵٤ // ***~ به راه نهادن:*** یکم ۵۲٤/۷۱ // ***~ پر از چهر کسی داشتن:*** یکم ٤٦۲/٦۹ // ***~ پر ز خار:*** یکم ۲۳۱٤/۳۹٤ // ~

شستن از شرم: یکم ۳۲۳/۶۳ // ~ ***و دل خواستار کردن***: یکم ۲۴۱۷/۳۹۸ // ***به*** ~ به چشم خود، خود شخصاً: یکم ۲۲۲۹/۳۹۰ // ***چو ~ داشتن کسی را***: یکم ۲۱۹/۵۹ // ***مانند کردن آب در روشنی به*** ~: یکم ۷/۳۰۳. **۲**- کنایه از فرزند: یکم ۳۸۳/۶۶؛ ۱۸۷۴/۳۷۶. **۳**- دیده‌بان، نگهبان: یکم ۴۳۶/۲۷۸؛ ۸۵۶/۵۵۰؛ ۱۱۱۴/۵۶۱؛ ۱۸۰۹/۷۶۲؛ دوم ۴۴۷/۵۷؛ ۴۱/۲۲۶؛ ۶۱۹/۹۰۳. **۴**- دیده‌گاه: یکم ۱۰۶۸/۵۵۹؛ ۳۱۸/۷۰۳؛ ۳۵۱/۷۰۴؛ ۸۳۷/۷۲۳؛ ۱۰۶۶/۸۳۲؛ دوم ۶۰۸/۶۳؛ ۲۹۹/۱۴۶، ۳۰۲.

دیده‌بان. **۱**- طلایه: یکم ۳۱۵/۷۰۳ و فراوان. **۲**- بازرس لشکر: یکم ۱۹۲/۷۹۸. **۳**- کنایه از چشم: یکم ۳/۴۰۳.

دیر. زمان دراز: یکم ۴۵۱/۴۷؛ ۷۱۷/۷۹؛ ۹۴۴/۱۳۲؛ ۲۷/۱۶۰؛ ۵۲۴/۱۷۹؛ ۴۶۹/۲۷۹؛ ۱۹۳/۳۱۰؛ ۱۱۷۹/۳۴۹؛ ۱۱۹۸/۳۵۰ // ~ ***گرفتن***: یکم ۲۰۶۵/۳۸۴.

دیرساز. **۱**- دیرسازنده، ناسازگار: یکم ۲۳۳۳/۸۸۲؛ دوم ۱۴۷/۷؛ ۱۱۰۹/۳۰۸؛ ۶/۵۸۷؛ ۷۶/۵۹۴؛ ۴۷/۵۹۹؛ ۲۴۳۳/۷۱۷؛ ۲۴۸۱/۷۱۹؛ ۳۸۳۵/۷۷۲؛ ۳۹۴۸/۷۷۷؛ ۷۷۷/۹۰۹؛ ۸۷۹/۹۱۳؛ ۸۷۳/۱۱۱۶. **۲**- سرکش، نافرمان، شورشی، طاغی: دوم ۱۷۱۲/۹۴۶؛ ۱۷۴۹/۹۴۷؛ ۳۸۹۴/۱۰۳۲. توضیح: شناخت تفاوت معنی ۱ و ۲ همیشه ممکن نیست. همچنین دیرساز و دیوساز غالباً به یکدیگر گشتگی یافته‌اند.

دیریاب. کندذهن، دیردریابنده، کُند و آهسته: دوم ۱۰۹۵/۶۶۴؛ ۹۵۲/۸۳۸ // ***اندیشه‌ی*** ~ ذهنِ کُند، فکر نارس: دوم ۱۶۸۴/۸۶۷.

دیریاز. دیرگذر، به درازی کشنده، دراز، طولانی: یکم ۴۳/۳۱؛ ۲۸۸/۴۰؛ ۸۶۹/۱۲۹؛ ۱۰۷۲/۱۳۷؛ ۳۰۶/۱۷۱؛ ۸۳/۲۰۲؛ ۸۴/۲۶۴؛ ۱۰/۳۰۳؛ ۲۳۲۲/۶۰۸؛ دوم ۹۵۸/۳۰۲؛ ۳۶۲۶/۷۶۴؛ ۳۱۵۷/۱۰۰۳، ۳۱۶۱.

دیرینه. پیر، کهن، آزمون‌دیده: یکم ۱۱۵۲/۳۴۸ // ***سپاه*** ~: دوم ۸۰۷/۸۳۳.

دیزه. اسب سیاه و مطلق اسب: یکم ۶۲۲/۱۱۹؛ ۹۵۷/۱۳۲؛ ۱۳۶/۴۷۲؛ ۱۵۸۹/۷۵۳.

دیگر. همچنین: دوم ۱۵۴۶/۹۳۹.

دین. **۱**- اخلاق، راه، روش، و آیین: یکم ۱۱۹/۵۵؛ ۴۲۷/۶۷؛ ۴۹۶/۷۰؛ ۱۳۵۴/۱۴۸؛ ۱۶۰۶/۱۵۸؛ ۴۸۰/۱۷۸؛ ۱۰/۳۰۳؛ ۱۰۴۹/۳۴۴؛ ۵۲۹/۴۴۴؛ ۱۱۹۶/۸۳۸؛ ۳۰۹۴/۹۱۳؛ دوم ۱۲۶۲/۸۹؛ ۱۵۱/۱۴۱؛ ۲۸۷/۳۵۲؛

۳۱/۴۵۶؛ ۱۴۴/۶۰۲؛ ۲۲۲۵/۹۶۶؛ ۳۳۲۴/۱۰۱۰؛ ۳۶۹۴/۱۰۲۴؛ ۲۷۷/۱۰۹۲. **۲**- وجدان: یکم ۶۴۶/۷۶. **۳**- مذهب، کیش: یکم ۳۱۵/۱۰۷، ۳۱۸؛ ۱۶۰۶/۱۵۸؛ ۷۳۶/۶۶۷؛ دوم ۱۹۲۰/۶۹۷ // ~ *به* دین بهی، دین زردشتی: دوم ۴۸/۴۱؛ ۲۰۷/۴۷؛ ۳۲۳/۵۲؛ ۸۳۹/۷۲؛ ۱۴۷۲/۱۹۳ // ~ *بهی* دین زردشتی: دوم ۴۱/۵۰، ۶۲؛ ۲۰۷/۴۷؛ ۲۴۵/۴۹ // ~ *پهلوی* دین بهی: دوم ۱۴۱/۲۲۲ // *چشم ~ را به سوزن دوختن*: دوم ۵۶۵/۱۵۷. **۴**- فرّ و شکوه: یکم ۵۴۰/۶۶۰؛ دوم ۳۱۷۰/۱۰۰۳. **۵**- اعتقاد، داد، راستی: یکم ۱۸۲۲/۷۶۲؛ ۱۲۴۸/۸۴۰.

دینار. واحد مسکوک زر و کنایه از ثروت و مال: یکم ۱۹۶/۹ و دیگر // ~ *گنج*: دوم ۲۹۱/۱۲ // ~ *گنجی*: دوم ۲۴۸/۴۶۵؛ ۲۷۴/۴۶۶؛ ۱۸۱۴/۵۵۴؛ ۱۴۷۱/۶۷۹.

دینارگان. **۱**- دینار: دوم ۴۸۱/۱۲۰؛ ۵۳۳/۱۲۲؛ ۱۰۰۸/۹۱۸. **۲**- به رنگ دینار، دینارگون // *تیغ ~*: دوم ۶۵۳/۱۲۶.

دین‌پژوه. دیندار، مؤمن، پارسا، مرد دین، موبد: دوم ۱۱۱/۴۳؛ ۶۶۶/۴۸۱؛ ۹۸۵/۹۱۷.

دین‌دوست. دوم ۲۶۱/۸۸۹.

دین‌فروش. متظاهر به دین: دوم ۲۶۰۹/۷۲۴؛ ۱۴۸۷/۹۳۷.

دین‌گزارش. تفسیر دین، فقه: دوم ۸۳۹/۷۲.

دینی. // *هنرمند ~*: دوم ۴۱۱۴/۷۸۳.

دیو. // ~ *آموزگار*: یکم ۲۴۷۷/۸۸۸ // ~ *جنگی* کنایه از اسب: یکم ۵۵۷/۴۸۹ // *~ را با خرد همنشین کردن*: دوم ۱۳۶۱/۱۸۹ // *~ را بر دست راست داشتن*: دوم ۴۱۶/۱۵۱ // ~ *مزدور*: دوم ۴۱۷/۴۳۷ // ~ *وارونه*: یکم ۲۴۴۸/۶۱۳ // ~ *موی فروهشته*: یکم ۲۴۱۵/۷۸۶ // *با ~ انباز گشتن*: یکم ۱۸۷۲/۵۹۰ // *بدی با (را) تن ~ رنجور بادا!*: یکم ۱۰۱۹/۹۱؛ ۳۴۹/۲۴۸ // *در ~ هرگز نباید گشادا!*: یکم ۶۰/۲۰۱ // *دستگاه ~ را از کسی دور کردن*: یکم ۲۴۸۰/۸۸۸ // *دل ~ را رنجور داشتن*: دوم ۴۱۰/۱۵۱ // *روان کسی بر ~ مزدور گشتن*: یکم ۱۴۶۰/۵۷۴.

دیوار. // ~ *به گفتار گوش دارد*: دوم ۲۲/۴۰۶ // *مرگ را در پیش ~ کردن*: دوم ۵۹۲/۱۰۶۴.

دیوان. **۱**- دفتر: دوم ۱۲۵۷/۵۳۲. ۱-۱- دفتر ثبت خراج: دوم ۹۶/۴۸۷؛ ۴۹۱/۶۴۰. ۲- دفتر ثبت جامگی و حقوق سپاهیان: دوم ۲۱۱۸/۹۶۲، ۲۱۲۰. ۳- دفتر ثبت نام درباریان

حقوق‌بگیر // ~ *شاه*: دوم ۱۰۶۷/۶۶۳. ۴- دفتر ثبت وام‌های دولتی: دوم ۱۶۶۳/۵۴۸. ۵- کنایه از دفتر زندگان: دوم ۴۰۲۸/۷۸۰. ۶- دفتر عرض سپاه: دوم ۹۳۷/۷۶. **۲**- وزارتخانه: دوم ۹۳/۴۸۶ (دیوان خراج)؛ ۱۸۴/۶۲۸، ۱۹۳ (دیوان عرض)؛ ۱۹۹/۶۲۹، ۲۰۲، ۲۰۴ (دیوان عرض)؛ ۲۵۱/۶۳۱؛ ۲۷۳/۶۳۲ (دیوان عرض)؛ ۳۱۷۸/۷۴۶؛ ۳۷۸۴/۷۷۰ (دیوان خراج)؛ ۲۴۶۵/۹۷۶ (دیوان عرض)؛ ۲۷۸۸/۹۸۸ (دیوان عرض) // ~ *عرض* وزارت جنگ: دوم ۱۸۱/۶۲۸ // ~ *موبد* دادگاه: دوم ۱۶۲/۶۲۷. **۳**- اداره‌ی خزانه: یکم ۸۵۷/۲۳۳؛ ۱۰۸۷/۷۳۳. **۴**- خزانه‌ی سلاح، زرادخانه، قورخانه: دوم ۹۳۰/۱۷۲. **۵**- دیوان رسائل: دوم ۱۶۷/۷؛ ۱۷۴/۸. **۶**- دربار، بارگاه: دوم ۱۵۴۱/۱۹۶ // *نام کسی را به ~ نخواندن*: یکم ۳۷۷/۶۵۳.

دیوانگان. پیروان دین دیگر، بوداییان: یکم ۳۱۹/۱۰۷ (؟).

دیوانه. // ~ *از کردار خود می‌خندد!*: یکم ۹۷۷/۶۷۷.

دیوزاد. دیوزاده: یکم ۶۷۰/۱۲۱.

دیوساز. ساخته‌ی دیو، دیومنش، دیوپژوه، شیطان‌صفت: دوم ۱۰۰۳/۱۷۵؛ ۹۱۴/۳۰۱؛ ۱۴۷۵/۸۵۹؛ ۲۶۰/۸۸۹. توضیح: توضیح دیرساز.

دیوفش. دیومانند، دیوآسا: دوم ۱۷۸۵/۹۴۹.

دیهیم. یکم ۱۷۳/۱۰۲.

دیهیم‌جوی. **۱**- در مورد شاهزاده: یکم ۱۷۳/۱۰۲، ۱۷۷ و دیگر. **۲**- در مورد پهلوان: یکم ۱۱۷۳/۱۴۱؛ ۳۴۳/۲۱۳.

دیهیم‌دار. **۱**- پادشاه، تاجدار: یکم ۱۹۴/۱۰۲ و دیگر. **۲**- در مورد جهان‌پهلوان: یکم ۱۷۷/۱۰۲.

دیهیم‌ساز. یکم ۶۸۶/۴۵۰.

ر

را. ۱- نشانه‌ی مفعول بی‌واسطه: یکم ۵/۱؛ ۷٦/۳۰٦ و فراوان. **۲**- نشانه‌ی مفعول با واسطه، در بیان اختصاص و تعلّق، بخاطرِ، برایِ: یکم ٦۰/۱۳؛ ۱۷۷/۳٦؛ ۸۳۸/۸٤؛ ٦٦۲/۲۲۵؛ ۲۸۳/٤۱٤؛ ۱۸۳/٤۳۰؛ ٦۸۱/٦٦۵. ٦۸۲؛ ۷۵۸/٦٦۸؛ ۱۱۳۵/٦۸۳؛ ۱٤۱۳/۷٤٦؛ ۱۵۳۷/۷۵۱؛ ۲۲۳٤/۷۷۹؛ ۱۹٦/۷۹۸؛ دوم ۳۰۱/۲۱٤؛ ۱٤۰/۲۳۰؛ ۱۷٤/۲۵۲. ۱۷۷؛ ۱۹۰/۲۷۲؛ ٤۵۱/۲۸۳؛ ۷٤۹/۳۷۱؛ ٤۰٦/٤۷۱. ٤۱۰؛ ۹٤۲/۵۲۰؛ ۱۸۹۲/٦۹٦؛ ۳۱۵٦/۷٤۵؛ ۳۲۰۳/۷٤۷؛ ٤۰۱۷/۷۷۹؛ ۱٦۰۱/۹٤۱؛ ۱٦۵۷/۹٤٤؛ ۲٦۸۷/۹۸٤؛ ۳٦۳/۱۰۹۵؛ ٤۵٤/۱۰۹۹؛ ٦۰٤/۱۱۰۵؛ ۷٤٦/۱۱۱۱ و فراوان // ***از (از)...*** ~: دوم ٤۱۹/۸۹۵؛ ۲٦۸۷/۹۸٤؛ ۲۰٦/۱۰٤۹. **۳**- در، به، بر: یکم ۵۲٦/۷۱؛ ۳۱۱/۲۷۳؛ ۷٦/۳۰٦؛ ۸۸۳/۷۲۵؛ ۱٤۸٦/۷٤۹. **٤**- در معنی از: یکم ۱۵٤۳/۷۵۱. **۵**- رای مفعولی زائد یا نشانه‌ی تأکید: یکم ٤۳/۹۷؛ ۹۰٤/۲۹٦؛ ۱۱۲۹/۳٤۷؛ ۲۲٤۲/۳۹۱؛ دوم ۷٤۱/۱٦٤؛ ۱۸۷۷/۳۳۹؛ ٦۰/۳۷۵؛ ۹۰٦/۵۱۸. **٦**- نشانه‌ی تقویت فاعل در بیان اختصاص و تعلق: یکم ۸۷۲/۲۳٤؛ ٦۰۷/٤۹۱. ٦۰۹؛ دوم ۳۸/۲٤٦؛ ۲۲٦/٤٦٤.

راد. جوانمرد، بخشنده، با همّت: یکم ۱۱۷/٦؛ ٤۸/٤۰۵؛ ۳۱۱/٤۳۵؛ ۵٦۲/٤٤۵؛ دوم ٦۲۰/۱۵۹.

رادمرد. بخشنده: دوم ۵۱۹/۱۲۱.

رادی. جوانمردی، بخشندگی، همّت: یکم ۱۳۲۸/۳۵۵.

راز. ۱- حقیقت پنهان، مطلوب پوشیده، سرّ: یکم ٤۳٦/۳۲۰؛ دوم ٤۱٤/۵۵؛ ٦۲۲/٦۳؛ ۸۷۳/۷۳، ۸۷٤؛ ۸۸۱/۷٤؛ ۱۰۲۲/۷۹؛ ۱۱۹۲/۸٦ // ~ ***آوردن*** کشف کردن راز: دوم ۳٦۱۰/۷٦۳ // ~ ***برهنه شدن***: یکم ۸۳۲/۵٤۹ // ~ ***بودن به کاری***: یکم: ٦/۲٦۱ // ~ ***بودن کسی را با کسی***: یکم

۳۵۵/۴۳؛ ۹۹/۵۵ // ~ **پرسیدن:** یکم ۳۷۶/۴۴ //~ **پیدا کردن** کشف کردن راز: دوم ۳۶۱۹/۷۶۴ // ~ **پیراهن کسی را شناختن** از خصوصی‌ترین راز او آگاه بودن: دوم ۳۴۲/۳۸۶ //~ **پیغام:** یکم ۱۲۱۱/۳۵۰ //~ **پیوستن:** دوم ۳۸۳۸/۱۰۳۰ // ~ **داشتن با کسی:** یکم ۴/۱۸۳ //~ **دل را باید از دیده نیز پوشید!:** یکم ۹۳۶/۸۷ // ~ **زدن:** یکم ۱۰۷/۵۵ //~ **گشادن:** یکم ۴۴۵/۴۶؛ ۳۹۹/۶۶؛ ۳۰/۴۲۴ //~ **گشادن از نهفت:** یکم ۵۸۳/۲۸۴ //~ **(دل) گشادن بر (به) کسی:** یکم ۷۶/۳۲؛ ۳۶۹/۴۳ // ~ **گشوده شدن بر کسی:** یکم ۳۵۸/۴۳ //~ **گفتن با خاک:** یکم ۱۰۷/۳۰۷ //~ **گفتن با خود:** یکم ۸۳/۴۲۶ // ~ **گفتن درباره‌ی کسی با دل خود:** یکم ۴۴۳۶/۳۹۸ // ~ **گفتن هنر با نژاد:** یکم ۲۴۲۰/۳۹۸ // **از هر دانشی ~ جستن:** دوم ۱۰۸۰/۶۶۳ // **بر (با) باد ~ نگشودن:** دوم ۸۰/۲۰۶؛ ۷۳/۳۷۶؛ ۲۵۳۵/۹۷۸ // **به ~ آمدن پیش کسی:** یکم ۲۴۷/۶۰ // **به ~ (نشستن، بودن) با کسی** ۱- به راز و نیاز پرداختن: یکم ۴۳۹/۴۶. ۲- به گفتگو و مشورت نشستن: یکم ۷۲۲/۷۹؛ ۸۱۰/۸۲ // **به ~ نشستن گردون با کسی:** یکم ۳۲۵/۱۷۱ //

به~ گشتن با کسی: یکم ۸۴/۲۶۴ // **پرده‌ی ~ها بردریدن:** یکم ۶۵۸/۲۲۵ // **پیکان با مغز ~ گفتن:** یکم ۲۴۸۵/۶۱۴ // **چیزی با کسی به ~ اندرآمدن:** دوم ۳۲۹۴/۱۰۰۸ // **چیزی با کسی به ~ بودن** آن چیز با او جفت بودن، آن کس از آن چیز (خرد) بخوبی بهره‌مند بودن: دوم ۳۶۷/۶۳۵ // **زبان بر دل ~ نگشودن:** دوم ۲۹۴۲/۹۹۴ // **نهفته به ~:** یکم ۵۶/۲۶۳. ۲- پنهان، نهفته، پوشیده، محرمانه: یکم ۲۱۰/۵۹؛ ۳۲۰/۶۳؛ ۱۲۲۲/۱۴۳؛ ۱۰۸۸/۵۱۰؛ ۲۱۲۴/۸۷۴؛ دوم ۴۰۸/۳۸۹؛ ۱۳۹۰/۵۳۷، ۱۳۹۳؛ ۱۶۲۲/۵۴۶؛ ۱۲۹/۶۰۲؛ ۳۶۷۰/۷۶۶؛ ۳۹۵۵/۱۰۳۴ // ~ **داشتن:** یکم ۱۹/۵۲؛ ۱۲۲۲/۱۴۳؛ ۳۶۵/۲۴۹؛ ۵۸۱/۲۸۴ // **~ها درست شدن** آنچه پوشیده و پنهان و ناشناخته است معلوم و آشکار گشتن: دوم ۱۳۲۵/۳۱۷ // ~ **کردن:** یکم ۴۰۷/۴۱۹ // **از کسی ~ داشتن:** یکم ۴۶/۶۹۲؛ ۳۱۰۵/۹۱۴؛ دوم ۱۰/۲۲۵ // **به ~:** آهسته، در گوشی: دوم ۴۶۹/۱۵۳؛ ۷۹۷/۱۶۶ (نیز← براز) // **چیزی را از آب و باد ~ داشتن:** دوم ۳۹۰۸/۱۰۳۳ // **چیزی را از کسی ~ داشتن:** دوم ۲۳۳۰/۹۷۰ // **سخن به ~ گفتن:** دوم ۹۱/۴۲۴. ۳-

قصد نهان: یکم ۲۷/۱۲ // ***سری پر ز ~***: یکم ۱۹۳۴/۳۷۹.

راست. ۱- یمین، سمت راست: یکم ۱۰۷/۹۹ و دیگر. ۲- قائم، برافراشته: یکم ۶۱/۳ و دیگر. ۳- درست، صحیح، برقرار، بسامان، چنانکه باید: یکم ۷۸/۳۲؛ ۱۶۸/۵۷؛ دوم ۴۳۸۴/۷۹۴؛ ۳۷۱۳/۱۰۲۵ و دیگر // ***~ بخشیدن***: یکم ۸۴/۱۹۴؛ ۷۶۶/۳۳۳ // ***~ بودن*** به نظم و سامان بودن: دوم ۲۶۵/۶۱۵ // ***~ داشتن*** بر نظم و قرار درست داشتن: دوم ۱۳/۴۴۹ // ***~ گشتن (شدن)***: ۱- درست شدن، تحقق یافتن، واقعیت یافتن، مقرر و استوار شدن، برآورده شدن، حتمی شدن: یکم ۱۱۴۲/۳۴۷؛ ۲۹۴۶/۹۰۷؛ دوم ۸۶۲/۳۶. ۲- روش آموختن، تعلیم دیدن: دوم ۱۲/۱۰۷۵ // ***بر (از) دست ~***: یکم ۱۷۶/۲۶۸؛ ۱۸۴۵/۷۶۳؛ دوم ۱۲۶۸/۱۸۵ // ***خطّ ~***: یکم ۳۴۶/۲۴۸ // ***خویشتن را ~ کردن***: یکم ۴۶۲/۵۳۵ // ***رای ~ کردن*** عزم جزم گرفتن: دوم ۲۴۱/۴۳۰ // ***سپه را ~ کردن*** آماده کردن و آراستن سپاه: دوم ۸۲۸/۸۳۴؛ ۸۲۶/۱۱۱۴ // ***کسی را جایی ~ گشتن*** آنجا به زیر فرمان او درآمدن: دوم ۱۸۳/۳۸۰؛ ۲۹۱/۳۸۴؛ ۵۴۲/۳۹۴. ۴- مستقیم، یکسر، بدون وقفه: یکم ۲۳۶/۳۸؛ ۴۴۲/۴۶؛ ۲۰۵۵/۳۸۳. ۵- برابر، هم‌اندازه، یکسان، هم‌سطح: یکم ۱۵۰۵/۱۵۴؛ ۱۵۸۶/۳۶۵ // ***~ داشتن*** برابر دانستن، یکسان گرفتن، یکی دانستن: دوم ۱۵۳/۲۲۳؛ ۲۸۷۵/۷۳۴؛ ۱۷۶۱/۸۷۰ // ***~ گشتن جایی با جایی***: یکم ۱۰۳۲/۱۳۵؛ ۲۷۱/۲۴۵؛ ۱۳۵۲/۳۵۶؛ ۱۵۷۶/۳۶۵ // ***آسمان با زمین ~ گشتن***: یکم ۹۰۹/۵۰۳ // ***با خاک (سپهر) ~ بودن (گشتن)***: یکم ۳۵۹/۴۶۵؛ ۱۳۴/۴۷۲ // ***چیزی با چیزی ~ گشتن*** با یکدیگر برابر شدن: دوم ۱۲۴۲/۸۵۰ // ***چیزی را با چیزی ~ کردن*** آنها را با یکدیگر سازگار نمودن: دوم ۲۶۷/۶۱۵ // ***چیزی ~ گشتن با جایی*** برابر شدن با هم: دوم ۱۳۰۵/۳۱۶ // ***زمین را با کوه ~ کردن***: دوم ۲۰/۲۱۸ // ***شب با روز ~ گشتن***: دوم ۸۷/۲۲۰ // ***کسی با کسی ~ شدن*** با هم برابر گشتن: دوم ۳۳۳/۲۱۶؛ ۳۲۹/۶۱۸ // ***کسی را با... ~ داشتن***: دوم ۱۱۱۱/۹۲۲؛ ۳۰۱۷/۹۹۷ // ***کسی را با جان ~ داشتن***: دوم ۱۵۳/۲۲۳ // ***گرد به خورشید ~ برشدن***: دوم ۷۰۱/۲۹. ۶- درست، بی‌کم و کاست: یکم ۱۲۳۳/۱۴۳. ۷- صادق، صدیق، برحق: دوم ۳۲۱/۴۳۳؛ ۱۲۶/۶۰۲؛ ۳۴۶۶/۱۰۱۵؛ ۳۹۸۱/۱۰۳۵ (نیز←

داد و راست) // ***دل و دیده با کسی ~ داشتن:*** یکم ١٤٣٥/١٥١. ٨- صفت پروردگار← داد و راست. ٩- موافق، سازگار، مسلم، منتظم، برقرار // ***~ کردن جایی را (بر کسی):*** یکم ٤٩٨/٤٨؛ ١٠٤٢/١٣٦؛ ١٢١/١٨٨، ١٢٢ // ***جایی را ~ کردن (داشتن):*** دوم ٢١٨/١٤٣؛ ١٤٨١/١٩٣؛ ١٩/٢٢٦ // ***جایی (کاری) بر کسی ~ شدن (گشتن):*** یکم ٢٨٨٠/٦٣٠؛ ٢٩/٦٤٠؛ دوم ٣٤/٤٠؛ ١٥٨٣/١٩٨ // ***دل با زبان ~ بودن:*** یکم ٢٦٤/٧٠١. **١٠**- براستی، عیناً: یکم ١٥٠٣/١٥٤؛ ١٨٧/٦٣٨؛ دوم ٤٧٥/٥٨؛ ٥١٥/٥٩؛ ٧٤/١٣٨؛ ١٨/٢١٨. **١١**- فراهم، آماده، مهیا // ***~ کردن:*** دوم ٤٥٠/٥٧. **١٢**- نیک و درست و برآیین: دوم ٣٥٣/٨١٥ // ***فرزند ~:*** دوم ١٢٢٥/٦٦٩. **١٣**- مستقیم، پابرجا، استوار // ***(از کسی) پشت ~ داشتن:*** دوم ١٨٨٥/٣٣٩؛ ٤٢٦٦/٧٨٩.

راست‌گوی. صدیق: دوم ٣٧٢٦/١٠٢٦.

راستی. ١- صداقت، درستی: یکم ٥٠٣/٢٨١، ٥١١، ٥١٢ // ***کسی را بر دامن ~ دیدن:*** دوم ٦٥٧/٢٧ // ***گفتار ~ تلخ است!:*** یکم ٢٦٨٩/٨٩٧ // ***از ~ آستی برکندن:*** دوم ٣٤٦٢/١٠١٥. **٢**- براستی، واقعاً، همانا: یکم ٦٧١/٣٢٩.

راستی را. براستی، واقعاً، همانا: یکم ٦٤٥/١٢٠؛ ٨٤٦/٢٣٣.

راغ. ١- دامن کوه، مرغزار، در و دشت، طبیعت: یکم ١٩٩/٥٩؛ ٢٨/٢٠٠؛ ١٦٨٩/٣٦٩؛ دوم ٨٢٢/٢٩٧. **٢**- کوه: یکم ٧٣٣/٧٩؛ ٤٥٤/٤٢٠؛ دوم ٢٠٨/٢٣٣؛ ١٤٩/٢٥١.

رام. ١- راضی، خرسند، مطیع، قانع، سر به فرمان: یکم ٥٩٣/١١٨؛ ١٠٦٧/١٣٧؛ ٥٣٦/١٨٠؛ ١٢٣/١٩٦؛ ٧٠٠/٢٢٧؛ ١٢٧٦/٣٥٣؛ ٢١٣٥/٣٨٧؛ ١٢٠/٤٢٧؛ ٩٠٢/٥٥٢؛ ١٨/٦٣١؛ دوم ٤/٤٤٩؛ ٢٠٥٧/٥٦٤؛ ٥٦٢/٦٤٣؛ ٣٠٨٨/٧٤٣؛ ٣٣٢٩/٧٥٢ // ***کسی (جایی) با (بر، به) کسی ~ شدن:*** دوم ٢٧٤٣/٩٨٧؛ ١٣٩/١٠٤٦؛ ٧٥٠/١١١١. **٢**- آرام، آسوده، بی‌دغدغه، در صلح و صفا: یکم ٩٢٦/١٣١؛ ١٨٧/٢٤٢؛ ١٢٨٧/٣٥٣؛ دوم ٢٦/٢؛ ٢٨٥/٤٣٢؛ ٢٠٢٨/٧٠١؛ ١٧٥١/٨٧٠.

رامش. ١- شادی، جشن و سور؛ آسودگی، آرامش؛ بهره، لذّت: یکم ٥٩/٢٣؛ ٣٨٣/٤٤، ٣٨٧؛ ٤٦٠/٤٧؛ ٣٥٢/١٠٩؛ ١٣٩٨/١٥٠؛ ٥٩٤/٢٢٣؛ ٥٧٧/٢٨٣؛ ١٧١٨/٣٧٠؛ ١٩٣٣/٣٧٩؛ ٣٥٤/٤١٦؛ ٢٠/٤٥٢؛ ٣٥٦/٤٦٥؛ ٢٣٣٢/٦٠٨؛ ٢٣٥٠/٦٠٩؛ ١٥٣/٦٤٥؛ ٥٦٦/٧١٣؛ ٢٠٣٦/٨٧١؛ ٢٤٠١/٨٨٥؛ دوم ٨٦٢/٧٣؛ ٨٩١/٧٤؛ ١٠٠٣/٧٨؛

٢١٣/١٤٣؛ ٣١١/١٤٧؛ ١٥/٢٦٥؛ ٤٠/٤٠٠؛ ٥٤/٤٥٧؛ ٢٥/٤٨٤؛ ٤٦١/٥٠١؛ ٩٧٧/٥٢١؛ ١٦٣٥/٥٤٧؛ ٢١/٥٨٨؛ ٨٤٩/٦٥٤؛ ١٠٨٣/٦٦٤؛ ١١٦٩/٦٦٧؛ ١٢٨٤/٦٧١؛ ٢٥٦٩/٧٢٢؛ ٢٧٧٣/٧٣٠؛ ٣١٣٤/٧٤٥؛ ٣٤٤٥/٧٥٧؛ ٤٠٨٨/٧٨٢، ٤٠٨٩، ٤٠٩٢؛ ٢٧١٩/٩٨٦؛ ٣٥٢٨/١٠١٨؛ ٣٦٧٨/١٠٢٤؛ ١٠٤/١٠٤٥؛ ١١٠/١٠٨٥، ١١١ // ~ ***آراستن:*** یکم ٦٠٤/٢٢٣ // ~ ***افروختن:*** دوم ٩٣٦/٧٦ // ~ ***بردن*** از شادی و آسودگی بهره گرفتن: یکم ٢١١/١٠٣؛ ٢/٣٠٣؛ ٣٥٣/٤٦٥ // ~ ***پذیرفتن:*** یکم ٧٦٢/٥٤٧ // ~ ***جان بردن:*** دوم ١٢٠٣/٨٦ // ~ ***جان کردن*** لذت و حظّ روان بردن: یکم ٨٦٧/١٢٩؛ دوم ١٠٧٦/٨١؛ ٥٢٣/١٥٥؛ ١٣٣/٢٤٤ // ~ ***گزیدن*** شادی کردن: یکم ٣٧/٩٦؛ دوم ٨٢٥/١٣٣. ٢- سرود: یکم: ٤٢٢/٢٧٧.

رامشگر. خواننده و نوازنده، خنیاگر: یکم ٢٧٢/١٠٦؛ ١٤٠٦/١٥٠؛ ١٨/٢٠٠، ٢٢؛ ١٥٤٠/٣٦٣؛ ١٦٤٨/٣٦٧؛ ١٧٠٨/٣٧٠؛ ٤٥٥/٤٤١؛ ٤٨١/٤٤٢ و دیگر.

رامشگری. ١- به شادی و رامش گذراندن: یکم ١١٩٥/١٤٢. ٢- خنیاگری، سه هنر سرایندگی، نوازندگی و خوانندگی: دوم ٢٥٦١/٥٨٤.

رامشی. ١- شاد، شادی: دوم ١١٦١/١٨١؛ ٥٠١/٥٠٣؛ ٧٤٦/٥١٢؛ ٢٥٢/١٠٥١ // ~ ***بودن:*** دوم ١٥٦١/٩٤٠. ٢- رامشگر، خنیاگر: دوم ٣٦٦٤/١٠٢٣. ٣- طرب‌باز، خوش‌گذران: دوم ٤١٠٤/٧٨٣.

رامشی‌نامه. دوم ٥٨/٤٨٥.

ران. // ~ ***افشاردن*** ١- ران را فشاردن، به رکاب یا پهلوی اسب فشار آوردن و اسب راندن: یکم ٩٨٥/٨٩؛ ٣٧/١٩٢؛ ٦٩٥/٢٨٨؛ ١٣٩١/٣٥٧؛ ١٧٩٢/٣٧٣؛ ٣٠٣/٤١٤؛ ١٣٥/٤٢٨؛ ٢٧٩/٤٣٤؛ ٦٣٢/٤٩٢؛ ٩٦٥/٥٠٥؛ ١٤٥٥/٥٧٤؛ ٢٧١٥/٦٢٣ // ~ ***تیز کردن اسب را:*** یکم ٢٧٨/٢١٠ // ***به ~ اندرآوردن (کمند):*** یکم ١١٦٦/٥١٣. ٢- ایستادگی کردن: یکم ١١٥/١٨٧.

راندن. ١- سخن گفتن، زبان راندن: یکم ٨٥/٢٤؛ ٢٦٣/١٠٥؛ ٥٩٧/١١٨؛ ١٧٨/١٩٨؛ ٢٩٢/٢٧٢؛ ٥٢٢/٣٢٣؛ ٨٢٠/٣٣٥؛ ١٤٨٧/٣٦١؛ ١٨٦٥/٣٧٦؛ ٢٠١٠/٣٨٢؛ ٢٤٤٩/٣٩٩؛ دوم ١٧٥٠/٣٣٤ // ***داستان(ها)*** ~ ← داستان، شماره‌ی ٣ // ***زبان*** ~ ← زبان. ٢- تاختن، اسب راندن: یکم ٤٩٦/٢١٩؛ ٢٥/٣٠٤؛ ١٦٩٨/٣٦٩ و

دیگر. **۳-** (گذرا) حرکت دادن، سپاه راندن: یکم ۹۴۷/۲۹۸؛ دوم ۵۶۱/۲۸۷؛ ۲۶۸۶/۷۲۷ و بسیار. **۴-** (ناگذر) حرکت کردن: دوم ۴۶۵/۳۵۹ و بسیار. **۵-** زدن: یکم ۲۳۲/۲۷۰. **۵-** حکم کردن، مقرّر داشتن: یکم ۱۶۵/۴۲۹.

راه. ۱- جاده، طریق، گذر، امکان: یکم ۳۹۶/۴۴ و فراوان // ~ ***آسان*** راه اصلی: دوم ۳۴۴/۱۴۸ // ~ ***برداشتن:*** یکم ۲۵/۲۳۶؛ ۶۴۵/۲۸۶؛ ۴۴۶/۴۴۰ // ~ ***(بر) گشادن*** ۱- راه باز کردن: یکم ۱۴۶۵/۳۶۰؛ ۲۴۷۸/۴۰۰. ۲- پذیرفتن، بار دادن: یکم ۸۷۸/۱۲۹؛ ۱۱۸۹/۱۴۱؛ ۸۲۱/۳۳۵؛ ۱۰۳۰/۷۳۱ // ~ ***(ره) برگرفتن*** به راه افتادن، رفتن: یکم ۵۴۱/۷۲؛ ۵۶۲/۱۱۷؛ ۳۸۷/۲۱۴؛ ۲۳/۲۳۵؛ ۴۲۲/۳۱۹؛ ۴۷۸/۴۴۲ // ~ ***بریدن*** راه طی کردن: یکم ۲۷۶/۲۱۰؛ ۱۰۰۴/۳۴۲؛ ۱۲۰۸/۵۶۴؛ ۱۷۷۰/۸۶۰ // ~ ***بیراه*** بیراهه، راه پنهانی: یکم ۲۱۱/۴۳۱؛ ۱۳۶۶/۸۴۴ // ~ ***پست:*** یکم ۷۶/۱۹۴ // ~ ***(ره) جایی را بسیچیدن:*** یکم ۶۱۷/۶۶۳؛ ۱۲۵۸/۶۸۸ // ~ ***جستن بر کسی:*** یکم ۵۱۶/۲۲۰ // ~ ***جستن به جایی:*** یکم ۲۱/۱۸۴؛ ۱۱۱۶/۳۴۶ // ~ ***جستن به سوی کسی:*** یکم ۴۶۱/۱۱۳ // ~ ***دیدار:*** یکم ۳۵۳/۳۱۶

// ~ ***را ساختن:*** یکم ۷۰۳/۶۶۶؛ ۲۸۰۹/۹۰۱ // ~ ***زدن*** راه پیمودن، رفتن، گذر کردن: یکم ۴۱/۴۶۸ // ~ ***کردن بر کسی:*** یکم ۳۳۸/۲۱۲ // ~ ***کسان*** راه عمومی، جاده: یکم ۲۰۸۰/۷۷۳ // ~ ***کوتاه کردن:*** یکم ۹۷۵/۳۴۱؛ ۳۱۱/۴۱۵ // ~ ***گذاشتن:*** یکم ۴۷۲/۶۹؛ ۱۵۰/۲۰۵ // ~ ***گرفتن بر کسی:*** یکم ۹۱۰/۸۶؛ ۴۲۶/۱۷۵ // ~ ***نمودن*** راهنمایی کردن: یکم ۷۶/۶۴۲ // ~ ***و بیراه (بیراه و ~)*** راه اصلی و راه فرعی، همه‌جا: دوم ۱۱۲۳/۵۲۷؛ ۱۳۳۵/۵۳۵ // ~ ***یافتن یکدیگر را:*** یکم ۱۲۵۵/۱۴۴ // ***با ~ هم‌آواز شدن:*** یکم ۱۸۶/۶۳۸ // ***بالا نمودن ~*** درروی راهی را نشان دادن: دوم ۸۵۵/۸۳۵ // ***بر زمین ~ نیست!:*** یکم ۳۲۲/۱۷۱ // ***بر کسی ~ بودن:*** دوم ۱۹۸۵/۵۶۱ // ***به ~ آمدن*** ۱- روانه گشتن: یکم ۱۱۲۹/۳۴۷. ۲- مطیع گشتن: یکم ۴۳۴/۶۸ // ***به ~ باد گشتن:*** یکم ۹۷۶/۳۴۱ // ***به ~ برافگندن*** ← برافگندن // ***به (از، بر) کسی راه جستن:*** دوم ۱۵۲/۱۴۱ // ***بی ~*** ← بیراه // ***بیگانه ~:*** دوم ۳۰۳۳/۹۹۸ // ***پای با ~ شمار کردن:*** یکم ۳۸/۲۳۶ // ***زشت ~ دراز:*** یکم ۳۵۹/۶۵ // ***کاری را ~ دادن*** آن کار را پذیرفتن، از آن تأثیر گرفتن: دوم

۸۴۳/۸۳۴ // ***کسی را سوی کسی ~ بودن***: دوم ۶۳/۲۰۵ // ***گرد از ~ برآوردن***: یکم ۲۳۳۰/۳۹۴. **۲**- روش، شیوه، آیین؛ روش درست، راه درست و نیکو؛ طریقه‌ی حل مسئله؛ مصلحت: یکم ۳۸۴/۶۶؛ ۲۰/۹۶، ۲۷؛ ۹۷۳/۱۳۳؛ ۴۰/۱۶۰؛ ۵۵/۱۶۱؛ ۲۰۴۲/۳۸۳؛ ۲۹۲/۴۱۴؛ ۴۶۲/۴۲۱؛ ۵۷۲/۴۴۵؛ دوم ۲۶۲/۶۱۵؛ ۱۳۹۱/۹۳۳؛ ۱۴۵۰/۹۳۵؛ ۱۴۵۲/۹۳۶؛ ۲۸۱۶/۹۸۹ // ***~ آوردن***: دوم ۳۱۴۶/۱۰۰۳ // ***~ اندرآوردن*** طریقه نشان دادن، روش آوردن: دوم ۸۳۵/۸۳۴ // ***~ برگرفتن***: یکم ۷۲۰/۲۲۸ //***~ بودن*** درست بودن، به حق و راست بودن: دوم ۲۹۸/۶۱۷ // ***~ بودن به چیزی بر کسی***: یکم ۹۶۳/۱۳۳ // ***~ بودن کسی را در کاری***: یکم ۳۹۲/۴۱۸ // ***~ بیراه***: یکم ۲۳۹/۶۰؛ ۱۰۳۳/۸۳۱ //***~ دیدن***: یکم ۵۹/۱۹۳؛ ۴۱۲/۲۷۷ //***~ کردن***: یکم ۶۰۴/۱۱۸ //***~ گم کردن***: یکم ۸/۱۹۹؛ ۸۶۸/۳۳۷؛ دوم ۲۹۳۸/۹۹۴ // ***~ نمودن***: یکم ۳۴/۲۲؛ ۳۲۸/۲۷۴؛ ۱۰۳۲/۳۴۳ // ***~ نیست!***: یکم ۹۸۳/۲۹۹؛ ۲۱۷۴/۳۸۸ // ***~ و آیین (داشتن)***: یکم ۱۹/۲۳۵؛ ۳۸۲/۲۷۶ // ***~ یافتن***: یکم ۶۳۳/۷۶ // ***~ ی گرفتن*** راه و رسم دیگری گرفتن: دوم ۲۷۳/۱۲ // ***از ~ کسی گذشتن***: یکم ۸۰۱/۱۲۶ // ***از ~ کسی گشتن***: یکم ۸۰۰/۱۲۶ // ***از کسی ~ نمودن*** نظر دادن درباره‌ی او: دوم ۵۴۱/۱۰۶۲ // ***به ~*** ← براه // ***بی~*** ← بیراه // ***تازه ~ آوردن***: یکم ۴۳۵/۴۲۰ // ***ز ~ دور ماندن*** سر به فرمان نیاوردن: دوم ۲۰۷۶/۵۶۴ // ***کسی را از ~ (نیکی) بردن***: یکم ۹۰/۲۴؛ ۲۲۴۳/۳۹۱ // ***کسی را به ~ آوردن***: دوم ۳۱۲۹/۱۰۰۲ // ***کسی را به کاری ~ نمودن*** او را به کاری برانگیختن: دوم ۲۶۲۰/۹۸۲ // ***کسی را ~ نمودن*** او را راهنمایی کردن: دوم ۳۹۳/۴۳۶؛ ۲۰۵۹/۵۶۴؛ ۲۴۰۳/۵۷۷؛ ۲۹۷۹/۹۹۶. **۳**- بار، دفعه: یکم ۱۸۵۳/۳۷۵. **۴**- کنایه از مسیر به هدف و آرزو // ***کسی از ~ کسی برخاستن***: دوم ۲۸۶۷/۹۹۲.

راهبر. راهنما: یکم ۵۳/۵۳.

راهجوی (راه‌جوی). **۱**- طی طریق‌کننده: یکم ۴۱۶/۲۱۶. **۲**- فرستاده، پیک: یکم ۴۹۰/۲۱۸. **۳**- راهوار (صفت اسب و شتر و استر)، خوش‌راه، خوش‌گام: یکم ۳۸۹/۴۴؛ ۱۰۹۴/۱۳۸؛ ۳۴۰/۲۴۸. **۴**- مدبّر، صاحب اندیشه، خردمند: یکم ۱۴۷/۴۰۸؛ ۲۹۵/۴۱۴؛ ۱۵۱/۴۲۹؛ دوم ۱۱۸۶/۹۲۵؛ ۱۶۴۴/۹۴۳. **۵**-

راست‌رو، راست‌کار: یکم ۱۱۴/۵۵؛ ۲۲۳/۵۹.

راه‌ورزان. دوم ۲۷/۴۰.

رای[1]**.** ۱- قصد، آهنگ، عزم، اراده، تصمیم؛ مشیّت؛ مقصود، منظور، مراد، هدف، خواست، میل، رغبت: یکم ۱۴۱/۷؛ ۱۰۱۳/۹۰؛ ۳۹/۹۶؛ ۶۰۱/۱۱۸؛ ۸۲۱/۱۲۷؛ ۱۰۳۹/۱۳۶؛ ۱۳۲۸/۱۴۷، ۱۳۲۹؛ ۱۳۶/۲۰۴؛ ۱۰۱/۲۳۸؛ ۱۰۶/۲۳۹؛ ۱۳۰/۲۴۰، ۱۳۲؛ ۱۳۰/۲۶۶؛ ۵۰۴/۲۸۱، ۵۰۸؛ ۷۵۵/۲۹۰؛ ۸۱۱/۲۹۳؛ ۱۰۱۵/۳۰۱؛ ۲۲۹/۳۱۲؛ ۲۸۹/۳۱۴؛ ۳۸۸/۳۱۸؛ ۵۶۱/۳۲۵، ۵۸۳؛ ۵۹۰/۳۲۶، ۶۰۴؛ ۱۱۱۳/۳۴۶؛ ۱۲۷۳/۳۵۳؛ ۱۴۵۲/۳۶۰، ۱۴۶۷؛ ۱۵۰۸/۳۶۲؛ ۱۵۶۱/۳۶۴؛ ۱۶۱۰/۳۶۶؛ ۱۶۶۲/۳۶۸؛ ۱۸۰۶/۳۷۴، ۱۸۱۴؛ ۱۸۹۸/۳۷۷؛ ۱۹۹۵/۳۸۱؛ ۲۰۲۲/۳۸۲؛ ۲۲۶۳/۳۹۲؛ ۲۳۵۳/۳۹۵؛ ۲۳۸۱/۳۹۶؛ ۱۴۰/۴۰۸؛ ۲۲/۴۲۳؛ ۱۵۰/۴۲۹؛ ۵۶۷/۴۴۵؛ ۵۹۴/۴۴۶، ۵۹۵؛ ۴۲/۴۶۸؛ دوم ۳۴۱۰/۷۵۵؛ ۲۰۶۷/۹۶۰؛ ۲۲۳۳/۹۶۶؛ ۲۴۳۹/۹۷۵؛ ۲۹۲۱/۹۹۴؛ ۶۱۰/۱۱۰۵ // ~ ***آمدن:*** یکم ۱۵۲۹/۱۵۵؛ ۲۸۹/۳۱۴؛ ۱۱۷۷/۳۴۹ // ~ ***بر کاری (چیزی) درست شدن:*** یکم ۶۱۹/۷۵؛ ۸۵۱/۳۳۶ // ~ ***تاریک*** قصد بد: دوم ۷/۳۴۱ // ~ ***دیدن:*** یک ۱۹۲۵/۳۷۸؛ ۳۸۵/۴۱۸ // ~ ***راست شدن (کردن)*** عزم جزم گشتن (نمودن): یکم ۱۰۶۱/۱۳۶؛ دوم ۲۴۱/۴۳۰؛ ۴۴۱/۵۰۰ // ~ ***کردن (به، سوی):*** یکم ۲۷۱/۱۰۵؛ ۹۰۰/۱۳۰؛ ۱۱۶/۲۵۷؛ ۵۰۴/۲۸۱ // ~ ***کسی بر کسی گشتن:*** یکم ۱۶۷/۱۶۵ // ~ ***کسی را از ره برنداشتن:*** یکم ۶۱۵/۱۱۹ // ~ ***گرم:*** یکم ۴۱۳/۴۱۹ // ~ ***نو بن افگندن***← بن افگندن // ***مانند کردن ~ به رود نیل:*** یکم ۵۹۰/۳۲۶. ۲- تدبیر، نظر، عقیده؛ راه، روش، شیوه؛ طرح، نقشه، برنامه: یکم ۱۴۸/۷؛ ۵۸/۵۳؛ ۳۲۲/۶۳؛ ۷۷۱/۸۱؛ ۱۰۳۷/۹۱؛ ۲۷۰/۱۰۵؛ ۴۹۳/۱۱۴؛ ۶۰۱/۱۱۸؛ ۶۱۴/۱۱۹؛ ۷۶۰/۱۲۵؛ ۸۵۱/۱۲۸؛ ۹۷۲/۱۳۳؛ ۱۳۴۵/۱۴۸؛ ۳۸۶/۱۷۴؛ ۴۱/۲۰۱؛ ۳۵۴/۲۴۹؛ ۲۶/۲۵۴؛ ۲۱۴/۳۱۱؛ ۴۶۲/۳۲۱؛ ۵۸۴/۳۲۶؛ ۸۰۹/۳۳۴؛ ۸۵۱/۳۳۶؛ ۹۰۲/۳۳۸؛ ۱۱۱۹/۳۴۷، ۱۱۲۳؛ ۱۵۸۵/۳۶۵؛ ۱۸۶۳/۳۷۶؛ ۲۰۴۱/۳۸۳؛ ۲۲۱۶/۳۹۰؛ ۵۱۹/۴۴۳، ۵۲۴؛ ۱۴۴/۴۵۷؛ ۲۸۸/۴۶۲؛ ۵۰/۴۶۹؛ ۱۲۱۱/۵۱۵؛ ۲۹۰/۸۰۲؛ ۸۵۷/۸۲۴؛ دوم ۲۵/۳۴۲؛ ۵۷۷/۳۹۵؛ ۳۲۰۳/۷۴۷؛ ۳۸۵۳/۱۰۳۱؛ ۷۴۹/۱۱۱۱ و دیگر // ~ ***آمدن کسی را:*** یکم ۷۹۷/۱۲۶ // ~ ***آوردن:*** یکم ۱۸۶۲/۳۷۶؛

۴۷۵/۵۳۵ // ~ **انداختن:** یکم ۸۵۹/۸۴ // ~ **با ~ پیوستن:** دوم ۲۴۷/۱۱۰ // ~ **با دانش:** یکم ۱۱۵۵/۳۴۸ //~ **باریک** نظر صائب، تدبیر نیکو، نظر موشکاف: یکم ۸۰۷/۳۳۴؛ دوم ۷۰۷/۲۹؛ ۲۹۵/۲۷۶؛ ۸۱۵/۲۹۷؛ ۹۵۷/۳۰۲؛ ۵۶۰/۴۷۷؛ ۳۸۵۱/۱۰۳۰ // ~ **بلند:** یکم ۲۳۶/۱۰۴؛ ۱۱۳۴/۳۴۷؛ ۱۹۹۹/۳۸۱؛ ۲۴۵۲/۳۹۹ //~ **بودن:** دوم ۷۲/۲۴۸؛ ۲۷۹۹/۹۸۹ // ~ **بیهده:** یکم ۶۷۴/۴۴۹ // ~ **پراگنده شدن:** یکم ۱۴۴/۱۸۸ //~ **تاریک:** یکم ۴۵۶/۶۹ // ~ **جستن** تدبیر کردن، مشورت کردن: یکم ۱۰۳/۲۵۷؛ ۱۸۵۱/۳۷۵؛ دوم ۳۵۲۲/۱۰۱۷ // ~ **خویش برگزیدن:** یکم ۷۰۱/۷۱۸ //~ **دیدن:** یکم ۵۵/۱۶۱ // ~ **روشن‌روان** ← روشن‌روان، شماره‌ی ۳ // ~ **زدن:** یکم ۳۶/۲۵۴؛ ۸۸۷/۳۳۷؛ ۱۷۱۴/۳۷۰؛ دوم ۲۹۱۳/۹۹۳ // ~ **فرّخ نهادن** تدبیر نیکو و خجسته کردن: یکم ۱۴۹/۵۷، ۱۵۱؛ ۳۱۴/۱۰۷؛ ۱۱۶۱/۱۴۰؛ ۱۰۱/۱۶۳؛ ۱۲۵/۴۵۶؛ ۱۶۷/۴۷۳؛ دوم ۱۴۱/۶۰۲؛ ۲۸۴۳/۹۹۱ // ~ **کردن** مشورت کردن: یکم ۱۴۰۶/۷۴۶ //~ **کسی را نگاه کردن (داشتن):** یکم ۶۱۴/۱۱۹؛ دوم ۷۲۱/۹۰۷ // ~ **نهادن:** یکم ۱۵۳۳/۱۵۵ // ~ **نیست!:** یکم ۱۷۹/۳۶؛ ۳۱۱/۱۰۷؛ ۶۶۷/۱۲۱؛ ۱۰۶۵/۱۳۷؛ ۲۹۵/۱۷۰؛ ۸۲/۱۹۴؛ ۱۳۳/۲۴۰؛ ۷۲/۲۵۶؛ ۱۰۶۴/۳۴۴؛ ۱۸۰۹/۳۷۴؛ ۲۱۶۴/۳۸۸؛ ۵۷۶/۴۴۵ // **اینست ~!:** یکم ۶۴۸/۷۶؛ ۸۴۷/۳۳۶ // **با ~** ← با رای // **با خویشتن ~ زدن:** یکم ۱۹۸۰/۵۹۴ // **پاک ~** ← پاک‌رای // **پراگنده شدن ~:** دوم ۳۲۵/۱۱۴ // **تیره ~ شدن:** یکم ۸۲۱/۱۲۷ // **تیره گشتن ~:** یکم ۹۸۳/۳۴۱ // **خوب ~** ← خوب‌رای // **فرخنده ~** ← فرخنده ~ // **کسی را در کاری ~ و راه بودن:** یکم ۳۹۲/۴۱۸ // **نیست ~!** ← رای نیست! **۳**- اندیشه، فکر، خیال: یکم ۶۲/۳؛ ۱۰۹/۹۹؛ ۲۶۷/۱۰۵؛ ۳۵۳/۱۰۹؛ ۱۶۰۷/۱۵۸؛ ۲۱۵/۲۴۳؛ ۵۸۲/۲۸۴؛ ۳/۳۰۳؛ ۱۱۴۷/۳۴۸؛ ۱۲۶۶/۳۵۲؛ ۱۵۰۷/۳۶۲؛ ۱۶۴۵/۳۶۷؛ ۱۸۹۴/۳۷۷؛ ۲۰۵۱/۳۸۳؛ ۲۳۵۱/۳۹۵؛ ۱۹۵۴/۵۹۳ //~ **تاریک** خاطر گمراه و مشوب و مظنون، نظر گمراه، بدگمانی: یکم ۸۴۳/۳۳۶؛ ۲۰۳۰/۳۸۲؛ دوم ۴۷۰/۲۸۳؛ ۶۹۶/۲۹۲؛ ۶/۵۹۷؛ ۱۱۲۷/۸۴۵؛ ۲۴۱۳/۹۷۴؛ ۲۹۱۷/۹۹۳؛ ۲۹۵۵/۹۹۵؛ ۲۹۷۲/۹۹۶ // ~ **تاریک کسی را درفشان کردن:** دوم ۲۲۲/۱۴۳ // **ناپاک ~:** یکم ۶۷۷/۷۷

// از ~ بند گشادن: یکم ۲۶۳۴/۶۲۰. ۴- راه و رسم، آیین: یکم ۳۳۰/۴۲؛ ۷۷۳/۱۲۵؛ ۱۴۸/۱۸۹؛ ۲۰۹/۳۱۱؛ ۳۷۵/۳۱۷؛ ۱۶۲۳/۳۶۶؛ ۱۹۰۹/۳۷۸؛ دوم ۲۱۴۲/۹۶۳؛ ۳۶۹۴/۱۰۲۴ *// ~ کسی را به پای اندرآوردن:* دوم ۴۷۱/۸۹۷.

رای[۲]. لقب شاهان هند، راج: یکم ۳۶۸/۱۰۹؛ دوم ۸۲۳/۷۱ و دیگر.

رایت. درفش، نشان: یکم ۵۷/۴۲۵.

رای‌زن. مشاور: یکم ۶۹۰/۷۸؛ ۱۵۶/۱۸۹؛ ۳۰۰/۲۷۳.

رایگانی. رایگان، مجانی: دوم ۲۵۶۱/۵۸۴.

راییدن. رای زدن: دوم ۳۷۳/۴۹۷.

رباب. یکم ۱۲۴۲/۳۵۱.

رخ. *// ~ پرگره:* یکم ۱۸۲۱/۳۷۴ *// ~ روزگون:* یکم ۸۳۲/۱۲۷ *// کسی را ~ تازه نبودن:* یکم ۳۲۳/۴۸۰ *// مانند کردن ~ به دیبا* ← دیبارخ *// مانند کردن ~ به گلستان:* دوم ۲۱۱/۱۰۹.

رخت. بار و بنه (سپاه)، اسباب و اثاثیه، دستگاه، ساز و برگ زندگی: یکم ۶۴۵/۲۸۶؛ ۴۱۹/۴۱۹؛ ۴۳۷/۴۲۰؛ ۱۴۱/۵۲۲؛ دوم ۹۵۶/۷۷؛ ۱۳۱۵/۵۳۴؛ ۱۲۲/۶۰۲؛ ۴۰۴/۶۳۷ *// ~ (بر) بستن:* یکم ۱۲۱/۵۲۱؛ دوم ۱۴/۳۹؛ ۳۳۹/۲۵۸؛ ۳۵۸۵/۷۶۲ *// ~ برنهادن* بار بستن و آماده‌ی رفتن شدن: یکم ۱۷۹/۱۹۸؛ ۲۸۳۲/۶۲۸ *// ~ ریختن:* دوم ۷۲۸/۱۲۹.

رخته. ریخته، کوفته، خسته، نابود شده، در هم شکسته: یکم ۲۹۱۶/۹۰۶؛ دوم ۲۴۷/۴۳۱.

رخسار. *// دست بر ~ خویش زدن:* یکم ۷۳۶/۱۲۴.

رخساره. *// ~ زرد کردن:* ۳۴۹/۲۱۳.

رخش[۱]. تیره و تار: یکم ۶۹۸/۴۵۰؛ دوم ۴۲۸/۱۵۱؛ ۱۲/۴۱۵؛ ۱۳۱۲/۹۳۰.

رخش[۲]. ۱- اسب رستم: یکم ۱۰۲/۱۸۷؛ ۷۹۶/۲۹۲ *// ~ آتش‌گهر:* یکم ۱۵۳/۲۵۹ *// ~* **پولادسم:** یکم ۱۰۳۶/۶۷۹ *// ~ رخشان:* دوم ۱۱۳۴/۱۸۰ *// ~ رخشنده:* یکم ۳۴۳/۲۱۳؛ ۲۴۸/۲۴۴؛ دوم ۱۲۹۱/۱۸۶ *// ~ فرّخ:* یکم ۲۱۳۸/۳۸۷ *// خداوند ~* رستم: دوم ۲۲۶/۲۳۴ *// گل ~:* یکم ۳۸۶/۲۱۴ *// مانند کردن ~ به کوه:* یکم ۱۶۲۴/۵۸۰. ۲- اسب، اسب رخش‌آسا: یکم ۶۹۸/۲۸۸؛ ۷۹۶/۲۹۲.

رخشنده. ۱- روشن، درخشنده، تابان: یکم ۱۹/۱۶۰ و دیگر. ۲- صفت خداوند: یکم ۱۰۲۰/۶۷۸. ۳- کنایه از آتش: یکم ۵۵۹/۶۶۰؛ ۱۰۴۲/۶۷۹. ۴- کنایه از خورشید: دوم ۱۳۵۰/۳۱۸.

رخنه. سوراخ: دوم ۱۳۵۷/۶۷۴.

رد. سر، بزرگ، پهلون: یکم ۱۲۴۸/۱۴۴؛

۲۶۶/۱۶۹؛ ۷۲۲/۲۲۸؛ ۱۲۹۷/۳۵۴؛ ۱۷۳۳/۳۷۱؛ ۳۵۸/۴۱۷؛ دوم ۵۱۹/۱۲۱ و دیگر.

رده. صف: یکم ۷۸۵/۸۲، ۷۹۷.

ردی. بالاپوش: دوم ۲۹۰۶/۹۹۳.

رز. تاک: یکم ۵۷۳/۱۱۷؛ دوم ۱۳۰۲/۱۸۶ // ***آب رز*** ← آب.

رزم. // ***~ کوته شدن***: یکم ۲۹۷/۲۱۱ // ***سوده‌ی ~***: یکم ۱۷۳۸/۷۵۹.

رزم‌آزمود. دوم ۶۷۰/۱۶۱.

رزم‌آزموده. یکم ۱۸۹/۲۶۸؛ دوم ۳۰۵۴/۹۹۹.

رزم‌توز. رزمخواه: یکم ۱۲۵/۷۹۵.

رزمزن. جنگنده: یکم ۱۷۲/۱۶۶، ۱۸۳.

رزمساز. جنگنده: یکم ۴۱۸/۱۷۵؛ ۱۷/۱۹۲؛ ۱۹۲/۲۰۶؛ ۱۰۳/۲۳۹؛ ۱۵۸/۲۵۹؛ ۲۵۲/۴۳۳؛ ۶۱۲/۴۴۷.

رزمسازی. یکم ۴۸۰/۲۱۸.

رزمگه. // ***از ~ بوستان ساختن***: یکم ۶۲۵/۷۱۵ // ***از راه کوتاه کردن***: یکم ۹۷۵/۳۴۱.

رزم‌یوز. رزمخواه: یکم ۳۰۷/۷۰۳؛ ۱۳۱/۷۹۶.

رزه. یکم ۸۶۵/۵۰۱

رسان. رساننده: یکم ۱۹۰۵/۸۶۵.

رُست. ۱- سرزمین، خاک، میهن: یکم ۱۱۳۳/۱۳۹؛ ۵۱۶/۲۲۰؛ ۲۵۵/۲۷۱؛ ۱۴۹۲/۳۶۱؛ ۵۴۹/۵۳۸؛ ۷۵۱/۵۴۶. ۲- زاد و رود، تخم و ترکه: یکم ۸۵۲/۱۲۸ // ***~ و بوم*** سرزمین: دوم ۴۴۰/۴۳۸ // ***بوم و ~***: دوم ۳۰۸۹/۱۰۰۰.

رستخیز. ۱- روز برخاستن مردگان، کنایه از هلاک و تباهی: یکم ۳۲۸/۳۱۶؛ ۱۷۰۱/۳۶۹؛ ۲۱۳۹/۳۸۷؛ ۲۱۷۶/۳۸۸؛ دوم ۱۹۵۲/۹۵۵ // ***~ جستن***: یکم ۶۵۹/۸۱۶ // ***~ دیدن*** مجازات شدن و آسیب دیدن: دوم ۸۲۳/۸۳۳ // ***از چیزی (جایی) ~ برانگیختن***: یکم ۷/۷۹۱؛ ۱۳۸۹/۸۴۵؛ ۲۳۵۵/۸۸۳ // ***از کسی (دم) ~ برآوردن***: یکم ۱۳۵۱/۷۴۴؛ ۲۲۹۳/۷۸۱؛ ۵۶۷/۸۱۳؛ دوم ۱۳۶۳/۹۳ // ***بر کسی ~ آمدن***: یکم ۱۰۶۳/۶۸۰ // ***خروشیدن ~ برآمدن***: یکم ۷۸۰/۷۲۱ // ***کسی را گردش ~ نمودن*** جهان را بر او به پایان رساندن: دوم ۳۵۸۲/۷۶۲. ۲- شورش و هنگامه و غوغا: یکم ۸۱/۱۶۲؛ ۳۵۳/۲۱۳؛ ۲۳۳۳/۳۹۴ // ***در جهان ~ برانگیختن***: یکم ۷۶/۴۰۶.

رَستن. رهایی یافتن، از قید زندگی آزاد شدن: یکم ۵۱۵/۳۲۳؛ دوم ۳۷۸۸/۷۷۰.

رُستن. روییدن، پدید آمدن، خلق شدن: یکم ۱۲۳/۴۰۷؛ دوم ۱۲۷۴/۸۵۱ // ***چنان ~ باید که یزدان بکشت!***: یکم ۴۱۴/۲۷۷؛ ۷۷۰/۳۳۳.

رستنی. یکم ۵۳/۳؛ ۲۱۱۸/۳۸۶.

رَسته. رده: یکم ۱۳۳۲/۸۴۳.

رُسته. درخت میوه‌دار: دوم ۸۰/۶۲۴

رسن. واحد طول: یکم ۴۷۸/۲۱۸ // ~ ***برزدن*** اندازه گرفتن، مساحت کردن: یکم ۷۹۰/۲۹۲؛ دوم ۸۶/۶۲۴

رسیده. بالغ: یکم ۲۵/۱۸۴ // ~ ***به جای***← جای.

رسیده‌نو. نودولت: دوم ۶۸۰/۱۶۲.

رش. (نیز← ارش، شاه‌رش) واحد طول، گز: یکم ۱۰۹۷/۱۳۸؛ ۱۲۱/۱۹۶؛ ۵۳۳/۲۸۲؛ دوم ۶۷/۴۲؛ ۴۷۷/۶۴۰؛ ۳۵۷۱/۱۰۱۹؛ ۳۵۷۲/۱۰۱۹؛ ۳۵۷۴/۱۰۲۰.

رشته. سجاف و باریکه‌ی فرش: دوم ۳۸۰۹/۱۰۲۹.

رشته‌تا. // ***از جایی ~یی نبردن***: دوم ۶۶۳/۱۲۷.

رشک. ۱- حسد: دوم ۴۲۲/۱۵۱؛ ۳۹۱/۸۹۴. ۲- اندوه و دریغ: یکم ۲/۴۶۷؛ دوم ۱۷۵۲/۹۴۷. ۳- غیرت، حمیّت: دوم ۳۲/۱۰۷۲.

رضوان. فرشته‌ی نگهبان بهشت: یکم ۱۸۳/۲۰۶؛ ۱۷۱۶/۳۷۰.

رعنا. ۱- خودپسند، خودآرا: یکم ۳۲۶/۱۰۸. ۲- گول، جلف و سبکسر //~ ***کردن***: یکم ۳۲۵/۳۱۵.

رفتن. ۱- حرکت کردن: یکم ۴۵/۱۳ و فراوان. ۲- درگذشتن، مردن: یکم ۱۳۶/۱۶۴؛ ۹۸۴/۳۰۰؛ ۱۰۱۵/۳۰۱؛ ۱۶/۳۰۳؛ ۲۹۹۸/۹۰۹ و دیگر // ***بار ~ بستن***: یکم ۱۵۸۵/۱۵۷. ۳- گذشتن، سپری شدن: یکم ۷۶۲/۲۹۱. ۴- رخ دادن، انجام گرفتن، شدن، سرزدن: یکم ۶۴۶/۱۲۰؛ ۱۳۳۸/۱۴۷؛ ۳۴۸/۳۱۶؛ ۱۰۰۷/۳۴۲؛ ۱۵۱۰/۳۶۲؛ دوم ۱۴۳۸/۹۶ // ~ ***کار***: یکم ۲۸۶/۴۰؛ ۲۴۳۸/۸۸۷. ۵- شیوه و طرز راه رفتن، ادب گام برداشتن: یکم ۲۴۸۲/۴۰۰. ۶- اطاعت کردن: یکم ۲۶۲/۷۰۱.

رُفتن. ۱- جمع کردن: یکم ۱۰۸/۵. ۲- پاک کردن: یکم ۱۲۵/۴۲۸.

رفتنی. //~ ***گشتن***: یکم ۲۱۴۰/۳۸۷.

رفته. ۱- درگذشته، مرده: یکم ۹۹۰/۳۰۰ و دیگر. ۲- از ازل نوشته، از رفته قلم: یکم ۹۸۸/۳۰۰.

رقعه. نامه، نوشته: دوم ۲۹۵۶/۹۹۵؛ ۳۱۹۵/۱۰۰۵.

رقم زدن. نوشتن: یکم ۵۷۶/۱۱۷.

رکیب. رکاب دراز: یکم ۵۰/۴۰۵ //~ ***از عنان پیدا نبودن***: یکم ۹۴۲/۵۰۴؛ ۳۳۷/۵۳۰ //~ ***دراز***: یکم ۸۳۷/۲۹۴؛ دوم ۶۳۶/۲۶ // ***دوال ~ را گران کردن***: یکم ۲۰۷۲/۳۸۴ // ***عنان و ~ با کسی جفت بودن***: یکم ۶۸۴/۵۴۴ // ***گران شدن ~***: یکم ۱۴۱۴/۳۵۸؛ ۲۷۰/۴۱۳؛ ۲۹۵/۴۳۴؛ ۴۵۶/۴۸۵؛

۶۱۵/۵۴۱؛ ۱۴۵۵/۵۷۴؛ دوم ۱۴۴۵/۹۶ // **گران کردن** ~: یکم ۱۶۵۷/۸۵۶.

رگ. ۱- یکم ۱۲۵/۱۸۸ و دیگر // **در تن ~ نجنبیدن:** یکم ۱۱۱۶/۶۸۲. ۲- راه باریک، شکاف کوه، دره // ~ **کوه:** دوم ۴۰۴/۶۳۷.

رگاور (؟). یکم: ۸۸۶/۱۳۰

رم. رمه: یکم ۱۰۴/۱۸۷.

رُمح. نیزه: دوم ۴۰/۲۴۱.

رمه. ۱- گله: یکم ۱۰۰۵/۹۰؛ ۴۷۷/۲۸۰. ۲- کنایه از مردم، توده، گروه: یکم ۴۹۱/۱۷۸؛ دوم ۶۷/۱۰۴۳؛ ۱۲۵/۱۰۴۶. ۳- گروه، جمع: یکم ۲۹۶/۳۱۴. ٤- کنایه از لشکر: یکم ۶۱۵/۷۵؛ ۴۹۹/۱۷۸؛ ۵۱۳/۲۸۱؛ ۱۱۴۷/۷۳۶؛ ۱۲۷۲/۷۴۱. ۵- سربازان پیاده و نانژاده: یکم ۶۰۵/۲۲۳.

رمنده. یکم ۶۵۳/۱۲۰.

رنج. // ~ **آز**← آز // ~ **آزمودن:** یکم ۴۹۲/۴۴۲ // ~ **افگندن:** یکم ۲۷۳/۱۰۶ // ~ **برداشتن:** یکم ۲۵۳۵/۸۹۰ // ~ **بودن:** یکم ۶۰۵/۴۹۱ // ~ **پالودن:** یکم ۲۴۷۳/۶۱۴ // ~ **پراگنده به بار آمدن:** یکم ۳۱/۷۹۲ // ~ **جان:** یکم ۱۰۷۸/۱۳۷ // ~ **راه کوته شدن:** یکم ۵۱/۳۰۵ // ~ **کوتاه کردن:** یکم ۱۱/۱۵؛ ۳۹۶/۶۶؛ ۳۵۵/۲۴۹ // ~ **مهر**← مهر // **با** ~← با رنج // **بالیدن** ~ افزون گشتن رنج: دوم ۹۵۳/۸۳۸ // **به دادن ~ ندیدن:** دوم ۲۱۲۰/۹۶۲ // **سخن را به ~ نداشتن:** دوم ۲۹۸۱/۹۹۶ // **کاری را به ~ داشتن** آنرا پرزحمت دانستن: دوم ۴۱۱۲/۷۸۳؛ ۴۲۲۳/۷۸۷ // **کاری را به ~ نداشتن:** یکم ۶۰۵/۶۶۲؛ ۷۷۷/۶۶۹ // **گره بر در ~ سست شدن:** یکم ۶۲/۴۲۵ // **گنج بی ~**← گنج.

رنج‌بُردار. رنجبر: یکم ۱۶۳۴/۷۵۵.

رنجش. رنج و آزار: یکم ۳۵۱/۲۴۸.

رنجگی. آسیب، رنج: دوم ۱۳۴۴/۵۳۶.

رنجور. رنج برنده، مزدور: یکم ۱۰۱۹/۹۱؛ ۲۲/۹۶؛ ۳۴۹/۲۴۸.

رنجه. // **دل ~ کردن:** یکم ۴۹۴/۷۰؛ ۴۴۵/۲۷۸؛ ۹۳۸/۲۹۸.

رنجیدن. ۱- کوشیدن، ورزیدن: یکم ۱۳/۱۵؛ ۲۰/۱۶. ۲- رنجاندن: دوم ۱۳۰۹/۶۷۲.

رنگ. ۱- پسوند مانندگی: یکم ۴۷/۳۱ و دیگر. ۲- لون // ~ **از خون دل پریدن:** یکم ۸۵/۱۸۶ // ~ **سپید و سیاه را ندانستن:** یکم ۷۰/۹۸ // **سنگ ~ (صفت اسب):** یکم ۴۹۷/۲۸۰. ۳- دگرگون شدن رنگ رخسار در اثر شرم، غیرت، خشم، بیماری...: یکم ۱۹۲/۵۸؛ ۱۵۳/۱۶۵؛

۶۳/۳۰۵؛ ۹۷۲/۳٤۱؛ ۱۸۳۲/۳۷۵؛ ۲۰۷٤/۳۸٤. ٤- آرایش زنانه، مواد آرایش، رنگینه‌ها: یکم ۳۳۳/۱۰۸؛ ٤۰٤/۲۱۵؛ دوم ۲۵۰/٤۶۵. ۵- وضع (صفت زمانه): یکم ۶/۲۳۵. ۶- فریب، نیرنگ: یکم ٤۰۷/۲۱۵، ٤۱٤؛ ۲۰۹/۲٤۳؛ ۲۳۹/۲۷۰؛ ۱۸۷۷/۵۹۰، ۱۸۸۲؛ ۱۸۹۹/۵۹۱؛ دوم ۹٤٤/۳۰۲؛ ۹۶۷/۳۰۳؛ ۳۸۹/۶۳۶ // ~ ***(اندر) آمیختن:*** یکم ۱۸۸/۵۸؛ ۱۹۲۳/۳۷۸؛ دوم ۱٤۶۹/۸۵۹ //~ ***برآوردن*** نیرنگ زدن: یکم ۶۷۷/۷۱۷ // ***چاره جستن به ~:*** یکم ۲۰۹/۲٤۳. ۷- جلوه، نیکویی // ***بی ~*** ناخوب، زشت: دوم ۲۶٤۹/۷۲۵. ۸- نوع، گونه، قسم: دوم ۱۶۳۲/۶۸۵، ۱۶۳٤.

رنگ. بز کوهی: دوم ۹۹۶/۱۷٤.

رنگ‌رنگ. گونه‌گونه: یکم ۶۰۳/۷٤؛ ۹۶/۱۸۷؛ ۱۹۵۳/۵۹۳.

رنگ و بوی. (نیز← بوی و رنگ) ۱- بوی‌های خوش و گیاهان و گل‌ها در طبیعت: یکم ۱۲۳۸/۱٤۳؛ ۱۳۶۵/۱٤۸؛ ۲٤/۱۸٤؛ ۲۹/۲۰۰؛ ۱۲۱۷/۳۵۰. ۲- آرایش زنان یا مواد آن از بوییته‌ها و رنگینه‌ها: یکم ۶۲۶/۷۵؛ ۱۳۶۵/۱٤۸؛ ٤۰٤/۲۱۵؛ ۸۶۷/۲۳۳؛ ۵۸/۲۶۳؛ ۱۸۷/۳۱۰؛ ۱۲۱۷/۳۵۰؛ ۲٤۱۹/۸۸۶؛ ۲۹۷۹/۹۰۹؛ دوم ٤۶۸/۱۱۹؛ ٤۹۰/۱۲۰، ٤۹۵؛ ۱۲۶۲/۳۱۵؛ ۱۳۲۲/۳۱۷؛ ۲۱٤/۳٤۹؛ ٤٤۸۹/۷۹۸؛ ۱۳۷۸/۸۵۵. ۳- کنایه از جلوه و آب و رنگ و رونق، زیبایی و شادابی و کشش: یکم ٤۵۳/۱۱۲؛ ٤۸۵/۱۱٤؛ ۵٤۳/۱۱۶؛ ۵۷٤/۱۱۷؛ ۸۸۷/۳۳۷؛ دوم ۲۲٤/۳۵۰؛ ۵۷۶/۶٤۳ // ~ ***به جایی نماندن*** کنایه از نابودی و ویرانی آن جای: دوم ۸۲۶/۱۶۷ // ~ ***شدن از کاری:*** یکم ۲۹۵/٤۱٤ //~ ***نماندن به چیزی:*** یکم ۶۵۲/۲۲۵ // ***داستان با ~:*** یکم ۷/۲۵۳. ٤- کنایه از فرّ و شکوه و رونق و آبادانی و شوکت و حشمت و قدرت: یکم ۱۶۶۷/۳۶۸؛ ۹۸/٤۲۷؛ ۲۸۳٤/۶۲۸؛ دوم ۱۱٤۶/۱۸۰؛ ۳۱۸/۳۵۳؛ ۱۵۰۲/۵٤۲؛ ۲۱۲۰/۵۶۶؛ ۳۶۹/۶۱۹؛ ۸۵۳/۶۵٤؛ ۱۸۶۳/۸۷٤ // ***به کسی ~ نماندن:*** دوم ۵٤/۵۹۹. ۵- کنایه از شهرت عام // ~ ***گرفتن سخن:*** یکم ۳۷۶/۳۱۷. ۶- کنایه از فریب و ریاکاری: یکم ۲۲۲۱/۳۹۰. ۷- لفّاظی، عبارت‌پردازی: دوم ۱۵۱۵/۶۸۱. ۸- کنایه از تطمیع کردن و در باغ سبز نشان دادن (نیز← رنگ، شماره‌ی ۶) // ~ ***آمیختن:*** دوم ۲۱۶۲/۵۶۸. ۹- کنایه از معنی و مفهوم، محتوا و منطق: دوم ۳۵۸۱/۷۶۲. ۱۰- ترتیب، نظم، سامان // ***کاری را ~ دادن:*** دوم ۱۷۷۰/۸۷۱.

رنگ و بیرنگ. همه چیز، تماماً: دوم ۱۰۰۷/۳۰۴.

رنگ و نگار. کنایه از زیبایی خط و نگارش در نامه: یکم ۱۰۴/۱۹۵.

روا. رفته، مرده، کشته، درگذشته: دوم ۴۹۶/۵۸؛ ۵۰۷/۵۹.

روارو. ۱- برو و برو، همین‌گونه برو: یکم ۱۹/۱۸۴؛ دوم ۱۱۶۶/۹۲۴؛ ۱۳۴۸/۹۳۱. ۲- دور شو دور شو // ~ ***برآمدن:*** یکم ۱۱۷۴/۱۴۱؛ ۲۴۷۸/۴۰۰.

روان[1]. ۱- جان، زندگی: یکم ۸۶۶/۲۹۵؛ ۴۵/۴۰۴؛ ۳۲۷/۴۳۶ // ~ ***برفشاندن:*** یکم ۵۱/۴۲۵ // ~ ***به جویا دادن:*** دوم ۲۸۷۴/۹۹۲ // ~ ***به سر اندر آمدن:*** یکم ۸۶۶/۲۹۵ // ~ ***را به خون درنشاندن:*** دوم ۱۹۰۴/۵۵۸ // ~ ***را به شادی آراستن:*** دوم ۳۱۰۲/۱۰۰۱ // ~ ***را گروگان کردن:*** دوم ۹۹۳/۵۲۲ // ~ ***روشن*** جان پاک و جاوید: دوم ۲۴۶۲/۷۱۸. ۲- نیروی اندیشمند و شناسنده در آدمی، نفس: یکم ۲۰/۲؛ ۶۲۴/۲۲۴؛ ۴۷/۲۶۳؛ ۳۶۳/۴۱۷؛ دوم ۷۰۵/۱۱۰۹، ۷۰۶ و فراوان // ~ ***از اندیشه کوتاه شدن:*** یکم ۳۶۷/۲۴۹؛ ۸۷۹/۳۳۷ // ~ ***از بدها بی‌گمانی کردن:*** یکم ۲۵۱۹/۸۹۰ // ~ ***از خرد بر خوردن:*** یکم ۱۸۵۸/۵۹۰ // ~ ***بریدن (پریدن):*** یکم ۱۱۲۳/۷۳۵ // ~ ***بداندیش*** ۱- جان گمراه: دوم ۳۲۰۶/۷۴۷. ۲- خاطر مظنون: دوم ۳۴۵۹/۷۵۷ // ~ ***به پیمان بسته داشتن:*** دوم ۳۱۳۹/۱۰۰۲ // ~ ***بیدار:*** یکم ۳۶۳/۴۱۷ // ~ ***پرآژنگ:*** دوم ۴۲۳/۱۱۷ // ~ ***پر از شرم و آزرم بادا:*** یکم ۸۷۴/۲۳۴ // ~ ***پرگناه:*** یکم ۲۰۵۶/۳۸۳ // ~ ***خرد بودن:*** یکم ۶۰/۲۶۳ // ~ ***خیره گشتن:*** دوم ۵۴/۱۰۳ // ~ ***را از انده شستن:*** یکم ۱۲۱۷/۵۱۵ // ~ ***را از بند گشادن:*** یکم ۲۷۴۵/۶۲۵ // ~ ***را از خرد مایه نبودن:*** یکم ۱۲۱۳/۷۳۸ // ~ ***را به آب دلیری شستن:*** یکم ۱۲۰۴/۵۶۴ // ~ ***را به اندیشه اندر نشاندن:*** دوم ۱۲۰/۲۳۰ // ~ ***را به پیمان گروگان کردن:*** دوم ۱۱۶/۵ // ~ ***را به خون دل آهار دادن:*** یکم ۲۴۲۸/۶۱۲ // ~ ***را به دیدار توشه بودن:*** یکم ۱۳۲۴/۳۵۵؛ ۲۳۴۳/۳۹۵؛ ۱۸۱۰/۵۸۸ // ~ ***را به مهر کسی گروگان کردن:*** یکم ۳۳/۱۶۰؛ دوم ۸۶۴/۳۶ // ~ ***را پر اندیشه داشتن:*** دوم ۳۱۹/۲۳۷ // ~ ***را راستی توشه بودن:*** دوم ۸۰۳/۱۶۷ // ~ ***را می توش گشتن:*** دوم ۸۰۵/۱۶۷ // ~ ***را نوید دادن:*** یکم ۸۸۷/۶۷۳ // ~ ***راه‌جوی:*** یکم ۱۵۱/۴۲۹ // ~ ***رنجه کردن:*** یکم

۲۴۹/۴۳۳ // ~ ***زبان دیدن:*** یکم ۴۵/۴۰۴ // ~ ***سوگوار:*** یکم ۲۰۸/۱۶۷ // ~ ***کسی از او رامش بودن:*** یکم ۳۵۴/۴۱۶ // ~ ***کسی بر کسی درود آوردن:*** دوم ۹۶۷/۱۷۳ // ~ ***کسی را جفت بودن:*** یکم ۸۳۶/۱۲۸ // ~ ***کسی را خاک تریاک بودن:*** یکم ۲۹۳۲/۹۰۷ // ~ ***کسی را زهر تریاک شدن:*** دوم ۷۵۷/۱۱۱۱ // ~ ***گروگان بودن:*** یکم ۱۹۷۹/۵۹۴ // ~ ***گشودن از رنج و سختی:*** یکم ۶۴۲/۱۲۰ // ~ ***و خرد بنیاد کسی گشتن:*** یکم ۹۵۹/۱۳۲ // ***از ~ بیگانه ماندن*** جان سپردن: یکم ۱۶۰۱/۷۵۳ // ***برآمیختن خرد با ~:*** یکم ۱۷۲۷/۳۷۰ // ***به شیرین ~ اندرآویختن:*** یکم ۱۰۴۶/۸۳۲ // ***تنومند بودن ~:*** دوم ۶۸۹/۱۱۰۸ // ***تیره ~*** ← تیره‌روان // ***خرد با ~ پروراندن:*** یکم ۸۹۷/۳۳۸ // ***خرد برفشاندن ~:*** یکم ۲۰۱/۳۱۱ // ***خرد به روشن ~ برگراییدن:*** دوم ۲۷۴۰/۹۸۶ // ***خرد پروراندن ~:*** یکم ۱۱۲/۳۰۷ // ***خرد را ~ بودن:*** یکم ۱۲۷/۶۴۴ // ***خسته ~*** ← خسته‌روان // ***خمیده ~:*** یکم ۵۱/۴۲۵ // ***روشن ~*** ← روشن‌روان // ***سنان به چنگ اندرآوردن ~:*** دوم ۷۲۰/۱۱۱۰. ۳- روح // ~ ***پر از نور بادا!:*** یکم ۲۵۱۰/۴۰۱ // ~ ***چو خورشید بادا!:*** یکم ۲۰۹/۱۶۷ // ~ ***درخشنده بادا!:*** یکم ۴۷۹/۱۷۸ // ~ ***کسی را شستن:*** یکم ۷۸/۴۷۰.

روان[۲]. رونده، آزاد، یله: یکم ۳۵۷/۲۱۳.

روان[۳]. رهی // ***بنده‌ی ~:*** یکم ۶۸۹/۸۱۸.

روان‌داد. یکم ۱۱۸۸/۵۱۴.

روان‌کاسته. بدبخت، اندوه‌زده، رنجدیده و رنجیده: یکم ۱۲۶۸/۶۸۸.

روبه. // ~ ***از ستودن (آزمودن) دلیر نشود!:*** یکم ۱۱۷۰/۶۸۴.

رود. ۱- از سازهای زهی، بربط: یکم ۴۰۲/۲۱۵؛ ۱۷۶۷/۳۷۲؛ دوم ۴۳۲/۱۰۵۸ و دیگر // ~ ***ساختن:*** دوم ۲۵۶۴/۵۸۴؛ ۳۴۰۳/۱۰۱۳. ۲- نغمه و سرود: یکم ۲۷۲/۱۰۶؛ دوم ۳۶۵۳/۱۰۲۳. ۳- تاری که بر ساز کشند: یکم ۲۴/۲۰۰.

رودابد. نام محل: یکم ۱۸/۱۸۴.

رودبار. ۱- ساحل و کنار رود: یکم ۳۹۶/۱۱۰؛ ۴۱۷/۴۳۹. ۲- رود: یکم ۳۹۶/۱۱۰؛ ۴۰۳/۱۱۱؛ ۲۸۸/۴۳۴.

رودگانی. رودگان، روده‌ها: دوم ۱۲۱۵/۳۱۳.

روده. // ***سگ ~:*** دوم ۱۰۰۸/۳۰۴.

روز. ۱- از برآمدن تا فرورفتن خورشید: یکم ۷۴/۴ و فراوان // ~ ***انجامش:*** یکم ۱۳۹۸/۱۵۰ // ~ ~:

یکم ۳٤/٥۲ // ~ **شمردن:** یکم ۱۹۹٦/٥۹٥ // ~ ***ناپدید شدن کسی را:*** یکم ۲٤٥۱/۳۹۹ // ***از اندازه‌ی ~ برنگذشتن:*** دوم ۲۰/۲۰۳ // ***تیره ~ به ~ اندرآمدن:*** یکم ۱۱٤۸/۱٤۰ // ***خوش‌منش ~:*** دوم ۳٤۹/۱۱٥ // ***دو روزه:*** یکم ۲۷٥/۲۱۰ // ***نفرین کردن ~:*** یکم ۲۲٥٦/۳۹۱ // ***یک روزه:*** یکم ۲۷٥/۲۱۰. **۲**- عمر، فرصت، زمان، مدّت، روزگار، روزها: یکم ۱۱٥/۲۰۳؛ ۱۳/۳۰۳؛ ۲۳٥۲/۳۹٥؛ ٦۹۸/٤٥۰؛ دوم ٥۰/۳۷٥؛ ۱٦/٤٥۱؛ ۱/۱۰۸۱؛ ۱۹/۱۰۸۲ // ~ ***بازآمدن:*** یکم ۲۳۹٤/۳۹۷ // ~ ***پیمودن:*** یکم ٦۷٥/۳۲۹ // ~ ***دراز:*** دوم ۱۲۹٦/۹۲۹؛ ۳۳٥۳/۱۰۱۱؛ ۹۲/۱۰۸٥ // ~ ***(امروز) شمردن:*** یکم ۱۲۹۳/۱٤٦؛ ۱۳۳۰/۱٤۷ // ~ ***کسی را دراز کشیدن ندیدن:*** یکم ۱٥۸۷/۱٥۷ // ~ ***کوتاه شدن کسی را:*** یکم ٤۳۲/۱۷٦ // ~ ***گذاشتن:*** یکم ٥۷۳/۷۳ // ***تیره ~ به ~ اندرآمدن:*** یکم ۱۱٤۸/۱٤۰ // ***شاد ~:*** یکم ٥۰/٤۲٥. **۳**- روزهای پیروزی و سرافرازی، نیکروزیها: یکم ۹۰۲/۲۹٦؛ ٤۲٦/۳۱۹. **٤**- کنایه از بخت، روزگار، زمانه: یکم ۲۲۸٤/٦۰٦؛ دوم ۱۷/۲٦٥؛ ۱۸/٤۸٤؛ ٦۰۳/٥۰۷؛ ۱۳۷٦/٦۷٥؛ ٤۰۹۲/۷۸۲ // ~ ***بر آرزو شمردن*** جهان را به کام گذراندن: دوم ۲٤۳۸/۷۱۷ // ~ ***برگشتن:*** یکم ۱۰٦۷/۹۳؛ ۲۲۷۷/۳۹۲ // ~ ***نو کهن شدن:*** دوم ۱٦۷۲/۹٤٤. **٥**- روزی، مقدَر: دوم ۲۰/۲۰۳.

روزبان. **۱**- دربان و پاسبان کاخ: یکم ۳۲٤/٤۲؛ ٤۲۲/۳۱۹؛ ۲۳٤۱/۳۹٥؛ ٥۸٤/۷۱٤؛ ۲۳۲۱/۸۸۲؛ ۲۳۷۸/۸۸٤. **۲**- دژخیم: یکم ۱۲۱/۳٤؛ ۲۱۲۸/۳۸٦؛ ۲۳۳۲/۳۹٤؛ ۲۳٦٤/۳۹٦؛ ۱۸۲/٤۱۰، ۱۹٤ // ~ ***مردمکش:*** یکم ۲٥/۳۰؛ ۲۱۸٤/۳۸۹؛ ۲۳۰۳/۳۹۳؛ ۲۳۲۸/۳۹٤.

روزبه. نیکروز، نیکبخت: دوم ۱۰۱۹/۹۱۹؛ ۱۷۹٥/۹٤۹.

روزروز. روز به روز: دوم ۱۰٦۹/٦٦۳.

روزگار. **۱**- زمانه، گردش چرخ: یکم ٥٦۱/۷۳؛ ۲۲٦۹/۳۹۲ و دیگر // ~ ***آموزگار است!:*** یکم ٦۲٤/۲۲٤؛ ۲۲۰۱/۳۸۹؛ ۲٤۱۱/۳۹۷ // ~ ***به مردم خرّم است!:*** یکم ۸٤/٥٤ // ~ ***تنگ آمدن کسی را:*** یکم ۲٤۱۷/۳۹۸ // ~ ***درشت:*** دوم ۷۲۳/۱۱۱۰ // ~ ***کسی برومند بودن:*** دوم ۳۲۳۸/۱۰۰٦ // ~ ***کسی گران شدن:*** دوم ۲۸/۱۰۷۲ // ~ ***کهن:*** دوم ۱۱۸۳/۹۲٥ // ***تنگی ~:*** یکم ۹۲/۱۹٥ // ***چشم و دل ~:*** یکم ۱۰۹۱/۳٤٥ // ***سر ~ به خواب اندرآمدن:*** یکم ۳٥۰/۲٤۸ // ~ ***گزافه***

برنداردا: یکم ۱۱۶۶/۷۳۶ // ***از ~ برآسودن:*** یکم ۱۱۰۳/۸۳٤. **۲**- وقت، مدّت، فرصت، زمان؛ دوره، عصر؛ حال و احوال: یکم ۳٦/۲؛ ۲/۱۱؛ ۸۰/۳۲؛ ۲۰۸/۵۹؛ ۳۹۷/۳۱۸؛ ۵٤۷/۳۲٤؛ ۹۹۸/۳٤۲؛ ۱٦۲۱/۳٦٦؛ دوم ۱٤۷/۲۳۱؛ ۹۱/۲٤۸؛ ۲۱۳۲/۹٦۲؛ ۲۷۷٦/۹۸۸ // ***~ برآمدن:*** یکم ۲۱/۱۲؛ ٤۲/۱۸۵؛ ۲۸/۲۳٦؛ ٦۳/۳۰۵؛ ۱۹۲٤/۳۷۸؛ ٤۳۹/٤۲۰ // ***~ بردن*** زمان گذراندن، معطل شدن: یکم ۲۰۸/۵۹؛ دوم ۳۱٤/۲۷۷؛ ۱۲۲۸/۳۱۳؛ ۲۱۳۸/۹٦۳ // ***~ بهی:*** یکم ۲۰۲۹/۳۸۲؛ ۵٤۹/٤٤٤ // ***~ درنگ*** ۱- کنایه از جهان: دوم ۳۵۱۲/۷۵۹. ۲- زمان پایداری و ایستادگی: دوم ۱۸٦۱/۹۵۲ // ***~ سرآمدن:*** دوم ۱۱۷۱/۵۲۹ //***~ شدن:*** یکم ۳۷۹/٦٦؛ ٦٦۰/۳۲۹ // ***~ شمردن:*** یکم ۲۰۵۹/۳۸٤ // ***~ کهن:*** یکم ۱۹۲۱/۳۷۸؛ ۲۰٦۸/۳۸٤ // ***~ کهن بر کسی تازه شدن:*** یکم ۳۷۲/٤۱۷ // ***گردش ~:*** یکم ۲٦۰/۲۷۱ // ***یک ~:*** یکم ۲۱/۱۲؛ ٤۰/۲۲. **۳**- هنگام، موقع: یکم ۱۰۰۵/۹۰؛ ۱٤۰/۱٦٤؛ ۲٦۲/۱٦۹؛ ۱۳۰/۱۹٦؛ ۲۲۲/۲٤۳؛ ۲۳۰/۲۷۰؛ ۵٤۱/۲۸۲؛ ۹۸٤/۳٤۱؛ ۱۰۰۹/۳٤۲؛ ۱۱۳۱/۳٤۷؛ ۱٦٤٤/۳٦۷؛ ۲۰۱٦/۳۸۲؛ ۲۲۰٦/۳۸۹؛ ۲٤۵/٤۳۲ // ***~ درنگ:*** یکم ۱۵/۱۸۳؛ ۲۵۱۸/٤۰۲. **٤**- روز، اکنون: یکم ۱٤۸/۳۵؛ ۳۷۹/٦٦؛ ٦۱۳/۷۵؛ ۱۰۰۵/۹۰؛ ۳۱۳/۲۱۱؛ ۳۸۷/۲۷٦؛ ۹۸٤/۳٤۱؛ ۱۰۰۹/۳٤۲؛ ۱۸٦۰/۳۷٦؛ دوم ۳٤٦/٦۱۹ // ***~ مهان:*** دوم ۳۳۰۰/۱۰۰۹ // ***~ نبرد:*** یکم ۸۸۳/۸۵؛ ۹۵۳/۸۸. **۵**- زمان، مهلت: یکم ۹۱۰/۵۰۳. **٦**- ایّام، عمر، زندگی: دوم ۳٦٤/۲۵۹.

روزگاران. روزگار، زمانه: یکم ۱۹۳/۲۰٦.

روزنامه. **۱**- دفتر مالیات: دوم ۱۰۰/٦۲۵. **۲**- دفتر ثبت اموال: دوم ٤۱۸/۱۰۹۷.

روزه. دوم ۳۲۹۱/۱۰۰۸.

روزی[۱]. قسمت: یکم ۲٤٤/۲۷۰.

روزی[۲]. مزد و جامگی سپاهیان و درباریان: دوم ۵۹۹/۳٦۵؛ ۲۱۸/٦۲۹؛ ۱۳۷۸/٦۷۵ // ***~ بخشیدن:*** دوم ۳۱۰/۵۱ // ***~ دادن:*** یکم ٤۲٤/۲۷۷؛ ۱۰۸/۷۹۵؛ ۲٦۲/۸۰۱؛ ۲۰۱۲/۸۷۰؛ ۲۱۰۳/۸۷۳؛ دوم ۲۷۹/۵۰؛ ۱۳٤/۲۳۰؛ ۱۵/۲٤۵؛ ٤۱۵/۳۵۷؛ ٦۹۱/۳٦۸؛ ٤۳۹/٤۳۸؛ ۸۸/٤۸٦؛ ۸۹۲/٦۵٦؛ ۳۱۸٤/۷٤٦؛ ٤۷۱/۸۲۰؛ ۳۰۰٦/۹۹۷.

روزی‌دهان. کارپردازان دیوانی، کسانی که جامگی سپاهیان و درباریان و دیگر کارمندان دولت را بر طبق

دفتری که در آن نام و اندازه‌ی حقوق هر کس ثبت شده بود، می‌پرداختند: یکم ۸۵۷/۲۳۳؛ ۱۳۴/٤۰۸؛ ۱۳۷/٤٥٦؛ ۱۱۰/٥۲۱؛ ۱۰۸۷/۷۳۳، ۱۰۹۰؛ دوم ۱۷۳/۲٥۲؛ ۱۱۲۸/٦٦٥؛ ٤۱۹۱/۷۸٦، ٤۱۹٤؛ ۳۷٦۱/۱۰۲۷.

روزی‌کش. روزی‌کشنده (صفت مور): یکم ٥۰٥/۷۱.

روش. رفتار، کرده، کردار، راه و رسم: یکم ٦۳۸/۷٦؛ ٦۳۲/۱۲۰.

رَوشن. روش، راه و رسم: یکم ۲۱۷٦/۸۷٦؛ دوم ۸٥۱/٦٥٤؛ ۱٤۱٥/٦۷۷؛ ۲۲٤۳/۷۰۹؛ ۲٥۹۳/۷۲۳؛ ۳٤۹۹/۷٥۹ // ~ *زمانه (جهان)*: یکم ۱۱۳/٥؛ ۹۹۰/۱۳٤؛ ۱٤۱/۲۰٤؛ ۳۲۷/۲٤۷؛ ۷۱٦/۲۸۹؛ ۱۰٥۲/۳٤٤ // *راه ~*: یکم ٤٤٤/٦۸.

رُوشن. ۱- پاک، منزّه، آگاه، دانا: یکم ۱٤٦۹/۷٤۸؛ ۲۳۰۳/۷۸۲؛ ۸٤۳/۸۲٤؛ دوم ۲۰/٤۰؛ ۱۱۹/۱۰٥؛ ٦۳۲/٤٤٦؛ ۳۱۰/٦۳۳؛ ۲٤٦۲/۷۱۸؛ ۱٦٤۸/۸٦٦ // *تن ~*← تن، شماره‌ی ۱. ۲- شاد و خرّم، تندرست و سرِحال: یکم ۱۲۳۷/۳٥۱؛ دوم ٤۲۳/۲۸۱. ۳- دانا (صفت خداوند) // ~ *جهان‌آفرین*: یکم ۳٦۲/۲۱۳؛ ۲۳۹۸/۳۹۷ // ~ *جهاندار*: یکم ۷۰٤/۷۸ // ~ *کردگار*: یکم ٥٦۱/۷۳؛ ۱۰/٤۰۳؛ ۱۸/٤۲۳. ٤- آگاه، بیدار // *دل ~*← دل، شماره‌ی ۱ // *گمان ~*← گمان. ٥- آشکار، به وضوح، دقیق: دوم ۳٦٦٤/۷٦٦.

روشنایی. ۱- کنایه از رهایی، راه حل // ~ *پدید نیامدن*: یکم ٤۸٤/٦٥۷؛ ۱۳۷٤/۸٤٤. ۲- کنایه از امید، نور امید: یکم ۱٤۰٥/۷٤٦؛ ۱٦۱٥/۸٥٤. ۳- کنایه از دانایی و معرفت، آگاهی و بینش: دوم ۳۱٤٦/۷٤٥. ٤- آسمان، جایگاه روان‌های پاک: دوم ۲۱۷۹/۹٦٤.

روشن‌روان. ۱- روان روشن، جان آگاه، نفس عاقله، نفس نظری: یکم ۱۷۰/۸؛ ۱۲/۲۱؛ ۱٦٤/۳٥؛ ۷۱٦/۷۹؛ ٦۱۲/۱۱۹؛ ۷٦۰/۱۲٥؛ ۱۳۸۷/۱٤۹؛ ۷۲۲/۲۲۸؛ ۱٤۲/٤۲۸؛ ٦۹۷/٥٤٤؛ ۷۰٤/٥٤٥؛ ۲٥٦٥/۸۹۲؛ دوم ٥٦۸/۲٤؛ ۹۸/۳٤٥؛ ۷۲۰/٦٤۹؛ ۱٤۷۰/۸٥۹ و دیگر (نیز← شماره‌ی ٥) // ~ *بر چیزی بودن*: دوم ٥۲٥/۱٥٥ // *کسی را ز ~ برگزیدن*: دوم ۱۱۱/۱۳۹. ۲- (صفت و قید مرکب) روشن‌ضمیر، روشن‌دل، دانا، آگاه: یکم ۲۰/۲؛ ۱٤۷/۷؛ ۳٦۲/۱۷۳؛ ۸۹/۲۳۸؛ ۳۳۱/۲٤۸؛ ۳۰۲/۲۷۳؛ ۹۳٥/۲۹۸؛ ٥۱٦/۳۲۳؛ ۱٥۲۱/۳٦۲؛ ۲۱۹٥/۳۸۹؛ ٤۷۷/٤۲۱؛ ٤٤۸/٤٤۰؛ ۷۰/٤٦۹؛ ۱۸۱/٤۷٤؛ ۱۱۱۱/٥۱۱؛ ۱۳۸/٥۲۲؛ ٤۹٤/٥۳٦؛ ۷۹۹/٥٤۸؛ ۲/٦۳۱؛ ۸٦٥/٦۷۲؛ ۱۰٦/۷۹٥؛ دوم

۲۳۸/۳۵۰، ۲۴۶؛ ۱۴۶/۴۶۱؛ ۳۷۱/۴۷۰، ۳۹۱؛ ۴۸۱/۶۴۰؛ ۱۱۰۲/۶۶۴؛ ۱۱۳۳/۶۶۶، ۱۱۵۰؛ ۳۴۳۵/۷۵۶؛ ۴۳۲۴/۷۹۲؛ ۴۶۴/۸۱۹؛ ۵۱۵/۸۲۱؛ ۹۸۶/۸۴۰؛ ۱۱۱۸/۸۴۵؛ ۱۵۲۶/۸۶۱؛ ۱۵۵۷/۸۶۲ و دیگر // **به ~** با روشن‌دلی، آگاهانه (← شماره‌ی ۱): دوم ۱۵۲/۳۴۷؛ ۳۱۴/۴۳۳؛ ۱۸۷۶/۶۹۵؛ ۳۳۹۰/۷۵۵. **۳**- مرد خردمند و دانشمند: دوم ۲۵۵/۳۵۱. **٤**- خردمندانه // ***گفتار ~***: دوم ۵۳۴/۸۲۲. **۵**- شاد و خرّم، تازه‌جان، تازه، پرمغز؛ فارغ‌البال و آسوده‌خاطر: یکم ۵۳/۱۸۵؛ ۵۸۵/۱۱۸؛ ۱۱۶۵/۱۴۰؛ ۱۱۹۶/۱۴۲؛ ۱۳۴۳/۱۴۸؛ ۱۶۶/۲۵۹؛ ۱۴۴/۲۶۶؛ ۴۸۲/۴۲۲؛ ۵۰۴/۴۴۳؛ ۴۳/۴۵۳؛ ۱۸۸/۴۷۴، ۱۹۱، ۱۹۸؛ ۱۲۲۵/۵۱۵؛ ۷۹۶/۵۴۸؛ ۹۱۰/۵۵۳؛ ۱۷۲۷/۵۸۵؛ ۲۳۶۵/۶۱۰؛ ۲۸۶۴/۶۲۹؛ دوم ۲۲۷/۳۵۰؛ ۲۷۹/۳۵۲؛ ۷۰۲/۳۶۹؛ ۱۴۵/۳۷۸؛ ۲۲۹/۴۳۰؛ ۳۷۸۲/۷۷۰؛ ۴۳۲۷/۷۹۲؛ ۵۱۸/۸۲۱؛ ۱۶۲۸/۸۶۵ و دیگر (نیز ← شماره‌ی ۱) // ***خورشید ~***: یکم ۱۶۶۶/۵۸۲ // ***دیدار ~***: یکم ۴۱۴/۶۷ // ***رای و ~***: یکم ۷۶۰/۱۲۵؛ ۱۱۴۹/۱۴۰ // ***گفتار ~***: یکم ۴۶۴/۱۱۳. **٦**- تازگی، روشنی، پاکی: یکم ۱۵۱۸/۱۵۴. **۷**- بیدار، بهوش، مقابل خفته: یکم ۱۶۱۲/۸۵۴. **۸**- روح پاک، معصوم: دوم ۲۷۹/۱۴۶؛ ۷۴/۳۷۶.

روشنی. **۱**- پاکی: یکم ۳۹۵/۴۳۸. **۲**- دانایی، آگاهی: دوم ۱۰۹۸/۶۶۴.

رومی. بند رومی: یکم ۳۸۱/۶۵۳ // ***~ پرند*** کنایه از نرمی: یکم ۱۲۷۵/۷۴۱ // ***~ ستون*** کنایه از گرز: یکم ۱۵۸۹/۷۵۳؛ ۱۹۰۹/۷۶۶ // ***~ عمود***: یکم ۱۹۰۷/۷۶۶.

رونده. پیک، فرستاده: یکم ۸۰۷/۴۹۹.

روی. **۱**- رخسار، چهره // ***~ اندر (~) آوردن***: یکم ۳۱۳/۶۳؛ ۹۳۹/۸۸؛ ۷۲۱/۲۲۸؛ ۷۷۸/۲۳۰؛ ۷۹۹/۲۳۱؛ ۱۲۴/۲۶۶، ۱۴۰؛ ۱۸۰۷/۳۷۴ // ***~ (بر) تابیدن*** روی برگرداندن، پشت کردن، برگشتن: یکم ۲۳۰/۴۶۰؛ ۹۶۴/۵۰۵؛ ۵۷۶/۷۱۳؛ ۷۰۴/۷۱۸؛ ۱۰۴۲/۷۳۲، ۱۰۴۶ // ***~ برتافتن*** برگشتن، روی برگرداندن، پشت کردن، منصرف شدن: یکم ۴۵۳/۶۵۶؛ ۱۱۱۳/۷۳۴؛ ۲۸۰۳/۹۰۱؛ دوم ۳۶۱/۴۳۵؛ ۵۲۲/۴۴۱ // ***~ برگاشتن*** روی گرداندن، برگشتن، پشت کردن، سرپیچی کردن، تمرّد نمودن، بیرون بردن: یکم ۳۹۷/۶۶؛ ۸۷۷/۸۵؛ ۸۹۴/۸۶، ۹۰۹؛ ۹۱۳/۱۳۱؛ ۲۳۶/۱۶۸؛ ۳۵۳/۱۷۳؛ ۳۲/۲۳۶؛ ۶۱۲/۲۸۵؛ ۷۰۱/۲۸۸؛ ۵۳۷/۳۲۴؛ ۹۹۰/۳۴۲؛

۱۶۲/۴۰۹؛ ۶۹۲/۴۹۴؛ ۱۰۱۹/۵۰۷؛ ۴۱۳/۵۳۳؛ ۶۲۱/۷۱۵؛ ۷۴۱/۷۲۰؛ ۸۵۰/۷۲۴؛ ۱۶۱۲/۷۵۴؛ ۱۷۷۴/۷۶۰؛ ۲۰۰۵/۷۷۰؛ دوم ۶۹۸/۱۲۸؛ ۳۶/۲۴۰؛ ۳۱۳/۲۵۷؛ ۹۶/۱۰۴۵ // ~ **به ~ اندرآمدن** ۱- مقابل یکدیگر قرار گرفتن: دوم ۴۵۲/۴۳۹؛ ۷۲/۶۰۰؛ ۳۳۴۹/۷۵۳. ۲- سرنگون شدن: یکم ۳۴/۱۲ // ~ **به ~ تنگ آوردن**: یکم ۱۳۷۱/۷۴۴ // ~ **به ~ نهادن**: یکم ۱۴۷/۴۰۸ // ~ **به کسی داشتن**: یکم ۱۲۱۳/۳۵۰ // ~ **پیچیدن** روی برگرداندن، پشت کردن: یکم ۲۲۶۶/۳۹۲؛ دوم ۴۵۹/۲۶۳ // ~ **خستن**: یکم ۵۵۳/۷۲ // ~ ~ **کردن**: یکم ۶۲۸/۲۸۶ // ~ **زرد کردن**: یکم ۱۸۰۸/۳۷۴ // ~ **سرخ کردن**: یکم ۲۲۰/۳۸ // ~ **شستن به آب وفا**: یکم ۴۳۱/۲۵۲ // ~ **فراز (فراز ~) آوردن** فراهم ساختن، پدید آوردن: دوم ۱۴۶۴/۶۷۹ // ~ **کار تیره شدن**: یکم ۲۰۵۹/۳۸۴ // ~ **کردن نزد کسی**: یکم ۴۸۵/۷۰ // ~ **کسی بر چشم کسی تیره شدن**: یکم ۳۱۹/۳۱۵ // ~ **کسی را به دست ستردن (پسودن)** نشانه‌ی تفقّد و مهربانی با کسی: دوم ۱۳۶۷/۹۳؛ ۱۷/۵۸۹ // ~ **کسی را چون گوسپند پیچیدن**: یکم ۲۳۲۰/۳۹۴؛ ۲۱/۴۰۳ // ~ **گشادن** ۱- پدید گشتن، روی نمودن: یکم ۱۶۵/۱۰۱. ۲- خوشروی و خندان گشتن، روی شکفتن: یکم ۸۳۲/۳۳۵ // ~ **نپیچیدن**: یکم ۱۸۷۴/۳۷۶ // ~ **نمودن** ۱- آشکار شدن: یکم ۴۵۹/۴۲۱؛ ۱۳۸/۴۲۸. ۲- نشان دادن، آشکار کردن: یکم ۳۴۷/۳۱۶ // **از بالا به ~ اندرانداختن**: یکم ۲۶/۳۰ // **از پی ~ را** برای حفظ ظاهر: دوم ۲۰۹۴/۹۶۱ // **از کسی ~ برگاشتن** از او روی برگرداندن: دوم ۹۶/۱۰۴۵ // **(با کسی) ~ به ~ اندرآوردن** مقابل یکدیگر قرار گرفتن: یکم ۲۱۹/۵۲۵؛ ۱۰۹۱/۵۶۰؛ ۱۴۶۷/۷۴۸؛ ۱۶۱۲/۷۵۴؛ دوم ۳۳۷/۵۲؛ ۱۶۳/۲۵۱؛ ۱۷۷/۲۵۲؛ ۲۰۵۵/۵۶۴؛ ۱۸۰۸/۶۹۲؛ ۲۸۶۸/۹۹۲ // **بر کسی ~ تازه کهن کردن**: دوم ۱۱۹/۴۴ // **بر کسی ~ دشمن کردن**: دوم ۳۳۳/۵۲ // **به ~ آمدن** رخ دادن، پدید آمدن: یکم ۱۱۴/۵۵؛ ۷۱۷/۲۲۷؛ ۱۳۵/۲۴۰؛ ۹۹۷/۳۰۰؛ ۴۹۷/۳۲۲؛ ۱۰۵۶/۳۴۴؛ ۱۰۹۶/۳۴۶؛ ۱۸۳۹/۳۷۵؛ ۱۵۸۶/۷۵۳؛ دوم ۱۱۳۰/۸۴؛ ۱۳۲۰/۹۱؛ ۶۳/۱۳۷؛ ۱۸۸۵/۵۵۷ // **به ~ آوردن** ۱- پدید کردن، ایجاد کردن، پیش آوردن: یکم ۱۴۰/۱۰۰؛ ۸۲۸/۱۲۷؛ ۱۰۸۳/۱۳۷؛ ۱۰۱/۴۲۷؛ ۳۴۱/۴۶۴؛ دوم ۴۱۰۷/۷۸۳. ۲- اعمال کردن، بر سر آوردن، به روز

آوردن: یکم ۱۲۶۹/۶۸۸ // ***به ~ اندر آمدن*** سرنگون شدن: یکم ۱۴۶۳/۵۷۴ // ***به ~ (اندر) آوردن*** دیدار کردن: یکم ۲۳/۱۹۲ // ***به ~ سخن گفتن:*** دوم ۵۸۲/۱۰۶۴ // ***به ~ کسان*** به ظاهر، تظاهر، از ریا: دوم ۶۰۱/۳۹۶؛ ۱۷۲/۶۲۸؛ ۱۲۵۸/۶۷۰؛ ۳۸۹۶/۷۷۵؛ ۴۱/۸۰۲؛ ۴۲/۸۰۳؛ ۱۵۹۸/۸۶۴ // ***به ~ کسی سخن گفتن:*** برای خوشامد کسی حرف زدن: دوم ۵۸۲/۱۰۶۴ // ***به ~ کشیدن:*** یکم ۲۲۶۸/۳۹۲ // ***به ~ نارسیده بودن:*** یکم ۹۲۷/۳۳۹ // ***کسی را از ~ راندن:*** دوم ۳۳/۶۰۶ // ***کسی را ~ برگاشتن*** شوراندن او: دوم ۳۹۳۷/۱۰۳۴ // ***کسی را به ~ دانستن:*** یکم ۱۱۲/۴۷۱ // ***مبرتاب ~:*** یکم ۷۷۹/۲۹۱؛ ۲۲۲۴/۳۹۰. **۲-** راه، طریقه، وجه، طرز، گونه: یکم ۱۰۴/۲۵؛ ۷۸۴/۱۲۶؛ ۸۴۷/۳۳۶؛ دوم ۲۶۰۰/۷۲۳؛ ۲۷۹۹/۹۸۹ // ***~ بودن:*** یکم ۶۹۴/۱۲۲ (← روی نیست) // ***~ دیدن:*** یکم ۲۳۱/۶۰؛ ۶۴۶/۳۲۸ // ***~ نیست!:*** یکم ۲۹۲/۳۱۴؛ ۲۰۲۴/۳۸۲ // ***از آن ~:*** یکم ۶۱۹/۷۵ // ***از این ~*** ۱- بدین گونه: یکم ۳۳۹/۳۱۶. ۲- در این باره: یکم ۸۴۲/۲۹۴ // ***از هیچ ~:*** یکم ۱۸۴/۱۰۲ // ***به ~ دگر برنهادن:*** یکم ۷۸۴/۱۲۶ // ***بی ~:*** یکم ۱۴۴/۱۸۸.

۳- سوی، طرف: یکم ۹۸/۱۹۵؛ ۲۱۸۶/۳۸۹؛ ۱۴۸۹/۷۴۹ و دیگر // ***به یک ~:*** یکم ۱۱۸۸/۳۴۹. **۴-** بابت، سبب: یکم ۶۵۱/۷۱۶. **۵-** چاره، صلاح، صواب: یکم ۱۷۸۸/۵۸۷؛ دوم ۱۱۲۷/۸۳ // ***~ بودن:*** یکم ۵۸۰/۷۱۳ // ***~ داشتن:*** یکم ۵۸۲/۷۱۳ // ***~ دیدن:*** یکم ۲۴۰/۷۰۰ // ***~ کار*** چاره، چگونگی کار: دوم ۳۲۵/۵۲؛ ۸۸۲/۷۴؛ ۹۲۷/۷۵ // ***~ نبودن*** روا نبودن، صلاح نبودن، مقدور نبودن: یکم ۱۱۱۵/۵۱۱؛ ۱۷۲۵/۵۸۴؛ ۵۰۲/۸۱۰؛ دوم ۸۷۴/۷۳؛ ۱۹۳/۱۴۲. **۶-** امکان: یکم ۲۹۷۷/۹۰۸. **۷-** کس، تن، شخص، وجود: دوم ۱۳۷۱/۹۳، ۱۳۷۷. **۸-** روا، جایز، صلاح، صواب: دوم ۱۴۷۷/۵۴۱؛ ۲۴۴۱/۷۱۷؛ ۳۰۱۲/۷۴۰ // ***~ بودن*** روا و سزا بودن، صلاح و مصلحت بودن، صواب بودن: دوم ۲۱۸۰/۵۶۹؛ ۴۱۹/۸۱۸؛ ۶۲۹/۹۰۳؛ ۱۸۳۰/۹۵۰؛ ۲۷۶۳/۹۸۷؛ ۳/۱۰۸۱؛ ۳۳/۱۰۸۲؛ ۲۶۹/۱۰۹۲ // ***~ و ناروی*** روا و ناروا، حلال و حرام: دوم ۲۴۴۱/۷۱۷ // ***~ پاسخ:*** دوم ۱۴۱۹/۹۳۴ // ***~ دیدن*** روا داشتن، صلاح و صواب دیدن، مصلحت دانستن: دوم ۱۹۴۱/۶۹۸؛ ۲۸۳۷/۹۹۰ // ***از ~*** درباره‌ی: دوم ۵۸۹/۱۰۶۴.

۹- برخی نمونه‌هایی که امروزه حشو می‌نمایند: یکم ۸/۱۵۹؛ ۱۴/۱۸۳؛ ۱۲۱/۱۸۸؛ ۱۳/۱۹۲؛ ۵۳۰/۲۲۰؛ ٦٦۷/۲۸۷؛ ۱۲۸۵/۳۵۳؛ و دیگر (نیز ← سر، شماره‌ی٦).

رویه. سو، صفت: یکم ۱۱۰۸/۷۳٤ // **دو** ~: یکم ۸۷٦/۸۵ و دیگر.

رویینه‌خُم. کوس بزرگ با کاسه‌ی بزرگ فلزی: یکم ۸۲/٤۰٦؛ ۲۰۹/٤۱۱؛ ۲٦۳/٤٦۱؛ دوم ۱۷۷۰/۹٤۸ و دیگر.

ره. (نیز ← راه) ۱- جاده، طریق // ~ ***با درنگ بودن***: یکم ۲۱۸/۲٤۳ // ~ ***مالیدن*** ره سپردن، ره نوردیدن: دوم ٥٦٤/٦۱ // ***از ~ برنداشتن***: یکم ٦۱٥/۱۱۹. ۲- رسم و آیین: یکم: ۷/۲٥۳ // ***جان کسی را بی ~ کردن***: یکم ۳٥٥/۲٤۹. ۳- بار، دفعه: یکم ٤٥٥/۲۱۷. ٤- نغمه، مقام، پرده: یکم ۳۹٦/۲۱٥.

رها. // ~ ***آمدن*** رهایی یافتن: یکم ۳۷۳/۲۱٤؛ ۳۹۹/۲۱٥؛ دوم ۱۲۱۳/۳۱۳ // ~ ***جستن*** رهایی جستن: دوم ۱٥٦/۱۰۷ // ~ ***یافتن*** رهایی یافتن: یکم ۲۲٦/٦۰؛ ۳۳۸/٦٤؛ ۳٤۲/۲۱۳؛ ۳٦۷/۲۱٤؛ ۸۳۰/۲۹۳؛ دوم ۲۳۰٦/۹٦۹.

ره‌آورد. هدیه، ارمغان: یکم ۱۷۱۰/۳۷۰.

رهگذار. کنایه از ناپایدار و گذرنده: دوم ۳٤/٤۸٤.

رهگذر. کنایه از زندگی گذرا: یکم ٤۰۹/٤۱۹.

رهنما. ۱- راهبر، هادی، دلیل: یکم ۱۰۸۷/۳٤٥؛ ٤۷۳/٤۲۱. ۲- هدایت‌کننده، رایزن، دانا، حکیم: یکم ۳۸۷/٦٦؛ ٥۱/۱٦۱؛ ۸۷/۱٦۲؛ ۸۹؛ ۲۲۲۳/۳۹۰؛ ۳۹۹/٤۱۸؛ ٤۱۱/٤۱۹. ۳- صفت خداوند: یکم ٦۲٤/٤٤۷.

رهنمای. مشاور و رایزن پادشاه: دوم ۸/۲٤٥؛ ۳۲/۲٤٦؛ ۱۱۰/۳٤٥، ۱۱۷؛ ۲۰۲٥/۹٥۸.

رهنمون. ۱- کنایه از خداوند: دوم ۱۸٦۷/۳۳۹. ۲- راهنما، هادی، دلیل: یکم ۳٤/۳۰٤؛ ۲۹/٤۲٤، ۳۸؛ ۲٥٦٥/٦۱۸. ۳- هدایت‌کننده، رایزن، دانا، حکیم، موبد: یکم ۹۹/٥٥؛ ۲۹۲/٦۲؛ ۱۰/۲٥۳؛ ٥٥۷/۳۲٤؛ ٦٥٦/۳۲۸؛ ۷٥۰/۳۳۲؛ ۱۰۸۲/۳٤٥؛ ۱۲٦۷/۳٥۲؛ ۱۸۹۰/۳۷۷؛ دوم ۲۳٤/٦۱٤؛ ۲٥۹۹/۷۲۳؛ ۲۳۰۰/۹٦۹؛ ۲۷٦۸/۹۸۸؛ ٤۰۸۲/۱۰۳۹. ٤- رهبر سپاه: یکم ٦٤۳/۳۲۸.

رهنمونی. راهنمایی: یکم ۱۸۸۸/۳۷۷.

رهی. بنده، چاکر، غلام، فرمانبردار: یکم ۳۷۰/٤۳؛ ٦۳٤/۷٦؛ ٥۳۰/۱۱٦؛ ٦٦۹/۲۲٦؛ ۷۹۱/۳۳٤؛ دوم ۸۷۱/۷۳؛ ۹۱۳/۷٥؛ ۱۲٥۲/٥۳۲؛ ۱۲۹۲/٥۳٤؛ ۲۰۸۷/۹٦۱ و دیگر.

ریچار. مربّا: یکم ۳۹۱/۲۱۵.

ریختن. خُرد شدن، متلاشی شدن، از هم پاشیدن: دوم ۲۵۸/۲۱۳؛ ۴۵/۲۶۷؛ ۱۲۲۶/۳۱۳؛ ۱۴۸۶/۳۲۳؛ ۱۸۳۰/۳۳۷.

ریخته. ۱- درهم‌شکسته: یکم ۱۰۴۶/۸۳۲ // ~ ***استخوان***: دوم ۲۲۶/۴۸ // ***دیده‌ها*** ~: دوم ۴۰۷/۵۵.
۲- به قالب درآمده: دوم ۸۰/۲۴۲.

ریدک. نوجوان، خدمتکار نوجوان، غلام‌بچّه: یکم ۴۰۹/۱۱۱، ۴۱۶، ۴۲۷؛ دوم ۱۳۵۵/۱۸۸؛ ۴۶۶/۱۰۵۹.

ریزان. فروریخته، درهم‌شکسته: یکم ۲۶۳۷/۶۲۰.

ریژ. کام و آرزو // ~ ***و کام***: یکم ۲۲۲/۱۰۴؛ دوم ۳۳/۲.

ریشه. طراز و تارهای آویخته از فرش: دوم ۳۶۰۸/۱۰۲۱.

ریغ. // ***به دل از کسی ~ داشتن***: دوم ۹۱۷/۷۵.

ریمن. پلید، بدکار: یکم ۲۲/۱۲؛ ۴۰۷/۲۱۵؛ ۳۸۵/۳۱۸؛ ۶۷۶/۳۲۹؛ ۲۵۶/۴۷۷؛ ۳۰۶/۶۵۰؛ ۴۸۹/۶۵۸؛ ۶۴۳/۷۱۶؛ دوم ۳۹۱/۱۱۶؛ ۳۱۰۵/۷۴۳؛ ۶۰۸/۸۲۵؛ ۲۶۰/۸۸۹؛ ۱۸۱۳/۹۵۰؛ ۲۴۴۷/۹۷۵؛ ۳۸۸۹/۱۰۳۲.

ریوی. حیله‌گری: دوم ۶۳۷/۱۶۰.

ز

ز. (نیز← از) **۱**- از، به سبب: یکم ۸٤۸/۱۲۸؛ ۵۷۷/٤۹۰؛ ۲۲۱۱/۷۷۸ و دیگر. **۲**- از آن، مال: دوم ۱۵۸/۱٤۱.

زاد[1]. آزاد: دوم ۳۰۱۳/۹۹۷ و دیگر.

زاد[2]. زاده، فرزند // ~ **بر** ~ نسل در نسل، پشت در پشت: دوم ۱۹۸٦/۵٦۱.

زادمرد. آزادمرد: یکم ۵٤۲/۷۲؛ ٦۳۷/۷٦؛ ۱۳٤/٦٤٤؛ ۱۲۷۸/٦۸۹؛ دوم ۲۱۳/۱٤۳.

زادسرو. آزادسرو: یکم ۷٤۳/۸۰؛ ۸۹/۹۸؛ ۱٤۳۸/۱۵۱.

زادمرد. یکم ۹۳۸/٦۷۵.

زادمردی. آزادمردی: یکم ۷۹٤/٦۷۰.

زادن. متولّد شدن: یکم ۵۷۹/۷۳؛ ۱۷۵۵/۷۵۹ // ***روز بد را ز مادر*** ~: یکم ۹۸۸/۸۹.

زاده. فرزند: یکم ۳۰۳/۱۷۱؛ ۲٤۵۹/۳۹۹.

زار. **۱**- (قید حالت) زاری‌کنان، بیچاره، خوار، زبون: یکم ٤۷۵/٤۷؛ ۱٦۲۲/۳٦٦؛ ۱۰۵۵/۵۰۹. **۲**- (از اصوات) زارا، آوخ، افسوس، دریغ، آه: یکم ۵٦٤/۷۳؛ ۱۰۵۵/۵۰۹؛ دوم ۱٤۰٦/۱۹۰.

زاره. //~ ***رفتن***: یکم ۲۳۱٦/۳۹٤.

زاری. //~ ***ساختن***: یکم ۷٦۹/۲۹۱.

زاستر. کوتاه‌شده‌ی از آن سوتر: یکم ۷۸/٤؛ ۱۰۵۵/۵۵۸؛ دوم ۱۵۰٤/۵٤۲؛ ۲۰۷۵/۹٦۰.

زاغ. // ***پرّ*** ~: یکم ۷۰/۳۲ // ~ ***کمان*** گوشه‌ی کمان: یکم ۱۵۲۵/۵۷۷؛ دوم ۲۰۱/٤٦۳؛ ۸۸۵/۵۱۸؛ ۵۸٤/۹۰۱؛ ۲۲٦۵/۹٦۸ // ~ **پیسه** صفت تازیان: دوم ۳۳۹/۱۰۹٤ // **سیه** ~ کنایه از تازیان: دوم ٤٤۹/۱۰۹۹.

زاغ‌سار. صفت تازیان: دوم ۳۷۲/۱۰۹٦.

زاغ‌سر. صفت تازیان: دوم ٤٤۸/۱۰۹۹.

زال زر. یکم ۵۵۳/۱۱٦.

زانو. // **پشت و** ~: دوم ۲۷۸٤/۹۸۸.

زاو. پهلوان، زورآور: یکم ۱۱۲۲/۵۱۱.

زاینده. مادر: یکم ۹٦۸/۱۳۳؛ ۷٦۰/۲۲۹.

زبانه. ۱- شعله‌ی آتش: یکم ۴۸۲/۳۲۲، ۵۰۰. ۲- کنایه از نخستین پرتو خورشید: یکم ۱۲۸۸/۱۴۵؛ ۴۹۶/۲۸۰.

زبرجد. یکم ۶۱۲/۷۵؛ ۶۹۱/۴۵۰ و دیگر.

زبرسو. بالا: یکم ۱۳۰۰/۸۴۲.

زبون. // ***کسی را ~ داشتن:*** دوم ۲۵۳۷/۹۷۹.

زبونی. // ***~ کردن:*** دوم ۱۵۰۴/۹۸.

زخم. ۱- زدن، ضربت، ضربه، کوبش: یکم ۱۵/۱۷؛ ۹۰۱/۱۳۰؛ ۱۰۳۲/۱۳۵؛ ۱۰۴۴/۱۳۶؛ ۸۳/۱۸۶؛ ۴۹۳/۲۱۹؛ ۱۰/۲۳۵؛ ۲۲۷/۲۴۳؛ ۲۶۷/۲۴۵؛ ۳۲۳/۲۴۷؛ ۵۵/۲۵۵؛ ۶۷۲/۲۸۷؛ ۴۱۹/۳۱۹؛ ۲۴۲۳/۳۹۸؛ ۳۷۶/۴۱۷؛ ۲۲۱/۴۳۱؛ ۷۵۵/۴۹۷؛ ۹۱۰/۵۰۳؛ ۲۶۱/۵۲۷؛ ۴۰۳/۵۳۳؛ ۱۸۲/۶۴۶؛ دوم ۶۴۹/۲۷؛ ۱۰۹۳/۸۲؛ ۱۱۵۹/۸۵؛ ۲۳۰/۱۱۰؛ ۵۴۶/۹۰۰، ۵۴۹ و دیگر // ***~ چوگان:*** دوم ۱۰۲/۲۲۹ // ***~ درای*** زدن و نواختن زنگ: یکم ۱۵۸۱/۱۵۷؛ ۲۰/۲۳۵؛ ۷۲۶/۴۹۶؛ ۲۷۸۴/۶۲۶ // ***~ گوی:*** یکم ۱۳۳۲/۳۵۵؛ ۱۳۴۹/۳۵۶ // ***یک ~*** ۱- لقب سام: یکم ۱۰۳۵/۱۳۵؛ ۱۴۳۷/۱۵۱. ۲- صفت گرز سام: یکم ۸۹۸/۱۳۰. ۳- صفت گرز رستم: یکم ۷۳/۲۵۶. ۲- نغمه‌ی موسیقی، زخمه: یکم ۴۰۲/۲۱۵؛ دوم ۳۶۲۷/۱۰۲۲. ۳- زخمه، مضراب // ***بر ~ بربط سوار بودن:*** دوم ۲۵۵۶/۵۸۳. ۴- کارزار، نبرد: دوم ۶۴۰/۱۲۶؛ ۶۵۷/۱۲۷. ۵- اثر و نشان تیر // ***~ به یک موی بربودن:*** دوم ۲۱۲/۴۶۳. ۶- طاق، طاق ضربی: دوم ۳۷۰۲/۱۰۲۵؛ ۳۷۲۷/۱۰۲۶، ۳۷۴۷؛ ۳۷۵۶/۱۰۲۷.

زدن. ۱- کشیدن (بر سیخ): یکم ۱۷/۲۶۱. ۲- جنگیدن، نبردیدن، رزمیدن: دوم ۱۰۰۴/۱۷۵ // ***بر کسی ~:*** دوم ۶۸۵/۱۱۰۸.

زدودن. (ناگذر) پاک گشتن: یکم ۱۷/۴۵۲.

زدوده. پاک، پاکیزه: یکم ۱۷/۶۳۹.

زر. // ***~ از کان به زردی رسیدن:*** دوم ۹۵۱/۷۶ // ***~ کانی:*** دوم ۲۲۲۴/۹۶۶ // ***چهره پوشاندن به ~:*** دوم ۱۸۶۱/۳۳۸.

زرآب. آب زر: یکم ۲۷/۶۳۲؛ ۳۰۴۱/۹۱۱.

زرآزده. زرنشان: دوم ۱۱۱۵/۸۳.

زربفت. زربافت: یکم ۲۸۰/۱۰۶؛ ۴۲۹/۱۱۲؛ ۱۳۰۱/۳۵۴؛ ۱۵۲۲/۳۶۲؛ ۱۵۲۵/۳۶۳ و دیگر.

زره. // ***~ را گره تا گره ندانستن:*** یکم ۳۸۹/۴۳۸ // ***خسروانی ~:*** یکم ۶۶۶/۷۱۷ // ***سیمین ~:*** یکم ۴۸۹/۱۱۴ // ***گره از بند ~ برگشودن:*** یکم ۶۳۷/۷۱۶ // ***گره بر بند ~ زدن***

بستن زره: یکم ۷۷۰/۷۲۱ // **مشکین** ~: یکم ۴۵۷/۱۱۳.

زریر. گیاهی با برگ و گل زردرنگ که در رنگرزی به کار برند، کنایه از زردی و پریدگی رنگ رخسار از اندوه، خشم...: یکم ۱۲۹۹/۸۴۲؛ دوم ۲۶٤/٤٦٥؛ ۸۱۳/۵۱۵؛ ۱۹۵٦/۵٦۰؛ ۸۷/۸۰٤؛ ۷۷۲/۸۳۱ و دیگر.

زرّین. زرینه: دوم ۲۱۳٤/۹٦۲.

زرّین کلاه. دوم ۱٤٦۸/۹۷؛ ۱۱۹/۵۹۵.

زرّینه کفش. یکم ۸۲۲/۵۰۰؛ ۳۱۱/۵۲۹؛ ۷۷۵/۸۲۱.

زشت. عیب، زشتی: دوم ۱۲۳٦/۸۵۰؛ ۱۱۵/۱۰٤۵ // **به ~ در جوی کسی آب راندن:** دوم ٦٦/۳۷۵.

زعفران. ۱- گیاه معروف و از بوبینه‌ها و رنگینه‌ها: یکم ۱٤٦/۲۷؛ ۹۷/۳۰٦ و دیگر. ۲- کنایه از رنگ زرد رخسار: یکم ۱٤۳۹/۱۵۱؛ ۱۰۱/۱۸۷؛ ۱۷۵۳/۵۸٦، ۱۷٦۳ // **لاله بر ~ رستن:** یکم ۳۲۲/٤۱۵.

زفت. (به زبر یا پیش یکم) ۱- ستیزه‌خو، تندخو: دوم ٤۰/٤۸٤؛ ۱۲۸/۵۹٦؛ ۲۱۰۹/۹٦۱. ۲- ستیزه‌جویانه: دوم ٦٤/۵۹۹. ۳- بخیل، خسیس: دوم ۱۲۱/٤۸۸، ۱۲۸؛ ۱٤۰۹/٦۷٦. ٤- درشت، سخت // **کار** ~: یکم ۱۷۲۰/۵۸٤.

زفتی. (به زبر یا پیش یکم) ۱- تندخویی، ستیزه‌خویی: دوم ٤۹۸/۳۹۲؛ ۵٤٦/۳۹٤؛ ۵۵۵/٤٤۳؛ ۲۵۳۵/۵۸۳ // ~ **کردن:** دوم ٤۰/٤۸٤ // **تخم ~ کاشتن:** دوم ۳۹۰/٤۳٦؛ ٦۵٤/٤٤۷؛ ۹۲۲/٦۵۷. ۲- بخیلی، خسّت: یکم ۳۰۲/۵۲۹؛ دوم ۱٤۱/٦؛ ٦۱۹/٤٤۵؛ ۱۲۸/٤۸۸؛ ٦۹۳/٦٤۸؛ ۳۸۲۲/۷۷۲.

زفر. پوزه، دهان: یکم ۱۰۱۷/۱۳۵، ۱۰۲۷؛ دوم ۱۵٤/۱۰۷.

زلفین. // **دو** ~: یکم ٤٤۰/٤٦.

زَلیفَن. تهدید، بیم دادن: یکم ۲۷۳۰/٦۲٤؛ دوم ۷۱۰/۲۹۳؛ ٤٦/۸۰۳.

زم. نخوت، تکبر، منی: یکم ۲٤٤۵/۸۸۷.

زمان. ۱- مدّت، مهلت، فرصت، درنگ: یکم ۱۱۷۱/۱٤۱، ۱۱۷۵؛ ۳۱۰/۱۷۱؛ ۱۱٦۲/۵٦۲؛ ۱۳۱۸/۷٤۲ // ~ **جستن** درنگ کردن، وقت گذراندن، توقف نمودن، وقت تلف کردن، مهلت خواستن: یکم ۷۳۳/۲۲۸؛ ۱۳٦/۲٦٦؛ ۱۰۳۰/۳٤۳؛ ۱۲۷۸/۳۵۳؛ ۲۰۷/٤۱۱؛ ٦۸۱/۵٤٤، ٦۸۹، ٦۹۰؛ ۹۸۸/۵۵٦؛ ۱۷۹۳/۵۸۷؛ دوم ۷۳/۱۳۷؛ ۷۱٤/۹۰۷ // ~ **خواستن:** یکم ۳۷۱/۱۷۳ // ~ **ساختن** وقت تلف کردن: یکم ۵۱۰/۵۳۷ // ~ **شمردن** وقت تلف کردن: یکم ۸۳٦/۸۲۳ // ~ **یافتن:** یکم ۵٦۱/۷۳ // **یک** ~: یکم ۵۵۵/۲۲۱؛ ۱٤٦٦/۳٦۰. ۲- لحظه، آن:

یکم ۳۱۰/۴۳۵؛ ۷۰/۴۵۴؛ دوم ۱۴۱۷/۹۵؛ ۳۰۳/۳۵۳ // ~ *تا* ~ دم‌به‌دم، لحظه‌به‌لحظه: یکم ۶۳۰/۱۲۰؛ ۷۷۴/۱۲۵؛ ۴۲۰/۳۱۹؛ ۵۴۷/۵۳۸؛ ۲۱۲۸/۷۷۵؛ دوم ۳۹۲۹/۷۷۶؛ ۱۶/۱۰۷۵ // *~ی*: یکم ۷۸۵/۳۳۳؛ ۲۳۴۱/۳۹۵؛ ۲۴۸۳/۴۰۰؛ ۱۹۵/۴۱۰؛ ۳۶۲/۴۳۷ و دیگر // *هر* ~: یکم ۲۲۸/۲۷۰؛ ۱۴۵۹/۳۶۰ و دیگر // *(هم) اندر (در)* ~ همان لحظه، در دم، فوراً: یکم ۶۵۸/۱۲۱؛ ۹۵۲/۱۳۲؛ ۱۰۲۶/۱۳۵؛ ۱۴۵۱/۱۵۲؛ ۵۲۵/۲۲۰؛ ۷۰۳/۲۲۷؛ ۸۶۳/۳۳۶؛ ۹۷۳/۳۴۱؛ ۹۹۶/۳۴۲؛ ۱۱۲۷/۵۱۱؛ ۳۵۴/۵۳۱؛ ۸۵۶/۵۵۰؛ ۱۰۲۰/۵۵۷، ۱۰۲۳؛ ۱۳۰۷/۵۶۸؛ ۲۲۶۹/۶۰۶؛ ۱۹۱/۶۴۶؛ ۵۳۵/۶۵۹؛ ۹۶۱/۷۲۸؛ ۱۰۳۰/۸۳۱؛ دوم ۱۴۱۸/۹۵؛ ۳۵۱/۱۱۵؛ ۲۹۵/۱۴۶؛ ۱۲۵۵/۱۸۴؛ ۱۶۴۶/۲۰۰؛ ۱۷۴۸/۳۳۴؛ ۱۴۷/۳۴۶؛ ۲۷۵/۳۵۲؛ ۶۹۶/۳۶۸؛ ۳۷/۳۷۴؛ ۶۹/۳۷۶؛ ۲۵۲/۳۸۳؛ ۷۶/۴۲۴؛ ۱۹۲/۴۶۲؛ ۶۴۶/۶۴۶؛ ۲۴۶/۸۱۱، ۲۶۰؛ ۱۷۶۴/۸۷۱؛ ۹۶۷/۹۱۷؛ ۲۶۰۰/۹۸۱؛ ۲۶۲۸/۹۸۲ و دیگر // **یک** ~ یک‌دم، یک‌لحظه: یکم ۳۲/۲؛ ۹۲۹/۸۷؛ ۴۲۸/۱۱۲؛ ۱۳۷۵/۱۴۹؛ ۱۸۶/۱۶۶؛ ۳۸۳/۱۷۴؛ ۳۴/۲۵۴؛ ۱۱۰۳/۳۴۶؛ ۱۱۴۴/۳۴۸؛ ۱۵۶۲/۳۶۴؛ ۸۳۸/۶۷۱؛ دوم ۲۸۳/۱۴۶. ۳- هنگام، وقت: یکم ۱۹۷۶/۳۸۰؛ ۲۰۴۹/۳۸۳ // ~ *تا* ~ گاه‌به‌گاه، هرچندگاه یکبار: یکم ۲۸/۱۸؛ ۷۲۲/۱۲۳؛ ۹۲۶/۱۳۱؛ ۱۹۲۲/۳۷۸؛ ۱۲۴۱/۵۱۶؛ دوم ۲۸۹۹/۷۳۵؛ ۱۳۸۲/۹۳۳ // **یک** ~: یکم ۹۴۵/۲۹۸. ۴- ساعت: دوم ۱۵۱۰/۳۲۴ // **نه** ~: دوم ۹۰۸/۸۳۷. ۵- زمانه، روزگار، سرنوشت: یکم ۱۸۳/۱۶۶، ۱۸۶؛ ۱۹۰۰/۳۷۷؛ ۱۱۶۷/۵۶۳؛ دوم ۱۶۱۵/۱۹۹. ۶- عمر، زندگی، مهلت زندگی: یکم ۷۱۸/۲۲۸؛ ۹۲۹/۲۹۷؛ ۱۵۸۷/۳۶۵؛ ۱۱۶۱/۵۶۲؛ دوم ۴۳۶/۸۱۸؛ ۷۴۲/۸۳۰ // ~ *برآمدن*: یکم ۱۷۷/۱۶۶ // ~ *سرآمدن* پایان یافتن زندگی: یکم ۱۹۸/۵۸؛ ۲۲۲۰/۳۹۰؛ ۲۷۱/۴۳۳؛ ۱۶۳۴/۵۸۱. ۷- مرگ، اجل: یکم ۲۷۳/۴۳۳؛ ۱۶۲۸/۷۵۵؛ ۲۴۰۳/۷۸۶؛ دوم ۱۴۳۹/۱۹۲؛ ۱۴۵۸/۱۹۳؛ ۱۶۱۴/۱۹۹؛ ۱۵۶/۲۰۹، ۱۶۰؛ ۱۱۲/۸۰۵ // ~ *(اندر) آمدن* اجل و مرگ دررسیدن، زندگی به سرآمدن: یکم ۴۴۸/۴۶؛ ۱۸۶/۱۶۶؛ ۲۵۱/۵۲۷؛ ۱۹۹۳/۵۹۵؛ ۲۶۴۲/۶۲۱؛ ۱۳۸۲/۷۴۵؛ دوم ۱۱۱۷/۱۷۹؛ ۱۲۸۲/۱۸۶؛ ۴۶/۲۱۹؛ ۳۳۲۶/۷۵۲؛ ۴۰۰۸/۷۷۹؛ ۴۱۳۰/۷۸۴؛ ۱۰۹۰/۸۴۴؛ ۱۰۹۳/۹۲۲؛ ۴۰۱۰/۱۰۳۷؛ ۴۶۴/۱۰۵۹

و دیگر // ~ ***اندرآوردن کسی را:*** یکم ۲۵۷/۱۶۹ // ~ ***به تنگی آمدن:*** یکم ۱۵۷۹/۱۵۷ // ~ ***فراز آمدن:*** یکم ۱۴۴۲/۱۵۱؛ دوم ۱۶۱/۱۴۱ // ***کلید ~ را به دست کسی دادن:*** یکم ۸۶۳/۲۹۵.

زمانه. ۱- روزگار: یکم ۷۷۰/۳۳۳ // ~ ***از داوری برآسودن:*** یکم ۱۴۸/۲۶۷ // ~ ***به کسی پشت راست کردن:*** دوم ۳۰۶/۱۴۷ // ~ ***پی برشمردن:*** دوم ۴۵۵/۲۶۳ // ~ ***دم کسی را شمردن:*** یکم ۲۲۳۱/۶۰۴؛ ۲۷۹۶/۹۰۱ // ~ ***گزافه برندارد:*** دوم ۶۱۵/۱۱۰۵ // ***پشت ~ را راست ندیدن:*** یکم ۶۹۲/۷۸ // ***چشم ~ را دوختن:*** یکم ۷۶۹/۳۳۳ // ***گزاف ~ بر اندازه نیست:*** دوم ۶۲۳/۱۱۰۶. ۲- مرگ، اجل: یکم ۲۷۲/۴۳۳؛ ۳۹۲/۵۳۲؛ ۸۰/۶۳۴؛ ۲۲۳۱/۷۷۹، ۲۲۳۳؛ دوم ۹۲۱/۱۷۱؛ ۴۰۱۳/۷۷۹؛ ۷۲۰/۸۲۹ // ~ ***(به تنگی فراز) آمدن:*** یکم ۴/۲۵۳؛ ۸۵۹/۲۹۵ // ~ ***به کسی شتاب کردن:*** یکم ۲۴۰۵/۷۸۶ // ~ ***سر از ترکش برآوردن:*** یکم ۸۲/۱۸۶ // ~ ***فراز آمدن:*** یکم ۱۶۲۹/۵۸۱؛ ۱۹۹۵/۷۷۰ // ***تیغ ~ سر را درودن:*** یکم ۲۰۸/۶۹۹. ۳- جهان: یکم ۸۹۵/۲۹۶.

زمزم. باژ، زمزمه، نیایش آهسته در دین بهی: یکم ۲۲۰۶/۸۷۷؛ ۲۳۸۶/۸۸۴؛ دوم ۲۹۳/۴۳۲، ۲۹۵؛ ۵۲۲/۶۴۱؛ ۲۳۷۵/۷۱۵، ۲۳۸۰؛ ۹۶/۸۰۵؛ ۶۷۰/۹۰۵؛ ۱۹۷۵/۹۵۶؛ ۲۰۷۴/۹۶۰؛ ۴۷۲/۱۰۵۹.

زمهریر. سرمای سخت: یکم ۳۵۸/۵۳۱، ۳۷۱؛ ۳۸۹/۵۳۲؛ دوم ۱۸۰/۱۰۸۸.

زمین. // ~ ***(زمی) برنوشتن (برنوردیدن):*** یکم ۶۴۹/۷۱۶؛ ۷۱۰/۷۱۸؛ ۱۰۷۱/۷۳۳؛ ۱۹۸۲/۷۶۹ // ~ ***بریدن:*** یکم ۸۹۲/۳۳۸ // ~ ***تیرگی آوردن:*** یکم ۱۷۷۹/۳۷۳ // ~ ***چو پولاد فسردن:*** یکم ۳۷۹/۷۰۶ // ~ ***را بوسیدن:*** یکم ۳۹۷/۶۶ // ~ ***را به پی نگذاشتن:*** یکم ۵۹۶/۷۴ // ~ ***را تنگ اندرآوردن با کسی:*** یکم ۱۰۲۸/۱۳۵؛ ۳۸/۱۹۲ // ~ ***را سپردن:*** یکم ۲۴۸۷/۴۰۰ // ***آفرین ~:*** دوم ۳۲۹۸/۱۰۰۸ // ***بر روی ~ روی مالیدن:*** یکم ۶۶۵/۷۷ // ***بر کسی ~ را برنوردیدن:*** یکم ۴۳۷/۷۰۸ // ***پهن روی ~ بر کسی تنگ شدن:*** یکم ۳۳۲/۴۱۶ // ***دیده اندر ~ گرداندن:*** یکم ۱۳۰۰/۳۵۴ // ***روی ~ را به پولاد شستن:*** یکم ۱۰۳۹/۹۱ // ***کنایه از مال و خواسته:*** یکم ۱۵۸۷/۳۶۵ // ***روی ~ رام شدن:*** یکم ۲۶۴۲/۶۲۱ // ***کسی را بر ~ بستن:*** یکم ۲۴۱۰/۶۱۲.

زن. // ***زنان را زبان به بند نماند!:*** یکم ۹۸۳/٦۷۷ // ***زنان کمر بسته:*** یکم ۱۱۳٤/٦۸۳.

زُنّار. گردن‌بند صلیب‌دار مسیحیان، کمربند مسیحیان، کمربند زردشتیان، کُستی: یکم ۱۸۳/٤۵۸ // ***~ بسته را گسستن:*** دوم ۷۵٦/۱۱۱۱ // ***دل را به ~ افسون بستن*** در دل نیرنگ ساختن: دوم ۳۱۸۹/۷٤۷ // ***میان را به ~ خونین بستن:*** یکم ۵۵٤/۷۲؛ ۱۰۷۰/۹۳؛ ۲۲۳۵/۳۹۰.

زُنج. صمغ // ***~ کافور:*** دوم ۱۹۷۲/۵٦۰.

زنخ. چانه: دوم ۲۱۹/۱۰ // ***~ گرد:*** یکم ۱۲۸/۱۸۸ // ***گشاده ~ کردن اسب:*** یکم ۱۲۵/۱۸۸.

زند. تفسیر *اوستا*: دوم ۲۲۱/٤۸؛ ۳۷۹/۵٤؛ ۸٤۵/۷۲، ۸٤۷؛ ۹۸٦/۷۸؛ ۱۱۱٦/۸۳؛ ۱۲٤٦/۸۸؛ ۹۳/۲۲۸؛ ۲۷٤/۲۳٦ // ***هنرهای کسی را چون ~ خواندن:*** دوم ۱۸۰/۱٤۲.

زَنده. بزرگ، مهیب // ***~ پیل:*** یکم ٤۵۲/٤۷؛ ۲٤۲/٦۰؛ ۷۰٦/۷۸؛ ۷۵۰/۸۰ و فراوان.

زنگ[1]. **۱**- تیره‌ی زنگاری، رنگ شب: یکم ۲۲٤٦/٦۰۵؛ ۱۱۱۵/۸۳٤. **۲**- روشنی ماه، هاله‌ی ماه: دوم ۱/۱. **۳**- تیرگی، کنایه از اندوه: یکم ۳۲۸/۷۰۳؛ دوم ۱/۱، ۲.

زنگ[2]. درای // ***~ بر پشت پیل بستن:*** یکم ٤۵/۱۹۳ // ***~ زرین:*** یکم ۵۹/٦۹۳.

زنگار. زنگ، زنگار، تیرگی: یکم ۵۱٦/٤۸۷؛ ٤/٦۳۹؛ ۱۱۲۸/۸۳۵.

زنگارخورد. زنگ‌خورده: یکم ٤۱/۱٦۰؛ ۱۰۷۲/٦۸۱.

زنگارخورده. زنگ‌زده: یکم ٦/٦۳۹.

زنگارگون. یکم ۹۰۰/۷۲٦.

زنگ‌خورده. کنایه از اندوه‌زده: دوم ۲/۱.

زننده. نوازنده: دوم ۳٦۵۳/۱۰۲۳، ۳٦٦۲.

زنهار. (نیز← زینهار) **۱**- امان، پناه: یکم ۷۳٤/۷۱۹؛ ۲۱۳۱/۷۷۵، ۲۱٤٤ // ***~ خواستن*** امان خواستن، پناه جستن: یکم ۲۰۰٦/۷۷۰؛ ۲۳۲٤/۸۸۲؛ دوم ۱۲۸/۲۰۸؛ ۱۱۳/۲۳۹؛ ۲۳۱/۲۵٤ // ***~ دادن:*** یکم ۲۳۵۰/۷۸٤؛ ۱٤٦۸/۸٤۸ // ***به ~ آمدن:*** یکم ۵۵۸/۵۳۹؛ دوم ۱٤۹۰/۹۸ // ***به ~ شدن:*** یکم ۲۱۲۳/۷۷۵؛ ۲۳٤/۸۰۰. **۲**- امانت: یکم ۹٦/٤۵۵. **۳**- عهد و پیمان // ***~ گسلاندن:*** یکم ۸۲۲/٦۷۱ // ***به ~ یزدان!:*** سوگند به خدا، به عهد خدا: یکم ۱۵۵۷/۸۵۲.

زوار. پرستار: یکم ۳۹۳/٦۵٤، ٤۰۳؛ ۵۷۵/٦٦۱، ۵۷۷؛ ۱۰۷۵/٦۸۱؛ ۱۲٦۳/٦۸۸؛ دوم ۷٦/۸۰٤، ۷۸.

زواری. پرستاری: یکم ۵۷۱/۶۶۱.

زوان. زبان: یکم ۲۸۸/۳۱۴؛ ۵۶۵/۳۲۵؛ ۷۴۴/۳۳۲؛ ۶۰۴/۶۶۲؛ دوم ۱۸۷۰/۳۳۹؛ ۷/۴۵۱؛ ۷۰۲/۶۴۸؛ ۱۰۹۱/۶۶۴؛ ۱۳۹۲/۶۷۶؛ ۱۷۰۸/۶۸۸ و دیگر //~ ***با دل راز نگشودن***: دوم ۲۹۴۲/۹۹۴ // ~ ***بر کسی (بر) گشادن***: یکم ۵۵۷/۱۱۷؛ ۱۸۷۸/۳۷۶؛ ۵۵۶/۴۴۵ // ~ ***بر کسی گشاده کردن*** او را سرزنش نمودن: یکم ۳۹۱/۷۰۶ // ~ ***(بر) گشادن***: یکم ۹۹/۹۹، ۱۰۸؛ ۱۶۳/۱۶۵؛ ۴۳۶/۱۷۶؛ ۴۹۳/۱۷۸؛ ۲۱۵/۴۳۱؛ ۵۵۶/۴۴۵ //~ ***بودن***: دوم ۲۲۰۷/۹۶۵ //~ ***به پیمان گروگان بودن***: یکم ۲۲۸/۷۰۰ // ~ ***به پوزش گروگان کردن***: دوم ۲۷۸/۱۴۶ // ~ ***پر آژنگ***: دوم ۴۲۳/۱۱۷ // ~ ***تیز پرتاب***: یکم ۱۵۷۳/۸۵۲ //~ ***تیز برگشادن***: دوم ۲۹۱۵/۹۹۳ //~ ***تیز بگشادن***: یکم ۵۶۶/۱۱۷ // ~ ***دادن*** حرفی قول دادن، قول ظاهری و دروغ دادن: دوم ۴۹۲/۲۸۴ //~ ***دادن کسی را***: یکم ۸۲۸/۱۲۷؛ ۱۳۸۰/۱۴۹؛ ۴۷۵/۱۷۷؛ ۷۴۶/۳۳۲ // ~ ***را به آب دلیری شستن***: دوم ۵۷/۱۰۴۳ // ~ ***را به پیمان گروگان کردن*** زبان دادن، قول دادن: دوم ۶۰۹/۴۴۵ // ~ ***را (به پاسخ، خوبی، مهر) گروگان کردن***: یکم ۲۸۸/۳۱۴؛ ۵۶۵/۳۲۵؛ ۷۴۴/۳۳۲ //~ ***را به گفتار سرد گشادن***: یکم ۱۰۸/۹۹ // ~ ***(روان) را گروگان کردن*** زبان دادن، به کسی قول دادن: دوم ۲۷۸/۱۴۶؛ ۴۳۲/۲۶۲ // ~ ***راندن***: یکم ۱۰۳۷/۱۳۵ // ~ ***کسی بودن***: یکم ۱۰۰۸/۹۰ //~ ***گرداندن***: یکم ۸۰۸/۱۲۶؛ ۲۴۷۳/۴۰۰ // ***مانند کردن ~ به خنجر***: یکم ۷۵/۲۳۷ //~ ***یافتن***: یکم ۲۲۴/۶۹۹ // ***گشاده ~*** زبان‌آور، سخنور، خوش‌زبان، حرّاف: یکم ۳۰/۷۹۲ // ***گویا ~ کسی را بستن***: دوم ۲۹۸۷/۹۹۶.

زوان‌آور. حرّاف، سخنور، سخندان، خوش‌سخن: یکم ۳۱۵/۶۳؛ ۷۴۷/۳۳۲؛ ۱۹۳۵/۳۷۹؛ ۲۴۲۶/۶۱۲؛ دوم ۱۷۶۵/۵۵۲؛ ۴۳۶/۶۳۸؛ ۷۰۶/۸۲۹.

زوان‌چرب. چرب‌زبان، خوش‌سخن: یکم ۵۹/۵۳.

زودیاب. تیزهوش، زود دریابنده: دوم ۵۶۸/۲۴؛ ۹۸/۳۴۵؛ ۱۳۲/۴۸۸؛ ۱۸۷۷/۵۵۶؛ ۳۷۱۹/۱۰۲۵.

زوپین. نیزه‌ی کوتاه: یکم ۲۸/۵۲؛ ۶۰۶/۷۵؛ ۱۷۷۴/۳۷۲ و دیگر.

زوپین‌ور. زوبین‌دار: یکم ۸۷۴/۱۲۹؛ ۱۳۰۳/۱۴۶.

زور. //~ ***دل*** پردلی، قوت قلب: یکم ۱۵۸/۲۶۷؛ ۶۵۲/۴۹۳؛ ۴۱/۵۱۸ // ~

کردن: یکم ۱۸۸/۱٦٦ // ~ **و دم**: یکم ۲٦۱/٤۱۳ // **به ~ خداوند**: یکم ۸۲۱/۸۳ // **ز سالار ~ و ز دادار بخت!**: یکم ۸۳۳/۸۳

زوش. خشمناک: دوم ۵٦۷/۲۸۷.

زه[1]. زه کمان و کنایه از راستی: یکم ۷۲۳/۱۲۳.

زه[2]. آفرین، احسنت: یکم ۱۸۹/۵۸؛ دوم ۱۵٦۷/٦۸۳، ۱۵٦۸، ۱۵۷۰.

زه[3]. آلت شکنجه: یکم ۲٤۲۱/۷۸٦.

زهار. خایه // **کشیده ~** خایه‌کشیده، اخته‌شده: یکم ۳۸۷/٤۸۲ // **مخته ~** خایه‌کشیده: یکم ٦۳۰/۸۱۵.

زهازه. بسیار آفرین: یکم ۱۲۸۳/۱٤۵؛ دوم ۱۵٦۸/٦۸۳، ۱۵۷۰.

زهر. سم // ~ **آلودن**: یکم ۱۷٤/۲۰٦ // ~ **بر جام شیر نهادن**: یکم ۵۵٤/٤٤۵ // ~ **بر نیزه و تیغ پراکندن**: یکم ۷٦۱/۵٤۷ // **بار تریاک ~ آمدن**: یکم ۱٦۷٦/۵۸۳ // **گل ~ بوییدن**: یکم ۳۵۷/٦۵۳ // ~ **تریاک‌سوز**: یکم ۹۹۲/۱۳٤ // ~ **گزاینده**: یکم ٤۳۲/٦۸؛ ٦۰/۱۹۳؛ ۱۰۲٤/۳٤۳ // ~ **و تریاک را در هم آمیختن**: یکم ۱۲۷۵/۳۵۳ // **انگبین را به ~ آمیختن**: یکم ۳۱۹/٦۳ // **روان کسی را ~ تریاک شدن**← روان // **زیر نوش ~ داشتن**: یکم ۸۵۵/۳۳٦ // **سنان را به ~ آب دادن**: یکم ۱٤٤/۱۹۷ // **نوش جستن و ~ یافتن**: یکم ۳۲۸/۲٤۷.

زهر آبگون. یکم ۵۱۲/۷۱؛ ٤۷۰/۱۷۷.

زَهره. ۱- کیسه‌ی زردآب: یکم ٦۵۱/٤٤۸. ۲- کنایه از دلیری و بی‌باکی: یکم ۳٤۱/٤۲؛ ۱۲۱۵/۱٤۲؛ ۱۵۵۰/۱۵٦؛ ۳۷/۱٦۰.

زُهره. کنایه از زن: دوم ۱۹۲/۲۳۲.

زهش. زایمان، زایش، زادن: یکم ۱٤٦۲/۱۵۲؛ دوم ۱۲۹۳/۳۱٦، ٤۱۱/٤۷۱.

زهی. زادنی، زایشی، ماده // **گاو ~**: دوم ۱۸٦٤/۵۵٦.

زی. سوی، نزد، به: یکم ۲۹۸/٤۱؛ ۱۰٦/۵۵؛ ۲۳۲/٦۰؛ ۷۲۳/۷۹؛ ۷۵۲/۸۰؛ ۸٦۳/۸۵؛ ۱۰۰۸/۹۰؛ ۱۲۱۲/۱٤۲؛ ۱۸/۲۰۰؛ ٦۵۲/۲۲۵؛ دوم ۷۵/٤۲؛ ۲۱۵/٤۷؛ ۲٤۳/٤۹، ۲٤٤؛ ۵٤۰/٦۰؛ ٦٦٤/٦۵؛ ۸٤۳/۷۲، ۸٤۵؛ ۹۲۰/۷۵؛ ۱۰۰٦/۷۹.

زیادا! بماناد! زیست کناد: یکم ۱۸۱/۲۰٦؛ دوم ۳۹۹٤/۱۰۳٦.

زیان. // ~ **بر سر ~ افزودن**: یکم ۱۵٦٦/۵۷۸ // ~ **سرآمدن**: یکم ۱۹۱/۲٤۲؛ ۳۲٦/۲٤۷ // **از سودها مایه ~ آمدن**: یکم ٦۵۱/٦٦٤.

زیب. زیبایی، زیبندگی: یکم ۱۷۳۱/۳۷۱؛ ۵۹/٤۲۵.

زیبا. ۱- قشنگ، نیکو، نغز، خوش‌چهر:

یکم ۴۰۳/۲۱۵؛ دوم ۱۵۹/۱۰۸۷. **۲-** زیبنده، شایسته، سزاوار: یکم ۵۱/۵۳؛ ۱۲۸/۵۶؛ ۲۱۷/۵۹؛ ۷۴۲/۱۲۴؛ ۳۰۰/۶۳؛ ۱۵۷/۲۰۵؛ ۴۲۸/۲۵۱؛ ۱۳۳۰/۳۵۵؛ ۳۷۹/۴۳۸؛ ۸۰/۴۷۰؛ ۷۶۶/۵۴۷؛ ۱۸۵۷/۵۹۰؛ ۲۹۴۴/۹۰۷؛ دوم ۱۱۳/۲۰۷؛ ۳۳۲/۲۱۵؛ ۳۷/۲۶۶؛ ۴۳۰/۴۷۲؛ ۵۱۳/۴۷۵؛ ۵/۵۸۹؛ ۲۹۱۳/۷۳۶؛ ۳۱۹۹/۷۴۷؛ ۸۵۳/۹۱۲؛ ۲۴۳۸/۹۷۵؛ ۳۲۵۲/۱۰۰۷؛ ۵۴۴/۱۰۶۲؛ ۱۴۱/۱۰۸۶ و دیگر.

زیبنده. شایسته: یکم ۴۱۲/۱۱۱.

زیبیدن. زیبنده بودن: یکم ۴/۱۷؛ ۳۰۲/۶۳؛ ۵۵۶/۱۸۱؛ ۶۷۷/۴۴۹.

زیج. یکم ۱۲۱۱/۱۴۲؛ ۴۱۰/۳۱۹؛ ۳۶۲/۸۰۵؛ دوم ۳۱۸۰/۱۰۰۴.

زیر. // ~ ***آمدن:*** یکم ۵۱/۳، ۵۴ // ~ ***آوریدن:*** یکم ۳۷۸/۲۴۹ // ~ ***تخت:*** یکم ۸۲۴/۳۳۵ // ~ ***خویش آوردن:*** یکم ۵۳/۳؛ ۷۳۵/۸۰ // ***(به، اندر)*** ~ ***آوردن:*** یکم ۵۸۴/۲۲۲؛ ۸۲۸/۲۹۳؛ ۱۱/۴۲۳؛ ۵۸۶/۴۴۶.

زیر. نوای زیرِ ساز، مقابل بم: دوم ۹۹۰/۷۸.

زیربا. زیره‌با، آش زیره: دوم ۷۴۹/۵۱۲.

زیردست. //~ ***شدن:*** یکم ۳۱۴/۴۱۵.

زیردستی. فرودستی، فروتنی، تواضع، خشوع، ناتوانی، خواری: دوم ۲۹۴/۲۵۷؛ ۲۰۴۱/۷۰۲.

زیرگاه. **۱-** تخت، کرسی، نشیمنگاه: یکم ۲۰۹/۴۵۹؛ دوم ۱۹۶/۲۵۳؛ ۲۷۸/۳۸۴؛ ۱۹۳۷/۵۵۹؛ ۱۴۶۰/۸۵۹؛ ۳۲۴۶/۱۰۰۶. **۲-** تختی که پایین‌تر از تخت پادشاه گذارند: دوم ۷۹/۲۴۸؛ ۹۱۸/۳۰۱؛ ۹۷۰/۵۲۱؛ ۱۴۳۵/۸۵۸؛ ۴۴۲/۱۰۵۸.

زیستن. یکم ۱۷۶۵/۳۷۲؛ ۱۹۵۰/۳۷۹؛ ۲۴۵۴/۳۹۹ و دیگر.

زین. // ~ ***پلنگ:*** یکم ۶۴۰/۷۱۶ // ~ ***خدنگ (پلنگ):*** یکم ۳۹/۱۹۳؛ ۶۹/۱۹۴؛ ۱۷۱۲/۳۷۰؛ ۱۲۰/۴۰۷؛ ۱۲۶/۴۰۸ // ~ ***را از پشت اسپ (بور) نگرداندن:*** یکم ۳۶۶/۴۸۱؛ ۱۳۷۱/۵۷۱؛ ۶۶۸/۶۶۵ // ***از*** ~ ***برکندن کسی را:*** یکم ۷۵۲/۲۹۰ // ***پای به*** ~ ***آوردن:*** یکم ۷۶۳/۱۲۵ // ***پای در*** ~ ***گاشتن:*** یکم ۵۷/۱۸۵.

زینهار. (نیز← زنهار) **۱-** امان، پناه: دوم ۵۹۲/۶۴۴، ۵۹۴؛ ۲۹۴۷/۹۹۵ // ~ ***بودن*** امان بودن: دوم ۲۲۱/۴۸ //~ ***خواستن*** پناهنده شدن، امان طلبیدن: یکم ۹۰۸/۱۳۰؛ ۶۷/۲۳۷؛ ۲۷۱/۲۴۵؛ ۱۷۶/۲۶۸؛ ۷۴۳/۳۳۲؛ ۹۰۷/۳۳۸؛ ۳۱۳/۴۳۵؛ دوم ۴۲۹/۳۵۸؛ ۳۷۰/۳۸۷؛ ۵۴۲/۴۴۲؛ ۲۹/۵۹۲؛ ۹۱۹/۶۵۷؛ ۳۱۷۳/۷۴۶، ۳۱۷۵؛ ۶۷۰/۸۲۷؛ ۷۸۷/۸۳۲؛ ۱۱۵۲/۸۴۶؛ ۱۶۴۸/۹۴۳؛ ۱۹۰۱/۹۵۳؛ ۱۹۳۴/۹۵۵؛ ۲۰۰۹/۹۵۸

// ~ ***خواستن به جان*** امان خواستن (برای جان)، پناهنده شدن: یکم ۳۸/۱۸؛ ۵۰۱/۷۰؛ ۲۱۳۰/۳۸٦؛ ٤٤۱/٤۸٤؛ ۷۲۲/۵٤۵؛ ۲۱۰۲/۷۷٤؛ ۱٦۵۹/۸۵٦؛ دوم ۸۸۹/۹۱۳؛ // ~ ***دادن (به جان)*** پناه و امان دادن، عفو کردن: یکم ٤۰/۱۸؛ ۵۱۵/۷۱؛ ۳۰٦/۲۱۱؛ ۲۲۱۹/۳۹۰؛ ٦۳۷/٤۹۲؛ ۲٤۳۸/۷۸۷؛ دوم ۷٦۳/٦۹، ۷٦۵، ۷٦۹؛ ۷٦۱/۱۳۱؛ ۷۷۸/۱۳۲؛ ۱۱٦۹/۱۸۱؛ ۹۸/۲۲۱؛ ۵۱۰/٤٤۱، ۵۲۲ // ***(به جان) ~ یافتن*** امان یافتن: یکم ۱۷۳/۲۰٦؛ دوم ٦۷۸/۲۸؛ ۹۰/۳۷٦؛ ۲۳۲/۳۸۲؛ ۱۲۰/٤۲٦؛ ٤۲۰/٤۳۷؛ ۹۳۳/۸۳۸ // ***به ~ بودن:*** یکم ۲۷۱/۲۷۱ // ***(به جان) ~ دادن*** جان کسی را بخشیدن: یکم ۳۱/۳۰؛ ۱۷۷/۲٦۸؛ ۷٤٦/۳۳۲؛ ۳٦۳/٤۱۷؛ دوم ۱۲۰/۳٤۵؛ ۸/۹۰۸؛ ۷٤۰/۹۰۸ // ***به ~ داشتن:*** یکم ۱۲۸/۳٤؛ ۱۸۳/۱۰۲ // ***در ~ کسی بودن*** در پناه و امان او بودن: یکم ٤۵٤/۸۰۸؛ دوم ۱۹۳٦/۹۵۵. **۲**- امانت، ودیعه، سپرده: یکم ۲۳۵/۱۰٤؛ ۲۸۹٦/۹۰۵؛ دوم ۷۱/۳۷٦؛ ۹۵/۳۷۷؛ ٤۵۱/۱۰۹۹ // ~ ***پذیرفتن:*** دوم ۱۵۰٦/۱۹٤. **۳**- امانت دادن: یکم ۲۵۲/۳۹؛ ۲۳۵/۱۰٤ // ~ ***دار:*** یکم ۱۳٦/۳٤ //~ ***گیر:*** یکم ۱۳٤/۳٤. **٤**- عهد و پیمان: دوم ۲۷۳۲/۹۸٦ // ~ ***خوردن*** خیانت کردن: دوم ۱٦۷٤/۹٤٤ // ~ ***خوردن به جان دیگری:*** یکم ۵۲٤/۳۲۳ //~ ***خوردن به جان و تن خود:*** یکم ۷۷۵/۸۱ // ~ ***خوردن به روان خود*** خود را به کشتن دادن: دوم ۱۸۲۸/۹۵۰ // ***بر تن خود ~ خوردن:*** یکم ۱۱۱۰/۵۱۱؛ دوم ۸٤۵/۱٦۸ // ***به ~ دست کسی را بدست گرفتن:*** یکم ۱۳۷/۵٦.

زینهارخواه. امان‌خواه: یکم ۲۳۵۵/۷۸٤.

زینهاری. **۱**- پناهنده، امان‌خواه: یکم ۲۱۲٦/٦۰۰؛ ۹۰۹/۸۲٦؛ ۱۵۰۳/۸۵۰؛ دوم ٦۲/۲٤۷؛ ۹۲٦/٦۵۷؛ ٦۱۳/۸۲۵؛ ٦۸۰/۸۲۸؛ ۱۲۰۵/۸٤۸؛ ۲۸۱۱/۹۸۹ // ~ ***شدن*** پناهنده شدن: دوم ۱۱۵٦/۸٤۷، ۱۱۵۸. **۲**- زینهار دادن: دوم ۳۸۱۵/۷۷۱.

ژ

ژاژ. // ***گفتار*** ~: دوم ۴۷۱/۱۰۵۹.

ژاله. ۱- تگرگ: یکم ۴۲۸/۴۶؛ ۶۳/۲۳۷؛ ۱۲۹۳/۸۴۱؛ ۱۵۸۲/۸۵۳. **۲**- شبنم، باران، کنایه از اشک: یکم ۲۳۲۲/۳۹۴؛ ۲۰۳۹/۵۹۷؛ ۱۲۰/۶۳۵؛ دوم ۱۱۶۳/۸۵؛ ۸۳/۲۲۰؛ ۱۹۳/۲۵۳؛ ۱۱۷۵/۹۲۵؛ ۳۰۹۷/۱۰۰۱.

ژرف. مصّرانه: یکم ۱۰۰۷/۷۳۰؛ ۱۱۶۷/۷۳۶.

ژرف‌بین. تیزنگرش، مردم‌شناس: یکم ۱۵۶/۵۷.

ژرفی. ۱- گودال، گودی: یکم ۱۵۴۳/۸۵۱. **۲**- دقت // **به** ~: یکم ۱۳۱۵/۷۴۲.

ژکان. غرولندکنان: یکم ۵۶۳/۲۸۳؛ ۲۵۵/۳۱۳؛ دوم ۲۱۶/۳۸۱؛ ۳۸۲۶/۱۰۳۰.

ژکیدن. غرولند کردن: دوم ۱۴۱۱/۵۳۸؛ ۳۵۴۱/۷۶۱.

ژنده.← زنده.

ژنگ[1]. ۱- آژنگ، چین و شکن: دوم ۱/۱.

ژنگ[2]. زنگ، زنگار: دوم ۳۴۸۴/۱۰۱۶.

ژیان. وحشی و خشمناک (صفت پیل، شیر، سیمرغ، غرم، گوزن): یکم ۱۴/۱۵؛ ۱۴۱/۳۴؛ ۷۹۲/۸۲؛ ۶۶۵/۱۲۱؛ ۹۱۲/۱۳۱ و فراوان.

س

ساج. ۱- چوب درخت ساج، چوبی سیاه‌رنگ، آبنوس: یکم ۵۵٤/۲۸۳؛ دوم ۲٦۹٥/۷۲۷؛ ۲۷۲٥/۷۲۸؛ ۳۳٥۱/۷٥۳ و دیگر. ۲- نگاره برای اندام بلند: یکم ۲۹۲/۱۰٦؛ ٤۱۸/۱۱۱. ۳- کنایه از شب: دوم ٦۰۲/۲٥ // ***تخت*** ~ کنایه از شب سیاه: یکم ٤٥۱/٥۳٥.

ساختن. ۱- آماده کردن، تهیه کردن، برپا ساختن: یکم ۱٥۸/٥۷؛ ۱٥۸/۳۰۹؛ ۳۸۳/۳۱۸؛ ٥۳٤/۳۲٤؛ ۸٤٤/۳۳٦؛ ۹۷٥/۳٤۱؛ ۱۰۳۱/۳٤۳؛ دوم ۲۹۳۳/۹۹٤ // ***اسب*** ~: یکم ٥۲۰/۱۷۹ // ***جایگه*** ~: یکم ۱۱۱۱/۳٤٦؛ ۱۲۰۹/٥۱٥. ۲- آماده شدن، تجهیز گردن، دست به کار زدن: یکم ۲۸٤/۱۰٦؛ ۳٥۰/۱۷۲؛ ٤٦/۲٥٥؛ ۹۸۷/۳۰۰؛ ۷۹٤/۳۳٤؛ ۹۹۹/۳٤۲؛ ۱۳۲۱/۳٥٥؛ ۲۰۳٤/۳۸۳؛ ۷۹/٤۷۰؛ ٤۹۱/٥۳٦؛ ۹٥۲/٥٥٤؛ دوم ٥۰/۲٤۷؛ ۲٤۲/٤٦٤؛ ۲۷۸۰/۹۸۸؛ ۳٦٤۳/۱۰۲۲ // ***پذیره شدن را*** ~: یکم ۱۲۱۲/۳٥۰ // ***بی*** ~: یکم ۲٦۹/۸۰۱؛ ۱۲۹۰/۸٤۱. ۳- تدبیر کردن، چاره کردن، نقشه ریختن؛ قصد کردن؛ اداره کردن، مقرّر کردن؛ انجام دادن؛ درست کردن؛ اقدام کردن، پرداختن، مشغول شدن: یکم ۹۰۸/۸٦؛ ۱۲۰۰/۱٤۲؛ ۱۳٤۷/۱٤۸؛ ۱٥۹۰/۱٥۷؛ ۷۲/۱۸٦، ۷٥؛ ۳٦۲/۲۱۳؛ ۱٥۲/۲٤۰؛ ۱٤۳/۲٦٦؛ ۲۲۲/۲۷۰؛ ۹۹۳/۳۰۰؛ ۸۷/۳۰٦؛ ٥۳۳/۳۲۳؛ ۱۱۷٥/۳٤۹؛ ۱٤٥۷/۳٦۰؛ ۱٤۷۷/۳٦۱؛ ۱٥۱۸/۳٦۲؛ ۲۱۰٦/۳۸٥؛ ۲۳٦۲/۳۹٥؛ ۱۰۹/٤۲۷؛ دوم ۱۱۷٦/۸٥؛ ٦٥/۲۰٥؛ ۳۷٥/۸۱٦؛ ۱۷۳۷/۸٦۹؛ ۳۹٤۱/۱۰۳٤ // ~ ***کم و بیش کسی را***: یکم ۹۹٥/۳٤۲. ٤- سازش و سازگاری کردن، یاری و همدلی نمودن: یکم ۸۰٤/۲۹۲؛ ۲۱٤۹/۳۸۷؛ دوم ۳۲۹۱/۷٥۱. ٥- گذراندن، سر کردن: یکم ۳٦۲/٤٦٥.

ساخته. ۱- آماده: یکم ۸۷۰/۸۵؛ ۳۸۶/۲۱۴؛ ۵۳۶/۲۲۰؛ ۵۲۹/۵۳۸؛ ۱۱۲۹/۶۸۳؛ ۹۲۶/۸۲۷؛ دوم ۱۴۳/۱۰۶؛ ۱۹۶/۱۰۹؛ ۴۴۳/۸۱۸ // ~ **شدن:** یکم ۶۱۵/۷۵؛ ۱۳۸۴/۱۴۹ // ~ **کردن:** یکم ۱۵۴/۵۷. ۲- سازگار، دست‌آموز: دوم ۵۴۷/۳۹۴.

ساد. برابر: یکم ۵۸/۶۴۱؛ یکم ۱۵۷۲/۷۵۲؛ دوم ۸۰۷/۱۳۳

ساده. ۱- ایستاده، صاف: دوم ۴۳۱/۱۱۸ // **سپاه ~:** یکم ۷۴۱/۲۹۰. ۲- بی‌پیرایه: دوم ۲۰۰/۸۰۹، ۲۰۵. ۳- صاف، بی‌پستی و بلندی: دوم ۱۸۷/۴۶۲. ۴- معمولی، عادی: دوم ۳۶۳۱/۱۰۲۲.

ساده‌دل. دوم ۴۵۰/۱۱۸.

ـــسار. پسوند: یکم ۴۶/۳۱؛ ۶۸۶/۱۲۲، ۶۹۸.

سارا. ناب، پاک، بی‌غش، خالص، سره // **مشک ~:** یکم ۵۹۷/۷۴؛ ۲۱۶/۱۰۳؛ ۱۲۴۹/۱۴۴؛ ۱۵۷۱/۱۵۶؛ دوم ۱۸۴۰/۵۵۵.

ساروان. ساربان: یکم ۴۷۰/۳۲۱؛ دوم ۴۷۴/۱۱۹؛ ۴۷۷/۱۲۰، ۴۷۹؛ ۴۹۷/۱۲۰.

ساز. ۱- سامان، ساختن، آرایش، ترتیب و تدارک (جنگ)؛ آلت و افزار؛ وسایل و تجهیزات، سازوبرگ، وسایل و مایحتاج، سامان: یکم ۱۰۲۷/۹۱؛ ۱۰۸۸/۱۳۷؛ ۱۴۴/۱۶۵؛ ۱۵۴/۲۶۷؛ ۶۳۷/۲۸۶؛ ۷۶۸/۲۹۱؛ ۴۸۸/۳۲۲؛ ۲۴۲۴/۳۹۸؛ ۸۴۲/۵۰۰؛ ۹۰۴/۵۰۳؛ ۲۲۲۰/۶۰۴؛ ۲۴۰۹/۶۱۱؛ ۳۴۶/۸۰۴؛ ۱۵۲۱/۸۵۰؛ ۲۱۲۸/۸۷۴؛ دوم ۳۷۴۵/۷۶۹؛ ۶۹۲/۸۲۸؛ ۷۱۸/۸۲۹؛ ۱۴۸۱/۸۵۹؛ ۱۸۷۲/۸۷۵؛ ۴۰۴/۱۰۹۷ و دیگر // ~ ***جنگ پیش آوردن:*** یکم ۲۵۵۶/۶۱۷ // ~ ***کردن:*** ۱- ساختن، مقرّر کردن: یکم ۸۸۱/۸۵؛ ۳۸۰/۲۵۰؛ ۲۵۰۲/۴۰۱؛ ۸۸۲/۶۷۳ ۲- آماده شدن، تجهیز کردن: دوم ۵۱/۲۴۷ // ***به کاری ~ گرفتن:*** یکم ۷۰۱/۶۶۶. ۲- روش، راه // ~ ***جنگ کیان:*** یکم ۲۲۴/۱۶۸؛ ۱۱۹۳/۵۱۴ // ~ ***جنگ و نبرد:*** یکم ۱۹/۱۹۲ // ~ ***درنگ گرفتن:*** یکم ۸۵۷/۸۴ // ~ ***دیگر گرفتن:*** یکم ۱۲۶/۲۶ // ~ ***شبیخون گرفتن:*** یکم ۸۹۲/۸۶ // ~ ***مردان:*** یکم ۱۸۹/۴۳۰ // ~ ***میدان:*** یکم ۱۰۲/۲۶۵ // ~ ***نو:*** یکم ۲۴/۶۴۰ // ~ ***و نهاد:*** یکم ۱۲۶۹/۱۴۵؛ ۱۸۵/۱۹۸؛ ۶۹۵/۴۵۰. ۳- آهنگ، قصد، عزم // ~ ***رفتن گرفتن:*** یکم ۲۵۴/۳۹؛ ۱۸۳۵/۳۷۵؛ ۴۷۴/۴۲۱؛ دوم ۱۶۷۰/۹۴۴ // ~ ***کردن:*** یکم ۲۹۷/۱۷۰؛ ۳۲۹/۲۱۲؛ ۵۴۳/۲۲۱؛ ۷۲۹/۲۲۸؛ ۱۱/۲۶۱؛ ۵۶۹/۳۲۵؛ ۶۰۴/۳۲۶؛ ۱۰۰۰/۳۴۲؛

دوم ۱۱۹۸/۸۴۸؛ ۱۷۰۰/۸٦۸ // ~ ***گرفتن:*** یکم ۱٤۲٥/۱٥۱؛ ۳۰٦/۱۷۱؛ ۹٤٤/۳٤۰ // ~ ***نهادن:*** یکم ۱۸/۲۲ // ***با ~ شدن:*** دوم ۲۸۷٥/۷۳٤ // ***با پای کسی ~ گرفتن:*** دوم ۳۲۱/۱۰۹٤.

سازنده. تهیه‌کننده، خادم: دوم ۲۹۳۳/۹۹٤.

سازیدن. ساختن: یکم ۹٦۷/٦۷٦.

سازیده. ساخته: یکم ۳۲٦/٤۲.

ساقه. دنباله‌ی سپاه: یکم ۱۰۸۳/٥٥۹؛ ۱۷۰/۷۹۷؛ ۲۹۷/۸۰۲.

ساکن. // ***گوی*** ~ کنایه از زمین: یکم ۸۳۲/۸۲۳

سال. ۱- مدّت ۱۲ ماه: یکم ٤٦/۱۳ و دیگر. ۲- عمر، زندگانی: یکم ۳۹٤/٤٤ و دیگر // ~ ***را بالا نبودن:*** دوم ۳٥۳/۱۰٥٥. ۳- پیری، سالمندی: یکم ۹۷/٤۲٦. ٤- زمان، زمانه: یکم ۲/٤۰۳ // ~ ***و خورشید و ماه بر کسی گذشتن:*** یکم ۷٦/۲۰۲.

سالار. ۱- فرمانده‌ی سپاه، فرمانروا، پادشاه: یکم ۸۳۳/۸۳؛ ۸۳۷/۸٤ و فراوان؛ ۱۲٤۹/٦۸۸؛ ۳۲/٦۹۲. ۲- رئیس تشریفات، پرده‌دار // ~ ***بار:*** یکم ۷۲۳/۷۹؛ ۸٤۹/٦۷۲؛ دوم ۷٥۲/٦٦۸ و دیگر // ~ ***نوبت:*** یکم ۸٥۸/٦۷۲؛ ۲٤٦۷/۸۸۸. ۳- صاحب و رب در نجوم: یکم ۱۹۱/۱۰۲.

سامان. ۱- ترتیب، نظم: یکم ۱۳/۱٥ // ***به*** ~← بسامان. ۲- وسیله، راه: دوم ۱۱۰۸/۸٤٥، ۱۱۰۹.

سان. ۱- پسوند مانندگی // ***به (از آن، از این، بر، چه)*** ~: یکم ٤۳/٥۲ و فراوان. ۲- گونه، طرز، آیین، روش: یکم ۲۲۷٤/۳۹۲؛ ٤۲٤/۸۰۷؛ ۲٤۸۱/۸۸۸؛ ۳۱۳٦/۹۱٥؛ دوم ۲٤/٤۱٤.

ساو. باژ، خراج: یکم ۱۲۸/۲۰٤؛ ٦۲٦/۲۲٤؛ ۲٤٦/٤٦۰؛ ۱۸٥۳/٥۸۹؛ دوم ٦۷۳/۲۸؛ ۲۳۷۱/۷۱٤؛ ۱۹٤/۱۰٤۸.

ساوجوی. یکم ۱۳۱/۲٤۰.

ساویدن. پساویدن، لمس کردن، دست زدن: یکم ۱۱۷۰/٦۸٤؛ دوم ٤۳۲/۱۰٥۸.

سایه. // کنایه از پشتیبانی: یکم ۱۹٤۸/٥۹۳ // ~ ***ی همای:*** دوم ۸٥۷/۷۳ // ~ ***ی کسی روی زمین دراز بودن:*** دوم ۷٤/٥۹٤.

سایه‌دار. پناه‌دار: دوم ۳۸۸۰/۷۷٤.

سایه‌گاه. دوم ۱٥۸۳/۹٤۱.

ساییدن. ۱- لمس کردن، پسودن: دوم ۳۷۸۸/۱۰۲۸ // ***ترگ با چرخ ماه*** ~: یکم ٦۱۲/۸۱٥. ۲- متلاشی کردن: یکم ۸۱/۱۸٦.

سبز. ۱- رنگ دریا← دریا، شماره‌ی ۲. ۲- رنگ جامه‌ی سروش: دوم ۱۸۹۰/۹٥۳. ۳- تر و تازه و شاداب و

زنده: یکم ۶۳۱/۷۶.

سبز در سبز. نام سرودی از باربد: دوم ۳۶۷۰/۱۰۲۳.

سبزه. //**~ی تیره:** دوم ۳۲۸۰/۱۰۰۸.

سبک. ۱- (قید کیفیّت) زود، بیدرنگ، فوراً، به‌آسانی، به‌سادگی: یکم ۳۷/۲۲؛ ۱۵۱/۳۵؛ ۲۱۲/۳۷؛ ۲۵۴/۳۹؛ ۱۳۹/۵۶؛ ۱۹٤/۵۸؛ ۲۰۳/۵۹؛ ۲۳۲/۶۰؛ ۳۶۳/۲۱۳؛ ۸۶۱/۲۹۵؛ ۲۳۷۹/۳۹۶؛ ۱۵۶/٤۲۹؛ ۳۷۸/۵۳۲؛ ۱۱۰۱/۵۶۰؛ ۱٤۳۱/۵۷۳؛ دوم ۵۵۸/۱۲۳؛ ۵۵۸/۱۵۷؛ ۹۷۸/۱۷۳؛ ٤۹۱/۳۶۰؛ ۵۳۲/۳۶۲؛ ۵۵۱/۳۶۳؛ ۲۰۰٤/۹۵۷؛ ۳۱۵۱/۱۰۰۳؛ ۳۹۷۶/۱۰۳۵؛ ۵۲۳/۱۱۰۲، ۵۳۵ و دیگر. ۲- خوار //**کسی را ~ داشتن:** دوم ۵۹۲/۱۵۸؛ ۲۹/۱۰۷۲. ۳- چابک //**~ بودن:** یکم ۶۱۰/۶۶۲. ٤- آسان، بی‌تعارف //**~ بودن:** یکم ۸۶۸/۵۵۱

سبکتر. رو به بهبودی، بهتر: یکم ۲۰۵۲/۳۸۳.

سبکسار. سبکسر، کم‌خرد: یکم ۸٤/۲٤؛ ۱۹۲۰/۳۷۸؛ ۱۱۷۲/۶۸۵؛ ٤۵۱/۷۰۸.

سبک‌مایه. ۱- کم‌ارز، نادان: یکم ۱۲۰/۲۶؛ ۶۰۹/۱۱۹. ۲- //**~ جای** جای محقّرانه و فقیرانه: دوم ۲۶۰/٤۳۱.

سبوس. پوست غلّات: یکم ۲۱۳/۲۰۷.

سپاس. منّت، امتنان: یکم ۱۱٤۰/۳٤۷ // **~ بر سر کسی نهادن:** یکم ۷۳/۹۸؛ دوم ۱۵۳/۷ // **~ بودن کسی را از کسی:** یکم ۲۶/۲۲؛ ۳۳/۵۲ // **~ پذیرفتن از کسی** پذیرفتن چیزی با امتنان: یکم ۶۹۱/۱۲۲؛ دوم ۲۹۰/۱۲؛ ٤۲٤۵/۷۸۸ // **~ جستن:** یکم ٤٤۲/۳۲۰.

سپاسی. منّت‌گذار: یکم ۱۰۱۱/۹۰؛ ۱۶۰۱/۵۸۰؛ ۱۷۰۵/۵۸٤؛ دوم ۱۶۸۰/۹٤۵.

سپاه. (نیز← سپه) ۱- لشکر: یکم ۱۷٤/۸ و فراوان //**~ انجمن کردن:** یکم ۳۲/۱۲ // **~ برنشاندن:** یکم ۵۹۰/٤٤۶ //**~ ساده:** یکم ۷٤۱/۲۹۰ // **~ گذاردن:** یکم ۶۹۶/۱۲۲ // **جهان بر کسی ~ شدن:** یکم ۲۵/۱۲. ۲- گروه اندکی از مردم سپاهی و همراهان شاه و پهلوان: یکم ۲۱۶/۱۶۷؛ ٤۳۳/۱۷۶؛ ٤۲/۳۰٤؛ ۲۲۲۶/۳۹۰؛ ۸۵۹/۶۷۲؛ دوم ۱۹۹/۱٤۲؛ ۶۹۳/۹۰۶؛ ۹۹٤/۹۱۸ //**~ پراگنده:** دوم ۳۰۸۳/۱۰۰۰ // **~ سپاسی:** دوم ۱۶۸۰/۹٤۵. ۳- مردم، ملت: یکم ۲۱۰۳/۵۹۹.

سپاهی. ۱- مرد لشکری، سرباز: دوم ۱٤۸٤/۵٤۱؛ ۱۱۷/۶۱۰. ۲- نگهبان، نگهدار (؟): دوم ۵۲۹/٤۷۶.

سپر. //**~ در ~ بافته:** یکم ۱٤/۱۹۲ // **~ کرگ:** یکم ۱۰۸۲/۸۳۳ //**~ گیلی:**

یکم ۱۷۹۰/۳۷۳؛ ۲۳۲۱/۸۸۲ // ***بر ~ نام نوشتن:*** یکم ۳۵/۲۳۶.

سَپَردن. طی کردن، گذراندن، رفتن، لگد کردن، زیر پا گذاردن، کوبیدن و گذشتن، ویران کردن: یکم ۲۱۶/۳۷؛ ۱۰۰۹/۹۰؛ ۳۴۰/۱۰۸؛ ۷۸۲/۱۲۵؛ ۲۱۲/۱۶۷؛ ۴۱۰/۱۷۵؛ ۹۰۹/۳۳۸؛ ۲۲۹۳/۳۹۳؛ ۲۵۰۸/۴۰۱؛ ۴۰۳/۴۳۹؛ ۴۸۷/۴۴۲؛ ۱۱۳۱/۵۱۲؛ دوم ۱۸۵۰/۵۵۵؛ ۱۸۹۷/۵۵۷؛ ۹۰۶/۸۳۷ // ***خاک را ~:*** یکم ۵۹۲/۲۲۳ // ***خرد ~:*** یکم ۵۳۳/۱۸۰ // ***زیر پی ~:*** یکم ۳۱۵/۱۷۱ // ***گاه کسی را ~*** او را نابود کردن: دوم ۲۰۹۷/۵۶۵.

سِپُردن. ۱- رفتن، طی کردن: یکم ۳۴۰/۱۰۸. ۲- واگذار کردن، به دیگری دادن: یکم ۱۳۸/۷؛ ۳۱۸/۲۴۷؛ ۳۲۶/۲۴۸؛ ۱۰۳۶/۳۴۳ // ***آرزو ~:*** یکم ۱۳۳۰/۱۴۷.

سپرور. سپردار: یکم ۶۰۷/۳۲۶.

سپریدن. زیر پا نهادن: دوم ۸۷۶/۸۳۵

سپنج. عاریت، خانه‌ی عاریتی، خانه و جای موقّت، کنایه از جهان ناپایدار: یکم ۱۵۶۶/۱۵۶؛ ۱۵۸۷/۳۶۵؛ ۱۹۵۰/۳۷۹؛ ۲۲۴۵/۳۹۱؛ ۳۴۷/۴۱۶؛ دوم ۱۸۷/۴۹۰؛ ۶۰۸/۵۰۷؛ ۶۷۸/۵۱۰؛ ۴۰۶۴/۷۸۱ و دیگر // ***~ یافتن:*** دوم ۱۹۲/۴۹۰؛ ۷۱۱/۹۰۶ // ***جای ~:*** یکم ۴۱۵/۶۷ // ***سرای ~*** کنایه از جهان ناپایدار: یکم ۱۰۶/۲۷۳؛ ۱۲۲/۱۹۶، ۱۳۴؛ ۱۸۸/۲۴۲؛ ۱۶۳۵/۳۶۷؛ دوم ۵۸۷/۵۰۶؛ ۲۶۸۶/۹۸۴.

سپنجی. عاریتی، صفت جهان // ***~ سرای:*** یکم ۴۰/۲؛ ۴۱۱/۴۱۹؛ ۴۷۰/۴۲۱ // ***سرای ~*** کنایه از جهان ناپایدار: یکم ۷۸۱/۱۲۵؛ ۱۹۹۵/۵۹۵ و دیگر.

سپندارمذ. ۱- ایزدبانو، یکی از امشاسپندان: یکم ۷۳۹/۶۶۷. ۲- نام پنجمین روز ماه: دوم ۲۴۷۱/۹۷۶. ۳- نام دوازدهمین ماه: دوم ۱۶/۱۰۷۹.

سپوختن. راندن، دور کردن، بیرون کردن: یکم ۱۴۸۴/۱۵۳؛ ۱۳۸/۲۰۴؛ دوم ۲۶۱/۲۵۵.

سپه. (نیز← سپاه) یکم ۱۵۳۱/۱۵۵؛ ۴۱/۳۰۴؛ ۲۱۷۸/۳۸۸ // ***~ باز چیدن:*** دوم ۱۹۳۷/۹۵۵ // ***~ برداشتن:*** یکم ۳۴/۲۳۶ // ***~ را دیدن:*** یکم ۵/۱۹۱ // ***~ کردن:*** یکم ۲۶/۱۲ // ***~ را از جای برکندن*** حرکت دادن سپاه: یکم ۱۲۲۹/۷۳۹.

سپهبد. ۱- سردار، فرمانده سپاه: یکم ۲۵۶/۱۰۵ و فراوان. ۲- پادشاه: یکم ۱۲۴/۶؛ ۷۲/۳۲؛ ۹۳/۳۳؛ ۶۷۶/۷۷؛ ۸۶/۱۶۲؛ ۷۰/۲۰۲؛ ۴۹/۲۶۳؛ ۳۷۲/۲۷۵؛ ۵۷۶/۲۸۳؛ ۳۲۹/۳۱۶. ۳- اطلاق به شاهزاده: یکم ۹۲/۳۰۶.

سپهبددل. یکم ۱۷۴/۷۹۷.

سپهدار. ۱- سردار، فرمانده سپاه: یکم ۲۰۴/۹ و فراوان. ۲- اطلاق به پادشاه: یکم ۲۷۷/۲۴۵؛ دوم ۱۸۴۶/۹۵۱ و فراوان.

سپهر. // ~ ***از بر کسی گشتن:*** دوم ۲/۱۰۸۱ // ~ ***از نهفت بیرون کشیدن:*** یکم ۴۷۴/۴۴۱ // ***باد ~:*** دوم ۲۰/۱۰۷۶ // ***مغز ~:*** یکم ۲۴۴۷/۳۹۹.

سپیجاب. یکم ۴۸/۱۸۵؛ ۷۴۴/۵۴۶.

سپیده. // ~ ***از جای برآمدن*** دمیدن سپیده: یکم ۵۵۵/۱۱۷.

ستاره[1]. اختر // ~ ***از آستین برآوردن:*** دوم ۷۱۴/۶۴۹ // ~ ***دامن ماه جُستن:*** دوم ۱۵۴۸/۵۴۴ // مانند کردن ~ به پشت پلنگ: دوم ۲۴۴۶/۵۷۹.

ستاره[2]. (عربی) گونه‌ای چادر و شامیانه، پشه‌بند: یکم ۷۲۱/۷۹؛ ۵۰۳/۲۱۹؛ ۱۴۲/۶۴۴؛ دوم ۷۴۰/۱۳۰؛ ۲۵/۴۵۲، ۲۹.

ستاره‌شُمَر. ستاره‌شناس، منجّم: یکم ۲۴۸/۱۰۵؛ ۳۷۴/۲۴۹؛ ۱۴۸۶/۳۶۱؛ دوم ۷۱/۱۳۷ و دیگر.

ستام. لگام، افسر: یکم ۳۰۱/۱۰۷؛ ۹۴۱/۱۳۲؛ ۱۱۸۶/۳۴۹؛ ۱۴۰۱/۳۵۸ و دیگر.

ستایش. یکم ۴۵۲/۴۲۰ و دیگر // ~ ***برگرفتن:*** یکم ۶۸۴/۴۵۰.

ستردن. پاک کردن، زدودن، زایل کردن: یکم ۴۰۲/۴۵؛ ۴۳۹/۲۷۸؛ ۷۸۴/۵۴۸؛ ۱۷۷۵/۸۶۰؛ دوم ۳۸۳۰/۷۷۲؛ ۱۲۴۱/۸۵۰ // ***روی کسی را به دست ~:*** یکم ۱۰۶۰/۹۲؛ دوم ۲۱۹۲/۹۶۵.

سُتُرگ. ۱- درشت‌اندام، تنومند، نیرومند: یکم ۳۲۵/۴۲؛ ۱۷۲/۱۰۲؛ ۷۵۳/۱۲۴؛ ۸۴۷/۱۲۸؛ ۸۹۳/۱۳۰؛ ۹۲۲/۱۳۱؛ ۱۳۱۹/۱۴۷؛ ۱۹۱۵/۳۷۸؛ ۲۵۰/۴۶۱. ۲- سرکش، گستاخ، نافرمان: یکم ۱۰۵۰/۱۳۶. ۳- خشمناک، تندخو: یکم ۲۴/۱۲؛ ۴۵/۴۰۴؛ دوم ۴۶/۲۱۹. ۴- دارای پشت و پشتیبان: یکم ۵۸۴/۱۱۸.

ستمبه. زشترو: دوم ۱۲۴/۴۴.

ستودان. استخوان‌دان، دخمه، گورستان زردشتیان: یکم ۱۳۷/۱۶۴؛ ۳۶۹/۱۷۳؛ ۸۱۵/۲۹۳؛ ۸۱۸/۵۴۹؛ دوم ۹۵۹/۶۵۹.

ستودن. ۱- (ناگذر) ستوده بودن، سزای ستایش بودن: دوم ۵۸۴/۵۰۶. ۲- (گذرا) ستودن: یکم ۲/۶۳۱.

ستوده. // ~ ***بودن به چیزی:*** یکم ۹۲/۲۰۳؛ ۳۶/۲۶۲.

ستوده‌تن. یکم ۴۰۹/۲۵۱.

ستور. چارپای سواری و باری: یکم ۶۸۱/۲۸۸؛ ۱۰۱۶/۳۰۱.

ستون. // مانند کردن اندام زن به سیمین ~: دوم ۳۰۲۷/۹۹۸.

ستوه. // ~ ***آمدن:*** یکم ۲۹۸/۲۱۱.

ستوهی. // ~ ***آمدن*** به ستوه آمدن،

درمانده شدن: یکم ۱۵۸۰/۷۵۳.

ستهیدن. ستیزه کردن: یکم ۴۳/۳۰۴.

ستیخ. نیزه: یکم ۶۳۰/۲۸۶.

ستیر. واحد وزن: یکم ۱۳۵۶/۵۷۰.

ستیز. نبرد، جنگ: یکم ۲۴۵/۴۳۲ // ***با تن خویش ~ کردن*** پروای جان نداشتن: دوم ۳۶۱۵/۷۶۴ // ***در ~ مایه بودن:*** دوم ۴۱۴/۱۵۱.

ستیزه. // ***در راه کسی ~ ریختن:*** دوم ۴۱۴/۱۵۱.

ستیهنده. ستیزه‌جو: یکم ۵۶۹/۲۸۳.

ستیهیدن. ستیزه کردن: دوم ۱۲۸۲/۶۷۱؛ ۲۶۴۵/۷۲۵.

سخت. ۱- (قید) بسیار، فراوان: یکم ۵۴/۳؛ ۳۶۶/۱۷۳؛ ۸۲۴/۳۳۵؛ ۱۲۹۲/۳۵۳ // ***~ کردن*** ۱- بستن، محکم کردن: یکم ۱۰۱۳/۳۰۱. ۲- زخم‌ناپذیر کردن: یکم ۲۴۱/۲۰۸. **۲**- (قید تأکید) نیکو، به‌گونه‌ی پسندیده: یکم ۱۴۳۶/۸۴۷.

سخت‌کار. سختگیر، سخت‌کوش: دوم ۱۱/۴۱۹.

سَختن. وزن داشتن، وزن کردن، سنجیدن: یکم ۱۷/۲۶۱؛ دوم ۷۹۴/۱۳۲؛ ۱۳۰۰/۳۱۶؛ ۱۲۸۶/۸۵۲ // ***دینار ~*** وزن کردن دینار و پرداختن: دوم ۲۶۱/۸۱۱.

سَخته. وزن‌کرده، وزن‌شده، سنجیده‌شده: یکم ۱۰/۱؛ ۸/۶۳۱؛ دوم ۳۹۰/۱۵۰؛ ۱۶۹۲/۵۴۹؛ ۱۷۴۱/۵۵۱؛ ۴۱۱/۱۰۹۷ // ***~ شدن درم*** وزن کردن درم: دوم ۴۲۱۸/۷۸۷ // ***~ شدن گفتار*** سبک و سنگین کردن و آراستن سخن: دوم ۴۷۶/۲۸۴ // ***سخن ~ گفتن (راندن):*** دوم ۶۰۳/۳۹۶؛ ۱۹/۴۰۶.

سختیدن. وزن کردن، کشیدن: دوم ۱۶۱۹/۵۴۶.

سَخُن. ۱- گفتار، کلام: یکم ۷/۱ و فراوان // ***~ آوردن از چرخ برین:*** یکم ۵۸۰/۱۱۸ // ***~ برداشتن به کسی*** به او گزارش کردن: دوم ۳۱۶/۳۸۵ // ***~ بر ~ گذشتن:*** یکم ۹۴۹/۱۳۲ // ***~ برشمردن بر کسی*** مطالب را به او گفتن: دوم ۳۵۶۵/۷۶۲ // ***~ برگرفتن از:*** دوم ۸۳۲/۱۶۸ // ***~ بن افگندن***← بن، شماره‌ی ۱ // ***~ به درازی نباید کشید!:*** یکم ۱۳۳/۲۶۶ // ***~ به کوی بازیافتن:*** دوم ۳۹/۱۳۶ // ***~ پژوهیدن از هر دری:*** یکم ۴۶۸/۶۹ // ***~ پیچاندن:*** دوم ۸۷۱/۶۵۵ // ***~ پیمودن*** گفت‌وگو کردن: یکم ۹۷۸/۱۳۳؛ دوم ۸۶۲/۱۶۹؛ ۱۱۷۰/۱۸۱ // ***~ پیوند کردن*** به گفتار آمدن: یکم ۳۲۳/۶۳ // ***~ داشتن:*** یکم ۶۴۳/۳۲۸ // ***~ را پیچیدن:*** دوم ۱۲۵۶/۹۲۸ // ***~ را گرداندن*** حاشیه رفتن: دوم ۴۳۶۰/۷۹۳ // ***~ راندن:*** یکم

٦٨٢/٧٧؛ ٩٨٧/١٣٤؛ ١٠٨/١٩٥؛ ١٠٢/٢٣٩؛ ٧٨٠/٢٩١؛ ٤٤٩/٣٢٠؛ ١٤٢/٤٠٨؛ ٧٠٢/٤٥٠؛ دوم ١٣٥/٦ و دیگر //~ ***را نه سر پیدا بودن نه بن (پای)***: یکم ٦٥١/٧٦؛ ٧٥٦/٨٠ // ~ ***رفتن بر بیش و کم***: یکم ٨٩٤/٣٣٨ // ~ ***رفتن بر چرا و چون***: یکم ٤٨١/٧٠ // ~ ***سرد شنیدن***: دوم ١٨٦/١٤٢ // ~ ***شمردن*** نقل کردن: یکم ١٢٤٥/١٤٤؛ دوم ١٦٥٣/٩٤٤ // ~ ***کارگر آمدن***: دوم ١٦٧٥/٩٤٤ // ***کهن شدن*** ~ روشن شدن سخن بر هر کس: دوم ٢٩٠٧/٧٣٦ // ~ ***(بر) گشادن*** لب به گفتار گشودن: یکم ٩١/٢٤؛ ٣٣٦/٤٢؛ ٣٦٥/٦٥؛ ٧٤٥/٣٣٢، ٧٤٧؛ ١٥٨١/٣٦٥ // ~ ***گرداندن با کسی***: یکم ٣٤٩/٢٧٥ // ~ ***گستراندن*** سخن گفتن: یکم ٧٩٥/٦٧٠ // ~***ها برساختن ز هر گونه***: یکم ٦٢/٢٠١ // ~***ها دراز شدن***: دوم ٧٢٤/١٦٣ // ~***ها دراز کشیدن***: یکم ١٠٧٧/٣٤٥ // ~***ها را دراز گردانیدن***: یکم ٩٩٩/٣٤٢ // ~ ***یاد کردن*** گفتگو کردن: یکم ٣١٨/٢٧٣ // ***از بد و نیک ~ نگفتن***: یکم ٤٣٣/٢١٦ // ***با کسی بیش از اندازه ~ گفتن***: دوم ٣٢٠٣/١٠٠٥ // ***رنگ و بوی گرفتن ~***: یکم ٣٧٦/٣١٧ // ***از کسی ~ بردن***: دوم ٧٥٠/١٦٤ // ***مغز ~ را گزافه نپرداختن***: دوم ٩٧٧/٦٥٩ // ***هم~***← هم‌سخن. **٢**- بیان، گفتار نغز و ادیبانه و خردمندانه: دوم ٤٢٧٢/٧٨٩ // ~ ***برفشاندن***: یکم ١١٥٦/٣٤٨؛ ١٨٧٧/٥٩٠ // ~ ***برگراییدن جان***: یکم ١٤٩/٧ // ~ ***برگشادن (برکشیدن چو تیغ) از نیام***: یکم ١٢٥٩/١٤٤؛ ٦٦٢/٢٢٥ // ~ ***را یک اندر دگر بافتن***: دوم ٥/٢٠٣ // ~ ***شمردن***: دوم ١١٢٩/٩٢٣ //~ ***گفتن***: یکم ١١٩/٥٥ //~ ***گفته مغز است و ناگفته پوست***: دوم ٢٤٨٥/٩٧٦ // ~***ها را پیوند کردن***: دوم ٢٨٤٠/٩٩٠ // ~***های آگنده را برفشاندن***: یکم ٢٠٤٣/٣٨٣ // ***رنگ و بوی دادن ~*** رعایت فصاحت در گفتار: یکم ٨٨٧/٣٣٧ **٣**- سخن بیهوده، لفّاظی، زبان‌بازی، بدگویی، عبارت‌های میان‌تهی، لاف و گزاف: یکم ٣٧٣/١٧٣؛ ١٣٣٧/٣٥٥ // ~ ***آلوده***: یکم ٤٨١/٦٥٧ // ~ ***با هزینه برافشاندن***: دوم ٦٩١/٢٩ //~ ***پیرایه***: یکم ١٢١٩/٨٣٨ //~ ***را خوار کردن***: یکم ١٣١٧/٥٦٨ // ~ ***را در شتاب زدن***: یکم ١٩٥٧/٥٩٣ //~ ***درباره‌ی کسی دراز شدن***: یکم ٢٥٤٧/٦١٧ // ~***ها از اندازه بیرون بردن***: دوم ١٨٢٣/٩٥٠ // ~ ***ی که نباید گفت***

درختی است بی‌بر و بوی: دوم ۳۸۸/۱۵۰ // ***بر ~ بر نگار آوردن***: یکم ۱۲۱۴/۷۳۸. ٤- کار، امر، جریان؛ مسئله، موضوع، مطلب؛ مشکل، گرفتاری، معضل؛ ماجرا، پیشامد، رویداد، واقعه؛ واقعیّت، حقیقت (توضیح: جدایی دقیق معانی گوناگون همیشه آسان نیست. در بیشتر موارد به متن یادداشتها رجوع شود): یکم ۱۰۱/۲۵؛ ۱۱۹/۲٦؛ ۲۹٤/٤۰؛ ۲۸۹/٦۲؛ ۳۸۰/٦٦؛ ۱٦٦/۱۰۱؛ ۳٤۹/۱۰۸؛ ۳٦۱/۱۰۹؛ ٦٦٤/۱۲۱، ٦۷۲؛ ۷۰۷/۱۲۳؛ ۷٤۲/۱۲٤؛ ۸۲۹/۱۲۷؛ ۸۸۳/۱۲۹؛ ۱۲٤۸/۱٤٤؛ ۱۲۷۷/۱٤۵؛ ۱٤۷۱/۱۵۳؛ ۱۲۵/۱۹٦؛ ٤٤/۲٦۲؛ ۱۱۸/۲٦۵؛ ۳۷۲/۲۷۵؛ ۵٤٤/۲۸۲؛ ۵٦۹/۲۸۳؛ ۵۸٤/۲۸٤؛ ۷٦۹/۲۹۱؛ ۹۲٤/۲۹۷؛ ۲۵٦/۳۱۳؛ ۳۹۱/۳۱۸؛ ۵۲۲/۳۲۳؛ ۸٤٦/۳۳٦؛ ۱۰٦۷/۳٤٤؛ ۱۱۰۹/۳٤٦؛ ۱۵۰۸/۳٦۲؛ ۱۸۹۳/۳۷۷، ۱۸۹۵، ۱۸۹۹؛ ۲۰۰۲/۳۸۱؛ ۲۳۸٦/۳۹٦؛ ۲٤۰۹/۳۹۷؛ ۲٤۱/٤۱۲؛ ٤۰۷/٤۱۹؛ ۲۱٤/٤۳۱؛ ۵۹٦/٤٤٦؛ ۱۲۲/٤۵٦؛ ۳۳/٤٦۸؛ ۵۷۹/٤۹۰، ۵۸۱؛ ٦۰۵/٤۹۱؛ ۱۰۵۱/۵۰۹؛ ۸۲۰/۵٤۹؛ ۱۸۲۷/۵۸۸؛ ۲۸۸۲/٦۳۰؛ ۱٤۳/٦۳٦؛ ۵٤۷/٦٦۰؛ ٦۵۱/۷۱٦؛ ۱۰۰٦/۷۳۰؛ ۱۱۰۲/۷۳٤؛ ۱۱۳۲/٦۸۳؛ دوم ۲/۱؛ ۱۹۲/۸؛ ۵۳۳/۲۲؛ ٦۵۰/۲۷، ٦۵۱، ٦۵٤؛ ٦۸۰/۲۸؛ ۹۵٤/۱۷۳؛ ۸۱/۱۳۸؛ ۱۸٦/۱٤۲؛ ۱۳۵۱/۱۸۸؛ ۱٤۲٦/۱۹۱؛ ۱۷۰/۲۰۹؛ ۱۱۵/۲۲۹؛ ۱٤۹/۲۳۱؛ ٤۹٦/۲۸٤؛ ۱٤۸٤/۲۹٤؛ ۱۰٦/۸۰۵؛ ۳۹۱/۸۱٦؛ ٤۲۷/۸۱۸؛ ۱۸۹۱/۸۷٦؛ ۱۰۸۵/۹۲۱؛ ۱۸٤۱/۹۵۱؛ ۲۱۸۷/۹٦۵؛ ۲٦۷۳/۹۸٤؛ ۲۹۵۸/۹۹۵؛ ۲۹۸۱/۹۹٦، ۲۹۹۱؛ ۳۱۸۵/۱۰۰٤؛ ۳۳۷۱/۱۰۱۱؛ ۳۸۵۳/۱۰۳۱؛ ٤۰۵۹/۱۰۳۹؛ ۲۱٤/۱۰۸۹ // ***~ از اندیشه‌ی کسی دیگر بودن***: دوم ۱٦۸٤/۹٤۵ // ***~ به جای آوردن***: دوم ۱۲۹/۱٤۰ // ***~ تنگ بودن*** کار دشوار بودن: دوم ۲۱۸۳/۵٦۹ // ***~ در نهفت ماندن***: دوم ۱۰۸/۲۰۷ // ***~ بررسیدن***: یکم ۵/۱۹۱ // ***~ پژوهیدن***: یکم ٤٤۸/۳۲۰ // ***~ خوار بودن***: دوم ۳۲۸۲/۱۰۰۸ // ***~ خواستار کردن***: یکم ۷٤/۳۲؛ ٦۵۷/۱۲۱؛ ۱۲۲۳/۱٤۳؛ ۳۳۸/۳۱٦ // ***~ را آستانه بودن***: دوم ٤۰/۱۰٤۲ // ***~ را از مردی گذراندن***: دوم ۲۰۹٤/۵٦۵ // ***~ را بر کسی سرآوردن***: دوم ٦۱۷/۱۱۰۵ // ***~ را پی (بن) افگندن***: دوم ۲۲٦٤/۹٦۸ // ***~ را پیوسته دیدن***: یکم ۱۲۲/۲٦ // ***~ را ز هر کس نهفتن گرفتن***: یکم ۲۵٤/۳۹ // ***~ را سرسری گرفتن***: یکم ٤٤٤/۳۲۰ // ***~ را مه ایستادن***:

یکم ۷۹٤/۳۳٤ // ~ **ساختن** آماده‌ی کار شدن: دوم ۱۷۸۱/۸۷۱ // ~ **کوته‌ست ار نگردد درازا:** یکم ۱۰٦٦/۳٤٤؛ ۱۸٤۳/۳۷۵ // ~ **گفتن:** دوم ۲۲۷۱/۹٦۸ // **~ها از اندازه اندر گذشتن:** یکم ۲۰/۱٦۰ // **~ها از اندازه بگذاشتن:** دوم ۲۸٤۱/۹۹۰ // **~ها به آب آمدن:** یکم ۱۰۵۱/۵۰۹ // **~ها دراز گشتن (شدن)** ماجرا به درازی کشیدن: یکم ۵۸۱/٤۹۰؛ دوم ۱۷۷۱/۸۷۱ // ~ **(ها را) دراز کشیدن:** یکم ۱۷۸۹/۵۸۷؛ ۲۲٤۰/۷۷۹ // **~ها درست کردن:** یکم ۱۰۰٦/۳٤۲ // **~ها را یاد کردن به کسی:** یکم ۱۱۰۹/۳٤٦ // **~های دیرینه:** یکم ۱٤۰٤/۱۵۰؛ دوم ۸۷۰/۳٦؛ ۸٤٤/۱۳٤؛ ۱۲۰۰/۹۲٦، ۱۲۱۰ // **~های راست:** یکم ۱۹۷۰/۳۸۰ // **~های کسی را بازجستن:** دوم ٦۵/۱۰٤۳ // **~ی را به جایی دیگر بردن:** دوم ۲۷۸۰/۹۸۸ // **تازه گشتن ~:** دوم ۳۳٤۷/۱۰۱۰ // **تنگ درآمدن ~:** یکم ۳۲۰/۲۱۲ // **خام گشتن ~:** یکم ۳۳/٤٦۸ // **کسی را با کسی ~ بودن** کسی با کسی کار داشتن: دوم ۲۰٤٤/۵٦۳ // **گذشته ~ها:** یکم ۱۱۸/٦؛ ۵۵۳/۱۸۰؛ ۲٤٤۹/۳۹۹ // **نو ~:** دوم ۲۷۷۲/۹۸۸.
۵- موضوع، مسئله، معضل، گرفتاری، دشواری (نیز← شماره‌ی ٤): دوم ۲۷۰٦/۷۲۸، ۲۷۰۹؛ ۳۳۲۵/۷۵۲؛ ۳٦۳۲/۷٦٤؛ ۵٤۳/۸۲۲؛ ۱۲۳۰/۹۲۷، ۱۲۳۲؛ ۲۷۸۰/۹۸۸ // ~ **آمدن:** دوم ۳٤۳/۸۱٤. ٦- سرگذشت، تاریخ گذشته: دوم ۱۲٦۵/۹۲۸ // ~ **کردن:** دوم ۳٦۹۵/۱۰۲٤ // **~های دیرینه:** دوم ۳۱٦۵/۱۰۰۳ // **گذشته ~ها:** دوم ٤۰/۸۸۰.

سخن‌جوی. تحقیق‌کننده: دوم ۵٤۵/۸۲۲.

سخن‌خوار. // ~ **بودن:** دوم ۳۲۸۲/۱۰۰۸.

سخن‌خواره. دوم ۵۱٦/۱۰٦۱.

سخندان. سخن‌شناس: دوم ۱۹٤۸/٦۹۸.

سخن‌گوی. اهل سخن، سخنور، سخندان، پرحرف: یکم ۱۵۳/۵۷؛ ۳۲۱/٦۳؛ ۳۵۹/۲٤۹؛ دوم ۳٦۸/۱٤۹؛ ۱۷٤۷/۵۵۱؛ ۱۹۱٦/۵۵۸؛ ۲۰۰۳/۵٦۱؛ ۲٤۰۰/۵۷۷؛ ۲٤۸/٦۱۵؛ ۳۲۲/٦۱۸؛ ۱۰۷۲/٦٦۳؛ ۱۲٤۳/٦۷۰؛ ۱۳٤۵/٦۷٤؛ ۱٤۳٤/٦۷۷؛ ۱۷۷۱/٦۹۱؛ ۱۹٤۷/٦۹۸؛ ۲۱۵۳/۷۰٦؛ ۲۸۱۸/۷۳۲؛ ۳۳۸٤/۷۵٤؛ ۳۳۸٦/۷۵۵؛ ۳٤۳۷/۷۵٦؛ ۳٤۳۹/۷۵۷؛ ۱٦۸۱/۸٦۷؛ ۱۷۰٦/۸٦۸؛ ٤۱٦/۱۰۵۷ // ~ **دهقان** سخنور نژاده‌ی ایرانی و مؤلفان *شاهنامه‌ی ابومنصوری*: یکم ۱/۱۱؛ ۹۳٦/۸۷.

سد. صد: دوم ۱٦٦۹/۸٦۷ // ~ **اندر ~:**

یکم ۳٦۸/۲۱٤.

سده. دوم ۲۱۳۲/۹٦۲.

سر. ۱- عضو بالایی تن؛ آغاز و ابتدا و بالای هر چیز؛ کنایه از جان و زندگی و اصل و منشأ // ~ ***آمدن:*** یکم ۱۹۱/۲٤۲؛ ۲۷۱/٤۳۳ // ~ ***از تن باز کردن:*** یکم ۸۸۱/۸۵؛ دوم ۱۰۷۲/۸۱ // ~ ***افگندن (فرو ریختن، کندن) از بار:*** یکم ۳۹۹/٤۵؛ ۵۹۱/۲۲۲؛ ۵۰۰/٤٤۲ // ~ ***افگنده بودن:*** یکم ٦۰۷/۱۱۹؛ ۲۲۹/۳۱۲؛ ۳۸۸/۳۱۸؛ ۱٦٦/٤۲۹؛ دوم ۱۰٤۷/۹۲۰ // ~ ***اندر کشیدن (از، به) جایی:*** یکم ۲۳٦/۳۸؛ ٦۰/۵۳؛ ۲۸۵/۱۷۰؛ ۷٦۸/۸۲۱ // ~ ***ایران:*** یکم ۲۲۲۵/۳۹۰ // ~ ***بازنشناختن (ندیدن) از بن (پای، میان):*** یکم ۱۲٤/۵٦؛ ٦۵/۲۳۷؛ ۱۸۹۵/۳۷۷ // ~ ***(بخت) به خواب آمدن:*** یکم ۳۰۸/٤۱؛ ۳۲٤/۲٤۷ // ~ ***بخت کسی را به خاک اندر آوردن:*** یکم ۹۱/۳۲ // ~ ***بخت گشته شدن:*** یکم ۲۷۷/۱۷۰ // ~ ***برآمدن از...:*** یکم ۱۸۵/۲٤۲؛ ۱۳٦۳/۳۵٦؛ ۲٤٦٤/۳۹۹؛ ۲۰۵/٤۱۱ // ~ ***برآوردن*** برتری گرفتن: یکم ۹۱/۱٦۲ // ~ ***برافراختن:*** یکم ۲۳۸/٤۳۲ // ~ ***برزدن:*** یکم ۲٤۰۳/۳۹۷ // ~ ***برکشیدن*** سر برافراختن: یکم ۳۱۱۳/۹۱٤ // ~ ***برگشتن*** سرپیچی کردن، دست به شورش زدن: دوم ٤۳/٦۰۷ // ~ ***برگشته شدن از رزم:*** یکم ۳۲۵/۲٤۷ // ~ ***برون انداختن کسی را:*** یکم ۳۸/٤۲٤ // ~ ***به باد دادن از بهر دل:*** یکم ۳۲۰/۳۱۵ // ~ ***به تاب گشتن از راه خرد:*** یکم ۲۹۸/۲٤٦ // ~ ***به دام آوردن کسی را به چربی:*** یکم ۱۰۷۲/۳٤۵ // ~ ***به دام کسی آوردن:*** یکم ۹۲/۵ // ~ ***به زیر آمدن از بخت:*** یکم ۵۱/۳ // ~ ***به گل داشتن:*** یکم ۵۸/۲۰۱ // ~ ***به ماه رسیدن از بس هنر:*** یکم ۱٤۳۱/۳۵۹ // ~ ***پر ز تاب:*** یکم ۱۱۱۰/۳٤٦ // ~ ***پرشتاب:*** یکم ۲۰۵۷/۳۸۳؛ ۲۹۹/٤۱٤ // ~ ***پست افگندن:*** یکم ۱۰۱/۲۰۳ // ~ ***پیچیدن از...:*** یکم ۱۰۸٦/۳٤۵ // ~ ***پیش از تن آمدن:*** یکم ۷۲۹/۷۱۹ // ~ ***تابیدن*** سر پیچیدن: دوم ۸۱٦/۲۹۷ // ~ ***تابیدن از...***← تابیدن، شماره‌ی ٤ // ~ ***تاختن:*** یکم ۲٤۲/٤۷٦ // ~ ***تافتن از...***← تافتن، شماره‌ی ۵ // ~ ***تخمه:*** یکم ٤٤۰/٤٤۰ // ~ ***تنگ تابوت:*** یکم ۱۰۱۳/۳۰۱ // ~ ***جوشیدن:*** یکم ٤۹٦/۱۷۸ // ~ ***چیزی (کاری) را بی‌مایه کردن:*** دوم ٤۵/۲٤۷ // ~ ***خود را از پای پیدا ندیدن (ندانستن):*** یکم ۷۱۹/۲۲۸؛ ۲٤۲/۲٤٤ // ~ ***دادن از بهر کلاه:***

یکم ۱۸۶/۲۴۲ // ~ **زدن**: یکم ۲۴۸۴/۶۱۴ // ~ **زیر آوردن کسی را**: یکم ۲۷۶/۴۳۴ //~ **زیر (به) گرد آوردن کسی را**: یکم ۸۲۶/۲۹۳؛ ۱۶۶۴/۳۶۸ // ~ **سبز بودن**: یکم ۶۳۱/۷۶؛ ۱۵۵۴/۳۶۴؛ ۱۸۳۸/۸۶۳ // ~ **سخن را از بن آن پیدا ندیدن**: یکم ۱۳۴/۲۰۴ //~ **سیرخواب شدن**: یکم ۸۵۲/۳۳۶ // ~ **سیر شدن از کاری**: یکم ۱۹۵/۴۳۰ // ~ **سیر کردن کسی را**: یکم ۴۰۰/۲۷۷ // ~ **شمردن**: دوم ۶۴۴/۶۴ // ~ **فروختن** جان‌بازی کردن: دوم ۸۳۲/۸۳۴ // ~ **کسی را زیر سنگ آوردن**: یکم ۱۱۲۷/۵۱۱ // ~ **کسی را سَپردن**: یکم ۱۱۳۱/۵۱۲ // ~ **کشیدن**: یکم ۹۴۷/۱۳۲؛ ۴۳۰/۲۵۱؛ ۱۰۴۹/۳۴۴ // ~ **کهن شدن**: یکم ۴/۱۵۹ //~ **گران شدن (گشتن)**: یکم ۴۶۵/۶۹؛ ۹۲/۲۳۸ // ~ **گرداندن کسی را از یزدان**: یکم ۳۵۶/۲۴۹ // ~ **گرفتن**: یکم ۱۸۹/۴۱۰ // ~ **گرفتن خویش را**: یکم ۲۱۱۰/۳۸۶ //~ **کسی گشته شدن**: یکم ۲۱۶۹/۶۰۲ //~ **گاشتن**: یکم ۵۲۳/۸۱۱؛ ۱۴۲۱/۸۴۶ // ~ **گراییدن**: یکم ۶۴۰/۵۴۲ //~ **لشکر گشته شدن**: دوم ۳۹۷۳/۱۰۳۵ // ~ **مایه**← مایه // ~ **مخاراندن**: یکم ۹۶۲/۷۲۸ //~ **ناپدید شدن از ننگ**: یکم ۲۹۲/۱۷۰ // ~ **نخاراندن**: یکم ۷۰/۲۰۲؛ ۴۴۸/۴۲۰ //~ **نهادن** مطیع و قانع شدن: یکم ۸۵۵/۲۹۴؛ دوم ۲۷۵/۱۲ //~ **و بن نبودن چیزی را**: یکم ۹۷/۲۳۸ // ~ **و بن نیافتن چیزی را از کسی**: یکم ۴۶۲/۲۱۷ // ~ **و رای کسی گشته شدن**: دوم ۱۴۶/۱۰۴۷ //~ **و یال و عنان باره دیدن**: یکم ۲۵۹/۲۴۵ // **اندر کاری ~ نخاراندن** کنایه از شتاب کردن در کاری: دوم ۴۰۵/۸۱۷؛ ۲۵۵۰/۹۷۹ // **بدان ~**: یکم ۱۲۷۸/۱۴۵ // **بر ~ زدن**: یکم ۴۰/۱۳ // **به ~ آمدن**: یکم ۲۲۳۰/۳۹۰ // **به ~ اندر آمدن** ۱- سرنگون شدن: یکم ۸۲۱/۲۹۳. ۲- نابود شدن: یکم ۸۶۶/۲۹۵ // **به کسی ~ دادن** سر سپردن و تسلیم شدن به او: دوم ۱۴۳۸/۱۹۲ // **پای از ~ ندانستن** ۱- کنایه از گریختن: دوم ۲۳۰۷/۷۱۲. ۲- کنایه از دست و پای خود را گم کردن: دوم ۳۱۶۲/۷۴۶ // **پیمان کسی را نه ~ دیدن نه بن**: دوم ۲۵۳۶/۹۷۸ // **چیزی را ~ ز پای ندانستن** آنرا اصلاً نشناختن، چیزی از آن سر در نیاوردن: دوم ۲۸۰۵/۷۳۲ // **ز ~**: یکم ۴۳/۱۶۰؛ ۴۶/۱۶۱؛ ۳۹۴/۲۷۶ // **ز ~ تا به بن**: یکم ۱۱۵/۲۶۵؛ ۱۵۹۲/۵۷۹ // **سپاس بر ~ نهادن**: یکم ۷۳/۹۸ // **کاری را**

~ **ز بن ندانستن**: دوم ۲٦۷۳/۹۸٤ // **کاری را ~ از پای پیدا ندیدن**: دوم ٦٤۷/۱۱۰۷ // **کاری (گفته‌ای) را نه ~ (پیدا) بودن نه بن**: یکم ۱۷۲۳/۵۸٤؛ ۱۸۷٤/۵۹۰ // **کسی را ~ اندر نشیب آوردن**: دوم ۳۸۵۰/۱۰۳۰ // **کسی را ~ به خورشید برآوردن**: یکم ۱۹٦/٦۹۸ // **کسی را ~ نگوسار کردن**: دوم ۷۷۷/۱۱۱۲ // **نه ~ پیدا بودن نه بن از...**: یکم ۳۸۰/٦٦؛ ۱۸٤۳/۳۷۵. **۲**- رئیس، رهبر، فرمانده، بزرگ، امیر، دارای مقام و نیرو: یکم ۱٦٦/۲۷؛ ۷/۲۹؛ ٦۰۱/۷٤؛ ۱۰۲۲/۹۱؛ ۹۷۲/۱۳۳؛ ۱۱۱/۱۹۵؛ ٤٤۹/۲۱۷؛ ۱۹۵/٤۳۰؛ دوم ۱۳/۳۷۳؛ ۲۰۵۸/۵٦٤؛ ۲۱۱۸/۵٦٦؛ ۲۳۵۸/۵۷٦؛ ۹۱۸/۸۳۷؛ ۱٦۰۳/۸٦٤؛ ۲۹۲۲/۹۹٤؛ ۲۹٤۸/۹۹۵ و دیگر // ~ **پهلوان** جهان‌پهلوان: دوم ۹۹٦/۷۸. **۳**- سو، جهت: یکم ۳۷۸/۱۷٤. **٤**- اصل و مبدأ، بن // **به ~ شدن** در جستجوی سبب چیزی برآمدن، علت‌جویی کردن: دوم ۷۲۸/۲۹٤. **٤**- کنایه از جهان دیگر // **بدان ~** در آن جهان: دوم ۳۰٦۱/۷٤۲. **۵**- کله‌ی پخته‌ی گوسفند: دوم ۵٤۹/۸۲۳، ۵۵۲. **٦**- برخی نمونه‌هایی که امروزه حشو می‌نمایند: یکم ۹۷/۲۵؛ ۹۱/۳۲؛ ۱۱۲٤/۱۳۹؛ ۳/۱۵۹؛ ۱۲۰/۲۰٤؛ ۱۰۱۰/۳۰۱؛ ۵۷۲/۳۲۵؛ ۲۲٦۰/۸۷۹؛ دوم ٦۸/۱۳۷؛ ٤۵/۲٤۷؛ ۳٤۵/۲۵۹؛ ٦۲۱/۲۸۹؛ ۷/٤۱۹؛ ۱٤۳۱/۸۵۷ و دیگر (نیز← روی، شماره‌ی ۹).

سراپرده. یکم ٦۰۳/۷٤.

سراسر. **۱**- همه، همگی، یکسر، از اوّل تا آخر: یکم ٤۳٤/٤٦؛ ۷۷۱/۲۹۱ و فراوان. **۲**- (قید تأکید) یکسره، تماماً، بکلّی، پاک: یکم ٦۰/۳؛ ۵٦۷/۲۲۲؛ ٤٤/۲٦۲؛ دوم ۳۱۷۲/۱۰۰٤ و فراوان.

سراسیمه. شوریده، مضطرب، سرگردان، وحشتزده: یکم ۳۱/۲۵٤؛ ۱۰۸۱/۳٤۵؛ ۱۱۵/٤۰۷؛ دوم ۷۱۷/۱٦۳.

سرافراز. **۱**- کنایه از نژادگان و سواران: یکم ٦۸۹/۳۳۰. **۲**- صفت اسب اصیل: یکم ۱۵۷/٤۰۹؛ دوم ٤٦۸/۱۱۹.

سرافشان. **۱**- سرافشاننده: یکم ۳٤۵/۱۰۸؛ ۹۹۵/۱۳٤؛ ۱۲۳/۲۵۷؛ ۵۲/٤۰۵ // ~ **کردن** سرها را از تن دور انداختن: یکم ۳٦٤/۲۷۵؛ ٦٤٦/۸۱٦؛ ۷۱۰/۸۱۸. **۲**- سربریده: یکم ۵۰۲/۲۸۱. **۳**- کنایه از شمشیر: دوم ۱۳/۲٤۵.

سرانجام. عاقبت کار: یکم ۸۵۳/۳۳٦ // ~ **جستن کاری را** به پایان کار اندیشیدن: یکم ۱۳٤۷/۱٤۸ // ~ **خود را جستن**: یکم ۲۲۳۲/۷۷۹ // ~ **خود را یافتن**: یکم ۲۲۳٤/۷۸۳ // ~ **کسی**

تاریک بودن: دوم ۳۸۷۳/۱۰۳۰.

سرآهنگ. پیشرو، پیشکش: یکم ۲۲٦۸/٦۰٦؛ دوم ۲٤۱/٤۸.

سرای. **۱**- دیوار: یکم ٤۸٤/۲۱۸ // ~ ***بستن*** دیوار بستن: یکم ۱۱۵۱/٦۸٤؛ ۳۲۵/۷۰۳؛ ۲۳۵۳/۷۸٤. **۲**- خانه، کاخ: یکم ۱۰٦/۲۵ و دیگر // ~ ***درنگ*** ۱- خانه و باشگاه: یکم ۱۲۷۹/۳۵۳ //~ ***کهن:*** یکم ٤۰۷/٤۱۹ // ~ ***کهن را نخوانند نوا:*** یکم ۲۱۲۳/۳۸٦ //~ ***کهن را نو شمردن:*** یکم ۲٤۰۹/۳۹۷ // ***در*** ~ اندرونی: دوم ۲٤۰/٤۹۲ (؟). ۲- کنایه از این جهان: یکم ۳۲۸/٦٤ // ~ ***سپنج***← سپنج // ~ ***سپنجی***← سپنجی. **۳**- کنایه از آن جهان: یکم ۱۲۷۱/۱٤۵ // ~ ***جاوید:*** یکم ۳۸۷/٦٦. **۳**- سراپرده: یکم ۲۸۹/۵۲۸؛ ۱۱۷٤/۵٦۳؛ ۷۱٤/۸۱۹.

سراینده. **۱**- سخنگو، گوینده: یکم ۱۳٤۹/۱٤۸؛ ۱/۲۵۳؛ ۲/۳۰۳، ۸؛ ۱۸۱۹/۳۷٤؛ ٦/٤۰۳، ۱٤، ۱۵؛ ۱۱۰/٤۷۱؛ ۱٦۵/٤۷۳؛ ۲۸۸/٤۷۸؛ ۳۹٦/٤۸۲؛ ۱۳۷/۵۲۲؛ ۵۳۸/۸۱۲؛ دوم ٦۷/٤۵۷؛ ۲۲۱/٦۱٤؛ ٤٤۵/۸۱۹. **۲**- سخندان، زبان‌آور: یکم ۱۵۰/۵۷؛ دوم ٤۱۲/۲۸۱؛ ۲۹/٤۱۰؛ ٦۸/۵۹۳؛ ۱۰۷۵/٦٦۳، ۱۰۷۹؛ ۱۳۸٦/٦۷٦. **۳**- به‌سخن‌آمده، گویان، گویا: دوم ۷۰۲/٦٤۸. **٤**- پیام‌بر، گزارشگر، پیک، فرستاده: یکم ۱٤۰/۵٦؛ ۵۰۹/۱۷۹، ۵۲۲؛ ۸۸٦/۵۰۲؛ ۱٤۳/۵۲۲. **۵**- مطیع، فرمانبر، حرف‌شنو: یکم ۳۳٤/۲۱۲؛ ۵۹۷/۳۲٦؛ ۱۸۱۹/۳۷٤؛ ۲۱۲۳/۸۷٤. **٦**- آوازه‌خوان: یکم ۲٦۱/٤٦۱. **۷**- افسانه‌سرا، گوسان: دوم ۱٦٦٤/٦۸۷. **۸**- شاعر: دوم ۳۹۵۹/۷۷۷. **۹**- مقرّ: دوم ۱۷۸۲/۵۵۳.

سرایی. خانگیان و پرستاران: دوم ۱۰۳۸/۵۲٤.

سراییدن. گفتن: دوم ۳۱۸۳/۱۰۰٤.

سربسر. سراسر، یکسر، تماماً: یکم ۳۲/۳۰٤؛ ۹۱۸/۵۵۳؛ ٦۵۲/٤٤۸ و دیگر.

سربند. دستار، پارچه‌ای که بر سر بندند: یکم ۷۱۵/۱۲۳؛ ۷٤۲/۱۲٤؛ دوم ٤۲٤/۱۰۹۸.

سرد. **۱**- مأیوس، یأس‌آمیز // ***(کسی را)*** ~ ***گفتن*** کسی را ناچیز گرفتن، سخن یأس‌آمیز گفتن: یکم ۱۲٦۹/٦۸۸؛ دوم ۷۲/۲۰۵؛ ۹۰/۲۲۸ // ~ ***گشتن:*** یکم ٤۰۱/۲۷۷؛ ۱۷۸۲/۷٦۱؛ دوم ۷۱۵/۳۰ //~ ***گفتن:*** یکم ۲۸۱/۳۱٤. **۲**- بی‌اعتبار // ~ ***و خوار کردن کسی را:*** یکم ۹۵/۲۳۸. **۳**- کنایه از زمستان: یکم ۲۷/۲۰۰.

سردباد. **۱**- هیچ و پوچ: یکم ۵۱۰/۷۱.

۲- آه، کنایه از افسوس و دریغ و پشیمانی: یکم ۹۳/۳۳؛ ۱٦۱۳/۱۵۸؛ ۲۲۹/۲۰۸؛ ۹۵٦/۲۹۸ // ~ ***برزدن:*** یکم ۹۵٦/۲۹۸.

سردرو. دروکننده‌ی سر: یکم ۷٦۱/۲۲۹.

سرزنش. // ***بی~*** به‌حق، سزاوار: دوم ۲۵٤/۲۵۵.

سرسبز. //~ ***بودن*** تندرست بودن: یکم ۱۲۳۳/٦۸۷.

سرسری. بیهوده، سبکسرانه: دوم ۱۱۳/٤۳ //~ ***کردن*** بی‌تأمل دست به کاری زدن: دوم ۱۰۲٦/۵۲۳.

سرشک. **۱-** قطره: یکم ۵٤۱/۲۲۰. **۲-** اشک، قطره‌ی اشک: یکم ۱٦۱/۱٦۵؛ ۱۰۸۵/۳٤۵؛ ۲۷۷/٤۱۳؛ ٤۸۳/٤٤۲؛ ۲/٤٦۷؛ ۸۰۰/٤۹۹؛ دوم ۱٤۰۵/۹۳٤؛ ۱٤۳۲/۹۳۵، ۱٤۳٤، ۱٤۳٦؛ ۱۷۵۲/۹٤۷؛ ۳۰۹۷/۱۰۰۱. **۳-** باران: دوم ۳۲۹/٤٦۸. **٤-** پیشاب (؟)، قطره (؟): دوم ۲۸۲/۲۷٦؛ ٤۲۰/۲۸۱؛ ٤۲۷/۲۸۲.

سرغین.← نای.

سرفروش. کلّه‌پز: دوم ۵٤۸/۸۲۳.

سرفشان. **۱-** سرفشانی، سرافشانی: دوم ۱۲۲۹/۱۸۳. **۲-** آنچه سر از تن دور کند: دوم ۲۷۹۳/۹۸۹.

سرکش. گردنکش، مبارز، دلیر؛ توانا، مغرور: یکم ۱۸۱٤/۳۷٤، ۱۸۱۸ و دیگر.

سرکشی. غرور، مناعت طبع: یکم ۳۱/۲۲.

سرگرای. گردنکش، متمرّد: دوم ۸۸٤/۱۷۰ // ***گرزه‌ی ~:*** یکم ۲۷۷/٤۳٤ // ***نیزه‌ی ~:*** یکم ۱۵۵/۷۹۷.

سرگشته. //~ ***شدن*** پریشان گشتن، به رنج و بلا افتادن: دوم ۱۵۱۲/۹۹.

سرگین. فضله‌ی چهارپایان، پهن: دوم ۱۹۹/٤۹۱، ۲۰۰، ۲۱۹، ۲۲۱؛ ۲۲۷/٤۹۲؛ ۲۵۵/٤۹۳؛ ۱۱٤٤/۵۲۸، ۱۱۵۵.

سرمایه. (نیز← مایه) یکم ۱۵۲۱/۱۵۵.

سُرو. شاخ: دوم ۳۱۵/۱۳؛ ٤۰٦/۱۷.

سرو. درخت سرو و کنایه از اندام برافراشته و موزون زن و مرد: یکم ۳۳۵/۱۰۸؛ ۹/٤۰۳ و فراوان // ~ ***آزاد:*** یکم ۲۵۱۱/٤۰۱ //~ ***بلند:*** یکم ٦۱/۳ و دیگر // ~ ***پروین‌رخ:*** یکم ٦۹/۳۲ //~ ***روان:*** یکم ۷۰٦/۱۲۳ و دیگر // ~ ***سایه‌فگن:*** یکم ۱۱۰/۵؛ ۱٤۵/۵٦ // ~ ***سهی:*** یکم ۱٦۰/۵۷؛ ۳۷۳/٦۵؛ ۷۸۷/۱۲٦ و دیگر // ~ ***سیمین:*** یکم ۲۲۸٤/۳۹۲ // ~ ***سیمین‌بر:*** یکم ۱٤۵۵/۱۵۲.

سروبالا. یکم ۲٤٤/۳۱۲؛ ۳٦٤/۳۱۷؛ ۱۹۲۰/۳۷۸.

سروبن. درخت سرو و صفت اندام زن و مرد: یکم ٤٤۳/۱۱۲؛ ٤۹۳/۱۱٤؛

۷۰۵/۱۲۳؛ ۲۲۸۸/۳۹۳.

سرودن. گفتن: یکم ۹٤/٤۷۰؛ دوم ۵۹۰/۳۹٦ // ***بد*** ~: دوم ۲٤٤۳/۹۷۵.

سروش. ۱- فرشته: یکم ٤۸۰/٤۸؛ ۱٤۷/۵۷؛ ۱۱۹۰/۸۳۷؛ ٤۵۹/٤۲۱ و دیگر // ***کاخ (گاه) فرّخ*** ~: یکم ۱۷۱۷/۳۷۰. ۲- ***روز*** ~ هفدهم ماه: دوم ٦۸۰/٤۸۲.

سروگاه. جای شاخ: دوم ۱۸۸/٤٦۲.

سُرون. سرین آدمی و کفل اسب: یکم ۷۲۱/۲۸۹؛ ۲۹/٦۳۲؛ ۱۰۰٦/۸۳۰؛ دوم ٤۰۷/۱۷؛ ۱۳۵۰/۵۳٦، ۱۳۵۸.

سروور. شاخدار: یکم ۳۱٦/۲۱۲.

سُروی. شاخ: دوم ٦٦/۱۰۳؛ ۱۸۵/٤٦۲، ۱۸۷، ۱۸۹؛ ٤٤٤/۸۹٦؛ ۳۵۰۸/۱۰۱۷.

سره. مرغوب، نفیس، گزیده، نغز، نیکو: دوم ۱۰٤۱/۵۲٤ // ***جامه‌های*** ~: دوم ۲۵٦۹/۹۸۰.

سرهنگ‌فش. سوار نژاده از رده‌ی بالای سپاه: دوم ۳٦۸/۱۱۵.

سریاز. سرشکاف: یکم ۹۰۱/۱۳۰.

سرین. ۱- سرین آدمی: یکم ۱۹۰/۱٦٦. ۲- کفل اسب: یکم ۹۹/۱۸۷.

سزا. سزاوار، شایسته // ~ ***با سزاوار آمدن:*** یکم ۸۵۲/۵۰۱ // ~ ***را*** ~: یکم ۹٤/۵٤ // ***ز راه*** ~: یکم ٤٦۳/٤۷.

سزاوار. سزا، شایسته: یکم ۱۳۸/٤۵٦ // ~ ***بودن با کسی:*** یکم ۱٦۹۱/۳٦۹ // ~ ***پیش نشاندن:*** یکم ۷۳۷/۳۳۲ //

سزا با ~ ***آمدن:*** یکم ۸۵۲/۵۰۱.

سزاواری. مشروعیّت، شایستگی، اهلیّت: دوم ۳۷۹۳/۱۰۲۸.

سزیدن. سزاوار بودن، شایسته و درخور بودن: یکم ٤۲/۵۲؛ ۱٤۷/۱۰۱؛ ۳۲۲/۳۱۵ و دیگر // ***چون (چونان، چنانچون)*** ~: یکم ٤۳/۲؛ ۳۸٤/٤٤؛ ٤۷۳/٤۷؛ ۱٤۰/۵٦؛ ۷۰٤/۲۲۷ و دیگر.

سست. // ~ ***گشتن به آوردگاه:*** یکم ۳۲۳/٤۳۵ // ~ ***گشتن در کین خواستن:*** یکم ۱٦۱۲/۳٦٦.

سستی. // ~ ***کردن:*** یکم ۷٦٤/۲۹۱.

سطرخ. قلب استخر، تالاب، آبگیر: دوم ۱۲۸۵/۵۳۳ // ***چینی*** ~ (؟): دوم ۱۲۸۵/۵۳۳.

سطرلاب. (نیز← صرلاب). اسطرلاب: یکم ۱٤۸۷/۳٦۱.

سُفت[1]. دوش، شانه، کتف: یکم ۱۵۵/۲۷؛ ۹۸۷/۸۹؛ ۲۹۳/۱۰٦؛ ۱۵٦۰/۱۵٦؛ ۲۵۰/۲۷۱؛ ۱۰۱۲/۳۰۱؛ ۱۳۷۹/۳۵۷؛ ۲۰۱/٤۳۱؛ ٤۵۹/٤۸۵؛ دوم ۱۹۱۱/۸۷٦؛ ۱۹۹۲/۹۵۷ و دیگر.

سفت[2]. // ***گوهر نیم*** ~ مروارید نیم‌سوراخ‌شده: دوم ۳٦۷٦/۷٦٦.

سُفتن. ۱- سوراخ کردن: یکم ۱٤٦/۵٦؛ ۳۲۰/٤۳۵ // ***دُرّ*** ~ کنایه از سخن سرودن استادانه: دوم ۳۵۰۸/۷۵۹. ۲- سوراخ شدن: دوم ۲۲٦۷/۹٦۸.

سُفته. سوراخ‌شده: یکم ۷۵۹/٦٦۸ // ***دُرّ***

(گوهر) ~ مروارید سوراخ شده و کنایه از زن شوهردار و بچه‌دار: دوم ۳٦۷۲/۷٦٦، ۳٦۷٦ // ***دُرّ (گوهر) نیم*** ~ مروارید نیم‌سوراخ‌شده و کنایه از زن شوهردار بی‌کودک: دوم ۳٦۷۲/۷٦٦.

سفندارمذ. ← سپندارمذ.

سُقف. اسقف، سکوبا: دوم ۹۲/۲۴۳ و دیگر.

سقلاب. یکم ۳۸۷/٤۱۸.

سُکوبا. اسقف: دوم ٦۰۵/۲۵؛ ۸۹/۲٤۲؛ ٦٦٤/۹۰۵، ٦٦٦، ٦۷۱، ٦۷۸.

سگالش. اندیشه، تدبیر، مشورت، رای، غور: یکم ٥٦۰/٥۳۹؛ ۲۲۹۱/٦۰۷؛ دوم ۸/٤٥٥ // ~ ***گرفتن:*** یکم ۱٤۰/۲٦؛ ۳۲۲/٦۳؛ ۱۰۳/۲٥۷؛ ۸۳۷/۳۳٥؛ دوم ۲٤٥/۲۷٤.

سگالیدن. ۱- اندیشیدن، تدبیر کردن، نقشه کشیدن، غور و مشورت کردن: دوم ۳۰۸/٥۱؛ ٥٦٤/٦۱؛ ۲٥۹/۳٥۱؛ ۱٤٦/٦۰۳؛ ۳۷٦۲/۷٦۹؛ ٤٤۷۱/۷۹۷؛ ۱۷۳۹/۸٦۹ // ***بد*** ~: یکم ۷۷٥/۸۱؛ ۱۸۷٦/۳۷٦؛ ٤۱۱/٦٥٥؛ ۸۲۷/٦۷۱ (← بدسگال) // ***بیشی*** ~ آزاندیشی: دوم ٤۰۲٥/۷۸۰ // ***جنگ*** ~ تدبیر جنگ کردن: دوم ۱۷۰/۲۷۱ // ***روزگار کسی را*** ~: دوم ۱۷۹/۸۸٦ // ***شبیخون*** ~: یکم ۸۷۰/۸٥؛ ۱٦٦۳/۷٥٦ // ***فزونی*** ~ تدبیر فراوانی و نعمت: دوم ٤۹۱/۳۹۲ // ***کاری را*** ~: دوم ٤۹۱/۸۹۸ // ***کسی را*** ~: دوم ۱۸۷/۸۸٦ // ***کین*** ~: یکم ۱۱۳/٥٥ // ***نفرین*** ~: یکم ۲۱۳۷/٦۰۱ // ***نیکی*** ~ خیراندیشی: دوم ٤۰۲۷/۷۸۰. **۲**- شمردن، برابر گرفتن: یکم ۷۰۳/۷۸.

سگالیده. تدبیر و مشورت‌شده، برنامه و تصمیم و نقشه: یکم ۱٥۰/۲٤۰؛ دوم ۲۷٤۱/۹۸۷ // ***نا***~ ناخواسته، ناگهانی، غفلتاً: یکم ۲۱٥٥/۷۷٦ (نیز← ناسگالیده).

سگزی. یکم ۱۷۹۲/٥۸۷؛ ۲۰۱۷/٥۹٦-۲۰۱۸؛ ۲۱۲۷/٦۰۰.

سگسار. یکم ۸۸۷/۱۳۰؛ ٤۸٤/۲۱۸.

سَلّه. سبد: دوم ۱٦۷۲/۳۳۱؛ ۱٥۱۱/۸٦۱، ۱٥۱۳، ۱٥۱٦.

سلیح. // ~ ***پیراستن:*** دوم ۲۰۷/۲۳۳ // ~ ***جهان پیش کسی خوار گشتن:*** دوم ۱۳۲۰/۱۸۷.

سُم. خانه‌های زیرزمینی و آغل‌گونه، سردخانه: دوم ۱۲۰۳/٥۳۰.

سماک. آسمان: دوم ۳۳۱٤/۱۰۰۹.

سمب. ناخن چارپا: یکم ۱۰۱٦/۳۰۱ و دیگر.

سمن. ۱- گلی سفید و زرد: یکم ٥۰٤/۳۲۲ // ~ ***و آب گنده:*** یکم ۹٦/٥٥ // مانند کردن تن، رخسار و موی به ~: یکم ٦۳/۹۷؛ ٤٥٤/۱۱۳؛ ٥۳۹/۱۱٦؛ ۱۷٥/۲٤۱. **۲**- کنایه از

رخسار: یکم ۱٦۸/٦٤٥. **۳**- کنایه از شانه: یکم ۳۸/٦٤۰.

سمند. **۱**- اسب زرد رنگ، زرده: یکم ۹٤٥/۱۳۲؛ ۱٤۹٤/۱٥۳؛ ۲۸۳/٤٦۲. **۲**- مطلق اسب: یکم ۹۹٥/۱۳٤؛ ۱۱٦٦/۱٤۰؛ ۱۷۲/۲٤۱؛ ٤۷۸/۲۸۰؛ ۸٥۰/۲۹٤.

سنان. **۱**- سرنیزه: یکم ۱۳۱۰/۱٤٦ و دیگر // ***~ به مژگان رسیدن:*** یکم ۷۸۷/٦٦۹ // ***نوک ~ را به زهر ساییدن:*** یکم ٦۳/٦۹۳. **۲**- مطلق نیزه: یکم ٤۷۹/۲۱۸؛ ۲۸۹/۲٤٦ و دیگر // ***~ تافتن:*** یکم ۱۱۹/٥٥ // ***~ درفشان:*** یکم ۱۲۳/۲٥۷ // ***~ را به زهر آب دادن:*** یکم ۱٤٤/۱۹۷ // ***~ را پر از تاب کردن:*** یکم ۲۰۰/۲٦۹ // ***آبداده ~*** ← آبداده // ***با نوک ~ آراستن گوش اسب را:*** یکم ۲٤۸/۲٤٤ // ***به نوک ~ دوختن دو دیده را:*** یکم ۲٥۹/۲٤٥ // ***تابداده ~*** ← تاب، شماره‌ی ۲ // ***نوک ~ را به چشم اندرآوردن:*** یکم ٤۸۹/۱۷۸.

سنب. سُم: یکم ۱۰٦۲/۷۳۲.

سنجیدن. **۱**- ارزیدن، به حساب آمدن، وزن داشتن، اعتبار و اهمیّت داشتن: یکم ٤۱۱/۱۱۱؛ ۹۱۷/۱۳۱؛ ۱۱٤٥/٦۸۳. **۲**- وزن کردن، اندازه گرفتن، ارزش گذاشتن، تعیین کردن: یکم ۱۰/۱ // ***رنج بر خود ~:*** یکم ۳۱/٦۳۲.

سند. حرامزاده: یکم ۲۳٤۱/٦۰۹؛ دوم ۲۰٤۰/٥٦۳؛ ۱۳۲/۸۸٤.

سَندَروس. نوعی سرو کوهی ۱- کنایه از رنگ سفید و روشن (روز، ابر...): یکم ۲۳۹/٤٦۰؛ ۳٤٤/٤٦٤؛ ۱٦۳/٥۲۳؛ دوم ۷۲۰/۳۰ و دیگر. ۲- کنایه از رنگ زرد و مات رخسار: یکم ٤٤۸/۱۱۲؛ ۷۲۰/۱۲۳؛ ۳۳۸/۱۷۲؛ ٥۳/۲۳۷؛ ٤۳۲/۲۷۸ و دیگر.

سندلی. دوم ۲۸٥٤/۷۳٤.

سنگ. **۱**- حجر: یکم ۲۸۹/٤۰ و دیگر // ***~ را بر سبوی زدن:*** یکم ٤٥۱/۳۲۰ // ***پیام بکردار ~:*** یکم ٤٥/۱۸٥ // ***کسی را زیر ~ آوردن:*** دوم ۲۹٤٥/۹۹٥. **۲**- کنایه از کوه: یکم ۱۰۰/۹۹؛ ٥۸/۱۸٥؛ ۳۸۰/۷۰٦؛ دوم ٦٥۱/۱٦۰. **۳**- وزن، واحد وزن: یکم ٤۱/۱۹۳؛ ٦۹/۱۹٤؛ دوم ٥۲۱/۳٦۲؛ ٤۰۳۹/۷۸۰؛ ۳۰٥/۱۰٥۳ // ***~ درم:*** دوم ۱٥٤۸/۳۲٦. **٤**- کنایه از سفت و سخت، تنگ و محکم، چون سنگ: یکم ٤۹/۳۱؛ ٤٤۹/٤٦؛ ٤٥/۱۸٥؛ ۲٦٦/۲۰۹؛ ۳٥٥/۳۱۷؛ ۲۱۸۲/۳۸۸؛ ۲۳۱۷/۳۹٤؛ ۳٤٦/٤۳٦ // ***چو (بکردار) ~:*** یکم ۱٤٦۱/٥۷٤؛ ۳۲٦/٦٥۱؛ ۱۱۰۳/٦۸۲؛ ۷۷۱/۷۲۱؛ ۱۸٦۲/۷٦٤؛ ۱۹۰۰/۷٦٥؛ ۲۲۸۹/۸۸۱؛ ۲۳۱٤/۸۸۲؛ دوم ۱٤٦٦/۹۷؛

۳۳۵۵/۱۰۱۱؛ ۱۳/۱۰۷۵. **۵-** اعتبار، اهمیّت، وقار؛ بها، ارجمندی، فرزانگی، گرانمایگی: یکم ۹٦۲/۸۸؛ ۸٦/٤۷۰؛ ۱۷/۵۱۷؛ دوم ٦۹۵/۲۹۲؛ ۲۲/۵۹۸ // ***با ~***: دوم ۱٦۳۱/۳۲۹؛ ۲۰۷۹/۷۰۳؛ ۱۵۰۲/۹۳۷ // ***خداوند ~***: یکم ۱۹۱۷/۳۷۸ // **مرد ~** مرد گرانمایه و سنجیده و سنگین و معتبر و باوقار و متین: یکم ۲۳۱/٦۰؛ ۲۱٤/۱٦۷؛ ٦۱۱/۲۲۳؛ ۱٤/۵۱۷؛ ۲۲۹۵/٦۰۷؛ ۲۰/٦۳۹؛ دوم ۳۱٤۳/۷٤۵.

سنگ‌رنگ. ۱- رنگ اسب: یکم ٤۹۷/۲۸۰. **۲-** رنگ زمین از سم اسب: یکم ۲۲۳/٤۱۱.

سنگلاخ. سنگستان: یکم ٤۸۱/۲۱۸.

سنگی. باوقار، متین، سنجیده، با سنگ، گرانمایه، باارز، معتبر: یکم ٤٤۰/٦۸؛ ۱٤٦۰/۱۵۲؛ ۳۳۲/۲۷٤؛ ۸۸۱/۵۰۲؛ دوم ۷۲۵/٦٤۹ // مرد ~: یکم ۵٤۵/۵۳۸؛ ۵۵٦/۸۱۲.

سنگی‌دل. پُردل: دوم ۸۰۹/۸۳۳

سوار. ۱- راکب (توضیح: در *شاهنامه* بیشتر به معنی شاهسوار، پهلوان، نژادگان سپاه بکار رفته است): یکم ۱۳۱۲/۱٤٦، ۱۳۱۸؛ ۳٤/۱٦۰؛ ۱۳۲۷/۱٤۷؛ ۷۰۹/۲۲۷؛ ۷٤۲/۲۹۰؛ دوم ٤۹۲/۸۹۸؛ ۵۵۲/۹۰۰؛ ۵۹٦/۹۰۲؛ ۷٤۰/۹۰۸ و دیگر // ***~ برافگندن*** پیک فرستادن: یکم ۲۲۵/٦۹۹. **۲-** ماهر، استاد، چیره: یکم ٤٤۱/٤٤۰؛ دوم ۳۵٦/۱٤۹؛ ٤۵٦/۱۵۲؛ ۸۹۷/۱۷۰؛ ۲۵۵٦/۵۸۳. **۳-** یار در بازی چوگان: یکم ۱۳۳٦/۳۵۵. **٤-** شاهسوار، پهلوان: یکم ۲۰٤/٤۷۵؛ ۵۳٦/٤۸۸؛ دوم ٦۰۸/۱۵۹ و دیگر. **۵-** کنایه از شخص پادشاه: دوم ۱۲۹/۳۷۸.

سواره. یکم ۲۱۱۲/۸۷۳.

سوتام. اندک، قلیل: دوم ۱٤٦٤/۹۳٦.

سوختن. ۱- سوزاندن: یکم ۸/۵۱؛ ۱۷٦٦/۵۸٦. **۲-** کباب کردن: یکم ۳۳۱/۲۱۲.

سود. // ***~ و زیان*** ۱- کنایه از منافع: دوم ٦۰۹/۹۰۲ // ***گنج ~ و زیان*** گنجی که برای رفع نیازهاست: دوم ۳۷٦۸/۷۷۰. **۲-** راه، وسیله، امکان: دوم ٤۰۵٦/۷۸۱. **۳-** از هر گونه: دوم ۲۰۸/٦۱۳ // ***~ و زیان را بر کسانی بخشیدن:*** یکم ۱۲۱/۲٦ // ***از پی ~ مایه دادن:*** یکم ۱۹۱۲/۷٦٦ // ***از ~ جستن زیان سرآمدن:*** یکم ۱۱۲۲/۵٦۱ // ***از ~ زیان خاستن:*** یکم ۵۵۵/٤٤۵ // ***به ~ و زیان نگه کردن*** به همه‌ی جوانب کاری نگریستن: دوم ٦۰۵/۹۰۲.

سودن. بسودن، ساییدن // ***از شادی ترگ بر چرخ ماه ~***: یکم ۵۹۱/۷۱٤ // ***با چیزی (سنگ، بخت) چنگ ~***:

یکم ۱۰٤٧/٦٨٠؛ ٢٣٣٩/٧٨٣ // ***با یکدیگر دست ~***: یکم ٢٧٥٣/٦٢٥ // ***ترگ از ~ زیان خاستن***: یکم ١٧٢/١٦٦ // ***دست (چنگ) ~ با...***: یکم ١٠١٠/١٣٤؛ ٨١٧/٢٣١ // ***زمین کسی را ~***: یکم ٨٠٥/٧٢٢ // ***عنان ~*** ← عنان // ***میان ~***: یکم ٤٠/٤٢٤؛ ١٧٠٠/٨٥٧.

سوده. ساییده‌شده، زخمی‌شده: یکم ٧٢٢/٢٨٩؛ ٤٠/٤٢٤.

سور. ۱- مهمانی، بزم، ضیافت، جشن: یکم ١٣٨/٢٤٠؛ ٣٣١/٢٧٤؛ ٤٦٣/٢٧٩؛ ٥٢٠/٣٢٣؛ ٢٣٧٣/٣٩٦؛ ٢٤٧٢/٤٠٠ // ***~ کردن***: یکم ٨/٢٥٣؛ ١٢١/٣٠٧؛ ٣٤٣/٤١٦؛ دوم ٢٣٣١/٩٧٠ // ***~ کردن به روی بزرگان***: یکم ٢٠٠٣/٣٨١ // ***با رزم جوینده ~ نجویند!***: یکم ٤٢٨/٦٧ // ***با ~ پرخاش به سر داشتن***: یکم ١٣٢/٢٤٠ // ***با ~ جنگ آوردن***: یکم ١٣٤/٢٤٠ // ***با ~ (آشتی، بزم) جوینده رزم نجویند!***: یکم ٩٥١/٣٤٠ // ***خانه‌ی ~***: یکم ٣٩٥/٢١٥ // ***دشت ~***: یکم ٣٠/٣٠٤ // ***میدان ~ (آراستن)***: یکم ١٥٤٨/٣٦٣. ۲- بسیچیدن: یکم ١٥٥/٦٤٥.

سوز. //***~ بی‌آب***: یکم ١٠٢٧/٣٤٣.

سوزن. // ***جهان را بر کسی چشم ~ کردن***: یکم ١٣٧٢/٥٧١.

سوگ. ۱- مصیبت، ماتم، عزا: یکم ٤٦٢/١٧٧، ٤٧١؛ ٢٥/٤٠٤ و دیگر // ***~ داشتن***: یکم ١/١٥٩. ۲- اندوه: یکم ٦١/٤٠٥ و دیگر.

سوگند. ۱- قسم: یکم ١٠١/٢٥؛ ١١٣٩/١٣٩؛ ٢٧٢/٣١٣؛ ٥٦٥/٣٢٥ و دیگر //***~ بزرگ***: دوم ٥٠٦/٢١ //***~ شاهان خوردن (زیاد کردن)***: یکم ٢٤٦٠/٣٩٩؛ ٢٤٦٥/٤٠٠ // ***دل به ~ گستاخ کردن***: یکم ٣١٨/٤٣٥ // ***زبان از ~ یزدان نکشیدن***: یکم ٣١٧/٤٣٥. ۲- آزمایش سخت با عذاب جسمی: یکم ٤٥٥/٣٢٠؛ ٤٧٩/٣٢١.

سوگوار. ۱- عزادار: یکم ٤١/١٣، ٤٦؛ ١٩٢/٤١٠ و دیگر. ۲- راهب، ترسا، مسیحی: دوم ٧١١/٩٠٦؛ ٣٢٩٢/١٠٠٨؛ ٣٣٣٤/١٠١٠؛ ٦٧٨/١١٠٨، ٦٨٠، ٦٨٢.

سوگواری. یکم ٤٥/١٣.

سو(ی). یکم ٤٢٨/٢١٦ // ***از چیزی (کاری) به (بر) یک ~ شدن (بودن)*** از آن ناتوان ماندن و دست کشیدن، از آن دور و برکنار بودن: دوم ٣٦٠٨/٧٦٣؛ ٩٢٧/٨٣٧؛ ١١١٩/٨٤٥ // ***به یک ~*** برکنار، دور: دوم ٨٢٥/٨٣٣.

سه‌دیگر. ۱- (عدد ترتیبی) سوم، سوَمین: یکم ٢٦/٢٢. ۲- (قید) سوَماً، ثالثاً، سوَم اینکه: یکم ٧٠٦/٧٨ و دیگر.

سهر. گاو ماده‌ی جوان: دوم ۹۸۲/۹۱۷.

سهراب. یکم ۱۰۰/۲٦۵.

سهم. ترس و بیم و هراس: دوم ٦۵۸/٦۵؛ ۷٦۸/٦۹؛ ۸۷۰/۷۳؛ ٦۵۱/۱٦۰.

سهی. راست‌رسته و زیبا، صفت سرو: یکم ۳۷۳/٦۵.

سه‌یک. خراج زمین مزروعی: دوم ۸۱/٦۲٤

سهیل. یکم ٤۵٤/۱۱۳؛ ۱۸۸/۳۱۰ // ~ ***یمن:*** یکم ۱٦۸/٦٤۵.

سیاوخش‌گرد. یکم ۱٦۸٦/۳٦۹.

سیاه. اسب سیاه: یکم ۲۱۸۰/۳۸۸؛ ۱۱۵/٤۲۷؛ ٤۰۷/٤۳۹.

سیاه و سپید. یکم ۹٦۹/۱۳۳.

سیب. // ***چون تازه ~ داشتن کسی را*** کنایه از نگهداری و حمایت کردن از کسی به وجهی تمام: یکم ۱۵۱/۷؛ دوم ۵۵/۲۰۵؛ ۲۹۲۵/۹۹٤.

سیر. ۱- اندازه‌ی کافی: دوم ۷۲/۲٤۸. ۲- بی‌میل، بیزار // ~ ***بوده:*** یکم ۱۱۹۸/۳۵۰ // ~ ***برگشتن:*** یکم ٦/٤۰۳؛ ۵۸۳/۷۱٤؛ دوم ۱/۱۰۸۱.

سیرخواب. بسنده: یکم ۸۵۲/۳۳٦ // ~ ***بودن:*** یکم ۱۰٤۲/۸۳۱.

سیم. سوَم، سوَمین، سوَماً: یکم ۲۷٤/٦۲؛ ٦٤۵/۷٦.

سیم. نقره //~ ***پالوده:*** یکم ۳٤۳/۲٤۸.

سیم‌دندان. //~ ***شدن:*** دوم ۱٤٤۱/۹۳۵؛ ۱۵۰/۱۰۸۷.

سیمرغ. یکم ٦۸/۹۸؛ دوم ۲٤٤/۱۱۰.

سیمین. سیمینه: دوم ۲۱۳٤/۹٦۲.

سیه‌پوش. یکم ۷۲۳/۳۳۱.

سیه‌دیسه. سیاه‌گون: دوم ۱۱٦۵/۳۱۱.

سیه‌گوش. یکم ۱۱/۱۷.

ش

شاخ. ۱- شاخه‌ی درخت (بیشتر به گونه‌ی نگار بکار رفته است): یکم ۱۱۰/۵ و دیگر // ~ ***برومند به بار آمدن:*** یکم ۱۷۳٤/۳۷۱ // ~ ***سخن:*** یکم ۳۳/۲ // ***به ~ دست زدن:*** یکم ۱۳٤٦/۱٤۸. **۲**- شاخه‌ی گل: یکم ٤۷۰/۱۱۳. **۳**- نژاد، نسل، کنایه از فرزند: یکم ۵۹۳/۷٤؛ ۹۵/۹۹؛ ۱۹۰٤/۳۷۷؛ دوم ۱۷۹/۸؛ ۵۸۸/۱۵۸؛ ۱٤/۲۲۵؛ ۳٤۲/۲۵۹؛ ٤٤/۵۹۳. **٤**- کنایه از دست و بازو، پیشانی، اندام (توضیح: جدایی معانی گوناگون همیشه آسان نیست): یکم ٤۸۵/۱۱٤؛ ۵۳٤/۱۱٦؛ ۱۵٦۰/۱۵٦؛ ۱۷۸/۱٦٦؛ ٤۷۹/۲۱۸؛ ٦٤۸/۲۸٦؛ ٦۵٤/۲۸۷؛ ۹٤٦/۲۹۸؛ ۲۳۸٤/۳۹٦؛ ۲٤۸۲/٤۰۰؛ ۳۳/٤۰٤؛ ۲٦۸/٤۱۳؛ ۱۵۵۰/۵۷۸؛ ۲۲۱۸/٦۰٤؛ دوم ۳٤۲/۱۵؛ ۱٤۳/۲۳۱؛ ۸۱/۲٤۸؛ ۹۵/۲٤۹؛ ۲۱٦۱/۵٦۸؛ ۹۱۱/٦۵۷ // ~ ***بلند:*** دوم ۳٤۳۸/۱۰۱٤. **۵**- کنایه از کار و عمل و رفتار: یکم ۲۱۹٦/۳۸۹. **٦**- رشته، بند: دوم ٤۰۲۷/۱۰۳۷، ٤۰۲۸؛ ٤۰٤۷/۱۰۳۸. **۷**- پاره، بخش: دوم ٤۳۵/٤۳۸. **۸**- دسته‌ی تازیانه: دوم ۷۵٤/۵۱۲؛ ۸۷۹/۵۱۷. **۹**- شاخ جانور // ~ ***گوزنان*** کنایه از چوب کمان: دوم ۸۹٤/۸۳٦

شاد. شادی: یکم ٦۱۸/۳۲۷.

شادروز. یکم ۵۰/٤۲۵.

شادمانه. شادمان: یکم ۱۹۹٤/۳۸۱.

شادمانی. // ~ ***را به غم نباید شمرد!:*** یکم ۱۰۹/۲۳۹.

شادورد. فرش: دوم ۹۷/۱۰٤۵ // ~ ***بزرگ:*** دوم ۳۸۰۸/۱۰۲۹؛ ۸٦/۱۰٤٤ //~ ***مهین:*** دوم ۹٤/۱۰٤٤.

شارستان. ۱- شهر: یکم ۹٦/۵؛ ۷۷٦/۳۳۳؛ ۱٦۰۳/۳٦٦؛ ۱٦۸۱/۳٦۹، ۱٦۸٤، ۱٦۸۷، ۱٦۸۸، ۱٦۹٦؛ ٦٦۲/٤٤۹ // ~ ***فراخ:*** یکم ۱۵۸۳/۳٦۵. **۲**- کنایه از شهر آباد: یکم ۳۷٦/٤۳۷. **۳**- کنایه از آن جهان:

یکم ۱۲۴۲/۱۴۴، ۱۲۴۵، ۱۲۴۷.

شاره. سربند و چادر رنگین و نازک زنان هند و دستار مردان آنها، ساره: یکم ۷۱۵/۱۲۳؛ ۱۴۰۶/۵۷۲؛ دوم ۱۳۱/۲۰۸؛ ۲۳۳۴/۵۷۵؛ ۳۴۷۲/۷۵۸.

شافیدن. پای در پای پیچیدن در هنگام رفتن: یکم ۷۵۷/۴۹۷، ۷۵۸.

شام. ۱- خوراک شب // ~ ***خوردن بر کسی:*** یکم ۴۰۹/۶۷. **۲-** مغرب: یکم ۱۲۳۵/۱۴۳.

-شان. شناسه‌ی پیوسته‌ی سوم‌شخص جمع. **۱-** در حالت اضافی: یکم ۱۹۰/۵۸و دیگر. **۲-** در حالت مفعول باواسطه: یکم ۱۰/۱۷؛ ۳۴/۱۸ و دیگر. **۳-** در حالت مفعول بی‌واسطه: یکم ۱۲۷/۲۰۴ و دیگر. **۴-** در معنی شناسه‌ی مشترک خود: یکم ۱۹۰/۵۸و دیگر.

شاندن. نشاندن: یکم ۹۷۵/۲۹۹؛ دوم ۱۵۶۴/۸۶۳.

شانه. قَشو: دوم ۶۸۱/۵۱۰.

شاه. ۱- پادشاه // ~ ***نشاندن*** پادشاه را به تاج و تخت رسانیدن: دوم ۳۲/۶۰۶. **۲-** شاه ایران: یکم ۲۲۲۶/۳۹۰؛ ۲۲۴۲/۳۹۱. **۳-** شاهزاده: دوم ۱۱۲۵/۱۷۹؛ ۳۴۱۲/۱۰۱۳. **۴-** چیره، فرمانروا، مسلط: دوم ۱۱۰۶/۳۰۸، ۱۱۰۷ و دیگر.

شاه‌آزمود. یکم ۱۶۰۳/۱۵۸.

شاهان. شاهانه // ***گفتار*** ~: دوم ۲۴۱۶/۹۷۴ // ***گوشت*** ~: یکم ۴۰/۱۳؛ ۵۴۲/۷۲.

شاه‌رش. (نیز: رش) واحد درازا: دوم ۱۴۶۰/۳۲۲؛ ۳۵۷۱/۱۰۱۹، ۳۵۷۳؛ ۳۵۷۴/۱۰۲۰؛ ۳۷۰۸/۱۰۲۵.

شاهزاد. شاهزاده: یکم ۱۶۸۷/۳۶۹؛ دوم ۵۰۳/۵۹، ۵۰۷؛ ۱۸۶/۳۴۸.

شاهنشه. شاهنشه: دوم ۵۳/۴۱.

شاهنشهان. دوم ۳/۱۰۷۹.

شاه‌شاخ. به اندام شاه: دوم ۱۵۲/۴۲۷.

شاهنشهی. ۱- شاهانه: یکم ۱۳۰۱/۱۴۶. **۲-** فرمانروایی، جای فرمانروایی: یکم ۱۴۳۵/۷۴۷.

شاهوار. شاهانه، گرانمایه، درخور شاه: یکم ۱۵۲۴/۳۶۳؛ ۳۶۲/۴۱۷؛ ۴۵۹/۴۴۱؛ ۶۹۱/۴۵۰ و دیگر.

شاید. یکم ۴۷۳/۱۷۷ // ~ ***بُدن*** ۱- سزاوار است که چنین باشد: یکم ۴۰۰/۴۵. ۲- محتمل است، ممکن است: یکم ۵۷۴/۲۸۳.

شایستگی. سزاواری، صلاحیّت، لیاقت، استحقاق: یکم ۳۲۲/۱۰۷؛ ۱۱۲۳/۳۴۷.

شاییدن. سزاوار بودن، سزیدن، درخور بودن: یکم ۵۶/۵۳؛ ۱۰۴۷/۱۳۶؛ ۱۹۲/۴۱۰؛ دوم ۲۲۳۲/۹۶۶ // ***به کسی*** ~: دوم ۱۶۳۶/۹۴۳، ۱۶۳۷.

شب. کنایه از گیسوی سیاه زن: یکم

۸۳۲/۱۲۷ // ~ *آبستن است!*: یکم ۱۰۷۱/۱۳۷ // ~ ***از چنگ خورشید رها یافتن***: یکم ۱۰۱٦/٦۷۸ //~ ***اندر خمیدن (چمیدن)***: یکم ۱۷۸۵/۸٦۱ // ~ ***برآمدن***: یکم ۸٦۹/۱۲۹ //~ ***به روز سپید نماینده***: یکم ٤٤۳/٦۸ //~ ***را به بگماز کوتاه کردن***: یکم ۹۲۰/۱۳۱ // ~ ***رخ را به ناخن خستن***: دوم ۷۷٤/۳۲ // ~ ***گردان گشتن***: یکم ۲۰۷/۳۱۱ // ***از ~ روشنایی نجویند!***: یکم ۲۱۱۷/۳۸٦ // ***تیرگی بر ~ دراز نماند!***: پایان شب سیه سپید است: یکم ۱۰۷۲/۱۳۷ // مانند کردن ~ به چادر لاژورد: دوم ۲٤٤۹/۵۷۹ و دیگر // مانند کردن ~ به چادر مُشک‌رنگ: دوم ۲٤٤٦/۵۷۹.

شبانروز. یکم ۱٤۸۳/۱۵۳.

شباهنگ. نام ستاره‌ای: یکم ۵۵/۲٦۳؛ دوم ۱۳۷٦/۹۳۳.

شبدیز. یکم ۱۵۷۰/۱۵٦.

شبستان. یکم ۲٤٦/۱٦۸؛ ۲۹۸۹/۹۰۹ و دیگر.

شبه. سنگی سیاه‌رنگ: یکم ۵٦۸/۲۲۲؛ ۲۸٦/۵۲۸؛ ۱/٦۳۹.

شبیخون. یکم ۸۷۰/۸۵؛ ۸۹۱/۸٦ و دیگر // ~ ***سگالیدن***: یکم ۱٦٦۳/۷۵٦.

شتاب. ۱- عجله، عدم تأمّل در کار: یکم ۱۸۹۷/۳۷۷؛ ۱۹۱۷/۳۷۸ // ~ ***آمدن*** شتاب گرفتن: دوم ۹۵۲/۸۳۸ // ***از کاری ~ آمدن*** دلگیر گشتن و دوری جستن از آن: دوم ۲۸٦/٤٦٦؛ ۲۵۷۸/۵۸٤ // ***از کاری ~ گرفتن***: دوم ۱٦۲۵/۹٤۲ // ***دل پُر ~*** ← دل، شماره‌ی ۱ // ***دل پُر ~ بودن*** دلگیر و نگران بودن، دغدغه داشتن: دوم ۳۵۷۳/۷٦۲ // ***سر پُر ~*** ← سر، شماره‌ی ۱. **۲**- هجوم، یورش، حمله، فشار: یکم ۳۳۳/۱۷۲؛ ۱۱۰۰/٦۸۲ // ~ ***کردن (گرفتن) بر کسی***: یکم ۲۹۲/٦۵۰؛ ۵۷۳/۸۱۳؛ ۱٤۳۱/۸٤۷ // ~ ***گرفتن*** ۱- دور و دیر شدن: دوم ٤۲۳/۱۵۱. ۲- دوری گرفتن: یکم ۱۲۳۱/۵۱٦. ۳- بی‌تاب شدن: یکم ٤۰٦/۷۰۷ // ***(از کاری، چیزی) ~ آمدن (گرفتن)***: یکم ۷۲/۵۱۹؛ ۵٤/٦۳۳؛ ۸۳٦/٦۷۱؛ ۱٦۲۵/۷۵٤؛ ۵۳٦/۸۱۲؛ ۱۱٤۹/۸۳٦؛ ۱۵۲٦/۸۵۰ // ***(به کاری، چیزی) ~ آمدن (گرفتن)***: یکم ۷۱/٤۵٤؛ ۸۳۳/۵۰۰؛ ۲۰۰/٦٤٦؛ ۲۱٦/٦٤۷ // ***پای ~ از درنگ سست شدن***: یکم ٤۸۱/۵۳٦ // ***سر پُر ~ گشتن***: یکم ۱۲۷٤/۸٤۱ // ***زمانه بر کسی ~ گرفتن***: یکم ۱٦۵/٦۹۷. **۳**- شتابان، به شتاب: یکم ۷۰/۱٦۲ // ~ ***آمدن (گرفتن) از...***: یکم ۱۰٤/۹۹؛ ۲۸۳/۱۷۰؛ ۸۷/۱۸٦؛

۵۳/۲۶۳؛ ۶۹۳/۳۳۰ // ~ ***آمدن (با حذف از)***: یکم ۲۸۵/۴۰ // ~ ***آمدن (گرفتن) به...***: یکم ۳۵۲/۲۱۳؛ ۴۲۵/۲۱۶؛ ۷۰۱/۳۳۰ // ~ ***آمدن***: یکم ۵۹۵/۳۲۶ // ~ ***آوردن به...*** روی کردن، تمایل ورزیدن: یکم ۷۲/۲۶۴.

شتابیدن. دوم ۲۱۷۲/۹۶۴.

شتافتن. در سخن (بر یکدیگر) پیشی جستن: یکم ۴۸۳/۱۱۴ // ***از جایی تیز*** ~ گریختن از آنجا، رها کردن آنجا: یکم ۲۵۹۳/۸۹۳ // ***(به کاری) تیز*** ~ ۱- زود اقدام کردن: یکم ۲۶۰۴/۸۹۳. ۲- عجله کردن: یکم ۲۶۴۲/۸۹۵.

شخ. ۱- زمین خشک و سخت و ناهموار: یکم ۸۹۶/۱۳۰؛ ۱۳۱/۱۶۴؛ ۲۶۹/۱۶۹؛ ۷۱۶/۳۳۱؛ ۲۱۸۷/۳۸۹؛ ۶۲۷/۸۱۵، ۶۲۸؛ ۱۵۴۱/۸۵۱؛ دوم ۱۳۱۳/۹۱؛ ۲۵۳۸/۵۸۳؛ ۱۹۳۲/۹۵۴؛ ۲۲۵۸/۹۶۷. **۲**- کوه، دامن کوه، راغ: دوم ۳۹۴/۶۳۶؛ ۱۷۹۶/۶۹۲. **۳**- شاخه، درخت: دوم ۱۴۲/۶۲۶.

شَخَنده. برافروخته (از خستگی): یکم ۲۲۹۸/۷۸۲.

شَخودن. ۱- خراشیدن: یکم ۱۴۴۶/۱۵۲؛ ۴۵۹/۱۷۷؛ ۳۳/۴۰۴؛ ۲۹۷۹/۹۰۹. **۲**- چنگ زدن، با سر انگشت کشیدن: یکم ۱۳۳/۴۲۸. **۳**- رنجه کردن: دوم ۴۱۱/۲۶۱. **۴**- خراشیده شدن: یکم ۵۲/۵۱۹؛ ۱۴۳۳/۷۴۷؛ ۸۸۵/۸۲۵.

شخوده. خراشیده: یکم ۴۳۴/۶۵۶؛ دوم ۲۳۰/۶۱۴.

شد. شَوَد: دوم ۱۹۳/۸؛ ۳۴۲/۵۲؛ ۳۶۱/۵۳.

شدآمد. آمد و رفت: دوم ۱۶۰۲/۶۸۴.

شدن. ۱- گردیدن: یکم ۴۶۲/۶۹ و فراوان. **۲**- رفتن: یکم ۱۴۳/۱۹۷؛ ۴۱۳/۲۷۷؛ ۶۱۸/۳۲۷، ۶۲۳؛ ۷۰۰/۳۳۰؛ ۲۴۹۶/۴۰۱؛ دوم ۱۲۹/۶ و دیگر. **۳**- گذشتن، سپری شدن، پایان گرفتن: یکم ۴۲۵/۶۷؛ ۴۵۵/۶۹؛ ۱۰۲۲/۹۱؛ ۱۰۷۴/۹۳؛ ۲۵۷/۴۳۳؛ ۴۶۲/۶۵۷. **۴**- مردن، درگذشتن: یکم ۱۱۲/۲۵؛ ۵۱۴/۷۱؛ ۲۱۴/۱۶۷؛ ۳۳/۱۸۴؛ ۴۷۳/۲۷۹؛ ۲۱۰۸/۷۷۴؛ دوم ۱۳۳۰/۹۱؛ ۱۱۱/۶۰۹؛ ۱۹۰۵/۹۵۳. **۵**- جاری بودن، بر زبان رفتن: یکم ۴۶۳/۶۹؛ ۵۴۳/۶۶۰. **۶**- ریختن، از دست رفتن: یکم ۲۰۷۵/۳۸۴. **۷**- آهنگ کردن، قصد نمودن: یکم ۲۴۲۴/۳۹۸. **۸**- آمدن // ***از دور*** ~: یکم ۴۱۳/۲۷۷.

شده. رفته، گذشته: یکم ۲۱۴۵/۸۷۵.

شراع. چادر، خیمه، سایبان: دوم ۲۱۱/۱۴۳؛ ۱۱۲۸/۱۷۹ // ~ ***آراستن:*** دوم ۱۵۵۱/۹۳۹ // ~ ***زدن:*** دوم ۸۴۴/۱۱۱۵

شرزه. خشمگین و نیرومند: یکم ۲۲۰/۵۹.

شرم. ۱- // ~ ***را از رخ بردن:*** یکم ۲۳۴۵/۳۹۵ // ***از ~ رخ چون گل شدن:*** یکم ۲۷۸/۳۱۴ // ***از ~ رخ را شستن:*** یکم ۲۳۱۹/۳۹۴ // ***از ~ کسی دیدگان را شستن:*** یکم ۳۲۳/۶۳ // ***خانه‌ی ~:*** یکم ۳۶۰/۱۰۹. **۲-** کنایه از خایه: دوم ۹۹/۳۷۷، ۱۰۲.

شرنگ. زهر، حنظل: یکم ۸۵۵/۸۴

شست[1]. انگشتر نر، انگشت بزرگ // ~ ***بگشادن (گشادن)*** کنایه از رها کردن تیر: دوم ۷۳۲/۳۰؛ ۲۰۳۰/۵۶۳.

شست[2]. قلاب و چنگک ماهیگیری // ~ ***از آب برکشیدن:*** دوم ۱۷۱۴/۸۶۸ // ~ ***کسی از دریا نهنگ آوردن:*** یکم ۱۵۵۵/۸۵۲ // ~ ***کسی به دریا رسیدن:*** دوم ۶۳۱/۹۰۳ // ~ ***کسی به دریای چین رسیدن:*** دوم ۱۱۹۹/۱۸۲ // ~ ***کسی به ماهی گراینده شدن:*** دوم ۱۰۲۹/۸۰ // ~ ***یازیدن به کاری:*** یکم ۵۱۴/۱۷۹ // ***به دریا ده انگشت کسی ~ بودن:*** دوم ۳۲۹/۴۹۶ // ***کام از ~ کسی خسته شدن:*** دوم ۵۶۲/۴۷۷.

شستن. زدودن، پاک کردن: یکم ۵۶۶/۲۲۲ // ***جایی را از کسانی ~:*** دوم ۳۲۷۲/۱۰۰۷ // ***دل ~:*** یکم ۵۳۰/۳۲۳ // ***دیدگان را ~ از شرم کسی:*** یکم ۳۲۳/۶۳ // ***رخ آشتی را ~:*** یکم ۸۵/۲۳۸

شطرنج. دوم ۱۴۱/۴۸۸.

شَعر. گونه‌ای پارچه‌ی ابریشمین نازک و نفیس: یکم ۵۲۲/۱۱۵؛ دوم ۴۳۱۶/۷۹۱؛ ۱۳۷۹/۸۵۵ // ~ ***پیروزه*** کنایه از آسمان شب: یکم ۸۴۶/۸۲۴ // ~ ***سیاه*** کنایه از شب: یکم ۹۰۴/۵۵۲ // ***چادر ~*** کنایه از رنگ شب: دوم ۳۴۶/۱۱۴.

شَغ. شاخ: دوم ۳۵۱۰/۱۰۱۷.

شفشه.← شوشه.

شکار. ۱- صید، نخچیر: یکم ۶۵۳/۱۲۰ // ~ ***نیستان:*** یکم ۶۲۹/۳۲۷. **۲-** طعمه، خوردنی: یکم ۶۲۹/۱۲۰.

شکردن. ۱- (گذرا) شکستن، شکار کردن، کشتن: یکم ۴۹۹/۴۸؛ ۸۲/۹۸؛ ۵۴۲/۱۱۶؛ ۷۴۷/۱۲۴؛ ۸۶۰/۱۲۹؛ ۱۲۶۸/۱۴۵؛ ۱۵۶۵/۱۵۶؛ ۱۳۵/۱۶۴؛ ۱۷۴/۱۶۶؛ ۱۸۹/۲۴۲؛ ۷۷/۲۵۶؛ ۲۱۴۳/۳۸۷؛ دوم ۶۸۲/۱۶۲؛ ۱۱۱۱/۳۰۸؛ ۱۰/۴۱۵؛ ۷۰۶/۵۱۱؛ ۱۸۴۵/۵۵۵؛ ۲۱۳۲/۵۶۷؛ ۲۵۷۰/۵۸۴؛ ۱۸/۵۸۸؛ ۲۴۹۱/۷۱۹. **۲-** (ناگذر) شکسته شدن: دوم ۱۶۱۳/۳۲۸.

شکست. تردید (؟): دوم ۲۷۴/۳۸۳.

شکستن. ۱- در هم شکستن، منهزم کردن: یکم ۹۳۳/۸۷. **۲-** شکردن و کشتن: یکم ۲۸۹/۲۱۰ // ***اندر ~***

مصرف کردن، بکار بردن: یکم ۱۳٦/٤٥٦.

شکفاندن. یکم ۱٤۷۲/۱٥۳.

شکفیدن. شکفتن: یکم ۱٥٤۳/۱٥٥.

شکن. ۱- شکست: یکم ۳٥٥/۱۷۳؛ ۹۸/۱۹٥؛ ۷٤۲/۲۲۹؛ ۱۱۰/۲٥۷؛ ٦٥۸/۲۸۷؛ ۷٤٦/٥٤٦؛ ۲۱۹۳/۷۷۷؛ دوم ٤۷۰/۱٥۳؛ ۲٤۳/۲٥٤ // ~ ***بر*** ~: دوم ۸۳٦/٥۱٦ // ***بربط*** ~ ← بربط‌شکن // ***بر کسی ~ جُستن*** شکست کسی را خواستن: دوم ۱۹٦/٤٦۳ // ***روزگار*** ~ هنگام شکست: یکم ۲۰٥٦/۷۷۲. ۲- پیچ و تاب و چین و شکن گیسو: یکم ۱۸۸/۳۱۰.

شکنج. چین و شکن گیسو: یکم ۲۱۲/٥۹.

شکوهیدن. ترسیدن، بیم داشتن: یکم ۱٦۸٥/۷٥۷.

شکیب. شکیبایی، صبر، مدارا: یکم ۳۱٦/٦۳؛ ٤۹۲/٦٥۸؛ ۹۱/٦۹٤؛ دوم ٤۹۹/۸۲۱.

شکیبا. بردبار، صبور: یکم ۸٤۳/٦۷۱.

شکیبیدن. صبر کردن، طاقت آوردن: یکم ۲۸۰/۲۷۲؛ دوم ۲٥٤/۳٥۱؛ ۲۲٦۷/٥۷۲ // ~ ***از روی کسی***: یکم ۱۲۹۸/۳٥٤.

شکیفتن. شکیبیدن، شکیبایی و صبر کردن: یکم ۲۰۹/۲۰۷؛ دوم ۱٦٦۳/۲۰۱؛ ۲۳۹/۸۱۰؛ ۷٥٤/۹۰۸؛ ۸۷۷/۹۱۳.

شگاع. تیردان، تیرکش: دوم ۱۱۲۸/۱۷۹.

شگرف. شگفت، عجیب: یکم ۷٤۷/٥٤٦؛ دوم ۲۹۲/۱۱۲.

شگفت. ۱- (از اصوات) شگفتا: یکم ۳۷٥/۲۱٤؛ ۳۹۳/۲۱٥؛ ۳٥٤/۲۷٥ // ***ای*** ~: یکم ۱۲٥٦/۱٤٤؛ ۱٤۷٥/۱٥۳؛ ۱٥٤٦/۱٥٦؛ ۲۲٦۸/۳۹۲؛ دوم ٥٥۰/۸۲۳. ۲- شگفت‌زده، متحیِّر، متعجِّب: یکم ۳٦٦/٤۳؛ ۸۰۸/۲۳۱؛ ۸۲۰/۲۳۲؛ ۸۸۳/۲۳٤؛ ۳٥٤/۲۷٥؛ ۸٤۰/۲۹٤ ۸٥۱ // ~ ***ماندن***: یکم ٤۷۹/٥۳٦. ۳- تعجِّب، حیرت، شگفتی: یکم ۱۳۱٤/۱٤٦؛ ٤۷٥/۲۷۹؛ ۱۷۸/٤۱۰؛ ٤۷٤/٤۲۱؛ ۲۲۳/٤۳۱؛ ۲۹٤/٤۳٤؛ ۳٤۷/٤۳٦؛ دوم ۲۲۸۲/۹٦۸ // ***نشگفت***: یکم ۱۷۸/٤۱۰. ٤- شگفتی، معجزه: یکم ٤۱۲/٤۳۹. ٥- عجیب، حیرت‌انگیز: یکم ۱٤۰/۲٦؛ ۱۰٥٦/۱۳٦؛ ۱۳٦/۳۰۸؛ ۱٤/٦۳۱؛ دوم ۱۷۷/۲۳۲؛ ۱٤٤۳/۹۳٥ // ***شگفتان*** ~: یکم ۱۲٦/۲٦ // ~ ***از*** ~: یکم ۲۰۳/۲۰۷. ٦- چیز شگفت و حیرت‌انگیز، شگفتی: یکم ۱۱۹۱/٥۱٤.

شگفتن. حیرت کردن: یکم ۱۷۸/٤۱۰.

شگفتی. ۱- (قید تأکید) براستی، سخت، بشدّت: یکم ۳۷۱/٤۳؛

۴۱۲/۴۵؛ ۸۵/۹۸؛ ۲۵۸/۱۰۵ // ***از ~:*** یکم ۳۸۹/۲۵۰. **۲-** شگفت‌زده، متحیّر، متعجّب، هاج و واج: یکم ۵۲/۲۳؛ ۱۸۱/۱۰۲؛ ۳۳۴/۱۰۸؛ ۵۲۷/۱۱۵؛ ۵۳۷/۱۱۶؛ ۱۴۱۷/۱۵۰؛ ۱۰۱/۱۹۵؛ ۷۱۲/۲۲۷؛ ۷۶۸/۲۳۰؛ ۴۷۲/۲۷۹؛ ۲۴۸۵/۸۸۸. **۳-** تعجّب، حیرت، شگفت‌زدگی: یکم ۶۰۷/۱۱۹؛ ۱۲۵۶/۱۴۴؛ ۱۵۵۹/۱۵۶؛ ۳۸۱/۲۱۴ // ***~ شدن*** زبانزد گشتن، اعجاب‌انگیز شدن: دوم ۵۴۳/۲۳. **۴-** کار شگفت، عجایب، معجزه: یکم ۴۲/۲؛ ۴۹/۳؛ ۲۲۲/۳۸؛ ۱۴۸۰/۱۵۳؛ ۹۱۳/۲۹۷؛ ۱۲/۳۰۳؛ ۴۱۴/۳۱۹؛ ۷۱۲/۳۳۱؛ ۱۴۸۸/۳۶۱؛ ۲۳۸۱/۳۹۶؛ ۲۱۳/۴۳۱؛ دوم ۱۷۶/۲۳۲، ۱۷۹. **۵-** عجیب، حیرت‌انگیز، شگفت: یکم ۱۰۰۴/۹۰؛ ۳۷۳/۱۰۹؛ ۱۳۲۴/۱۴۷؛ ۱۴۸۰/۱۵۳؛ دوم ۴۰۶۰/۱۰۳۹.

شمار. ۱- حساب، شمارش: یکم ۹۱۵/۱۳۱؛ ۱۶۰۰/۱۵۸؛ ۶۹/۳۰۵؛ دوم ۹۰/۴۸۶، ۹۱، ۹۵؛ ۲۴۲/۴۹۲؛ ۱۱۸۶/۵۲۹، ۱۱۸۸؛ ۱۲۱۸/۵۳۱؛ ۳۱۰۳/۷۴۳؛ ۴۲۹۳/۷۹۰؛ ۱۲۷۱/۸۵۱ // ***~ (بر) گرفتن*** شمردن: یکم ۱۲۵۲/۸۴۰؛ دوم ۱۴۲/۲۵۰ // ***~ سپهر (بر) گرفتن:*** دوم ۳۶/۲۰۴؛ ۳۱۵۵/۱۰۰۳ // ***~ سرآمدن:*** یکم ۱۲۵۴/۱۴۴ // ***~ کردن*** حساب کردن، شمردن: یکم ۱۲۱۲/۱۴۲ // ***~ گرفتن:*** یکم ۶۵/۲۵۵ // ***از کاری ~ برگرفتن*** به حساب آن رسیدن، آنرا بررسی و پژوهش کردن: دوم ۱۲۴۶/۸۵۰ // ***از کسی ~ اندر آوردن*** درباره‌ی او سخن گفتن: دوم ۱۶۶۹/۸۶۷ // ***از کسی ~ برگرفتن:*** دوم ۳۵۲۳/۱۰۱۷ // ***از کم و بیش کسی ~ گرفتن:*** دوم ۲۳۵۱/۹۷۱ // ***اندر ~ آمدن*** رقم خوردن در ازل: دوم ۱۸۹۱/۸۷۶ // ***اندر ~ آوردن:*** یکم ۱۵۲۴/۵۷۷ // ***با کسی ~ بودن*** تاوان دادن، حساب پس دادن: دوم ۲۵۴/۶۱۵ // ***با یکدیگر ~ گرفتن*** از یکدیگر گله و شکایت کردن: دوم ۴۰۹۵/۷۸۲ // ***تنها کژ ~ گرفتن:*** دوم ۲۰۹۲/۹۶۱ // ***چیزی از کسی ~ بودن*** آن چیز به حساب او و به پای او بودن: دوم ۶۲۷/۵۰۸. **۲-** داوری، پرداختن به موضوعی: یکم ۲۰۶/۳۷ // ***~ بر کم و بیش نگشتن:*** یکم ۵۹۳/۴۴۶ // ***~ گرفتن:*** یکم ۲۰۶/۳۷؛ ۹۲/۱۹۵ // ***در ~ آوردن:*** یکم ۶۲۹/۱۲۰. **۳-** روز شمار، قیامت: یکم ۶۶/۳؛ ۱۲۷۱/۱۴۵؛ دوم ۹۸/۱۳۸ // ***روز ~*** روز بازخواست در آن جهان: دوم ۱۰۲/۸۰۵. **۴-** نوع، گونه: دوم ۷/۱۰۷۷ // ***از هر ~:*** دوم ۱۲۷۵/۶۷۱ // ***زین ~:*** دوم

۲۷۸٦/۷۳۱. **۵-** پاداش: دوم ۲٤۵/٤٦۵.

شمارش. شمردن: دوم ۱۱۸۷/۵۲۹.

شمارنده. ناسزادهنده، دشنام‌گویان: یکم ۲۵۵/۳۱۳.

شمّاس. رهبان مسیحی: دوم ۹٦٦/۳۰۳؛ ۲۰۸/٤۲۹؛ ۸۹٤/٦۵٦

شمامه. بوی خوش، بوییه‌های گلوله‌گون که برای بوییدن در دست می‌گرفتند: یکم ۲۰٤/٤۵۹؛ ۲۸٦/۵۲۸.

شَمَر. آبگیر: یکم ۲۰۲۸/۸۷۰؛ ۲۱۸۵/۸۷٦.

شمرد. شمردن: دوم ٤۲۹۳/۷۹۰.

شمردن. (نیز← برشمردن) **۱-** شماره کردن، صورت برداشتن: یکم ۱۲۰۸/۳۵۰؛ ۱٤۰۵/۳۵۸؛ ۲٦۹۵/۸۹۷ // ***نفس*** ~ دم زدن: دوم ۳۱۳/۲۳۷؛ ۲۸۵/۲۵٦. **۲-** ورزیدن // ***سخن*** ~: یکم ۱۲٤۵/۱٤٤. **۳-** به حساب آوردن، محسوب کردن، گرفتن، در نظر گرفتن، توجه کردن، نگریستن، به شمار آوردن، ارزش قائل شدن: یکم ۱۳۵/۱٦٤؛ ۹۷/۲۰۳؛ ۲۷۲/۲۱۰؛ ۵/۲۵۳؛ ۲٦۹/۳۱۳؛ ۱۰۳٦/۳٤۳؛ ۱٤٤۳/۳۵۹؛ ۱٦٤۱/۳٦۷؛ ۱۷٦۲/۳۷۲؛ ۲۱۳۸/۳۸۷؛ ۱۳/٤۲۳؛ ٤۱٤/٤۳۹؛ ۵٦۱/٤٤۵؛ ۱۳۷/٦۳٦؛ دوم ۵/۲٤۵؛ ۹۰٦/۳۰۰؛ ٤۰۹۸/۷۸۲؛ ۳۰۲/۸۱۳؛ ۳۷٦۸/۱۰۲۷ // ***به غم ~ شادمانی را:*** یکم ۱۰۹/۲۳۹ // ***پی روز ناآمده ~:*** دوم ۱۳۲۰/٦۷۳ // ***خورش ~:*** دوم ۳۹۹/۲۸۰ // ***روز*** ~ روز گذراندن، عمر کردن، زمان گذراندن: دوم ۲٤۳۸/۷۱۷؛ ۲۵۷٦/۷۲۲ // ***زمان*** ~ وقت گذراندن، فرصت یافتن: دوم ۲۲۱٤/۷۰۸ // ***زمانه پی (نفس) را ~:*** دوم ٤۰۲۹/۷۸۰ // ***کسی را به کس ~:*** یکم ۲۱۲۰/۸۷٤ (نیز← کس) // ***نفس (دم)*** ~ دم زدن، نفس کشیدن: دوم ۲۱/٦۲۲؛ ۱۳۷/٦۲٦؛ ۵٤۸/٦٤۲۰؛ ۳۳۲۸/۷۵۲. **٤-** گفتن، نقل کردن // ***سخن ~:*** دوم ۱۵٤۳/٦۸۲؛ ۱۱۲۹/۹۲۳؛ ۱٦۵۳/۹٤٤. **۵-** دیدن، چشیدن، گذراندن (غم، شادی، روز، روزگار): یکم ۸۹/۳۲؛ ۱۲۹۳/۱٤٦؛ ۱۳۳۰/۱٤۷؛ ۱۰۹/۲۳۹؛ ۳۳٦/۲٤۸؛ ۲۰۵۹/۳۸٤؛ ٤۳۸/٤۸٤؛ ۸۹۷/۵۰۲؛ ۱۷۸۱/۵۸۷؛ ۱۹۹٦/۵۹۵؛ ۲٤۳٦/٦۱۳؛ دوم ٤۹/۲٤۷. **٦-** ناسزا گفتن، دشنام دادن: یکم ۲۳٦٤/۳۹٦. **۷-** یک‌یک برگرفتن // ***زین ~:*** دوم ۱٤٤۲/۸۵۸. **۸-** تحویل دادن: دوم ۷۹/٤۸٦.

شمرده. کامل، تمام و کمال: یکم ٤۲۵/۲۷۸؛ ۵٦۰/۳۲۵.

شمشیر. // ***بر آیین ~ جام آوردن:*** یکم ۲۵۱۲/۸۸۹ // ***خورشید ~ گردان را ندیدن:*** یکم ٦۲۷/۷۱۵ // ***~ در نیام جوشیدن:*** یکم ۳۵/۲۳٦ // ***~ در نیام***

کوتاه شدن: یکم ۲۳۵/۲۰۸ // ~ **و گاه (جام، جاه)**: یکم ۱۲۷/۲۰۴ // **به ~ بر شید خون فشاندن**: یکم ۲۵٤/٤۳۳ // **به ~ جستن در بی‌نیازی را**: یکم ۹۹٤/۳٤۲ // **جهان زیر ~ است!**: یکم ۱۲۵/۲۰٤ // **مانند کردن ~ به ابر**: یکم ۸۰/۱۸٦ // **منشور ~ کسی را خواندن**: یکم ٤۰٤/۲۵۰؛ ۲٤۰۳/٦۱۱ // **هر که پیش ~ مهر ورزد، سر بازد!**: یکم ٤۰٦/٦۷ // **هوا را به ~ گریان کردن**: یکم ۱۲۲۰/۱٤۳؛ ۷۰/۲٦۳.

شمع. ۱- چراغ: یکم ۱۰۵/۵۵؛ ٤۹۹/۲۱۹؛ ۵۷/۲٦۳ و دیگر // **آراستن دریا به ~**: دوم ۵۲٤/۲۲. ۲- کنایه از خورشید: یکم ۱۷۰/۸، ۱۷۱؛ ۱۸۹۸/۳۷۷؛ ۱۳۷۵/۹۳۳؛ ۲٤۱۹/۹۷٤ // **~ رخشنده از آب برآمدن**: یکم ٦۹۷/۵٤٤ // **~ گیتی‌فروز**: دوم ۲۳۵٦/۵۷۵؛ ۳٤۱٦/۷۵٦ /// **برافروختن ~ از آفتاب**: یکم ۲۳۷۰/۳۹٦. ۳- کنایه از درخشش شمشیر و نیزه: یکم ۱۵/۱۹۲. ٤- کنایه از دودمان: دوم ۲٤۳۷/۹۷۵. ۵- کنایه از زن و دلبر // **~ بی‌دود**: دوم ۲۱۹۳/۵٦۹ // **~ خاور**: دوم ۲۳۳۳/۵۷۵.

شمع‌داران. یکم ۱۷۸٦/۸٦۱.

شمن. ۱- بت‌پرست: یکم ۷۱/۵٤؛ ۱۳۷/٦٤٤؛ ۱٤۵۳/۷٤۸؛ دوم ۱۰۵/۵. ۲- نگهبان شبستان: دوم ۱۰٤۸/٦٦۲.

شموس. چموش: دوم ۵٤٦/۳۹٤.

شناختن. ۱- دانستن: یکم ۱۵۸/۳۵؛ ۲٦۰/۳۹؛ ۲۵۱/٦۱؛ ۱۱٦/۲٦۵؛ ۱۲٦۰/۳۵۲؛ ۱۷۱۱/۵۸٤ // **بد ~**: یکم ۲۱٦۲/٦۰۲. ۲- آگاه شدن: یکم ٦۷٤/٦٦۵. ۳- بازشناختن، تفاوت نهادن: دوم ۳/۳۷۳.

شنبد. شنبه: دوم ۱۰۵۲/۸٤۲؛ ۳۲۰۵/۱۰۰۵.

شنبلید. گیاهی از تیره‌ی سوسن‌ها ۱- کنایه از جام بلور: یکم ٤۷۵/٤۲۱؛ دوم ۲۸٤/۱۱۲. ۲- کنایه از رنگ زرد: دوم ۱۳٦/۲٤٤؛ ۳۳۰/۲۵۸ // **به رخساره چون گل ~ شدن**: دوم ۱۱۷٤/۹۲۵، ۱۱۷۵؛ ۲۰۷۸/۹٦۰ // **گل ~** کنایه از رنگ زرد: دوم ۱٦٤٦/٦۸٦؛ ۲۰۵٦/۷۰۲؛ ۱۸۹٦/۸۷٦. ۳- کنایه از فرورفتن خورشید: دوم ۳۷٤/۱۱٦ // **توده‌ی ~** کنایه از قرص خورشید: دوم ۲۵٦/٦۳۱.

شنودن. شنیدن. دوم ۱۱۳۹/۱۸۰؛ ۵۸٦/۳٦٤.

شنگرف. ماده‌ای سرخ گراییده به زرد: یکم ۱۹۹/۱٦۷، ۲۰۰؛ ۱۱۹/۱۹٦ // **~ بر لاژورد باریدن**: یکم ٦۲/۲۳۷.

شنودن. شنیده آمدن، به گوش رسیدن: یکم ٤۳٤/۲۵۲.

شنیدن. (درباره‌ی خداوند): یکم ۵۵۰/۱۱۶ // ***میان ~ تهی است!:*** یکم ۸۵/۱۹٤.

شوخ. بی‌شرم، گستاخ: یکم ۱۱٦/۲۵؛ دوم ٦۰٤/۳٦۵؛ ۱۷۳۰/۸٦۹؛ ۱۸۸٤/۸۷۵؛ ۳۱۱٤/۱۰۰۱.

شوخ‌چشم. بی‌شرم، بی‌حیا، گستاخ: یکم ۲۸۱/۳۱٤؛ دوم ۹/۱۰۱؛ ۲۳۰۹/۵۷٤.

شوخ‌روی. بی‌شرم، گستاخ: یکم ۹۰٤/۸٦؛ دوم ۱۸۸/۱۰۸.

شوخ‌مرد. گستاخ، جسور: یکم ۵۳۳/۷۲.

شوخی. بی‌شرمی، گستاخی: یکم ۵۳۲/۳۲۳؛ دوم ۱۹۳/٦۱۳؛ ۷٦۹/۱۱۱۲.

شور. ۱- هیجان، ترس و هراس، اضطراب، نگرانی: یکم ٦۸۷/۲۲٦؛ ۲۲۵۸/۳۹۱؛ ۱۱۱٤/٦۸۲؛ دوم ۱٤۷/۲۰۸؛ ۱۱۰/۱۰۸۵. ۲- غوغا: یکم ۷۲۸/۸۱۹ // ***~ برداشتن*** ستیزیدن، شوریدن: دوم ٤۸۵/۲۸٤.

شوربخت. بدبخت، تیره‌روز: یکم ۱۳۱۹/۵٦۹؛ ۱۵۲۲/۵۷٦؛ ۱۹٦٦/۵۹٤؛ ۷۲۸/۷۱۹؛ ۸۵٦/۸۲٤؛ دوم ۷۵۰/۹۰۸.

شوربختی. بدبختی، تیره‌روزی: یکم ٤۰۸/٦۵٤؛ ۱۳٤۲/۸٤۳؛ ۱٤۱۳/۸٤٦.

شورستان. شوره‌زار: یکم ۲۰۵۸/۵۹۷ // ***تو در ~ تخم نیکی مکار!:*** دوم ٤٤۷٦/۷۹۷.

شوریدن. ۱- شورش و طغیان کردن، برآشفتن و پریشان شدن: یکم ۹۷/۱٦۳؛ ۳٤۲/۲۷٤؛ ۱۸۸۲/۳۷۷؛ ۲۰۸/٤۷۵؛ دوم ٦۷۹/۱۱۰۸. ۲- تقلّا کردن: یکم ۲۱٦/۲٦۹. ۳- ستیزیدن، نبردیدن: دوم ۳۱۵/۸۱۳.

شوشه. (همیشه در برخی از دستنویس‌ها: شفشه) رشته، بند: یکم ۱۰٤۱/۵۰۸؛ دوم ۹۹۹/۳۰٤؛ ۲۲۳۳/۷۰۹؛ ۱۲۸۵/۸۵۲؛ ۳٦۰۸/۱۰۲۱.

شولیدن. پریشان و آشفته کردن: دوم ۲۵۷/۱۰۹۱.

شوم‌پی. منحوس، بدقدم: دوم ۳۵٦/۸۹۳؛ ۳۰۸۲/۱۰۰۰، ۳۰۹۳.

شوم‌دست. بدیمن، منحوس، ناخجسته: یکم ۲۷۹۹/٦۷۲؛ دوم ۱۲۸۳/۹۰.

شوی. شوهر: دوم ۲۸٤۹/۹۹۱؛ ۲۹۲۳/۹۹٤.

شهد. // ***~ با حنظل برآمیختن:*** یکم ۵۳۰/۱۸۰.

شهر. ۱- کشور: یکم ۲۸۲/٦۲؛ ٦۹٦/۱۲۲؛ ۳۰۹/۲٤۷؛ ۹۷۰/۲۹۹؛ ۲۸۳٤/٦۲۸؛ ۱۲۷۵/۳۵۳؛ دوم ٦٤٦/۲۷؛ ۵/۳۹؛ ۳۱/۱۰۲؛ ۲٦٤/۱٤۵؛ ۳۰۱/٤۵۵؛ ۳۷۹٦/۷۷۱؛ ٤٤۲/۱۰۵۸؛ ۹۱/۱۰۸٤ و دیگر // ***~ ایران*** کشور ایران، ایرانشهر: یکم ۲۸۲/٦۲؛

٤٢١/٦٥٥؛ ٦٩٠/٦٦٥؛ دوم ٤٠٦٣/١٠٣٩ و دیگر // ~ ***توران:*** یکم ٢٢٦٠/٣٩١ و دیگر //~ ***کسان*** کشور بیگانه: دوم ٣٠٧٢/١٠٠٠. ٢- بلد، پایتخت، شارستان: یکم ١٤٠/٧؛ ٣١٣/٤١، ٣١٤؛ ٤٢٥/٤٦، ٤٣٥؛ ٨٨٩/١٣٠ //~ ***تاریک:*** یکم ١٣٥/٥٦ //~ ***روشن:*** یکم ٤٣٥/٤٦. ٣- خطّه، ناحیه، سرزمین: یکم ١٠٠٤/١٣٤؛ دوم ٣١٢١/١٠٠٢.

شهرجوی. دوم ٧٤٥/٣١.

شهر و بر (؟). یکم ١٠٤٠/٧٣١.

شهری. ١- شهروند، مردم شهرنشین غیرسپاهی، مردم غیرسپاهی عموماً: دوم ١٣٨/٥٩٦؛ ١١٧/٦١٠. ٢- آشنا: دوم ٢٥٤٦/٩٧٩.

شهریار. اطلاق به شاهزاده: دوم ٤٠١/١٥٠؛ ١٣٥٢/١٨٨؛ ١٣٦١/١٨٩.

شهریور. یکی از امشاسپندان: یکم ٧٣٨/٦٦٧.

شیب. ١- پایین، نشیب، سرازیری: یکم ٣٥٢/٤٣٧؛ دوم ٥٠٠/١١٠١. ٢- دنباله‌ی تازیانه، رشته‌ی تازیانه: یکم ١٠٤١/٥٠٨؛ دوم ٧٥٤/٥١٢؛ ٧٥٧/٥١٣؛ ٨٧٩/٥١٧.

شید. خورشید: یکم ٢٤٥/٣٩؛ ٨٣٤/٨٣؛ ٣٥/٩٦؛ ٤٧/٩٧؛ ٣٠٠/١٠٧؛ ١٨٧/٢٠٦؛ ٣/٥١٧؛ ١٣٤/٦٩٦؛ دوم ٥٢٥/٢٢ // ***بر ~ خون فشاندن به شمشیر:*** یکم ٢٥٤/٤٣٣ // ***راه گم کردن ~:*** دوم ١٧٠/١٤١ // مانند کردن رخ ~ تابان به کام هزبر: دوم ١٦٩٩/٩٤٥.

شیده. نام اسب گیو: یکم ٧٠٨/٧١٨؛ ٧٤٩/٧٢٠؛ ٨٢٠/٧٢٣.

شیر[1]. ماده‌ی نوشیدنی //~ ***شدن آب در چاه:*** دوم ٢٢٢/٣٨١ // ~ ***مرغ آرزو کردن:*** دوم ١١٥١/٥٢٨ // ~ ***نخوردن (خوردن) از پلنگان:*** یکم ١٩٩/٢٤٢ // ***زهر و ~:*** دوم ٢١٤٨/٥٦٧.

شیر[2]. ١- جانور درنده‌ی مشهور //~ ***با دامِ روباه برآویختن:*** دوم ٢١٨٥/٥٦٩ // ~ ***به روباه چنگ نمی‌آلاید:*** یکم ٥٦٧/٧١٣ // ***از پشت ~ کباب بریدن:*** یکم ٣١٧/٨٠٣ // ***پشت گور از ~ پردخته شدن:*** دوم ٨٦٧/٩١٣ // ***چو ~ ژیان بر گذر ماندن:*** دوم ١٨٦/٢١٠ // ***دریدن چنگ و دل ~:*** یکم ٢٥٥/٢٤٥ // ***دل ~ در بیشه به دو نیم شدن:*** دوم ١٦٩٣/٩٤٥ // ***گوزن به بالین ~ اندر آمدن:*** یکم ٢٦/٦٩٢ // ***نام ~ آوردن:*** یکم ٨٢٨/٢٩٣ // ***هر که بچه‌ی ~ پروراند کیفر برد!:*** یکم ١١٤٨/٣٤٨- ١١٤٩. ٢- کنایه از مرد و مرد دلیر: یکم ٤٦٨/١١٣؛ ٥٤٢/١١٦؛ ٤٣٨/٣٢٠ //~ ***خورشیدچهر:*** یکم ١٠/٧٩١.

شیر[۳]. نام محل: یکم ۱۸/۱۸٤.

شیراوژن. شیرکش، شیرافکن: یکم ٦٨٩/٧٨؛ ٩٢٧/٨٧؛ ٣٥٧/٤٨١؛ ١٩٠/٢٦٨؛ دوم ٦٩١/٢٩٢؛ ٢٦٣٢/٩٨٢ و دیگر.

شیربا. شیربرنج: دوم ٧٤٧/٥١٢، ٧٤٩، ٧٥٠.

شیرزاد. شیرزاده: یکم ٢٤٣٤/٣٩٨.

شیرفش. شیرآسا: یکم ١٤٨١/١٥٣؛ ٧٣/٣٠٦ و دیگر.

شیرکَپّی. گونه‌ای میمون یال‌دار که به شیر شباهت دارد: دوم ٢٢٩٣/٩٦٩، ٢٣٠٢؛ ٢٣٢١/٩٧٠ و دیگر (نیز← کَپّی).

شیرمردی. دلیری: یکم ١٥٢٨/١٥٥؛ ٤٨٩/٢٨٠.

شیرور. شیردار، شیردهنده: یکم ٨١/٢٤.

شیری. دلیری، بی‌باکی: یکم ٢٦٣/٦١ // ~ ***نمودن*** دلیری و گستاخی کردن: دوم ٥٣٧/٨٢٢.

شیز. ۱- چوب درخت شیز، آبنوس: یکم ١٢٠/١٠٠؛ دوم ٣٣١/٢١٦؛ ١٧٣٦/٦٨٩ // ***خمانیده*** ~: یکم ٢٦٤/٤٧٧ // ***عاج بمیان ~ نجویند:*** دوم ١٦٣٧/٩٤٣. **۲**- کنایه از تیرگی و اندوه: ٢٢١٥/٦٠٤.

شیفته. آشفته و پریشان، سرگشته و حیران، دیوانه: دوم ٧٢٥/٨٢٩.

شیوان. لرزان: یکم ٣٠٢/٢١١؛ دوم ١٠٧/٨٨٣.

شیون. // ~ ***کردن بر دل پاک***: یکم ٢٦١/٣١٣.

ص

صحرا. دشت نبرد: یکم ۵۹۲/۲۸٤.

صرلاب. اصطرلاب: یکم ۳۱۹/۱۰؛٤ دوم ۳٤/۱۰۸۲.

صف. ۱- ردیف، رده: یکم ۲۳/۲۲ //~ *زدن:* یکم ۳٦/۵۲. ۲- صف کارزار: یکم ٦۵۰/۲۸٦. ۳- نبرد، مصاف: یکم ۱۵۹/۳۰۹.

صفت. //~ *کردن* توصیف کردن، شرح دادن: دوم ۳۳٤٤/۷۵۳، ۳۳۵۲.

صندل. یکم ۱۲۰/۱۰۰.

صندوق. ۱- کنایه از تابوت: یکم ۷۷٦/۱۲۵؛ ۱۸٤/۱۹۸؛ ۱۰۱۱/۳۰۱. ۲- جعبه‌ی شعبده‌بازان، کنایه از شکم: یکم ۱٤٦۵/۱۵۲.

صنم. بت: یکم ٤۰۳/۲۵۰؛ ۱۳۷/٦٤٤.

ط

طاس. جام: یکم ۴۰۸/۲۱۵.

طاق. اطاق گنبددار: دوم ۱۴۳۱/۸۵۷، ۱۴۳۲.

طبرخون. عناب، کنایه از رنگ سرخ: یکم ۲۹۰/۵۲۸؛ ۱۶۴۲/۸۵۵؛ دوم ۱۱۲۷/۱۷۹.

طبع. // ~ ***روان***: یکم ۱۲۸/۶.

طبق. سینی بزرگ: یکم ۱۵۲۷/۳۶۳ و دیگر.

طبل. // ~ ***به زیر گلیم ساختن***: یکم ۸۴۴/۳۳۶.

طراز. ۱- کنار و حاشیه‌ی پارچه: یکم ۱۰۹۲/۱۳۸. **۲-** رشته، تار، ریسمان، کنایه از تن لاغر: یکم ۱۳۴/۳۰۸؛ دوم ۳۶۷/۱۶.

طرایف. چیزهای نو و دلپسند و کمیاب، تحفه‌ها: یکم ۱۶۸۵/۸۵۷، ۱۶۸۹؛ دوم ۷۸۳/۵۱۴؛ ۱۷۶۸/۶۹۱.

طرد. شکار را از هم پراکندن: دوم ۱۲۲/۴۶۰.

طعنه. دوم ۸۶۵/۷۳

طغرل. نام مرغی شکاری: یکم ۳۷۹/۸۰۵؛ دوم ۷۸۰/۵۱۴، ۷۹۰؛ ۸۱۰/۵۱۵، ۸۱۷، ۸۱۸.

طلایه. ۱- مقدمه‌ی لشکر: یکم ۱۴۲/۱۶۴؛ ۵۴۷/۱۸۰ و دیگر. **۲-** قراول، پاسدار: یکم ۴۸۵/۲۸۰ و دیگر. **۳-** فرمانده مقدمه‌ی لشکر، رئیس طلایه‌داران: یکم ۸۰۰/۸۲.

طوق. گردنبند: یکم ۲۶۲/۱۰۵؛ ۴۵۹/۴۴۱ و دیگر.

طیب. بوینه‌های خوش: دوم ۳۲۱۲/۱۰۰۵.

ع

عاج. ← شیز.

عادی. // ~ **کلاه:** دوم ۱۴۶۸/۹۳۶؛ ۳۰۲۸/۹۹۸؛ ۴۰۱۴/۱۰۳۷.

عام. //~ **شهر:** دوم ۵۸۸/۳۹۶.

عامی. نادان، جاهل: دوم ۵۸۵/۳۹۶.

عبرت. دوم ۹۶۵/۷۷.

عبیر. عطری مرکب از مشک و گلاب و زعفران و صندل: یکم ۴۵۲/۱۱۲؛ ۱۶۷۱/۳۶۸ و دیگر.

عتیب. عتاب، سرزنش: دوم ۴/۱۰۱؛ ۱/۸۰۱.

عجم. ایران: دوم ۸۰۱/۷۰؛ ۵۲/۳۴۳؛ ۸۸۸/۱۱۱۶

عرّاده. ماشین سنگ‌انداز: یکم ۸۴/۱۸۶.

عَرض. ۱- (به زیر دوم) شمارکننده‌ی سپاهیان: دوم ۳۱۲/۸۱۳؛ ۲۷۸۸/۹۸۸؛ ۱۳/۱۰۷۱. ۲- (به ایستش دوم) //~ **کردن** لشکر را شمردن: دوم ۲۱۱۹/۹۶۲.

عَرَض‌گاه. دیوان و میدان شمار کردن و جامگی دادن سپاه: دوم ۱۳۴/۲۳۰؛ ۱۹۹/۶۲۹.

عَرْضگه. میدان شمار کردن سپاه: دوم ۲۱۱۸/۹۶۲.

عروس. یکم ۱۰۰/۵؛ ۳۲۶/۱۰۸ و دیگر.

عصا. چوبدست و کنایه از ناتوانی و پیری: یکم ۲/۴۰۳.

عقاب. ۱- پرنده‌ی مشهور // ***به پر ~ اندر بودن:*** یکم ۵۹۵/۵۴۰ // ***پرافگندن*** ~: یکم ۲۵۵/۲۴۵؛ ۱۲۶۲/۵۶۶. ۲- کنایه از اسب: یکم ۹۰۵/۱۳۰. ۳- کنایه از تیر: یکم ۲۱۲۹/۶۰۰.

علت. بیماری: دوم ۲۸۲/۲۷۶؛ ۳۹۷/۲۸۰.

علف. خوراک آدمی، آزوقه، توشه: یکم ۲۲/۳۰۴؛ ۵۵۲/۵۳۸؛ ۵۵۷/۵۳۹؛ ۲۹۰/۸۰۲؛ دوم ۲۴۷۳/۵۸۰؛ ۱۳۵۸/۸۵۴ و دیگر.

علیک‌السلام. دوم ۲۰۹/۱۰۸۹.

عماری. کجاوه: یکم ۲۲۱/۵۹؛ ۱۴۲۹/۱۵۱؛ ۱۵۳۲/۳۶۳.

عمود. ۱- گرز، گوپال: یکم ٦٥۹/۷۷؛ ۷٤۸/۸۰؛ ۱۸۰/۱۰۲ //~ ***خمیده:*** یکم ۷۳۸/۲۹۰. **۲**- ستون، تیرک، دیرک: یکم ۱۲۰/۱۰۰؛ دوم ۸۲۷/۲۹۷

عُنّاب. کنایه از لب: یکم ۳۳۷/۱۰۸؛ ۲۲٦/۲۷۰.

عنان. ۱- لگام، افسار //~ ***با ~ کسی بستن:*** یکم ۷۱۹/٦٦۷؛ دوم ٤۳۱/۱٥۱ // ~ ***با ~ کسی پیوستن:*** یکم ۱۹٤۸/۳۷۹ // ~ ***باز کشیدن:*** یکم ۷۲٤/۷۱۹ // ~ ***(بر) کشیدن:*** یکم ۲۱٤/۲٤۳؛ ۳۷۲/٤۳۷ //~ ***برگراییدن از جایی:*** یکم ۳۰۳/۲٤٦؛ ۲۷٦٦/٦۲٥ // ~ ***برگراییدن به جایی:*** یکم ۷٥۲/۲۲۹؛ ۱۰٦/۲٥۷؛ ۲۰۲/۲٦۹ //~ ***به چپ باز بردن:*** یکم ٦۷۰/۲۸۷ // ~ ***پیچاندن به سویی:*** یکم ۷۱۸/۲۲۸ // ~ ***پیچیدن*** اسب را به چپ و راست گرداندن: دوم ۱۲٦/٤٦۰ //~ ***تابیدن:*** یکم ۱۲۹۸/۱٤٦؛ ۱٥٦/٦٤٥ // ~ ***تافتن:*** یکم ۱۱۹/٥٥؛ ٦۳/٦۹۳؛ ۳٥۰/۷۰٤ // ~ ***تیز گرداندن:*** یکم ٦۳۹/٤٤۸ // ~ ***در ~ بافتن:*** یکم ۳۲۹/۷۰٤ // ~ ***در یکدگر ساختن:*** یکم ۲۰۱/۷۹٦ // ~ ***را از رکیب بازندانستن:*** یکم ٤۹٤/۲۱۹ // ~ ***را بر یال اسب فگندن:*** یکم ٥۸/۲۳۷ // ~ ***را پر از تاب کردن:*** یکم ۲۰۰/۲٦۹ // ~ ***را به کهتر نسپردن:*** دوم ۲۲۳۱/۹٦٦ // ~ ***را پیچیدن*** ۱- کنایه از مهارت در سواری: یکم ۷٥۷/۲۲۹؛ ۱۳۱۰/۱٤٦؛ ۱۷۸٥/۳۷۳. ۲- اسب را به سویی برگرداندن: یکم ۲۳۳/۲۷۰؛ ۲۷٦/٤۱۳ // ~ ***را سودن (بسودن):*** یکم ۳۰۹/۲۷۳؛ ۲۳٤/٤۳۲ // ~ ***را گران کردن*** کشیدن عنان و نگه‌داشتن اسب، آهسته راندن اسب: دوم ۱۳٥۷/۹۳؛ ۸٥/۱۰٤؛ ٤٥٤/۱٥۲ // ~ ***ز فرمان نتابیدن:*** یکم ۷۸۷/٦٦۹ // ~ ***سبک شدن:*** یکم ۱٤۱٤/۳٥۸؛ ۲۷۰/٤۱۳؛ ۲۹٥/٤۳٤ // ~ ***سپردن (دادن) باره (اسپ) را:*** یکم ۳۲۱/٤۲؛ ۷٦/۱۹٤؛ ۸۱۳/۲۳۱؛ ۲٤۸/۲٤٤؛ ۷۰۳/۲۸۸؛ ۳۰٥/٤۱٥ //~ ***کسی را برنتابیدن:*** یکم ۲۳/٦۹۲ // ~ ***کشیدن*** درنگ کردن: یکم ۸٤۱/٦۷۱ // ~ ***گران کردن:*** یکم ۱٤۰/٤۲۸ //~ ***گرداندن*** برگشتن، به سویی دیگر راندن: یکم ۱٥۱۳/۷٥۰ //~ ***نرم داشتن:*** یکم ۱٥۹٦/۳٦٥ // ~ ***نرم کشیدن:*** یکم ۱۳۷٥/۳٥۷ //~ ***و رکیب با کسی جفت بودن:*** یکم ٦۸٤/٥٤٤ // ~ ***و سر و یال باره دیدن:*** یکم ۲٥۹/۲٤٥ // ***جنگ را ~ گرد کردن:*** یکم ۲۹۱/٥۲۸؛ ۱۱۲۱/٦۸۲؛ ۲۱۲٥/۷۷٥؛ دوم ۸۷۰/۱٦۹؛ ۱٤۹/۳۷۹ // ***سبک شدن ~:*** یکم ٤٥٦/٤۸٥؛ ۱٤٥٥/٥۷٤ //

گران شدن رکیب و سبک شدن ~ کنایه از تیز کردن اسب: دوم ۳۱۵/۳۵۳ // ***گرد کرده ~*** تازان: یکم ۱۷۸۷/۸۶۱؛ دوم ۶۱۴/۲۵؛ ۷۶/۱۳۸ // ***(یال و) ~ اسب ندیدن:*** یکم ۵۹۸/۵۴۰. **۲**- کنایه از هنر سواری، سوارکاری: یکم ۴۷۹/۲۱۸؛ ۱۴۳۲/۵۷۳. **۳**- کنایه از جنبش و توان و جوانی: یکم ۲/۴۰۳.

عنان‌پیچ. سوار ماهر: یکم ۱۰۰۰/۱۳۴؛ ۱۳۱۲/۱۴۶؛ ۲۹۳/۲۴۶؛ ۶۲/۲۵۵؛ ۲۷۲/۲۷۲.

عنان‌دار. سوار ماهر: یکم ۲۸۹/۲۴۶؛ ۲۷۸/۲۷۲.

عنبر. **۱**- از عطریات: یکم ۸/۵۱؛ ۱۶۷۱/۳۶۸ و دیگر. **۲**- کنایه از مرکب سیاه: یکم ۱۱۵۷/۳۴۸؛ ۶۲۱/۴۴۷. **۳**- کنایه از گیسوی سیاه خوشبو: یکم ۳۳۵/۱۰۸.

عو. آواز و بانگ: یکم ۳۴/۱۸؛ ۲۳۷/۳۸؛ ۱۵۳۴/۱۵۵؛ ۹۷۴/۲۹۹؛ ۵۰۲/۳۲۲؛ ۶۱۳/۴۴۷؛ ۶۲۴/۶۶۳؛ دوم ۳۶۶/۴۳۵؛ ۱۹۳۸/۹۵۵.

عود. درختی قهوه‌ای‌رنگ و خوشبو: یکم ۱۲۰/۱۰۰ // ~ ***قماری:*** یکم ۳۷۹/۲۵۰؛ ۲۸۵/۶۵۰.

عهد. پیمان، عهدنامه: یکم ۲۰۵/۱۰۳، ۲۰۷؛ دوم ۶۶۳/۱۶۱، ۶۶۴.

عیب. یکم ۲۶۱/۴۳۳؛ دوم ۱۶/۶۰۵؛ ۱۴۴۴/۶۷۸ و دیگر.

غ

غار. ۱- حفره‌ای در کوه: یکم ٤٨٥/٤٨.
۲- مغاک، گودال: یکم ١٠٠٦/٩٠.

غالیه. از عطریات: یکم ٤٥٨/١١٣.

غَر. بددل؛ مرد عنین، خصی، مخنّث: یکم ٢٤٦٠/٦١٤.

غربال. دوم ١٩٧١/٩٥٦، ١٩٧٢؛ ١٩٩١/٩٥٧.

غرچگی. ابلهی: دوم ٦٣٧/١٦٠.

غرق. // ~ ***شدن پیکان:*** دوم ٢٢٦٦/٩٦٨؛ ٤١/١٠٧٢ // ~ ***کشیدن:*** یکم ٣٤٩/٤٨١.

غُرْم. میش یا قوچ کوهی و دشتی (و یکی از نمادهای فرّه): یکم ٣١١/٢١١؛ ٣٢١/٢١٢؛ ٦٨٧/٤٩٤؛ ٥٤١/٥٣٨؛ ٩٤/٦٤٢؛ دوم ١٤٥/٢٠٨؛ ٢٩٧/٣٥٢؛ ٢٩٨/٣٥٣، ٣٢٣؛ ٦٢٨/٦٤٦ و دیگر //~ ***دشتی:*** یکم ٣١٩/٢١٢ // ~ ***ژیان:*** یکم ١٤١/٣٤؛ ٨٠٠/٦٧٠ // ~ ***سرووَر:*** یکم ٣١٦/٢١٢ //~ ***فربی سرین:*** یکم ٣١١/٢١١ // ***از ~ شیر دوشیدن*** کنایه از برخورداری از فرّه ایزدی: دوم ٣٢٨/٣٥٤.

غرم‌وار. یکم ٤٤١/٤٨٤.

غَرْو. نی، نای: یکم ٨٩/٩٨؛ ١١٥٠/١٤٠؛ ١٢٣٤/١٤٣؛ ١٩٥/٤٥٩؛ دوم ٨٠٠/١٣٢؛ ٢٠١/٤٢٩؛ ١٠٠٦/٥٢٢؛ ١٥٣٤/٥٤٣.

غریو. فریاد و زاری و هیاهو // ***سر پُر ~:*** یکم ٦٤٥/٢٢٥.

غریوان. گریان: یکم ٤٣٤/٢١٦؛ ٣٥١/٢٤٨.

غریویدن. گریستن، زاری کردن: یکم ٥٢٧/٢٢٠؛ ١٧٧٤/٧٦٠.

غُلّ. زنجیری که به دست و گردن اسیر بندند: یکم ٤٥٤/١٧٧؛ ٣٨١/٦٥٣؛ دوم ٧٠٨/١٦٣.

غلاف. یکم ٥١٨/٢٨١.

غُلغُل. همهمه و شور، فریاد و هیاهو: یکم ٥٣/٣١؛ ٤٣٣/١٧٦؛ ٢٤/١٨٤؛ ٢٥٢٩/٨٩٠؛ دوم ٦٤٩/١٢٦ // ~ ***آراستن:*** یکم ٧٠٤/٣٣٠ //~ ***خاستن:*** یکم ٣٢٨/٣١٦.

غلیف. سخن کنایه‌دار: دوم ۳۶۷۱/۷۶۶.

غم. //~ **خوردن** تیمار و مواظبت: یکم ۲۱۲۰/۳۸۶ // **بی** ~ فارغ، آسوده: یکم ۱۶۶۱/۳۶۸ و دیگر // **مردم خردمند ~ نمیخورند!**: یکم ۴۱۳/۶۷؛ ۱۶۹/۲۵۹.

غم‌انجام. پایان‌دهنده‌ی غم، اندوه‌بر، غمزدای: دوم ۹۸۶/۵۲۲؛ ۱۵۵۸/۸۶۲.

غمخواره. غمخوار: یکم ۱۰۷/۲۳۹.

غَمری. نادانی، ابلهی: دوم ۱۲۴۰/۳۱۴؛ ۲۱۶۸/۵۶۸.

غمگسار. محبوب، معشوق: یکم ۳۴۸/۲۴۸.

غمگن. غمگین: یکم ۱۶/۴۵۲، ۱۸.

غمی. ۱- غمگین، اندوهگین: یکم ۱۱/۲۶۱؛ ۲۵/۲۶۲؛ ۹۷۰/۳۴۱؛ ۱۰۰۸/۳۴۲؛ ۱۰۲۵/۳۴۳ و دیگر. ۲- خسته، به عجز آمده، درمانده: یکم ۶۷/۲۳۷؛ ۱۷۶/۲۶۸؛ ۶۷۳/۲۸۷؛ ۶۹۰/۲۸۸؛ ۸۵۸/۲۹۵؛ ۱۰۱۲/۳۰۱؛ ۶۹۲/۳۳۰؛ ۸۴۴/۳۳۶؛ ۱۶۲/۴۰۹ و دیگر. ۳- خشمگین: یکم ۲۷۱/۴۱۳. ۴- غمگینی: یکم ۱۹/۱.

غُنودن. آسودن، آرام گرفتن، خوابیدن، غفلت و اهمال و سستی نمودن، فروگذاری کردن: یکم ۳۲/۲؛ ۳۶۷/۴۳؛ ۱۲۴۱/۱۴۴؛ ۲۹/۱۶۰؛ ۱۵۲/۱۸۹؛ ۲۵/۲۵۴؛ ۶۹/۲۶۳؛ ۳۱۰/۲۷۳؛ ۴۷۶/۲۷۹؛ ۱۰۱۱/۳۰۱؛ ۸۶۰/۳۳۶؛ ۱۱۰۳/۳۴۶؛ ۲۰۴۰/۳۸۳؛ ۶۸۸/۵۴۴؛ دوم ۳۹۴/۱۷؛ ۷۹/۴۲؛ ۴۹۸/۱۲۰؛ ۶۳۵/۱۲۶؛ ۵۸۷/۸۲۴ // ~ **بخت**: یکم ۳۷۲/۲۷۵.

غنوده. // ~ **شدن** خوابیدن: یکم ۲۷۱۴/۶۲۳.

غو.← عو.

غیبه. پولک روی جوشن: یکم ۱۹۱۸/۷۶۶.

ف

فال. ۱- بخت: یکم ۷۰۲/۱۲۲؛ ۱۳/۳۰۳؛ دوم ۱۲۹/۲۴۴. **۲**- طالع: یکم ۴۶۵/۴۷ // ~ ***پی افگندن:*** یکم ۲۴۰/۳۸ // ~ ***گیتی‌فروز*** طالع عالمتاب، بخت جهان‌افروز: یکم ۲۷۱/۴۰؛ ۸۸/۲۶۴؛ دوم ۳۸۶۴/۷۷۳؛ ۱۱۸۳/۸۴۸؛ ۱۵۲۹/۹۳۹ // ***فرخنده*** ~: یکم ۱۴۳۳/۱۵۱. **۳**- شگون، فال نیک: دوم ۳۷۷/۲۶۰؛ ۲۸۰/۳۵۲؛ ۵۵۳/۳۶۳؛ ۳۲/۴۵۶؛ ۴۲۴/۸۱۸ // ~ ***بد را نزدن:*** یکم ۱۸۲۶/۵۸۸. ۴- پیشگویی: دوم ۱۶۷/۳۷۹؛ ۲۳۴۷/۷۱۴؛ ۱۷۹۷/۸۷۲ //~ ***بد نباید زدن:*** دوم ۱۰۳۲/۵۲۳ // ~ ***پی افگندن*** پیشگویی کردن: دوم ۵۵۴/۸۲۲ //~ ***در راه داور زدن بد است:*** دوم ۱۰۳۱/۵۲۳ //~ ***کسی را خوار داشتن:*** دوم ۴۴/۳۴۲ // ***به ~ بد آمدن*** نحس بودن، نحسی آوردن: دوم ۵۶۵/۸۲۳.

فال‌گوی. پیشگوی: دوم ۵۴۶/۸۲۲؛ ۱۴۹۱/۸۶۰؛ ۱۸۰۷/۸۷۲.

فام. وام، قرض: دوم ۹۹۴/۶۶۰؛ ۴۲۰۴/۷۸۷، ۴۲۰۹، ۴۲۱۲ // ~ ***توختن*** پرداختن وام: دوم ۱۳۹۵/۵۳۸؛ ۱۶۶۳/۵۴۸؛ ۲۴۱۶/۷۱۶؛ ۴۲۳۰/۷۸۸ // ~ ***(جان و) خرد توختن:*** دوم ۱۵۷۴/۶۸۳؛ ۳۹۶۵/۷۷۷ //~ ***کین توختن:*** یکم ۴۰۲/۴۱۸ // ***جان در ~ کسی داشتن:*** یکم ۴۱۲/۲۵۱ // ***جان (گردن) از ~ خرد آزاد کردن:*** یکم ۲۰۴۴/۳۸۳؛ ۴۸۶/۷۱۰ // ***ز ~ خرد گردن آزاد کردن*** با گفتن سخنان خردمندانه وام خرد را پرداختن: دوم ۲۳۶۰/۵۷۶؛ ۳۰۵۶/۷۴۱.

فام‌خواه. وامخواه، آنکه وامی را داده مطالبه کند: دوم ۱۳۸۸/۵۳۷؛ ۲۴۱۵/۷۱۶.

فتراک. دوالی که بر زین اسب بندند: یکم ۵۸۲/۲۲۲؛ ۶۷۵/۲۲۶؛ ۱۵۴/۲۵۹؛ ۴۷۹/۲۸۰؛ ۲۸۳/۴۶۲؛ دوم ۹۹۴/۱۷۴

و دیگر.
فرّ. (نیز← فرّه) ۱- فروغ ایزدی، تأیید الهی، عطیّه‌ی خداوند به شاهان سزاوار: یکم ۶۰/۲۳؛ ۲۹۱/۳۱٤ و دیگر // ~ **خجسته:** یکم ۹٤۹/۷۲۸ // ~ **شاهنشهی:** یکم ۱۲٤۸/٦۸۸ // ~ **کلاه:** یکم ۱۳۵/۱۰۰؛ ۹۲/۲۰۳؛ ٦٦۲/۳۲۹؛ دوم ۱۹۳۰/٦۹۷ // ~ **کیی:** یکم ٦۳۰/۷۵ // ~ **گیتی‌فروز:** یکم ۷۵/۲٤ // ~ **و زیب** شکوه و برازندگی: دوم ۲۲۱/۱٤۳؛ ۹۰۲/۱۷۰ // ~ **همای:** یکم ۱۵۵۸/۱۵٦؛ دوم ۱۳۱/٦ // ~ **یزدان (ایزدی):** یکم ۷۱/۲٤؛ ٤۲/۱٦۰؛ ۲۹/۳۱٤ // **از ~ یزدان آگاهی دادن:** یکم ۱٦۱۷/۳٦٦ // **از ~ یزدان سخن گشادن:** یکم ۷۲/٤۲٦ // **بر ~ یزدان کسی خاک افشاندن:** یکم ۳۵٦/۲٤۹ // **بی ~:** یکم ۳۹۹/٤۱۸. ۲- تأیید و حمایت عموماً، خجستگی // ~ **گستردن:** یکم ۷۸۳/۲۹۲ // **در ~ کسی بودن:** یکم ۱۳۸/۱۰۰. ۳- زیبایی و جلوه و شکفتگی و شادابی: یکم ۲۵۷/۳۱۳. ٤- بزرگی و شکوه: یکم ۱۲۳/۲۰٤؛ ۱۱۷/۳۰۷؛ ٤٦۲/٤۲۱؛ ۹۷/٤۲٦؛ ۵۳۳/٤٤٤ // ~ **و نام:** یکم ۷/۱۹۹.
فراخ. پهن، گسترده: یکم ٦٤۸/۲۸٦؛ ۱۱۵۳/۳٤۸؛ ٦۵٦/٤٤۹ // ~ **نشستن:** یکم ۱۳۰٤/۳۵٤ // **جهان ~:** یکم ۱۷۸/۱٦٦.
فراختن. برافراختن، به بالا کشیدن: یکم ٤۰۲/۱۱۱.
فراخی. گشادی، فراوانی، آسانی: یکم ۲۸/۱۸٤؛ ٦۹۹/۲۲۷.
فراز. ۱- بالا، بلندی، کنایه از بخت و قدرت: یکم ۸۸۲/۸۵؛ ۸۹۱/۱۳۰؛ ۹۱٤/۱۳۱؛ ۸۳/۲۰۲؛ ۵۸۹/۲۲۲؛ ۱٤۱٤/۳۵۸؛ ۱۷٦۹/۳۷۲؛ ۳۵۲/٤۳۷؛ دوم ٤۰۲۰/۱۰۳۷؛ ۵۰۰/۱۱۰۱ // ~ **از نشیب دانستن:** یکم ۲۱۸/۲۰۷ // ~ **جستن:** دوم ۳۰۵۳/۹۹۹ // **از ~ گشتن خورشید:** یکم ۳۸۸/۲۱٤ // **از ~ گشتن سپهر** بر سر گذشتن چرخ، گذشت زمان و گردش چرخ: یکم ۱۸۸/۱۰۲ // **از ~ (هول) نشیب دیدن:** یکم ٦۲۳/۷۵؛ ۹۱۹/۳۳۹ // **به پیش ~ نشیب آمدن:** دوم ۱۸۸٤/۹۵۳. ۲- باز، گشاد، گشادگی // ~ **به تنگی کشیدن:** یکم ۱۰۸/۳۳. ۳- نزدیک، پیش // ~ **آمدن** ۱- پیش آمدن، جلو آمدن، نزدیک شدن، درون شدن: یکم ۹٤/۹۹؛ ۵۵/۱۸۵؛ ۱۲۸/٤۲۸؛ دوم ۳۸۷۱/۱۰۳۱؛ ۳۸۸۷/۱۰۳۲ // ~ **رسیدن به یکدیگر** با هم روبرو شدن، به یکدیگر رسیدن: دوم ۲٤۱۸/۵۷۸؛ ۳۹۵۵/۱۰۳٤. ۲- فرارسیدن، دررسیدن: یکم ۲۳٤/۱۰٤؛ ۵۸٦/۱۱۸؛

۱۴۴۲/۱۵۱؛ ۱۴۴۴/۱۵۲؛ ۳۱۳/۲۱۱؛ ۵۵۳/۲۲۱؛ ٤/۲۵۳؛ ۱۰٤٦/۳٤٤؛ ۲۰۰۰/۳۸۱. ۳- درآمدن، فرودآمدن، درون شدن: یکم ۱۳۷/۳٤؛ ۱٤۱۲/۱۵۰ // ~ ***آوردن*** فرود آوردن: یکم ۲۵۲۰/٤۰۲ // ~ ***رساندن:*** یکم ۱٤۷٤/۳٦۱ // ~ ***رسیدن به یکدیگر*** با هم روبرو شدن، به یکدیگر رسیدن: یکم ۳۲۰/٦۳ // ~ ***رفتن:*** یکم ۷۳٤/۷۹؛ ۵/۲٦۱ // ~ ***شدن*** ۱- پیش رفتن، نزدیک شدن: دوم ۲۸۲۹/۹۹۰. ۲- در شدن، درون شدن: دوم ۳۹۷۷/۱۰۳۵ // ***دست ~ بردن:*** یکم ۱٤٦/۷؛ ۱٦۱/۸ // ***گه ~ آمدن کسی را:*** یکم ۹۱۰/۱۳۰. ٤- بدین سو، به پیش: دوم ۳۲۹٤/۱۰۰۸. **۵-** گرد، جمع // ~ ***آمدن*** گرد آمدن، به دست آمدن: یکم ۱۱۲۱/۳٤۷؛ دوم ٦۲۲/۲۸۹ // ~ ***آوردن*** گرد کردن، فراهم نمودن: یکم ۳٤۱/٦٤؛ ۵۰۷/۷۱؛ ۷۲٤/۱۲۳؛ ۱۲۱/۲٦٦؛ ۳۷٤/۲۷٦؛ دوم ۱۱۹۲/۹۲۵ // ~ ***آوریدن:*** دوم ۵۵۰/٤٤۲.

فرازان. سرافراز، سربلند: دوم ٤۳٤۱/۷۹۲.

فرازنده. بلندکننده، فخردهنده، سربلندکننده: یکم ٦۵٤/۳۲۸؛ ۹۰۰/۳۳۸.

فرازی. بلندی: دوم ٦۰۸/۸۲۵.

فرازیدن. افراشتن: یکم ۳۲٦/٤۲؛ ۲۰/۲۵۳.

فرامُشت. فراموش: یکم ۹۸۱/۵۵۵؛ ۲۵۵۳/٦۱۷.

فراوان. بیش از اندازه: یکم ۱۰۳۹/۳٤۳.

فربی. فربه، پروار، چاق: یکم ۱٤۳۹/۱۵۱؛ ۹۸/۱۸۷؛ ۳۱۱/۲۱۱؛ دوم ٦۳۷/۳٦٦؛ ۲۸۲/٤۹٤.

فرجام. ۱- پایان نیک، سرانجامِ باکام، عاقبتِ خیر: دوم ۲۷۰٦/۷۲۸ // ~ ***جُستن*** سرانجام نیک خواستن: دوم ۲۹۱۵/۷۳٦ // ***رای ~ دانستن:*** دوم ۵۷۲/۱۱۰٤. **۲-** ابد، پایان جهان: دوم ۱۳۳۲/٦۷۳.

فرّخ. خجسته، نیکبخت // ~ ***کردن:*** دوم ۳۲۸۱/۱۰۰۸ // ***اختر ~:*** دوم ۲۸٦٦/۹۹۱.

فردوس. بهشت: دوم ۱۸۰/۱۰۸۸.

فرزانه. ۱- مرد حکیم و دانا و رایزن: دوم ٤۷/٦۰۷ و دیگر. **۲-** فرزین در شطرنج: دوم ۳۳۵۵/۷۵۳، ۳۳٦۱؛ ۳۳٦۲/۷۵٤.

فرزد. (به پیش یا زبر یکم، زبر دوم و سکون سوم) سبزه‌ی تازه و آبدار: دوم ۲٤۵/۳۸۲؛ ۲۷۲/۳۸۳؛ ۱۰٦/٤۰۳؛ ۱٤/٤۱۷؛ ۱۸۳۷/۹۵۱.

فرزین. مهره‌ی وزیر در شطرنج: دوم ۲٦۸۷/۷۲۷؛ ۳۳۷۰/۷۵٤.

فرستاده. سفیر، رسول: یکم ٦۵۱/۷٦؛

۱۰۰۶/۳۴۲؛ دوم ۸۳۳/۳۴ و دیگر.

فرستاده‌دار. رسولدار، کاردار پذیرایی از فرستادگان: دوم ۳۹۰/۳۸۸، ۳۹۳.

فرسته. **۱**- فرستاده، رسول: یکم ۲۹۴/۶۲؛ دوم ۶۱۶/۶۳؛ ۲۵۹/۲۳۵. **۲**- پیغمبر: دوم ۲۴۳/۴۹.

فرش. //~ ***بزرگ:*** دوم ۳۶۲۰/۱۰۲۱.

فرشته. دوم ۳۶۷۳/۱۰۲۳ // ~***ی جان‌ستان:*** دوم ۳۵۹/۱۰۵۵.

فرمان. **۱**- حکم، امر // ~ ***سست کردن:*** یکم ۳۴۸/۲۷۵ // ~ ***کردن*** فرمان بردن، اطاعت کردن: یکم ۱۲۴/۲۶؛ ۸۶۷/۱۲۹؛ ۳۳/۱۶۰؛ ۲۵۱/۲۷۱ و دیگر // ***از ~ کسی رامش جان کردن:*** دوم ۱۰۷۶/۸۱. **۲**- فرمان خداوند: یکم ۵۴۵/۲۸۲.

فرّمند. باشکوه، شکوهمند: دوم ۷۳۳/۸۳۰.

فرمودن. یکم ۲۲۰۳/۳۸۹ و دیگر.

فرو بودن. یکم ۸۷۵/۲۳۴؛ ۷۴۹/۶۶۸.

فروپژمریدن. یکم ۲۲۹۳/۳۹۳.

فروتر. فروتن، متواضع: دوم ۱۱۱۱/۶۶۵؛ ۱۲۵۴/۶۷۰.

فروخت. // ***خرید و ~*** خرید و فروش: دوم ۵۳۲/۱۲۲.

فروختن. به رخ کشیدن // ***به کسی جنگ و مردی ~:*** دوم ۱۳۷۴/۱۸۹.

فَروختن. **۱**- (گذرا) روشن کردن، جلا دادن، درخشاندن: یکم ۴۲/۱۸؛ ۸۷۴/۸۵؛ ۱۴۵۰/۱۵۲؛ دوم ۵۵۵/۲۸۷. **۲**- (ناگذر) روشن شدن: یکم ۱۸۴۴/۸۶۳؛ ۲۶۱/۸۹۱؛ دوم ۵۰/۲۴۱؛ ۱۰۴۸/۹۲۰؛ ۷۹۶/۱۱۱۳. **۳**- (ناگذر) افروختن، دمیدن، سرزدن: دوم ۱۶۹/۴۸۹؛ ۶۶۱/۵۰۹؛ ۱۳۴۷/۵۳۶؛ ۱۰۱۲/۸۴۱؛ ۱۱۱۴/۸۴۵. **۴**- تابیدن، درخشیدن: یکم ۶۶۵/۲۲۵؛ ۳۰۷۷/۹۱۲؛ دوم ۳۶۵/۱۱۵. **۵**- (گذرا) سوزاندن، آتش زدن: یکم ۴۳۱/۴۸۴.

فروخوردن. فرورفتن: دوم ۷۷۶/۶۹.

فرود. // ***~ آمدن*** سر فرود آوردن و اطاعت کردن (؟)، پایین آمدن(؟): یکم ۳۰۰/۴۱ // ***~ آمدن به کشتی:*** یکم ۵۶۸/۴۴۵.

فروریختن. بر زمین انداختن، رها کردن: دوم ۱۷۱۷/۹۴۶.

فروزان. تابان، درخشان: یکم ۲۶۵/۳۹.

فروزش. (نیز← افروزش) //***~ گرفتن*** پرتو و ارج و بها یافتن: دوم ۲۹۱/۲۳۶ // ***جایی (کسی) را ~ کردن:*** دوم ۷۶۴/۶۹؛ ۱۲۱۵/۱۸۳ // ***کسی را ~ گرفتن:*** دوم ۸۲۱/۳۴

فروزنده. **۱**- زنده‌نگهدارنده: دوم ۱۳۰۶/۹۱. **۲**- کنایه از خورشید: دوم ۲۰۲۳/۵۶۲.

فروغ. //***~ دروغ:*** یکم ۱۹۹۲/۳۸۱ //***~ گرفتن:*** یکم ۳۸۴/۳۱۸.

فروگاشتن. به پایین برگردانیدن و غلتانیدن: یکم ۲۹۱/۴۰.

فروماندن. ۱- حیران شدن، شگفت‌زده شدن: یکم ۵۲/۲۳؛ ۷۵۸/۱۲۵؛ ۱۱۷/۳۰۷. ۲- عاجز ماندن، درماندن، سست شدن: یکم ۲۴۵/۶۰؛ ۶۷۶/۲۸۷. ۳- ایستادن، برجای ماندن (گاه از شگفتی)، توقّف کردن: یکم ۱۵۵۲/۱۵۶؛ ۱۰۱/۱۹۵؛ ۷۶۸/۲۳۰؛ ۸۰۸/۲۳۱

فرومایه. ۱- پیادگان لشکر: یکم ۲۶۴/۲۴۵. ۲- زیر، پایین: دوم ۳۷۶۳/۱۰۲۷ // ***جایگه*** ~ خانه‌ی محقّرانه و فقیرانه: دوم ۳۳۱/۴۳۴.

فرومایه‌وار. فرومایه: دوم ۲۴۶/۴۹.

فروهشتن. ۱- آویختن: یکم ۲۴۱/۳۸؛ ۱۵۵۸/۱۵۶؛ ۱۲۰/۲۳۹؛ ۵۳۴/۲۸۲؛ ۵۵۵/۲۸۳. ۲- پایین ریختن، فروریختن: یکم ۲۷۹/۴۰؛ ۴۵۵/۱۱۳؛ ۱۸۹/۳۱۰؛ ۱۴۶/۴۷۲. ۳- گذاشتن، نهادن: یکم ۲۸۲/۱۷۰. ۴- جمع کردن یا ترک کردن (پرده‌سرای): یکم ۸۷۶/۳۳۷. ۵- برگرفتن: یکم ۶۳/۴۶۹.

فروهل. یکم ۱۸۷۸/۷۶۵.

فرّه. (نیز← فرّ) فروغ ایزدی، تأیید الهی // ~ ***ایزدی:*** یکم ۱۹۷۱/۳۸۰ و دیگر // ~ ***موبدان:*** یکم ۸۳۲/۸۳؛ ۲۸/۹۶.

فرهنجگی. تعلیم‌دیدگی: دوم ۵۴۷/۳۹۴.

فرهنگ. ۱- دانش و ادب، آداب‌دانی، آموزش در هر زمینه: یکم ۲۰۹/۳۱۱؛ ۱۱۲۳/۳۴۷؛ ۱۹۳۹/۳۷۹؛ ۱۷۵/۴۰۹؛ دوم ۲۳۷/۴۶۴؛ ۱۳۳۱/۶۷۳؛ ۱۳۵۵/۶۷۴؛ ۲۵۲۷/۷۲۱-۲۵۳۰ // ~ ***گو:*** یکم ۵۵۹/۱۸۱. ۲- تعلیم و تربیت، آموزش و پرورش، سوادآموزی: دوم ۹۷/۴۵۹، ۹۸، ۱۱۹؛ ۱۲۱/۴۶۰؛ ۱۲۲۳/۶۶۹؛ ۴۲۳۶/۷۸۸.

فرهنگ‌جو. یکم ۲۰۰/۳۱۱.

فرهنگی. ۱- آموزگار، معلم: دوم ۹۳/۲۲۸؛ ۹۵/۲۲۹؛ ۴۰۶/۳۸۹؛ ۹۶/۴۵۹؛ ۴۲۲۲/۷۸۷. ۲- شاگرد، دانش‌آموز، دانشجو: دوم ۱۰۳۳/۶۶۲.

فرّهی. شأن و شکوه و شوکت، پیروزی؛ فرّه‌مند، دارنده‌ی فرّ شاهی: یکم ۳۳۹/۱۷۲؛ ۳۳۴/۲۴۸؛ ۸۱۷/۳۳۵ // ***با*** ~ با شوکت و شکوه: یکم ۹۱/۹۸؛ ۱۳۷۳/۱۴۹؛ ۵۰/۱۶۱؛ ۵۲۱/۱۷۹؛ ۳۹۵/۴۳۸؛ دوم ۳۶۷۸/۱۰۲۴؛ ۳۷۳۸/۱۰۲۶.

فری. زه، آفرین، احسنت: یکم ۱۲۳۶/۶۸۷.

فریاد. کمک، یاری: یکم ۴۳۷/۲۵۲؛ ۵۴/۶۴۱؛ ۹۱/۶۴۲؛ ۴۲۷/۶۵۵؛ ۵۶۰/۶۶۰؛ ۵۹۱/۶۶۲؛ ۶۶۳/۶۶۴؛ ۳۴۲/۷۰۴؛ ۲۴۵۲/۷۸۸، ۲۹۷۱/۹۰۸؛ دوم ۶۴۴/۶۴؛ ۹۱۵/۹۱۴ // ~ ***خواستن:*** یکم ۴۱۸/۳۱۹ // ~

خواندن: یکم ۲۲۸/۳۸.

فریادبخش. یکم ۱۰۰٤/٦۷۸.

فریادخواه. یاری‌خواهنده، پناه‌جو: یکم ٦۰/٦٤۱؛ ٦۰۱/٦٦۲؛ دوم ۲۱۸/۳۸۱؛ ۳۲۱/۳۸۵؛ ۲۵/٤٥٦.

فریادرس. ۱- یاری‌کننده: یکم ۸۸۵/۸۵؛ ٦۰۷/٦٦۲؛ ٤٥٤/۷۰۹؛ ۷٥۸/۷۲۰. **۲**- کنایه از خداوند: یکم ۱۹۹۷/۸٦۹.

فریادگر. کنایه از خداوند: یکم ٥٦۰/٦٦۰.

فریب. // ~ ***گرفتن:*** یکم ۸۰۹/۲۹۳ // ***پر*** ~: یکم ۲۰۷۲/۳۸٤ // ***دل اندر*** ~ ***بستن:*** یکم ۲۲۳۹/۳۹۱ // ***سر اندر*** ~ ***نهادن:*** یکم ۹۸٦/۳٤۱.

فریبیدن. فریب دادن، گول زدن: دوم ٤۰۸٥/۷۸۲.

فریدون. یکم ۱/٥۱؛ ۲۷۳/٦۲.

فریفتن. فریفته و شیفته کردن، فریب دادن: یکم ۲۰۹/۲۰۷؛ دوم ۱٦٦۳/۲۰۱؛ ۱٥٦/٦۲۷.

فزار. افزار، کنایه از آلت مرد: دوم ۳۲۱/٤۹٥.

فزایش. وفور، فزونی، فراوانی، ازدیاد، نعمت و برکت: یکم ٥۷۷/۱۱۷؛ ۱۱٥۷/۱٤۰؛ دوم ٥۰۷/۳۹۳؛ ۷٦/٤۰۸ // ~ ***بودن*** افزوده بودن: دوم ۱۱٥/٤۸۷ // ~ ***کردن*** افزودن: دوم ۹/۳۹۹؛ ۱۱٦۹/۸٤۷ // ~ ***گرفتن*** ۱- افزودن، بیشتر کردن: یکم ٤۰٥/۲۱٥؛ دوم ۱۳/۱؛ ۷۲۳/٦٤۹. ۲- فزونی یافتن، بیشتر شدن: دوم ۲٤۰۸/۷۱٦ // ***بر فزونی*** ~ ***بودن:*** دوم ۸۲۷/٦٥۳

فزاینده. ۱- افزون‌کننده: یکم ٦۲۳/۱۱۹؛ ۹٦۸/۱۳۳؛ ۷٦۰/۲۲۹؛ دوم ۳۱٦٤/۱۰۰۳ // ~ ***بودن*** ۱- بر مال و نعمت افزودن، دستی پربرکت داشتن، آبادکننده بودن: دوم ۲۹/٤۱۰. ۲- زیاد شدن: دوم ٥/٤٥۳. ۳- زیاد کردن: دوم ۲۷۹/٤٦٦؛ ۳۸٦۰/۷۷۳. **۲**- پرورش‌یابنده، کودک بالنده: دوم ۱۱۷/٤٥۹.

فزاینده‌کار. کار بزرگ: دوم ۲۸۹۰/۷۳٥.

فزاییدن. ۱- افزوده گشتن: دوم ۱٤۹۹/٦۸۰ و دیگر. **۲**- پروار گشتن، چاق و فربه شدن: دوم ۱٤۸۱/٦۷۹.

فزودن. افزوده شدن: یکم ٥٤٥/۲۸۲.

فزودی. فراوانی، وفور: یکم ۸٥٥/٦۷۲

فزون. // ***بر کسی*** ~ ***آوردن*** بر او پیشی گرفتن: دوم ۲٦۸۸/۷۲۷.

فزونی. ۱- ازدیاد، بسیاری، بیشی، فراوانی، نعمت: یکم ٥۷۷/۱۱۷؛ ۲٦۰/۲٤٥؛ دوم ۱۱۷٤/٦٦۷؛ ۱٦۰۹/۸٦٤ // ***بر کسی*** ~ ***جستن:*** ۱۸۷۲/۸٦٤؛ دوم ۱۲۸۱/۱۸٥ // ***بر کسی*** ~ ***سگالیدن:*** یکم ۳۰٦/٦٥۰ // ~ ***شدن*** افزایش یافتن، برکت یافتن: دوم ۱۰۰۷/۹۱۸. **۲**- آز، بیشی‌طلبی،

افزون‌خواهی: یکم ۱۲۰/۲۰۴؛ ۱۹۱/۲۴۲؛ ۳۱۰/۲۴۷؛ ۱۲۶/۶۴۳؛ دوم ۲۰/۲. **۳-** جاه‌طلبی، نخوت، برتنی، کبر و غرور: یکم ۶۶۹/۲۲۶؛ دوم ۴۰۲۵/۷۸۰. **٤-** برتری، بزرگی، والایی؛ بها، ارزش: دوم ۶۴۳/٤٤٦؛ ۳۸۷۲/۷۷٤؛ ۲۷۳٤/۹۸۶.

فزونی‌منش. یکم ۲۷٤۱/۸۹۹.

فَژ. ریم، چرک: دوم ۱۰۶۱/۶۶۳.

فسار. افسار: یکم ۲۷/۵۲.

فسوس. (نیز← افسوس) **۱-** دریغ، حسرت، اندوه: یکم ۲۱۶۱/۳۸۸؛ ۵۰/۵۱۹؛ ۵۶۰/۵۳۹؛ ۱۷۳۵/۵۸۵؛ ۲۱۷۸/۶۰۲. **۲-** ریشخند، سخریه، استهزاء، بازی، شوخی: یکم ۲۰٤/۹؛ ۱۰۷۵/۹۳؛ ۱۵۹٤/۱۵۷؛ ۲۳۲/٤۳۲؛ ۵۲۰/٤٤۳؛ ۷۸۱/٤۹۸؛ ۱۰۳۲/۵۰۸؛ ۳٤٤/۵۳۰؛ ۱۰۵۰/۵۵۸؛ ۱۲۹۶/۵۶۸؛ ۱۱۳۶/۶۸۳ // ~ ***داشتن*** ریشخند کردن، سخریه و استهزاء کردن: یکم ۵٤۳/۵۳۸؛ دوم ۱۷۳۸/۹٤۷ // ~ ***کردن*** ریشخند کردن، استهزاء کردن: دوم ۱۱۳۶/۸٤۶ // ***بر ~ بودن:*** یکم ۲۷۹/٤۷۸ // ***بر کسی ~ کردن:*** یکم ۲٤۶٤/۶۱٤؛ ۲۷۲۱/۶۲٤ // ***جان بر ~ شدن:*** یکم ۵۹۳/۵٤۰ // ***سرای ~*** کنایه از جهان: یکم ۳٤٤/٤۶٤ // ***گردون بر کسی ~ کردن:*** یکم ۲٤۸/٤۷۶. **۳-** نیرنگ، فریب، چاره: یکم ۱٤۱۳/۵۷۲.

فسوسی. // ***بر کسی به دینار ~ خواندن:*** دوم ۲۲۲۸/۹۶۶.

فسون. (نیز← افسون) نیرنگ، حیله، چاره، مکر، تزویر: یکم ۱۵۷/۵۷؛ ۳۸۸/۱۱۰؛ ۲۲۲/۲٤۳؛ ۳۷۹/۳۱۷؛ ۱۹۹۸/۳۸۱؛ ٤۹۱/۵۳۶؛ ۱٤۱۳/۵۷۲؛ دوم ۱۲۵/۱۳۹ // ***بر کسی ~ خواندن*** ۱- کسی را فریفتن: یکم ۲۲۲/۶٤۷. ۲- کسی را سحر کردن: یکم ۲۸۸/۶۵۰ // ***پُر ~*** کاردان، خبره، ماهر، تردست، افسون‌شناس: یکم ۱۷۰/۵۷؛ ۱٤۶۳/۱۵۲؛ ۵۲/۲۰۱؛ ۹۳۸/۳۳۹ // ***راه ~ و فسوس نماندن:*** یکم ۱٤۱۳/۵۷۲.

فسیله. گله، رمه: یکم ۹۶/۱۸۷؛ ۱۲۸/٤۲۸؛ ۱۶٤/٤۵۷، ۱۶۶؛ ۶۵/٤۶۹؛ ۶۲۲/٤۹۲؛ ۷۱۵/٤۹۵ و دیگر // ***~ نه خرّم (نیکو) بود با پلنگ!:*** یکم ۵۲۷/٤٤٤.

ـفش. پسوند مانندگی، آسا، گون، مانند: یکم ۱۷۷/۲۸؛ ۹/۲۹؛ ۳۵۷/٤۳؛ ۱٤۸۱/۱۵۳؛ ۳۲/۱۸٤؛ ۶۵۳/۲۲۵؛ ۷۳/۳۰۶؛ ۲۳۷٤/۳۹۶؛ ۲۳۹۱/۳۹۷؛ ۲٤۳۲/۳۹۸؛ ۳۱۷/٤۳۵؛ ۲٤/۵۱۸؛ دوم ۳۶۸/۱۱۵؛ ۷۸/۱۳۸ و دیگر // **پرستار ~:** دوم ۷۶/۱۰٤٤ // **خورشید ~:** دوم ۵۳/٤۲۳؛ ۱۲۰/٤۶۰؛ ۱۵۳/٤۶۱ // **شاه ~:** دوم ۷۶/۳۷۶؛ ۵۵/۸۰۳ // **منی**

~← منی‌فش.

فشانندگی. جود، بخشش، دهش؛ هزینه: دوم ۳۹۹۸/۷۷۹.

فشاننده. //~ **تیغ**: یکم ۶۲۳/۱۱۹ //~ **خنجر**: یکم ۳۴۸/۱۰۸.

فطیر. نان خمیر: دوم ۶۶۶/۹۰۵.

فغستان. یکم ۱۴۱/۳۰۸ //~ **چینی**: دوم ۳۸۱۳/۱۰۲۹.

فقاع. معرب فوگان، آبجو (که با یخ می‌نوشیدند) // ~ **و یخ**: دوم ۱۰۴۲/۵۲۴.

فگار. افگار، آزرده: دوم ۴۱۰۴/۷۸۳.

فگندن. رها کردن، ترک کردن: یکم ۷/۱۹۹.

فلک. // ~ **گشتن بر کسی**: یکم ۴۱۵/۱۱۱.

فم‌الاسد. یکم ۱۹۷۹/۸۶۸.

فُندُق. سرانگشت: یکم ۱۷۰/۲۴۱؛ ۲۰۷۷/۳۸۴.

فَوْرَدین. فروردین: یکم ۵۴/۲۳؛ ۳۹۷/۱۱۰؛ ۳۱/۲۰۰؛ ۵۴۰/۶۶۰؛ ۶۵۷/۶۶۴؛ دوم ۳۱/۵۹۲؛ ۳۰۹۶/۱۰۰۱؛ ۳۱۷۰/۱۰۰۳؛ ۳۶۱۵/۱۰۲۱.

ق

قار. قیر، کنایه از تاریکی و سیاهی و شب: یکم ۱۹٦/۲۰۷؛ ۱۵/۱۹۲؛ ۳۲۸/٤۱۵؛ ۹/٦۳۹ // *دریای* ~: یکم ۱۲۳۰/۱٤۳ // *نقطه‌ی* ~: یکم ۷۹/٤۲٦.

قاروره. شیشه‌ی باروت آتش‌زا: دوم ٦۳۹/٦٤٦.

قاقم. یکم ۱۸/۱٦.

قام. نام شمن‌ها: دوم ۱٤۳۲/۹٦؛ ٤۸۰/۱۱۰۰؛ ٥٦۷/۱۱۰۳.

قرطاس. کاغذ: یکم ۱۰۳/۱۹٥؛ ٦۲۰/٤٤۷؛ ۸٦۲/۸۲٤؛ دوم ۷٤۹/۱۳۰؛ ۱۱۲۹/۱۷۹؛ ۳۹۹/٤۳۷؛ ۲۹٦۲/۹۹٥؛ ۱۹۳/۱۰۸۹ و دیگر.

قَز. یکم ۱٥/۲۱.

قسّیس. کشیش: دوم ٤۷۲/٤۳۹؛ ۷۳۹/۱۱۱۰.

قَصَب. ۱- گونه‌ای پارچه‌ی کتانی: یکم ۱٥/۲۱؛ دوم ۲٦۸٤/۹۸٤. ۲- روبنده: یکم ۲٦٥/۳۱۳.

قضا. // *دام* ~: یکم ٦۳۹/۷٦.

قضیب. دسته‌ی نیین درفش: دوم ٥٤/۲٤۷.

قطران. قیر روان: دوم ۱۸۰/۱۰۸۸.

قفس. // ~ *دیده و از دام جسته*: یکم ۲٥٦۲/٦۱۸.

قفیز. واحد اندازه‌گیری و وزن // *پُر آمدن* ~: یکم ٤۱۷/۳۱۹؛ دوم ٥٤۹/۱٥٦؛ ۲٤٥۷/۹۷٥؛ ۲٦٤۷/۹۸۳؛ ۲۸۹٥/۹۹۳؛ ۳۸۳۷/۱۰۳۰؛ ٦۱۱/۱۰٦٥؛ ۲٤۷/۱۰۹۱ // *سر آمدن* ~: یکم ۲۳٦/٤۷٦ (نیز← پُر آمدن قفیز).

قلم. // *سیمین* ~ ۱- نگاره برای بینی قلمی و سفید: یکم ۱۲۱/۲۳۹. ۲- نگاره برای انگشتان باریک و کشیده و سفید. یکم ٤٥۸/۱۱۳ // ~ *کردن* بریدن، قطع کردن: یکم ۲۰۳۷/٥۹۷.

قلو. یکم ۲۳۲۳/۳۹٤.

قلیده. قلاده: دوم ۳٤۰۲/۱۰۱۳.

قنطار. واحد وزن: دوم ۱٦۱٤/٥٤٦.

قیر. ۱- قار، قطران نفت: یکم

۷۸۰/۳۳۳. ۲- نگاره برای هر چیز سیاه همچون چشم، دود، روی خشم‌آلود، شب، گرد و غبار، موی...:

یکم ۳۷۳/۶۵؛ ۵۸۲/۷۴؛ ۹۵۱/۸۸؛ ۹۷۲/۸۹؛ ۱۴۹/۱۰۱؛ ۱۸۴/۲۶۸؛ ۹۲۶/۳۳۹؛ ۲۳۶۹/۳۹۶.

ک

کاچ. کاش: دوم ۸/۳٤۱

کاچکی. کاشکی: یکم ۷۹/۹۸؛ ۱۰٤۲/۳٤٤؛ ۸٤٦/۵۵۰؛ دوم ۵٤/۱۳۷.

کاچی. کاشکی: یکم ۲۹٦۳/۹۰۸؛ دوم ۲/۱۰۸۱.

کار. ۱- عمل، کارکرد، امر، موضوع، مطلب، قضیه، مسئله: یکم ۲۸۷/۱۰٦؛ ۲٤۰/۲۰۸؛ ٦۷۳/٤٤۹ و دیگر // ~ ***از کسی دراز شدن:*** دوم ۳۳/۱۰۷۲ // ~ ***برآراستن:*** یکم ٤۳۳/٦۸؛ ۱۵۱/۲۰۵؛ ۳۳۵/۲۷٤؛ ۱۷۰/٤۲۹ // ~ ***برآمدن:*** یکم ۱٦۸/۵۷ // ~ ***بر دیگر اندازه شدن:*** دوم ۲۵۰۳/۹۷۷ // ~ ***برساختن:*** یکم ۱۵۱۵/۳٦۲ // ~ ***برساختن با کسی:*** یکم ۱۱۱۹/۱۳۹ // ~ ***برنهادن:*** یکم ۱۰٦/٤۲۷ // ~ ***بسیچیدن*** آماده شدن: یکم ٤۰۸/٦۷؛ ۷۹۳/۳۳٤؛ ۷۰۲/٦٦٦؛ ۱۱٤۱/٦۸۳ // ~ ***به پای شدن:*** یکم ۱٤۷۱/۵۷٤ // ~ ***بی‌برگ شدن*** ضایع و بی‌سامان شدن کار: دوم ٦۰٤/۹۰۲ // ~ ***بی‌گفت‌وگوی:*** یکم ۹٤/۵٤ // ~ ***پشت شدن:*** یکم ۹٤۹/٦۷٦ // ~ ***چندین نساختن:*** یکم ۱۹۹٤/۵۹۵ // ~ ***چیزی گرفتن:*** یکم ۸۹۲/۸٦ // ~ ***دراز شدن بر کسی:*** یکم ۲۵۲/٤۳۳ // ~ ***را بر خود دراز کردن:*** یکم ۲۰۳٤/۳۸۳ // ~ ***را خرد شمردن:*** یکم ۲۱٦۳/۳۸۸ // ~ ***راست گشتن:*** یکم ۸۸۱/۳۳۷ // ~ ***(را) یکباره کردن*** تمام کردن کار، یکسره کردن کار، پایان دادن به موضوع: دوم ۳۵۵۵/۱۰۱۹ // ~ ***ساختن از:*** یکم ٦۹۸/۳۳۰ // ~ ***فراخ:*** یکم ۹٦۷/٦۷٦ // ~ ***کردن:*** یکم ۱۱۸/۱۸۷ // ~ ***کردن به چیزی بر چیزی:*** یکم ۱۳٦۰/۳۵٦ // ~ ***کسی راست گشتن*** درست شدن کار او: دوم ۲٤٤۱/۹۷۵ // ~ ***کسی را داشتن*** هوای او را داشتن: دوم ۵۲/۸۰۳ // ~ ***کسی کهن شدن*** به درازا کشیدن کار او: دوم ۲۵۲٦/۹۷۸ // ~ ***گرفتن ز (به)...:***

یکم ۱۷۰۸/۳۷۰ // ~ ***گیتی بر کسی دراز شدن:*** یکم ۲/۶۹۱ // ~ ***ناتندرست*** کار نادرست: دوم ۲۷۱۸/۹۸۶ // ~ ***نشیب گرفتن:*** یکم ۲۲۲۶/۶۰۴ // ***از پس ~ کسی شدن*** به کار او پرداختن: دوم ۹۸/۴۳؛ ۱۲۱/۴۴ // ***از در ~ بودن*** قابلیت داشتن، کوشنده بودَن، شایسته بودن، آمادگی کار داشتن: یکم ۱۰۰/۲۵؛ ۱۶۹۱/۳۶۹؛ دوم ۲۸/۴۵۶؛ ۳۹۳/۴۷۰؛ ۲۱۲۱/۹۶۲ (نیز← شماره‌ی ۳) // ***برگشتن ~:*** یکم ۶۹/۱۴؛ ۷۲/۲۴؛ ۲۰۵/۵۹؛ ۵۱۹/۷۱؛ ۴۵۲/۶۵۶؛ ۴۵۸/۱۷۷؛ ۱۹۵/۴۱۰ // ***بودنی ~←*** بودنی‌کار // ***به ~ آمدن*** ۱- لازم شدن، ضرورت یافتن: یکم ۱۸/۲۵۳؛ ۲۵۶/۴۱۳؛ ۳۵۳/۴۱۶؛ ۱۱۷۶/۵۶۳. ۲- قابل توجّه بودن، ارزش داشتن، اهمیّت داشتن: یکم ۷۰۹/۲۲۷؛ ۲۴۴/۲۴۴؛ ۲۶۰/۲۴۵؛ ۳۵۹/۳۱۷. ۳- کارگر افتادن، مؤثر واقع شدن، سودمند بودن: یکم ۲۰۸/۵۹؛ ۱۳۷/۱۰۰؛ ۹۷۴/۱۳۳؛ ۵۲۶/۳۲۳؛ ۱۵۰۷/۳۶۲ // ***به ~ آوردن:*** یکم ۱۶۰۴/۳۶۶ // ***به ~ اندرون نگریستن*** تأمّل کردن در کار: یکم ۱۰۱/۵۵ // ***به ~ بایستن*** ضروری و لازم بودن: یکم ۳۶۷/۶۵؛ ۶۷۸/۴۴۹ // ***به ~ بردن*** خرج نمودن، هزینه کردن: دوم ۲۰۷/۳۴۹؛ ۲۷۲/۴۶۶ // ***به ~ بودن*** ۱- کار کردن، عمل کردن: یکم ۴۰۸/۶۷. ۲- لازم و ضروری بودن، به کار آمدن، سودمند بودن: یکم ۵۹۹/۷۴؛ ۳۵۴/۳۱۷؛ دوم ۱۶۰/۱۴۱؛ ۲۶۷/۳۵۱. ۳- موجود بودن: دوم ۶۸۱/۹۰۵ // ***به ~ نبودن*** توان عمل نداشتن، از کار افتادن: یکم ۶۷۶/۲۸۷ // ***به ~ نوآیین گرفتن:*** یکم ۱۳۰۵/۱۴۶ // ***بی ~ی آمدن از کسی←*** بیکاری // ***پیوسته شدن ~:*** یکم ۴۵/۳؛ ۱۹۰/۵۸ // ***در ~ دیدار بودن:*** دوم ۲۱۴/۱۰۸۹ // ***دست بی~ شدن←*** بیکار، دست // ***رفتن ~:*** یکم ۲۴۳۸/۸۸۷ // ***روی ~←*** روی // ***روی ~ تیره شدن:*** یکم ۲۰۵۹/۳۸۴ // ***ساخته شدن ~:*** یکم ۶۱۵/۷۵؛ ۱۳۸۴/۱۴۹ // ***سرآمدن ~:*** یکم ۲۰۱۷/۳۸۲ // ***سر به ~ بودن:*** یکم ۴۰۸/۶۷ // ***کسی را ~ی نو رسیدن:*** دوم ۱۵۳۳/۹۳۹ // ***نا به ~←*** نابکار // ***نارفتن ~:*** یکم ۶۳/۱۶۱ // ***نیکو کردن (گشتن) ~*** درست کردن (شدن) کار: دوم ۲۴۳۷/۹۷۵؛ ۲۴۴۲/۹۷۵. ۲- کنایه از کار ناشایست: یکم ۳۵۵/۳۱۷. ۳- جنگ: یکم ۲۹۵/۴۱۴؛ ۸۶۳/۵۰۱؛ ۱۰۸۹/۵۶۰؛ ۱۹۸۸/۷۶۹؛ دوم ۴۹۹/۲۱؛ ۹۷۹/۸۴۰؛ ۱۷۱۵/۹۴۶؛

۲۰۹۲/۹۶۱؛ ۲۱۵۵/۹۶۳؛ ۲۷۹۰/۹۸۸. ۴- ساختمان: دوم ۳۷۰۲/۱۰۲۵، ۳۷۰۹؛ ۳۷۴۵/۱۰۲۶، ۳۷۴۸ // ~ **نشستن:** دوم ۳۷۲۰/۱۰۲۵. **۵-** ساخت، سامان: دوم ۳۵۶۹/۱۰۱۹.

کارآگاه (آگه). **۱-** گزارشگر: یکم ۸۹/۵۴؛ ۳۵۰/۶۴؛ ۱۱۰۱/۱۳۸؛ ۵۵۹/۳۲۵؛ ۲۲۲۷/۶۰۴. **۲-** جاسوس: یکم ۸۶۳/۸۵؛ ۲۵۴/۱۶۹؛ ۱۴۵/۴۷۲؛ ۷۳۸/۴۹۶، ۷۴۱؛ ۱۲۱۶/۵۱۵؛ ۱۲۳۸/۵۱۶؛ ۱۴۸۷/۵۷۵؛ دوم ۲۹۳۱/۹۹۴؛ ۳۱۳۰/۱۰۰۲؛ ۳۸۵۶/۱۰۳۱ و دیگر. **۳-** کاردان، کارآزموده، آگاه: یکم ۲۴۱۵/۶۱۲.

کارآگهی. جاسوسی: یکم ۲۵۶۶/۶۱۸.

کاربند. عمل‌کننده، اجراکننده، کارگشا، مؤثر: یکم ۶۱/۳؛ ۳۹۲/۱۱۰؛ ۲۶۶۵/۶۲۱؛ ۲۷۳۹/۶۲۴؛ دوم ۱۴۰۸/۹۳۴.

کارجوی. **۱-** کارپژوه، کاردان: دوم ۳۷۳۷/۱۰۲۶. **۲-** مفتّش، کارآگاه: دوم ۳۸۶۳/۱۰۳۱.

کاردان. خبره، اهل فن: دوم ۳۳۶۱/۱۰۱۱.

کارزار. // *آلت ~ را به دشمن دادن:* دوم ۳۰۳۶/۹۹۸ // *با خویشتن ~ کردن:* دوم ۲۶۲۹/۹۸۲.

کارزاری. رزمنده، جنگجو: دوم ۳۶۰/۱۰۹۵.

کارسازندگی. کارسازی، پیشکاری، ریاست: یکم ۴۱۶/۴۵.

کارستان. **۱-** کارگاه، جای کار: دوم ۱۶۴/۷؛ ۱۹۷/۲۷۲؛ ۳۶۵/۳۵۵؛ ۵۸۳/۶۴۴؛ ۱۷۳۹/۶۹۰. **۲-** رزمگاه، کارزار: دوم ۲۰۲۱/۹۵۸.

کارکرد. **۱-** رفتار، اقدام، عمل، عملکرد، کار و کوشش: یکم ۳۸۸/۱۷۴؛ ۱۷۱/۲۴۱؛ ۳۰۷/۲۴۷؛ ۸۳۹/۲۹۴؛ ۱۳۵۱/۳۵۶؛ ۷۸۸/۶۶۹؛ دوم ۴۸۷/۲۰؛ ۴۶۳/۱۱۹؛ ۷۱۹/۳۶۹؛ ۱۵۵/۳۷۹؛ ۵۷۷/۴۷۸؛ ۱۶۲۰/۵۴۶؛ ۲۰۸۱/۵۶۵؛ ۱۱۵۵/۶۶۶؛ ۱۵۳۲/۶۸۱؛ ۴۷۹/۸۲۰؛ ۱۹۰۹/۸۷۶؛ ۱۶۶۶/۹۴۴؛ ۱۹۱۶/۹۵۴؛ ۳۸۴۹/۱۰۳۰؛ ۶۱/۱۰۴۳؛ ۸۸۷/۱۱۱۶. **۲-** عمل در میدان نبرد، جنگاوری: یکم ۴۸۰/۲۱۸؛ ۱۸۲۰/۳۷۴؛ ۲۴۷/۴۱۲؛ ۱۰۱۴/۷۳۰؛ ۲۲۴۳/۷۷۹. **۳-** پیشه، شغل، کار: یکم ۱۶۹/۱۹۸؛ دوم ۱۰/۴۱۷. **۴-** واقعه، رویداد: یکم ۲۲۸۰/۸۸۰. **۵-** کارشده، ساخته و پرداخته: دوم ۴۰۳۸/۱۰۳۸. **۶-** نام و شهرت // ~ *نیاگان:* دوم ۱۶۶۱/۸۶۶.

کارکرده. کاردیده، باتجربه، آزمون‌دیده، کاردان: یکم ۱۴۲/۱۸۸؛ دوم ۵۴۳/۱۰۶۲.

کارکن. رزمنده، کوشنده: دوم ۴۹۲/۸۹۸.

کارگاه. ۱- کارزار، آوردگاه: یکم ۹٤۰/۵۵٤. **۲-** محل کار: دوم ۱٤۲۷/٦۷۷. **۳-** محل ساختمان: دوم ۳۷۱۲/۱۰۲۵.

کارگر. مؤثر، کاری: یکم ۸۸۳/۲۹٦؛ ۳۰۸/٤۱۵؛ ۳۹۰/٤۳۸؛ ۱۹۰٦/۷٦٦؛ دوم ٦۳۱/۹۰۳ // ***سخن بر کسی ~ نیامدن:*** دوم ۱٦۷۵/۹٤٤ // ***نیزه بر کسی ~ نیامدن:*** دوم ۱۷۲۹/۹٤۷.

کارگه. کارگاه، آوردگاه: یکم ۵۲۲/۵۳۷.

کارنده. کشاورز: دوم ۱٤٦/٦۲۷؛ ۲۳۲/۸۱۰.

کاروان. ۱- قافله: یکم ۸۸/۹۸. **۲-** قطار شتر: یکم ٤۷۰/۳۲۱، ٤۷۲؛ دوم ۲۸۰٤/۹۸۹. **۳-** جایگاه کارگران: دوم ۳۷۳۱/۱۰۲٦.

کاروبار. کار و وضعیّت: یکم ۱۳۷۳/۳۵۷.

کارورز. کشاورز: یکم ٤۵۷/٤۷.

کاری. دست‌ورز: دوم ۳۷٦۲/۱۰۲۷.

کاریگر. کارگر: دوم ۵۳۸/۵۰٤؛ ۳٦۹۸/۱۰۲٤؛ ۳۷۲۰/۱۰۲۵؛ ۳۷۲٦/۱۰۲٦، ۳۷۳۲، ۳۷۳۵، ۳۷۳٦.

کازه. یکم ۱۱۵۷/۵٦۲.

کاس. خوک: یکم ٦۱/۱۳؛ دوم ۳۷۱٦/۷٦۸.

کاست. کم، اندک: دوم ۱۹۷/۱۰٤۹.

کاستن. ۱- کاسته شدن: یکم ۷۵/۲٤؛ ۵٤۵/۲۸۲. **۲-** کم کردن، دست برداشتن: یکم ۱۷۲۱/۵۸٤.

کاسته. کاهش‌یافته، از ارج افتاده: یکم ۱٦۸۰/۸۵۷.

کاستی. ۱- کمی، نقصان، کاهش: یکم ۲۱/٤۲۳. **۲-** تزویر، ریا، کژی، ناراستی، کژرفتاری: یکم ۷۳۲/۱۲٤؛ ٤۷۵/۳۲۱؛ ۷۵٦/۳۳۲؛ ۷۸۲/۳۳۳؛ ۳۲/٤۲٤ // ***به کار ~ آوردن:*** یکم ٤٦۵/۲۱۷ // ***در ~ کسی سود نکرد!:*** یکم ۱۰٦۹/۹۳.

کاشکی.← کاچکی.

کاشنی. کاسنی: دوم ۲۵۵۵/۹۷۹.

کاف. شکاف، رخنه، درز: یکم ۲۲۳۵/۸۷۸، ۲۲۳٦.

کافتن. شکافتن، سوراخ کردن: یکم ۱٤٦٦/۱۵۲؛ ۲۷٦۹/٦۲٦.

کاف و نون. دوم ٤۲۲/۲٦۲.

کافیدن. شکافتن: یکم ۱٤۷۹/۱۵۳؛ دوم ۳٦٤/٤٦۹؛ ۸٤۸/۵۱٦

کالا. // ***~ گرفتن:*** دوم ۱٤۸۷/۹۸.

کالبد. ۱- قالب، شکل، صورت، تن آدمی: یکم ۳۷/۲۲؛ ۳۸۹/٦٦؛ دوم ۱۱۸۲/۵۲۹؛ ۲۵٤۲/۷۲۱. **۲-** شکم مادر: یکم ۱۹۷۸/۳۸۰؛ ۲۳٦۱/۳۹۵.

کالوشه. گونه‌ای خوراک مانند اشکنه، کالجوش: دوم ۱۵۵/٤۸۹.

کاله. کالا: دوم ٤۹٦/۱۲۰؛ ٤۹۲/۲٤۰.

کام. ۱- آرزو، خواست، مراد، مقصود، تصمیم، شادی، خرّمی: یکم ۲۵۳/٦۱؛

۵/٤۵۳.

کبتر. کبوتر: دوم ۱٤٤۲/۳۲۲.

کَبَست. حنظل: یکم ۳۱۲/٦۳؛ ۱٤۹۳/۳٦۱؛ ۲۰۱۳/۳۸۲؛ ٦۵٦/٤۹۳؛ ۱٦۷٤/۵۸۲؛ دوم ۵۵/٤۰۷؛ ٤۲/٦۲۳؛ ٤٤۰۹/۷۹۵؛ ۱۸۷۸/۸۷۵؛ ۵۵٦/۱۱۰۳.

کپّان. قپّان: دوم ۷۹٤/۱۳۲؛ ۱٦۱۹/۵٤٦؛ ٤۲۱۷/۷۸۷.

کپّی. میمون، بوزینه: دوم ۱۳۲/۲۷۰؛ ۱۷۷/۲۷۲؛ ۷۷۱/۲۹۵ (نیز ← شیرکپّی).

کتف. شانه: یکم ۲۷۷/۱۰٦؛ ٤۷۸/۲۱۸؛ ۷۵/۲٦٤.

کجا. ۱- (حرف ربط و حرف موصول) که: یکم ٦۷/۲۳؛ ۸۵/۲٤؛ ۹۲/۳۲؛ ۳۵۲/٤۳؛ ۹۰/۵٤؛ ۱۳٤/۵٦؛ ۱۹۳/۵۸؛ ۲۵۰/٦۱؛ ٤۷۲/٦۹؛ ۵٤۸/۷۲؛ ۵٦۳/۷۳؛ ۱۱۱۰/۱۳۸؛ ۱۳۵/۱٦٤؛ ۵۲٤/۱۷۹؛ ٦۱۱/۲۲۳؛ ٤۰/۲٦۲؛ ۲۵٤/۲۷۱؛ ۵٤۱/۲۸۲؛ ٤۳/۳۰٤؛ ۸۰۲/٤۹۹؛ ۱۷۰/۵۲۳؛ ۱۲٦۷/۵٦۷؛ دوم ۱۷/٤۸۳؛ ۱٤۷۹/۵٤۱؛ ۲۱۲۱/۹٦۲ و فراوان // *آن* ~ آنکه: دوم ۲۸۹۳/۹۹۳. **۲**- (در بیان تعلیل و سبب) چونکه، از آنجا که، زیرا که، چرا که، چه اینکه: یکم ۸٦/۲٤؛ ۳٦۱/٤۳؛ ۲٤۲/۱۰٤؛ ۱۰٤۹/۱۳٦؛ ۱۳٤۳/۵٦۹؛ دوم ۲۲۷۷/۹٦۸. **۳**- (در تعیین و تفسیر) آنجا که، هر کجا که: یکم ٤۰/۳۰؛ ۱۲٦/۳٤؛ ۹۵۷/۱۳۲؛ ۱۰٤۰/۱۳٦. **٤**- (در بیان انکار) کی، هرگز: یکم ۹٤٦/۲۹۸، ۹٤۷؛ ۵۸٤/۳۲٦؛ ۱۷۰۰/۳٦۹. **۵**- چه // *آن* ~: یکم ۱٤۲/۵٦؛ ۱۳۳۷/۱٤۷؛ ۱۳۷٦/۱٤۹. **٦**- اگر که، گیرم که: دوم ٤۳٤/۸۹٦.

کدبانو. بانوی خانه: یکم ۱۵۲۱/۳٦۲.

کدخدای. **۱**- فرمانروا، پادشاه: یکم ۹/۱۱؛ ۹۸/۲۵؛ ٤٦۹/٤۷؛ ۱٦۷/۱٦۵؛ ٦۰٤/۳۲٦؛ ۳٤۸/٤۱٦؛ ٤۸٦/٤۲۲؛ ۵۲٤/٤٤۳؛ دوم ۲٦۵/۲۳۵؛ ٦۲۱/٤۷۹؛ ۱٤۷٦/۵٤۱؛ ۲٤/٦۰٦؛ ٦۵/٦۰۷؛ ۱۵۵/٦۱۱؛ ٤۳۲٦/۷۹۲، ٤۳۳۷؛ ۳۷۱۰/۱۰۲۵ // ***جهان*** ~ ← جهان کدخدای. **۲**- صاحب، رب، خداوند در احکام نجوم: یکم ٤٤/۳. **۳**- پیشکار، وزیر، دستور: یکم ۳۸۵/٤٤؛ ۱۱۱۲/۳٤٦؛ ۲۹/۷۹۲؛ ۱٤۱۸/۸٤٦؛ دوم ۳۲٤/۳۵٤؛ ۱۲۲/۳۷۸؛ ۱٤۰/٤۲٦؛ ۳۵٦/٤۹۷. **٤**- خانه خدای، شوهر، بزرگ خانه: یکم ۹٤/۲۵؛ ۵۳/۳۱؛ دوم ٦٤/۲۲۷؛ ۷٦/۲۲۸، ۷۸؛ ۳٤۳/٤۹٦؛ ۷۲۷/۵۱۱؛ ۳۰۸٦/۱۰۰۰. **۵**- رئیس ده: دوم ۱٤۷/٤۲۷؛ ۳۷۳/٤۹۷؛ ۳۷٤/٤۹۸، ۳۷٦. **٦**- پیشکار، رئیس، مهتر: دوم ۲۱٤۳/۹٦۳؛ ۲۷۳٦/۹۸٦؛ ۲۱/۱۰٦۸. **۷**- نگهبان و سرایدار (کاخ): دوم ۲۵۳۰/۹۷۸، ۲۵۳۳؛

۲۵۴۳/۹۷۹، ۲۵۴۹.

کدخدایی. ۱- فرمانروایی، پادشاهی: یکم ۴۱۵/۴۵؛ دوم ۱۴۵۱/۵۴۰؛ ۳۶۹۲/۷۶۷؛ ۷۲۹/۸۳۰؛ ۳۶۰۴/۱۰۲۱. ۲- سروری، پدری، بزرگی: یکم ۱۴۵۷/۳۶۰؛ ۱۴۷۷/۳۶۱. ۳- سال بلوغ و نان‌آوری: دوم ۹۴/۲۲۸.

کده. خانه: دوم ۳۶۴/۱۰۹۵.

کدیور. ۱- برزگر، کشاورز: یکم ۷/۱۵۹. ۲- صاحب‌خانه: دوم ۱۱۶۲/۵۲۸، ۱۱۶۵؛ ۱۱۷۱/۵۲۹؛ ۹۷/۶۲۵.

کرّ. اسم صوت: یکم ۷۸۳/۸۱؛ دوم ۹۰۰/۵۱۸.

کران. ۱- کرانه، سوی // ***از ~ تا ~*** از اوّل تا آخر، سراسر، جملگی: یکم ۱۳۹۵/۱۵۰؛ ۱۶۲/۱۹۷؛ ۲۱۵/۲۰۷؛ ۱۴۷/۲۵۸؛ ۹۷/۳۰۶؛ ۱۵۵/۴۰۹؛ دوم ۱۵۳/۱۰۸۷ و دیگر // **به دیگر ~**: یکم ۴۵۳/۳۲۰ // ***بی~*** ← بی‌کران. ۲- رباب، چنگ: دوم ۹۹۰/۷۸.

کرانجی. بیطرف: دوم ۲۵۰۳/۵۸۱.

کرانی. // ***~ گزیدن*** گوشه‌گیری کردن: دوم ۲۶۷/۱۴۵.

کُرته. نیم‌تنه، پیراهن: یکم ۱۰۶۳/۵۰۹؛ ۲۳۴۴/۷۸۳؛ دوم ۵۲۱/۶۴۱.

کردار. انجام دادن، عمل: یکم ۱۲۳/۵۶ // ***~ تاریک***: دوم ۱۶۷۱/۹۴۴.

کردن. ۱- آفریدن: یکم ۱۱/۵۱۷؛ دوم ۳/۳۹۹؛ ۱۱۶۲/۹۲۴. ۲- ساختن، ترتیب دادن، برگزار کردن: یکم ۷۸/۱۹۴؛ ۹۴۹/۸۲۸؛ ۱۶۶۳/۸۵۶؛ دوم ۲۱۳۸/۹۶۳ و دیگر. ۳- تعیین کردن: دوم ۲۵۶۳/۹۸۰ (؟). ۴- آماده کردن // ***لقمه ~*** لقمه گرفتن: دوم ۱۱۹/۸۰۶.

کردنی. یکم ۱۷۷/۳۶.

کرده. ۱- ساخته، آفریده، خلق‌شده، تابنده، عبد: دوم ۱۱۲۲/۶۶۵؛ ۳۵۱۷/۱۰۱۷ // ***~ی کردگار***: یکم ۳۰/۲؛ ۱۰/۴۲۳. ۲- ساخته، مصنوع: دوم ۲۱۹۰/۷۰۷؛ ۱۰۳۸/۹۱۹. ۳- کننده: دوم ۱۷۹۰/۵۵۳. ۴- پودر: دوم ۲۱۹۰/۷۰۷ (؟← گرده).

کُرس. چین و شکن جامه: دوم ۲۰۰/۴۲۹.

کرسی. ۱- صندلی: یکم ۱۵۲۸/۳۶۳؛ ۶۹۰/۴۵۰ و دیگر. ۲- تخت پادشاهی: یکم ۴۹۹/۷۰ و دیگر // ***~ زر***: یکم ۵۰۰/۷۰ و دیگر.

کرگ. ۱- کرگدن: یکم ۴۱۱/۴۵؛ ۷۶/۱۹۴ // ***~ سپید***: دوم ۲۴۳/۱۰۵۰. ۲- پوست کرگدن // ***~ اسپر***: یکم ۱۹۵۶/۷۶۸ // ***سپر ~***: یکم ۱۰۸۲/۸۳۳.

کرگس. // ***پرّ ~***: یکم ۳۶۹/۲۷۵ // ***دام ~***: یکم ۹۷۴/۸۹ // ***~ از ابر بر زمین آوردن***: یکم ۲۱۵۷/۶۰۱ // ***~ به بزم***

آوردن: یکم ۲۲۳/٤٦۰ // *نشست از پر ~ بودن*: دوم ٤٤۰/٦۳۸ // *هوا دام ~ شدن*: دوم ۹۳/٦۰۱ // نماد پیری و سالخوردگی: دوم ۲۹٤۸/۷۳۷.

کرم. دوم ٥٥٤/۳٦۳.

کُرَنج. برنج: دوم ٤۰۷/۱۰۹۷.

کرّه‌تاز. رام‌کننده‌ی کرّه‌اسب: دوم ۱۸۰/۸؛ ۳٤۸/٤٦۹.

کرّنای. کرنا: یکم ۷۳۷/۸۰؛ ۱٥۹/۱۰۱؛ ۱۲۹٥/۱٤٦ و دیگر // *طهمورتی ~*: یکم ۸۷٤/٦۷۳

کُریز. // *در ~ نشستن*: دوم ۱۹/۲.

کریمان. یکم ۹۰/۲٦٤؛ دوم ٦٤۷/۱٦۰.

کزاز. بیماری خشکی و سوزش: یکم ٤٥۹/٦٥٦.

کژ. قز، ابریشم خام: دوم ۱۹۲۳/۹٥٤.

کژآگند. قزآگند: دوم ۱۹۲۳/۹٥٤؛ ۲۳٥۸/۹۷۱.

کس. ۱- شخص نامعلوم، کسی: یکم ۱۳۹/۷ و فراوان. **۲-** هیچکس: یکم ٦۳/٥۳؛ دوم ۳٥٤/۳٥٥؛ ۳٥۳/۳۸۷ و دیگر. **۳-** فردی، احدی: یکم ۲٦۹/۳۱۳؛ ۲۱۳۸/۳۸۷ و دیگر. **٤-** فرد گرامی و ارجمند و معقول، شخصِ شخیص: یکم ۲۹/۲ // *کسی را به ~ داشتن*: یکم ۱٤٦/۲۰٥؛ ۳۷۲/٥۳۱ // *کسی را به ~ شمردن*: یکم ۲٦۹/۳۱۳؛ ۱۷٦۲/۳۷۲؛ ۲۱۳۸/۳۸۷؛ ۲۱۲۰/۸۷٤ // *کسی (کس) را به ~ نداشتن (نشماردن، نشمردن)*: دوم ٥۲۸/۳٦۲؛ ۱۲۷/۳۷۸؛ ۳۹٥/٤۹۸؛ ۲۲۳۰/٥۷۰؛ ۲٥٥۲/٥۸۳؛ ۱٦۱۰/٦۸٤؛ ۳۸۳۰/۷۷۲؛ ٤۱٥۰/۷۸٥؛ ۱۲۱٥/۸٤۹؛ ۱۳۸۳/۸٥٥. **٥-** یار: دوم ۲٥۹٦/۹۸۱.

کسان. دیگران، بیگانگان // *شهر ~*: دوم ۳۰۷۲/۱۰۰۰.

کُستی. ۱- کُشتی: یکم ۷٥٤/۲۹۰؛ ۸۱۰/۲۹۳، ۸۱۹، ۸۲٦؛ ۲۷٦۸/٦۲٦، ۲۷۷٤؛ ۲۸٥۹/٦۲۹؛ ٦۳۹/۸۱٦ // *~ گرفتن*: یکم ۸۰۹/۲۹۳؛ ۸٥٥/۲۹٤؛ ۲۷٤۹/٦۲٥؛ ۲۷۷٥/٦۲٦؛ ۷۹۳/۷۲۲. **۲-** کمربند زردشتیان (پهلوی kustīg) // *~ ببستن*: دوم ۷۹/٤۲ // *~ بستن*: دوم ٥٥/٤۱؛ ۷۸/٤۲؛ ۱۰۹/٤۳؛ ۸٤٤/۷۲ // *بند ~ آموختن*: دوم ۹۹۳/۷۸.

کسره‌ی اضافه. ۱- در معنی به: دوم ۲٥۲۸/۹۷۸. **۲-** در معنی از، درباره‌ی: یکم ۳٦۹/٥۳۱؛ دوم ۷/۲۲٥؛ ٤۳۰٤/۷۹۱. **۳-** در معنی برایِ: یکم ۲۳۸۹/۷۸٥؛ دوم ۲٦٥۹/۹۸۳آ؛ ۷۰۹/۱۱۰۹آ. **٤-** در معنی مربوط به: دوم ۳۷۲۹/۱۰۲٦.

کش. ۱- بغل، زیر بغل: یکم ۱٤۹۳/۱٥۳؛ ٤٤/۱۹۳؛ ۱۸۳۰/۳۷٥؛ ۱٤٦۲/٥۷٤؛ دوم ۱۱۱/۲٤۹ // *دست به ~ کردن* ۱- به حالت دست زیر

بغل ایستادن: دوم ۱۷۳۱/۵۵۱؛ ۵۲۲/۸۲۲؛ ۷۶/۱۰۴٤ (نیز← دست، شماره‌ی ۱). ۲- دست در آغوش کردن هنگام خواب: دوم ۲٤٤۷/۵۷۹. **۲-** کشاله‌ی ران: یکم ۱٦۷/۳۵. **۳-** آغوش، کنار: یکم ۷۳/۳۰٦.

کشان. یکم ۲۰۷/۷۹۹ // ***خود را ~ داشتن:*** یکم ٤۸/٤۲۵.

کشتمند. کشت، کشتزار: یکم ۵۷/٦٤۱؛ دوم ۵۷/۱۰۳؛ ۵۵۵/۱۱۰۳.

کُشتن. ۱- کشته شدن، مردن: یکم ۸۳۰/۲۹۳؛ ۸۷۲/۲۹۵؛ ۳۵۸/۳۱۷؛ ٤۲۰/۳۱۹؛ ۱٦۷۹/۷۵٦؛ ٦۵۹/۸۱٦؛ ٦۸۳/۸۱۷؛ ۱۳٦۰/۸٤٤؛ دوم ۱۲۷٤/۱۸۵؛ ۱٤۸۳/۱۹٤؛ ۱٤۲۰/۱۹۱؛؛ ۱٦٦۹/۲۰۱؛ ۲۸۸/۲۵٦؛ ۹٤۸/٦۵۸؛ ۱۷۵۵/۸۷۰؛ ۱۷۳۷/۹٤۷؛ ۸٦۹/۱۱۱٦ **۲-** خاموش کردن: دوم ۱۵۸۸/۱۹۸.

کشت و درود. زراعت، زمین مزروعی: یکم ۱۲/۱۵؛ ۱۲٦/۸۰۷؛ ۱۱۸۰/۱٤۱.

کُشته. مُرده: یکم ۲۲٤۰/٦۰۵.

کَشتی. ۱- سفینه، کنایه از شتاب //~ ***از آب (دریا) به خواب (اندر) آمدن:*** یکم ۲۹۳/٤۳٤ // ~ ***از باد شتاب گرفتن (جنبیدن):*** یکم ٦٤۲/۳۲۸ // ~ ***بر آب افگندن:*** ۱- کشتی را برای حرکت آماده کردن: یکم ٤۳۰/٤٤۰. ۲- برنامه و داعیه‌ی بزرگی داشتن: یکم ۱۲۹/۲٦٦ //~ ***بر جام می گذار کردن:*** دوم ۷۹٤/۱٦٦ // ***بکردار (بر سان، چو) ~ (ز بر آب):*** یکم ۸٤٦/۸٤؛ ۱۳۷۱/۱٤۹؛ ۵۷۵/۳۲۵؛ ٦۳۹/۳۲۸؛ ۱۷۲۰/۳۷۰؛ ٤۰۷/٤۳۹ // ~ ***به دریای آب به خواب اندر آمدن:*** یکم ۱۰۸٦/۵۵۹ // ***همچو ~ بر آب تاختن*** کنایه از شتاب کردن در کاری: یکم ۲٦٤۸/۸۹۵. **۲-** کنایه از خورشید // ***زرد ~:*** دوم ۹۵۳/۸۳۸.

کُشتی. ← کستی.

کشک. // ***نان ~:*** دوم ۱۹۷۲/۹۵٦.

کَشکین. نان جو: دوم ۱۹۷۵/۹۵٦ // ***نان ~:*** یکم ۹٤۲/٦۷۵؛ دوم ٦۷۵/۹۰۵؛ ۵۱۹/۱۱۰۲، ۵۲۳، ۵۳۲، ۵٤۱؛ ٦۵۹/۱۱۰۷.

کُشنده. خونی، قاتل: دوم ۷۳۷/٦۸.

کشور. ۱- مملکت // ***(زمین، جهان) هفت ~*** سراسر جهان: یکم ٤/۱۵؛ ۵٦/۳۱؛ ۲۰۵/۳۷؛ ۳۷۹/٤٤؛ ۲۰/۹٦؛ ۸۸/٤۲٦؛ ۵٦۸/٦٦۱. **۲-** شهر: دوم ۵۲۹/۸۲۲. **۳-** بخشی از مملکت، استان، بخش جدا از پایتخت: دوم ۳۰۰/۲۳۷؛ ۳٦۲٦/۱۰۲۲. **٤-** اقطاع: دوم ۲/۲۱۷.

کشیدن. ۱- رفتن، راندن، حرکت کردن: یکم ۱۷۳/۵۸؛ ۱٤۲٦/۱۵۱؛ ۱۵۸٤/۱۵۷؛ ۲۹۲/۱۷۰؛ ۳۰۱/۱۷۱؛ ۲۳۳/۲۷۰؛ ۱۰۰۲/۳۰۰؛ ٦۷۹/۳۲۹؛

١٧٥٣/٣٧٢؛ ٤١٩/٤١٩؛ ٣٧١/٤٣٧؛ ١١٥٠/٦٨٤. **٢**- آوردن: یکم ١٦٣٩/٣٦٧، ١٦٤٠. **٣**- بردن: یکم ٤٧٨/٤٢١؛ دوم ٣٠٤/٦٣٣ و بسیار // ***به مردم ~***: یکم ١٦/١٧.

کشیده. برکشیده، از خواری رهانیده: دوم ٢٠٤٠/٩٥٩.

کف[1]. کف دهان // ~ ***انداختن***: یکم ٥٤٥/١١٦.

کف[2]. کف دست // ***چو ~ کردن گیتی را***: یکم ١٠٠٣/١٣٤.

کفت. کتف، شانه: یکم ٣٧٥/٢١٤؛ ١٠٧٤/٥٥٩؛ دوم ٣٠٤٢/٩٩٨.

کفتن. ١- شکافتن، ترکیدن، باز شدن: دوم ٢٠١٨/٥٦٢؛ ٨٠٣/١١١٣؛ ٨٧٦/١١١٦ // ***بند جان کسی ~***: یکم ٢٧٩٧/٦٢٧ // ***پوست ~ بر تن***: یکم ٧٦٦/١٢٥؛ ٤١٨/٢٥١؛ ٧٨٣/٥٤٨؛ ٨٢٣/٨٢٣؛ دوم ١٣٤١/١٨٨؛ ٣٩٧/٢٦١. **٢**- شکافاندن، ترکاندن، کافتن، باز کردن: یکم ٢٠٧٨/٣٨٤ // ***مغز کسی ~***: یکم ٣٥٢/٤٦٥.

کفته. شکافته: یکم ٦٥١/٤٤٨.

کَفْچ. کَفک، آب دهان // ~ ***برآوردن***: دوم ١٣١١/٣١٦.

کفشگر. کفش‌ساز: دوم ٣٢٠/٤٩٥؛ ٣٢٥/٤٩٦؛ ٤٢١٣/٧٨٧ و دیگر.

کفک. آب دهان: یکم ٩٣/٦٤٢؛ دوم ١١٦٥/٨٥.

کفک‌افگن. دهان کف‌کرده، کنایه از خشمناک: یکم ١٢٨/١٨٨؛ ٤٤٧/٤٤٠؛ دوم ٧٦٥/١٣١؛ ٣٤٦/٤٦٩؛ ١٥٨٦/٥٤٥ (نیز ← کفک).

کفن. کنایه از جامه: دوم ٩٢٦/١٧١ // ~ ***خاک یافتن***: دوم ٢٥٢٥/٩٧٨ // ~ ***نیرزیدن***: دوم ١٣٠٣/٩٣٠.

کلاته. دوم ٦٨٨/٩٠٦.

کلاه. ١- پوشش سر، سرپوش // ~ ***از آسمان برگذراندن***: یکم ١٩٠٦/٣٧٧ // ~ ***از سر برگرفتن (به آیین سوگواری)***: یکم ٨٤٧/٧٢٤؛ دوم ٧٠٩/١٢٩ // ~ ***از سر ربودن***: یکم ٨٤٧/٢٩٤ // ~ ***برآوردن***: یکم ٣١٩/١٧١ // ~ ***برافراختن (با ماه، به گردون)***: یکم ٩١٨/١٣١؛ ١٠١/٢٥٧ // ~ ***بر سر نبودن***: یکم ٩٥/٦٩٤ // ~ ***بر سر نهادن*** ١- برای پذیره شدن: یکم ٣١٤/٢٧٣. ٢- از بزرگان بودن: یکم ٣٣/٢٦٢ // ~ ***دو پر***: دوم ١٢٢٧/٨٧ // ~ ***شاهی سزاوار بر سر نهادن***: دوم ٣٢٠٤/١٠٠٥ // ~ ***کاغذین بر سر کسی نهادن***: یکم ٢١٠٥/٥٩٩ // ~ ***کسی را اندازه گرفتن***: یکم ١٤٩٢/٣٦١ // ~ ***گرفتن***: یکم ١٨٣/٢٤٢ // ~ ***نمودن***: یکم ٧٨٥/٦٦٩ // ***از کسی ~ برافراختن***: دوم ١٦٣٤/٢٠٠ // ***با ~ آمدن***: یکم ١٣٢٠/١٤٧؛ ٧٧٢/٣٣٣ // ***به سر رنج***

از ~ بودن: یکم ۱۱۱۵/۶۸۲ // **بی~ رفتن**: یکم ۴۵۰/۲۷۸ // **توری ~**: دوم ۱۲۱۹/۸۷ // **جان را از بهر ~ فروختن**: دوم ۱۸۶۶/۹۵۲ // **عادی ~**← عادی // **فرّ ~**← فرّ. **۲**- تاج: یکم ۲۴۹/۱۰۵؛ ۱۹/۱۶۰، ۳۸؛ ۴۹۱/۱۷۸؛ ۷۱۵/۲۲۷؛ ۱۵۰/۲۶۷؛ ۱۰۹۹/۳۴۶؛ ۱۵۴۷/۳۶۳؛ ۵۶۰/۴۴۵ و دیگر // **با ~ تاجدار**: یکم ۶۷۷/۳۲۹ // **زرین ~**: دوم ۱۴۶۸/۹۷ // **نفرین کردن ~**: یکم ۲۲۵۹/۳۹۱. ۳- کنایه از بزرگی: یکم ۹۷۸/۲۹۹، ۹۷۹. ۴- کنایه از گیسوی زن: یکم ۳۳۵/۱۰۸؛ دوم ۱۵۰/۶۱۱؛ ۲۱۸۹/۷۰۷؛ ۲۲۷۵/۷۱۱.

کلبه. دکان: دوم ۵۰۱/۱۲۰؛ ۵۰۳/۱۲۱، ۵۰۷، ۵۰۸، ۵۱۴؛ ۵۳۱/۱۲۲ // **~ دریا کردن**: دوم ۴۸۵/۱۲۰.

کلک. چوب نیزه و تیر، نیزه، تیر: یکم ۲۵۹/۴۷۷؛ ۶۴۶/۵۴۲؛ ۱۰۱۲/۸۳۰؛ دوم ۳۱/۳۴۲.

کُلند. کلنگ // **~ از نمد کی کند کار سنگ**: دوم ۳۲۴/۴۹۶.

کلنگ. نام پرنده‌ای آبی، مرغ ماهیخوار، حواصل: دوم ۳۷۶/۱۱۶، ۳۷۹؛ ۷۹۱/۵۱۴، ۷۹۲؛ ۱۹۶۱/۵۶۰.

کُله. ۱- کلاه: یکم ۹۵۷/۲۹۸؛ ۴۰/۴۰۴ و دیگر. **۲**- تاج: یکم ۴۴۲/۱۷۶؛ ۲۲۴۶/۳۹۱ و دیگر.

کلید. // **~ بندها آراسته شدن**: یکم ۴۲/۲۲ // **~ بندها شدن**: یکم ۶۰/۳ // **~ کاری را داشتن**: یکم ۲۸/۱۸۴ // **گم شدن ~**: یکم ۵۰۶/۱۱۵.

کلیله (نیز← دمنه). *کلیله و دمنه*: دوم ۷۳/۸۸۲؛ ۳۵۰۶/۱۰۱۷.

کم. // **~ بودن** نابود بودن: یکم ۵۳۶/۴۴۴؛ ۴۱۴/۷۰۷ // **~ شدن (گشتن)** نابود شدن: یکم ۱۵۵/۷؛ ۹۲/۱۶۲؛ ۶۱/۱۹۳؛ ۱۲۹/۱۹۶؛ ۱۸۲/۲۴۲، ۱۹۵؛ ۱۸۰/۲۶۸، ۱۸۱؛ ۴۸۱/۲۸۰؛ ۲۴۲۱/۶۱۲ // **~ کردن نام کسی را**: یکم ۵۶۸/۳۲۵ // **کسی را از گیتی ~ کردن** نابود کردن او: دوم ۳۷۰/۸۹۳.

کمابیش. پیرامونِ، حدودِ: دوم ۳۵۹۳/۱۰۲۰.

کمان. ۱- آلت جنگ و شکار // **~ به زه**: یکم ۱۲۸۲/۵۶۷؛ ۱۰۵/۶۳۵؛ یکم ۸۳۵/۷۲۳؛ ۲۴۷۵/۷۸۹ و دیگر // **~ را به زه برنهادن**: یکم ۱۰۹۵/۵۶۰ // **~ را تا به ماه برافراشتن**: دوم ۲۹۲۷/۹۹۴ // **~ را چو ابر بهاران گرفتن (کردن)**: دوم ۴۰۳/۱۷؛ ۱۷۹۴/۹۴۹ // **~ کیان**: یکم ۱۳۸۰/۳۵۷ // **~ کیانی**: یکم ۹۰۴/۱۳۰ // **~ گوشه بر گوشه تنگ برسودن**: یکم ۷۷۴/۷۲۱ // **از ~ شست بگشادن**: دوم ۱۱۳۰/۱۸۰ //

(خانه‌ی) ~ را مالیدن: یکم ۱۳۰۰/۱۴۶؛ ۱۳۸۳/۳۵۷، ۱۳۸۵ // ***در ~ راستی نیکو نیست!:*** یکم ۵۴۴/۷۲ // ***زهی گر ~:*** یکم ۷۲۳/۱۲۳. **۲-** کنایه از کژّی و ناراستی: یکم ۱۸۸/۶۳۸ // ***~ بدی را کشیدن:*** یکم ۱۸۳۶/۵۸۹ // ***ره ~ گرفتن:*** دوم ۲۵۰۴/۷۲۰. **۳-** کنایه از خط کمانی افق // ***خمَ ~:*** یکم ۸۸/۵۲۰.

کمان‌مُهره. کمان‌گروهه: دوم ۱۷۳/۴۶۲، ۱۸۰، ۱۹۰؛ ۲۲۰/۴۶۴.

کم‌آواز. انسان خاموش و بردبار و آهسته: دوم ۱۱۱/۴۰۳.

کم(و)بیش. (نیز← بیش و کم) **۱-** اندکی و بسیاری، حدود کارها، وضع و حال، نیک و بد، دار و ندار، بود و نبود: یکم ۳۵/۲۲؛ ۲۴۰/۱۰۴؛ ۱۴۶۴/۳۶۰، ۱۴۶۸؛ ۱۲۹/۴۵۶؛ ۱۲۰۱/۸۳۸؛ ۲۸۹۰/۹۰۵؛ دوم ۳۶۰/۳۵۵؛ ۳۴۱۲/۷۵۶؛ ۱۸۴۴/۸۷۴؛ ۲۵۰۱/۹۷۷ // ***~ کاری را به دست گرفتن:*** دوم ۱۲۱/۱۰۴۶ // ***~ کسی را بازجستن*** وضع و حال او را پژوهیدن: دوم ۱۳۲۵/۳۱۷ // ***~ کسی را برگراییدن:*** دوم ۷۳/۲۴۸ // ***~ کسی را ساختن:*** یکم ۹۹۵/۳۴۲ // ***از ~ پرسیدن:*** یکم ۴۸۱/۱۱۴ // ***از ~ کسی شمار گفتن:*** دوم ۲۳۵۱/۹۷۱ // ***از کسی ~ ندیدن:*** یکم ۱۹۲۶/۵۹۲ // ***از ~ سخن راندن*** از هر دری سخن گفتن: یکم ۷۳۷/۳۳۲؛ ۱۱۴۸/۵۶۲ // ***راز ~ کسی را دانستن:*** یکم ۱۸۸۷/۳۷۷. **۲-** کمتر، بیشتر، کم و زیاد: دوم ۱۰۲۴/۵۲۳. **۳-** خواست، صلاح کار: یکم ۱۲۰۱/۸۳۸.

کمتر و بیشتر. کم و بیش: یکم ۶۰۸/۱۱۹.

کمر. ۱- ***// ~ بر میان:*** یکم ۵۹۳/۳۲۶ و دیگر // ***~ (بر میان) بستن (کین، کینه را):*** یکم ۵۶۲/۷۳؛ ۶۶/۲۰۱؛ ۲۶۳/۲۰۹؛ ۷۳۵/۲۲۸؛ ۵۸۵/۳۲۶، ۵۹۲؛ ۲۱۳۱/۳۸۶؛ ۲۲۱۰/۳۹۰ و دیگر // ***~ بر میان بسته بودن:*** یکم ۱۹۴۸/۳۷۹ // ***~ بستن:*** یکم ۴۶/۳۱؛ ۲۸۹/۱۰۶ // ***~ گشادن:*** یکم ۱۰۰۶/۳۰۰؛ ۱۱۳۰/۶۸۳؛ دوم ۱۶۰۶/۹۴۲ // ***~ نگشادن:*** یکم ۷۱۲/۷۹ // ***~ هفت‌چشمه:*** دوم ۳۵۴۲/۱۰۱۸ // ***با ~:*** یکم ۵۸۱/۳۲۵ // ***تنگ بسته ~:*** یکم ۵۴۹/۲۲۱. **۲-** میانه‌ی کوه: یکم ۵۴۱/۵۳۸.

کمربست. کمر بستن: یکم ۳۵۲/۴۳.

کمربسته. مهیّا، آماده: یکم ۸۶۹/۸۵؛ ۱۲۸۹/۱۴۵.

کم‌سخن. یکم ۱۹۷۲/۳۸۰ // ***مردم ~:*** دوم ۳۷۷۸/۱۰۲۸.

کمرگاه. ***// ~ شاهنشهی گستن*** کنایه

از نابود شدن شاه: یکم ۵۱۳/۷۱.

کمند. // ~ ***کسی را رشته خواندن:*** یکم ۱۴۴۷/۵۷۴ // ***رخشان*** ~: یکم ۸۵/۲۶۴ // ***(مشکین)*** ~: یکم ۴۵۵/۱۱۳؛ ۵۲۳/۱۱۵؛ ۱۷۰/۲۴۱؛ ۲۲۹۷/۳۹۳ و دیگر.

کم و بیشی. // ~ ***کارها را ننگریستن:*** دوم ۲۹۷۰/۹۹۶.

کمی. نقصان، خلل، کاستی، اندک، قلّت: یکم ۱۹/۱؛ ۵۹۱/۱۱۸؛ ۱۱۵۷/۱۴۰؛ ۱۸۶۸/۳۷۶؛ ۷۰۱/۴۵۰؛ دوم ۲۷۳۴/۹۸۶ // ***در ~ با خاک جفت گشتن*** چون خاک پست بودن: دوم ۲۵۰/۴۹۳.

کُمیت. اسب سرخ با دم و یال سیاه: دوم ۱۴۱/۴۶۰؛ ۱۳۶۴/۹۳۲.

کَمیج. دشمن، خصم: یکم ۹۴۹/۵۵۴.

کمین. یکم ۸۹۱/۸۶

کمّی و بیشی. // ***از ~ سخن گفتن:*** دوم ۷۴۱/۹۰۸.

کمین. // ~ ***آوردن:*** دوم ۳۰۲۲/۹۹۸.

کمین‌ور. یکم ۸۰۰/۸۲.

کنار. ۱- پهلو، جنب: یکم ۳۹۸/۱۱۰. ۲- دامن، آغوش: یکم ۵۸۹/۷۴؛ ۲۵۹/۱۶۹؛ ۱۰۸/۳۰۷؛ ۲۴۳۹/۳۹۹ // ***آتش اندر (در) ~ داشتن (کردن):*** یکم ۳۵۶/۲۷۵؛ ۴۳۱/۴۴۰ // ***اندر (بر، در) ~ پروردن (پروراندن):*** یکم ۵۱۵/۷۱؛ ۱۴۷۶/۳۶۱؛ ۲۴۴۵/۳۹۹ // ***اندر (در) ~ گرفتن کسی (یکدیگر، جهان) را:*** یکم ۱۷۰/۱۰۲؛ ۱۵۱/۲۰۵؛ ۶۲۱/۳۲۷؛ ۹۲۳/۳۳۹؛ ۱۴۹۱/۳۶۱ // ***اندر ~ هوا بودن:*** یکم ۴۲۹/۴۴۰ // ***بر در ~ آوردن:*** یکم ۳۹۳/۱۱۰ // ***خرد در ~ داشتن:*** یکم ۹۱۶/۳۳۹ // ***در ~ داشتن:*** یکم ۲۴۳۹/۳۹۹ // ***سپهر اندر ~ داشتن:*** یکم ۱۶۳/۲۴۱ // ***سر کسی را در (بر) ~ نهادن:*** دوم ۲۶۲۹/۹۸۲ // ***سر بر (در)*** ~: یکم ۷۲۲/۳۳۱ // ***سرشک غم اندر ~ آوردن:*** یکم ۱۰۸۵/۳۴۵ // ***گل در*** ~: یکم ۳۹۸/۱۱۰.

کنارنگ. ۱- مرزبان، فرماندار: یکم ۴۸۳/۲۱۸؛ ۱۵۶/۴۵۷؛ ۱۰۱/۴۷۱؛ دوم ۳۹۶۰/۱۰۳۵؛ ۲۸۵/۱۰۹۲. ۲- دلیر و نامور: یکم ۴۰۸/۵۳۳.

کنارنگ‌دل. آزاده و دلیر: یکم ۵۱۲/۱۷۹؛ ۷۸/۴۰۶.

کنارنگی. مرزبانی: دوم ۲۸۸/۱۰۹۲.

کناغ. رسن ابریشمین دوتاه برهم بافته: یکم ۴۵۴/۴۲۰؛ دوم ۱۹۰۵/۶۹۶ // ***زرّین*** ~ کنایه از خورشید: دوم ۳۱۰۷/۱۰۰۱ (نیز← جنا).

کُنام. ۱- آشیانه‌ی پرندگان: یکم ۸۱/۹۸، ۱۲۱/۱۰۰، ۱۳۰؛ ۱۶۷/۱۰۱؛ ۳۳۹/۱۰۸؛ ۶۳۱/۱۲۰؛ ۱۲۳۵/۱۴۳؛ دوم ۶۳۱/۱۶۰، ۶۳۳. ۲- لانه‌ی

جانوران دیگر: یکم ۲۸۷/۲۱۰؛ ۱۹٦/۲٤۲؛ ۸۰/٤۰٦؛ دوم ۳٦۹/٦۳۵؛ ۳۰۵٤/۷٤۱؛ ٤۲٤/۱۰۵۷. **۳-** خانه: دوم ٦۳/۲۲۷.

کُنج. گوشه: یکم ۱/۲٦۱.

کُند. // ~ ***شدن:*** یکم ۲۵۰/٤۳۳؛ دوم ۱۲۳٦/۱۸٤.

کندرو. دوم ٦۵٤/۱٦۱.

کَندمند. ویران: دوم ۱۲۳۵/۱۸٤.

کنده. خندق: یکم ۸۳۰/۵٤۹؛ ۲۵۲٤/٦۱٦؛ ۳۵۳/۸۰٤، ۳۵٤؛ ۳۹۱/۸۰٦؛ ۱۲۸۵/۸٤۱، ۱۲۸۹، ۱۲۹٦؛ ۱۵۸۸/۸۵۳، ۱۵۹۸؛ ۱٦۲۲/۸۵٤؛ دوم ۱۳۵٦/۹۳، ۱۳۵۷؛ ۱۰۵/۵۹۵، ۱۰۹، ۱۱۲، ۱۱۷؛ ۱۲۰/۵۹٦، ۱۲۱، ۱۲۲، ۱۳۲، ۱۳٤.

کنده‌گر. چاه‌کن: دوم ۱۵۵/۲۰۹.

کنش. کار، کردار: دوم ۳۳۲/۸۹۲.

کنگ. یکم ۲۱۰۱/۳۸۵؛ ۳۳۹/٤۱٦.

کنون. // ***هم*** ~: یکم ۷۹٤/۱۲٦.

کنونی. فعلاً، اکنون: یکم ۸۲۷/۳۳۵.

کنیزک. **۱-** زن شوی‌کرده: یکم ۵۷٦/۷۳. **۲-** زن دوشیزه: یکم ۵۰/۳۰۵. **۳-** کنیز و پرستار و بنده: یکم ۷۹۸/۳۳٤.

کوپال. گرز آهنین: یکم ۹۵٤/۸۸؛ ۱۹۵/٤۳۰ و دیگر.

کوتاه. **۱-** // ~ ***داشتن:*** یکم ۳۸۸/٤۳۸. **۲-** آسان: دوم ٤٦۹/۵۰۱؛ ۸۱۳/۸۳۳.

کودک. **۱-** // ~ ***میگسار:*** دوم ۷۹٦/۱٦٦ // ~ ***نارسید*** نوجوان، ساقی بچه: دوم ۱٦۵۲/۲۰۰. **۲-** عروسک: یکم ۱٤۹۰/۱۵۳.

کور (؟). // ***تخم ~ (؟):*** یکم ۱۵۷۷/۵۷۹.

کورستان. یکم ۲۰۸/۷۹۹.

کوز. کوژ، خمیده: یکم ۳۷٤/٦۵؛ ۵۳۲/۲۳۸؛ ۵۵٦/٦٦۰؛ دوم ۲٤۹٦/۵۸۱.

کوزپشت. کنایه از آسمان: یکم ۸٦٤/۲۹۵؛ ۷۹٦/٦۷۰.

کوژ.← کوز.

کوس. **۱-** زخم، ضربه: یکم ۲۹٦/٤۳٤؛ ۳۵۲/٤۳۷؛ ۳۱۸/۵۲۹ // ~ ***یافتن*** آسیب دیدن: یکم ۳۵۹/۲۷۵؛ ۳۱٦/٤۱۵؛ دوم ۱۷۳۸/۹٤۷. **۲-** نقاره و طبل بزرگ: یکم ۷۵۱/۸۰؛ ۲۱۳/۱۰۳؛ ۵۱۰/٤٤۳ و دیگر // ~ ***برآمدن*** صدای طبل برخاستن: یکم ۱۵۰٦/۱۵٤ // ~ ***بر (پشت، کوهه‌ی) پیل (بر) بستن:*** یکم ۲۱۳/۱۰۳؛ ۵٤۲/۱۸۰؛ ٤۲۳/۲۷۷؛ ٦۱۹/۳۲۷؛ ۹٦۵/۳٤۰؛ ۲۲۰۷/۳۸۹؛ ۸٦۱/٦۷۲؛ ۱۱۳٦/٦۸۳؛ ۱۳۰/٦۹٦؛ ۲۱۷/٦۹۹؛ ۲۵۹/۷۰۱ و دیگر // ~ ***رویین*** نقاره‌ی بزرگ با کاسه‌ی فلزی: یکم ۲۲۵/۱٦۸؛ ۱٤۰/٤۰۸ // ~ ***نگون کردن:*** یکم ۵۳۹/۷۲ // ***آوای*** ~

برخاستن: یکم ۲۹٦/۱۷۰ // ***عو ~ از آوای رود خواستن:*** دوم ۷۷٤/۱٦۵.

کوش[۱]. کوشش: دوم ۵/٤۵۵.

کوش[۲]. //~ ***(← کوس؟) بزرگ:*** یکم ۱۱۷/٦۹۵.

کوشان. کوشا، کوشنده: دوم ۲۵٦۰/۷۲۲؛ ۲٦۵۲/۷۲۵؛ ٤۱۰٦/۷۸۳.

کوشایی. // ~ ***ایزدی*** کوشش نیک و خداپسندانه: دوم ٤۰۵۳/۷۸۱.

کوشش. ۱- سعی، تلاش، همَ: دوم ٤۲٤/۳۵۸؛ ۷٦۲/۵۱۳؛ ۱۱٦۵/٦٦۷؛ ۲۵۳۹/۷۲۱، ۲۵٤۲، ۲۵٤۳ و بسیار. **۲-** کارزار: دوم ۱۵۰/۳۷۹؛ ۸۰/٤۸٦ **۳-** اختیار، تفویض: دوم ٤۱۳/۳۵۷؛ ۱۹۸/۱۰٤۹؛ ۷۰۲/۱۱۰۹.

کوشیدن. جنگیدن، پیکار کردن: یکم ۳۳٤/۲۱۲؛ ۲۸۰/۲۷۲؛ ۱۵۵٦/۸۵۲؛ دوم ٤٤۰٤/۷۹۵ // ***با کسی ~*** با او کلنجار رفتن و بحث کردن: دوم ٤۵/٤۱۱؛ ۲۹۸۷/۹۹٦.

کومه. کلبه: دوم ۵۰۸/۳٦۱.

کوه. // ~ ***بر گردن آویختن:*** دوم ٤۵۱/۱۰۵۸ // ~ ***رفته ز جای*** کوه روان: یکم ۳۲٤/٤٦٤ //~ ***روان:*** دوم ۲٦۳٦/۹۸۲ // ~ ***سیم:*** یکم ۲۰۷۹/۳۸٤ // ***تن ~ را خاک به مشت ماندن:*** یکم ۹۵۷/۵۰۵.

کوه‌باره. یکم ۳۱۲/۵۲۹؛ ٤۲۸/۷۰۷؛ ۱۷۸٤/۷٦۱؛ ۲۰۲۲/۷۷۱.

کوه‌کوه. کپّه‌کپّه، پشته‌پشته: یکم ۸۳٤/۲۳۲؛ دوم ۹۳/۲۲۱.

کوهه. ۱- زین و قاچ زین؛ برآمدگی پشت شتر و جانوران بارکش: یکم ۸٤۷/۸٤؛ ۲۱۳/۱۰۳؛ ۲۲۰۷/۳۸۹؛ ۱۵۹/٤۰۹؛ ۵۳۹/٤٤٤، ۵٤۲؛ دوم ۷۷۷/۱٦٦؛ ۹۷٤/۱۷۳؛ ۹۸۸/۱۷٤ // ***~ی زین:*** یکم ٤۱٦/۱۷۵؛ ۸۱٤/۲۳۱؛ ۵۹/۲۳۷. **۲-** تپّه، بلندی: دوم ۹۹٦/۱۷٤.

که. ۱- حرف ربط: یکم ۱/۱۱ و فراوان. **۲-** کی، کسی، چه کسی: یکم ۲/۱۱ و فراوان. **۳-** کدام (برای جانور): یکم ۱۰/۱۷، ۱۲. **٤-** چه، کدام (برای چیز): یکم ۱٦۸/٤۲۹. **۵-** چون، اگر، بود که: یکم ۲۳۵/٦۰؛ ۱۰۳٦/۱۳۵؛ ۸۸۱/۳۳۷؛ ۱۲۵/٦۹٦؛ ۵۰٤/۷۱۰. **٦-** تا، تا که، به محض اینکه: یکم ۱٦۹/۱۰۱. **۷-** تا، تا که، از اینکه: یکم ۲٦۱/۳۱۳. **۸-** از اینکه، از آنچه: یکم ٦۷۹/۲۸۸. **۹-** (برای استدراک) بلکه: یکم ۸۸۵/۱۳۰؛ ۲۵۸٦/٦۱۸؛ دوم ۱٤۸/٦۲۷؛ ۲٦/۱۰٤۲؛ ۲۸۹/۱۰۵۲. **۱۰-** (در تعلیل و سبب) که، اینکه، زیرا که، چونکه، از آنجا که: یکم ۳۹/۳۰؛ ۳۳٤/٤۲؛ ۵۳٤/۷۲، ۵۳۷؛ ۳۲٦/۱۰۸؛ ۲۳۰/۲۷۰؛ ٤٤/۳۰٤؛ ۱۰۱/۳۰۷؛ ۸۸۱/۳۳۷؛ ۱۹٦۹/۳۸۰؛ ۵۷۵/٤٤۵؛ ۱۲۰۱/۵٦٤؛ ۲۱٦۹/٦۰۲؛

۱۰۴۸/۶۸۰؛ دوم ۴۳۷/۱۸؛ ۶/۴۱۵؛ ۹۴۸/۶۵۸؛ ۳۵۱۲/۷۵۹؛ ۱۸۴۰/۸۷۴؛ ۹/۱۰۶۷. **۱۱**- وقتی‌که، هنگامی‌که: دوم ۱۸/۲۶۶؛ ۷۷۰/۸۳۱. **۱۲**- هر کس، هر که: دوم ۳۵۹/۳۵۵؛ ۹۶۴/۶۵۹؛ ۳۸۸۲/۷۷۴. **۱۳**- در بیان ایجاز: یکم ۱۳۹/۵۶؛ ۶۳۰/۷۵؛ ۱۱۰/۲۰۳؛ ۶۵۴/۲۲۵؛ ۳۰۹/۲۴۷؛ ۳۷۰/۲۴۹؛ ۴۸۱/۲۸۰؛ ۹۵۶/۳۴۰؛ ۱۴۰۹/۳۵۸؛ ۱۷۵۴/۳۷۲؛ ۱۷۸۱/۳۷۳؛ ۵۲۲/۶۵۹؛ ۹۸۳/۶۷۷؛ دوم ۳۵۵/۳۵۵؛ ۱۳۲۸/۸۵۳؛ ۸۷۸/۹۱۳؛ ۳۱۲۹/۱۰۰۲؛ ۱۲/۱۰۶۷. **۱۴**- چه: یکم ۲۱۰/۵۹؛ ۱۰۰۷/۳۴۲. **۱۵**- بجای ز: دوم ۱۳۴۸/۹۲.

که. **۱**- کوچک: یکم ۱۰۸۰/۳۴۵. **۲**- کهتر (به سال و مقام): یکم ۱۶۱/۵۷؛ ۱۸۹/۵۸؛ ۳۰۴/۶۳.

کهتر. **۱**- کوچکتر (به سال و مقام): یکم ۱۲/۲۹ و فراوان. **۲**- کهترین، کوچکترین (به سال و مقام): یکم ۱۶۲/۵۷، ۱۶۶، ۱۶۷ و دیگر.

کهن. **۱**- پیر، سالخورده: دوم ۷۵۰/۱۶۴؛ ۳۰۵۰/۹۹۹ // ~ ***بودن***: یکم ۴/۱۵۹ // ***از غم ~ شدن***: دوم ۷۴۳/۹۰۸؛ ۳۹۲۱/۱۰۳۳ // ***در جایی ~ شدن***: دوم ۷۳۹/۹۰۸ // ***نو نگردد ~/***: یکم ۷۸۰/۱۲۵؛ ۱۲۷۷/۱۴۵. **۲**- گذشته: دوم ۱۴۷۱/۱۹۳. **۳**- گذشته‌ی نزدیک، دمی پیش: دوم ۳۳۹/۱۱۴؛ ۱۱۷/۲۲۱. **۴**- ناتازه، پژمرده // ***روی ~ شدن***: دوم ۳۲۱/۱۱۳. **۵**- کهنه، قدیمی // ***چیزی ~ گشتن*** از یاد رفتن، نابود شدن: دوم ۱۲۵۶/۸۵۰؛ ۱۴۶۴/۸۵۹. **۶**- کنایه از درست و معتبر: دوم ۳۴۴۴/۱۰۱۴ // ***گفتارهای ~***: دوم ۱۵۶۰/۸۶۳.

کهین. خردسال‌ترین، پایین‌ترین: یکم ۱۶۳/۵۷؛ دوم ۳۵۹۸/۱۰۲۰.

کی. چگونه، چطور، کجا، اصلاً و ابداً، هرگز (قید پرسش زمان در بیان انکار): یکم ۱۰/۱؛ ۲۸/۱۲؛ ۱۱۰/۵۵؛ ۵۲۵/۷۱؛ ۷۷۴/۸۱؛ ۱۲۶/۱۰۰؛ ۲۳۳/۱۶۸؛ ۴۱۱/۳۱۹؛ ۹۵۸/۳۴۰؛ ۱۳۳۴/۳۵۵؛ ۱۷۰۰/۳۶۹؛ ۲۱۷۲/۳۸۸ و دیگر.

کیان. کیانی، شاهانه // ***کمان ~***: یکم ۱۳۸۰/۳۵۷.

کیانی. شاهانه، سزاوار شاه // ***~ بر***: یکم ۵۱۲/۷۱ // ***~ زوان***: یکم ۳۵۵/۶۵ // ***~ کمند***: یکم ۱۱۱/۱۸۷ // ***دو چشم ~***: یکم ۱۶۱۳/۱۵۸ // ***کمان ~***: یکم ۹۰۴/۱۳۰؛ ۲۸۰/۲۱۰ // ***کمند ~***: یکم ۱۰۴/۱۸۷.

کیش. **۱**- آیین، مسلک، مرام: یکم ۲۷۰/۱۰۵؛ ۵۳۲/۴۴۴؛ ۸۰۱/۶۷۰؛ دوم ۵۲۳/۸۹۹ // ***~ از کسی بریدن***: یکم

۸۲۸/۶۷۱ // **بسیار ~**: یکم ۲۶۳۵/۶۲۰. **۲**- مذهب، دین: یکم ۷۱۶/۲۲۷؛ ۱۲۴/۲۳۹.

کیمال. یکم ۴۱۶/۴۱۹ // **~ بور**: دوم ۱۶۲۷/۳۲۹؛ ۲۴۳/۱۰۵۰.

کیمیا. **۱**- دشمنی، کینه؛ نیرنگ، حیله، مکر، چاره: یکم ۷۶۰/۸۰؛ ۱۰۳۲/۹۱؛ ۸۰/۱۶۲؛ ۵۰۷/۲۱۹؛ دوم ۱۹۵/۳۴۸؛ ۷۰۵/۳۶۹؛ ۷۳۴/۸۳۰؛ ۵۰۷/۸۹۹؛ ۱۷۳۴/۹۴۷ // **~ ساختن**: یکم ۸۹۸/۸۶؛ ۸۰۰/۱۲۶؛ ۴۲۵/۸۰۷؛ ۴۹۷/۸۱۰؛ ۱۵۶۸/۸۵۲، ۱۵۷۲؛ ۱۶۰۱/۸۵۳؛ ۲۴۴۶/۸۸۷؛ دوم ۶۷۵/۱۶۱ // **~ جستن** نیرنگ زدن، فریب دادن: یکم ۱۴۲۳/۷۴۷؛ دوم ۶۹۸/۱۶۲. **۲**- بدگمانی، دلچرکینی: یکم ۵۹۹/۱۱۸. **۳**- فن، تدبیر، چاره (نزدیک به معنای نخستین): یکم ۸۰/۴۷۰؛ ۶۰۱/۷۱۴؛ ۶۶۳/۷۱۷؛ ۹۲/۷۹۴؛ ۳۵۱/۸۰۴. **۴**- کینه و درد و اندوه: دوم ۱۲۵۴/۸۹؛ ۱۴۵۰/۹۶.

کین. **۱**- انتقام، خونخواهی: یکم ۴۹/۱۳؛ ۲۱۳۹/۳۸۷ و دیگر // **~ جستن**: یکم ۷۴/۱۶۲، ۸۰؛ ۱۰۰/۱۶۳؛ ۴۷۰/۱۷۷ // ***~ زیر دامن نشاید نهفت!***: یکم ۷۱/۱۶۲ // ***~ کهن نگرداندن***: یکم ۱۷۱۶/۸۵۸ // ***~ گستردن***: یکم ۲۲۱۳/۳۹۰ // ***از ~ یاد کردن***: یکم ۳۱۹/۴۳۵ // ***بر ~ نهادن دل و جان و تن***: یکم ۶۷/۴۰۵ // ***بر ~ کسی میان بستن***: یکم ۳۵۹/۴۱۷. **۲**- جنگ، دشمنی، عداوت: یکم ۵۴/۲۳؛ ۹۸/۳۳؛ ۵۳۱/۳۲۳؛ ۱۲۹۳/۳۵۳؛ ۲۲۳۱/۳۹۰؛ ۸۸/۲۴؛ ۱۸۲/۳۶؛ ۳۴۷/۱۰۸؛ ۵۳۳/۱۸۰ و دیگر // ***~ آسوده*** دشمنی خوابیده و فراموش‌شده: دوم ۱۱۳/۴۲۵ // ***~ برنوردیدن***: یکم ۱۱۲۸/۷۳۵ // ***بر ~ کسی نیاسودن***: یکم ۳۶۰/۴۱۷. **۳**- خشم: یکم ۴۱۶/۶۵۵ (؟). **۴**- جنگ، رزم: دوم ۱۷۱۶/۹۴۶.

کین‌آور. رزمجو: یکم ۸۰۲/۸۲؛ ۲۶۴/۱۰۵.

کین‌آوری. رزم جستن: یکم ۷۹/۱۶۲.

کینه. دشمنی، عداوت و خصومت، انتقامجویی: یکم ۱۴۹/۳۵؛ ۷۱/۴۰۵ و دیگر // ***~ از چمن نروید***: دوم ۲۳۴/۳۸۲ // ***~ خاستن***: یکم ۵۵۲/۴۴۴ // ***از ~ درخت کاشتن***: یکم ۳۷۸/۳۱۷.

کینه‌خواه. **۱**- انتقامجو، دشمن: یکم ۱۹۵۱/۳۷۹؛ دوم ۲۰۳۰/۹۵۸. **۲**- رزمخواه، جنگنده: یکم ۵۶۷/۳۲۵؛ ۲۰۶۶/۳۸۴؛ ۸۵/۴۲۶.

کینه‌دار. دشمن، انتقامجو: یکم ۷۹۰/۸۲؛ ۹۹۰/۹۰؛ ۱۰۲۰/۹۱.

کینه‌ساز. جنگجو: یکم ۸۴۰/۸۴؛ دوم ۳۱۸/۱۱۳.

کینه‌گاه. یکم ٥٤٧/٤٤٤.

کینه‌ور. یکم ٤٢٧/٦٧.

کیوان. زحل: یکم ٧٩/٢٦٤؛ ٣/٥١٧ // *~ کسی را به پای اندرآوردن:* یکم ١٣٦٩/٨٤٤ // *سر از ~ فرود آوردن:* دوم ٩٦٧/١٧٣.

کیوس. کاوس: دوم ٧٢٨/١٦٤.

گ

گاباره. گله‌ی گاوان: دوم ٤٤٤/٨٩٦.

گاز. ابزار بریدن // ***سر به ~ آمدن:*** یکم ٣٥٨/٤٣ // ***سر به ~ آوردن:*** یکم ١٠٤٩/٥٠٨؛ ٨٧٧/٧٢٥ // ***سر به ~ بودن:*** یکم ٥٢٣/٦٥٩ // ***سر کسی را به ~ اندرآوردن:*** دوم ٩٦/٦٠٩ // ***زر از ~ کین بازخواستن:*** یکم ٢٧/٦٩٢ // ***کسی را سر به ~ (اندر) آمدن:*** دوم ٢٥/٤١٠؛ ١٢٩٩/٩٣٠.

گازر. دوم ٣٧/٢٢٦، ٣٨، ٤٠، ٤٢ و دیگر.

گازرگه. رختشوی‌خانه: دوم ٣٦/٢٢٦.

گاشتن. ١- گردانیدن، برگاشتن، پیچاندن، چرخاندن // ***پای در زین ~:*** یکم ٥٧/١٨٥ // **پشت ~:** یکم ١٤٥٨/٧٤٨؛ دوم ٢٣٤٥/٥٧٥؛ ٤٨٨/١١٠٠ // ***سر~*** روی برگرداندن، چشم‌پوشی کردن: دوم ١٤١٨/٣٢١ // ***گمان بر نیک و بد ~:*** یکم ١١٤٤/٣٤٨. ٢- تعیین کردن، مقرر نمودن: یکم ٩٤٢/٦٧٥. ٣- رفع کردن، دور کردن، بردن: یکم ١٢٣٠/٨٣٩؛ دوم ٣٩٣٧/١٠٣٤. ٤- تلافی کردن، پاسخ دادن: یکم ١٢٦٢/٧٤٠. ٥- جولان دادن: دوم ٥٠٠/٥٩.

گام. // ***~ زدن به نیکی:*** یکم ٢١/١٨ // ***~ گذاردن (برداشتن):*** یکم ٩٤٢/١٣٢؛ ١٣٩٩/١٥٠؛ ١٢٠/٤٢٧.

گام‌خوش. خوشگام، راهوار، خوش‌راه: یکم ١٢٨/١٨٨.

گام‌زن. تندرو، تیزتگ: یکم ١٧٥٦/٣٧٢؛ ٢١٠٩/٣٨٦؛ ٢٤٧٦/٤٠٠؛ دوم ٢٨٢٤/٩٩٠.

ـگان. ١- پسوند مکان: یکم ٢٠/٢٦١. ٢- پسوند نسبت بر اسم خاص: یکم ٥٢٩/٢٨٢؛ دوم ٤٨١/١٢٠؛ ٦٥٣/١٢٦ و دیگر. ٣- پسوند دارندگی، بان، وان: یکم ٢٠١٣/٧٧٠ (نخچیرگان).

گاو. // ***~ با شیر تاو ندارد:*** یکم ١١٥٤/٥١٣ // ***~ به چرم بودن:*** یکم ١٩٧٥/٣٨٠ // ***~ دوشا:*** یکم ٨٠/٢٤

// ~ *(گاو پیسه، گاومیش) به چرم (اندر) بودن*: یکم ۵۹۶/۴۹۱؛ ۱۸۵۹/۵۹۰؛ ۲۷۹۴/۹۰۱؛ دوم ۱۱۹۳/۱۸۲ // ~ *سیاه و موی سپید*: یکم ۹۸۳/۵۵۵ // *خورد ~ نادان ز پهلوی خویش!*: یکم ۲۵۲/۲۷۱.

گاودُم. بوق، شیپور، نای رویین، کرنای: یکم ۵۴/۲۳۷؛ ۲۶۳/۴۶۱؛ ۱۱۵/۵۲۱؛ دوم ۵۹۳/۱۲۴؛ ۱۷۷۰/۹۴۸؛ ۳۲۰۹/۱۰۰۵ و دیگر // *مانند کردن دم اسب به ~*: یکم ۱۰۰/۱۸۷.

گاوشید. یکم ۴۳۲/۴۴۰.

گاوشیر. ← گاوشید.

گاومیش. یکم ۱۳۰۲/۳۵۴.

گاه. ۱- زمان، وقت: یکم ۲۷/۲۲؛ ۲۵۴/۶۱، ۲۶۳ و فراوان // ~ *دیدن*: یکم ۲۶/۵۲. ۲- تخت پادشاهی: یکم ۹۷/۲۵؛ ۹۹۸/۹۰؛ ۱۵۹۱/۱۵۷؛ ۱۵۵/۲۰۵؛ ۹۷۰/۲۹۹؛ ۳۰۹/۳۱۵؛ ۱۵۳۷/۳۶۳؛ ۵۵۷/۴۴۵؛ دوم ۲۵۰۷/۹۷۷ و دیگر // ~ *نشست*: یکم ۱۱۷۰/۳۴۹ // ~ *و ~ تخت و وقت*: یکم ۸۶/۵۴ // *سر ~ کسی را با پای اندرآوردن* سرنگون کردن تاج و تخت او: دوم ۱۶۴۳/۹۴۳. ۳- تخت پادشاهی و کنایه از قدرت و جاه و پادشاهی: یکم ۳۸۷/۳۱۸؛ ۴۱۹/۳۱۹؛ ۲۲۴۶/۳۹۱؛ ۵۷۳/۴۴۵. ۴- جای، جایگاه: یکم ۲۵۰/۳۱۳؛ ۱۶۰۹/۳۶۶؛ ۴۳۷/۴۲۰؛ دوم ۱۵۲۵/۹۹؛ ۳۹۸/۲۶۱. ۵- برج، بخش: یکم ۱۹۱۰/۳۷۸.

گاهی. درباری، گاه‌نشین، نژاده و بلندجاه: دوم ۸۱/۳۷۶

گبر. جوشن: یکم ۴۰۷/۱۷۵؛ ۸۲۶/۲۳۲؛ ۸۱۷/۲۹۳؛ ۶۰۲/۸۱۴؛ ۶۰۹/۸۱۵؛ دوم ۵۴۹/۲۳؛ ۹۳۳/۱۷۲؛ ۹۹۳/۱۷۴؛ ۱۰۵۹/۱۷۷؛ ۱۲۲۱/۱۸۳؛ ۱۳۲۲/۱۸۷.

گبرگی. دوم ۵۳۵/۴۴۲.

گداز. سوز و درد و رنج: دوم ۲۹۳۶/۹۹۴.

گدازیده. گدازنده، گداخته، لاغر و فرسوده: یکم ۱۰۷۱/۶۸۰.

گذار. محل گذر، دروازه: یکم ۲۸۰/۱۷۰.

ـگذار. گذرکننده // *پیکان جوشن ~*: یکم ۱۵۴۸/۷۵۱ // *تیر جوشن ~*: یکم ۲۹۲/۷۰۲؛ ۱۵۷/۷۹۷؛ دوم ۷۳۱/۳۰ // *تیغ جوشن ~*: یکم ۴۵۵/۲۱۷.

گذاردن. (نیز← گذاشتن) ۱- جایی را پشت سر گذاشتن و ترک کردن، سپری کردن، طی کردن (بیشتر با پیشوند فعلی به و حذف را): دوم ۳۳/۴۱۰ // *آب ~*: یکم ۱۸۴/۴۳۰ // *انجمن ~*: یکم ۶۶۱/۲۲۵ // *جهان را ~*: یکم ۲۵۷/۲۰۹ // *جیحون ~*: یکم ۴۶/۱۸۵. ۲- گذر دادن، عبور دادن //

سپاه ~: یکم ۲۵۷/۱۰۵؛ ۶۹۶/۱۲۲؛ ۵۰۷/۱۷۹؛ ۹۹۶/۳۰۰؛ ۶۶٤/۳۲۹؛ ۹۵۳/۵۵٤؛ ۲۷٤/۸۰۱ // **سرنیزه ~**: یکم ۱۲۵/۲۶۶ // **کسی را از کسی** ~ مقام او را از آن کس بالاتر بردن: دوم ۹۷٤/۱۷۳. ۳- نهادن // **پای ~**: یکم ۱۵۵/۱۰۱ // **کسی را از جایی** ~: دوم ۲۳۰/٤۸ // **گام ~**: یکم ۱۷۵/۱۰۲. ٤- راه گذاشتن: یکم ۱۳۳۹/۱٤۷. ۵- نهادن، مقرّر کردن: یکم ۵۶۶/۲۸۳. ۶- رها کردن // **بر کسی گناهی ~**: یکم ۱۶۳/۶۹۷ // **جایی را ~**: دوم ۱۸٤/۱٤۲. ۷- بردن و رساندن // **کسی را نزدیک کسی** ~: دوم ۲٤۳٤/۵۷۹.

گذاره. محل گذر: یکم ۱۷۹۵/۳۷۳ //~ **شدن**: یکم ۱۳۰۱/۱٤۶.

گذاشتن. (نیز← گذاردن) ۱- گذراندن و سپری کردن زمان، طی کردن و ترک کردن و رها نمودن جایی و چیزی (بیشتر با پیشوند فعلی به و حذف را): یکم ۳۸۰/۳۱۸؛ ٤۱۰/۳۱۹؛ ۱٤۶۲/۳۶۰؛ دوم ۵۷/۲۶۷ // **آب ~**: یکم ۳٤/۱۸٤، ۲۹۹/٤۳٤ // **اروندرود** ~: یکم ۳۹٤/٤۳۸ // **ایران‌زمین ~**: یکم ۲۲٤۱/۳۹۱ // **بوم و بر ~**: یکم ۲۹/۳۰٤ // **تخت و کلاه ~**: یکم ۱۱۲۷/۳٤۷ // **جایی را ~**: یکم ۹۳۲/۵۰٤ // **راه ~**: یکم ۱۶۰/۱۰۱؛ ۱۵۰/۲۰۵ // **روز ~**: یکم ۵۷۳/۷۳ // **زمین را ~**: یکم ۵۹۶/۷٤ // **سال ~**: یکم ۱٤۲۶/۳۵۹ // **شهر ~**: یکم ۸۸۹/۱۳۰ // **قلب سپاه ~**: یکم ۱۵۸/٤۰۹. ۲- پذیرفتن، تحمّل کردن: یکم ۲۵۵/۲۰۹؛ ۵۶۶/۲۸۳. ۳- گذر دادن، عبور دادن، بردن: دوم ۱۶۱/٤۲۷؛ ۱۹۳٤/۵۵۹؛ ۱۹۵۱/۶۹۸ // **از چیزی ~** از آن بالاتر رفتن: دوم ۲۱۲٤/۹۶۲ // **راه ~** راه سپردن: دوم ۳۵۵/۱۰۵۵ // **کسی (چیزی) را از (به، بر) جایی (چیزی) ~**: یکم ۹۳۲/۵۰٤؛ ۱۳۱۲/۵۶۸؛ ۱۳۹/۷۹۶؛ ۱۵٤/۷۹۷؛ ۳۰٤/۸۰۲؛ ۳۲۲/۸۰۳؛ ۶۸۷/۸۱۸؛ ۲۶۲۶/۸۹٤؛ دوم ۷۶۶/۳۲؛ ۳۱٤/۵۱؛ ۱٤۷۵/۹۷؛ ۱۱٤۳/۹۲٤؛ ۲۸۵۱/۹۹۱؛ ۳۰۳٤/۹۹۸ // **(سر) نیزه ~ به (از، بر)...**: یکم ۸۹۵/۸۶؛ ۱۷۸٤/۳۷۳؛ ۲۳۱/٤۱۲ // **نیزه بر کوه** ~: دوم ۱۸۲۰/۶۹۳ // **هدیه ~ به چشم کسی**: یکم ۸۲۸/۳۳۵. ٤- گذر کردن، عبور کردن // **بر برف (دریا)** ~: دوم ۱۸۲۲/۶۹۳؛ ۸۰۵/۸۳۳. ۵- ترک کردن، رها نمودن // **جایی (چیزی) را ~**: دوم ۸۷۵/۸۳۵. ۶- واگذار کردن // **جایی را به کسی ~**: دوم ۶۱۲/۱۱۰۵. ۷- چشم‌پوشی کردن // **چیزی را ~**: دوم ۶۲٤/٤٤۵.

گذر. ۱- عبور: یکم ۱۱۲/۱۹۵ // ~

یافتن جواز یافتن، فرصت یافتن، امان یافتن: یکم ۱۰/۴۰۳؛ ۲۶٤/٤۱۳؛ دوم ۳۱۸۱/۱۰۰٤ // ***از چیزی ~ یافتن*** از آن فراتر رفتن: دوم ۱۵۹٦/۸٦٤ // ***بر کسی ~ نجستن:*** یکم ۱۷۹/٤۷٤ // ***بر ~ بودن*** در حال گذر کردن بودن: دوم ٦۱۲/۸۲۵. **۲**- فزون بودن، سر بودن، برتر بودن: یکم ۱۳۲۵/۳۵۵؛ ۱٤٦۱/۳٦۰ // ***~ یافتن بر...:*** یکم ٦۷۵/۱۲۱. **۳**- گذرگاه، معبر: یکم ۲۸٤/۸۰۲.

گذراندن. ۱- //***~ چیزی را بر کسی:*** یکم ۱۲۳۲/۱٤۳. **۲**- نادیده گرفتن // ***گنه ~:*** دوم ۳٦۹۸/۷٦۷.

گذشت. گذشته: یکم ۱۸۲۳/۳۷٤.

گذشتن. ۱- رفتن: یکم ۲۱٤٦/۳۸۷ // ***به جایی ~:*** دوم ۱۱۸۹/۹۲۵. **۲**- درگذشتن، مردن: یکم ۱۲۷۰/۱٤۵؛ ۱۱۵۲/۳٤۸؛ ۱٦۳٤/۳٦۷؛ ۸۸۵/۸۲۵ **۳**- برگردیدن، بیرون رفتن: یکم ۸۰۱/۱۲٦. **٤**- به خیر گذشتن: یکم ۷٦۸/۳۳۳. **۵**- رهایی یافتن: یکم ۳۱۵/۱۷۱. **٦**- چشم پوشیدن، دل کندن: دوم ۱٤٦/۲۰۸. **۷**- گذر کردن // ***بر کسی ~:*** یکم ۱٦۳/٤۷۳. **۸**- فروگذاری و تخطی کردن // ***از چیزی ~:*** دوم ۳۱۲۹/۱۰۰۲ // ***از کسی ~*** او را نادیده و دست‌کم گرفتن، از فرمان او سر پیچیدن، خود را بالاتر از او دانستن: دوم ۱٦۲۹/۱۹۹؛ ۱۲۰/۲۷۰؛ ۱۹۱/۳٤۸.

گذشته. رخ‌داده: یکم ٤۱۳/۲۷۷.

گذشته از. به‌جز، غیر از: یکم ۳۰۲/٦۳؛ ۲۰۹/٤۳۱.

گر. (نیز← اگر) **۱**- حرف شرط: یکم ۹۱/۵؛ ۱۲۷/۲۰٤؛ ۳/٤۵۱ و فراوان. **۲**- حرف ربط، یا: یکم ۷٦/۳۲؛ ٦۹/۵۳؛ ۱۰۲۰/۹۱؛ ۵۹٤/۱۱۸؛ ۱۱۲۹/۱۳۹؛ ۱۵۹/۲۵۹؛ ۹۹/۲٦۵؛ ۱۸۰۰/۳۷۳؛ ۷۱۸/٤۹۵؛ ۲۰۱/٤۳۱ و فراوان.

گرّ. اسم صوت ← کرّ.

گراز[۱]. دوم ۳۸۳۲/۱۰۳۰.

گراز[۲]. گونه‌ای بیل و آلت شخم: دوم ۵۲۰/۵۰۳؛ ۵۳٤/۵۰٤.

گرازان. ۱- به ناز خرامان، جلوه‌کنان: یکم ۲۷٦/٦۲؛ ٤۷۹/۷۰؛ ۱٤۳/۱۰۰؛ ۱۸۱/۱۰۲؛ ۲۷٤/۱۰٦؛ ۱۱۰۰/۱۳۸؛ ۵/۲۳۵؛ ۳٤۵/۲۷٤؛ ٤۸۵/٤٤۲؛ ۲۱/٤٦۸؛ ۳۸/٦۳۲؛ ۱۲۲۲/٦۸۷؛ ۲۱۰۵/۷۷٤؛ دوم ۱۱۷/۵؛ ۷۸۲/۱٦٦؛ ۱۵۵۹/۳۲٦؛ ۱۰۱۸/٦٦۱؛ ۲۳۸۷/۷۱۵. **۲**- شتابان، تازان: یکم ۱۵٤/۱۸۹؛ ۸۵۰/۲۹٤؛ ۳۵٦/٤٦۵؛ ۱۹٦/٤۷٤؛ ۱۲۲۰/۵٦۵؛ ۷٤۹/۷۲۰؛ ۸۰٤/۷۲۲؛ دوم ۵۱۱/۳٦۱؛ ۱۵٤/٦۰۳.

گرازنده. ۱- (به ناز) خرامنده: یکم ۲۸/۲۰۰؛ ۲۸/۲۵٤؛ ۱۰۲۷/۵۰۸؛ دوم

۱۴۱۹/۸۵۷. **۲**- شتابنده، تیزرو: دوم ۱۱۹۶/۵۳۰.

گرازه. یکم ۱۸۷۲/۷۶٤.

گرازیدن. (به ناز) خرامیدن، با جلوه رفتن، راندن، شتابیدن، شتاباندن: یکم ٤۰/۹٦؛ ۱۹۳۲/۳۷۹؛ ۱۱۳۰/۵۱۲؛ ۳٤٦/۸۰٤؛ ۵٤۸/۸۱۲؛ دوم ۷٦/٤؛ ٦۵۰/۵۰۸؛ ۲۰۲٤/۵٦۲.

گرامی. عزیز: یکم ۳۲۳/۲۷٤.

گرامی‌تر. گرامی‌ترین: یکم ۹۱۳/۲۹۷.

گران. //~ ***شدن:*** یکم ۲۳٦۸/۳۹٦ //~ ***شدن رکیب:*** یکم ۱٤۱٤/۳۵۸ //~ ***کردن مغز کسی را:*** یکم ٦۱۲/۲۲۳ //~ ***نداشتن*** سخت نگرفتن: یکم ۲٤۱٦/۸۸٦ // ***سر ~ گشتن:*** یکم ۱۱۳۳/۳٤۷ // ***کاری به کسی ~ آمدن:*** یکم ۷۵/٦٤۲.

گرانان. مردم پرافاده و ناخوشایند: دوم ۲۵۸۰/۵۸٤.

گران‌پایه. دوم ۵۹۳/٦٤٤.

گرانجی. گرانمایه، ارجمند: دوم ۱۵۲۲/۹۳۸.

گران‌سایه. گرانمایه و گران‌پایه، صاحب‌جاه و عالی‌رتبه: یکم ۳٤٦/٦٤؛ ٦۹۳/٤۵۰؛ ۲٦۹۵/٦۲۳؛ ۳۱۰۰/۹۱۳؛ دوم ۸۹/٤۵۸؛ ۹۰/۱۰٤٤.

گرانمایه. ارجمند، عالی‌قدر: یکم ٦٦٦/۷۷؛ ۱۱۲۵/۳٤۷.

گرانی. //~ ***گرفتن سر:*** یکم ۳۹۸/٤۳۸.

گراینده. ۱- روکننده، آهنگ‌کننده، دست‌یازنده، میل‌ورزنده: یکم ۵/٤۰۳؛ دوم ۳۸٦۰/۷۷۳؛ ۱۰۸۳/۸٤٤ و دیگر //~ ***پیوند:*** یکم ۱۰۹/۵۵ //~ ***تاج:*** یکم ٦۲٤/۱۱۹ // ~ ***داد:*** یکم ۹۵۵/۱۳۲ // ~ ***زرّین‌کمر:*** یکم ٦۲٤/۱۱۹ // ***~ی گرز و تیغ:*** یکم ٤٤۲/٦۸؛ ۷٤٤/۲۲۹ // ~ ***گرز*** (با حذف کسره‌ی اضافه): یکم ۱۵/۹۵؛ ۹۹۳/۱۳٤. **۲**- روی‌کننده، پیام‌آور: دوم ۱٦۲۳/۱۹۹ // ~ ***بودن:*** یکم ٦۸٦/٤۹٤. **۳**- سنجیده، آزموده: دوم ۲٤۲/۱۱۰. **٤**- جنبنده، گردان: دوم ۱۲۵۰/۵۳۲.

گراییدن. ۱- آهنگ کردن، یازیدن، دست بردن، روی کردن، میل کردن: یکم ۱۰۳/۹۹؛ ۲/۱۹۹؛ ۱٦۷/۲۰۵؛ ۱۳۵/۲٦٦؛ ۱٤۹۵/۳٦۱؛ ۳۱۵/٤۱۵؛ ٤٤۵/٤۸۵؛ ۸۷۷/۵۰۲؛ ٦٤۰/۵٤۲؛ ۱۷/٦۳۱. **۲**- سنجیدن، برآورد کردن، دید زدن: دوم ۷۳/۲٤۸؛ ۱۲٤/۲۵۰. **۳**- جنبیدن // ~ ***گرز:*** یکم ۵۱۷/۵۳۷؛ دوم ۸۹۸/٦۵٦؛ ۳۱٦۰/۷٤٦ (← معنی شماره‌ی ۱).

گربه‌چشم. دوم ۹۲۳/۸۳۷.

گَرَچ. گچ: دوم ۱۵٦۳/۵٤٤.

گَرد. ۱- غبار هوا و خاک زمین //~ ***برآوردن از...:*** یکم ٤۵/۱۳؛ ۱۳۰۸/۱٤٦؛ ٦۲۳/۲۲٤؛ ۱۸/۲٦۱؛

۲۵۷/۲۷۱؛ ۳۷٦/۲۷٦؛ ۲٦۳/۳۱۳؛ ۲۳۳۰/۳۹٤ // **~ تیره بر نشاندن بر کسی:** یکم ۳۷۸/۲۷٦ // **از ~:** یکم ۹۰۷/۱۳۰ // **~ شکست دیدن:** دوم ۳۰۷۷/۷٤۲ // **از جایی (چیزی، کسی) ~ برآوردن (برانگیختن)** نابود کردن آن...، ضرب شست نشان دادن: یکم ۷٦/٤۵٤؛ ٦۱۱/۷۱۵؛ ۱۰۲۷/۷۳۱؛ ۱۲۳۹/۷۳۹؛ ۱۲٤٦/۷٤۰؛ ۱۳٦۱/۷٤٤؛ ۱٤۹۳/۷٤۹؛ ۱۵۱۱/۷۵۰؛ ۱٦۱۱/۷۵٤؛ ۱٦۸۹/۷۵۷؛ ۲۲۰۹/۷۷۸؛ ۲۳۷۰/۷۸٤؛ ۵۸۸/۸۱٤؛ دوم ۵۰۵/۲۱؛ ۱٤٤۷/۹٦؛ ۷۹۵/۱٦٦؛ ۲۳۵/۲۳٤؛ ۳۰٤/٤۹۵؛ ۷۰/۸۰٤؛ ٤۹۱/۸۲۰؛ ۲۷۰٦/۹۸۵، ۲۷۱٤؛ ٦۰۳/۱۱۰۵ // **از ~ سبکتر به دیده درآمدن:** دوم ۷۱۱/۲۹ // **بر کسی ~ نیفشاندن** کنایه از آسیب نرساندن به کسی: دوم ۳۱۵۱/۷٤۵ // **به ~ رفتن:** یکم ۷۹۵/٤۹۸ // **چو (بکردار، برسان) ~** شتابان چو گرد: یکم ۳۹۲/٤۸۲؛ ۸۸۳/۵۰۲؛ ۱۵۸۸/۷۵۳؛ دوم ۳۰۰/۱۳؛ ٦٤۳/۱۲٦ و فراوان // **چو ~:** یکم ۵٦۱/۲۲۱؛ ۷٦٤/۲۲۹؛ ۱٦۲/۲٦۷؛ ۱۸۸/۲٦۸؛ ۸۳٤/۲۹٤؛ ۹۰۷/۲۹۷؛ ۸۸۰/۳۳۷؛ ۹۲۱/۳۳۹؛ ۱٦۹/٤۰۹؛ ۱۹۳/٤۳۰ // **سر کسی را زیر ~ آوردن** او را نابود کردن: دوم ۵۲۵/۸۲۲ // **کسی را به ~ اندرآوردن** او را نابود کردن: دوم ۱۲۵۱/۸۵۰. **۲-** کنایه از غبار آوردگاه، نبرد: یکم ٦۲۲/۱۱۹ // **~ بر آرزو (به کام دل) رفتن (نرفتن):** یکم ٦۲۸/۵٤۱؛ ۱٦٤۰/۷۵۵ // **~ برگشادن:** یکم ۱٤۹۷/۷٤۹ // **~ به ~ اندرآمدن:** دوم ۱۱۵۰/۸٤ // **~ نبرد خورده:** دوم ٤٦۹/۵۷ // **به ~ نبرد پرورده:** دوم ۵٤۳/٦۰. **۳-** کنایه از پژمردگی و زوال و نشیب و پیری: یکم ۲۸۸/٦۲؛ ۲۳۷/۱٦۸. **٤-** کنایه از غم و اندوه و رنج، شکست؛ آلودگی و زنگ، کنایه از بیراهی و نادرستی: دوم ۷۰/٤؛ ۸۹/۱۰٤؛ ۸/۲۱۷؛ ۷٦۱/۱۱۱۱ (؟) // **روان و خرد را از ~ زدودن:** دوم ۷۰۵/٦٤۹ // **سر پر ز ~ بودن** افکار بیراه داشتن: دوم ۱۲۵۷/۸۵۰ // **سر از ~ شستن:** یکم ۲٦۸/۳۹. **۵-** کنایه از بدگمانی // **دل از ~ شستن:** یکم ۱۵۱/۳۰۹. **٦-** کنایه از شور و غوغا و ماتم // **~ برخاستن از جایی:** یکم ۲۲۳۱/۳۹۰. **۷-** کنایه از شتاب: دوم ۳۰٦/٤٦۷ // **چو (بکردار) ~** به شتاب گرد: دوم ٤۳/۲٦٦؛ ۳٦۰/٤٦۹؛ ۱۷۷/٤۹۰؛ ۱۱۳٤/۵۲۷؛ ۷۵/۵۹٤، ۹۳؛ ٤۲۵/٦۳۷؛ ٤۵٤/٦۳۹؛ ۵۰۲/٦٤۰؛ ۳۲٦٦/۷۵۰؛ ٤۱۹٦/۷۸٦؛ ٦۲۳/۸۲۵؛ ۳۰۰٤/۹۹۷؛ ۳۷۳۹/۱۰۲٦؛ ۱۷۱/۱۰۸۸. **۸-** خاک روی زمین، زمین: یکم ۱۳۵۵/۳۵٦؛

۱۴۵۳/۸۴۸؛ دوم ۱۲۴۲/۱۸۴ // ***به (زیر) ~ اندر آمدن سر کسی و چیزی:*** یکم ۲۲۴/۲۰۸؛ ۵۸۸/۲۸۴؛ ۷/۴۲۳ // ***به (زیر) ~ (اندر) آوردن سر کسی را:*** یکم ۸۲۴/۱۲۷؛ ۱۱۲۴/۱۳۹؛ ۸۲۶/۲۹۳؛ ۵۸۲/۳۲۵؛ ۱۶۶۴/۳۶۸؛ ۱۸۱۸/۳۷۴؛ ۲۴۰/۴۱۲ // ***زیر ~ بودن سر کسی:*** یکم ۱۸۱۴/۳۷۴ // ***~ کسی را سپردن:*** دوم ۹۰۳/۳۷ // ***سر به ~ اندرآوردن*** سر خود را بر باد دادن: دوم ۱۳۶/۶ // ***سر جایی را به ~ اندرآوردن*** با خاک یکسان کردن آنجا: دوم ۹۶۴/۱۷۳. **۹-** چند نمونه که در خوانش آنها جای درنگ است: یکم ۹۷۷/۵۰۶؛ ۳۶۰/۵۳۱؛ ۱۲۵۶/۵۶۶.

گرد[۲]. گردش: دوم ۵۹۰/۱۱۰۴؛ ۷۶۱/۱۱۱۱ (؟).

گرد. **۱-** مدوَّر، دور // ***~ برگشتن:*** یکم ۱۵۶۰/۳۶۴؛ ۱۷۳۶/۳۷۱ // ***~ نشستن:*** یکم ۷۲۷/۳۳۱؛ ۱۴۱۸/۸۴۶ // ***پای ~ کردن:*** یکم ۵/۱۷. **۲-** گرد کردن، جمع نمودن: یکم ۶۰۷/۷۵. **۳-** متراکم و پُرنیرو: یکم ۲۰۹۵/۳۸۵. **۳-** کنایه از هفت فلک و هفت سیّاره // **هفت ~:** دوم ۳۵۷/۴۶۹؛ ۱۳/۱۰۸۱؛ ۶۶۱/۱۱۰۷؛ ۷۲۸/۱۱۱۰؛ ۷۸۶/۱۱۱۲.

گرَد. کوتاه‌شده‌ی گیرد: یکم ۱۵۴/۲۷؛ دوم ۹۵۴/۷۶؛ ۹۶۵/۷۷؛ ۲۵۳۱/۵۸۲.

گرداندن. **۱-** بیرون آوردن، درآوردن: یکم ۴۶۶/۲۱۸؛ ۵۷۲/۴۴۵. **۲-** پیچاندن، منحرف کردن // ***از یزدان ~ سر کسی را:*** یکم ۳۵۶/۲۴۹. **۳-** دور کردن: یکم ۱۲۰/۴۵۶.

گرداوزن. گُردکُش: یکم ۲۰۱۰/۵۹۶.

گردَر. دامنه‌ی کوه، راغ: دوم ۱۹۷۱/۵۶۰.

گردران. بالای ران: دوم ۸۹۹/۵۱۸.

گردش. **۱-** گشت، جریان، روند، روال: یکم ۹۵۳/۸۸؛ ۱۳۷۳/۳۵۷ // ***~ کارزار:*** یکم ۲۲۱/۴۳۱. **۲-** گردش بخت: دوم ۲۵۹/۲۵۵. **۳-** گردیدن در میدان نبرد: دوم ۷۱۰/۲۹.

گردگرد. گردنده، نااستوار: یکم ۷۲/۱۴.

گردگردان. گردنده، صفت سپهر: یکم ۲۶۷/۶۱؛ دوم ۲۵۵۴/۷۲۲؛ ۱۱۹/۱۰۸۶.

گردگه. کمرگاه: یکم ۱۰۴۰/۶۷۹؛ دوم ۷۵۵/۱۶۵.

گردن. // ***~ افگندن باژ را:*** یکم ۱۷/۲۳۵ // ***~ (بر) افراختن:*** یکم ۴۱/۲؛ ۵۱/۲۵۵ // ***~ به کژی فراختن:*** دوم ۷۸۶/۳۲ // ***~ به ماه برآوردن:*** یکم ۱۹۱/۶۹۸ // ***~ دادن کسی را:*** یکم ۴۸۱/۱۷۸ // ***~ کشیدن از گفتار کسی:*** یکم ۲۹/۱۸ // ***~ نرم کردن:*** یکم ۳۹۶/۱۷۴ // ***~ یازیدن:*** دوم ۷۰۸/۲۹؛ ۲۲۳/۴۸ // ***به ~***

برآوردن گرز را: یکم ۳۲/۱۸.

گردن‌فراز. صفت باز و شاهین: یکم ۱۳/۱۷.

گردون. ۱- آسمان، چرخ // ***~ به سر گذشتن:*** یکم ۷۸۸/۱۲۶ // ***~ سر کسی را نهفتن:*** یکم ۹۷۰/۳۴۱. ۲- گردونه، عرابه: یکم ۶۲۶/۷۵؛ ۱۱۹/۶۴۳؛ ۱۹۶/۷۹۸؛ دوم ۴۶۴/۱۹؛ ۵۹۰/۲۵، ۵۹۲؛ ۵۹۶/۲۵، ۵۹۸؛ ۱۳۸/۱۰۶؛ ۱۴۹/۱۰۷، ۱۵۱ و دیگر // ***پیل ~کش:*** یکم ۶۲۶/۷۵؛ ۱۰۴۳/۹۲.

گرده‌گاه. بالای کمر: یکم ۱۵۶/۷؛ ۷۹۵/۱۲۶؛ ۱۰۴۵/۱۳۶؛ ۱۴۶/۱۹۷؛ دوم ۵۱۴/۳۶۱؛ ۲۳۶/۴۶۴.

گردیدن. (نیز← گشتن) ۱- دور زدن و جولان دادن در میدان نبرد، نبرد کردن: یکم ۷۱۸/۲۸۹؛ ۷۸۸/۲۹۲؛ ۱۸۰۶/۳۷۴؛ ۵۵۲/۷۱۲؛ ۷۲۵/۷۱۹؛ ۱۱۷۳/۷۳۷؛ ۱۳۰۷/۷۴۲؛ ۵۶۶/۸۱۳؛ ۱۵۵۴/۸۵۲. ۲- تغییر کردن، دگرگون شدن: یکم ۸۲۴/۲۳۲؛ ۱۵۷/۲۴۱؛ ۲۴۵۳/۳۹۹؛ ۵۹۶/۴۴۶. ۳- تغییر رای دادن: یکم ۲۳۰/۲۷۰. ٤- سرپیچی کردن، بیرون رفتن، عدول کردن: یکم ۲۰/۹۶؛ ۱۶۰۸/۱۵۸؛ ۱۲۳/۱۹۶. ۵- سپری شدن // ***~ فلک بر کسی:*** یکم ۴۱۵/۱۱۱. ٦- برابر بودن، هم‌وزن و هم‌اعتبار بودن: یکم ۷۸۰/۱۲۵.

گرز. // ***~ برآهیختن:*** یکم ۱۳۲/۶۳۶ // ***~ پرخاش‌دیده*** گرز آزمایش‌شده در نبرد: دوم ۸۰۲/۸۳۲ // ***~ درانداختن:*** یکم ۱۳۰/۲۵۸ // ***~ یکزخم***← زخم // ***باد ~:*** یکم ۹۵۸/۱۳۲ // ***به ~ با چوب کارزار کردن:*** یکم ۵۲۰/۷۱۱.

گَرُزْمان. آسمان: دوم ۱۲/۱۰۸۱.

گرزه. // ***~ سرگرای:*** یکم ۲۷۷/٤۳٤ // ***~ گاوپیکر:*** یکم ۲٤۲/٦۰ و دیگر // ***~ گاوچهر:*** یکم ۱۰۳۰/۱۳۵ و دیگر // ***~ گاورنگ:*** یکم ٤۷/۳۱؛ ٤۰۹/۱۷۵ و دیگر // ***~ گاوروی:*** یکم ۹۷/۳۳؛ ۹۳۰/۷۲۷ و دیگر // ***~ گاوسار:*** یکم ٤٦/۳۱ و دیگر // ***~ گاوسر:*** یکم ۱۰۲/۳۳ و دیگر.

گرفتار. اسیر: یکم ٤٤۹/۱۷٦.

گرفتن. ۱- آغاز کردن: یکم ۷۰۳/۱۲۲؛ ٦۱۷/٤۹۱؛ ۲٤۸٦/٦۱۵؛ ۱۰٦۲/۷۳۲؛ ۱۹۵۰/۷٦۸؛ دوم ٦٤۲/۱٦۰؛ ۷۹۰/۱٦٦. ۲- پنداشتن: یکم ۱۵۷/۵۷. ۳- پذیرفتن، تأثیر گرفتن: یکم ۱۱۵۱/۳٤۸. ٤- خوردن، ضربه دریافت کردن: یکم ۲۱۸/٤۳۱.

گرگ. ۱- // ***~ از میش پیدا شدن (پدید آمدن):*** یکم ٦۱۳/۷۵؛ ۷۳۱/۲۹۰ // ***اندازه‌ی ~ و میش پدید آمدن:*** یکم ۱۹۸۵/۵۹۵ // ***~ و میش را به آبشخور آوردن:*** یکم ۱۸۲/۸ // ***~ و رمه:*** یکم ٤۷۷/۲۸۰. ۲- کنایه از مرد دلیر: یکم ۱۹۸۵/۵۹۵.

گرگساران. یکم ۲۲۸/۱۰۴.

گرم. ۱- مقابل سرد و کنایه از دل سپردن // ***دل ~ داشتن بر کاری:*** یکم ۴۷۸/۶۹ // ***دل ~ گشتن بر کسی:*** یکم ۴۰/۳۰۴. ۲- برافروخته // ***~ گشتن از خشم:*** یکم ۲۸۱/۳۱۴. ۳- کنایه از تابستان: یکم ۲۷/۲۰۰. ٤- سریع، تند، شتابان: یکم ۳۳۱/٤۸۰؛ دوم ۳٦۸/۱٦؛ ٤۲۷/۱۸؛ ۱۸۷۳/۸۷۵ // ***اسپ ~ کردن:*** یکم ۱۳۷۵/۳۵۷؛ دوم ۱۰۲۳/۱۷۵؛ ۱٦۱/۲۰۹ // ***~ سر نهادن به سویی:*** یکم ۱۷۳/٤۲۹ // ***~ شدن:*** یکم ۱۰۰۸/۹۰. ۵- سخت، محکم: یکم ٤۲۹/۲۱٦. ٦- امیدوار: یکم ۲۸۳/۳۱٤. ۷- مؤثر، دلپذیر، صمیمی // ***گفتار ~:*** یکم ۷۰٤/۷۸؛ ٤۳۲/۱۱۲. ۸- مشتاق: دوم ٤۸/۸۰۳. ۹- سخت، بسیار: دوم ۳۷۳۲/۷٦۸.

گُرم. اندوه و نگرانی، درد و رنج و غم: یکم ۸۹۵/۵۵۲؛ ۱۱٦٤/۵٦۲؛ ۹٤/٦٤۲؛ دوم ۳۲۹/۲۱٦؛ ۱۹۱/۲۵۲؛ ۸۲/٤۰۸؛ ۲۵/٤۱۸؛ ۱۳۵/٦۱۰ و دیگر // ***~ و گداز:*** یکم ۲۳۵۲/۳۹۵؛ ۹۹۷/٦۷۸؛ ۱۰٤۳/٦۷۹؛ دوم ۱۳/٤۵۳؛ ٦/۵۸۷؛ ۷۸۳/۹۰۹؛ ۲۷۲/۱۰۵۱.

گرمگوی. صمیمی و دلپذیر و مؤثر در سخن: یکم ۷٤۱/۸۰؛ ٤۵/۳۰٤.

گرمی. شتاب، عجله: دوم ۲۹۱۷/۷۳٦.

گروگر. خداوند: دوم ۱۰۷/٤۳.

گُرنج. برنج: دوم ۵۷۷/۳٦٤، ۵۸۱؛ ۷۳۱/۳۷۰، ۷۳۳، ۷٤۵.

گروه. ۱- مردم، جماعت، توده: یکم ۳۷۱/۱۰۹؛ ۱۰۵٤/۱۳٦؛ ۲٤۰٦/۳۹۷؛ ٤۲/٤۲٤؛ ۳۰۵/٤۳۵؛ ٦۳/٦۳۳؛ دوم ۳۵۳۳/۱۰۱۸ // ***~ کردن*** جمع شدن، گرد آمدن: یکم ٤٤/۱۳ // ***~ گشتن*** انبوه شدن، روی هم جمع گشتن: دوم ٤۰۳۹/۷۸۰. ۲- وابستگان، مردم و مردمان وابسته: یکم ۲۵۱/۱۰۵؛ ٦٦۷/٤٤۹ // ***با ~:*** یکم ۱۰/۱۱ // ***بی ~:*** یکم ٤۸۱/٤۸؛ ۱۸۱/۱۹۸. ۳- پیوستگان، خانگیان: یکم ۸۱/۹۸.

گروهاگروه. گروه‌گروه، دسته‌دسته، گروه‌های بسیار: یکم ۷۸۱/۸۱؛ ۱۰۰٦/۹۰؛ ۱۰۲۸/۹۱؛ ۱۲۱۳/٦۸٦؛ دوم ۳٤٦/۳۵٤ و دیگر.

گرویدن. اعتماد کردن، اعتقاد یافتن، باور داشتن، پیروی نمودن: یکم ۷۸/۲۰۲؛ ۲۳۱/۳۱۲؛ ۲۸۲/۳۱٤؛ ٤۷٦/۳۲۱؛ ۱۵۰۰/۳٦۲؛ ۲۰٤۰/۳۸۳.

گروی زره. یکم ۲٤۲۱/۷۸٦.

گُرُه. گروه: یکم ۲٦/۲۲؛ دوم ۲۳۱/٦۱٤.

گِره. ۱- بند، مفصل، قفل: یکم ٦۲/٤۲۵؛ ۲٤۲۱/۷۸٦ // ***~ برزدن:*** یکم ۱۸۲٦/۳۷٤ // ***~ گشودن از بندها:*** یکم ٦۰۵/۷۵ // ***رخ پر ~:*** یکم ۱۸۲۱/۳۷٤ // ***لب با ~:*** یکم

۱۸۱۹/۳۷٤. **۲**- واحد طول: یکم ۱۷۸۹/۳۷۳.

گریزش. گریز، فرار: یکم ۲٥٤/٦۱؛ دوم ۱٦۹۷/۹٤٥.

گریزندن. گریزاندن: دوم ٥٦۸/٦۱.

گریغ. گریز: یکم ٦۳۳/۱۲۰؛ ٥٦٥/۲۲۱؛ دوم ٥۱۸/٥۹؛ ٦٥۱/٦٤؛ ۷٥۷/٦۹؛ ۱۱٦۲/۸٥؛ ۲۹۱/۱۱۲؛ ۱۸۱۹/٦۹۳؛ ۱٥٦۸/۸٦۳.

گریستن. ۱- گریه کردن: یکم ٥٦٤/۷۳ و دیگر. **۲**- غم خوردن: یکم ٤۱۲/٤۱۹.

گز. دوم ۱۲۹۷/۱۸٦، ۱۲۹۹؛ ۱۳۰۹/۱۸۷؛ ۱٤۲۹/۱۹۱.

-گزار. بکاربرنده← خنجر ~، نیزه ~.

گزاردن. ۱- ادا کردن، رسانیدن // ***پاسخ*** ~: یکم ۹٥/٥٤ // ***پیام (پیغام)*** ~: یکم ٦۳٤/۷٦؛ ۸۰۹/۸۲؛ ۸۳۳/۳۳٥. **۲**- بکار بردن // ***تیغ*** ~: دوم ۱۰۹٤/۱۷۸ // ***گرز*** ~: یکم ۹٦٥/٥۰٥؛ ۳٥۰/٥۳۰ (نیز← خنجرگزار، نیزه‌گزار). **۳**- تعبیر کردن: دوم ۱۰۰۰/٦٦۰.

گزارش. // ~ ***کردن*** ۱- تفسیر نمودن: دوم ۸٤۰/۷۲ // ***دین*** ~ تفسیر دین، فقه: دوم ۸۳۹/۷۲. ۲- تعبیر کردن (خواب): دوم ۱۱۲/۲٦۹، ۱۱۹؛ ۱۲٥/۲۷۰.

گزارنده. ۱- بکاربرنده، حمل‌کننده، دارنده // ~ ***تیغ:*** یکم ٦۲۹/۲۲٤. **۲**- گزارش‌کننده، تعبیرکننده، معبّر، خوابگزار: یکم ۷۳۳/۳۳۱ // ~ ***خواب:*** دوم ۹۹۱/٦٦۰، ۹۹۳، ۹۹۹؛ ۱۰٤٦/٦٦۲؛ ۱۰٦٥/٦٦۳؛ ۳۳۸٤/۷٥٤. **۳**- بجای آورنده، اداکننده، سپارنده: یکم ٤۷٥/٤٤۱؛ دوم ۹۸/٦۲٥. **٤**- مترجم: دوم ۳٥۰۷/۷٥۹.

گزاریدن. ۱- بکار بردن: یکم ٤۷۹/۲۱۸. **۲**- تعبیر کردن، گزاردن: دوم ۱۰۱۱/٦٦۱.

گزاف. بیهوده‌کاری // ~ ***زمانه:*** دوم ٦۲۳/۱۱۰٦.

گزافه. بیهوده‌کاری، هرزه‌کاری: یکم ۹٤۰/۸۸؛ ۱۱٦٦/۷۳٦؛ دوم ٦۱٥/۱۱۰٥.

گزاینده. ۱- کیفردهنده (صفت خداوند): دوم ۲٤۰۱/۹۷۳. **۲**- گزندرساننده، آزاردهنده، مردم‌آزار: یکم ۷٦۰/۲۲۹؛ ۱۰۲٤/۳٤۳؛ دوم ۸۱۸/۱٦۷؛ ۱۰/۳۷۳ // ***رسم*** ~: دوم ۸۱۸/۱٦۷. **۳**- کُشنده: دوم ۱٥٦۲/٦۸۲؛ ۱۱٤٥/۸٤٦. **٤**- خطیر، مبهم: یکم ۳۰۰/۲۷۳.

گزاییدن. گزند رساندن، زیان رسانیدن، آسیب رساندن: یکم ٦۹/۲۰۲؛ ۱۰۳۸/۳٤۳؛ ۱۲/٦۹۱؛ دوم ۱٤۸۰/٦۷۹، ۱٤۸۱؛ ۲۱۹۸/۹٦٥.

گزپرست. دوم ۱۳۱۰/۱۸۷.

گزند. آسیب: یکم ۲۲۳۲/۳۹۰ و دیگر // ***دل شادمان کسی را ~ او کردن:*** دوم ۶۳۵/۹۰۳.

گزیت. جزیه، گزید، خراج: دوم ۳۵/۴۰، ۳۷؛ ۸۲۰/۷۱، ۸۲۳؛ ۱۷/۵۹۱؛ ۸۷/۶۲۴، ۹۱؛ ۱۰۰/۶۲۵، ۱۰۳؛ ۱۳۵/۶۲۶.

گزید. گزیت، خراج: دوم ۳۰۱/۴۹۵.

گُزیدن. به دست گرفتن: یکم ۱۴۹۶/۳۶۱ // ***جای را بر جایی ~:*** یکم ۲۱۵۰/۸۷۵ // ***چیزی را بر چیزی ~:*** یکم ۳۷۵/۶۵۳.

گزیر. چاره، علاج: دوم ۷۲۸/۳۷۰؛ ۴۴/۱۰۴۳ // ***~ بودن:*** یکم ۲۸۰۰/۶۲۷.

گزیردن. چاره کردن، علاج نمودن: یکم ۱۵۵۹/۳۶۴؛ دوم ۱۰۹۵/۸۴۴.

گزین. گزیده، نامدار، بزرگ: یکم ۶۰۷/۲۸۵؛ ۵۷۳/۳۲۵؛ ۱۵۹۴/۳۶۵ و دیگر // ***کسی را از پادشاهی ~ کردن:*** دوم ۲۸۳۴/۹۹۰.

گزینان. بزرگان و برگزیدگان (ایرانی): دوم ۱۸۸/۴۶؛ ۸۲۵/۷۱؛ ۹۶۲/۷۷؛ ۹۸۹/۷۸، ۱۰۰۰.

گساردن. نوشیدن: یکم ۳۱۳/۱۰۷.

گسارنده. ۱- ریزنده: یکم ۲۸۶/۱۰۶؛ ۵۱/۲۶۳. ۲- خوارنده // ***~ درد:*** دوم ۱۶۴۰/۲۰۰. ۳- ساقی، چمانی: دوم ۸۳۸/۱۳۴

گَسْت. زشت، نازیبا، ناپسند: یکم ۲۲۹۷/۶۰۷؛ دوم ۱۱۶۶/۳۱۱؛ ۵۰۶/۳۶۱ (؟)؛ ۱۱۶۸/۹۲۴.

گستاخ. ۱- بی‌پرده، رک و راست و صریح: یکم ۱۰۴/۲۶۵ // ***با رای خود ~ نبودن:*** یکم ۹۳۸/۵۰۴. ۲- دلیر، بی‌باک، جسور، بی‌پروا، بی‌شرم: دوم ۱۲/۵۹۷؛ ۵۵/۸۸۱؛ ۸۰۷/۹۱۰؛ ۱۸۳۴/۹۵۱ // ***~ شدن آب*** پُرزور گشتن آن: دوم ۵۳۰/۵۰۴. ۳- مأنوس، خودمانی، اخت و آشنا، بی‌رودربایستی: دوم ۲۳۷۹/۵۷۶؛ ۳۵۴۵/۷۶۱؛ ۱۰۳۷/۹۱۹؛ ۱۰۷۰/۹۲۱؛ ۳۷۸۷/۱۰۲۸؛ ۴۱۹/۱۰۵۷، ۴۲۳ // ***~ شدن (بودن)*** آشنا و اُخت شدن، از ترس و هراس درآمدن و عادی شدن، با کسی صمیمی شدن: یکم ۲۰۰۴/۳۸۱؛ ۲۰۲۱/۳۸۲؛ ۲۲۹۹/۶۰۷؛ ۱۸۸۹/۸۶۵؛ ۲۹۹۶/۹۰۹؛ دوم ۴۶۲/۴۷۳؛ ۱۶۰۳/۶۸۴؛ ۴۰۸۳/۷۸۲ // ***~ کردن:*** یکم ۱۸۱/۵۸ // ***~ کردن دل به سوگند:*** یکم ۳۱۸/۴۳۵ // ***مهمان ~ بهتر به فال!:*** یکم ۴۰۴/۴۵.

گستردن. ۱- نثار کردن: یکم ۲۵۰/۱۰۵، ۲۶۸ // ***مهر ~:*** یکم ۶۷۰/۷۷. ۲- خوابیدن (؟): یکم ۹۴/۴۲۶.

گستردنی. ۱- فرش: یکم ۹/۱۷؛ ۸۹/۳۰۶؛ ۱۲۱۹/۳۵۱؛ ۱۵۲۵/۳۶۳؛ ۱۷۴۶/۳۷۱؛ ۲۵۰۴/۴۰۱؛ ۴۱۸/۴۱۹؛

دوم ۷۵/۲٦۸، ۸۷؛ ۷۸۵/۲۹٦؛ ۱۱۹۰/۳۱۲؛ ۱٦٦/۳٤۷؛ ۲۱۱/۳٤۹ و دیگر. ۲- سفره؛ تشک، مخدّه، پشتی، بالش: دوم ۱۱٤۸/۵۲۸.

گسترده. فرش، پارچه‌ای که بر زمین افکنند، بساط: دوم ۵۱۷/٤٤۱.

گسترده‌کام. ۱- توانا، کامروا: یکم ۲۷۵/۱۰٦؛ دوم ۷۱۸/۲۹۳؛ ۷۳۰/۲۹٤؛ ۸۰۹/۲۹۷؛ ۲۹۵/٤٦۷. ۲- مشهور، نامی (صفت کتاب): دوم ۳٤۵۲/۷۵۷.

گسسته‌خرد. یکم ۲٤/۲؛ ۳۸۵/٤۳۸.

گسلاندن. کندن، گسستن // ***از جای ~:*** یکم ٤۷۵/٦۹ // ***سپاه را از جای ~:*** یکم ۱۰۵۷/۷۳۲ // ***سر ~:*** یکم ۱٤۳۲/۳۵۹ // ***کسی را پای ~:*** یکم ۹۱۱/۸٦.

گسلیدن. از جای کنده شدن، گسیختن، پاره شدن، جدا شدن، گسستن، کندن، بریدن، جدا کردن، برگرفتن: یکم ۷٤/۹۸؛ ۷۱/۱۸٦؛ ۲۲۸/۲۰۸؛ ۱٦۵/۳۰۹؛ ۳۰٤/۳۱۵؛ ۲٤۵۰/۳۹۹؛ ۳۵۹/۱۰۹؛ ٦٤۷/۱۲۰؛ ٤۱۱/۲۷۷؛ ٤۲۰/۳۱۹؛ ۱٤۳۲/۳۵۹؛ ۱۸۸٤/۳۷۷ // ***از اندرز کسی ~:*** دوم ٤۳٤/۲٦۲.

گسی. // ***~ کردن*** فرستادن، گسیل کردن: یکم ۱۰۵۹/۱۳٦؛ ۱۳۳۲/۱٤۷؛ ۲۸۷/۱۷۰؛ ۹۱/۳۰٦؛ ۳٤۳/۳۱٦؛ ٤٤۷/۳۲۰؛ ۷۵۱/۳۳۲؛ ۲٤۹۷/٤۰۱، ۲۵۰٦؛ دوم ۸۵٤/۷۲؛ ۹۰۵/۷٤؛ ۳٦۳/۸۱۵ و دیگر.

گَش. ۱- خوب، خوش، دلپسند: یکم ۱٤۸۱/۱۵۳؛ ۱۷۳٤/۸۵۹؛ دوم ۲۰٤/۳۸۱؛ ۲۲۹/۳۸۲؛ ۳٦٤۰/۷٦۵. ۲- خودستا، خودپسند، مغرور، سرکش و متمرّد: یکم ۳/۳۰۳؛ ۱۸۳۰/۳۷۵؛ دوم ۷۰۷/۲۹۳؛ ۸۵٦/۲۹۹؛ ۳۹۳/۸۹٤؛ ٤۵٦/۸۹۷ // ***سر خود را در بندگی ~ کردن:*** دوم ۱۷۸۵/۹٤۹.

گُش. صفرا، بلغم، سودا، زرداب // ***~ جنبیدن:*** دوم ۲۸۸۹/۵۰ // ***~ شوراندن:*** دوم ۱۱۱٤/۱۷۹؛ ۸٦٤/۱۱۱۵ // ***شوریده ~:*** یکم ۱۲۰/٦٤۳؛ دوم ۸٤۲/۱۱۱٤.

گشاد. ۱- باز // ***~ بر*** ۱- باز کردن سینه هنگام رها کردن تیر: یکم ۹۰۲/۷۲٦. ۲- سینه جلو دادن به سوی دیگری: یکم ۳٦۲/٤۸۱. ۲- کنایه از رها کردن تیر، گشادن سینه (دست، شست) هنگام رها کردن تیر، شیوه‌ی تیر انداختن: یکم ۳۸۹/٤۸۲؛ ۱۰۹۷/۵٦۰؛ دوم ۱۸۲/۳٤۸؛ ۱۹۷/٤٦۳؛ ۱۳۵۳/۵۳٦. ۳- گشادن: یکم ۱٦٤۳/۳٦۷.

گشادن. ۱- باز شدن // ***دل ~*** باز شدن دل و به وجد درآمدن: دوم ۲٤۵۳/۷۱۸. ۲- گشودن گره و دشواری: یکم ۱۱۹۷/۳۵۰. ۳- آزاد

کردن از بند زندان: یکم ۱۴۶۹/۳۶۰. ۴- آشکار کردن، پدیدار نمودن: یکم ۸۱/۱۶۲. ۵- گشوده شدن، گشاده شدن، رفع گشتن: یکم ۲۳۵/۲۷۰؛ ۵۹۶/۲۸۴؛ ۴۶۵/۴۲۱؛ ۹۸۰/۶۷۷. ۶- رها کردن، انداختن: یکم ۲۷۸/۴۷۸. ۷- حاصل شدن، عاید شدن، به دست آمدن: یکم ۲۸۸۱/۶۳۰. ۸- آغاز کردن // **از یزدان** ~ با نام او آغاز کردن: دوم ۴۴۶۷/۷۹۷.

گشاده. آشکارا، رک و راست: یکم ۶۰۰/۱۱۸.

گشاده‌بر. ستبرسینه: یکم ۲۲۸۱/۶۰۶.

گشاده‌دل. شاد و خرّم: یکم ۲۸۴/۱۰۶؛ ۱۶۵/۱۶۵؛ ۳۴۵/۲۷۴؛ ۱۲۵۰/۶۸۸.

گشاده‌زوان. ۱- فصیح، سخنور، سخنگو: یکم ۱۲۸/۶؛ ۸۶/۳۲؛ ۶۷۲/۷۷. ۲- فصاحت، سخنوری: یکم ۱۴۳/۷. ۳- ناسزاگویان و مؤاخذه‌کنان: یکم ۴۲۸/۲۱۶.

گشایش. رهایی، نجات: یکم ۳۵۲/۴۳؛ ۶۰۴/۱۱۸.

گشاینده. //~ **شهر**: یکم ۹۹۳/۱۳۴.

گشتن. (نیز← گردیدن) ۱- در میدان نبرد و ورزش دور زدن و جولان دادن: یکم ۱۳۰۳/۱۴۶؛ ۳۲۰/۱۷۱؛ ۴۷۷/۷۰۹؛ ۶۳۱/۸۱۵، ۶۳۳؛ دوم ۵۰۳/۵۹، ۵۱۶؛ ۷۲۳/۶۷. ۲- سرپیچی کردن، بیرون رفتن، عدول کردن: یکم ۴۹/۳۰۵. ۳- برگشتن // **از کسی** ~ از او چشم‌پوشی کردن: یکم ۱۳۰۹/۷۴۲.

گشته. از خود بیخود شده، از حال عادی بیرون رفته، بیمار، از خود رفته، ناتوان: یکم ۶۹۴/۲۸۸؛ دوم ۶۷۱/۶۴۷؛ ۳۷۶۴/۱۰۲۷، ۳۷۶۹ // ~ **بودن بر کسی**: یکم ۷۷/۲۶۴ // ~ **شدن** گردیدن، برگردیدن: دوم ۴۹۳/۲۸۴؛ ۳۹۷۳/۱۰۳۵؛ ۱۴۶/۱۰۴۷ // ~ **شدن خرد**: یکم ۸۰۲/۳۳۴ // ~ **شدن زمانه**: یکم ۳۰۰/۲۴۶ // ~ **شدن سر**: یکم ۸۹۳/۲۹۶ // ~ **شدن سر بخت**← بخت: یکم ۴۵۱/۴۸۵؛ ۶۸۲/۴۹۴؛ ۷۵۱/۴۹۷؛ ۱۰۰۶/۵۰۷؛ ۱۲۰۴/۵۱۵ // **سر ~ شدن**: یکم ۱۳۷۸/۷۴۵ // **مار** ~ مارزده: دوم ۲۵۳/۶۱۵.

گشن. ۱- انبوه، بسیار، پر: یکم ۱۷۵/۵۸؛ ۸۹۷/۱۳۰؛ ۱۲۹۹/۱۴۶؛ ۱۶۱/۱۶۵؛ ۳۸۲/۱۷۴؛ ۱۱۳/۲۰۳؛ ۶۷۹/۲۲۶؛ ۳۹۴/۲۵۰؛ ۵۳۰/۲۸۲؛ ۱۶۵۵/۳۶۸؛ ۱۱۵/۴۰۷؛ ۱۹۷/۴۳۰؛ دوم ۱۷۸/۳۴۸؛ ۴۲۵/۶۳۷؛ ۱۵۳۳/۶۸۱؛ ۳۷۴۵/۷۶۹، ۳۷۶۱؛ ۷۹۱/۸۳۲؛ ۱۹۹۶/۹۵۷؛ ۳۶۴۷/۱۰۲۲؛ ۳۹۷/۱۰۹۷ // **جوق** ~: یکم ۱۶۶۳/۷۵۶ // **درخت** ~ درخت کهن و پرشاخ و برگ: دوم ۴۳۱/۴۳۸ //

لشکر ~: یکم ۳۰۳/٤٦۳؛ ۳۲٤/٤۸۰؛ ۷۱۳/٤۹٥؛ ۷۳۷/٤۹٦؛ ۷۷٦/٤۹۸؛ ۹۲۷/٥۰٤؛ ۱۱۳۳/٥۱۲؛ ۱۱۱۹/٦۸۲؛ دوم ٤۷۱/٥۸. ۲- پهن، پر // **~ بیخ**: دوم ٤۰/٤۱ // **~ سایه**: دوم ۲۱٤/۹ // **رزمگاه ~**: یکم ۳٦۹/۷۰٥. ۳- تمام و کامل // **کسی را دستگاه ~ شدن**: دوم ٥۸۹/۱۱۰٤.

گشی. غرور، نخوت، خودپسندی، منیّت: دوم ۱۲۱٦/۱۸۳؛ ۱٦۱۳/۳۲۸؛ ۱٥٤۸/٦۸۲؛ ٤۱۱۱/۷۸۳؛ ۱۱۳٤/۸٤٦؛ ۱۲۸۷/۸٥۲ // **از کسی ~ برنداشتن**: دوم ۱۲۲۲/۹۲۷.

گفت. ۱- گفته، گفتار: یکم ۹۳٤/۸۷؛ ۱٥۰۰/۳٦۲؛ ۳۲/٦۹۲ و دیگر. ۲- فعل حکایت، گفتا: یکم ۷۲۸/۱۲۳ و دیگر.

گفتار. ۱- سخن، سخن گفتن // **~ بر خامشی گزیدن**: دوم ۱٥٦۱/۹٤۰ // **~ بی‌تار و پود**: دوم ۱۲۲٤/۹۲۷ // **~ بیکار**: دوم ۱٦٦۰/۹٤٤ // **~ تلخ**: یکم ٦۳٥/۳۲۸ // **~ چرب**: یکم ۱۳٤٤/۱٤۸ // **~ خام**: یکم ۳۷۹/۱۱۰؛ ٤۱٥/٤۳۹؛ ٥٦٥/٤٤٥ // **~ خوب**: یکم ٦۱/۳ // **~ خیره**: یکم ٥۳٤/۷۲؛ ٦۸۲/۷۷ // **~ درشت**: یکم ٥۱۸/٤٤۳ // **~ راست**: یکم ۱۱۳۹/۱۳۹ // **~ روشن‌روان**: یکم ٤٦٤/۱۱۳ // **~ سرد**: یکم ۱۰۸/۹۹ // **~ گرم**: یکم ۷۰٤/۷۸؛ ٤۳۲/۱۱۲؛ ۹۰/۲۳۸ // **~ نرم**: یکم ۳٥٥/٦٥ // **~ نغز**: یکم ۱۰۰۷/۹۰ // **~ نیکو**: یکم ۱۲٥٦/۳٥۲ // **از ~ سرد شدن**: یکم ٤۰۱/۲۷۷ // **از کسی به ~ شتافتن**: یکم ۲۲٤/٦۹۹ // **به ~ از کسی گذشتن**: دوم ۳۷۰۳/۱۰۲٥ // **کسی را به ~ پوست دریدن**: دوم ۱۳۱۰/٦۷۲ // **کسی را به ~ رود نیل خوار آمدن**: دوم ۱٦۹/۱٤۱. ۲- موضوع، قضیّه: یکم ٤٦۸/۳۲۱. ۳- گله، شکایت، ستیزه: یکم ۹۳٦/۱۳۲؛ ٥۷/۱۹۳. ٤- سخنان بیهوده، حرف مفت: دوم ۲٥۹/٦۱٥ // **کسی را به ~ دسترس بودن** اهل حرف بودن: دوم ۷٤۱/۸۳۰. ٥- گفتن: دوم ٥۱۳/۱۰٦۱.

گفتن. ۱- مذاکره، گفتگو: یکم ۹۲/۲٦٤؛ ٤٥٦/۳۲۰ // **~ بد**: یکم ۲۳٥۳/۳۹٥. ۲- سخن راندن: یکم ۳٥۸/٤٦٥. ۳- اظهار نظر کردن، عقیده داشتن: دوم ۲۹۱۸/۹۹۳. ٤- سخن از چیزی گفتن، شرح دادن: دوم ۹۱٥/٥۱۹؛ ۹۹/٥۹٥؛ ۱۷۸٥/۸۷۱. ٥- سرود، آواز خواندن: یکم ۲٦۱/٤٦۱؛ ۲۸٦۸/٦۳۰؛ دوم ٦۷۰/۹۰٥؛ ۳۸۰۸/۱۰۲۹. ٦- نقل، داستان، سرگذشت: دوم ۸٤۷/۱۳٤؛ ۳٦۸۸/۱۰۲٤.

گفت‌وگوی. ۱- گفت و شنود، مکالمه،

مذاکره: یکم ۱۶۶/۲۷؛ ۱۰۰۱/۹۰؛ ۴۰۶/۲۷۷؛ ۸۰۸/۲۹۳؛ ۲۰۰/۳۱۱ // **با~**: یکم ۳۲۰/۱۰۷. **۲**- خبر، حرف، گزارش، سخن: یکم ۱۰۷/۱۸۷؛ ۵۱۰/۲۸۱ // ***~ افتادن در جایی***: یکم۷۶۳/۸۱ // ***پر (از) ~ کردن (شدن) جهان (گیتی، زمین) از...***: یکم ۱۱۸/۳۴، ۱۳۵؛ ۱۷۴/۴۳۰. **۳**- حرف مردم، بدگویی، بدنامی، افتادن در دهان مردم: یکم ۴۰/۳۰؛ ۳۲۸/۱۰۸؛ دوم ۲۵۵۷/۷۲۲؛ ۱۵۷/۱۰۴۷ // ***~ یافتن***: یکم ۱۵۴/۳۰۹ // **بی~**: دوم ۳۹۴۸/۱۰۳۴. **٤**- سخن گفتن بی‌نظم، جار و جنجال، هیاهو، اشتلم، بگومگو، غرولند، داوری، ستیزه، جرّ و بحث، اختلاف؛ سرزنش و ملامت و شماتت، گله و شکایت: یکم ۴۳۳/۱۷۶؛ ۳۳۱/۳۱۶؛ ۷۱/۲٤؛ ۹٤۶/۱۳۲؛ ۱۱۹/۱۶٤؛ ۳٤۹/۱۷۲؛ ۵۱/۱۸۵؛ ۵۵/۱۹۳؛ ۷۲۱/۲۲۸؛ ۷۶۹/۲۳۰؛ ۲۲۰/۲۶۹؛ ٤۵۱/۳۲۰؛ ٤۹۷/۳۲۲؛ ۵۷۹/۳۲۵؛ ۱۸۷۶/۳۷۶؛ ۲۶۶۰/۶۲۱؛ ۱۱۱٤/۶۳۵؛ ۱۷۵۲/۷۵۹؛ ۲۵۲۹/۸۹۰؛ ۲۵٤۷/۸۹۱؛ دوم ۱۸٤۳/۳۳۸؛ ۱۳۹/۶۰۲؛ ۱۹۲۲/۶۹۷؛ ۲۱۷۶/۷۰۷؛ ۳۰۲۰/۷٤۰؛ ۳۳۲۲/۷۵۲؛ ۲۹۶۹/۹۹۶ // ***~ پیدا کردن***: یکم ٤۵۱/۳۲۰ // ***~ سرآوردن***: دوم ۲۲۳٤/۹۶۶ // **بی~** بی‌چون و چرا، فوراً: یکم ۹٤/۵٤؛ ۱۰۳۷/۸۳۱؛ دوم ۱۷۶۷/۸۷۱ و دیگر. **۵**- دردسر، گرفتاری: یکم ۳۰۸/۲٤۷. **۶**- موضوع، مبحث، مسئله، مذاکره: یکم ۳۱۳/۶۳؛ دوم ۳٤۳۸/۷۵۷؛ ۲۲٤۳/۹۶۷. **۷**- غلغل، حرف، ادعا: دوم ۹۹/۱۰۸۵.

گفته. // ***~ بر لب گماشتن***: یکم ۱۲۲٤/۷۳۹ // ***~های کهن***: دوم ۲٤۸۶/۹۷۶.

گفتی. پنداری، ظاهراً: یکم ۲۲۶/۲۰۸ و دیگر //**~ مگر**: یکم ۵۸۸/۷٤.

گِل. // ***~ بر آتش نهادن***: یکم ۲۹٤/٤۷۸ // ***~ به سر داشتن***: یکم ۵۸/۲۰۱ //**~ مُهر** گلی که بر آن مهر انگشتری زنند: دوم ۲۹۹/٤۳۳؛ ۲۵۹۸-۲۶۰۰/۹۸۱ // ***~ سر از ~ نشستن***: دوم ۱۱٤۲/۸٤.

گُل. **۱**- // ***~ آرزو را نشاید پسود***: دوم ٤٤۱٤/۷۹۵ // ***~ از خار خشک نروید***: دوم ۱۱۸۲/۶۶۷ // ***~ بی رنج خار نیست***: دوم ۳۸۶/۶۳۶ // ***~ کامگار*** گلی به رنگ سرخ سیر: دوم ۳/۳٤۱؛ ۲۷۵/۱۰۵۲ // ***افسر ~ بر سر داشتن***: دوم ۲۵۵۱/۵۸۳ // ***اگر ~ نبوید به رنگش مجوی***: دوم ۱۲۵۱/۶۷۰. **۲**- کنایه از رخسار: یکم ۷۳۷/۱۲٤؛ ۱۷۰/۲٤۱؛ ۲۳۰۰/۳۹۳؛

۸/٤۰۳؛ ۱۸۱/٤۱۰ و دیگر // ~ ***ارغوان***← ارغوان // ~ ***سرخ***: یکم ۳۳۵/٤۲؛ ۷۸۷/۱۲٦ // ***افسر ~ بر سر نهادن***: دوم ۱۲۰/٦ // ***اگر ~ چنی راه بی‌خار نیست!***: یکم ۵۷۷/۷۱۳ // ***بویا ~***: یکم ٤۰۰/۲۱۵. **۳**- کنایه از می سرخ: یکم ۱۸۱۵/۸٦۲.

گلاب. کنایه از می: یکم ۷۱/٤۵٤.

گل‌پرست. یکم ۳۹۹/۱۱۰.

گلزریون. یکم ۲۰۷/۷۹۹.

گلستان. // ***بر گوشه‌ی ~ خار رستن***: دوم ۹۱۲/۱۷۱.

گلشن. // ~ ***زرنگار*** ۱- جای بزم و رای زدن: یکم ۱۵/۲۰۰؛ ۱۹٤۹/۳۷۹؛ ۲۱۸۲/۸۷٦؛ ۲۱۹۰/۸۷۷؛ دوم ۷۹۲/۲۹٦. ۲- کاخ تاجگذاری: یکم ۵۰۷/٤٤۳ // ~ ***شادگان***: دوم ۵۲۳/۱۰٦۱؛ ۵۳٤/۱۰٦۲ // ***باغ ~***: دوم ۳۰۲٤/۹۹۸.

گلگون. نام اسب: یکم ۷٤۷/۷۲۰.

گلنار. **۱**- نگاره برای رنگ سرخ رخسار: یکم ۲۹٤/۱۰٦؛ ۳۵۱/۱۰۹ // ~ ***آگنده***: یکم ٤۹۷/۱۱٤. **۲**- رنگ سرخ پارچه: یکم ۵۲۲/۱۱۵.

گله. // ***بی (با) ~ به چرا آمدن***: دوم ۱۱۰۸/۸۳.

گُله. کاکل، زلف: یکم ۱۰۵٤/۹۲.

گله. شکوه و شکایت: دوم ۷۰۷/۱۱۰۹.

گلیم. // ~ ***در آب روان نفگندن***: یکم ۳٤۸/۱۷۲ // ***جامه‌ی ~***: یکم ۸۷۰/٦۷۳؛ دوم ٤۷۵/۱۱۹؛ ۵۳۸/۱۲۲ // ***طبل به زیر ~ ساختن***: یکم ۸٤٤/۳۳٦.

گم. // ~ ***بودن***: یکم ۲٤۳۹/٦۱۳؛ ۱۵٤٤/۸۵۱ // ~ ***بوده***: یکم ۱۹۰/٤۱۰ // ~ ***شدن پایگاه***: یکم ۸٤/۲۳۸ // ~ ***کردن*** ناپدید کردن، نابود کردن: دوم ۸۲۸/۹۱۱.

گماشتن. // ***چشم ~*** نظر انداختن، نگریستن و توجه کردن: یکم ۳٦۸/٦۵؛ ۳۱۹/۱۰۷؛ ۵٤/۱٦۱؛ دوم ۵۱۱/۱۰٦۱.

گمان. **۱**- نگرانی، ظن، شک، تردید: یکم ۷۱۸/۷۹ // ***بر ~***: یکم ۱٤۹٦/۳٦۱ // ***بی~ بودن***: یکم ٤۰۱/٤۳۹ // ***در ~ افتادن*** به شک افتادن: دوم ۵۷۳/٤٤۳ // ***در ~ بودن*** به غلط افتادن، به غلط به خود مطمئن بودن: دوم ۱۹۱۵/۵۵۸. **۲**- اندیشه، تصوّر، خیال، وهم: یکم ٤/۱؛ ۱۱۵۹/۳٤۸؛ دوم ۲۱۵۵/۷۰٦ // ~ ***دگر شدن***: یکم ۱۳۸۷/۳۵۷ // ***در ~ افتادن (شدن)***: یکم ۷۲۰/۲۲۸؛ ۲۳۹/٤۱۲؛ ۲۰۳/۵۲۵؛ ۱٤۷٤/۵۷۵ // ***در ~ نگنجیدن***: دوم ۵۹۰/٤٤٤. **۳**- رای، اندیشه، تدبیر، نقشه، چاره: یکم ۳۲۳/۲۱۲؛ ٤۱۰/۲۱۵؛ ۲٤۱۲/۳۹۷ // ~ ***بر نیک و بد گاشتن***: یکم

۱۱۴٤/۳٤۸ // ~ *به دانش روان پروراندن*: یکم ۳۸/۷۹۲ // ~ *کسی را زیر پی سپردن*: یکم ۱۹۵۳/۳۷۹ // *روشن* ~: یکم ۱۲۷/۱۰۰.

گمانه. گمان: یکم ۱۹۹٤/۳۸۱.

گمانی. ۱- گمان، خیال، تصوَر: یکم ۷۷/٦٤۲؛ ۲۰۱/٦٤٦؛ ۳۱۹/٦۵۱؛ ۱۱٦۰/۷۳٦؛ دوم ۱۵۰/۲۳۱؛ ٦٦٤/۲۹۱؛ ۱۷۲۱/۳۳۳؛ ٤۰/۳۷٤؛ ۲۱۲۲/۵٦٦؛ ۲۲٤۷/۵۷۱؛ ۲۵۰٤/۵۸۱؛ ۱٤٤۵/۸۵۸ // ~ *از بد بی بهر بودن*: یکم ۱۵٦۹/۳٦٤ // ~ *از بد(ها) کوتاه شدن*: یکم ۲۲۵/٦۰؛ ۳۸/۲٦۲ // ~ *بردن* خیال کردن، تصور نمودن: یکم ۵۹٤/۱۱۸؛ ۱۲۵/۲۵۸؛ ۷۹۳/۲۹۲؛ ۱۵۲/۳۰۹؛ ۱۹۸٦/۳۸۱؛ ٤۹٦/٤٤۲؛ ۱۵٦/٤۷۳ // ~ *بودن*: یکم ۸۱۷/۱۲۷؛ ۱۰۱۹/۱۳۵ // *بر کسی به سستی ~ بردن*: یکم ۸۲/٦٤۲ ۲- رای، اندیشه، نظر: دوم ۸۷۲/۷۳ // ~ *بردن* اندیشیدن: یکم ۳/٤۵۱؛ ۲۱۸۵/۷۷۷؛ ۲۲۳۵/۷۷۹؛ ٦۱۳/۸۱۵.

گمانیدن. گمان کردن، تصور نمودن: یکم ٦۱٦/٦۵، ۸۸۷/۱۳۰؛ ۱۵۷۹/۱۵۷؛ ٦٦٤/۲۸۷؛ ۱۱۸٤/۸۳۷؛ دوم ٤۱٦۷/۷۸۵؛ ۱۲۵/۱۰۸٦.

گم‌بوده. یکم ۱٦۵۷/۷۵٦.

ـگن. ـگین: یکم ۱۰۸/۵۲۱ و دیگر.

گناه. // ~ *را به آب شستن*: یکم ۲۲۲۷/۳۹۰ // *بر بی~* ← بر بی‌گناه // *بر کسی ~ی گذاردن*: یکم ۱٦۲-۱٦۳/٦۹۷.

گنبد. ۱- کنایه از آسمان: یکم ۹٤٦/۸۸؛ ٤۰۰/۱۷٤؛ ۱۱۸/٤۲۷ و دیگر. ۲- آتشکده: یکم ٦۵۸/٤٤۹. ۳- جای میگساران و رامشگران: یکم ۱٦۸۲/۳٦۹؛ دوم ۸۳۷/۱۳٤. ٤- طاق نصرت: یکم ۹٤/۳۰٦؛ ۲۱٦٦/۸۷٦، ۲۱٦۷. ۵- برآمدگی شانه (؟): یکم ٤۵۵/۱۱۳. ٦- قبّه، طاق نیم‌کره‌ای شکل: یکم ٤۵۳/۲۱۷؛ ٤۲۵/۵۰.

گنبدان‌دز. دوم ۱۲۱۵/۸۷.

گنج. ۱- انباشته‌ای از مسکوکات زر و سیم و جواهرات: یکم ٤۲۹/۱۱۲؛ دوم ۱۲۳٤/۵۳۱ و دیگر // ~ *آراسته*: یکم ٦۰۷/۷۵؛ ۹۹۲/۳٤۲؛ ۱٦۲۸/۳٦۷؛ دوم ۲۱۰۰/۹٦۱ // ~ *آگنده*: یکم ۱۵٦/٤۲۹، ۱۵۸؛ دوم ۳۱٤۰/۱۰۰۲ و دیگر // ~ *افراسیاب*: دوم ۳۸۰٤/۱۰۲۹ // ~ *بادآور*: یکم ۲۸۲۹/۹۰۲؛ ۳۸۰٤/۱۰۲۹ // ~ *خاور*: یکم ٦۲۳/۷۵ // ~ *خضرا*: یکم ۱۰۸۷/۱۳۷؛ دوم ۳۸۰۳/۱۰۲۹؛ ۲٤۷/۱۰۵۰ // ~ *درم*: یکم ۱٦٦٦/۳٦۸؛ ۲٤۹۸/٤۰۱؛ ٤۱۸/٤۱۹؛ دوم ۱٦۹۲/۵٤۹؛ ۱۷۷۰/٦۹۱؛ ۲۳٤۳/۷۱۳؛ ۱۰۰۳/۸٤۰ // ~ *دینار*: یکم ٤۹۱/٤۸؛ ۱۳۰/۱۸۸؛ ٦۰۱/۳۲٦؛

۱۳۷/۴۰۸؛ ۳۳۸/۴۱۶؛ ۱۵۸/۴۲۹؛ دوم ۲۰۷۰/۷۰۳ // ~ ***سوخته:*** دوم ۳۸۰۷/۱۰۲۹ // ~ ***عروس:*** یکم ۲۸۳۵/۹۰۳؛ دوم ۳۸۰۱/۱۰۲۸؛ ۲۴۷/۱۰۵۰ // ~ ***گاوان:*** دوم ۵۹۷/۵۰۶ // ~ ***گهر:*** یکم ۶۰۲/۷۴ // ~ ***گهر میان سور:*** یکم ۱۷۲۸/۳۷۰ // ~ ***مازندران:*** دوم ۴۲۰۰/۷۸۷ // ***نامور ~:*** یکم ۶۲/۴۲۵. **۲**- مال و خواسته و ثروت: یکم ۱۳۹/۷؛ ۱۹۶۹/۳۸۰؛ ۴۳۲/۴۲۰؛ ۲۴۹۱/۶۱۵؛ دوم ۱۵۹۹/۵۴۶؛ ۶۶۲/۶۴۷؛ ۲۱۶۹/۹۶۴ و دیگر // ~ ***به رنج است!:*** یکم ۴۶۹/۴۲۱ // ~ ***بی‌رنج:*** یکم ۱۲۹۰/۳۵۳؛ دوم ۱۵۱۷/۹۹. **۳**- مخزن اموال و کالا و لوازم از هر گونه، از جمله جامه‌های پادشاه و داروها و پارچه‌ها و دیگر و دیگر: یکم ۱۳/۲۱؛ ۱۵۸/۱۹۷؛ ۱۲/۱۹۹؛ ۹۳۹/۲۹۸؛ دوم ۱۹۶۶/۵۶۰؛ ۳۴۷۸/۷۵۸ و دیگر // ~ ***جامه‌ی نابرید:*** یکم ۶۰۳/۳۲۶ // ~ ***زهر:*** دوم ۱۷۳۵/۸۶۹ // ~ ***و کوپال و برگستوان:*** یکم ۱۳۶/۴۰۸؛ ۱۵۹/۴۲۹. **۴**- کنایه از پاداش // ~ ***پیش امید گشودن:*** یکم ۴۴۳/۶۸. **۵**- کنایه از پاداش و ثواب آخرت: یکم ۳۰۵/۲۱۱ // ~ ***جهان‌آفرین:*** یکم ۲۵۲۱/۴۰۲. **۶**- کنایه از مقصود و مطلوب: دوم ۱۴۹۷/۱۹۴. **۷**- کتابخانه: دوم ۳۴۵۳/۷۵۷؛ ۳۴۹۷/۷۵۹. **۸**- دفینه: دوم ۵۳۲/۵۰۴ و دیگر. **۹**- خزانه‌ی دولت: دوم ۱۴۴۵/۵۴۰؛ ۱۶۹۲/۵۴۹؛ ۲۵۳۶/۵۸۳، ۲۵۳۹.

گنجور. نگهبان گنج، خزانه‌دار، نگهبان مخزن سلاح: یکم ۶۰۹/۷۵؛ ۱۱۱۴/۱۳۸؛ ۱۳۸/۴۰۸؛ دوم ۹۳۴/۱۷۲ // ~ ***بودن:*** دوم ۳۰۳۰/۹۹۸.

گنداور. دلیر، پهلوان: یکم ۱۱۳/۲۰۳؛ ۵۲۸/۴۴۴؛ ۸۲۹/۵۰۰؛ دوم ۴۷۴/۲۸۴؛ ۲۲۹/۳۸۲؛ ۶/۴۰۹؛ ۵۶/۴۲۳؛ ۳۷۵/۴۷۰؛ ۵۴۷/۶۴۲؛ ۱۹۴۰/۹۵۵.

گنداوری. ۱- دلیری، پهلوانی: یکم ۱۲۲/۶؛ ۳۰۱/۳۱۴؛ ۱۱۲۸/۳۴۷؛ دوم ۳۶۱/۳۵۵؛ ۶۰۴/۴۷۹؛ ۱۳۳۲/۶۷۳. ۲- دلیریِ غرورآمیز، منیَت، گستاخی، بلندپروازی: یکم ۲۳۰/۱۰۴؛ ۶۵۶/۲۲۵؛ دوم ۴۷۳/۲۸۳؛ ۹۰۸/۳۰۱؛ ۱۹۱/۳۴۸؛ ۴۹۸/۳۹۲؛ ۹۲۳/۶۵۷؛ ۱۳۳۲/۶۷۳؛ ۱۴۱۰/۶۷۶؛ ۱۲۸۷/۸۵۲ و دیگر // ~ ***گرفتن:*** یکم ۱۹۷/۹.

گنده. ۱- گندیده: یکم ۹۶/۵۵. ۲- سالخورده: یکم ۴۱۴/۲۱۵.

گنده‌پیر. پیر فرتوت: دوم ۲۲۴/۱۱۰.

گو. ۱- پهلوان، گرد، دلیر: یکم ۳۰۵/۱۰۷؛ ۱۳۴/۱۸۸؛ ۱۵۰/۲۰۵؛

۶۳۸/۳۲۸؛ ۲۴۲۰/۳۹۸ // ~ ***زاده:*** یکم ۶۰۸/۳۲۶. **۲**- لقب رستم: یکم ۸۹/۴۰۶. **۳**- سالار بار: دوم ۲۰۷۹/۹۶۰.

گوا. گواه // ~ ***بر کسی بودن:*** یکم ۱۰۶۹/۳۴۵ // ***بر ~*** ← برگوا.

گوار. جوال: دوم ۲۲۱/۴۹۱؛ ۲۳۷/۴۹۲.

گواژه. سرزنش، ریشخند، طعنه: یکم ۲۳۲/۴۳۲؛ ۳۱۶/۴۷۹؛ ۳۵۳/۴۸۱؛ دوم ۶/۴۵۱.

گوانجی. پهلوان، دلیر: دوم ۱۱۲۵/۸۴۵.

گور[1]. ۱- قبر // ***پای کسی ~ جستن:*** دوم ۱۳۳۳/۱۸۸. **۲**- کنایه از زن: یکم ۵۴۲/۱۱۶.

گور[2]. // ***پشت ~ از شیر پرداخته شدن:*** دوم ۸۶۷/۹۱۳.

گوربان. یکم ۱۱۸۵/۵۱۴.

گوز. گردو، جوز: دوم ۹۲/۶۲۴ // ***~ بر گنبد افشاندن:*** یکم ۴۵۳/۲۱۷ // ***~ بر گنبد آوردن:*** یکم ۵۰/۴۲۵.

گوزبن. درخت گردو: دوم ۸۱۴/۵۱۵، ۸۱۵.

گوزن. نگاره برای زیبایی زن: یکم ۵۳/۳۰۵.

گوسپند. یکم ۱۵/۱۵.

گوش[1]. // ***~ بر آوا بودن:*** یکم ۹۷/۵ // ***~ برافراختن*** گوش تیز کردن، دقت و توجه نمودن: یکم ۹۷۹/۱۳۳؛ ۶۳۱/۴۹۲؛ ۲۱۶/۶۹۹ // ***~ پرآواز شدن:*** یکم ۴۴/۱۸۵ // ***~ داشتن*** ۱- نگهداری کردن: یکم ۶۴۶/۲۸۶. ۲- توجّه کردن: یکم ۷۹۶/۱۲۶ // ***~ (پهن) گشادن به کسی*** ۱- به کسی به دقت گوش دادن: یکم ۱۰۳/۳۳؛ ۱۷۴/۳۶؛ ۳۶۶/۶۵؛ ۸۶۵/۸۵؛ ۳۹۶/۳۱۸؛ ۱۶۲۰/۳۶۶؛ ۴۵۴/۶۵۶؛ ۱۲۹۰/۷۴۱؛ دوم ۱۳۹۰/۱۹۰؛ ۴۲۱۳/۷۸۷. ۲- مترصد بودن، چشم به راه داشتن، انتظار کشیدن: دوم ۷۷۳/۲۹۵ // ***~ داشتن:*** ۱- مواظب بودن، نگهبانی و مراقبت کردن: یکم ۲۷۰/۴۷۷؛ ۱۰۸۴/۶۸۱؛ دوم ۱۴۷۷/۶۷۹؛ ۴۶۲/۸۱۹. ۲- توجه داشتن، گوش به زنگ بودن، مترصد بودن: یکم ۱۰۱۴/۸۳۰ // ***~ گشادن:*** یکم ۳۲/۱۲ // ***~ مالیدن:*** یکم ۳۷۵/۲۱۴ // ***~ نهادن*** ۱- متوجّه شدن، روی نهادن: یکم ۸۵۶/۸۴؛ ۲۱۹/۲۰۷؛ ۹۰۶/۶۷۴. ۲- توجّه و دقت کردن، مراقب بودن، مواظب بودن: یکم ۳۶۹/۴۳؛ ۲۷۹/۲۷۲؛ دوم ۸۴/۴؛ ۵۴۲/۳۶۲ // ***آسوده ~*** فارغ‌البال: یکم ۲۸/۲۲.

گوش[2]. نام روز چهاردهم ماه: دوم ۳۲۲/۴۶۸.

گوشت. // ***~ یلانی را کندن:*** دوم ۲۸۸۳/۹۹۲ // ***در شهر ~ ارزان کردن:*** دوم ۲۹۰۹/۹۹۳.

گوشوار. گوشواره: یکم ۱۵۲۴/۳۶۳؛ ۴۵۹/۴۴۱ و دیگر // ~ ***تاج بودن:*** دوم ۱۹۳۶/۹۵۵ // ***با*** ~: بزرگ، عظیم‌الشّأن: یکم ۱۲۳۹/۳۵۱؛ ۳۲۴/۴۸۰ // ***چیزی از ~ کسی آویختن:*** دوم ۲۹۹۹/۹۹۷.

گوش‌ور. دارنده‌ی گوش (بزرگ): دوم ۱۷۰۷/۳۳۲.

گوگرد. //~ **سرخ:** دوم ۳۵۹۵/۱۰۲۰.

گونه. // ***چند*** ~ ۱- چند نوع و قسم: یکم ۵۱/۳؛ ۴۰۶/۲۵۱. ۲- چندی، یکچند: یکم ۹۶/۹۹؛ ۲۹۲/۲۷۲. **۲**- رنگ: یکم ۱۶۱۴/۵۸۰؛ دوم ۱۲۲۳/۳۱۳.

گونه‌گون. یکم ۷۰۷/۷۸.

گوهر. (نیز← گهر) **۱**- هر یک از کانی‌ها: یکم ۴۹/۲۳ و دیگر // ~ ***شاهوار:*** یکم ۱۲۰۶/۳۵۰؛ ۱۳۱۸/۳۵۴؛ ۱۵۲۴/۳۶۳؛ ۱۷۱۱/۳۷۰ و دیگر. **۲**- مروارید و کنایه از بکارت //~ ***نابسود:*** یکم ۲۴۹/۳۱۲؛ ۲۸۲۵/۶۲۸ // ***ناسفته*** ~: یکم ۱۴۶/۵۶. **۳**- هر یک از چهار عنصر: یکم ۶۷۶/۱۲۱. **٤**- اجرام آسمانی، خورشید و ستارگان، آسمان: یکم ۴/۱، ۷؛ ۷۴/۴. **٤**- اصل، عنصر، رکن، پایه: یکم ۱۷۶/۴۱۰. **۵**- ذات، طینت، نهاد، سرشت، طبیعت، طبع، باطن: یکم ۶۴۳/۱۲۰؛ ۶۶۴/۱۲۱؛ ۸۱/۱۸۶؛ دوم ۴/۱، ۵، ۶، ۹؛ ۲۹۰/۱۴۶؛ ۲۵۱۳/۷۲۰، ۲۵۱۵؛ ۳۳۲/۸۹۲؛ ۲۹۵/۱۰۹۳. **٦**- نژاد، تخمه، اصل و نسب، خاندان، خصیصه‌ی نژادی: یکم ۸۵۵/۱۲۸؛ ۱۱۵۴/۱۴۰؛ ۱۳۳/۲۶۶؛ ۸۰۶/۲۹۲؛ ٤۱۳/۳۱۹؛ ۱۲۹۲/۳۵۳؛ ۱۹۱۵/۳۷۸؛ ۱۹۷۰/۳۸۰؛ ۲۱۶۵/۳۸۸؛ ٤۰/٤٦۸؛ ۲۳۰۲/۶۰۷؛ دوم ۱۱۹/۳٤۵، ۱۲۱؛ ۱٤۰/۳٤٦؛ ۲۵۲۷/۷۲۱، ۲۵۳۰؛ ۵٤۷/۱۱۰۳ و دیگر // ~ ***اندر مغاک آوردن:*** دوم ۱٤/۲۱۷ //~ ***نامدار:*** یکم ٤٤۵/٤۲۰.

گوهرشمار. گوهرشناس: دوم ۳۰۷/۱۰۵۳.

گوهری. اصیل، نژاده: یکم ۸۰/۲٤.

گوی. **۱**- گلوله //~ ***از آب برداشتن:*** یکم ۱۳٤۳/۳۵۵ //~ ***تافته‌ی زرّین و سیمین:*** دوم ۳۵۸۵/۱۰۲۰ // ~ ***تیره*** کنایه از زمین: یکم ۲٤۰/۳۱۲. **۲**- کره // ***میان دو***~: دوم ۳/۱۰۸۱.

گویا. **۱**- گوینده، داستانسرا، سراینده، شاعر: یکم ۷۰۲/٤۵۰؛ دوم ۱٤۷۱/۱۹۳؛ ۱٤۳۷/٦۷۸؛ ۳۵۰۸/۷۵۹؛ ۱۱٦/۱۰٤۵. **۲**- لاف‌زن، زبان‌آور، حرّاف: یکم ۲۷۳۱/٦۲٤؛ دوم ۱۱۸۵/۹۲۵؛ ۱۹٤۰/۹۵۵؛ ۳۸۵۵/۱۰۳۱.

گوینده. **۱**- مردم: یکم ۱۹/۱٦. **۲**- گویان، سخنگو: یکم ۱۳۵/۲۰٤؛ دوم

۲/۱۰٤۱. ۳- خوش‌سخن، شیرین‌زبان، سخندان، سخن‌سرا: یکم ۱۸۵/۹؛ دوم ۱۵۸/٤٦۱؛ ۵۲٤/۵۰۳؛ ۱۹٤۸/۵۵۹؛ ۱۳۸۵/٦۷٦؛ ۳۵۰/۸۱۵؛ ۳۲٤۹/۱۰۰۷؛ ۵۲۳/۱۰٦۱؛ ۳٤/۱۰٦۸؛ ۲۸۷/۱۰۹۲؛ ٤۲۲/۱۰۹۸. ٤- پیام‌برنده‌ی سخندان: یکم ۳۷۳/۱۷۳؛ ۷۱/۲۳۷، ۷۳؛ دوم ۹۹/۲٤۹. ۵- صفت پهلوان: یکم ۷٤٤/۲۲۹. ٦- بدگو: یکم ۳۷۳/۱۷۳. ۷- زبان: دوم ۱۰۸۹/٦٦٤. ۸- آوازه‌خوان: دوم ۹۵۲/۷٦؛ ۳۱/۲۰٤. ۹- دارای نیروی سخن گفتن، زنده: دوم ۳۳۳/۲۵۸. **۱۰- معرّف**: دوم ۹۵۲/۷٦.

گویی. پنداری، ظاهراً: یکم ٤۵۲/۱۱۲ و دیگر // ~ **مگر**: یکم ٤۵۲/۱۱۲؛ ۱۸۲/۲۰٦.

گَهْبَد. دوم ۱۵۷/٤۲۷؛ ۳٦۹٤/۷٦۷؛ ۳۷۸۵/۷۷۰.

گهر. (نیز← گوهر) ۱- هر یک از کانی‌ها // ~ ***بستن به کان***: یکم ۵۹۲/۳۲٦. ۲- سرشت، نهاد: یکم ۱۵۳/۲۵۹؛ ٤/٤۵۱-٦، ۹. ۳- نژاد: یکم ۱۳۹/۲٦٦؛ ۱۵۰/٤۲۹؛ ۳۹۱/٦۵٤ // ***با~*** نژاده: یکم ۱۲۸/۲٦٦؛ ۱۹۳٦/۳۷۹؛ ۳۹۰/٤۱۸؛ ٤۲۰/٤۳۹.

٤- مروارید و کنایه از دختر: یکم ۱٤٤٤/۳۵۹.

گیتی. ۱- جهان // ~ ***به پای سپرده*** دنیادیده، باتجربه: دوم ۲۸۹۵/۷۳۵ // ~ ***چو کف کردن***: یکم ۱۰۰۳/۱۳٤ // ***از ~ دامن افشاندن***: دوم ۳۷۸۵/۱۰۲۸ // ***دو ~ را به کسی فروختن***: دوم ۵٦۵/۱۵۷. ۲- کنایه از مردم جهان: یکم ۳٦۸/۲٤۹.

گیتی‌آرای. یکم ۲۳٦۹/٦۱۰.

گیتی‌خدای. خداوند: یکم ۱۲٦۷/۷٤۰.

گیتی‌فروز. صفت انسان، نیکبخت، کامروا: یکم ۱٤۳۲/۱۵۱؛ ۱٤۳/۱۹۷؛ ٦٤۸/۳۲۸؛ ۲۳٦۸/۳۹٦؛ ۲۲٤۰/٦۰۵؛ ۲۵۳۲/٦۱٦؛ ۱۱۲٤/۷۳۵.

گیرگیر. یکم ۹۷٤/۸۹.

گیر و زور. یکم ۱٤٦۳/۵۷٤.

گیر و گنداوری. دوم ٤۹۱/۲۱.

گیر و لاف. یکم ۱۷۷/۷۹۷.

گیل. گیلان: یکم ۱۰۵٤/۹۲.

گیل‌وار. یکم ۱۳۰٦/۱٤٦.

گیهان. // ~ ***خدای***: یکم ۱۰۲۹/۱۳۵ و دیگر // ~ ***خدیو***: یکم ٦۵/۱٤؛ ۲۱۳/۳۷؛ ٦٤۰/۷٦؛ ۲۵٤/۲۰۹؛ ۳۰۷/۲۱۱؛ ۲۳٤۵/۳۹۵؛ ۵۱۵/٤٤۳ (نیز← خدیو).

ل

لابه. خواهش، التماس، تضرّع، تملّق، چاپلوسی، اظهار اخلاص: یکم ۶۲۲/۷۵؛ ۱۱۵۸/۱۴۰؛ ۱۲۶۶/۱۴۴؛ ۱۰/۱۵۹؛ ۱۴۷/۲۶۷؛ ۱۸۳۶/۳۷۵؛ ۲۱۷۱/۶۰۲؛ دوم ۱۲۸۱/۱۸۵؛ ۱۳۶۸/۱۸۹؛ ۲۹۴/۲۵۷؛ ۲۹۶۴/۹۹۵ // **~ و بوس:** دوم ۱۱۸۰/۸۶.

لاجَرَم. ناگزیر، ناچار: یکم ۳۴۸/۴۳.

لاژورد. ۱- سنگی آبی‌رنگ و کنایه از رنگ تیره: یکم ۶۲/۲۳۷ // **~ شدن خاک:** یکم ۱۹۳/۴۳۰ // **~ شدن خورشید:** یکم ۱۸۴۸/۳۷۵ // **~ شدن روی:** یکم ۷۵۵/۸۰ // **~ شدن هوا:** یکم ۱۵۳۵/۱۵۵. ۲- رنگ سوگواری // **~ کردن جامه بر کسی:** یکم ۱۳۱۶/۱۴۶. ۳- رنگ پارچه‌ی جسد شاه: دوم ۶۹۹/۱۱۰۹. ٤- کنایه از شب: دوم ۵۲۵/۲۲؛ ۶۰۱/۲۵ // **توده‌ی ~:** یکم ۲۳۳۴/۶۰۸ // **کشور ~:** یکم ۷۱/۳۲؛ ۴۲۳/۵۳۳؛ ۹۶۵/۵۵۵. ۵- از مواد آرایش: یکم ۶۱/۳۰۵.

لاله. ۱- کنایه از رخسار: یکم ۲۰۷۹/۳۸۴. ۲- کنایه از خون: یکم ۲۶۱/۲۴۵؛ ۱۷۵۳/۵۸۶ // **~ بر زعفران رستن:** یکم ۳۲۲/۴۱۵. ۳- نام گل // **~ را در روز نبرد بر کوه زرد کردن:** یکم ۵۵۱/۷۱۲.

لب. ۱- بخش بیرونی دهان // **~ با گروه:** یکم ۱۸۱۹/۳۷۴ // **~ پر سخن:** یکم ۱۹۲۱/۳۷۸ // **~ به دندان گزیدن**← دندان // **~ به دندان گرفتن** نشان تأثر: دوم ۵۵۹/۱۲۳ // **~ به گفتار گرم کردن:** یکم ۹۰/۲۳۸ // **~ شیربوی:** یکم ۳۲۶/۲۷۴ // **~ نگشادن** ۱- کنایه از خاموشی گزیدن: یکم ۳۳۶/۲۱۲. ۲- کنایه از تحمّل و عدم گله و شکایت: یکم ۳۷۱/۳۱۷. ۳- کنایه از شتاب کردن در کار: یکم ۱۵۵/۱۸۹؛ ۲۸۲/۲۷۲؛ ۳۰۶/۲۷۳ // **~ لاژورد شدن:** یکم ۸۸۰/۵۵۱ // **دندان به ~ برنهادن**← دندان // **کسی را ~**

بستن: دوم ۷۰۷/۱۱۰۹. **۲-** ساحل، کنار: یکم ۳۹۷/۱۱۰، ۳۹۸؛ ۳۲/۲۰۰؛ ۲۸۸/۴۳۴، ۲۹۰؛ ۳۷۲/۴۳۷.

لخت. ۱- بار // **به یک** ~ یکباره: یکم ۵۹/٦٤۱. **۲-** پاره // ~ ~: یکم ۵٦۰/٤۸۹.

لختکی. اندکی: یکم ۲۱۳/۲۰۷.

لرزلرزان. یکم ۲۰۷۳/۳۸٤؛ ۱۳۰۲/٥٦۸؛ ۱٤۱٤/۵۷۲.

لشکر. ۱- سپاه: دوم ٤٥٦/۵۷ // ~ ***از جای برداشتن (برگرفتن):*** یکم ٦/۱۹۱؛ ۱٤٦/۲۵۸ // ~ ***کردن:*** یکم ۵۹/۱۳ // ***فزونی*** ~ ***نیاید بکارا:*** یکم ۲٦۰/۲٤۵ // ***مانند کردن*** ~ ***به سپهر:*** یکم ۱۷۳/۵۸. **۲-** گروه کوچکی از همراهان و سپاهیان (← سپاه، شماره‌ی ۲): دوم ۱۹۸/۱٤۲؛ ٤۷۲/۱۵۳؛ ۱۳۱۸/۱۸۷؛ ۱۵۵/۲۰۹؛ ۹٦۲/۹۱٦؛ ۱۰۲۱/۹۱۹؛ ۱۵٤۰/۹۳۹. **۳-** گروه، اتباع، مردم، ملّت: یکم ۳/۱۷؛ ٦٤/۲۳.

لشکرآرای. سپهسالار: یکم ۱۳٤/۷۹٦؛ ۱۷٦/۷۹۷؛ ۲۹۹/۸۰۲؛ دوم ۱٤۲۵/۹۵؛ ۸۵٦/۸۳۵ و دیگر.

لشکرافروز. یکم ۱۷٤/۷۹۷.

لشکری. مردم سپاهی، سرباز: یکم ۲۳۰۸/۳۹۳؛ دوم د۱۱٦۸/۵۲۹؛ ۱۲۷۹/۵۳۳؛ ۱۳/٦۰۵؛ ۱۸۷۱/۸۷۵؛ ۲۱٦۰/۹٦۳.

لفج. لب، لب و لوچه // ~ ***فرو بردن (اسب):*** دوم ۳/۱۰۷۱ // ~ ***فروهشتن:*** یکم ۹۳۳/۱۳۱.

لگام. یکم ۱۱۵/٤۲۷، ۱۲۰؛ ۱۳٤/٤۲۸.

لنگیدن. دوم ۹۵۱/۵۲۰.

لوح و قلم. یکم ۵۷٦/۱۱۷.

لوری. خنیاگر دوره‌گرد، گوسان: دوم ۲۵۵٦/۵۸۳، ۲۵۵۷؛ ۲۵۵۸/۵۸٤، ۲۵٦۲، ۲۵٦۵.

لوس. ضربه، لت: دوم ۱۲/٤۲۱.

لَهو. خوناب: دوم ۱۱۵۱/۵۲۸.

ـُم. شناسه‌ی اوّل شخص مفرد، ـَم: یکم ۵۹/۱۸۵.

ما. شناسه‌ی همگانی، خود: یکم ۵٤٦/٦٦۰.

ماء معین. آب گوارا و روان: دوم ۱۸۱/۱۰۸۸.

مات. مرده، اصطلاح شطرنج: دوم ۳۳۷۳/۷۵٤.

ماده. انسان مؤنث، زن: یکم ۲۱۵/۵۹، ۲۲۲؛ دوم ۲۵۵٦/۵۸۳.

مار. اژدها: یکم ۱٤۹٦/۳٦۱؛ ۷٦/٦۹٤ // *~ گَز*: دوم ۹۲۲/۹۱۵ // *بیرون کشیدن ~ از سوراخ*: دوم ٤۷۳/٤۷٤ // *چو ~ در خاک گشتن*: دوم ۳۱۹۳/۷٤۷ // *دم ~ را سپردن*: یکم ۲۲۱۸/۳۹۰.

ماز. مازو، بلوط: یکم ۱۵۲۲/۱۵۵.

ماغ. گونه‌ای مرغابی سیاه‌رنگ: دوم ۳۱۰۰/۱۰۰۱.

ماله. پُر، مالامال: دوم ۲۳٤/۱۰۵۰.

مالیدن. ۱- مجازات کردن: دوم ۷٤۹/۱٦٤. **۲-** مشت و مال و قشو اسب: یکم ۹٦/۲٦٤ // ***گوش ~***: یکم ۳۷۵/۲۱٤. **۳-** پاک کردن: دوم ۹۵/۱۰٤٤.

مالیده. شسته: دوم ۳٤۷۵/۱۰۱٦.

مام. مادر: یکم ۱۲۳/۳٤؛ ۷۹/۹۸؛ ۷٤۸/۱۲٤؛ ٤۵۲/۲۱۷؛ ۱٤٤۱/۳۵۹؛ دوم ۵٤۹/۳٦۳؛ ۳۲۱/٤۹۵؛ ۲۰۷۳/۵٦٤؛ ۹٤۷/۸۳۸ و دیگر.

مان. خانه: یکم ۷۳/٦٤۱ // ***میهن و ~***: دوم ۷٦۳/۵۱۳؛ ۱۰۵٤/۵۲٤.

مانا. ۱- گویی، چنین ماند: یکم ٤۷/٤۲۵؛ دوم ٦۲۵/۹۰۳. **۲-** همانا، براستی، به تحقیق: دوم ٦۱٦/۸۲۵؛ ۷۲٤/۸۲۹؛ ۵۷۹/۱۱۰٤.

ماندن. ۱- بر جای ماندن، باقی ماندن، پایدار بودن، عمر جاودان کردن: یکم ۱٤۱۷/۱۵۰؛ ۹۳۷/۲۹۸؛ ٦۹۷/٤۵۰؛ دوم ٦۱۸/۲۸۹؛ ٤۲۸/۳۹۰؛ ۲۳۱۷/۵۷٤ و دیگر. **۲-** بر جای ماندن، حیرت کردن، درماندن: یکم

١٥٢٣/١٥٥؛ ١١٠/٣٠٧؛ ٢٦٠/٣١٣؛ ١٠٩٦/٨٣٤. ٣- بر جای ماندن، ناتوان شدن، درماندن، عاجز بودن: یکم ٦٤٩/١٢٠؛ ٥٧٠/٢٨٣؛ ٣٥/٣٠٤. ٤- صبر نمودن، درنگ کردن: یکم ٦٤٤/٣٢٨؛ ١٨٩٧/٣٧٧؛ ١٩٧٦/٣٨٠؛ ١١٣١/٥١٢؛ ٩٤٣/٥٥٤؛ ٥٤٠/٦٦٠؛ ١٣١٧/٧٤٢؛ ٤٦١/٨٠٩؛ دوم ٧٠٠/١٦٢؛ ١٠٢٨/٥٢٣. ٥- برجای ماندن، افکندن: یکم ١٥٩٦/١٥٨. ٦- گذاشتن، واگذار کردن، رها کردن، اجازه دادن، محوّل کردن، باقی گذاشتن، بر جای گذاشتن، زنده گذاشتن: یکم ١١٢/٥؛ ١٦٣/٢٧؛ ٤٨٦/٧٠؛ ٨٢١/٨٣؛ ٨٩٣/٨٦؛ ٩٢٧/٨٧؛ ٥١٨/١٧٩؛ ٤٦/١٨٥، ٦٢؛ ٦١/١٩٣؛ ٦/١٩٩؛ ١٢٨/٢٠٤؛ ٢٦٤/٢٠٩؛ ٦٢٥/٢٢٤؛ ٢٤٩/٢٤٤؛ ١٠٧/٢٦٥؛ ٦٢٧/٢٨٥؛ ٨٠٤/٢٩٢؛ ٢٧٤/٣١٣؛ ٧٤٠/٣٣٢؛ ١٠٨٧/٣٤٥؛ ١٦١٤/٣٦٦؛ ١٦٥٨/٣٦٨؛ ٢١٦٣/٣٨٨؛ ٢٣٨٧/٣٩٧؛ ٣٧٩/٤١٨؛ ٣٨٣/٤١٨. ٣٨٧؛ ٦٦٣/٤٤٩؛ ٦٩٧/٤٥٠؛ ٦٩٣/٤٩٤؛ ١١٨٨/٥١٤؛ ٢٢٧/٥٢٦؛ ٤٦٠/٥٣٥؛ ٩٤٩/٥٥٤، ٩٥٦؛ ١٠٠٣/٥٥٦؛ ١٠١٨/٥٥٧؛ ١٧١٨/٥٨٤؛ ٢٠٥٤/٥٩٧؛ ٢٢٩٦/٦٠٧؛ ٢٥٠٩/٦١٥؛ ٢٥٩٨/٦١٩؛ ١٠٢٣/٦٧٩؛ ٢٠٣/٦٩٩؛ ١٤٣٩/٧٤٧؛ ٤٢٠/٨٠٧؛ ٥٦٠/٨١٣؛ ٢٠٩٨/٨٧٣، ٢٠٩٩؛ ٢٧٩٣/٩٠١، ٢٨٠٤؛ ٢٨٥١/٩٠٣؛ ٢٨٦٦/٩٠٤؛ دوم ١١٨٧/٨٦؛ ١٣٨١/٩٣؛ ١٤٨٠/٩٨؛ ٣٦٧/١١٥، ٣٧٠؛ ٢٩٠/١٤٦؛ ٧/٢٠٣؛ ٦١٨/٢٨٩؛ ٩٠٤/٣٠٠؛ ٣٥٤/٣٥٥؛ ٤٢٩/٣٩٠؛ ٥٨٤/٣٩٦؛ ٦١٣/٣٩٧؛ ١٨٧/٤٢٨؛ ٢١١/٤٢٩؛ ١٢٧/٤٨٨؛ ١٢٤٨/٥٣٢؛ ١٨٢٤/٥٥٤؛ ٥٨/٥٩٣؛ ٥٤/٥٩٩، ٥٧؛ ٢٧/٦٢٢؛ ١٧٥/٦٢٨؛ ٤٧٥/٦٣٩؛ ٦٥٦/٦٤٧؛ ٤٠٢٠/٧٧٩؛ ٤٤٤٩/٧٩٦؛ ١٩٤/٨٠٨؛ ٣٩١/٨١٦؛ ٧٣٢/٨٣٠؛ ١٥٥١/٨٦٢؛ ١٨٦٧/٩٥٢؛ ٥٤٧/١١٠٣، ٥٥٥. ٧- گذاشتن، رها کردن، اجازه دادن، روا دیدن: دوم ٢٩٦/٢٧٦؛ ١١٠/٣٧٧؛ ٢٩٦/٣٨٤؛ ٤٠٣/٣٨٩، ٤٠٨، ٤١٧؛ ٦٥/٤٠٧؛ ٣٤٨/٤٣٥؛ ٥/٤٥٥؛ ٩٩/٤٥٩؛ ٢٣١٧/٥٧٤؛ ٧٤/٥٩٤؛ ٣٣٠/٦٣٤؛ ١٢٩١/٦٧٢؛ ٣١١٢/٧٤٤؛ ٤٤٦٩/٧٩٧؛ ٧٢٨/٨٣٠؛ ١٠١٩/٨٤١؛ ٥١٣/٨٩٩؛ ٦٣٦/٩٠٣؛ ١٢٣٩/٩٢٧؛ ٢٢٤٥/٩٦٧؛ ٢٥٦١/٩٧٩؛ ٣٥٤/١٠٥٥؛ ٤٤٤/١٠٩٩. ٨- مانستن، مانند بودن، شبیه بودن: یکم ٤٩٣/٢٨٠؛ دوم ٥٦١/٢٨٧ و دیگر.

مانده. ١- خسته // ~ **به جای:** دوم ٣٥٨٩/١٠٢٠. ٢- باقی، باقی خراج: دوم ٢٧٣/٦٣٢.

ماندگی. شباهت. یکم ٥٠/٤٥٣.

مانَنده. شبیه: یکم ٣٦/٤٦٨.

مانیده. یکم ۱۰۳/۵۲۱ // ~ **چیز:** یکم ٤٨٤/٤٨؛ ٨٠/١٦٢؛ ٢٠٠/٢٠٧؛ ٥١٥/٤٨٧؛ ٧٥٠/٤٩٧؛ ٥١/٥١٩؛ ٢٠٩٩/٨٧٣؛ دوم ٢٦٤٧/٩٨٣.

ماه. ۱- قمر // ~ ***از کمان بر کین آمدن:*** دوم ۱۰۰٤/٧٩ // ~ ***را در چادر ابر نهفتن*** کنایه از پنهان کردن حقیقت: دوم ٢٣٧٧/٥٧٦ // ~ ***در کنار آمدن:*** یکم ٢٩٩/٣١٤ // ~ ***دیدن در زمین:*** یکم ٨٨٤/٣٣٧ // ~ ***را زیر نعل آوردن:*** یکم ١٨١١/٣٧٤ // ~ ***سر از بخش ماهی برآوردن:*** یکم ٩٠٤/٥٥٢ // ~ ***نو برآمدن:*** یکم ٨٥٥/٢٣٣ // ***از ~ روشنایی شگفت نیست!:*** یکم ٤٢٩/٦٨ // ***از ~ مهر باریدن:*** یکم ٢٩٧/٣١٤ // ***افسر ~ شدن:*** دوم ٤٤/١٣٦؛ ٢١٨/٢٥٤ // ***با ~ دیدار کردن:*** یکم ١٣٦٠/٣٥٦ // ***بر ~ گاه نهادن*** کنایه از بالا گرفتن قدرت: دوم ٧٨١/٣٢ // ***به چاره ~ را فرود آوردن:*** دوم ٤٩٧/١٠٦٠ // ***پشت ~ از اندیشه خمیده شدن:*** یکم ٢٥١٠/٦١٥ // ***تیغ برکشیدن ~ از بره:*** یکم ٥٨٢/٥٤٠ // ***چرخ ~*** ← چرخ // ***گرد ~:*** یکم ٣٣٥/١٠٨ // ***در زمین ~ دیدن:*** دوم ٢٩٨٠/٩٩٦ // ***رزم آرزو کردن ~:*** یکم ٣١٩/٧٠٣ // ***کسی را افسر ~ خواندن:*** دوم ٣٠٠٣/٩٩٧ // ***مانند کردن ~ به سپر سیمین:*** دوم ٢٣٥٥/٥٧٥. ۲- کنایه از بخت: یکم ٩٠٦/٨٦؛ ١٩٩١/٣٨١؛ دوم ١٣١/٦١٠؛ ٢١٨٦/٩٦٤ // ***~ کسی بلند آمدن:*** یکم ٧٥/٦٩٤ // ***(اختر و) ~ کسی را برافروختن:*** دوم ٢٨٠/١٤٦ // ***~ کسی خم آوردن*** کنایه از برگشتن بخت از او: دوم ٢١٥/٤٦٣ // ***~ کسی را از زنگار زدودن:*** دوم ١٤٦/٣٧٨ // ***افسر ~ به نزدیک کسی بودن:*** دوم ٢٣٢/٤٦٤ // ***تیره (خورشید و) ~*** کنایه از بخت بد: یکم ١٤٢٦/٧٤٧ // ***تیره ~ کسی را برافروختن (درخشان کردن):*** یکم ٨١٢/٦٧٠؛ ٢٦٦٩/٨٩٦. ٣- کنایه از زن زیبا: یکم ٥٤٠/١١٦ و دیگر.

ماهار. مهار، افسار: دوم ٥٠٤/١٢١.

ماهی. یکم ١٩١٠/٣٧٨ // ~ ***به خاک:*** یکم ١١٢٦/٥٦١ // ~ ***به خشکی بردن:*** دوم ١٧٩٥/٥٥٣ // ***بی‌بهانه به ~ خورش مده:*** دوم ٦٦٤/٤٨١ // ***مرغ و ~ به فرمان شدن:*** یکم ٢١٣٣/٣٨٦.

مای. یکم ١٩٣٩/٥٩٣.

مای و مَرغ. نام محل: دوم ١٥٤٦/٥٤٣؛ ١٧٩٨/٦٩٢.

مایه. ۱- اندازه، مقدار، شمار: یکم ٧٢٨/٧٩؛ ٦١٥/١١٩؛ ٩٥١/٥٥٤؛ دوم ١٨٤٩/٣٣٨؛ ٢٠٧/٣٤٩؛ ٢٢٩٧/٥٧٣؛

۳٦٦٦/۷٦٦؛ ٤۲۸۸/۷۹۰؛ ٤۷٦/۸۲۰، ٤۷۹؛ ٦٤۲/۸۲٦؛ ۳٥۹٥/۱۰۲۰ و دیگر // **چه ~**← چه مایه. **۲**- قدرت و توان، امکان، صلاحیّت، سرمایه و بضاعت مادی و معنوی: یکم ۱۱٤/۹۹؛ ۳٦۹/۲٤۹؛ ۷٤۰/۲۹۰؛ ۷٤/۳۰٦؛ ۹۰۸/۳۳۸؛ ۱۰۷٦/۳٤٥؛ ۲۱٦٤/۳۸۸؛ ٦٥۱/٦٦٤؛ ۱۰۰۳/۸۳۰؛ دوم ٤۰۲/۳۸۹؛ ۲٤۰۹/۹۷۳؛ ۱٤۱٥/۹۳٤؛ ۳۰۸۰/۱۰۰۰؛ ۳۱۲٥/۱۰۰۲ // ~ ***نبودن در مهر کسی را:*** یکم ۱۱٤/۹۹ // ~ ***و پای:*** یکم ۲۱٦٤/۳۸۸ // ***پُر ~***← پرمایه // ***پی و ~***← پی، شماره‌ی ۲ // ***سبک ~***← سبک‌مایه // ***همه سود را ~ زیان بودن:*** یکم ۲۳۱/۲۰۸. **۳**- اصل و منشاء، بنیاد و بنیان، گوهر آغازین، مادّه‌ی اصلی: یکم ۳٦/۲؛ ۷٦/٥۲۰ // **سر ~** (نیز← سرمایه) ۱- اصل و منشاء، علت غائی، گوهر آغازین، مادّه‌ی اصلی: یکم ۳٤/۲؛ ۱۷/٥۱۷؛ ۱۸٥۸/٥۹۰؛ ۱۲۱۹/۸۳۸؛ دوم ٥۰۲/۲۱؛ ۳۸۳/۱٥۰؛ ۱۱۰۷/۳۰۸؛ ۱۳۲۷/٥۳٥؛ ٥۰۱/۸۲۱؛ ۳٥۳۱/۱۰۱۸؛ ۹۰/۱۰٤٤. ۲- اصل و بنیاد، سرمایه‌ی معنوی، قابلیت ذاتی، مایه‌ی اصلی، جوهر، گوهر: یکم ۸/۱٥؛ ۲٤/۱۸؛ ۸۳٥/۱۲۸؛ ۹/٦۹۱؛ دوم ۷٤۹/۳۱؛ ۱٤٤٥/۱۹۲؛ ٤۲۲۲/۷۸۷؛ ۳۰/۸۰۲. ۳- اصل، سر، بزرگ، مهتر: یکم ۷٦/٥٤. **٤**- اصل و منشاء، موجب، سبب، باعث // ~ ***بخت:*** یکم ٦٦۸/۷۷ // ~ ***شاهی:*** یکم ۳۹۲/٤۳۸. **٤**- ماده: یکم ٥۸۳/۱۱۸؛ دوم ۳۷۱٦/۷٦۸. **٥**- لیاقت و شایستگی: یکم ٥۷۹/٥٤۰. **٦**- سپاه کمکی و کنایه از کمک و پشتیبانی: دوم ٥٥٤/٦٤۳. **۷**- ماده، مقابل نر، مادینه: دوم ۱٥۱۲/۳۲٤؛ ۱٥۳۲/۳۲٥.

مایه‌دار. **۱**- سپاه ذخیره: یکم ۲۷٤/۱۷۰؛ ۱۹٦٤/۳۸۰. **۲**- پشتیبان، حامی، کمک، یاور: یکم ۲۳۹۲/۳۹۷؛ دوم ۸۹۲/۱۷۰؛ ٤٦٤/٦۳۹؛ ۱٥٥۸/٦۸۲. **۳**- توانگر، دولتمند، ثروتمند: یکم ۷۷۸/۱۲٥؛ دوم ۳۷۱٦/۷٦۸، ۳۷۱۹؛ ۳۸۸۰/۷۷٤؛ ٤۲۱۲/۷۸۷، ٤۲۱٥. **٤**- بزرگ، مهم: یکم ۹/٤٥۱. **٥**- آگاه، با دانش و بصیرت (؟← معنی شماره‌ی ۳): دوم ۱۷۹۹/۸۷۲. **٦**- بزرگ لشکر: یکم ۱٤۸/٤٥۷.

مایه‌ور. **۱**- پُرمایه، ارجمند، عالی، بزرگ، گرانبها: یکم ۹۷/۲٥؛ ۳۷۰/٤۳؛ ۱٦۷/۱٦٥؛ ۳۳۷/٤۱٦؛ ٤۲۰/٤۳۹؛ ٦۹۰/٤٥۰؛ دوم ۲٦۱/۱۱؛ ۳۷۲/۱٦. **۲**- ثروتمند، باخواسته: دوم ۳۷۰۹/۷٦۷؛ ۳۷۱٥/۷٦۸. **۳**- گران، سنگین: دوم ٥۲۷/٤٤۲.

مبارز. رخ در شطرنج: دوم ۲۷۳۹/۷۲۹؛ ۳۳۵۳/۷۵۳، ۳۳۵۹.

مبرتاب. برمتاب: یکم ۷۷۹/۲۹۱.

مثقال. // ~ ***گنجی:*** دوم ۳۰۵/۱۰۵۳.

مجلس. بزم: یکم ۷۹/۳۰٦؛ دوم ۲۲۱٤/۹٦٦ // ***فروزنده‌ی ~:*** یکم ۱۲٤٤/٦۸۷.

مجلس‌آرای. دوم ٦۱۵/۱۵۹.

مُحال. نابودنی، ناشدنی: یکم ۳٦/۱٦۰.

محضر. شهادت‌نامه، گواه‌نامه: یکم ۱۹۸/۳۷، ۲۱۱، ۲۱۲، ۲۱۵، ۲۱٦؛ ۲۲۱/۳۸ // ~ ***نوشتن:*** یکم ۱۹۵/۳۷.

مدارا. نرمی، ملاطفت، اغماض: یکم ۱۹۰۱/۳۷۷ // ***پُر ~:*** دوم ۳۹۸/۸۹٤.

مدْری. ۱- تخت: دوم ۷٦۹/٦۵۱. ۲- سرخاره، شانه، سنجاق زرّینی که برای نگه داشتن گیسو یا افسر به کار می‌بردند: دوم ۷٦۹/٦۵۱.

مدهون. پوست دباغی‌شده: دوم ۷۹۸/۱۳۲.

مَذْبح. قربانگاه: دوم ۷۰۰/۹۰٦؛ ٦۸۰/۱۱۰۸ // ***خان*** ~ کتابخانه‌ی کلیسا (؟): دوم ٤۷۱/٤۳۹.

مَر[1]. (از اداتی که در جلوی فاعل و مفعول برای تقویت آنها آید)، همان، اکنون، براستی، واقعاً. ۱- در جلوی فاعل: یکم ۱۷۷/۲۸. ۲- در جلوی مفعول باواسطه: یکم ۱۰٦/۲۵؛ ۱٦۱/۲۷؛ ۱٦۱/۳۵؛ ٤۹۱/٤۸؛ ۹۱/۵٤؛ ٤۰٤/٦۷؛ ٦۷٦/۷۷؛ ٤۲/۹۷، ٤۳؛ ۱۸۵/۱٦٦؛ دوم ۲٤۷/٤۹؛ ۳۰٤/۵۱ و دیگر. ۳- در جلوی مفعول بی‌واسطه: یکم ٤۲۲/٤۵؛ ٤۳۳/٤٦؛ ۵۰۳/۷۰؛ ۱۷٦/۱۰۲؛ ۲۲/۲٦۲؛ دوم ۱٦/٤۰؛ ۱۱۷/٤٤؛ ۱٤۳/٤۵، ۱٤۷، ۱۵۵؛ ۲٤۰/٤۸؛ ٤۰۲/۵۵؛ ۹۲۲/۷۵، ۹۲٦؛ ۹۸۲/۷۸، ۹۹۹ و دیگر.

مر[2]. شمار، اندازه: یکم ۱۵۲/۱۹۷؛ ۱۵۷/٤۵۷؛ ۸۹۳/۵۵۲ // ***بسیار ~*** بی‌شمار، بی‌اندازه: یکم ۳۰/۱۸؛ ۱۹۹/۱۰۳؛ ۱۲۱۵/۱٤۲؛ ۵۵۵/۱۸۱؛ ۱۷٤٤/۳۷۱؛ ۱۹۵/٤۷٤؛ دوم ۳٦۲/٦۳۵؛ ۵۹۷/۹۰۲ // ***بی~:*** یکم ۲۹۰/۱۷۰؛ ۷۳۷/۵٤٦؛ ۲۲۵۰/٦۰۵؛ دوم ۷۱۳/٦۷؛ ۳۱۳/۸۱۳؛ ۱۹۹۸/۹۵۷.

مرجان. یکم ۱٤۵۲/۱۵۲؛ ۲۰۲/۱٦۷؛ ۱۵۲/۲۵۹؛ ۲۸۳/٤۱٤ و دیگر.

مرد. ۱- انسان مذکر (نیز← شماره‌ی ۲) // ~ ***آهرمنی:*** یکم ٤۹٦/۱۷۸ // ~ ***مردانه:*** یکم ۷٦۰/۸۲۰. ۲- دلیر، شجاع: یکم ۷۷۸/۸۱؛ ۱۳۱۱/۱٤٦؛ ۱۵۸/۱٦۵؛ ۵٦۵/۵۳۹؛ ۱۷٦۷/۷٦۰؛ دوم ٤۸/۳؛ ۱۳۵۸/۱۸۹؛ ۷۸۱/۱۱۱۲ // ~ ***را بر سر خود افتادن دیدن:*** دوم ۷۲٦/٦۷ // ***به ~ نداشتن کسی را:*** یکم ۱۳٦/۲٤۰ // ***از مرد ~ پدید آمدن:*** یکم ۳٦۹/٤۸۱ // ***از مرد ~ ندانستن:*** دوم ٤۸۷/۲۰ // ***خویشتن را***

به ~ داشتن: یکم ۲۰۴/۵۲۵ // کسی را از مردان به ~ نداشتن: دوم ۵۷۷/۴۷۸ // مرد ~: دوم ۵۳۹/۶۰ // مردان ~: یکم ۳۹۸/۴۴؛ ۱۷۱/۲۴۱؛ ۲۱۷۹/۳۸۸؛ ۲۰۱/۵۲۵؛ ۲۱۶/۵۲۵؛ ۳۳۹/۵۳۰؛ ۱۴۹۸/۵۷۵؛ ۲۴۷۴/۶۱۴؛ ۷۸۸/۶۶۹؛ ۲۳۵/۷۰۰؛ ۱۳۰۲/۷۴۲؛ ۱۲۲۵/۸۳۹؛ ۲۶۵۱/۸۹۵؛ دوم ۳۳۹/۵۲؛ ۳۹۰/۵۴؛ ۸۵۳/۷۲؛ ۸۶۵/۱۶۹؛ ۸۷۴؛ ۴۱۵/۴۳۷؛ ۱۴۷۸/۵۴۱؛ ۱۳۵/۸۸۴؛ ۱۷۵/۱۰۸۸ // نامه‌ی ~وار: یکم ۲۹۴/۲۴۶. ۳- حریف: دوم ۱۹۶۲/۹۵۶. ۴- مردم: دوم ۳۷۹۵/۷۷۱. ۵- در بیان شایستگی و اهلیّت، آدم، اهل: یکم ۱۳۷/۳۰۸. ۶- فرستاده، کس: دوم ۹۹۳/۸۴۰. ۷- پیروان، کسان: دوم ۱۱۵۳/۸۴۶.

مرَد. میرد: دوم ۳۲۹/۶۱۸.

مِرداد. یکی از امشاسپندان: یکم ۷۴۰/۶۶۷.

مردار. لاشه: دوم ۶۳۴/۱۶۰، ۶۳۶.

مردانگان. مردان دلیر: یکم ۷۲۳/۶۶۷.

مُردَری. مرده‌ریگ، میراث، خواسته‌ی ناچیز: یکم ۷۱/۱۴؛ ۲۲/۱۶؛ ۹۳۳/۳۳۹؛ ۹۹۳/۳۴۲؛ ۵۰۸/۵۳۷؛ ۴۵۳/۶۵۶؛ دوم ۳۶۹/۶۱۹؛ ۵۹۵/۱۱۰۵.

مردم. ۱- مرد، انسان، یک‌تن: دوم ۸۷۵/۱۶۹ // به ~ کشیدن: یکم ۱۶/۱۷ // کسی را به ~ نداشتن: دوم ۲۳۴/۲۷۴. ۲- گروهی کوچک، هیأت کوچکی از فرستادگان: دوم ۲۰۶۲/۷۰۲.

مردم‌شمار. ۱- یکم ۶۷/۳۲. ۲- مردم‌دار، دارای پیرو بسیار: دوم ۱۳/۴۱۹.

مردم‌شمر. مردم‌شناس: دوم ۴۳۸/۱۰۵۸.

مردم‌کُش. قاتل، خونی، جنگی، آدم‌کش: یکم ۱۵۷/۷؛ ۲۵/۳۰؛ ۵۰۶/۷۱؛ ۲۱۸۴/۳۸۹، ۲۱۹۲؛ ۲۳۰۳/۳۹۳؛ ۲۳۲۸/۳۹۴؛ دوم ۳۵۵/۲۵۹؛ ۲۷۹۳/۹۸۹.

مردمی. انسانیّت، مردم‌دوستی: یکم ۲۰۱/۹؛ ۲۵۱/۶۱؛ ۱۳۲/۱۹۶؛ ۱۹۸۲/۳۸۱ // خوی ~: یکم ۳۴۰/۱۰۸.

مردن. کشتن (؟): ۶۶۲/۱۱۰۷.

مردی. ۱- سال بلوغ در مرد: یکم ۲۱۳/۳۱۱ و دیگر. ۲- دلیری، مردانگی: یکم ۹۹۷/۱۳۴؛ ۲۱۶۷/۳۸۸؛ ۱۹۶۹/۳۸۰؛ ۲۰۶۵/۳۸۴ و دیگر // به ~ با جرئت، با گستاخی: دوم ۲۵۱۴/۹۷۸. ۳- انسانیّت، جوانمردی: یکم ۳۲۱/۳۱۵؛ ۳۴۶/۴۱۶ و دیگر.

مرز. ۱- سرحد: یکم ۲۴/۳۰۴؛ ۱۰۵۷/۳۴۴ // سر ~: یکم ۱۷۲/۴۷۳. ۲- زمین، ناحیه، ولایت: یکم

۴۳۵/۲۱۶؛ ۵۶/۳۰۵؛ ۹۰۸/۳۳۸؛ ۳۸۷/۴۱۸؛ ۵۸۰/۴۴۶؛ ۲۵۲/۴۶۱؛ ۵۲۷/۴۸۸؛ ۷۲۳/۴۹۶؛ دوم ۲۹۶/۱۱۲؛ ۲۱۵۶/۹۶۳؛ ۲۸۸/۱۰۹۲ و دیگر. **۳-** زمین، در و دشت، گوشه و کنار، اطراف و اکناف: یکم ۳۳۴/۴۳۶. **۴-** کشور، سرزمین: یکم ۱۸/۱۸۴، ۲۰؛ ۱۱۳/۱۹۵؛ ۱۴۹/۲۶۷؛ ۹۰۴/۲۹۶؛ ۳۵۰/۴۱۶؛ ۶۴/۴۲۵؛ ۱۱۲/۴۲۷؛ ۱۰۶/۴۵۵؛ ۷۱۹/۴۹۵؛ ۸۹۱/۵۰۳، ۸۹۲؛ ۲۵۷۰/۶۱۸؛ ۲۵۹۸/۶۱۹؛ ۷/۷۹۰؛ دوم ۳۸/۱۰۲؛ ۱۶۰۰/۱۹۸؛ ۲۱۴۲۷۸؛ ۳۸۲/۲۶۰؛ ۳۴۳/۶۳۴؛ ۴۴۱/۶۳۸؛ ۷۱۶/۶۴۹؛ ۱۸۶۵/۶۹۵؛ ۳۰۷۰/۷۴۲؛ ۳۶۶۵/۷۶۶، ۳۶۶۶ (تفاوت معنی ۲ و ۴ همیشه دقیق نیست)؛ ۷۷۹/۹۰۹؛ ۲۲۰۰/۹۶۵؛ ۲۲۴۱/۹۶۷؛ ۲۷۳/۱۰۵۱ و بسیار. **۵-** بخشی از زمین، کرت: دوم ۴۰۹/۴۹۹، ۴۱۲؛ ۵۲۸/۵۰۴، ۵۲۹. **۶-** اقطاع: دوم ۲/۲۱۷.

مرزبان. **۱-** فرمانروای ناحیه‌ای مرزی: یکم ۸۰۸/۱۲۶؛ ۱۰۶۳/۱۳۷. **۲-** فرمانروا، پادشاه: یکم ۲۸۶/۶۲؛ ۱۵۱/۱۶۵؛ دوم ۱۶۰۰/۱۹۸.

مَرغ. یکم ۱۹۳۹/۵۹۳.

مُرغ. // ~ **سیاه** کنایه از زاغ یا کلاغ: دوم ۳۵۲۵/۷۶۰ // **شیر ~ آرزو کردن**: دوم ۱۱۵۱/۵۲۸.

مرغزار. کنایه از بی‌نظمی و بی‌قانونی، قانون جنگل: دوم ۳۹۵/۴۷۰.

مَرقد. بستر: دوم ۹۳/۱۰۴۴.

مرکز. **۱-** نقطه‌ی میانی دایره: یکم ۲۰۷۶/۳۸۴. **۲-** مرکز افلاک، زمین: یکم ۴۸/۳. **۳-** محل فرمانروایی: یکم ۵۶/۳۰۵.

مرگ. یکم ۱۲/۴۵۱ // ***~ آرزو کردن***: یکم ۴۱۱/۴۵ // ***~ از تن نتوان سپوخت!***: یکم ۱۳۸/۲۰۴ // ***~ پنداشتن زندگی را***: یکم ۵۷۳/۷۳ // ***~ داد است!***: یکم ۳/۲۶۱ // ***از ~ چاره نیست!***: یکم ۲۱۰/۱۶۷ // ***با ~ کوشش سود ندارد!***: یکم ۴۳۸/۲۵۲ // ***بدی بد بود ~ !***: یکم ۱۶۰۰/۳۶۵ // ***تن ~ را دادن***: یکم ۲۱۱/۱۶۷ // ***تیمار ~***: یکم ۵۷۱/۷۳ // ***تن ~ راست!***: یکم ۱۷۲/۱۶۶ // ***جز ~ را کس ز مادر نزاد***: دوم ۱۸۰۰/۵۵۳؛ ۱۸۴۳/۵۵۵ // ***دل (تن) به ~ نهادن***: یکم ۳۹۲/۲۷۶؛ ۱۹۰/۴۳۰ // ***ز مادر همه ~ را زاده‌ییم***: یکم ۱۴۹۳/۵۷۵ // ***سرانجام بر ~ باشد گذر!***: یکم ۹۸۷/۳۰۰ // ***شکاریم یکسر همه پیش ~ !***: یکم ۹۳۱/۲۹۷ // ***ناگهان ~***: دوم ۲۷۴۷/۹۸۷.

مَره. مر، اندازه // ***بی ~*** بی‌شمار، بی‌اندازه: دوم ۲۸۲/۵۰؛ ۷۵۸/۶۹؛ ۸۰۵/۷۱.

مَرّه. بار، دفعه: دوم ۴۲۱۵/۷۸۷.

مریم. میریم: یکم ۱۷۵۵/۷۵۹.

مِزد. ۱- اجرت و دستمزد: دوم ۱۴۶/۶۲۷ و دیگر // ~ ***بریدن:*** دوم ۱۸۹/۸. ۲- ثواب و پاداش آخرت، کرفه: یکم ۹۷۶/۵۵۵؛ دوم ۱۵/۲۶۵؛ ۴۶۶/۳۹۱؛ ۳۸۱۷/۷۷۱؛ ۴۱/۸۰۲؛ ۲۷۴۶/۹۸۷؛ ۲۸۶۱/۹۹۱ // ~ ***ایزد*** ثواب اخروی: دوم ۴۱۱۲/۷۸۳ // ***انبار*** ~: دوم ۲۶۲۵/۷۲۴. ۳- پاداش: دوم ۱۷۹۲/۸۷۲. ۴- آمرزش: دوم ۵۶۹/۵۰۵؛ ۴۱۳۱/۷۸۴ // ***به*** ~ برای آمرزش روان و خیرات و صدقه: دوم ۵۷۴/۱۰۶۳.

مزه. // ***بزه بی ~ نگزینند:*** دوم ۲۳۷۶/۵۷۶.

مزیح. یکم ۱۳۰۹/۱۴۶.

مزیدن. مکیدن: یکم ۸۶/۹۸؛ ۲۴۴/۱۰۴.

مژده‌خواه. یکم ۴۷۲/۵۳۵.

مژگان. //~ ***از دیده به بار آوردن:*** یکم ۲۴۸۶/۷۸۹ // ~ ***باز نداشتن از تیر:*** یکم ۲۵۸/۲۴۵.

مَست. ۱- شراب‌خورده‌ی بیرون از حال عادی: یکم ۱۲۸۷/۱۴۵ و دیگر ///***از ~ کسی چیزی به دست نگیرد!*** دوم ۲۷۳/۱۴۵. ۲- بیهوش، از خود بیخود، شوریده // ~ ***کردن:*** یکم ۱۴۶۴/۱۵۲؛ ۱۴۷۸/۱۵۳ // ***برسان*** ~: یکم ۳۵۹/۴۸۱؛ ۱۰۲۱/۵۰۷؛ ۴۴۰/۶۵۶ // ***بکردار (برسان) ~ (مستان):*** یکم ۳۳۴/۴۲؛ ۵۳۳/۱۱۶؛ ۷۳۵/۱۲۴؛ ۱۱۰۹/۱۳۸. ۳- خشمگین، حالت حیوان (پیل، هیون) طالب جفت: یکم ۲۲۰/۵۹؛ ۸۲۰/۲۹۳ و دیگر. ۴- مستی: دوم ۴۰۹۲/۷۸۲.

مُست. بیچاره، اندوهناک: یکم ۲۳۴۲/۶۰۹.

مستان. مست: یکم ۳۱۳/۱۰۷؛ ۳۳۴/۲۷۴.

مُستمند. ۱- درمانده، اندوهگین: یکم ۹۱/۵؛ ۸۱۴/۵۴۹؛ دوم ۳۹۵۳/۷۷۷ و دیگر. ۲- شاکی، گله‌مند: دوم ۷۶۷/۹۰۹.

مُستی. بیچارگی، اندوه، ناتوانی: یکم ۷۰۰/۲۸۸؛ ۴۱۰/۴۸۳؛ ۱۰۹۹/۵۱۰؛ ۴۲۹/۷۰۷؛ ۱۷۴۲/۷۵۹؛ دوم ۱۶۴/۸۸۵؛ ۲۶۴۶/۹۸۳.

مسند. بالش: دوم ۸۸/۱۰۴۴.

مشعبد. شعبده‌باز، بازیگر: یکم ۶۷۷/۷۱۷.

مشت. // ***گیتی را آسان به ~ گرفتن:*** یکم ۵۲/۱۸۵.

مشک. ۱- ماده‌ی معطّر نافه // ~ ***به پای بستن:*** یکم ۵۹۷/۷۴ // ~ ***سارا:*** یکم ۲۱۶/۱۰۳؛ ۸۹۸/۸۲۶ // ***گرد*** ~: یکم ۱۱۹۲/۱۴۲ // ***آب دریا را به ~ خشک کردن:*** دوم ۱۶۴/۴۵؛ ۲۶۹/۵۰. ۲- کنایه از مرکب: یکم

۱۰۳/۱۹۵. ۳- کنایه از گیسوی سیاه و خوشبو: یکم ۴۰۹/۴۵؛ ۴۱۸/۱۱۱؛ ۷۴/۲۳۷؛ ۸/۴۰۳؛ ۱۸۱/۴۱۰. ٤- (؟): دوم ۲۶۹٦/۷۲۷؛ ۲۷۱۵/۷۲۸.

مشکو. شبستان شاهان: یکم ۱۲۵/۲۳۹؛ ۵۸/۳۰۵؛ دوم ۳٦/۲٦٦، ٤١؛ ۹٦/۲٦۹؛ ۳٤۹۰/۱۰۱٦؛ ۵۱۰/۱۰٦۱ // ~ ***زرّین:*** دوم ۲۹٤۹/۹۹۵؛ ۳۰٤۷/۹۹۹؛ ۳٤۳۳/۱۰۱٤؛ ۵۱۲/۱۰٦۱.

مُشکی. // ***چادر خاک را ~ کردن:*** یکم ۲۵۷۰/۸۹۲.

مُشکین. سیاه به رنگ مشک: یکم ۱۰۵٤/۹۲؛ ٤۵۷/۱۱۳ // ~ ***کمند:*** یکم ۲۲۹۷/۳۹۳.

مُصَعَّد. // ***گلاب ~*** گلاب ناب: دوم ۱۸٤/۱۰۸۸.

مصقول. زدوده، صیقل‌خورده: دوم ۵۳۷/۵۰٤.

مطران. دوم ٤۷۲/٤۳۹؛ ٦٦٤/۹۰۵.

مطْرَد. درفش، رایت: دوم ۷٦٤/۹۰۹.

مطرَف. جامه‌ی خز، پرده: دوم ۱۰۸/۱۰۵.

معدن. جای اصلی: دوم ۹۰۹/۳۷.

مُعَصفَر. سرخ‌شده، سرخ‌رنگ: یکم ۳۹۱/۱۱۰؛ ۸٤۵/۱۲۸.

مَغ[1]. گودال، چاله: یکم ۲٤۱/٤۳۲.

مَغ[2]. کنایه از ایرانی: یکم ۸٤۲/۱۲۸؛ ۵٤/۱۹۳.

مغاک. ۱- گودال، چاله، گور و کنایه از پستی و خواری: یکم ۱۷۳/۳٦؛ ۳۱۸/٤۱؛ ٦۸۵/۱۲۲؛ ۱۲۱/۱۹٦؛ ۲۲٤۷/۳۹۱؛ ٤/٤۲۳، ۱٤؛ ۱۰۵٦/۵۰۹؛ ٤۱۹/۵۳۳؛ دوم ۹٤۷/۱۷۲؛ ۱۲٤۹/۵۳۲؛ ۵٦۷/٦٤۳ و دیگر // ***بلندی از ~ بازندانستن:*** یکم ٦۵۵/۲۲۵؛ دوم ۱۱٤۲/۸٤ // ***بلندی از ~ پدیدار گشتن:*** دوم ۱٦۵۰/۹٤۳ // ***خرد را با دل اندر ~ کردن:*** دوم ۱۳۳۷/۱۸۸ // ***کوه روان را در ~ افگندن:*** دوم ۲٦۳٦/۹۸۲ // ***گوهر اندر ~ آوردن:*** دوم ۱٤/۲۱۷. ۲- ژرفا: یکم ٦۵۵/۲۲۵.

مُغانی. سرود سوگواری، نوحه // ***خروش ~:*** یکم ۵٦۹/۷۳؛ ۲۱٤۲/۳۸۷.

مُغَربَل. سوراخ‌سوراخ: یکم ۱۳۹٤/۳۵۷؛ ۱۹۲۷/۵۹۲.

مغز. ۱- دماغ // ***~ آگندن از آتش:*** یکم ۵٤/٤۰۵ // ***~ به جوش آمدن:*** یکم ۳٦٦/٦۵؛ ۱۷٦۱/۳۷۲ // ***~ پالوده:*** یکم ۳٦۹/٦۵ // ***~ پُرشتاب شدن:*** یکم ۲۷۵۸/٦۲۵ // ***~ تهی شدن (از آواز، از پند):*** یکم ۳۷۱/٦۵؛ ۸۸۸/۱۳۰؛ ٦۳۳/۲۸٦ // ***~ شستن از خرد:*** یکم ۸٤۰/۱۲۸ // ***~ گیتی پُر از مهر بودن:*** یکم ۸۵۳/۸٤ // ***~ و خون جوشیدن:*** یکم ۱۱۲۰/۵۱۱ // ***بدآمیز گشتن ~:*** یکم

۱۹۱۰/۸٦٦ // ***به ~ کسی شتاب آمدن:*** یکم ۸۲/۱٦۲ // ***به ~ کمی اندر آوردن:*** یکم ۱۸٦۸/۳۷٦ // ***پاکیزه ~:*** یکم ۱۰۰۷/۹۰ // ***تیز ~:*** یکم ۵۱۱/٤٤۳ // ***جوش ~:*** یکم ٤٦۷/۳۲۱ // ***در ~ سپهر مهر کسی بودن:*** یکم ۲٤٤۷/۳۹۹ // ***(دل و دست و) ~ به خون شستن:*** دوم ۳۱۳/۱۳ // ***سر ~ جوشیده:*** یکم ۷۲/۱٦۲. **۲**- استخوان: یکم ٤۸٦/٤۸. **۳**- کنایه از اصل وجود، میان هر چیز: یکم ۲۵۲/٦۱ //***~ و پوست*** ۱- کنایه از بود و نبود، اصل و فرع، موجودیّت، هستی، دوام: یکم ۲٦٤/۳۱۳؛ دوم ۲۵۳٤/۹۷۸؛ ۳۹٦٦/۱۰۳۵ // ***از کسی ~ و پوست یافتن*** از پشت او بودن: دوم ٤۰۳/٤۷۱ // ***با ~ جان (خون) و گوشت و پوست خواستن:*** دوم ۲٦۰۲/۷۲۳. ۲- کنایه از فرزند: یکم ۳۲٦/٤۳۵. ٤- کنایه از نغز و پربها: یکم ۳۲۷/۱۷۲. ۵- کنایه از جان که در پوست است: دوم ٤۰٦۵/۷۸۱.

مغفر. // ~ ***خسروآرای:*** دوم ۱۷۹۷/۹٤۹.

مکیس. چانه زدن: یکم ۱۳۹۰/۳۵۷.

مگر. ۱- (قید استثناء) الّا، بجز، تا: یکم ٤۲۸/۱۱۲، ٤۳۵؛ ٤٤۱/۳۲۰؛ ٦۵۵/۵٤۳؛ ٦۸۸/۵٤٤؛ دوم ۲۸۳۸/۹۹۰. **۲**- (قید تردید) شاید، باشد، گویا، چنان نماید: یکم ۱۳۸/۷؛ ٦۱/۹۷؛ ٤۲۲/۱۱۱؛ ٤۵۲/۱۱۲؛ ٤٦۷/۱۱۳؛ ٦٤٤/۱۲۰؛ ۵۳۳/۲۲۰؛ ۷۸/۲٦٤؛ ٦۵۳/۵٤۳؛ دوم ۹۷/۲٤۹؛ ۳۷٦۲/۷٦۹؛ ٤۰۱۷/۷۷۹؛ ۷۱٤/۹۰۷؛ ۲۱۷۲/۹٦٤، ۲۱۷۵؛ ۷٤۹/۱۱۱۱ // ***گویی ~*** ← گویی. **۳**- (قید تصدیق و تأکید) هرآیینه، ناچار، لابد، همانا، براستی، به تحقیق: یکم ۱٦۷/۲۷؛ ۵۰۳/۳۲۲؛ ۱۱۵٤/۵۱۳؛ ٦۰٦/۵٤۱؛ ۱۱۸۵/۸۳۷؛ دوم ۷٤/۵۹٤؛ ۳٤۵۹/۷۵۷؛ ۳۷۵۹/۷٦۹؛ ۳۸٤۱/۷۷۲؛ ۲۱۷۰/۹٦٤؛ ۳٦۰٦/۱۰۲۱؛ ۵۹۲/۱۰٦٤ //***~ خود:*** یکم ۱۳۸/۷؛ ۲۲۲۰/۳۹۰.

مُلحَم. پارچه‌ی ابریشمین: دوم ۱۹٤۸/۹۵۵.

مماناد. یکم ۹۳۷/۲۹۸.

من. ۱- ضمیر مشترک، خود، خویش، خویشتن: یکم ۲۵۲/۳۹؛ ۹۷/۵۵. ۱۳۸/۵٦:۱۰۰؛ ۲۱۸/۵۹؛ ۲۲۷۹/۳۹۲؛ ۷۹۵/٦۷۰؛ ۲۱۳۲/۷۷۵؛ ۲۳۳۰/۷۸۳؛ ۲٤۷/۸۰۰؛ ۲۷۳۱/۸۹۸. **۲**- تنها من: یکم ۸٦/۱۸٦.

مُنادی. جارچی: دوم ۵٦۲/٦٤۳.

مُنادی‌گر. جارچی: دوم ۱۰۷/٤۸۷؛ ۱۳۰/٤۸۸؛ ۳۰۱/٦۳۳؛ ۳۹۵/٦۳٦؛ ۳۷۷۵/۱۰۲۷.

منجنیق. یکم ۸٤/۱۸٦؛ ۲٤۷۸/٦۱٤.

منزل. آسایشگاه در طی سفر، خان: دوم ۹۲۸/۹۱۵.

مَنسوج. دوم ۷۹۸/۱۳۲.

منش. ۱- طبع، شخصیّت، نهاد، اخلاق و خوی عموماً: یکم ۱۳۵۱/۱۴۸؛ ۱۵۵٤/۳٦٤؛ دوم ۷۲۹/۳۰؛ ۱۰۳۷/۸۰؛ ۱۲۹۰/۹۰؛ ۱۰۸/۲۲۹؛ ۱٤۵۰/۸۵۸ // ~ ***از چرخ بلند برگذشتن:*** یکم ٦۳۱/۷٦ // ~ ***برز داشتن:*** یکم ۸۹/٤۵٤ // ~ ***پست کردن:*** یکم ٤۲۰/۲۵۱ // ~ ***پست و بالا چو سرو بلندا:*** یکم ۲۹۸/٦۲ // ~ ***را در مغاک کردن:*** یکم ١٤/٤۲۳ // ***بر~***← برمنش // ***برتر~***← برترمنش // ***خوش~***← خوش‌منش. ۲- خوی و اخلاق نیکو، سرشت پاک، وقار: دوم ٤۳/۳٤۲؛ ۱۰/٤۰۹؛ ٤۸۵/٤۷٤. ۳- به معانی ۱ و ۲ (که همیشه دقیقاً جدایی‌پذیر نیستند): دوم ۵۸٤/۵۰٦. ٤- سزاواری، لیاقت، استحقاق، قدر و اعتبار: دوم ١٦١٨/۳۲۹؛ ۵۷۰/٤۷۷ // ***خردک*** ~ کم‌لیاقت، ناسزاوار و بی‌اعتبار: دوم ۳۹٤۷/۷۷۷. ۵- مغرور، بلندپرواز: یکم ٦۰۳/۱۱۸ // ***رای از ~ دور کردن:*** دوم ۸۲/۲۰٦ // ***فزونی ~:*** یکم ۲۷٤۱/۸۹۹. ٦- قدر و بها و ارزش // ***بی ~ تشت:*** دوم ۳٤۸۹/۱۰۱٦.

منش‌پست. یکم ٦۷۵/۷۱۷؛ دوم ۱۹٤/۱٤۲.

منشور. فرمان شاهی، عهد: یکم ۱۳۰/۳۰۸؛ ۱۵٤٦/۳٦۳؛ ۳۵۰/٤۱٦؛ ۵/۷۹۱ // ~ ***تیغ کسی را برخواندن (برنخواندن):*** یکم ٤۰٤/۲۵۰؛ ۲٤۳/۵۲٦؛ ۹۳/۷۹٤؛ ۲٤۵۸/۸۸۷؛ دوم ۲۸۸/۲۱٤ // ~ ***داشتن به مردی ز خورشید:*** یکم ٦۹۵/۲۲۷ // ***کسی را ~ بودن:*** یکم ۲٤٤۵/٦۱۳.

مُنکری. شگفتی: یکم ۱۵٦۲/۱۵٦؛ ۱۲۹۷/۸٤۲.

منی‌فش. خودپسند، مغرور، متکبّر، بادسار: دوم ٦/٤۰۵؛ ۳٦/٤۲۲؛ ٤۵٦/۸۹۷؛ ۱۰۵٦/۹۲۰.

موبد. ۱- مرد زرتشتی دانشمند: یکم ۱۱۹/٦؛ ۱۰۵۷/۸۳۲. ۲- مرد حکیم و دانا، دانشمند، رایزن: یکم ۷۸۵/۱۲٦؛ ۵۸۳/۲۸٤؛ دوم ۳۵۰/۲۷۸؛ ۳۱٤۸/۱۰۰۳ و دیگر. ۳- پزشک: یکم ۱٤۷۸/۱۵۳. ٤- مشاور پادشاه و پهلوان: یکم ۷۲/۳۲؛ ٤۱۰/٤۱۹ و دیگر. ۵- کارشناس جنگی: یکم ٤۱۰/۵۳۳.

موبدان‌موبد. دوم ۳۵۱۳/۱۰۱۷.

موج. // ***بر ~ دریا نشستن:*** یکم ٤٤/٤۰٤.

مور. // ***بر ~ و پشّه راه بستن:*** دوم ١٦۷۸/۹٤٤.

موزه. کفش، پای‌پوش: یکم ۵۱۱/۷۱؛

دوم ۱۲۸۸/۸۵۲؛ ۱۳۲۹/۸۵۳.

موزه‌دوز. کفش‌دوز، کفّاش: دوم ٤۲۲۷/۷۸۸؛ ٤۲٤۸/۷۸۸.

موزه‌فروش. کفّاش، کفش‌فروش: دوم ٤۲۱۳/۷۸۷؛ ٤۲۳٤/۷۸۸، ٤۲٤۳.

مُوَشَّح. شال زربافت مقام‌های بالای کلیسای مسیحی که در مراسم مذهبی بر گردن اندازند: دوم ٤۷۱/٤۳۹.

موکّل. دوم ٤۰۸٤/۱۰۳۹.

مولش. سستی، کندی، تعلّل: یکم ٤۷۹/۵۳٦؛ ۹۵۰/۵۵٤؛ دوم ۱۲٦٤/۹۲۸.

مولیدن. ۱- سستی و کندی کردن، تعلّل ورزیدن، درنگ کردن: یکم ٤۸۰/۵۳٦، ٤۸۳؛ ٤۸۹/۵۳٦؛ دوم ۸۱۰/۱۳۳؛ ۲۵۷/۱۰۹۱.

موم. // ***جهان کسی را چون مهره‌ی ~ شدن:*** دوم ۲٦۲/۱٤۵.

موی. ۱- موی آدمی // ~ ***سپید سیاه نگردد!:*** یکم ۳۲۷/٦٤ // ***بکردار ~:*** یکم ۹۷۳/٦۷۷ // ***به ~ اندر آمدن:*** یکم ۱٤٤/٤۲۸ // ***هوا ~ بر کسی شمردن:*** یکم ۱٦۱٤/۳٦٦. ۲- پشم و موی جانور: یکم ۸/۱۷؛ ۱۱۵/۳۳؛ ۱۰۱٦/۱۳۵؛ ۱٤۹۱/۱۵۳؛ ۸٦۵/۲۳۳ // ~ ***تر کردن اسپ:*** یکم ۱۲۱۷/۱٤۳. ۳- پوست جانور: یکم ۱۷/۱۵؛ ۱۸/۱٦؛ ۱۵/۲۱؛ ٤۱٦/٤۱۹، ٤۱۷.

مویه. نوحه و زاری: یکم ۲۵/٤۰٤ // ***به آوای نرم ~ کردن:*** دوم ۱٤٤۸/۱۹۲.

مویه‌گر. زاری‌کننده با نوحه‌خوانی: یکم ٤۵۲/۲۱۷؛ ۹٦۱/۵۵۵؛ ۱٤٤۲/۷٤۷؛ دوم ۲٤۷/۲۱۲؛ ۱۹۸۹/۵٦۱.

مَه. نشانه‌ی نهی و پیشوند فعل دعایی در نهی: یکم ۷۰۸/۷۸؛ ۸٤۱/۱۲۸؛ ۷۹٤/۳۳٤؛ ۵٤/٦۹۳؛ دوم ۱٤۱۷/۱۹۱؛ ۱۵٦٤/۱۹۷؛ ۱۰۹/۲۰۷ و دیگر.

مه. ۱- بزرگتر به سال، مهتر: یکم ۱٦۱/۵۷. ۲- مهتر، بزرگ، سرور، پادشاه: یکم ۱۸۵/۵۸؛ ۱۰۸۰/۳٤۵؛ ۱۳۸۳/۳۵۷؛ ٤٦/٤۰٤. ۳- مهترین، سالدارترین: یکم ۱۸۹/۵۸؛ ۲۵۳/٦۱؛ ۱۱۷٤/۱٤۱.

مهتر. ۱- مهترین: یکم ۱٦۳/۵۷. ۲- بزرگ، سرور، ارجمند: یکم ۳۰۰۵/۹۱۰ // ~ ***انجمن:*** یکم ٤٦/٤۰٤.

مهد. کجاوه، محمل: یکم ۱٤۲۹/۱۵۱.

مهر. ۱- عشق: یکم ۷٤۷/۱۲٤ و دیگر // ***آب ~:*** یکم ۷٤٦/۱۲٤ // ***رنج ~:*** یکم ۱۰۵۷/۱۳٦. ۲- مهربانی، محبّت، دوستی، علاقه، دلبستگی: یکم ۲۰۸۹/۳۸۵ و دیگر // ~ ***بریدن از جایی:*** یکم ۸٦۹/۲۹۵ // ~ ***جان و گهر:*** یکم ۱۳۹/۲٦٦ // ~ ***جنبیدن از جای:*** یکم ٦۸۰/۲۸۸؛ ۷۹۱/۲۹۲؛ ۸۷۸/۲۹۵ // ~ ***خون:*** یکم ۵۵۷/۳۲٤؛ ۱۸٦۱/۳۷٦ // ~ ***دیگران را باید به

سود و زیان آزمودا: یکم ۱۵۸/۲۴۱ // ***~ کسی بر کسی جنبیدن:*** دوم ۱۰۵/۲۲۹ // ***~ گستردن بر (پیش) کسی (جایی):*** یکم ۶۷۰/۷۷؛ ۲۵۰/۱۰۵، ۲۶۸؛ ۱۰۰/۴۵۵؛ دوم ۷۹۷/۳۳ // ***از ~ یاد آمدن کسی را:*** یکم ۳۱۹/۴۳۵ // ***از تن و جان خود ~ برداشتن:*** یکم ۸۱۵/۶۷۰ // ***با ~ جان کسی را تاو نبودن:*** یکم ۱۱۲۶/۵۱۱ // ***بوی ~ آمدن از روی کسی:*** یکم ۵۹/۴۲۵ // ***به ~ آراستن سپهر روی زمین را:*** یکم ۱۲۲۸/۳۵۱ // ***پُر ~:*** یکم ۸۰۵/۳۳۴ // ***جای ~ را از کسی بی‌اندیشه کردن:*** دوم ۹۸/۲۲۹ // ***جهان را به ~ کسی نیاز آمدن:*** یکم ۲۴۰۴/۳۹۷. **۳-** خورشید: یکم ۳/۱ و دیگر // ***~ باریدن از ماه:*** یکم ۲۹۷/۳۱۴ // ***تابش ~ را نتوان نهفت!:*** دوم ۴۱۳/۱۵۱. **۴-** ماه هفتم: یکم ۳/۵۱. **۵-** مهرگان: دوم ۲۴۱/۱۰۵۰؛ ۴۳۱/۱۰۵۸؛ ۴۳۰/۱۰۹۸.

مُهر. ۱- مهر نگین انگشتری: یکم ۹۲۴/۸۷، ۹۲۸؛ ۹۳۰/۱۳۱؛ ۵۸۶/۲۸۴ و دیگر // ***~ نگین کسی را برخواندن:*** یکم ۲۵۱۱/۸۸۹ // ***زمانه به ~ کسی اندر خوردن:*** یکم ۳۰۱/۶۳ . **۲-** آلتی با نقش: دوم ۱۳۲۱/۹۳۰ و دیگر // ***~ درم:*** دوم ۱۷۰۵/۸۶۸، ۱۷۰۷، ۱۷۰۹؛ ۱۷۱۹/۸۶۹، ۱۷۲۵ // ***گل ~:*** دوم ۲۵۹۹/۹۸۱. **۳-** کنایه از بکارت: دوم ۳۲۴/۴۹۶.

مهربانی. // ***بر کسی چادر ~ پوشیدن:*** یکم ۱۳۲/۶۹۶.

مهرگان. یکم ۳۱۲۷/۹۱۴.

مهره. ۱- قطعه‌ای که به بازو بندند: یکم ۱۱۴/۲۶۵؛ ۲۴۹۲/۷۸۹. **۲-** قطعه، گلوله، دانه، تکّه: دوم ۴۰۲۸/۱۰۳۷، ۴۰۲۹؛ ۳۰۴/۱۰۵۳، ۳۰۵ // ***~ در جام زدن (بر پشت، کوهه‌ی پیل؟):*** یکم ۸۴۷/۸۴؛ ۱۵۳۴/۱۵۵؛ ۱۳۱/۱۸۸؛ ۸۱/۴۰۶؛ ۲۶۸/۴۶۱؛ ۲۷۶/۴۶۲-۲۷۷؛ ۸۷/۶۹۴؛ ۱۰۱/۷۹۵، ۱۱۴ و دیگر. **۳-** کنایه از قطعه‌ی گوهر: دوم ۱۹۲/۲۳۲. **۴-** حلقه‌ی زنجیر: دوم ۳۷۵۸/۱۰۲۷.

مِهَسْت. بزرگترین، مهمترین، اعلیحضرت، عنوان شاهان ایران بویژه ساسانیان: یکم ۱۱۲۵/۳۴۷؛ دوم ۱۹۲۰/۵۵۸؛ ۱۹۴۲/۵۵۹، ۱۹۵۰؛ ۱۰۹/۶۲۵؛ ۳۸۵۸/۷۷۳؛ ۴۱۲۶/۷۸۴؛ ۳۲۵۰/۱۰۰۷.

مهمان. ۱- کسی که بر کسی وارد شود // ***~ بیکار*** مهمان سرزده و ناخوانده و مزاحم: دوم ۱۱۰۶/۵۲۶ // ***~ که از میزبان سیر آید...:*** دوم ۸۸۶/۱۷۰ // ***~ گستاخ بهتر به فال!:*** یکم ۴۰۴/۴۵. **۲-** مهمانی: یکم ۱۳۷/۲۴۰؛ ۴۸/۲۶۳؛

۱۵۲/۲۶۷ // ***به ~ خویش آمدن***: یکم ۱۲۸/۲۴۰.

مهندس. شمارنده، محاسب: دوم ۱۸۴۵/۳۳۸؛ ۴۰۸۹/۷۸۲.

مهی. بزرگی: یکم ۶۷۰/۳۲۹؛ ۱۶۴۴/۳۶۷ و دیگر // ***~ و بهی***: یکم ۲۸۲/۱۰۶؛ ۷۵/۱۸۶؛ ۱۰۳/۲۳۹.

مهین. **۱-** سالدارتر، سالدارترین: یکم ۱۶۲/۵۷، ۱۶۳، ۱۶۷؛ ۱۸۹/۵۸؛ ۲۳۱/۶۰. **۲-** بالاترین: دوم ۳۵۹۹/۱۰۲۰.

می. **۱-** شراب، باده: یکم ۹۱۹/۱۳۱ و فراوان // ***~ بابلی***: یکم ۶۸/۲۵۵؛ ۷۴/۲۵۶ // ***~ پخته***: دوم ۲۰۴۶/۵۶۳ // ***~ چیره شدن بر خرد***: یکم ۱۹۳/۵۸ // ***~ خام***: دوم ۲۰۴۶/۵۶۳ // ***~ خوردن به روی کسی***: یکم ۷۴/۲۵۶ // ***~ دَرْغَمی***: دوم ۶۵۷/۴۴۷ // ***~ در جام موج زدن***: یکم ۲۱۹۱/۸۷۷ // ***~ روشن***: یکم ۵۹۴/۷۴ // ***~ کشیدن***: یکم ۱۲۸۵/۱۴۵؛ ۵۲۰/۳۲۳ // ***~ و شیر***: یکم ۱۹۳۱/۳۷۸ // ***اگر ~ بریزد نریزدش بوی!***: یکم ۱۱۲۴/۶۸۳ // ***با ~ دست پسابیدن***: دوم ۵۳۴/۱۵۶ // ***به ~ جان اندوه را شکردن***: یکم ۱۵۶۵/۱۵۶ // ***جام ~ شکردن (شمردن)***: یکم ۲۲۳۲/۶۰۴ // ***جوی پر از ~ به باغ بهشت***: دوم ۲۹۴۰/۹۹۴ // ***سر از ~ خیره شدن***: یکم ۱۲۸۵/۱۴۵؛ ۱۳۱۲/۳۵۴ // ***کشتی بر جام ~ گذار کردن***: دوم ۷۹۴/۱۶۶ // ***مانند کردن باران به ~***: یکم ۳۴۷/۲۴۸. **۲-** در شمار گلاب و بوهای خوش: یکم ۱۷۷/۵۸، ۱۷۸؛ ۱۴۰۷/۱۵۰؛ ۶۴۴/۲۲۵؛ ۸۶۹/۲۳۳؛ ۹۷/۳۰۶؛ ۳۶۵/۳۱۷؛ ۲۸۴۱/۶۲۸؛ ۷۵۹/۶۶۸؛ ۱۱۲۴/۶۸۳. **۳-** داروی بیهوشی: یکم ۱۴۶۴/۱۵۲؛ ۱۴۷۸/۱۵۳، ۱۴۸۳. **۴-** داروی درمان‌بخش: یکم ۹۴۰/۲۹۸. **۵-** پادزهر: یکم ۴۱۱/۳۱۹.

میان. **۱-** کمر، میانه‌ی تن: یکم ۹۸/۱۸۷؛ ۳۳۰/۲۱۲؛ ۶۰۸/۴۴۷ و دیگر // ***~ بازنگشادن از کشته***: یکم ۱۶۲/۲۵۹ // ***~ برکشیدن***: یکم ۵۲۵/۱۱۵؛ ۹۶۸/۵۰۵ // ***~ بستن (بندگی را)***: یکم ۹/۱؛ ۴۵۰/۶۸؛ ۱۵۹۵/۱۵۷؛ ۱۵۹۷/۱۵۸؛ ۲۵۰/۱۶۹؛ ۸/۱۹۱؛ ۱۸۶۹/۳۷۶؛ ۲۱۰۴/۳۸۵؛ ۲۵/۴۰۴؛ ۲۳۳/۴۶۰؛ ۱۱۳۱/۶۸۳ // ***~ نگشادن***: یکم ۲۳۵/۴۳۲ // ***سر از ~ بازنشناختن***: یکم ۶۵/۲۳۷ // ***خم اندر ~ فسردن***: یکم ۲۶۶/۲۴۵. **۲-** میانه، وسط // ***~ چیزی تهی بودن***: یکم ۸۵/۱۹۴ // ***از ~*** ۱- از میانه، از گوشه: یکم ۱۹۰/۲۴۲. ۲- از جمع نوعی یا جنسی: یکم ۱۱/۱۷؛

۳۱۵/۶۳ // ***از ~ بیرون شدن:*** دوم ۳۷۰۰/۱۰۲۵ // ***اندر ~:*** یکم ۱۶۹۹/۳۶۹ // ***به نیک و بد اندر ~ بودن:*** دوم ۴۴/۲۱۹ // ***چیزی اندر ~ بودن*** مشترک بودن آن: دوم ۲۹۱/۶۱۶ // ***چیزی را در ~ نهادن*** ۱- آنرا همگانی کردن و در اختیار عموم نهادن: دوم ۲۹۳/۶۱۶؛ ۳۲۵/۶۱۸. ۲- آنرا وجه‌المصالحه و وجه‌المعامله کردن: دوم ۲۸۲/۱۰۵۲ // ***در ~*** میانجی: دوم ۲۶۷۴/۹۸۴ // ***کسی را در ~ نهادن:*** دوم ۲۸۲/۱۰۵۲. **۳-** قلب سپاه: دوم ۴۵۶/۵۷.

میان‌بند. دوم ۳۵۳/۵۳.

میانجی. ۱- در وسط، واسطه: یکم ۶۵/۳؛ ۱۱۲/۱۹۵. **۲-** واسطه میان دو تن: یکم ۴۷/۳۰۴. **۳-** بیطرف: دوم ۱۱۲۵/۸۴۵؛ ۱۵۷۴/۸۶۳ و دیگر.

میانگاه. قلب سپاه: دوم ۴۶۵/۵۷.

میانه. ۱- وسط // ***اندر ~ رفتن*** میانه‌داری کردن: دوم ۲۹۲۰/۷۳۶. **۲-** مردمک چشم: دوم ۵۳۹/۱۱۰۲.

میانین. میانه، میانه‌ی دو کس در سن و سال: یکم ۱۶۴/۵۷، ۱۶۶؛ ۱۶۸؛ ۲۳۳/۶۰.

میتین. کلنگ، میله‌ی آهنین سنگتراشان: دوم ۴۶۴/۳۵۹ // کنایه از آلت مرد: دوم ۳۲۵/۴۹۶.

میخ. //~ ***درم:*** دوم ۱۷۲۸/۸۶۹.

میدان. ۱- میدان نبرد // ***تنگ ~:*** یکم ۶۶۹/۲۸۷. **۲-** گردشگاه، گردشگاه کاخ: یکم ۷۳۲/۷۹ و دیگر. **۳-** جایگاه بازی و ورزش و مسابقه: یکم ۱۲۹۹/۱۴۶؛ ۳۹۸/۲۱۵؛ ۱۰۲/۲۶۵؛ ۱۳۲۲/۳۵۵، ۱۳۳۱، ۱۳۳۵؛ ۱۳۴۸/۳۵۶، ۱۳۵۳، ۱۳۵۶، ۱۳۶۷؛ ۱۳۷۳/۳۵۷، ۱۳۷۴؛ دوم ۹۱۹/۹۱۵، ۹۲۲، ۹۲۹ // ***پهن ~:*** یکم ۱۳۳۶/۳۵۵.

میزبان. یکم ۱۷۴۸/۳۷۱.

میژه. مژه: یکم ۵۵۷/۱۱۷؛ ۸۴۳/۱۲۸؛ ۱۱۲۳/۱۳۹؛ ۱۴۷۷/۱۵۳؛ ۲۰۷/۱۶۷؛ ۳۵۶/۱۷۳؛ ۱۷۵۲/۵۸۵؛ ۴۷۱/۸۰۹؛ دوم ۵۷۰/۱۱۰۴.

میستان. دریایی از شراب: یکم ۱۲۰/۵۵؛ ۱۹۹/۴۳۱؛ ۲۰۳۶/۵۹۶.

میش. ۱- گوسپند عموماً و قوچ //~ ***و گرگ را به آبشخور آوردن*** کنایه از دادگستری: یکم ۱۸۲/۸. **۲-** میش کوهی یا دشتی، شکار: یکم ۷۷۰/۸۱؛ ۳۰/۲۵۴. **۳-** کنایه از مرد کم‌دل // ~ ***از گرگ پیدا شدن (پدید آمدن):*** یکم ۶۱۳/۷۵؛ ۷۳۱/۲۹۰؛ ۱۳۳۳/۵۶۹ // ***اندازه‌ی گرگ و ~ پدید آمدن:*** یکم ۱۹۸۵/۵۹۵. **۴-** کنایه از ستمدیدگان: یکم ۱۸۲/۸.

میش‌سار. یکم ۱۶۲/۲۰۵؛ ۸۶۲/۲۳۳

میغ. ابر: دوم ۸۶/۲۲۰ و دیگر.

میگسار. **۱**- می‌دهنده، ساقی، چمانی: یکم ۱۷۰۸/۳۷۰؛ ۱۷٦۷/۳۷۲؛ ٦۹۸/٦٦٦؛ ۷٦۱/٦٦۸؛ ۱۸٤۳/۸٦۳؛ ۲۰۳٦/۸۷۱؛ ۲۱۹۰/۸۷۷؛ دوم ۸۳۷/۱۳٤؛ ۷۹٤/۱٦٦، ۷۹۹؛ ۲۳۰۱/۹٦۹ و دیگر. **۲**- می‌خورنده، باده‌نوش: یکم ٤۹/٤۲۵. **۳**- می‌خواری، باده‌نوشی: یکم ۷۹/۳۰٦؛ ۱٦۰/۳۰۹؛ دوم ٤۲/۱۳٦؛ ۳۱۱/۱٤۷؛ ۸۱۳/۱٦۷

میل. واحد طول: یکم ۳۱٤/٤۱؛ ۱۵۳٦/۱۵۵؛ ٤۲۷/۲۷۸ و دیگر.

میوه‌دار. درخت، درخت باردار، باغ میوه: یکم ۱۱/۳۰۳؛ دوم ۷۲/٤؛ ۲۷۳/۳۸۳؛ ۵۵۱/٦٤۲؛ ۱۷٤۳/٦۹۰.

ن

ناباک. ۱- بی‌ترس، بی‌باک، گستاخ: یکم ۳۶۹/۶۵؛ ۶۸۱/۷۷؛ ۹۶۰/۸۸؛ ۱۰۹/۹۹؛ ۸۰۴/۶۷۰؛ دوم ۲۶۳۲/۹۸۲ // ~ **دل**: یکم ۱۸۴۲/۳۷۵. **۲**- گستاخ، جسور، بی‌پروا: دوم ۲۶۴/۸۸۹.

ناباکدار. بی‌باک، ناترسنده: دوم ۲۱۳/۴۷؛ ۵۹۱/۶۲؛ ۶۴/۱۰۳.

نابرید. نابریده // **جامه‌ی** ~← جامه، شماره‌ی ۳.

نابسود. ۱- ناسفته // **گوهر** ~: یکم ۲۱۳۴/۸۷۴. **۲**- دست‌نخورده، مصرف‌نشده، کارنکرده // **جامه‌ی** ~: یکم ۲۱۴۴/۸۷۵؛ دوم ۲۴۷۰/۵۸۰.

نابسوده. دست‌نخورده، مصرف‌نشده، نو // **جامه‌ی** ~: یکم ۲۶۰۵/۸۹۳.

نابکار. ۱- ناسودمند، بیهوده، ناشایست، ناسزاوار، بی‌اعتبار، بی‌قدر و بها: دوم ۱۵۰۹/۸۶۰؛ ۱۵۱۳/۸۶۱، ۱۵۲۰ // ***اندیشه‌ی*** ~: یکم ۵۸۴/۳۲۶؛ ۸۲۹/۵۴۹ // **پوزش** ~: یکم ۷۰۰/۷۸ // **سخن** ~: دوم ۱۰۳۱/۸۰؛ ۱۳۶۴/۱۸۹ // **سخن گفتن** ~: دوم ۱۱۰۲/۹۲۲ // **گفتن** ~: یکم ۶۶۸/۲۲۶. **۲**- بدکار، گناهکار: یکم ۴۶۶/۳۲۱؛ دوم ۱۷۹۱/۸۷۲ و دیگر.

نابودنی(ها). نشدنی، محال، محالات، ناممکنات: یکم ۱۱۸۸/۸۳۷؛ دوم ۱۲۰۴/۶۶۸؛ ۱۲۷۳/۶۷۱، ۱۲۷۴؛ ۴۰۹۳/۷۸۲.

ناپاک. بدکار، بدکردار؛ حرامزاده، نجس: یکم ۳۶/۲۲؛ ۸۴/۲۴؛ ۱۲۱/۳۴؛ ۳۵۶/۴۳؛ ۴۳۳/۴۶؛ ۴۵۹/۴۷؛ ۴۹۶/۴۸؛ ۶۷۷/۷۷.

ناپسود. دست‌نخورده: دوم ۹۶۷/۸۳۹.

ناپدید. بخشیده: یکم ۱۵۵/۴۷۳.

ناتندرست. نااستوار، نادرست، سست: دوم ۱۰۳۰/۸۰؛ ۲۷۱۸/۹۸۶.

ناتندرستی. نادرستی: دوم ۳۱/۶۲۲.

ناتوان. ناتوانی: دوم ۲۴۸۸/۹۷۷.

ناچار. ناگزیر، قهراً: یکم ۴۱/۱۸؛ ۱۹۰۱/۳۷۷؛ ۲۹۱/۴۳۴.

ناچران. بی‌اشتها، گرسنه: یکم ۲۰۴۹/۳۸۳؛ دوم ۱۲۶۰/۸۹؛ ۳۳۷۹/۷۵۴.

ناچرند. ناچرنده، گرسنه: دوم ۴۴۷/۲۶۳.

ناچریدن. گرسنگی کشیدن: دوم ۲۹۵/۲۱۴.

ناچریده. گرسنه: یکم ۱۱۱۲/۵۱۱؛ ۴۵۳/۵۳۵؛ دوم ۵۰۵/۱۱۰۱.

ناچمان. سست و بی‌حال، ناخرامان، از خرامیدن افتاده: یکم ۲۰۴۹/۳۸۳؛ دوم ۱۸۲۳/۸۷۳.

ناچیز. ۱- عدم، نبود، نیست: یکم ۳۵/۲؛ دوم ۳۳۵/۱۰۹۴. ۲- فقر، تهیدستی: دوم ۴۰۹۹/۷۸۳.

ناخوب. سخن زشت: یکم ۲۰۲۰/۳۸۲.

ناخوش. بد، زشت: یکم ۳/۳۰۳.

ناخوشی. بدی، زشتی: یکم ۳/۳۰۳.

نار. انار: یکم ۲۹۴/۱۰۶.

ناردان. دانه‌ی انار: یکم ۲۹۴/۱۰۶؛ دوم ۳۳۶۱/۱۰۱۱.

نارسان. ۱- نارساننده، نارسانیده: دوم ۲۴/۴۱۴؛ ۴۱/۸۰۲؛ ۱۵۹۸/۸۶۴. ۲- نارسنده، نارسیده: دوم ۲۷۵/۸۹۰.

نارسید. نارسیده، نابالغ: یکم ۱۵۲۸/۱۵۵؛ ۳۲/۱۹۲؛ ۷۴۶/۲۹۰؛ ۲۴۴۰/۶۱۳، ۱۳۴۶/۸۴۳.

نارسیده. ۱- کال: یکم ۱/۲۶۱. ۲- نابالغ: یکم ۲۵۱/۳۱۳ // ~ **به جای:** یکم ۲۷۱/۳۱۳ (نیز ← جای).

نارمید. نیارامید: یکم ۳۵۹/۲۱۳.

نارون. یکم ۹/۴۰۳.

ناروی. ناروا، ناصواب: دوم ۶۱/۴۰۷؛ ۲۴۴۱/۷۱۷؛ ۳۰۱۲/۷۴۰.

ناز[1]. نام گل: یکم ۲۹۶/۱۰۶.

ناز[2]. ۱- آسایش، خوشی، نعمت: یکم ۷۳۸/۱۲۴؛ ۹۶۷/۱۳۳؛ ۷۸۴/۳۳۳؛ ۹۶/۴۲۶؛ ۱۰۰/۴۲۷. ۲- عشوه، طنّازی، شادابی، دلربایی: یکم ۵۰/۵۳، ۵۷ // ~ ***کردن*** فخر و مباهات فروختن: دوم ۱۸۲۴/۹۵۰.

نازان. فخرکننده: دوم ۴۳۴۱/۷۹۲.

نازش. ۱- فخر، عزت و احترام، سربلندی: یکم ۶۶۷/۷۷؛ ۲۹۷/۸۰۲؛ دوم ۷۹/۴۰۸؛ ۱۴/۴۸۳. ۲- نوازش، لطف و مرحمت: دوم ۴۵۰/۳۹۰؛ ۱۱/۴۵۵.

نازک. نرم، حسّاس، بارقّت، لطیف و نازپرورده، نازنین: یکم ۱۰۲۱/۳۰۱؛ ۲۳۶۶/۸۸۴؛ دوم ۶۲/۱۰۴۳.

نازیدن. ۱- خوش بودن، تمتّع برگرفتن: یکم ۴۵۸/۵۳۵؛ دوم ۲۵/۴۸۴. ۲- فخر و مباهات کردن: یکم ۱۹۴/۲۸.

ناساز. ۱- نابسامان، بی‌سامان، ناهموار، آشفته: یکم ۷۲۶/۲۸۹ // ~ ***خوان:*** دوم ۱۰۳۶/۸۰. ۲- ناسازگار، نامناسب، ناجور: یکم ۱۹۷/۳۱۰. ۳- پست بداندام: یکم ۷۵۳/۲۲۹.

ناسازگار. کجرو، زشتخو: دوم ۱۰۴/۱۰۵؛ ۳۲۷/۱۱۴.

ناسپاس. ۱- ~ **شدن:** دوم ۳۱۹۴/۱۰۰۴. ۲- ناسپاسی: یکم ۴۰۳/۴۵.

ناسپرده‌جهان. بی‌تجربه: دوم ۴۲۶۳/۷۸۹.

ناسزا. ۱- ناسزاوار، بی‌قابلیت، بی‌استحقاق: دوم ۴۳۹۳/۷۹۴ و دیگر. ۲- ناقابل، ناچیز، بی‌ارزش: دوم ۴۱۵۳/۷۸۵؛ ۴۲۸۳/۷۹۰ و دیگر. ۳- (قید) ناسزاوارانه: دوم ۳۰۲۰/۷۴۰. ۴- موهن، زننده: دوم ۱۳۷۸/۸۵۵، ۱۳۸۰.

ناسگالیده. ۱- نیندیشیده، بی‌برنامه: یکم ۷۷۰/۸۱. ۲- ناخواسته، ناگهانی، غفلتاً: یکم ۴۱۵/۲۷۷.

ناسودمند. ۱- بی‌سود، بی‌فایده، عاطل و باطل، بیکار، تباه: دوم ۱۲۸۰/۶۷۱؛ ۱۸۹۸/۸۷۶ و دیگر. ۲- مفلوک، بخت‌برگشته، زار و خوار، مفلوک‌وار: دوم ۲۵۴۹/۷۲۱؛ ۱۷۶۵/۸۷۱.

ناسفته. سوراخ‌نشده: یکم ۱۴۶/۵۶.

ناشخود. ناشخوده، ناخراشیده، آسیب‌ندیده: یکم ۱۹۷۵/۸۶۸؛ دوم ۹۶۳/۶۵۹.

ناشکیب. بی‌تاب، بی‌صبر و قرار، هیجان‌زده: یکم ۷۴۳/۷۲۰؛ دوم ۱۶۰۰/۹۴۱.

ناکاردیده. نو و مصرف‌نشده: دوم ۴۴۹۱/۷۹۸.

ناکاسته. دست‌نخورده، بی‌کم‌وکاست: یکم ۱۰۴۳/۹۲.

ناکام. ۱- نامراد، ناچار و نه بر آرزو: یکم ۱۳۲۳/۵۶۹ // **به** ~ نابه‌دلخواه، ناخواسته، ناچار: دوم ۶۶/۵۹۳؛ ۳۴۹/۶۱۹؛ ۳۵۸۵/۷۶۲ // ***سخن‌های*** ~ سخن‌های نابه‌دلخواه: دوم ۲۲۳/۸۱۰. ۲- ناکامی: دوم ۱۳۹/۱۰۴۶.

ناگاه. ۱- ناگهان: یکم ۴۶/۲۵۵، ۴۸؛ ۱۸۵۵/۳۷۶. ۲- فوراً: یکم ۲۳۳۰/۳۹۴.

ناگزیر. ۱- بناچار، قهراً، جبراً: یکم ۱۹۸/۳۷؛ ۴۵۵/۶۹؛ ۳۰۰/۲۱۱؛ ۳۰۰/۲۷۳؛ ۹۷۴/۵۵۵؛ دوم ۱۱۸۸/۸۶؛ ۱۶۵۷/۹۴۴؛ ۶۱۵/۱۰۶۵. ۲- ضروری، لازم، واجب: دوم ۲۳۸۶/۵۷۷؛ ۲۶۷۵/۹۸۴.

ناگه. غفلتاً، ناگهان: یکم ۴۱۲/۲۱۵.

ناگهان. ۱- غفلتاً، بی‌خبر، ناگاه: یکم ۱۳۶/۳۰۸؛ ۱۴۴۱/۷۴۷. ۲- فوراً، در دم، همان لحظه، بلافاصله: یکم ۱۸۰۱/۳۷۳؛ ۲۱۳۲/۳۸۶؛ ۱۶۶/۴۰۹؛ ۸۶۶/۵۵۱؛ ۲۲۲۷/۶۰۴؛ ۶۷۸/۸۱۷؛ دوم ۱۵۹/۶۱۱؛ ۱۱۴۹/۸۴۶؛ ۲۷۸۰/۹۸۸.

نالندگی. بیماری: یکم ۲۰۵۲/۳۸۳.

نالنده. بیمار: یکم ۲۰٤۹/۳۸۳.

ناله. نوای موسیقی در بزم و رزم: یکم ۲٦٤/۱٦۹ و دیگر.

نالیدن. نوای موسیقی در بزم و رزم: یکم ۸٤۹/۸٤؛ ۱٤۰۵/۱۵۰؛ ۱٦/۱۹۲؛ ۱۷٦۸/۳۷۲ و دیگر.

نام. ۱- اسم (نیز← شماره‌ی ۲): یکم ۱/۱؛ ۵۳/۵۳ و دیگر // ~ **برآوردن:** یکم ۱۳۰۰/۱٤٦ // ~ **روان بر منبر:** یکم ۲۰۰/۹ // ~ **یزدان را خواندن:** یکم ۳۳٤/۱۰۸؛ ۱۲۲/۲۳۹؛ ۱۲۵۲/۳۵۲؛ ۱۳۷/٤۲۸؛ ٤٦/٤۵۳ // **برترین ~:** یکم ۳۷٦/٦۵ // **به فرخندگی ~:** یکم ٤۷۳/٤۲۱. ۲- شهرت، آوازه، نام نیک: یکم ٤۸۲/۱۱٤؛ ۷٦۰/۱۲۵، ۷۷۳؛ ۲۳۹/٤۱۲؛ ٤٦۷/٤۲۱، ٤٦۹، ٤۷۰؛ دوم ٤۰۰۸/۷۷۹ و دیگر // ~ **آوردن:** یکم ۵۸۰/۳۲۵ // ~ **از کسی بریدن:** یکم ۸۲۸/٦۷۱ // ~ **بودن** شهرت و نام داشتن، نامی بودن: دوم ۳۳۳/٦۳٤ // ~ **به خورشید نبشته بودن:** دوم ۳۲۳۹/۱۰۰٦ // ~ **به رنج است!:** یکم ٤٦۹/٤۲۱ // ~ **به ننگ اندر آمدن:** یکم ۱۳۳۵/۵٦۹ // ~ **جستن:** یکم ٤٦٦/٤۲۱ // ~ **چیزی پیر گشتن:** دوم ۳۵۵۷/۱۰۱۹ // ~ **خود را برکشیدن:** یکم ۱۰۱۷/۹۱ // ~ **خود را به خاک اندر انداختن:** یکم ۲۳٤٦/۳۹۵ // ~ **خود را به گرد افگندن:** دوم ۱۸۷/۱۰۸ // ~ **خود را بی‌بر کردن:** دوم ۲٤۱۲/۹۷٤ // ~ **خود را تازه کردن:** یکم ۱۲۰۱/۳۵۰ // ~ **خود را گم کردن:** دوم ۸۲۸/۹۱۱ // ~ **زشتی بردن:** دوم ۳۰۸۳/۱۰۰۰ // ~ **کسی را بر آب نبشتن:** دوم ۱۱۷/۲۰۷ // ~ **کسی را بر نگین نبشتن:** دوم ۹۸۷/۱۷٤ // ~ **کسی را به خاک افگندن:** دوم ۱۹۲۱/۹۵٤ // ~ **کسی به خورشید برآمدن:** یکم ٤۳۲/۷۰۸؛ ۵۰٤/۷۱۰ // ~ **کسی را زیر پای افگندن:** یکم ٤۱۷/۸۰۷ // ~ **کسی را زیر ننگ آوردن:** یکم ۲۲۹/٤۱۲؛ ۱۵۰٦/۵۷٦ // ~ **گرفتن:** دوم ٦۳۱/۱۲٦ // ~ **یاد آوردن:** دوم ۱۵۱۵/۱۹۵ // **از ~ خویش در گمان افتادن:** یکم ۲۳۹/٤۱۲ // **از بهر ~:** یکم ۱۲٦/٦٤۳؛ دوم ۲۲۷/۲۳٤ // **از کسی ~ و کام یافتن:** دوم ۲۲۱۷/۹٦٦ // **برشده ~:** یکم ٦۱۳/٦٦۲ // **به خورشید ~ برآوردن:** یکم ۱۰۵۱/۷۳۲ // **بی~:** یکم ۸۰٤/۵٤۸ // **نخواندن ~ کس:** دوم ۷۳۳/۱۳۰. ۳- هستی: یکم ۲/۱، ٦ // ~ **کسی اندر گذشتن:** یکم ۲۵۷/٤۳۳ // ~ **کسی را در جهان کم کردن:** یکم ۵٦۸/۳۲۵.

نامُبردار. ۱- مشهور، نامدار، نام‌آور: یکم ٥٦٧/٧٣؛ ٢٤٢/٤٦٠؛ ٨٩/٤٧٠ و دیگر. **۲-** ارجمند، عالی: یکم ۱۸۲۸/۸٦۲. ۳- (صفت شیئ) نفیس، شهره در نفاست // ~ **چیز:** دوم ۲٦۹۲/۷۲۷.

نامُبرده. //~ ***سوار:*** یکم ۵۳/٤۰٥.

نامخواست هزاران. دوم ٤٦٦/٥٧.

نامدار. ۱- مشهور، نامی: یکم ۱۲۰/٦ و دیگر. **۲-** نفیس، مرغوب، پربها: یکم ۱٥۲۲/۳٦۲ // ***گوهر*** ~: دوم ۲۲۱۲/۹٦٦.

نامزد. //~ ***کردن*** **۱-** برگزیدن شوهر: یکم ٥۸۳/۷٤. **۲-** برگزیدن، نامیدن، تعیین نمودن: یکم ۲۷۹/٦۲؛ دوم ۳۱۲۱/۱۰۰۲.

نامور. **۱-** هر کس و هر چیز معروف و مشهور، ارزنده، زبده، عالی // ~ **بیشه:** یکم ٤٣/٤٢٤ //~ **جایگاه:** دوم ۳۰۳/۱۱۳ //~ **گنج:** یکم ٦٢/٤٢٥ // ~ ***نامه***← نامه // ***کلبه‌ی*** ~: دوم ٥۳۱/۱۲۲. **۲-** (صفت جای) عالی، باشکوه: دوم ۳٤۱۳/۷٥٦.

نام و ننگ. **۱-** سربلندی، آبرو، حیثیَت، شرف، جنگ و صلح: یکم ٦۲۲/۷٥؛ ۹۰/۱۹٤؛ ۱٤۰۰/٥۷۲؛ ۲۱۱٦/٦۰۰؛ ۲۱٦٤/٦۰۲؛ ۲٥۰٤/٦۱٥؛ ۱۲/۷۹۱؛ دوم ٥٦۱/۱۲۳؛ ۱۱۰٥/۱۷۹؛ ۱۳۳٦/۱۸۸؛ ٦۲/۲٤۱؛ ٤۹۷/۸۲۱؛ ۱۸۱٤/۹٥۰ // ~ ***جستن*** نبرد و کوشش برای بدست آوردن و حفظ کردن مقام و حیثیَت: یکم ٥٦۲/۲۲۱؛ ۲٦۲۲/٦۲۰؛ ۲۱۷۱/۷۷۷؛ دوم ۱۹٦۲/٥٦۰ // ***از ~ گشتن:*** یکم ۹۰٥/٥۰۳ // ***از ~ ننالیدن:*** دوم ۱۳۸٦/۱۹۰ // ***بهره‌ی ~ نگهداشتن:*** دوم ۲۹۲۸/۷۳٦ // ***دل ~ داشتن*** آرزوی رسیدن به نام نیک و حیثیَت در دل داشتن: دوم ۳٥۰/۳۸٦ // ***در مرکز ~ اندر بودن:*** یکم ۱۲۸۲/۷٤۱. **۲-** شایستگی، هنر، لیاقت: دوم ٥۰/٦۲۳؛ ۲۸٥/٦۳۲؛ ۳٦٥۹/۷٦٥.

نام و ننگ و نبرد. حیثیَت و آبرو: دوم ۱۰/٤۱۷.

نامه. **۱-** کتاب ۱- *خداینامه:* یکم ۱۱٥/٦، ۱۱۹. ۲- *شاهنامه‌ی ابومنصوری، شاهنامه:* یکم ۱۲۹/٦، ۱۳٤؛ ۱۳٦/۷، ۱٤٥، ۱٤٦ // ~ ***باستان:*** دوم ۷/۲۰۳ // ~ ***خسروان:*** یکم ۱٤٤/۷ // ~ ***شهریار:*** یکم ۱٦۰/۸ // ***نامور*** ~: یکم ۱۲٤/٦ // ***نامور ~ شهریار:*** یکم ۱۱۲/٥؛ ۲۰۹/۹. ۳- کتاب تاریخ // ~ ***نامداران:*** یکم ۲٤٥/۱٦۸. **۲-** نوشته، مکتوب، رقعه: یکم ٤۳٥/٦۸، ٤۳۷؛ دوم ٦۷/٥۹۳؛ ۳٤٦٥/۷٥۸؛ ۹٦٥/۹۱٦؛ ۲۹۷٤/۹۹٦؛ ۳۸۷۷/۱۰۳۱ و دیگر // ~ ***با گیر و دار و پر از گرز و***

شمشیر و کارزار: یکم ٢٠٧/٢٤٣ // ~ **پرگرز و تیغ و تیر**: دوم ٦٥/٥٩٩ // ~ **پندمند**: دوم ٧٠/٦٠٠؛ ٥٨٩/٨٢٤ // ~ **دراز کردن**: یکم ٢٠٣٩/٣٨٣ // ~ **کردن**: یکم ٣٠٧/٢٤٧؛ ١١٥٩/٧٣٦ // **بر ~ را بوسیدن**: دوم ٩٢٥/٧٥ // **بر ~ نَگین نهادن** مهرکردن نامه: یکم ٦١٥/٦٦٣ // **نامور ~**: یکم ٦٤٣/٤٤٨ // **نوردیدن فراز ~**: دوم ١٧٢/٤٦ // **نَوَشتن ~**: دوم ٢١٩/٤٨ // مانند کردن ~ به آب، باغ بهشت، روشن‌بهار، خرّم بهشت: یکم ٦٦٧/٣٢٩ // مانند کردن ~ به بوستان: دوم ٢٩٦٣/٩٩٥ // مانند کردن ~ به جوی پر از می به باغ بهشت: دوم ٢٩٤٠/٩٩٤ // مانند کردن نامه به درختی در باغ بهشت: دوم ٢٠٤٢/٩٥٩ // مانند کردن ~ به مرغزار بهشت: دوم ١١٨٢/٩٢٥. **٣**- کارنامه‌ی کارهای این جهان: یکم ٢٧٩٨/٩٠١. **٤**- فرمان: دوم ٤٥/٤٨٥، ٦٠، ٦١ و دیگر // ~ **زینهار** امان‌نامه: دوم ١١٩٤/٨٤٨؛ ١٢٠٧/٨٤٩. **٥**- عهدنامه: دوم ٣٦٧/٦١٩ و دیگر // **کیی ~**: دوم ٣٧٥/٦٢٠. **٦**- رساله // **رامشی ~**: دوم ٥٨/٤٨٥.

نامه‌دار. نامه‌بر، پیک: یکم ٨٤٦/٥٠٠.

نامی. مشهور و نامدار: یکم ٤٤٢/٢٧٨.

نان. **١**- خمیر پخته // ~ **با درم کشیدن**: یکم ٧/١٨٣ // ~ **کشکین**: یکم ٩٤٢/٦٧٥ (نیز← کشکین). **٢**- روزی، رزق، خوراک، غذا، معاش: یکم ٧٢٤/١٢٣؛ دوم ٥٦٩/١٥٧؛ ٨٤/٢٠٦؛ ١٠٦/٢٤٩؛ ٦٣٦/٣٦٦، ٦٣٨؛ ٢٦٠/٤٣١؛ ٣٦٨/٤٦٩؛ ٢٥٩٣/٩٨١؛ ٤٠٣٠/١٠٣٧ و دیگر // ~ **چدن** نان چیدن، نان گرد کردن: یکم ٤٠٦/٦٥٤ // ~ **فراخ یافتن**: دوم ٤٨٩/١٠٦٠ // ~ **و آب**: دوم ٣٧٢٧/١٠٢٦ // ~ **و نمک خوردن با کسی**: یکم ١١٠٥/٥١١ // **مهر ~ و نمک فراموش کردن**: دوم ٥٣٢/١٥٦.

نانبا. نانوا: دوم ٤٠٣٢/١٠٣٧؛ ٤٠٣٣/١٠٣٨.

نانوا.← نانبا.

ناورد. آورد، آوردگاه، نبرد: یکم ٥١٥/٥٣٧؛ دوم ١٠٠٧/٥٢٢.

ناوردخواه. نبردجو: یکم ٧٦٥/٢٩١.

ناوک. تیر کوچکی که آن را در غلافی آهنین یا چوبین نهاده و از کمان پرتاب می‌کردند: یکم ١٥٤٩/١٥٦؛ ٦٦١/٣٢٩؛ دوم ٤٨٨/٥٨.

ناهار. گرسنه: یکم ٧١٥/٥٤٥؛ دوم ٩٧١/٩١٧؛ ١٠٢٨/٩١٩.

ناهست. عدم، نیستی: دوم ٤٠٦٣/٧٨١.

ناهشیوار. ناهوشیار: یکم ٥٣٩/١٨٠.

ناهمال. **١**- نالایق: یکم ٦٨/١٤؛ ٦٨٢/٨١٧؛ دوم ٥٨٧/٤٧٨. **٢**- نابرابر،

ناجور، نادرخور: یکم ۸٤۸/۱۲۸.

ناهوشمندان. زندانیان: دوم ۱۰۱/٦۰۹.

ناهید. // ~ **در برج خوشه بودن:** دوم ۲۹٥۲/۹۹٥.

نای. نی // ~ **برکشیدن:** یکم ۲۰۷۰/۳۸٤ // ~ **رویین:** یکم ٤۲٦/۱۷٥؛ ٥۱۸/۱۷۹؛ ٥٤۲/۱۸۰ و دیگر // ~ **سرغین** ساز بادی از چوب، سُرنا، کرّه‌نای: یکم ۸۲/٤۰٦؛ ۲۰۹/٤۱۱؛ ۲۹۲/٤۳٤؛ ٤٤٦/٤۸٥؛ ۷۳۷/۸۱۹؛ دوم ۱۰۷۱/۸٤۳.

نایافت. نایافته: دوم ۱۱۰۳/٦٦٤.

نایافته. بدست‌نیامده: دوم ۱۲۷۲/٦۷۱ // کنایه از مطالب نو و بکر: دوم ۱۱۲۸/۹۲۳.

نایب. جانشین: یکم ۱۰۱۹/۳۰۱.

نایزه. نی باریک و کنایه از آلت مرد: دوم ۳٤٤/٤۹٦.

نبرد. ۱- رزم // ~ ***آزمودن*** نبرد کردن: یکم ۳٥/۲٦۲؛ ۱۰۳/۲٦٥؛ ۱۳۸۹/٥۷۱ // ~ **جستن:** یکم ۱۳۰۷/۱٤٦، ۱۳۱٦. **۲**- مسابقه: یکم ۱۸۰۸/۳۷٤.

نبرده. مبارز، جنگجو: یکم ٥٦٦/۷۳؛ ۱۲۰/۲٦٥؛ ۷۹۳/۲۹۲؛ ۹٥۸/۲۹۸؛ ۲٦٥/٤۱۳.

نبردی. نبرده، جنگجو: یکم ٤۱٦/٥۳۳.

نبشت. نوشتن: دوم ٤۲۹۳/۷۹۰.

نبشتن. ۱- نوشتن، تحریر کردن: یکم ٤۳٥/٦۸ و دیگر. **۲**- کشیدن، نقش کردن: یکم ۱٦۷۸/۳٦۹؛ دوم ۸٦/۱۰٤٤.

نبشته. ۱- خط، زبان: یکم ٤۳/۱۸. **۲**- دفتر: یکم ۲٦۸/٦۱. **۳**- سرنوشت، تقدیر: یکم ٦۳۸/۷٦؛ ٥٤٥/۲۸۲؛ ٥٦٦/۲۸۳؛ ۷۹۷/٦۷۰ // ~ ***به پرهیز بازنگردد!:*** یکم ۲۲٤۰/۷۷۹.

نبید. شراب: یکم ۳۹۰/۲۱٥.

نبیل. بزرگ: دوم ٤۹۹/٥۹؛ ٥۲٤/٦۰؛ ۹۷۸/۷۷.

نچیز. ناچیز، بی‌سبب، بیهوده: دوم ٥٤٦/٦۰.

نخ. // ~ ***برکشیدن*** صف برزدن: یکم ۷۷۲/٤۹۷ // ~ ***کشیدن*** ۱- فرش کردن: یکم ٥۸٤/٤۹۰؛ ۱۳۱/۱٦٤؛ ۲٦۹/۱٦۹. ۲- صف زدن: دوم ٤٦۱/٥۰۱ // ***روز بر ~ کشیدن:*** یکم ۲۷٤۸/۸۹۹.

نخّاس. برده‌فروش: دوم ۱٥۸/٤٦۱.

نخچیر. ۱- شکار، صید: یکم ٦٦٦/۱۲۱ // ***به ~ بوی بردن:*** یکم ۸۰۸/٦۷۰ // ***دشت ~ بر یوز تنگ کردن:*** یکم ۳۹/۲٥٤. **۲**- هر جانوری که شکار شود، وحش: یکم ٤٤/۱۳؛ ۳۳/۲٥٤؛ ۱۸/٤۰۳ // ***بکردار ~ رفتن:*** یکم ٤۸/۲٥٥. **۳**- گوسفند کوهی: یکم ۱٤/۱٥.

نخچیرگان. نخچیرگاه، نخچیربان، شکارچی: یکم ۲۰/۲٦۱؛ ۲۰۱۳/۷۷۰.

نخست. ۱- ابتدا، اوّل: یکم ۸۸٤/۸۵؛ ۸۲۵/۱۲۷، ۸۲۷؛ ۲۸۹/۲۱۰؛ ۸۵/٤۰٦؛ ۱۲۳/٤۰۷ و دیگر. **۲-** نخستین، اوّلین: یکم ۲٦/۲. **۳-** پیش از هر چیز، فوراً: یکم ٦٥٦/۱۲۱؛ ۱۵۸۹/۳٦۵. **٤-** سپس: یکم ۸٤۵/۲۹٤؛ ۳۳٤/٤۱٦.

نخستین. ابتدا، اوّل، در آغاز: یکم ۷۳۵/۲۲۸؛ دوم ۲۹۰۷/۹۹۳.

نخوار. یکم ۱۰۲/٤۷۱؛ دوم ٥٦۱/۹۰۱.

نخواره. دوم ۱۸۳۵/۹۵۱.

ندیدن. چشم‌پوشی کردن: یکم ۳٤۵/٤۸۰.

نر. ۱- مذکر: یکم ۱۱۵/۳۳ و دیگر. **۲-** انسان مذکر: یکم ۲۲۲/۵۹؛ دوم ۲۵۵٦/۵۸۳. **۳-** درشت و خشن، نکره و ستنبه، خشمناک و وحشتناک، مبارز، دلیر: یکم ٦۳۹/۷٦؛ ۸۸۲/۱۲۹؛ ۲۵/۱۹۲. **٤-** در مواردی چند حشو می‌نماید: یکم ۱۱٤۸/۳٤۸؛ ۱٤۸۳/۳٦۱.

نرد. درخت، تنه‌ی درخت: یکم ۳۹۱/۱۷٤؛ ۲۵۱۲/٤۰۱؛ دوم ۱۹٦/۲۱۰؛ ۷۵۲/۵۱۲؛ ۳۸۲۰/۷۷۲؛ ۳۹۳۱/۷۷٦؛ ٤۱۱٤/۷۸۳ // ~ ***شیر:*** یکم ۱۳۰۲/۱٤٦.

نرگس. ۱- // ***ز مستی شاخ ~ به دست داشتن:*** دوم ۵۸٦/۱۲٤. **۲-** کنایه از چشم: یکم ۳۳۵/٤۲؛ ۷۸۷/۱۲٦؛ ۱۲۱/۲۳۹؛ ۲۳۰۰/۳۹۳ و دیگر // ~ ***بیمار:*** دوم ۳٤۲٤/۱۰۱٤ // ~ ***خوابدار:*** یکم ۷۳۷/۱۲٤ // ***دو ~ بهم:*** دوم ۲۲۹٦/۹٦۹.

نرم‌پای. یکم ٤۸٤/۲۱۸.

نرم‌نرم. محتاطانه، با احتیاط: یکم ۱۷۳/٤۲۹؛ دوم ۲۲۸/۲۱۲؛ ۲۹/۲۲٦.

نرّه. درشت و خشن، نکره، خشمناک، وحشتناک، نیرومند، دلیر: یکم ۱٦٦/۲۷؛ ۳۲۸/٤۲؛ ۸۸۲/۱۲۹؛ ۱۳۲/۲۰٤ و دیگر.

نرّه‌جادو. اطلاق به زن: دوم ٤۹۵/۱۰٦۰.

نز. نه از: یکم ۱۰۱۸/۹۱ و دیگر.

نزار. لاغر، باریک، ناتوان و رنجور: یکم ۹۸/۱۸۷؛ دوم ۵٦۳/۱۱۰۳.

نزد. یکم ۵۱۹/۲۲۰.

نزدیک. نزد، پیشِ: دوم ۱۰۲۸/۹۱۹.

نژاد. ۱- اَصل و نسب، تخمه: یکم ۱٦۰/۳۵؛ ٤/٤۵۱، ۷ و فراوان. **۲-** نسل اصیل، زاد آزاده، تخمه‌ی گوهرین: یکم ۳۷۲/۱۰۹. **۳-** نسل، پشت، دوره: یکم ۱۵٦۱/۱۵٦.

نژند. ۱- اندوهگین: یکم ۹۱/۵؛ ٦۵۵/۳۲۸؛ ۱۵۹۸/۳٦۵؛ ۱۹٤۷/۸٦۷؛ ۲۳۷۲/۸۸٤ // ~ ***شدن:*** یکم ۷۷۳/۲۹۱ // ~ ***ماندن:*** یکم ۲۲۹۹/۳۹۳. **۲-** زشت، پلید: یکم ۸۳۷/٦۷۱؛ ۱۵٤٤/۷۵۱؛ ۱۱٦۰/۸۳٦. **۳-** زبون، خوار، ناتوان، فرومانده:

دوم ۳۹٦۲/۱۰۳۵.

نژندی. اندوهگینی: یکم ۳۲٦/۱۷۲؛ ۲۲۹۳/۳۹۳؛ دوم ۱۵٦/۱٤۱، ۱۵۸؛ ٤۲۹/۱۵۱ // ~ ***کردن:*** یکم ۷٦۹/۲۹۱.

نستوه. **۱-** ناستوه، خستگی‌ناپذیر، ستیهنده، پرتوان: یکم ٦۷/۱٤؛ ٦۸۸/۷۸؛ ۲۷۱/۱٦۹؛ ۲۷٦/۱۷۰؛ دوم ٤۰٤۰/۷۸۰، ٤۰٤۵. **۲-** گستاخ، بی‌پروا: یکم ۲٤۹/٤۷۷.

نسخت. فهرست، دفتر، نسخه: یکم ۱٤۲۲/۱۵۱.

نسیم. //~ ***گلاب:*** دوم ۳۲۱۲/۱۰۰۵.

نشاختن. نشاندن، نشانیدن: یکم ۸۸۱/۱۲۹؛ ۱۰۵/۲۰۳؛ ۱۰۹/۳۰۷؛ ۱۱۰۸/۳٤٦، ۱۱۱۱؛ ٦۷۵/٤٤۹؛ ۷۹۵/۵٤۸؛ ۲٦۳۲/٦۲۰؛ ۸۹٤/٦۷٤؛ ۱۳۷۰/۷٤٤؛ ۱٦۸۸/۸۵۷؛ دوم ۱۷۸/۸؛ ۷۷۷/۳۲؛ ۳۰٦/۲۱۵؛ ٤۰/۲٤٦؛ ۲٤۹/۲۷۵، ۲۷۱؛ ۷۹٦/۲۹٦؛ ۱٦۷۷/۳۳۱؛ ۱٦۵/۳٤۷؛ ۵۱۸/٤٤۱؛ ٤٦۱/٤۷۳؛ ۷۱/٤۸٦، ۸۳؛ ۳۹۱/٤۹۸؛ ٦۵٤/۵۰۹؛ ۱٦۳۸/۵٤۷؛ ۱۷۳۲/۵۵۱؛ ٦۱/٦۰۷؛ ۱۹۵۳/٦۹۸؛ ۲۰۹٦/۷۰٤، ۲۱۱۷؛ ۲۱۱۸/۷۰۵؛ ۲۲۱۹/۷۰۸؛ ۱۳۰٦/۸۵۲؛ ۲۵۰۷/۹۷۷ // ***کسی را به اندازه ~:*** یکم ۱۷٤۰/۸۵۹.

نشاستن. نشاندن، نشانیدن: یکم ۱۳۹۹/۳۵۸؛ دوم ۷۷۰/۳۲.

نشان. **۱-** علامت، نشانه، اثر: یکم ۷۸/٤۲٦ - ۸۱، ۸۳؛ ۸۸۷/۷۲۵ // ~ ***آمدن:*** یکم ۲٤٤/۱٦۸؛ ۳۷٤/٤۳۷ // ~ ***بودن:*** یکم ۱۱۸۸/۱٤۱ // ~ ***جستن:*** دوم ۳۷۷٦/۱۰۲۷ // ~ ***جستن (گرفتن) از اختر:*** یکم ۲٦۹/٦۱؛ ۱۹۳/۱۰۲ // ~ ***داشتن:*** یکم ۷۸/٤۲٦ // ~ ***شدن:*** دوم ٦۰۲/۱۱۰۵ // ~ ***کردن*** مهر و موم نمودن: دوم ۱۷۲/٤٦ // ~ ***گردیدن:*** یکم ۱۸۱۷/۳۷٤ // ***جایگاه ~:*** یکم ۲۲۸۲/۳۹۲. **۲-** هدف، نشانه: یکم ۱۳۹۲/۳۵۷ // ~ ***کردن:*** یکم ۲۰۵٦/۵۹۷. **۳-** اثر، نمونه، نمود، نشانی: یکم ۱٤٦۳/۳٦۰؛ ۲۷۲۸/٦۲٤؛ دوم ۸٦۹/۲۹۹ // ~ ***خواستن:*** یکم ۲۵/٤۲٤ // ~ ***یافتن:*** یکم ٤۲٤/۳۱۹؛ ٤۵۰/٤۲۰؛ ۳۹/٤۲٤. **٤-** اثر، تأثیر: یکم ۷۳/۲٦٤؛ ۲٤۵۰/٦۱۳؛ دوم ۱۸/٤۸٤. **۵-** آگهی، خبر: یکم ۳۲٦/۲۱۲؛ ٤٦۹/۲۱۸؛ ۸٦٦/۲۹۵، ۸۷۱؛ ٤۱۵/۳۱۹؛ ۲٤۵۷/۳۹۹؛ ۸۲۷/۷۲۳؛ دوم ۵۷۹/۵۰٦؛ ۵۲۲/۸۹۹؛ ۳۵۹/۱۰۹۵ // ~ ***نمودن*** آگاهی دادن: دوم ۱۳۰۱/۱۸٦. **٦-** یادگار: یکم ۸۹/۲٦٤؛ ۸۷٦/۲۹۵ // ***به کاری خود را ~ خواستن:*** دوم ۷۷۲/٦۵۱. **۷-** یاد، خاطره: یکم ۳٦٤/۲٤۹ // ~ ***داشتن:*** یکم ۷۸/٤۲٦. **۸-** صفت،

گونه، طور: یکم ٤/۱ // **بدان (بدین، بران، برین، زین) هم** ~ هم‌بدان (...) نشان، همانگونه، همانطور: یکم ۱۸٤/۵۸؛ ۱٤٤/۲۵۸؛ ۸۱۲/۳۳٤؛ ۱۸۵۲/۸٦۳؛ ۱۹۳۵/۸٦۷؛ ۲۱٤۱/۸۷۵؛ ۲۹۱۳/۹۰٦؛ دوم ٦۰۲/۲۸۹؛ ۸۷۳/۲۹۹؛ ۱۱۳٤/۳۰۹؛ ۱۳۱۰/۳۱٦؛ ۹۲/۳٤٤؛ ۱۸۷/۳٤۸؛ ٤۰۷/۳۵۷؛ ۵۸۱/۵۰٦؛ ۱٤٤٦/۵٤۰؛ ۲۱۰۳/۵٦۵؛ ۵٤/۵۹۳؛ ۸۳/٦۰۰؛ ۱۱۲/٦۰۱؛ ۲۵۰۹/۷۲۰؛ ۳٦۹۰/۷٦۷؛ ۱۱٤۷/۸٤٦؛ ۱۳۳۳/۸۵۳؛ ۷۳۲/۹۰۷؛ ۱۳٤٦/۹۳۱؛ ۲٤۹۹/۹۷۷؛ ۳۵٤٦/۱۰۱۸؛ ۳۹۱٤/۱۰۳۳ // **زین (زان)** ~ بدین (بدان) گونه، همین‌گونه، به همین ترتیب، از اینگونه: یکم ۱۳۱۵/۱٤٦؛ ٦۲۷/۲۲٤؛ ۱۱۵/۲۵۷؛ ۸۱۳/۲۹۳؛ ۹۹۷/۳۰۰؛ ۲۰۳/٤۷۵؛ ۸٤۵/۵۰۰؛ ۲۰۰۸/۵۹۵؛ ۲۵۷۹/٦۱۸؛ ۱۳۰۳/۷٤۲؛ ۱٦۸۰/۷۵۷؛ ٦۹۲/۳۳۰؛ ۱۳۳۳/۳۵۵؛ ۲۱۷٤/۳۸۸؛ ٦٤/٤۲۵؛ دوم ٦۹۲/۱۲۸؛ ۱۱/۲۱۷؛ ۲۹۱/۲۵٦؛ ۳۵۵/۲۵۹؛ ۸۷۰/۲۹۹؛ ۷۲/٤۰۸؛ ۳٤۵/٦۳٤؛ ٤۰۷۸/۷۸۲؛ ۱۸۸٦/۹۵۳؛ ۳۳۷۳/۱۰۱۲؛ ۵۹۲/۱۰٦٤ // **هم‌زین** ~ به همین گونه؟ دوم ۲۰۰٤/۵٦۱؛ ۳٦٦۵/۷٦٦؛ ۷٦٤/۱۱۱۱. **۹**- گواه، دلیل: یکم ٦۰٦/۷۱٤. **۱۰**- شهرت، نام // ~ **بودن**: یکم ۱۱۳٦/۷۳۵. **۱۱**- تعیین‌شده // **جای** ~: دوم ۱٤٤٦/۸۵۸.

نشاننده. // ~ **خاک در کین به خون**: یکم ۳٤۸/۱۰۸.

نشانه. ۱- هدف، نشان، سرمشق: یکم ۱۲۹۷/۱٤٦؛ ۵۰۲/۲۸۱؛ ۱۳۹۰/۳۵۷؛ ۱۳۹٤/۳۵۷؛ دوم ۱٦٤۸/۵٤۸. **۲**- تیر: یکم ۵۰۲/۲۸۱.

نشانی. // ~ **شدن** مشهور و نامی شدن: دوم ۷۹۱/۳۳.

نشست. ۱- نشستن، گذراندن، زندگی کردن: یکم ۱۸۰/۲٤۲ // ~ **کسی را میان دو گیتی دیدن**: یکم ۲۰۵۰/۳۸۳. **۲**- کاخ، مقرّ فرمانروایی، جای زندگی، مسکن، مقرّ، خانه: یکم ٤٤/۵۳؛ ۳۱۲/۲٤۷؛ ۱٤٦۳/۳٦۰؛ ۱۵۵۹/۳٦٤؛ ۹۳۲/٦۷۵ // ~ **کردن**: یکم ۱۲۷۲/۳۵۳ // **بزمگاه** ~: یکم ٤۷۷/٤٤۲ // **جای** ~: یکم ۱٤۲٤/۱۵۱؛ ۱٤٦/۲٤۰؛ ۳٦۱/٤۳۷ // **خسروانی** ~: یکم ۷۷۲/۱۲۵ // **سرای** ~: یکم ۳٦۸/۱۷۳؛ ۱۳۹/۲٤۰. **۳**- بر تخت نشستن، جلوس (بر تخت پادشاهی): یکم ۳۷۸/٤٤؛ ٦۱۷/٤٤۷؛ دوم ٦۷۷/٤۸۲ // **تخت** ~: یکم ۱۰۵۵/۳٤٤، ۱۰٦۰ // **گاه** ~: یکم ۱۱۷۰/۳٤۹. **٤**- مجلس بار: یکم ۳٤٤/۲٤۸. **۵**- ادب نشستن، آیین بر تخت نشستن: یکم ۷۱٤/۷۹؛

۲۴۵/۳۱۲؛ ۱۲۵۱/۳۵۲؛ ۴۷/۴۵۳؛ ۳۱۸/۴۶۳؛ دوم ۱۰۷/۲۶۹ // ***خسروانی ~:*** یکم ۶۰۱/۲۸۴. ۶- تخت // ***جای ~*** پایتخت: دوم ۲۸۵۴/۷۳۴. ۷- همنشینی و همصحبتی و مجالست: یکم ۳۵۴/۲۴۹؛ ۳۵/۲۵۴؛ ۲۰۴۷/۳۸۳؛ ۱۱۵۷/۵۱۳؛ دوم ۴۰۹۶/۷۸۲؛ ۴۴۷۳/۷۹۷ // ***~ گزیدن:*** یکم ۶۲۸/۳۲۷ // ***با کسی ~ آمدن:*** دوم ۲۵۳۰/۹۷۸. ۸- کنایه از گرویدن: دوم ۲۰۵۸/۹۵۹. ۹- در خور نشستن // ***~ شهنشاه*** لایق نشستن پادشاه: دوم ۳۶۱۲/۷۶۴. ۱۰- زین و برگ اسب: یکم ۱۳۰/۴۲۸. ۱۱- مرکب: یکم ۸۷۲/۶۷۳ ۱۲- جلسه: دوم ۹۶۹/۱۷۳. ۱۳- حضور: دوم ۱۰۲۳/۵۲۳. ۱۴- فرش، افگندنی: دوم ۴۹۴/۱۲۰.

نشستن. ۱- نشاندن: دوم ۶۰۰/۳۹۶. ۲- مصاحبت کردن: یکم ۷۵۲/۱۲۴. ۳- ادب نشستن: یکم ۴۶۳/۲۷۹. ۴- خاموش شدن: یکم ۲۳۸/۱۶۸. ۵- پادشاهی کردن: دوم ۲۵۴/۱۴۵. ۶- بیکار نشستن: یکم ۷۱۹/۴۹۵. ۷- دست کشیدن: دوم ۲۳۸۹/۷۱۵. ۸- // ***با کسی ~*** مغازله کردن با او: دوم ۳۱۵۷/۱۰۰۳.

نشستنگه. ۱- مقر، جایگاه: یکم ۲۰۹/۵۹؛ ۷۲۴/۷۹؛ ۱۹۷/۲۴۲، ۱۹۸؛ ۷۷/۳۰۶؛ ۷۹/۳۰۶. ۲- مجلس، بزم: یکم ۸۲۴/۸۳

نشیب. ۱- پستی، مغاک، سراشیب: یکم ۵۸۹/۲۲۲؛ ۱۴۱۴/۳۵۸ // ***~ و فراز:*** یکم ۷۰۶/۲۲۷ // ***بلندی از ~ بازندانستن:*** یکم ۸۱۵/۸۳. ۲- سراشیب و کنایه از سقوط و افول و بداختری و بیچارگی: یکم ۱۸۶/۳۶؛ ۶۱۷/۷۵؛ ۸۸۲/۸۵؛ ۱۱۵۶/۱۴۰؛ دوم ۳۵۳۸/۷۶۱؛ ۵۰۰/۱۱۰۱ و دیگر // ***~ از فراز آمدن:*** یکم ۱۷۳۱/۵۸۵ // ***~ از فراز ندانستن:*** یکم ۳۳۴/۴۸۰ // ***~ به تنگی آمدن*** نزدیک شدن سقوط و زوال: یکم ۵۷۰/۲۲۲؛ ۱۳۴۱/۷۴۳؛ ۵۸۲/۸۱۳؛ دوم ۳۵۳۰/۷۶۰ // ***~ تنگ اندر آمدن:*** یکم ۱۵۶/۵۲۳؛ ۱۸۸۲/۵۹۰ // ***~ و فراز*** پستی و بلندی و کنایه از همه‌جا و هرجا، بکلّی: یکم ۵۸۹/۲۲۲؛ دوم ۵۸/۵۹۳ // ***~ و فراز سرآمدن:*** یکم ۶۱/۲۰۱ // ***از بالا (فراز) نشان (هول) ~ را دیدن (ندیدن):*** یکم ۶۲۳/۷۵؛ ۹۱۸/۳۳۹، ۹۱۹ // ***از بلندی ~ را ندیدن:*** یکم ۲۲۳۹/۳۹۱؛ ۱۵۶۰/۸۵۲ // ***از بلندی ~ بازندانستن:*** دوم ۱۱۱۴/۵۲۶ // ***به پیش فراز ~ آمدن:*** دوم ۱۸۸۴/۹۵۳ // ***روز ~ گرفتن:*** یکم ۱۹۵۰/۵۹۳ // ***سر کسی را اندر***

~ **آوردن**: دوم ۳۸۵۰/۱۰۳۰ // **کار ~ گرفتن**: یکم ۲۲۲۵/۶۰۴.

نشیم. ۱- آشیانه، نشیمن: یکم ۱۱۹/۱۰۰، ۱۳۰، ۱۳۵، ۱۳۷؛ ۱۲۵۹/۱۴۴؛ ۳۷۵/۲۴۹ // ~ **و نشست**: دوم ۱۴۷۰/۳۲۳؛ ۲۵۴۳/۵۸۳. ۲- نشستن، اقامت: یکم ۱۲۳۵/۱۴۳.

نعره. بانگی که در نبرد کشند: یکم ۵۱۰/۲۱۹؛ ۸۵۰/۲۹۴

نُعم. نرمی: دوم ۵۴۶/۳۹۴.

نُعم و بوس. نرمی، نیکویی، نرمی و سختی (شیوه‌ی تهدید و نوید در نامه): دوم ۵۶/۲۴۱؛ ۱۲۳/۲۴۴؛ ۴۶۱/۲۸۳؛ ۸۳۷/۲۹۸

نغز. // **کار ~ بیرون شدن کسی را**: یکم ۴۶۷/۳۲۱ // **گفتار ~**: یکم ۱۰۰۷/۹۰.

نغزدست. چربدست، خبره، ماهر: یکم ۳۵۴/۲۴۹.

نغزکاری. چربدستی، خبرگی، مهارت: یکم ۳۵۸/۲۴۹.

نفریدن. نفرین کردن: یکم ۱۰۶۲/۳۴۴؛ ۲۳۰۰/۳۹۳؛ ۱۲۲۴/۸۳۹.

نفرین. ۱- لعنت، بدی، زشتی: یکم ۴۴۰/۴۶؛ ۱۷/۵۱؛ ۲۴/۹۶؛ ۲۹/۱۸۴؛ دوم ۳۸۲/۶۳۶؛ ۱۸۶۴/۸۷۴؛ ۱۸۸۲/۸۷۵ و دیگر // ~ **بی‌آفرین**: دوم ۱۴۹۲/۹۳۷ // ~ **کردن تخت و کلاه**: یکم ۲۲۵۹/۳۹۱ // ~ **کردن روز**: یکم ۲۲۵۶/۳۹۱. ۲- گرفتاری، مصیبت: دوم ۳۱۴۶/۱۰۰۳؛ ۳۴۴۵/۱۰۱۴.

نُقَط. نقطه: دوم ۳۱۵/۳۸۵؛ ۸/۸۰۱.

نَقل. شعر روایی و حماسی: دوم ۱۰۴۶/۸۰.

نُقل. مزه‌ی شراب: دوم ۳/۱۳۵.

نَک. بل، بلکه: دوم ۱۳۰/۱۰۶.

نکال. // **کسی را ~ کسی کردن**: دوم ۲۱۲/۴۷.

نکو. //~ **داشتن**: یکم ۷۳۹/۱۲۴.

نکوهیدن. (ناگذر) نکوهیده بودن، سزای نکوهش بودن: دوم ۵۸۴/۵۰۶.

نگار. ۱- تصویر، تزیین، نقّاشی بر دیوار و جز آن: یکم ۲۶۳/۳۹؛ ۳۴۳/۱۰۸؛ ۳۶۸/۱۰۹؛ ۵۰۰/۱۱۴؛ ۱۶۷۷/۳۶۹، ۱۶۷۸؛ ۲۳۹۶/۳۹۷؛ ۵۳۵/۴۴۴؛ ۵۶۳/۶۶۰؛ دوم ۱۰۰۷/۳۰۴؛ ۵۸/۴۲۳؛ ۲۲۲/۴۶۴، ۲۲۵؛ ۹۱۵/۶۵۷، ۹۱۷؛ ۳۲۶۰/۱۰۰۷ // ~ **آوردن**: یکم ۱۶۰۴/۳۶۶ // ~ **کردن**: یکم ۱۸۱/۴۱۰؛ دوم ۷۰/۴۲ // **گریستن ~**: دوم ۱۲/۲۱۷. ۲- نقش از گوهرهای گوناگون بر تاج و تخت و دیوار: یکم ۱۴۰۳/۱۵۰؛ ۳۴۵/۲۴۸؛ ۱۸۶/۳۱۰؛ دوم ۲۲۸/۱۴۴ // **زبرجد ~**: یکم ۲۸۱/۱۰۶؛ ۱۳/۱۹۹؛ ۱۵۲۸/۳۶۳ و دیگر // **زر ~**: یکم ۱۵/۲۰۰ و دیگر // **گوهر ~**: یکم

۱۴۲۱/۱۵۱؛ ۱۷۱۱/۳۷۰ و دیگر. ۳- زینت‌آلات، آرایش، بزک: یکم ۱۵۹/۵۷؛ ۳۳۳/۱۰۸؛ دوم ۲۱۹۰/۷۰۷ // ~ *کردن*: دوم ۳۱۰۵/۱۰۰۱. ٤- شکل و شمایل و رخسار: یکم ٤۰۳/۲۱۵. ۵- لعبت، بازیچه، پیکر: یکم ۱٤۹۳/۱۵۳. ٦- کنایه از بت: یکم ۳٤/۹٦؛ ٤٦۵/٦۵۷. ۷- دلبر، زن زیبا: یکم ۳٦۹/٤۳.

نگارنده. نگارگر، آفریننده، کنایه از خداوند: یکم ٤/۱؛ ۷۹۰/۲۹۲؛ ۱۵/٤۲۳؛ ۲۳۱۰/٦۰۸؛ ۱۷۵۷/۸٦۰؛ دوم ۱۵/۲، ۱۷؛ ۲۸۷/٤۹٤؛ ٤۸۸/٦٤۰؛ ۷۹۸/٦۵۲.

نگاریدن. نقّاشی کردن، رسم کردن، کشیدن: یکم ۲٦۳/۳۹؛ ۱٦۷۷/۳٦۹؛ ۱۸۵/٤۷٤؛ دوم ٦۹/٤۲.

نگاریده. نقش‌شده، کشیده‌شده، مصوَّرگشته: یکم ۲۵۱۳/٤۰۱؛ دوم ۱٦۵/٤۵.

نگاشتن. نگاریدن، نقاشی کردن: دوم ۷۰/٤۲.

نگاه (نگه). // ~ *داشتن* رعایت کردن، حفظ کردن: یکم ۲٤٦۱/۳۹۹؛ ٤٦۲/٤۲۱ // ~ *کردن (داشتن)* ۱- دیدن: یکم ۳۱٤/٤۱ و دیگر. ۲- توجّه و دقّت کردن، اندیشیدن، در نظر گرفتن، پژوهیدن، بررسی کردن، به عمق کار نگریستن، در نظر داشتن: یکم ۱۳/۱؛ ۵۰۰/٤۸؛ ۵۱/۵۳؛ ۲۰۲/۵۹؛ ۳۱٤/٦۳؛ ۵۷٤/۷۳؛ ۳۸۵/۱۱۰؛ ۷۹۰/۱۲٦؛ ٤۷۰/۲۷۹؛ ۲۸۷/۳۱٤؛ ۳٦۱/۳۱۷؛ ٦٤٦/۳۲۸؛ ۸۳۲/۳۳۵؛ ۸٤۱/۳۳٦؛ ۱۷٤۹/۳۷۱؛ ٤۱۲/٤۱۹؛ ۱۳۰۸/۵٦۸؛ ۹۳٦/٦۷۵؛ ۲٦۹/٦٤۹؛ دوم ۱۹۵/۱٤۲؛ ۲۷۱۷/۷۲۸؛ ۲۲۵۱/۹٦۷؛ ۲۵۷۷/۹۸۰؛ ۳۹/۱۰۷۲. ۳- طلب کردن، خواستار شدن، جستجو کردن، برگزیدن: یکم ٤۰۵/۳۱۸؛ ۵۷۳/۳۲۵؛ ۱٤۳۷/۳۵۹؛ ٦۳/٤٦۹؛ ۱۲۳۸/۵۱٦؛ ۱۹۹۸/۷۷۰؛ ۲۹۹/۸۰۲؛ ۲۰۳۱/۸۷۰؛ دوم ۷٦/۲۰٦؛ ۹۹/۲۲۹. ٤- مواظب بودن، مترصّد بودن، صبر کردن، منتظر ماندن: یکم ٤۰۵/۱۱۱؛ ٦۵۹/۲۸۷؛ ٦٤۵/۳۲۸؛ ۱۵۰٦/۳٦۲. ۵- مواظبت کردن، نگهداری نمودن، مراقبت کردن: یکم ۹۱۹/۲۹۷؛ دوم ۱۸۷۷/۹۵۲؛ ۳۵۰۳/۱۰۱۷ // ~ *کردن به کسی*: یکم ۲۱۰۸/۳۸٦ // ~ *کردن کسی را*: یکم ۱۹۲۸/۳۷۸؛ ۲۰٦۰/۳۸٤. ٦- بررسی کردن: یکم ۲۳۲۱/۷۸۳. ۷- پنهان داشتن: دوم ۲۵٦۵/۹۸۰؛ ۳۵۱٤/۱۰۱۷.

نگریدن. ۱- توجّه کردن، رو کردن، به هوش بودن، مواظب بودن، دقّت کردن: یکم ۲۰۹/۳۷؛ ۱۰۱/۵۵؛ ۲۷۵/٦۲؛ ٤٤۵/۱۱۲؛ ۷۸٦/۱۲٦؛

۸۲۹/۱۲۷؛ ۱٥۷٤/۱٥۷؛ ۱٦۰۷/۱٥۸؛ ۱۷۲/۱۹۸؛ ۹۱۹/۲۹۷؛ ۱۱٥۰/۳٤۸؛ ۱٤۳۲/۳٥۹؛ ۲۰۱۹/۳۸۲؛ ۲۰۹۸/۳۸٥، ۲۱۰٦؛ دوم ۲۷٦۰/۹۸۷؛ ۲۹٥۹/۹۹٥ و دیگر. **۲**- نگران بودن: یکم ۱٤٦٥/۱٥۲. **۳**- پژوهیدن: یکم ٥۹۰/۱۱۸. **٤**- سنجیدن، برانداز کردن: یکم ۱۳۸۱/۳٥۷. **٥**- صبر کردن، مترصّد بودن، گوش به زنگ بودن: یکم ۱۹۰۰/۳۷۷؛ ۲۲۲٦/۳۹۰.

نگریستن. توجه کردن، دقت کردن: یکم ۱٤/٦۹۱.

نگوسار. نگونسار، سرنگون: یکم ۳۳۸/۱۷۲؛ ۲۲۷/۲۰۸؛ ۳۸۷/۲٥۰؛ ۱۹۷/٤۱۰، ۲۰۱؛ دوم ٤۳۰/۱۰٥۸ // ~ ***سر:*** یکم ۱۹۱/۱٦٦؛ ۷۱۸/۳۳۱ // ~ ***شدن:*** یکم ۸۷۹/۸٥ // ***کسی را سر ~ کردن:*** دوم ۷۷۷/۱۱۱۲.

نگین. ۱- سنگ انگشتری // ~ ***زمانه:*** یکم ٦۳/۳۱ // ***فلک را بر ~ کسی گذر بودن:*** یکم ۱٦٦۹/٥۸۲ // ***کسی را چون ~ گرفتن:*** یکم ۱۷۰٥/۸٥۸ // ***مانند کردن روز به ~ درخشان:*** یکم ۱۰۷۳/۱۳۷ // ***مانند کردن زن به روشن ~:*** یکم ۳٦٦/۱۰۹ // ***مانند کردن مرد به درخشان ~:*** یکم ٤٤۰/٦۸ // ***نام کسی را بر ~ نبشتن:*** یکم ٥۹۷/٦٦۲. ۲- مُهر و کنایه از پادشاهی: یکم ۱۹۰/۹؛ ٤۱۸/٦۷؛ ۱٥٥/۲۰٥ و دیگر.

نم. **۱**- کنایه از باران، نعمت و فراوانی: یکم ۱۹۲/۹؛ ۷/۱۸۳؛ ۸۸۰/۲۳٤؛ ٤٦۰/٤۲۱، ٤٦۱؛ ۱۷/٤٥۲. **۲**- رطوبت، تری، آب: یکم ۱۰۲/۱٦۳ // ~ ***افگندن*** خشک شدن: یکم ۸٥/٦۳٤. **۳**- کنایه از اشک: یکم ۳۳٥/٤۲؛ ۷۸۷/۱۲٦؛ ۱٤٥٤/۱٥۲؛ ٤۳۰/۱۷٦؛ ۱۹٦۰/۳۸۰؛ ۹٤٦/٦۷٦؛ دوم ۸/۱۳٥؛ ٦۹/۲۰٥. **٤**- کنایه از شراب: یکم ۳۲۷/۲۷٤.

نماز. // ~ ***بردن*** تعظیم کردن، بر خاک افتادن، سجده کردن: یکم ۱۰۷/۳۰۷؛ ۱۹۲/۳۱۰؛ ۱٥۰۹/۳٦۲؛ ۸۳/٤۲٦؛ دوم ۲۱۹۱/۹٦٥ و دیگر.

نمایش. **۱**- جلوه: یکم ۳٤۱/٦٥۲. **۲**- ظاهر، نمود: یکم ۸۲۳/۷۲۳ // ~ ***کردن*** ۱- سرمشق قرار دادن: یکم ۱۸/۱۸. ۲- نشان دادن، راهنمایی کردن: .یکم ٦۰٤/۱۱۸ // ~ ***گرفتن:*** یکم ۱۱٥۸/۳٤۸ // ***به کسی ~ کردن*** به او نشان دادن و نمودن: دوم ۱۷٥۳/۸۷۰ // ***کسی را ~ کردن:*** دوم ۲۸٤۸/۹۹۱ // ***کسی را ~ نمودن:*** دوم ۲۳۱۱/۱۰۰۹.

نماینده. نشان‌دهنده، رهنمون‌کننده، معرَّف: یکم ٤٤۳/٦۸ // ~ ***تاج:*** یکم ۱٥/۹٥ // ~ ***راه:*** یکم ٥۷۱/۱۱۷ // ~ ***رنج:*** یکم ۲۱/۹٦، ۲۲.

نماینده‌راه. نشان‌دهنده‌ی راه، راهنما: یکم ۵۴۴/۸۱۲؛ دوم ۲۳۰/۲۵۴.

نمودار. گواه، شاهد، دلیل، حجت: دوم ۳۵۰/۲۵۹.

نمودن. ۱- نشان دادن: یکم ۷۲۷/۱۲۳؛ ۱۱۷۷/۱۴۱؛ ۴۶۳/۲۱۷، ۴۶۵؛ ۴۷۰/۲۱۸، ۴۷۱؛ ۱۲۰/۴۲۷، ۱۲۱. ۲- آگاهی رساندن: یکم ۱۱۷۷/۱۴۱؛ ۴۳۵/۲۷۸. ۳- وانمود کردن: یکم ۱۵۶۱/۸۵۲.

ننگ. ۱- بدنامی، عار: یکم ۶۶/۹۷ و دیگر // ~ ***آمدن کسی را:*** یکم ۲۵۳/۲۷۱ // ~ ***آمدن کسی را از چیزی:*** یکم ۲۶۵/۲۷۱ // ***نام به ~ اندر آمدن:*** یکم ۱۳۳۵/۵۶۹. ۲- غیرت، حمیَت: دوم ۲۴۷۸/۷۱۹، ۲۴۸۶. ۳- عیب: دوم ۱۱۵/۱۰۴۵.

ننگ و نبرد. ۱- حیثیَت، نام و آبرو: شایستگی، هنر، لیاقت: دوم ۲۱۸۲/۵۶۹؛ ۲۷۸۹/۷۳۱؛ ۲۸۰۴/۷۳۲؛ ۲۰۹۹/۹۶۱؛ ۲۶۸/۱۰۹۲؛ ۷۴۸/۱۱۱۱ // ***روز ~:*** دوم ۱۹۱۴/۸۷۶. ۲- بزم و رزم، صلح و جنگ: دوم ۳۶۴۵/۱۰۲۲. ۳- جنگ، کارزار: یکم ۳/۲۵۳؛ ۶۸۷/۲۸۸؛ دوم ۵۰/۲۱۹؛ ۹۵/۴۲۵؛ ۱۴۱۶/۵۳۸؛ ۱۲۰۸/۶۶۸ // ~ ***جستن:*** یکم ۷۸۷/۷۲۲؛ دوم ۶۳۳/۱۲۶ // ~ ***گرفتن:*** یکم ۱۷۷۵/۳۷۲ // ***آیین ~:*** یکم ۲۶۵۱/۸۹۵ // ***به ~:*** دوم ۶۲۱/۲۶. ۴- کار و کوشش، فعالیت: دوم ۱۶۲۰/۵۴۶. ۵- عزّت، حرمت، فخر: دوم ۲۸۹/۴۶۶. ۶- شهرت، آوازه: دوم ۴۷۳/۳۹۱. ۷- نیک و بد، کاروبار، زندگی روزانه و روزمره، همه‌ی امور: دوم ۵۲۴/۳۶۲؛ ۱۱۶۶/۶۶۷؛ ۱۴۶۱/۶۷۹؛ ۱۹۴۴/۶۹۸؛ ۴۰۸۶/۷۸۲.

ننگی. بدنام، شرمسار، ننگ‌زده، بی‌آبرو: یکم ۵۴۳/۴۸۸ // ~ ***گشتن:*** یکم ۱۸۱۵/۳۷۴.

نو. ۱- جدید، تازه، نوظهور، ناآزموده: یکم ۲۱۸۷/۸۷۶؛ دوم ۱۲۳/۱۳۹؛ ۱۴۷۱/۱۹۳؛ ۲۷۷۲/۹۸۸ // ~ ***به ~:*** یکم ۲۴۳/۳۸؛ ۷۵۴/۵۴۶؛ ۲۱۴۰/۸۷۵ // ~ ***نگردد کهن!:*** یکم ۷۸۰/۱۲۵؛ ۱۲۷۷/۱۴۵. ۲- تازه، جوان: یکم ۳۰۵/۱۰۷؛ ۱۸۹/۲۰۶؛ ۱۷۶/۳۱۰؛ ۴۰۳/۴۱۸؛ ۲۱۵۹/۷۷۶؛ ۲۱۸۷/۸۷۶؛ دوم ۵۸۰/۲۴؛ ۷۵۶/۱۳۱، ۷۶۵؛ ۷۸۵/۱۶۶؛ ۲۴/۴۲۰؛ ۲۶۶/۴۳۱؛ ۱۳۵/۴۶۰؛ ۴۲۱/۴۷۲؛ ۱۴۱۵/۵۳۸؛ ۱۵۴۹/۵۴۴؛ ۷۰۷/۶۴۹؛ ۱۰۷۴/۶۶۳؛ ۲۸۶۰/۷۳۴؛ ۲۹۶۳/۷۳۸؛ ۳۱۷۲/۷۴۶؛ ۳۲۶۰/۷۴۹؛ ۳۲۷۷/۷۵۰؛ ۴۲۱۰/۷۸۷؛ ۱۶۱/۸۰۷؛ ۲۹۲/۸۱۲؛ ۱۶۱۶/۹۴۲؛ ۳۰۵۰/۹۹۹؛ ۳۹۳۰/۱۰۳۴؛ ۵۸۰/۱۰۶۴؛ ۷۲۱/۱۱۱۰؛ ۷۸۲/۱۱۱۲.

۳- تازه و شاداب: دوم ۱٤۸۸/٦۸۰؛ ۳٦۲۲/۷٦٤. ٤- تازه‌کار و بی‌تجربه: دوم ٤۱٤۳/۷۸٤؛ ٤۲٦۲/۷۸۹؛ ۹۱/۸۰٤. ٥- مشهور زمانه، نام‌آور روز: دوم ۱۷٦۳/۸۷۱. ٦- نوظهور، غیرمعمول، بدیع، نوآفرین، شگفت، طُرفه: یکم ۱٥٤٦/۱٥٦؛ ۲۷/۱۸٤؛ ۲۱۸۷/۸۷٦؛ دوم ۱۰۷٤/٦٦۳؛ ۱۱۰/۸۰٥؛ ۲۰٥٤/۹٥۹؛ ٤۰٤۹/۱۰۳۸؛ ۲۹٤/۱۰۹۳ (توضیح: معنی ۲ و ٦ همیشه دقیقاً از هم جدا نیستند).

نوا. ۱- ساز و برگ معاش، وسیله، خواسته: یکم ۱۸۷۰/٥۹۰؛ ۱۷۹٥/۸٦۱؛ ۱۹۰٤/۸٦٥، ۱۹۰٦؛ دوم ۱۹۲۸/٥٥۹؛ ۲۲/٥۹۲؛ ٥۸٤/٦٤٤ // ***~ ساختن:*** یکم ٦۱٤/٦٦۳ // ***~ کردن:*** یکم ۲۰/٥۲ // ***کسی را ~ کردن*** ساز و برگ زندگی او را فراهم کردن: دوم ۲٥۳٦/٥۸۳. ۲- گروگان: یکم ۸٥۸/۳۳٦؛ ۸۷۲/۳۳۷؛ ۱۰٦۸/۳٤٥، ۱۰٦۹، ۱۰۸۳؛ ۱۷٥۰/۸٥۹؛ ۱۷۹٥/۸٦۱؛ دوم ۱٥٦۰/٥٤٤؛ ٤۲۱/٦۳۷. ۳- رونق // ***~ گرفتن:*** یکم ۳۷۸/۷۰٥.

نواختن. تفقّد و ملاطفت کردن: یکم ۲۸۳/۱۰٦؛ ٥۸٦/۳۲٦.

نواز. نوازش، نواختن: دوم ۲۷/۸۰۲.

نوازنده. ۱- نوازش‌کننده: یکم ۷۰٤/۱۲۲. ۲- زننده‌ی ساز: یکم ۱۷٦۷/۳۷۲.

نوآمد. نوزاد، نورسیده: یکم ٥۹۲/۷٤؛ ۲٤۰۱/۳۹۷.

نوان. ۱- نالان، گریان: یکم ٥٤۹/۷۲؛ ٤۹/۹۷؛ ۲٤۱/۱۰٤؛ ۲۳۷/۳۱۲؛ ۱٦٥٤/۳٦۸. ۲- غمخوار // ***~ بودن به مهر از بر کسی:*** یکم ۲۹۳/۱۷۰.

نوآیین. ۱- نو، جدید، تازه، جوان، بدیع، زیبا، شگفت، نوآفرین: یکم ۷۲٤/۷۹، ۹٥۳/۸۸، ۹٥٥؛ ۱۰٥۸/۹۲؛ ۱۲٥۳/۱٤٤؛ ۱۲۹/۱۸۸؛ ۳/۱۹۹؛ ۲٤۷۸/٤۰۰؛ دوم ۱۲٤٥/٥٦٦؛ ۱۳۲٥/۸٥۳ // ***بت ~:*** یکم ۲٤٦/۳۱۲ // ***به کار ~ گرفتن:*** یکم ۱۳۰٥/۱٤٦ // ***روز ~:*** یکم ۲۳۷۳/۳۹٦ // ***شاه ~:*** یکم ۱۲٥۳/۱٤٤؛ ۲٤۹/۳۱۲ // ***کین ~:*** دوم ۳۳٤۷/۱۰۱۰. ۲- دارنده‌ی رسم‌های نو و ناپسند: دوم ٥۸۸/۱٥۸. ۳- نوظهور و بد، بدعت بد، ندیده و نشنیده: دوم ۸۱۸/۱٦۷ // ***بدی‌های ~:*** دوم ۱٦٥/۸۸٥.

نوبت. یکم ۳۸/۹٦؛ ۱۰٤۷/۱۳٦؛ ۱۰۱۹/۳۰۱.

نوبهار. دوم ۱٥/٤۰.

نوتوشه. یکم ۱۲٤٥/٥٦٦.

نوخاسته. تازه به قدرت رسیده: یکم ۷۰٦/۲۸۹.

نوردیدن. (نیز← نوشتن) تا کردن، پیچیدن، لوله کردن (نامه): دوم

۱۷۲/٤٦ // ***بر کسی زمین را بر ~:*** یکم ٤٣٧/٧٠٨ // ***راه ~:*** دوم ٢٥٧٥/٩٨٠.

نورسیده. //~ ***شُبان:*** یکم ٢٤٨٦/٤٠٠.

نوروز. روز نو، زندگی نو: یکم ٥٨٦/١١٨؛ دوم ٣٧٦٠/١٠٢٧، ٣٧٧٢؛ ٤٣٠/١٠٩٨.

نوز. هنوز: یکم ٥٠/٥٣؛ ٩١/٥٤؛ ٣٧٤/٦٥؛ ٧٢/١٨٦؛ ٤٦٣/٤٨٥؛ ١٢٢٣/٨٣٩؛ دوم ١٣٠٢/٩٣٠؛ ٣٧٢٤/١٠٢٥؛ ١٢/١٠٧٥.

نوش. ۱- عسل: یکم ١٩٢/٢٨؛ ٨٥٥/٨٤. ۲- تریاک، پادزهر: یکم ٢٤٦/٢٤٤؛ ٦٢٤/٣٢٧؛ ١٠٩٧/٣٤٦ // ***~ با زهر جفت نیست!:*** یکم ٦٠٠/١١٨ //~ ***جستن و زهر یافتن:*** یکم ٣٢٨/٢٤٧ // ***زیر ~ زهر بودن:*** یکم ٨٥٥/٣٣٦. ۳- خوراک لذیذ و گوارا: یکم ٢٨٥/٤٠؛ دوم ٨٠٥/١٦٧ //~ ***خوردن:*** یکم ٢٨/٢٢. ٤- بانگ نوشانوش // ~ ***خوردن*** شادخواری کردن: دوم ٢٥٥٠/٩٧٩ // ***آواز ~*** بانگ نوشانوش: دوم ٣٨٠٦/٧٧١ // ***آوای ~:*** یکم ٥٩/٢٣ // ***خروشیدن ~:*** یکم ٤٥٤/٢٧٩.

نوشاخ. دوم ٥٨٨/١٥٨.

نَوَشتن. (نیز← نوردیدن) پیچیدن، لوله کردن (نامه): دوم ٢١٩/٤٨؛٢٢٠/٣٨؛ ١٦٤٣/٦٨٦.

نَوَشته. پیچیده: یکم ٩٥٦/٦٧٦، ٩٦٠.

نوش‌دارو. یکم ٩٣٩/٢٩٨.

نوشه. خوراک لذیذ و گوارا، لقمه‌ی چرب: یکم ٥٥٤/٣٢٤؛ ٦٨٧/٦٦٥؛ دوم ١٢٢/٨٠٦، ١٢٤؛ ١٩١٢/٨٧٦؛ ٦٦٧/٩٠٥ // ~ ***خوردن*** خوراک خوشمزه و گوارا خوردن: یکم ٤٥٢/٦٨.

نوشین. شیرین، خوش: یکم ٢٣٧٢/٣٩٦.

نوفیدن. (نوویدن) غریدن، لرزیدن، برآشفتن، به جنبش درآمدن؛ بازگشت صدا؛ شور و غوغا برخاستن: یکم ٧٤٧/٢٢٩؛ ٢١/٢٣٥؛ ٢٥٤/٢٤٥؛ ١١٢٧/٦٨٣؛ ١١٨٠/٦٨٥؛ ٢٧٩/٧٠٢؛ دوم ١٤٨١/٩٨؛ ٤٢٦/٣٥٨ و دیگر.

نوند. ۱- تیزرو، تیزتگ (صفت اسب یا فیل): یکم ٢٧٦/٤٠؛ ٩٥٥/٧٢٨؛ ١٣٢٤/٧٤٣؛ ١٣٩٧/٧٤٥؛ ١٦٢٤/٧٥٤؛ ٢٢٦٥/٧٨٠؛ ٢٣٦٠/٧٨٤؛ دوم ٩٠١/٧٤؛ ٩٧٧/٧٧؛ ١٧٩٩/٣٣٦؛ ٩٦٦/٨٣٩، ٩٧٠ // ***چون ~*** بشتاب: دوم ٦٧٦/٢٩١؛ ٣٣٢/٤٩٦. ۲- پیک، فرستاده: یکم ٦٤٥/٧٦؛ ١٣٣٤/١٤٧؛ ٢١٠٤/٣٨٥؛ ١٢٨/٤٠٨؛ ١١٢٧/٧٣٥؛ ١٤٩٥/٧٤٩؛ ١٤٩٩/٧٥٠؛ ١٠٣٣/٨٣١؛ دوم ١٥٢٣/٥٤٣؛ ١٦٨٣/٥٤٩؛ ٦١٣/٦٤٥ //~ ***برافگندن*** پیک راهی کردن: یکم ١١٦٩/١٤١؛ ٣٧٩/١٧٤؛

۴۳۹/۴۴۰؛ ۱۳۵۵/۷۴۴؛ ۱۰۳۰/۸۳۱؛ دوم ۲۵۷/۲۳۵؛ ۲۳/۱۰٦۸ // ~ ***برون تاختن:*** یکم ۵۰۲/۱۷۸. **۳**- کنایه از شتاب // **چون** ~: یکم ۱۴۱/۳۴؛ ۴۸۳/۴۸. **۴**- کنایه از کشتی: یکم ۳۷۹/۴۳۸ // ***چون*** ~: یکم ۴۵۹/۷۰۹؛ ۲۳۱۱/۷۸۲؛ ۱۲۸۸/۸۴۱؛ دوم ۵۱۱/۵۹. **۵**- صفت پای: یکم ۵/۴۰۳. **٦**- کنایه از پیک تیزرو // **چون *(بسان)*** ~: یکم ۱۷۱/٦۴۵؛ ٦۱۹/٦٦۳.

نونشست. تازه به تخت نشسته، تازه به پادشاهی رسیده: دوم ۴۱۳۷/۷۸۴.

نوّی. نویی // ***به*** ~ **۱**- از نو، دوباره: یکم ۱۳۳٦/۱۴۷؛ ۴۷/۱٦۱؛ ۸۷۰/۲۳۴؛ ۳۷۸/۳۱۷؛ ۵۸٦/۳۲٦؛ ٦۹۴/۳۳۰؛ ۲۰۷۱/۳۸۴؛ ۴۳۵/۴۲۰؛ ۲۲۴/۴۳۱؛ دوم ۱۵۴۹/۱۹٦؛ ۲۴۰/۲۳۴ // ***به*** ~... ***باز:*** یکم ۱۳٦/۱۹٦ // ***به*** ~ ***ز سر:*** یکم ۴۳/۱٦۰؛ ۴۷/۱٦۱؛ ۱۳۳/۱۹٦. **۲**- بتازگی، اخیراً: یکم ۵۳۹/۲۸۲.

نوید. **۱**- مژده، بشارت، خبر خوش: یکم ۵۷۸/۷۳؛ ٦۱۷/۱۱۹؛ ۱۲۵/۱۹٦؛ ۱۲۷/۳۰۸؛ ۴۲٦/۳۱۹ // ~ ***و خرام*** ← خرام و نوید // ***امید کسی*** ~ ***خواستن:*** یکم ۵۸٦/۲۲۲. **۲**- دعوت به مهمانی: دوم ۴۴۴/۱۵۲.

نویدن. زاری کردن، نالیدن، غرغر کردن: یکم ۸۳۴/۱۲۷؛ دوم ۷۵۴/۵۱۲.

نوید و خرام. دوم ۵۹۴/۸۲۴.

نه. پیشوند منفی‌ساز: یکم ٦۷/۱۴ و دیگر.

نهاد. **۱**- بنیاد، اساس // ***فرّخ*** ~: یکم ۱۵۸۱/۳٦۵. **۲**- رسم، روش: یکم ۸۷/۴؛ ۱۰۹/۳۳؛ ۱۲٦۱/۱۴۴؛ ۱۲٦۹/۱۴۵. **۳**- خوی، خصلت، طبع: یکم ۱۲٦۹/۱۴۵؛ ۲٦/۱۸۴؛ ۱۵۵۷/۵۷۸. **۴**- میراث: یکم ۸۸/۴۲٦. **۵**- ابداع، ساخت، ایجاد: یکم ۲۰۳۰/۸۷۰؛ ۲۸۹۱/۹۰۵؛ دوم ۷۲/٦۲۴. **٦**- سازمان و سامان // ~ **سپه:** یکم ۳۳۸/۷۰۴. **۷**- نهادن، انداختن: دوم ۷۳۳/۱۱۱۰. **۸**- بافت، نقش: دوم ۳۵۷۵/۱۰۲۰.

نهادن. **۱**- گذاشتن، قرار دادن: یکم ۱٦۵/۸ و دیگر // ***بر سر*** ~ افزودن: یکم ۳۵۲/۳۱٦ // ***بر آن*** ~ فرض کردن، گرفتن: دوم ۱۰۸۵/۸۴۴؛ ۲۲۴٦/۹٦۷؛ ۴۰٦۲/۱۰۳۹. **۲**- پس‌انداز کردن، اندوختن: یکم ۲۵۲۱/۴۰۲. **۳**- ساختن، ایجاد کردن: یکم ۸۷/۴؛ ۲۵۱٦/۸۹۰؛ دوم ۵۹/۴۱، ٦۰. **۴**- حکم کردن، تعیین نمودن: یکم ۴۸/۳۰۵؛ ۱۱۳۰/۷۳۵؛ ۱۸۱۱/۷٦۲. **۵**- از دست نهادن، ترک کردن: یکم ۲۱۳/۱٦۷. **٦**- نسبت دادن // ***کاری را بر کسی*** ~: یکم ۵۳٦/۷۱۲. **۷**- پنهان کردن: دوم ۱۰۸/۲۴۹.

نهاده. گردکرده، فراهم‌آورده: یکم ۲۵/۵۲.

نهار. کاستی، کاهش، لاغری: یکم ۷۱/٤؛ ۱٤۳۸/۱۵۱؛ ۲۳۱۷/٦۰۸.

نهال. ۱- بستر، تشک: یکم ۱۰۹٦/٦۸۲؛ دوم ۱٤۲۰/۱۹۱؛ ۸۸/۱۰٤٤. ۲- درخت جوان: یکم ۱۲۵۳/۸٤۰؛ دوم ۸۵/٤۲

نهالی. ۱- بستر، تشک: یکم ۲۰٦/٤۱۱؛ دوم ۱۲٤۲/۳۱٤؛ ٤۵۳/۳۹۱؛ ۹٦٦/۵۲۱. ۲- کنایه از بستر مرگ: یکم ۲۱۲۲/۳۸٦؛ ۲٤۲۹/۸۸٦ // ~ ***به دوزخ فرستادن:*** یکم ۱۲۵۳/۸٤۰ (توضیح: نهال نیز می‌توان خواند).

نهان. ۱- ضمیر، خاطر، اندرون، دل، نهاد، باطن: یکم ۱٤۳/۵٦؛ ۳۸۱/٦٦؛ ٦۷۳/۱۲۱؛ ۱۰٤۸/۱۳٦؛ ۱۵۱٤/۱۵٤؛ ۳۷۳/۱۷۳؛ ۲۲۲/۳۱۱؛ ۳۲٤/۳۱۵؛ ۲۰۰۷/۳۸۱؛ ۲۲٤۸/۳۹۱؛ ۸۸٦/۵۰۲؛ ۱۷۰۱/۵۸٤؛ ۱۲۳۸/٦۸۷؛ دوم ۸۵٦/۵۱٦ // ~ ***از اندیشه آزاد کردن:*** یکم ۲۳٦/۳۱۲ // ~ ***گشادن بر کسی:*** یکم ٤۰۷/٦۷ // ***خرّم*** ~: دوم ۳۳۰۰/۱۰۰۹ // ***خسته*** ~: دوم ۱۲۰۱/۹۲٦. ۲- راز: یکم ٦۱/۳۱؛ ۱۵٤/۳۵؛ ۱۳/۵۱؛ ٦۷۹/۷۷؛ ۱۷٦٤/۳۷۲؛ ۲۵۰٦/۸۸۹؛ دوم ٤۷۲/۱۱۹؛ ۹۰۰/۳۰۰؛ ۱٤۸/٤٦۱؛ ۸٦۲/۵۱۷؛ ۲۵٦۷/۹۸۰. ۳- شکم، اندرون: یکم ۱٦۹/۲٦۷. ٤- شکم، رحم: یکم ۵۷۷/۷۳؛ ۲۳۵۷/۳۹۵؛ دوم ۱۰٦/۲٤۳. ۵- پیش خود، با خود: یکم ۷٦۵/۱۲۵. ٦- پنهان، پوشیده، مخفی، در پنهانی، در خفا: یکم ۷٤۸/۳۳۲؛ ۱۸۲۷/۸٦۲؛ دوم ۱۱۰/۱۰٤۵؛ ٤٤۸/۱۰۵۸ // ***اندر (در)*** ~ پنهانی، در خفا: یکم ٦۱/۹۷؛ ٦۰۵/۱۱۹؛ ۱۱٤۰/۱۳۹؛ ۲۱۲/۳۱۱؛ ۱۱۹۲/۳٤۹؛ ۲۱۳۲/۳۸٦؛ ۳۱/٤۲٤. ۷- نابود، سر به نیست، ناپدید: یکم ۱۲٤٦/۱٤٤؛ ۱۹٦/۲۰۷.

نهانی. ۱- پنهانی، در نهان، دور از چشم‌ها: یکم ۲۳۸/۳۱۲؛ ۳۱٦/۳۱۵؛ ۱۰٦/٤۲۷؛ ۱۵۳/٤۲۹؛ ۱۷۳/٤۲۹. ۲- سربسته، مقابل رک و راست: یکم ۹۵۹/۳٤۰.

نهفت. ۱- پوشیدگی، نهفتگی: دوم ۹۰۰/۳۰۰؛ ۵۱٦/۳٦۱؛ ۳٦۱۹/۷٦٤؛ ۳٦٦٤/۷٦٦؛ ٤٤۱/۸۹٦ // ***از*** ~: یکم ۱۵٤/۳۵؛ ٦٤۳/۱۲۰؛ ۸۲٤/۲۹۳؛ ۱۷۳۵/۳۷۱؛ ٤۷٤/٤٤۱ (نیز← شماره‌ی ۳). ۲- پنهان، نهان، پوشیده: دوم ۳٦۳٤/۷٦٤ و دیگر // ***اندر (در)*** ~: یکم ۲۰/۵۲؛ ٤۳٤/۱۱۲؛ ٤۳۳/۳۲۰؛ ۱۹٤۲/۳۷۹؛ ۱۷۵/٤۳۰ // ***اندر ~ کردن:*** یکم ٤۸۸/٤٤۲ // ***سر اندر ~ داشتن*** خود را پنهان کردن: یکم ۳۱/۳۰. ۳- پنهانی، درگوشی:

دوم ٣٥٦٣/٧٦٢. ٤- درون، ضمیر، دل: یکم ٥٨/١٣؛ ٦١/٣١؛ ١٠٤/٥٥؛ ٣٥٥/١٠٩؛ ٥٨٣/٢٨٤؛ ٢٥٦/٣١٣؛ ٤٠٩/٣١٩، ٤١٦؛ ٤٣٧/٣٢٠؛ دوم ٧٤٢/٥١٢؛ ١٠٨٢/٦٦٤؛ ١٢٢٥/٨٤٩. ٥- جای آرامش؛ مسکن، مأوا، منزل، خانه و سرا، اندرونی، شبستان، حرم: یکم ٨٨/٥٤؛ ١٨٢/٥٨؛ ٦٨٤/٧٨؛ ١٨٧/١٠٢؛ ٣٢٥/١٠٨؛ ٧٣/٢٣٧؛ ١٧٦/٢٤١؛ ٢٥٠/٢٧١؛ ٣٩٣/٣١٨؛ ١٨٢/٤٣٠؛ ٢٦٣١/٦٢٠؛ ٧٤/٦٣٤؛ ٢٧٧٨/٩٠٠؛ ٢٩٩٣/٣٦٣؛ دوم ١٤٩٥/١٩٤؛ ١٩٠/٢٣٢؛ ٢٤/٢٦٦؛ ٤٩٢/٥٠٢؛ ٥١٣/٥٠٣؛ ٦٨٢/٥١٠؛ ٧٢١/٥١١؛ ٨٦٦/٥١٧؛ ١٠٣٦/٥٢٣؛ ٧٤١/٦٥٠؛ ١٠٦٢/٦٦٣؛ ٢١٨١/٧٠٧؛ ٢٢٢٠/٧٠٩؛ ٣٦٣٤/٧٦٤؛ ٣٧٠٤/٧٦٧؛ ٣٣٣٠/١٠١٠؛ ٤٦/١٠٤٣ // ~ ***خواستن:*** دوم ٩٥٣/٥٢٠ // ***جای ~*** سرای، مسکن: دوم ١٩١١/٨٧٦. ٦- جای پنهان، گنجینه: یکم ٢٠٣/٤٥٩.

نَهْنَبن. سرپوش دیگ، کوزه، تنور و مانند آن: دوم ٣٥٧٢/٧٦٢ (پیرایش قیاسی).

نهفتن. ١- پوشیدن، پنهان کردن // ~ ***گرفتن:*** یکم ٦٧١/٧٧. ٢- حاشا و کتمان و انکار کردن: یکم ٩٥٦/٣٤٠.

نهفته. ١- پنهانی، در خفا، مخفیانه: یکم ٦٢/٥٣؛ ٧٦٠/٣٣٢. ٢- راز، آنچه پوشیده است: یکم ١٠٤/٥٥؛ ١٤٣/٥٦؛ ٢٧٣/٦٢؛ ٤٠٩/٣١٩. ٣- کنار نهاده، گرد کرده: یکم ١١٣٧/١٣٩؛ ١٢٧١/٣٥٣.

نهفته‌پژوه. جاسوس: دوم ١٠١٩/٧٩.

نَهْمار. بسیار، فراوان، بی‌شمار: یکم ٢٨٥٧/٦٢٩؛ ١٢٢٣/٧٣٩.

نهنگ. کنایه از شمشیر: یکم ١٢٨/٢٥٨؛ دوم ٢٠٠/٢٣٣ // ~ ***بلا:*** یکم ٤٥٤/٢١٧ // ***جنگی*** ~: یکم ٥٦٠/٢٢١.

نهیب. ١- ترس، وحشت، بیم، هراس: یکم ١٨٦/٣٦؛ ٦١٧/٧٥؛ ١١٥٦/١٤٠؛ ٤٩٤/٢١٩؛ ٥٧٠/٢٢٢؛ ١٤٩/٢٤٠؛ ٩١٨/٣٣٩؛ ٢٩٥/٤٣٤؛ ٦٠٤/٧١٤؛ ٥٨٢/٨١٣؛ دوم ١١٢٧/١٧٩؛ ١١١٤/٥٢٦؛ ٣٥٣٨/٧٦١ و دیگر // ***دل و مغز از ~ دریدن:*** یکم ٨١٥/٨٣. ٢- گزند، آسیب، آزار، صدمه، حمله، دستبرد: یکم ١٥١/٧؛ ٢٥٣/٣٩؛ ٢١٨/٢٠٧؛ ٩٨٦/٣٤١؛ ٢٢٢٦/٦٠٤؛ ١٥٨٥/٧٥٣؛ دوم ١٤٥/٤٦١ و دیگر // ~ ***به روی آمدن:*** یکم ٨٩٧/٥٥٢؛ ١٩٥٠/٥٩٣ // ~ ***گرفتن زمانه:*** دوم ٣٥٣٠/٧٦٠. ٣- شدّت و حدّت، زور و فشار: یکم ٢٥٥/٤١٣؛ ٧٨٩/٧٢٢؛ ١٥٦٩/٧٥٢ // ***بر کاری ~ کردن:*** یکم ٨٤٠/٦٧١؛ ١٦٨٢/٧٥٧. ٤- ضرب شست نشان

دادن // ~ ***نمودن:*** دوم ۵۳۶/۳۶۲. ۵- شدت و مهابت و سطوت در تاختن اسب: دوم ۱۳۲/۴۶۰.

نی. نشانه‌ی نفی، نه: یکم ۷۸۲/۱۲۵؛ دوم ۲۴۳/۱۰۹۱.

نی. نام گیاه و نگاره‌ی خشکی و بی‌بری و زودافروزی: یکم ۶۰۷/۲۲۳؛ ۳۵۳/۲۷۵؛ ۶۹۸/۲۸۸؛ ۲۱۵۲/۳۸۷ // ~ ***نیزه:*** دوم ۱۲۷۷/۵۳۳ // ***از سُمب اسپ آتش در ~ زدن:*** دوم ۸۰۸/۸۳۳

نیا. پدربزرگ و کنایه از پیر: یکم ۱۲۶۷/۱۴۵.

نیابت. جانشینی: یکم ۲۸۲/۶۲.

نیاز. ۱- حاجت: یکم ۱۵۰/۷ و دیگر // ***به کام ~ بودن:*** دوم ۳۰۴/۱۱۳ // ***به کسی ~ برداشتن*** حاجت بردن بدو: دوم ۷۱۶/۹۰۷؛ ۲۳۹۰/۹۷۳. ۲- نیازی، گرامی، محبوب: یکم ۵۲۱/۷۱؛ ۹۹۴/۵۰۶؛ ۵۵/۵۱۹؛ دوم ۱۳۸/۳۴۶.

نیاگان. یکم ۵۴۶/۶۶۰.

نیام. ۱- // ***تیغ بخت و وفا را ~ بودن:*** یکم ۷۹۳/۶۷۰. ۲- کنایه از تن: دوم ۲۴۶۳/۷۱۸.

نیایش. عبادت، نماز، سجده، تعظیم: یکم ۱۴۶/۱۰۱؛ ۲۵۲/۲۰۹ و دیگر.

نیران[1]. انیران، سرزمین‌های غیرایرانی (وابسته به ایران): دوم ۷۵۸/۳۱؛ ۹/۲۰۳؛ ۵۲۱/۱۲۱؛ ۵۹۸/۱۵۸؛ ۴۴۲/۴۷۲؛ ۲۳۳۰/۵۷۴؛ ۷۲۳/۸۲۹؛ ۲۶۶/۸۸۹؛ ۴۶۸/۸۹۷؛ ۲۴۵۰/۹۷۵؛ ۲۴۷۵/۹۷۶؛ ۳۱۲۶/۱۰۰۲؛ ۳۲۵۵/۱۰۰۷، ۳۲۶۲؛ ۳۸۲۴/۱۰۲۹؛ ۱۳۹/۱۰۴۶.

نیران[2]. انیران، سیمین روز ماه: دوم ۳۸۹۱/۱۰۳۲؛ ۶۴۸/۱۱۰۷.

نیرنگ. ۱- حیله، مکر، فریب: یکم ۱۸۷/۵۸ و دیگر. ۲- چاره: یکم ۱۶۱/۲۷؛ ۱۱۵/۲۰۳. ۳- سحر، جادو، طلسم: یکم ۳۹۷/۴۴.

نیرنگ‌ساز. طلسم‌ساز: دوم ۱۳۷۷/۹۳۳.

نیرو. // ~ ***کردن*** پایداری کردن: یکم ۹۳۳/۸۷ // ***بر کسی ~ کردن*** بدو زور آوردن: یکم ۱۲۳۴/۵۶۵ // ***به ~*** نیرومند، بانیرو: دوم ۴۱۰/۳۵۷؛ ۵۱۲/۳۶۱.

نبیره. ۱- نوه ۷۶۰/۸۰؛ ۹۶۱/۲۹۹؛ ۱۴۴۲/۳۵۹؛ ۱۴۸۸/۳۶۱. ۲- کنایه از جوان: یکم ۱۲۶۷/۱۴۵.

نیز. ۱- هم، همچنین: یکم ۶/۱؛ دوم ۱۸۹۷/۹۵۳ و دیگر. ۲- دیگر، پس از این: یکم ۱۹۰/۲۰۶؛ ۸۵/۴۷۰؛ ۱۶۹۶/۷۵۷؛ دوم ۳۸۷/۱۶؛ ۴۵۳/۱۹؛ ۶۳۱/۲۶؛ ۹۱/۴۳؛ ۹۶۳/۷۷؛ ۱۶۲۴/۱۹۹؛ ۲۶۵/۶۱۵؛ ۲۸۷/۶۱۶؛ ۱۵۷۷/۶۸۳؛ ۱۶۱۱/۶۸۵؛ ۴۰۸۱/۱۰۳۹ // ~ ***هرگز:*** دوم ۶۴۶/۱۱۰۷. ۳-

هرگز، هیچگاه، هیچ: یکم ۱۴۱۵/۷٤٦، ۱٤۱٦، ۱٤۲۱؛ دوم ۱٤٥/۷؛ ٦۳۰/۲٦؛ ٦٤۲/٦٤؛ ۲٦۰/۱۱۱؛ ۸۷۱/۱٦۹؛ ۱۳۸۹/۸٥٦ و دیگر.

نیزه. // ~ ***بارکش:*** یکم ۲٦۹/٤۱۳ // ~ ***برگاشتن:*** یکم ٤٦۰/٦٥۷ // ~ ***جان‌ربای:*** یکم ۷٥٥/۲۲۹ // ~ ***دراز:*** یکم ۲۹۹/۲٤٦؛ ۳۸۰/۲٥۰؛ ۲۰/۲٥۳؛ ۱۷۸۸/۳۷۳ // ~ ***را جای سندان گزیدن:*** یکم ٤۹۳/۷۱۰ // ***~ها بر زمین سایه‌دار شدن:*** یکم ۲۷٤/۱۷۰ // ***~های دراز:*** یکم ٦۳۱/۸۱٥؛ ۱۰۸٤/۸۳۳ // ***از ~ دیوار کردن:*** یکم ۲۲۱/٦۹۹ // ***به ~ رخ آفتاب را برآوردن:*** یکم ۱۱۱۹/٦۸۲ // ***سر ~ از ابر بگذاشتن:*** دوم ۳۱٤/٥۱ // ***سنان‌دار ~:*** یکم ٤۷٦/۱۷۷؛ ۸۰۱/۲۳۱، ۸۰۸ // ***سر ~ از آفتاب بگذاشتن:*** یکم ۲۳۱/٤۱۲ // ***کوتاه ~:*** یکم ٦٦۹/۲۸۷ // مانند کردن ~ها به نیستان: یکم ۱۹۸/٤۳۰؛ ۲۰۳٥/٥۹۷؛ دوم ۳۱٥/٥۱ // مانند کردن سر ~ به خار و خو: دوم ۱۷۰۸/۹٤٦ // ***مژگان از ~ بازنداشتن:*** یکم ۲٥۸/۲٤٥ // ***نی ~:*** دوم ۱۲۷۷/٥۳۳. **۲**- چوب درفش: یکم ٥۰۹/٥۳۷؛ دوم ٥۲٦/٦۰.

نیزه‌باز. دوم ۸۰۳/۷۰

نیزه‌دار. یکم ٦۲۷/۲۸٥.

نیزه‌داران. کنایه از تازیان: دوم ۲٥۲/۱۰۹۱.

نیزه‌سوار. سوار نیزه‌دار: یکم ۱۹۸۳/۷٦۹.

نیزه‌سواران. تازیان، سواران نیزه‌وران، سواران نیزه‌گزار // ***دشت*** ~ سرزمین اعراب: دوم ۱۳٦/٤٦۰.

نیزه‌گردان. دوم ۲٥۷/٤۹.

نیزه‌گزار. یکم ۷٦/۲٤؛ ۸۹/۲٥٦؛ دوم ۲٥۷/٤۹.

نیزه‌ور. یکم ۲۲۱۰/۳۹۰.

نیزه‌وران. کنایه از تازیان: دوم ۲۲٦/۱۰۹۰.

نیست. عدم، نیستی: یکم ٦۲۰/۱۱۹؛ ۹۸۹/۱۳٤.

نیستان. نیزار: یکم ۱۹۹/٤۳۱؛ ٤۱۰/٤۳۹ // ***شکار ~:*** یکم ٦۲۹/۳۲۷ // نگاره برای نیزه‌های افراشته: یکم ۱۹۸/٤۳۰.

نیستی. فقر، نداری، تهیدستی: یکم ۲۱/٤۲۳؛ دوم ۲٥۳٦/٥۸۳.

نیشتر. دوم ۱۲٦٤/۹۲۸.

نیک. (قید کثرت و تأکید) **۱**- سخت، بسیار، بسی: یکم ٤٦٤/۳۲۱؛ دوم ۹٥۳/۷٦؛ ۲۷۰٦/۷۲۸؛ ۸۷٦/۹۱۳. **۲**- بخوبی، بدرستی: یکم ۷۲٥/۳۳۱. **۳**- اصلاً، هرگز، ابداً: یکم ۱۸۹٥/۳۷۷.

نیک‌اختر. **۱**- نیک‌اختری، سعادت، خوشبختی، خجستگی: یکم

۶۱۸/۳۲۷؛ ۶۷۲/۴۴۹.

نیک‌اختری. فال نیکو، طالع نیک: یکم ۱۱۸۶/۱۴۱ // ~ ***یاد کردن:*** یکم ۱۴۲/۶۹۶.

نیک‌پی. خجسته، میمون، خوشبخت: یکم ۷۶۹/۸۱؛ ۵۰۷/۱۷۹؛ ۴۶۵/۳۲۱؛ ۷۳۸/۳۳۲.

نیک‌خواه. ۱- دوست، خواستار نیکی و خوبی برای کسی: یکم ۱۰۹۵/۳۴۶؛ ۱۳۷۸/۳۵۷؛ ۱۵۲۹/۳۶۳؛ ۱۵۵۷/۳۶۴. ۲- نیک‌خواهی، دوستی: یکم ۱۸۳۶/۳۷۵. ۳- (قید) خیرخواهانه: دوم ۱۶۶۵/۹۴۴.

نیک‌دل. //~ ***گشتن:*** یکم ۹۲/۲۴.

نیکرو. صفت حیوان بارکش: یکم ۱۰/۱۷.

نیک‌ساز. سازگار، صفت باز و شاهین: یکم ۱۳/۱۷؛ دوم ۲۲۲/۴۳۰؛ ۲۴۱۸/۵۷۸؛ ۱۲۶۶/۶۷۱.

نیکو. زیبا، پسندیده: یکم ۱۲۵۶/۳۵۲ // ~ ***گشتن کار:*** دوم ۲۴۴۲/۹۷۵ // ***کار ~ کردن:*** دوم ۲۴۳۷/۹۷۵.

نیک و بد. (نیز← بد و نیک) ۱- خوب و زشت و کنایه از هر کار، هر چیز و هر حال //***از*** ~: یکم ۷۱/۳۰۵ // ***از ~ گفتگوی آوردن. با کسی:*** یکم ۱۴۰/۱۰۰ // ***به ~ روز شمردن:*** یکم ۱۹۹۶/۵۹۵ // ***به هر (در) ~*** در هر کار، در همه احوال: یکم ۱۱۴/۲۵؛ ۲۵۰/۳۹؛ ۱۰۱/۱۶۳؛ ۳۰۰/۲۴۶؛ ۴۱۰/۲۵۱؛ ۹۰۲/۳۳۸؛ ۱۱۹۱/۳۴۹؛ ۱۳۲۶/۳۵۵؛ ۱۹۸۵/۳۸۱؛ دوم ۱۱۳۳/۹۲۳؛ ۲۲۰۰/۹۶۵، ۲۲۰۹. ۲- کمابیش، حدوداً: یکم ۲۰۰۶/۸۶۹

نیکی‌دهش. ۱- نیکی بخشنده، صفت خداوند: یکم ۹۹/۱۰۲؛ ۴۶۸/۴۷؛ ۱۴۳۱/۱۵۱؛ ۱۶۰۲/۳۶۶؛ ۲۸۰/۴۳۴؛ دوم ۲/۱۰۷۹ // ***دادار*** ~: یکم ۱۴۶۲/۱۵۲؛ ۴۰۸/۲۱۵ // ***یزدان*** ~: یکم ۸۳/۹۸؛ ۳۸۲/۴۱۸.

نیکی‌سگال. نیک‌اندیش: یکم ۸۳/۵۴.

نیکی‌شناس. حقشناس: یکم ۴۱/۲۶۲.

نیکی‌گمان. نیک‌اندیش: یکم ۱۴۶۶/۳۶۰ // ***به*** ~: یکم ۳۸/۵۲.

نیل. ماده‌ای آبی‌رنگ ۱- رنگ آبی، لاژورد: یکم ۶۹۴/۲۲۷؛ ۵۱۷/۲۸۱؛ ۱۶۹۵/۳۶۹؛ ۵۴۲/۴۴۴؛ دوم ۱۷۹۶/۹۴۹ // ***بکردار*** ~: یکم ۹۱۶/۷۲۷. ۲- رنگ تیره‌ی سوگواری // ~ ***پراگندن:*** یکم ۵۴۰/۷۲. ۳- نگاره برای تیرگی و گرد و خاک انبوه: یکم ۱۵۸/۱۰۱؛ ۵۸۹/۲۸۴. ۴- رود نیل // ***دریای با موج ~ را آگندن:*** دوم ۱۴۰۸/۱۹۱.

نیم. یکم ۷۸۲/۲۹۲.

نیم‌روز. ۱- ظهر: یکم ۹۸۲/۸۹. ۲- سیستان: یکم ۲۱۵/۱۰۳ و دیگر. ۳- جنوب: یکم ۱۲۷۵/۷۴۱؛ ۳۳۵/۸۰۴؛

۷۹۰/۸۲۲.

نیمه. یکم ۷۸۲/۲۹۲.

نیو. دلیر، پهلوان، جنگی: یکم ۸۵/۲۰۲؛ ۱۴۴/۲۰۵؛ ۱۷۱/۲۰۶؛ ۲۹۴/۲۷۲؛ ۲۹۹/۲۷۳، ۳۰۵؛ ۲۵/۳۰۴؛ ۳۵۲/۴۸۱ و دیگر //~ **گشتن**: یکم ۷۵/۴۲۶.

نیوسوز. گُردکُش: یکم ۱۱۴۰/۷۳۵؛ ۹۲۰/۸۲۷.

نیوشا. شنوا: دوم ۳۳۲۹/۱۰۱۰.

نیوشان. نیوشا، نیوشنده: یکم ۱۴۰/۴۷۲؛ دوم ۲۵۶۰/۷۲۲؛ ۴۱۰۶/۷۸۳.

نیوشنده. شنونده، فرمانبر: دوم ۵۵۶/۱۵۷؛ ۱۹۳۱/۵۵۹؛ ۱۹۰۱/۸۷۶؛ ۱۱۲۱/۹۲۳.

نیوشیدن. شنیدن، به دقت گوش دادن: یکم ۱۸۹۱/۳۷۷؛ ۱۲۹۰/۷۴۱؛ دوم ۷۴۹/۱۶۴؛ ۲۷۸/۲۵۶؛ ۲۲/۴۰۶؛ ۴۴۶۴/۷۹۷؛ ۱۲۵۳/۸۵۰؛ ۴۰۰۰/۱۰۳۶.

و

و. واو عطف **۱**- در معنی با، با وجود، با بودنِ: یکم ۴۴۰/۲۷۸؛ ۹۵۴/۸۲۸. **۲**- واوِ عطف در آغاز مصراع در جلوی اسم، صفت، فعل، قید، عدد...: یکم ۷۳۶/۶۶۷؛ ۹۴۴/۶۷۶؛ ۱۲۰۲/۶۸۶؛ دوم ۵۳/۴۱؛ ۱۸۹/۴۶، ۱۹۱؛ ۲۸۴/۵۰؛ ۲۹۵/۵۱؛ ۳۹۰/۵۴؛ ۴۲۶/۵۶؛ ۴۵۵/۵۷؛ ۵۲۱/۵۹؛ ۹۳۶/۷۶، ۹۳۷، ۹۳۸، ۹۴۱. **۳**- واو عطف در میان مصراع بدون پیوستن به حرف پیشین: یکم ۴۱۶/۷۰۷؛ ۱۹۴۱/۷۶۷؛ دوم ۷۵/۲۴۲.

ـوار[۱]. **۱**- پسوند مانندگی: یکم ۱۴۵/۱۰۱. **۲**- پسوند شایستگی: یکم ۱۸۶/۳۱۰؛ ۴۵۹/۴۴۱.

ـوار[۲]. بار: یکم ۷۹۷/۳۳۴؛ ۱۵۲۵/۳۶۳؛ ۱۶۷۲/۳۶۸؛ دوم ۶۹/۲۲۰ و دیگر // **شتر** ~: دوم ۱۶۴۹/۹۴۳؛ ۳۳۶۴/۱۰۱۱، ۳۳۶۷ و دیگر.

وارونه. **۱**- برعکس، مخالف: یکم ۴۶۵/۱۱۳. **۲**- نامبارک، شوم، منحوس: یکم ۳۶/۱۲؛ ۱۱۳/۲۵؛ ۳۸/۳۰؛ ۲۴۷/۳۹؛ ۴۷۴/۱۱۳؛ دوم ۳۶۲/۱۰۹۵. **۳**- صفت دیو // ***دیو*** ~: دوم ۲۷۳۱/۹۸۶.

واژ. نیایشی که زرتشتیان آهسته خوانند، باژ، زمزمه: یکم ۲۲۰۶/۸۷۷؛ دوم ۱۸۶/۲۷۲؛ ۲۳۹۴/۵۷۷؛ ۵۱۹/۶۴۱؛ ۹۵/۸۰۵؛ ۱۴۴۴/۸۵۸؛ ۶۶۹/۹۰۵؛ ۹۸۵/۹۱۷؛ ۱۴۸۳/۹۳۷؛ ۱۶۰۴/۹۴۲؛ ۱۹۷۳/۹۵۶، ۱۹۷۴؛ ۲۰۷۴/۹۶۰، ۲۰۷۶؛ ۲۰۹۱/۹۶۱؛ ۴۷۱/۱۰۵۹؛ ۵۳۱/۱۱۰۲.

واژگاه. نیایشگاه: دوم ۲۹۴/۴۳۲؛ ۵۲۴/۱۱۰۲.

والا. ارجمند، شریف، بزرگ‌مرتبه: یکم ۴۴۹/۱۷۶؛ ۷۷/۱۸۶؛ ۱۹۲۰/۳۷۸ // ~ ***بودن***: پسندیده و شایسته بودن: دوم ۱۹۳۳/۹۵۵.

ـوان. بان، پسوند نگهداری و نگهبانی: یکم ۴۲۸/۲۱۶ و دیگر // ***ساروان***: دوم ۴۷۴/۱۱۹؛ ۴۷۷/۱۲۰، ۴۷۹ و

دیگر // ***کاروان*** ← ساروان.

وُدیگر. ۱- دوم: یکم ٤۹۷/٤۸؛ ٦٤۰/۷٦ و دیگر. ۲- دوماً: یکم ٦٤٤/۷٦؛ ۵۸۳/۱۱۸ و دیگر.

ـور. پسوند دارندگی: یکم ۸۱/۲٤؛ ۳۸۱/٤٤؛ ۱۹۱/۵۸؛ ٦۰۷/۳۲٦ و دیگر.

ورز. ۱- کشت // ***کشت و*** ~: دوم ۲۵۲۹/۵۸۲، ۲۵۳۲ // ***به ~ آوردن:*** یکم ۱۵/۱۵ // ***گاو ~:*** دوم ۱۸٦۲/۵۵٦. ۲- کار و کوشش: دوم ۱٤۸۸/٦۸۰ // ***بی~ مردم*** مردم بیکار و بی‌کوشش: دوم ۲۵۳۲/۵۸۲.

ورزا. // ***گاو ~*** گاو نر که از او کار کشند: دوم ۱۲۰۱/۵۳۰.

ورزش. ۱- پیشه، کار، کوشش، ورزیدن: یکم ٤٦۰/٤۷؛ دوم ۲٤۷/٤۹۲؛ ۳۸۰/٤۹۸. ۲- کشت زمین: دوم ٤۱۲/٤۹۹، ٤۱۸؛ ۸۸/٦۲٤.

ورزگاه. مزرعه، کشتزار، زمین مزروعی: دوم ۲۵٤۰/۵۸۳.

ورزیدن. ۱- کار کردن، کوشیدن: یکم ۱۳/۱۵؛ ۳۳/۲۲. ۲- کشتن زمین: یکم ۱٦/۱۵؛ ۲۷/۲۲.

وُریب. خمیدگی، انحراف: یکم ٦۹٦/٤۵۰؛ ۷۲/۵۱۹؛ ۱۷٤۷/۷۵۹؛ ۸۲/۷۹٤؛ دوم ۳۵۳۰/۷٦۰.

ـوش. پسوند مانندگی: یکم ٤٤/۱۹۳.

وَشّی. منسوب به شهر وش // ***~ پرند*** پارچه‌ی ابریشمین سرخ‌رنگ و نازک‌بافت وش: یکم ٤۰٦/۱۱۱؛ ۱۱۸۰/۸۳۷؛ دوم ۵۱۰/۱۲۱؛ ۳۸۵٦/۷۷۳.

وعد و وعید. نوید خیر و شر: دوم ۱۷۹/۱۰۸۸.

وفا. مهربانی، پیمان‌داری، داددهی: یکم ۱۲۵۹/۳۵۲؛ ۲۰٤۸/۳۸۳ // ***~ را خواندن:*** یکم ۲٤۸۱/٤۰۰ // ***آسمان ~:*** یکم ۱۹٤/۹ // ***به آب ~ روی کسی شسته شدن:*** یکم ٤۳۱/۲۵۲ // ***درخت ~:*** یکم ٤۷۱/٤۲۱؛ ۹۷٤/٦۷۷؛ ۱۹۳/٦۹۸ // ***شاخ ~ را از بن بکندن:*** دوم ۲٦۳۸/۹۸۲.

وفادار. یکم ۱۳۹/۷، ۱۵٤.

وکیل. یکم ۱۷۹۸/۸٦۱.

ویر. خاطر، حافظه، یاد، هوش: یکم ۵٤۰/۲۸۲؛ دوم ۳۱۷/۳۸۵ // ***تیز ~*** خوش‌حافظه: یکم ۳۲۱/٦۳؛ دوم ۲۲۰/۱٤۳؛ ۱۳۹/۳٤٦؛ ۵٤/۳۷۵؛ ۱٦۹/۳۷۹؛ ۲۵۳/۳۸۳؛ ۱۷۷٤/۵۵۲؛ ۱۸۱۵/۵۵٤؛ ۱۵۱۱/٦۸۱؛ ۲۸۰۳/۷۳۱؛ ۳۳۳۸/۷۵۳، ۳۳٤۵؛ ۳۵۹۹/۷٦۳؛ ۱۳۰۷/۹۳۰؛ ۲۱٤۱/۹٦۳؛ ۳۵٦۳/۱۰۱۹.

ویژگان. نزدیکان، خاصان، نژادگان رده بالا و نزدیکتر به پادشاه: یکم ۸٦۱/۱۲۹؛ ۸٤۳/۲۳۲؛ ۹٦۸/۳٤۱؛ دوم ۱٤۳۹/۹٦؛ ۱٤۷۹/۹۷؛ ٤۵۸/٤۳۹؛ ۵۱۹/۵۰۳ و دیگر.

ویژه. **۱**- قید تأکید ۱- پاک، همه، تمام و کمال، یکسره، بکلّی، یکسر: یکم ۴۹۸/۴۸؛ ۷۴/۹۸؛ ۴۹/۱۶۱؛ ۵۲۲/۱۷۹؛ ۱۹۸۵/۳۸۱؛ ۲۱۹/۴۳۱؛ ۴۹۰/۴۴۲؛ دوم ۲۹۵/۱۱۲؛ ۵/۴۰۵؛ ۳۴۱/۴۳۴؛ ۶/۴۴۹؛ ۱۸۳۰/۵۵۵؛ ۱۹۵۲/۵۵۹؛ ۲۴۱۲/۵۷۸؛ ۲/۵۸۹؛ ۲۶۷/۶۱۵؛ ۶۰۷/۶۴۵؛ ۸۳۶/۶۵۴؛ ۱۶۷۲/۸۶۷؛ ۱۷۶۷/۹۴۸؛ ۲۲۰۹/۹۶۵؛ ۲۲۳۲/۹۶۶؛ ۳۸۹۲/۱۰۳۲؛ ۱۰۴/۱۰۴۵، ۱۰۹؛ ۱۸۳/۱۰۴۸؛ ۵۹۷/۱۰۶۴. ۲- بخصوص، بویژه، خاص، خاصه، مخصوصاً، خصوصاً: یکم ۱۹۸۰/۳۸۰؛ ۲۳۰/۵۲۶؛ دوم ۴۰۰/۳۸۸؛ ۱۶/۴۰۹؛ ۴۰۱/۴۳۷؛ ۸۷۷/۶۵۵؛ ۳۸۱۷/۷۷۱؛ ۱۹۵۰/۹۵۵ // **~تر** خاص‌تر، مهم‌تر: دوم ۱۶۷۲/۸۶۷ // **به ~**: یکم ۵۸۴/۱۱۸؛ دوم ۱۲/۵۹۷؛ ۹۸۱/۶۶۰؛ ۱۸۴۱/۸۷۴ **۲**- سخت، بسیار: دوم ۱۳۱۸/۶۷۳ (توضیح: معانی ۱ و ۲ گاه دقیقاً از یکدیگر جدا نیستند). **۳**- فقط، حتی: یکم ۶۶/۲۵۵؛ دوم ۲۵۴۲/۵۸۳. **٤**- نزدیک، خاص: یکم ۲۷۰/۱۰۵. **۵**- پاک، خالص، بی‌غش // **~ داشتن** پاک کردن، زدودن: دوم ۱۹٤/٤۷ // **~ کردن**: یکم ۱۵۹۹/۱۵۸؛ دوم ۸۵۷/۷۳؛ ۹۱۷/۷۵ // **~ گشتن** پاک شدن: دوم ۸۵۵/۷۲

ویک. وَیحک، خوشا بر تو: یکم ۵/۱۹۹؛ دوم ۲۱۵/۴۹۱؛ ۲۴۴۷/۷۱۸.

ویله. **۱**- گریه و زاری در سوگواری: یکم ۴۰/۱۳، ٤٤. ۲- نعره در نبرد: یکم ۱۸۸/۲۶۸ // **~ کردن**: یکم ۱۹۴۷/۷۶۸؛ دوم ۲۲۸/۱۱۰ // **بانگ ~**: دوم ۳۳۸/۵۲.

ه

هال. آرامش، شکیبایی، صبر: یکم ۲۹۹/۱۰۷؛ ۳۵۲/۱۰۹؛ ۱۳۷۲/۱۴۹؛ ۲۸۸٤/۹۰۵.

هامال. هَمال: دوم ۳۸/٤۰.

هامون. ۱- صاف و هموار، مسطح، دشت: یکم ۷٦۸/۸۱ و فراوان // **دشت ~**: یکم ۱۱۷۳/٦۸۵؛ دوم ۱٤۳/۲۵۰؛ ۳۰۵۹/۹۹۹. ۲- کنایه از گورستان: یکم ۵۵٦/٤۸۹.

های‌های. آوای گریه و زاری: یکم ۹۱۹/۷۲۷.

های(و)هوی. فریاد و غوغا: یکم ۸۷۷/۸۵.

هخته. کشیده // ~ **زهار**: یکم ۱۵۲۸/۷۵۱؛ ٦۳۰/۸۱۵.

هر. هیچ: یکم ۱۵٦/۵۷؛ ۵۳۱/٤٤٤؛ ۳۹۳/۷۰٦ // ~ **آن** هر کس: یکم ۲۸۵/٦۲ // ~ **چون** هر گونه: یکم ۲۰۱۹/۳۸۳ // ~ **یکی**: یکم ٤۸۱/٤۲۲.

هَرّا. گلوله‌ها و زنگوله‌های زرّین و سیمین که از سینه‌ی اسب آویزند: دوم ۲۹٦/۱٤٦؛ ۲۸۲/٤۳۵.

هُرّا. آوای درندگان: یکم ٦۵/۱٤؛ ۲۹٤/۵۲۸؛ ۱۳/٦۳۹.

هر چون. هر گونه: دوم ۲۹۵۹/۹۹۵.

هرزبد. رئیس خواجگان و نگهبانان شبستان: یکم ۱٦۷/۳۰۹؛ ۲٤۳/۳۱۲.

هرکاره. دیگ سنگی: دوم ۷۲۱/۵۱۱، ۷۲۳؛ ۷٤۷/۵۱۲.

هرگز. هیچگاه، ابداً: یکم ۲۳۷/٦۰.

هرمز. ۱- روز نخستین هر ماه: یکم ۵٤/۲۳؛ ۱۵۷۳/۱۵۷؛ ۵٤۳/٦٦۰؛ ٦۵۷/٦٦٤؛ دوم ۳٦۱۵/۱۰۲۱. ۲- اورمزد، اهورامزدا: یکم ۷۳٦/٦٦۷.

هزبر. شیر: یکم ٦۳۹/۷٦؛ ٦۹۵/۷۸؛ ۷۷۱/۸۱؛ ۸۰/٤۰٦؛ ۱۳۱/٤۷۲؛ دوم ۱٦/۱۳۵ // ***مغز و جان ~ تاریک شدن***: یکم ۱۹۲/٤۳۰ // ***هوا چون کام ~ شدن***: یکم ٦٤۷/٤٤۸.

هزمان. هر زمان: یکم ٤۹۹/۷۰؛ ۵۰٤/۲۱۹؛ ۱۳۵/٤۷۲؛ ۷۷۱/٤۹۷؛

۱۷۲/٦۳۷؛ ۵۷۷/٦٦۱؛ ۱۹۱/٦۹۸؛ ۲۲۱٦/۷۷۸؛ دوم ۱۱۳/۵؛ ٤٤۱/۱۸؛ ۵۵٤/٦۱؛ ۱٦۱۲/٦۸۵؛ ۵۰۳/۱۱۰۱.

هزینه. // *سخن با ~ برافشاندن*: دوم ٦۹۱/۲۹.

هُژیر. ۱- (صفت) نیکو، پسندیده، زیبا، خوبچهر: یکم ۷۷/۲۵٦؛ ۹۲۲/۷۳۷؛ ۹۸۳/۷۲۹؛ ۱۹۲۰/۷٦٦؛ دوم ۸۷/٤۲؛ ۱۲٦/٤٤؛ ۱٦۷/٤٦؛ ٤۸۵/۵۸؛ ۵۱٦/۵۹؛ ۵۳۱/٦۰؛ دوم ٦۸۸/۱۱۰۸. ۲- (قید) نیک، خوب، چنانکه باید: یکم ۱۹۲۹/۷٦۷.

هست. ۱- هستی، وجود، آفرینش، بود، بودن: یکم ٦۲۰/۱۱۹؛ ۹۸۹/۱۳٤ // *~ و نیست* وجود و عدم: یکم ۱۷۵۹/۸٦۰. ۲- است به یقین: دوم ۱۳۹/٤۲٦؛ ۱٦۸/٤۲۷؛ ۱۰۲۳/۵۲۳؛ ۱۳۰۷/۵۳٤. ۳- وجود دارد، موجود است، درست است: دوم ۵۱/٤۰۱؛ ۱۰۱/٤۵۹، ۱۰۲؛ ۵۷٦/٤۷۸؛ ۱٦۷۰/٦۸۷ و دیگر.

هستی. ۱- زندگی، حیات: یکم ۱۹۲۹/۳۷۸. ۲- هستی خداوند: یکم ۱۲/۱، ۱۵؛ ۱۱/٤۲۳، ۱٤، ۲۱.

هشتن. (نیز← هلیدن) ۱- گذاشتن، رها کردن، فروگذاشتن، پیروی نکردن، بی‌محل گذاشتن: یکم ٤۳۹/۲۱٦؛ ۱۳۵۵/۳۵٦؛ دوم ۲۹۷/۵۱؛ ۸۸۸/۱۷۰؛ ۳۹۰/٤۳٦؛ ۵۰/٦۰۷. ۲- گذاشتن، روا دیدن: یکم ۲۰۵۹/۸۷۱. ۳- ماندن، گذاشتن، به جای گذاشتن: دوم ۷۲٤/۳۰؛ ۱۸/٤۰؛ ۱۳۷/٤٤؛ ۷۹۸/۷۰؛ ۸۰۹/۷۱؛ ۸۱۷/۷۱؛ ۱۲٦٤/۸۹.

هشیوار. هوشیار: یکم ۱٤۷/۲۷؛ ۵٦۳/۲۸۳؛ ۸۱۷/۲۹۳؛ ۸۹۰/۲۹٦؛ ۳٤۲/۳۱٦؛ ٤۸٦/۳۲۲.

هفت. ۱- هفته: یکم ۲٤۸/۲۰۹؛ دوم ۵۵۰/٦۱. ۲- هفتان، کنایه از هفت سیّاره: یکم ٤٤/۳؛ دوم ۳۱۰۳/۷٤۳.

هفتادکرد. عنوان ترجمه‌ی *تورات* به یونانی: دوم ۲۰۸/٤۲۹.

هفت گرد. کنایه از هفت فلک و هفت سیارَه← گرد.

هفته. هفت: یکم ۲٦۲/۲۷۱؛ ۷۲۸/۳۳۱.

هَلا. (اسم صوت) ای: یکم ۲۲۷۲/۷۸۱؛ دوم ۲۱۲/٤۷؛ ۱۰۱۱/۷۹؛ ٦۳/۱۳۷؛ ۸۲۹/۵۱۵

هلهل. هلاهل: دوم ٦۰۵/۱۰٦۵.

هلیدن. (نیز← هشتن) هشتن، رها کردن، گذاشتن، برجای گذاشتن، فروگذاشتن: دوم ٤۰٤/۵۵؛ ۳۱٦/٦۱۷؛ ۸٦۳/٦۵۵

هم. قید ۱- (قید تأکید) نیز، همچنین: یکم ۳۲۳/۱۷۱؛ ۳۲۷/۱۷۲؛ ۱۳/۱۹۹؛ ۳۳۵/۲۷٤؛ ۲۰۳۳/۳۸۲؛ ۱۲۱۸/۳۵۱؛ ۲٦۲۲/۸۹٤؛ دوم ۵/۱۰۷۹ و دیگر // *بران ~*: دوم ۱۹۹۲/۹۵۷. ۲- (قید حصر) باز هم، معهذا، با وجود این:

یکم ۱۱۸/۲۵؛ ۶۳۹/۷۶؛ ۲۵۱/۲۰۹؛ ۳۵۹/۲۱۳؛ ۸۶۰/۲۹۵؛ ۲۵۴۶/۶۱۷ و دیگر // ~... ~... ۱- (قید برابری و تساوی) چه... چه...، خواه... خواه...، همان... همان...: یکم ۷۶/۱۹۴؛ ۶/۴۰۳. ۲- (قید تأکید به تکرار) با هم، توأمان: یکم ۱۰۳۷/۹۱؛ ۱۰۶۳/۹۲؛ ۷/۹۵، ۹ // ~ **جان**: یکم ۱۴۸۳/۳۶۱ // **بدان** ~: یکم ۱۸۴/۵۸؛ ۴۷۶/۱۱۳ // **بدین** ~: یکم ۱۴۴/۲۵۸ // **به** ~← بهم // **چنین** ~: یکم ۱۰۵۶/۳۴۴.

هَمال. ۱- جفت، یار، انباز: یکم ۵۶۰/۱۱۷؛ ۶۸۲/۱۲۲؛ ۸۴۸/۱۲۸؛ ۱۱۵۳/۱۴۰؛ ۱۳۵۰/۱۴۸؛ دوم ۱۲۲/۲۲۲؛ ۱۸۴۹/۳۳۸ // **به خون با کسی ~ بودن**: دوم ۱۰۸۷/۹۲۱. ۲- همتا، همانند، هم‌شأن: یکم ۲۰۱/۹؛ ۲۲۰/۳۸؛ ۲۵۵/۳۹؛ ۸۳/۵۴؛ ۱۶۵/۵۷؛ ۸۴۸/۱۲۸؛ ۱۲۱۶/۱۴۲؛ ۱۵۶۴/۱۵۶؛ ۱۴/۱۹۹؛ ۶۱۳/۲۲۳؛ ۲۴۶/۲۷۰؛ ۱۴۴/۴۰۸؛ ۳۰۷/۸۰۳؛ ۴۸۷/۸۱۰؛ دوم ۲۳۳/۱۰؛ ۲۸۱/۱۲؛ ۵۳۴/۲۲؛ ۱۱۹/۱۳۹؛ ۶۰۶/۱۵۹؛ ۳۲۵/۲۱۶؛ ۸/۲۶۵؛ ۸۷۷/۲۹۹؛ ۲۴۶/۳۸۲؛ ۱۸/۴۱۸؛ ۵۶۶/۴۴۳؛ ۶۳۲/۴۸۰؛ ۱۰۷۷/۵۲۵؛ ۲۱۵۸/۵۶۸؛ ۲۴۸۰/۵۸۰؛ ۲۵۶۷/۵۸۴؛ ۱۸۳/۶۰۴؛ ۴۳۳۰/۷۹۲؛ ۶۵۹/۸۲۷؛ ۱۲۶۰/۸۵۱؛ ۳۱۷۲/۱۰۰۴؛ ۳۲۶/۱۰۵۴ // **بی** ~ بی‌همتا، بی‌مانند بی‌نظیر، بی‌رقیب: دوم ۷۱/۴؛ ۱۳۵۷/۱۸۹؛ ۳۶۱۴/۱۰۲۱؛ ۳۷۳۶/۱۰۲۶؛ ۱۴۱/۱۰۴۶ // **فرّخ** ~: یکم ۲۱۹۴/۳۸۹ // **نا**~← ناهمال. ۳- رقیب، حریف، دشمن: یکم ۸۵۳/۱۲۸؛ ۳۰/۱۸۴؛ دوم ۱۶۷/۳۷۹؛ ۵۱۱/۳۹۳؛ ۸/۵۹۷؛ ۲۱۲/۸۰۹؛ ۱۲۴۸/۸۵۰.

هُمام. دلیر، شجاع: یکم ۹۴/۹۹؛ دوم ۳۴۷/۱۵.

همان. ۱- (قید) همچنین، همچنان: یکم ۳۶/۵۲؛ ۲۴۲/۶۰؛ ۱۰۰۴/۱۳۴؛ ۱۳۲/۱۸۸؛ ۱۴۲/۲۵۸؛ ۶۷۷/۳۲۹؛ ۱۱۳۳/۳۴۷؛ ۲۰۳۶/۳۸۳؛ ۲۱۶۴/۳۸۸؛ ۳۳۷/۴۱۶، ۳۳۸، ۳۴۱، ۳۵۲؛ ۴۳۲/۴۲۰؛ ۴۵۷/۴۲۱؛ ۲۷۳/۴۳۳؛ ۶۳۳/۴۴۸؛ ۱۱/۷۹۱؛ دوم ۴۱۶۷/۷۸۵؛ ۱۴۶۰/۹۳۶؛ ۱۵۱۶/۹۳۸؛ ۱۹۲۸/۹۵۴؛ ۲۱۶۱/۹۶۳؛ ۲۳۰۹/۹۶۹؛ ۲۳۴۶/۹۷۱؛ ۲۶۵۹/۹۸۳؛ ۲۹۰۲/۹۹۳؛ ۳۵۲۷/۱۰۱۸؛ ۴۰۱۵/۱۰۳۷؛ ۸۷/۱۰۴۴؛ ۱۳۱/۱۰۴۶؛ ۲۰۲/۱۰۴۹ و دیگر // ~... ~...: یکم ۲۱۸۷/۶۰۳ ۱- (قید برابری و تساوی) چه... چه...، خواه... خواه...: یکم ۱۵۳/۷؛ ۳۹۲/۶۶؛ ۵۱۰/۷۱؛ ۹۴۹/۸۸؛ ۱۲۶۷/۱۴۵؛ ۹۳۶/۳۳۹؛ ۱۱۹۷/۳۵۰؛ ۲۴۲۹/۳۹۸؛ دوم ۳۷۸۰/۷۷۰ و دیگر.

۲- (قید تأکید) چه... چه...: یکم ۸۰/۲٤؛ ٦۸۸/۲۸۸. **۲-** در بیان پیش‌شناخت (معهود ذهنی): یکم ۲۳۰/۳۸؛ ۲۳۲/۱۰٤؛ ۱٥۳/۱۸۹؛ ۲/۱۹۱؛ ۲٤۲٤/۳۹۸؛ دوم ۲۲۰/۲٥٤؛ ۳۱۹/٤۹٥؛ ٤۷۲/۸۹۷؛ ۲۱۳۹/۹٦۳؛ ۳٦٥۳/۱۰۲۳ و دیگر (توضیح: معنی **۱** و **۲** همیشه دقیقاً از هم جدا نیستند). **۳-** (قید) نیز، باز، دوباره، از نو: یکم ٤۳/۳۰٤؛ ۳۸٦/٤۱۸؛ ۲۲۲/٤٦۰. **٤-** (قید تأکید) به یقین، همانا، براستی: یکم ٥۳٤/۱۸۰؛ ۲۰۳/۲۰۷؛ ٤/٤۲۳؛ دوم ٥۹۸/٤۷۸؛ ۱۰۹۳/۹۲۲؛ ۲٦۷٤/۹۸٤؛ ۳۳۲۱/۱۰۰۹؛ ۲۱۸/۱۰۹۰. **٥-** (قید استثنا) جز اینکه، مگر اینکه، تنها اینکه: یکم ۳٤۹/۱۰۸؛ دوم ۹٦۲/٦٥۹ // ***~ است:*** یکم ٦۱۰/۱۱۹؛ ۸۰۱/۳۳٤ // ***~ بُد:*** یکم ٦/۱۸۳ // ***~ است که:*** دوم ۱٤٤۲/۱۹۲. **٦-** (قید زمان) در همان زمان، فوراً، بمحض اینکه: یکم ٤٤٥/٤٦؛ ٥۹۱/۷٤؛ دوم ۳۹۱۳/۱۰۳۳. **۷-** هم + آن: یکم ۱۱٦/۲۰۳.

همانا. **۱-** (قید تأکید) قطعاً، یقیناً، بی‌گمان، براستی: یکم ۱۰۱٤/۹۰؛ ۲۸۷/۱۰٦؛ ٦۷۷/۱۲۱؛ ۹٤۹/۱۳۲؛ ۱۰٥۱/۱۳٦؛ ۱۳۸/۱٦٤؛ ۳۱۳/۲۱۱؛ ۳۸/۲۳٦؛ ۸۳٦/۲۹٤؛ ۹۸۲/۲۹۹؛ ۱۷۲٥/۳۷۰؛ ۲۰۲۷/۳۸۲؛ ۲۲۱۲/۳۹۰؛ ۲۳٥٦/۳۹٥، ۲۳٦۰؛ ۲٤۹٥/٤۰۱؛ ۲۳۲/٤۱۲، ۲٤٦؛ ٤٦۹/٤۲۱؛ ٥۲/٤۲٥؛ ۳٥۳/٤۳۷؛ ۱۱۰٤/٥۱۱؛ ۲۷۱٤/٦۲۳؛ ٤۳۱/٦٥٥؛ دوم ٥۱٥/۱۲۱؛ ۲۸٤۹/۹۹۱؛ ۳٤۸٦/۱۰۱٦؛ ٥۱٦/۱۱۰۱ و دیگر. **۲-** (قید ظن و تردید) مانا، گویا، پنداری، ظاهراً، شاید، چنین نماید: یکم ۳۱/۱۸٤؛ ۸۰٦/۲۹۲؛ ۱۹۲۹/۳۷۸؛ ۲۰۲۱/۳۸۲؛ ۲٦٦/٤۱۳؛ ۲۸۸/٤۱٤؛ دوم ٤۷۰/۱٥۳؛ ۱۰۳۷/۱۷٦.

هم‌آواز. یک‌سخن، همرای، متّفق‌القول، هم‌عقیده، یک‌زبان، متحد و پیوسته: یکم ٦۰۰/۷٤؛ ٤۳/۲۳٦؛ دوم ۷۳۸/۳۱؛ ۷۰۹/۳٦۹؛ ۱۱/٤۱۷؛ ٦۱۱/۹۰۳؛ ۳٤۰/۱۰۹٤ // ***~ ره:*** یکم ۹۱/٦٤۲ // ***با راه ~ گشتن:*** یکم ۱۸٦/٦۳۸.

هماورد. **۱-** همنبرد، حریف در نبرد: یکم ۷۷/۱٦۲؛ ۲۹۸/۲۷۳؛ ۲۸٤/٤۳٤. **۲-** همبازی، حریف در بازی: یکم ۱۳۳٥/۳٥٥، ۱۳۳۸؛ ۱۷۷۲/۳۷۲.

همای. **۱-** مرغ سعادت // ***پرِ ~ بر کسی سایه نیفگندن:*** یکم ۹۱۳/۸۷ // ***پَر ~:*** یکم ۱٦۱/٦٤٥ (نیز← فَر) // ***سایه‌ی ~:*** دوم ۸٥۷/۷۳. **۲-** کنایه از پرچم ایران: یکم ۹٤۷/۲۹۸.

هم‌ایدر. هم‌اینک، هم‌اکنون: یکم ۱٤۳/۱۸۸.

همایون. خجسته، مبارک، میمون: یکم

۱/۱۸۳؛ ۸٦/۲۰۲؛ ۱۱۷/۲۰۳ // ***درفش*** ~ ← درفش[1].

همباز. انباز، جفت، یار، همسر: یکم ۱۸۷۲/۵۹۰؛ دوم ۵۸۹/۱۲٤؛ ۲۸٦/۲۷٦؛ ۵۹۰/۳۹٦؛ ۵/٤۰۵؛ ۱۵۵/٦۱۱؛ ۱۱۰۷/٦٦۵؛ ۱۲۳۷/٦۷۰؛ ۱٤۰٦/٦۷٦؛ ۲۲٦۱/۷۱۰؛ ۲۳۸۷/۷۱۵؛ ۲۹٤۰/۷۳۷؛ ۳٦٤۰/۷٦۵؛ ۳۸۸/۸۱٦؛ ۹۳۲/۸۳۸؛ ۱۸۳۱/۸۷۳؛ ۱۷۲۱/۹٤٦؛ ۲٤۰۳/۹۷۳؛ ۲۸۸٦/۹۹۲؛ ۳۲۵۵/۱۰۰۷.

هم‌بوی. // ***با کسی ~ شدن:*** دوم ۳٦۳۷/۱۰۲۲.

هم‌پشت. متحد: دوم ۳۸۹۸/۱۰۳۲.

هم‌پوست. یار، یکدل // ***با کسی ز ~ بودن (شدن، گشتن)*** با او یکی (خویشاوند) بودن: دوم ۸۸۵/۳۰۰؛ ۷/٤۱۷؛ ۳۸۹/۱۰۹٦ // ***ز ~ بودن:*** یکم ۱٤۰/۷.

هم‌خون. یکم ۷۵/٤۷۰.

همداستان. // ***~ بودن*** ۱- همرای و موافق بودن: یکم ۱۹٤/۳۷، ۱۹۷؛ ۹۸/۹۹؛ ۳۱۲/۱۰۷؛ ۵٤٤/۱۱٦؛ ۱۱۵۳/۱٤۰؛ ٦٦/۱۸۵؛ ۷۸۸/۳۳٤؛ ۱۱٤۷/۳٤۸؛ ۱٤۸۱/۳٦۱؛ ۵۲۵/٤٤۳؛ ۳۲۵/٤۸۰؛ ٦۰٦/٤۹۱؛ ۹۸۲/٦۷۷؛ ۱۳۰۹/۷٤۲؛ ۲۲۲٤/۷۷۹؛ ۲٦۸۱/۸۹٦؛ دوم ۸۹/٤۲؛ ۹۵۸/۷۷؛ ۲۷۱/۱٤۵؛ ۲۲۰۲/۹٦۵؛ ۳۰٦۲/۹۹۹؛ ۳۷۸٦/۱۰۲۸؛ ۳۹۸۱/۱۰۳۵؛ ٤٤٤/۱۰۵۸. ۲- راضی و قانع بودن، مجاب شدن: یکم ٦۸/۲۰۲؛ ٤۱۹/۳۱۹ // ***~ شدن (گشتن):*** یکم ۱۱۷/۲۵؛ ۷۱۱/۱۲۳؛ ۵۸۵/۳۲٦؛ ۱۳۵۰/۳۵٦؛ ۲۱۹۷/۳۸۹؛ ٤۱۰/٤۱۹؛ ۳۲۷/٤۳٦؛ ۵۸٤/٤٤٦؛ دوم ۵۳۰/۱۰٦۲.

همداستانی. موافقت، رضایت: دوم ۱۳۳۹/۹۳۱ // ***~ کردن*** رضا دادن، موافقت نمودن: یکم ۵۰٤/۷۰؛ دوم ۳۸۲٤/۱۰۲۹؛ ۷۰/۱۰٤٤.

همره. // ***~ کردن:*** یکم ۵/۲۵۳.

همراهان. همدلان و هم‌سفران در این جهان: یکم ۹۸۰/۲۹۹.

هم‌زوان. همرای، متّفق: یکم ۱۱/۱۸۳؛ دوم ۱۱٤۷/۹۲٤؛ ۳۸۹۸/۱۰۳۲.

همسایه. همشهری: دوم ۱۸۱۲/۸۷۲؛ ۱۸۱۸/۸۷۳، ۱۸۲۸، ۱۸۳۵.

هم‌سخن. هم‌قول، هم‌نظر: یکم ۲٦/۲۵٤؛ ۵۸۵/٤٤٦.

همشیره. ۱- همسال: یکم ۱۰۵/۲٦۵. ۲- برادر: دوم ۳۵۲۱/۱۰۱۷.

هم‌کنون. هم‌اکنون: یکم ۷۹٤/۱۲٦.

هم‌کوشه. ۱- یار، یاور: دوم ۲٦۱۳/۷۲٤. ۲- همنشین، هم‌سخن: دوم ۲٦۱۳/۷۲٤..

همگروه. ۱- متّفقاً، باهم، دسته‌جمعی: یکم ٤۳٤/٤٦؛ ۵٦۱/۱۱۷؛ ۷۲/۱۹٤؛ ٤۷۷/۳۲۱ // ***~ شدن:*** یکم ۹۱٤/۱۳۱.

۲- متّفق، پشتیبان یکدیگر: یکم ۱۵۰/۱۸۹.

همگنان. همه، همگان، همگی، همه کسان: یکم ۳۲/۲۲؛ ۱۱۷/۵۵؛ دوم ۲۹۰۹/۹۹۳.

هم‌گوشه. ۱- از یک ریشه، از یک اصل و تخمه: دوم ۵۷/۴۲۳. ۲- برابر، یکسان: دوم ۴۶۸/۴۳۹.

هم‌گوهر. هم‌تخمه، هم‌نژاد: دوم ۲۸۵۸/۷۳۴ // ***با کسی ز ~ بودن*** با او از یک نژاد و تخمه بودن: دوم ۵۶/۴۲۳.

هم‌نژاده. هم‌نژاد: دوم ۳۱۰۹/۷۴۴.

هم‌نشان.← نشان، شماره‌ی ۸

همنورد. همراه: یکم ۱۰۶/۵.

همواره. دوم ۳۲۳۲/۱۰۰۶.

همه. ۱- (شناسه‌ی نامعین) همه کس: یکم ۱۹۳/۹؛ ۲۱۴/۳۷ و دیگر. ۲- (اسم) تمام، کل، مجموع: یکم ۵۳/۳؛ ۹۹/۵ و دیگر. ۳- (قید تأکید به تصدیق با فعل مثبت) سراسر، یکسر، پاک، تماماً، فقط، تنها: یکم ۱۰۶/۵؛ ۵٤/۱۳؛ ۹۹٦/۱۳٤؛ ۱۲۱۹/۱٤۳؛ ۵۵۲/۲۲۱؛ ۵۰۸/۲۸۱؛ ۱٦۵/۳۰۹؛ ۳۷۹/٤۱۸؛ دوم ۳۱۹/٤۹۵؛ ۲۵۰۱/۹۷۷؛ ۲٦۷۸/۹۸٤؛ ۳۹۳۷/۱۰۳٤ و دیگر // ***~ پاک:*** یکم ۱٦۹۱/۷۵۷، ۱٦۹۱، ۱۷۰۲؛ دوم ۳۰٤۸/۹۹۹. ٤- (قید تأکید به انکار با فعل منفی) اصلاً، ابداً، هرگز: یکم ۳۵٦/۳۱۷.

همی. ۱- بر فعل مضارع: یکم ۱٤٤/۳۵. ۲- نشانه‌ی پرسش: یکم ٦۱۱/۲۸۵.

همیدون. ۱- همچنین: یکم ۷۹/۳۲؛ ۲۲۵/۳۸؛ ۳۰٦/٤۱؛ ۳۹٦/٤٤؛ ۸۳۹/۸٤؛ ۵۷٦/۲۲۲؛ ۵۲٦/٦۵۹؛ ۱۱۵۱/۷۳٦؛ ۱۱۷۱/۷۳۷، ۱۱۷۳؛ ۱۲۳۸/۷۳۹؛ ۱۲۹۹/۷٤۲؛ ۱٤۱۳/۷٤٦؛ ۱۵۱۲/۷۵۰؛ ۱۵٤۸/۷۵۱؛ دوم ۱٦٦۹/۲۰۱؛ ۲۸۵۵/۷۳٤ و دیگر. ۲- بدینسان، همینگونه: یکم ۱۲۸/۲٦؛ ٤٤۹/٤٦؛ ٤۵۰/۱۷٦؛ ۱۷۹/۲۰٦؛ ۱۱۳۹/۷۳۵. ۳- همان‌دم، زود: یکم ۲٦۳/۳۹؛ ۱۵٤۲/۷۵۱.

هَمیمال. دشمن: دوم ۸۱۸/۷۱

همین. // ***~... و ~...*** (قید تأکید به تکرار) در بیان معهود ذهنی: دوم ٤۱۱۵/۷۸۳.

هنجار. راه و روش: دوم ۱٤۸۲/۸۵۹.

هَند. هستند، اند: یکم ۱۰۰/۵۵؛ دوم ۵۷۳/۱۲۳؛ ٤۱۷/۱۰۹۷.

هندسه. دوم ۷۷/٤۵۸.

هندسی. مهندس، معمار: یکم ۳۸/۲۲؛ دوم ٤٤۱/۲۸۲؛ ۹۵/٤۰۳؛ ۳۷۰۳/۱۰۲۵ // ***مردم ~:*** دوم ۷۰/٤۵۸.

هندی. // ***~ درای:*** یکم ۱۵۹/۱۰۱؛ ۱۲۹۵/۱٤٦ و دیگر.

هنر. ۱- دانایی، توانایی، کاردانی،

قابلیّت: یکم ۵۸/۳؛ ۳٤۱/٤۲؛ ۲٤۰/٦۰؛ ۳۳۳/٦٤؛ ۱۰۳٤/۹۱؛ ۳۵۳/٤۱٦، ۳۵٤؛ ۱۵۰/٤۲۹؛ ٤/٤۵۱، ۵، ۸ و دیگر // *~ از دل شستن:* یکم ۲۳۷/۷۰۰ // *~ بر زبان رهنمای آوردن:* دوم ۱٤۱۵/۹۵ // *~ بر جای خود دلیری است!:* یکم ۲۵۸/٦۱ // *~ بیرون آوردن:* یکم ٤۵/۱۹ // *~ در ~:* یکم ٦۲۵/۱۱۹ // *برفروختن ~:* یکم ۱۷۷٦/۳۷۲ // *گذر کردن ~ بر گهر:* یکم ۱۷۷۸/۳۷۲. ۲- فن، علم، دانش، صنعت: یکم ۳۹/۱۸؛ ٤۵/۱۹؛ ٤۷/۲۳، ٦٦؛ ۷۲/۲٤. ۳- نجابت، عفاف، تقوی، پاکدامنی، پارسایی، پرهیزگاری: یکم ٤/۲۹؛ دوم ۵۵٦/۱۰٦۳ // *بد~* ناپارسا، بی‌فضیلت: دوم ۲٤٤۷/۹۷۵، ۲٤۵۱. ٤- به همه‌ی معانی بالا: یکم ۵۹۹/۷٤.

هنرمند. ۱- دانا، توانا، کاردان، شایسته، قابل، لایق: یکم ۳۵۳/٤۱٦ و دیگر. ۲- نجیب، عفیف، متّقی، پاکدامن، پارسا، پرهیزگار: یکم ۵۸۵/۷٤؛ ٦۸۳/۱۲۲.

هَنُز. هنوز: دوم ٦۰۷/٤٤۵.

هنگ[1]. ۱- زور، قصد، آهنگ، اراده: یکم ٤۱/۱۹۳. ۲- وزن، سنگ: دوم ٤۰/٤۱۰؛ ۲۰۹۳/۵٦۵ // *با ~* وزین، معتبر، باوقار: دوم ۱٤٦/٤٦۱؛ ۲٤٦/٤٦۵. ۳- استعداد، قابلیّت: دوم ٤۰٦/۳۸۹؛ ٤۲۲۲/۷۸۷؛ ٤- غار: یکم ۲۲۲٦/۸۷۸، ۲۲۲۷؛ ۲۲٤٦/۸۷۹، ۲۲٤۹؛ ۲۲۵۳/۸۷۹؛ ۲۲۸٦/۸۸۰، ۲۲۸۷، ۲۲۸۸.

هنگ[2]. کوتاه‌شده‌ی بالهنگ // *~ کسی را به گردن پیمودن:* یکم ۲۱۲/۲٤۳.

هنگام. وقت مناسب: دوم ۱۷۸۹/۹٤۹؛ ۲٤۰۷/۹۷۳ // *~ جستن:* یکم ۱۳۹/۱٦٤ // *به ~* بموقع، در وقت خود: یکم ۸۱٤/۲۹۳؛ دوم ۳۵۲۸/۱۰۱۸.

هنگام‌جوی. وقت‌شناس: دوم ۳۹۵۸/۷۷۷.

هنگامه. هنگام، وقت: یکم ۵۷۹/۷۳؛ ۷۲/۱۸٦؛ ۱٦۹۲/۳٦۹؛ دوم ۲۷٦۱/۹۸۷.

هوا. ۱- هوی، میل، آرزو، خواست، خواهش دل، عشق: یکم ٤۹۹/۱۱٤؛ ۱۱٤۵/۱٤۰؛ ۱٤۱٤/۱۵۰؛ ۱۰٦/۲۳۹؛ ۷۷/۲٦٤؛ ٦۲/٦۳۳، ٦٤؛ ۸۰٦/٦۷۰؛ ۲٤۷۸/۸۸۸ و دیگر // *~ را از کسی برگزیدن:* دوم ۱٦۳٦/۹٤۳ // *~ را خواندن و خرد را راندن:* دوم ۱٦٦۹/۹٤٤ // *~ را به زیر آوردن:* یکم ۸۰۷/٦۷۰. ۲- یکی از چهار عنصر، فضای بالای زمین: یکم ٦۲/٦۳۳ // *~ از نیزه در کمین ماندن:* یکم ۸٤/٤۰٦ // *~ چون کام*

هزبر شدن: یکم ۳۰۷۱/۹۱۲ // ~ ***را بستن***: یکم ۲۲۱٤/۳۹۰.

هوازی. ناگهان: دوم ٤۸٤/۵۸؛ ۸٦۸/۷۳

هوخت‌کنگ. یکم ۳۱۱/٤۱؛ ۹۵۹/۸۸؛ ۹٦۷/۸۹.

هودج. کجاوه: یکم ۱٤۲۹/۱۵۱؛ ۵۵۵/۲۸۳.

هور. ۱- خورشید: یکم ۷۹/۲٦٤؛ ۲٤٦۳/۳۹۹ و دیگر // ***از ~ و ماه بیزار بودن***: یکم ۱۰۲۹/۵۵۷ // ***برگشتن ~*** غروب کردن: یکم ٦۳٤/٦٦۳ // ***ستاره فراوان نتابد چو ~***: یکم ۱۱٦۸/٦۸٤ // ***گردش ~ دادن کسی را***: یکم ۳۸۲/٤۱۸ // ***گردیدن سر ~***: یکم ۱۰۳٤/٦۷۹. ۲- کنایه از بخت: یکم ۹۲۱/۷۲۷.

هوش. ۱- جان: یکم ٤۵۲/۱۷٦؛ ۲۱۹/۲۰۷؛ ۸۷/۲۵٦؛ ۱۱٤/۳۰۷؛ ۱۷٦۰/۵۸٦؛ ۸۰۲/۷۲۲؛ دوم ۱۱۰۰/۱۷۸؛ ۹/۲۱۷؛ ۵/٤۵۵؛ ۱۸۰۳/۸۷۲، ۱۸۰۹، ۱۸۱۲ // ~ ***برآمدن*** جان سپردن: یکم ۱۰۰/۳۳؛ ۸۱٤/۲۹۳؛ ٦۵۹/۷۱۷؛ دوم ۵۰/۱۳۷ // ~ ***برآوردن*** جان دادن: یکم ٤۵۲/۱۷٦؛ ۷۰/٦۳۳؛ ۱۵۵٤/۷۵۲ // ~ ***خود (خویش) را بر دوش (خویش) نهادن***: دوم ۵۰٦/۱۲۱؛ ۱۹۰/۱٤۲؛ ۱۸۸۵/۹۵۳. ۲- مرگ: یکم ٦۷/۳۲؛ ۳۵۲/٤۳؛ ٦٦۵/۸۱۷؛ دوم ۲۲۵/٤۸؛ ٦٤/۱۳۷، ٦٦؛ ۱۲۹۹/۱۸٦؛ ۱۵۷٤/۱۹۷؛ ۳۲۲/٤٦۸ // ~ ***کسی زیر دست کسی بودن***: یکم ۸۱٦/۲۹۳. ۳- فهم، شعور، خردمندی، زیرکی، ذکاوت: یکم ۵٤/۱۳؛ ٤۳۲/۲۱٦؛ ۱۷٦۱/۳۷۲؛ ۲۱۹۸/۳۸۹؛ ۲۳۹۲/۳۹۷؛ ۱۳٦٦/۵۷۰؛ دوم ۱۰۸۵/۸۲؛ ۳۱۰۱/۷٤۳ و دیگر // ***دل و ~ گرد آمدن کسی را***: یکم ۱۰۵/٤۲۷. ٤- آگاهی، بیداری: یکم ۱۰۳/۳۳.

هوشمندان. هوشمندانه: یکم ۱۲۷۳/۳۵۳.

هوش‌ور. یکم ۵۷/٦۹۳.

هول. ۱- ترس، بیم، هیبت: یکم ۱۷٤/۲۸؛ ۸۳/۳۲؛ ۷۱٤/۷۹؛ ۱۲۱/۱۰۰؛ ۲۵۹۱/٦۱۹ // ~ ***نشیب را از فراز دیدن***: یکم ٦۲۳/۷۵. ۲- ترسناک، هولناک، وحشتناک: یکم ۸۱۱/۸۳؛ ۲۳۳۵/۳۹٤ // ~ ***جای***: یکم ٤۷۵/۲۱۸.

هوی‌هوی. ۱- های‌های، گریه و زاری: یکم ۵٤۷/۷۲؛ ٤۵۹/۱۷۷؛ دوم ۳۱۳/۲۵۷. ۲- های و هوی، هیاهو، همهمه: یکم ۸۷٤/٦۷۳.

هیچ. (نیز← ایچ) ۱- (قید تأکید در نفی) هرگز، اصلاً، ابداً: یکم ۵۳۰/۱۱٦؛ ٦٤۷/۱۲۰؛ ٦۹٤/۱۲۲، ٦۹۷؛ ۲۰۲۰/۳۸۲؛ دوم ٤۳٦۰/۷۹۳ و

دیگر. ۲- (قید تأکید در اثبات) اندکی، کمی: یکم ۱٤۰/۱۰۰؛ ٤٤۷/۱۱۲؛ ۷۰/۲۰۲؛ ۲۰۳۳/۳۸۲؛ ۲٤٥٥/۳۹۹؛ دوم ۸٤٦/۲۹۸؛ ۱۲٤٥/۳۱٤؛ ۱٥۷٦/۳۲۷؛ ۲۰٤/٤۲۹؛ ٦٤٤/٦٤٦؛ ٥۰۳/۸۲۱؛ ۱۸۲۱/۹٥۰؛ ۲۲۰۱/۹٦٥؛ ۲۸۱۸/۹۸۹؛ ۲۹٤/۱۰٥۲؛ ۱۸/۱۰٦۸.

هید. اید، هستید: دوم ٤٥٤/۳۹۱.

هیربد. ۱- نگهبان آتش: یکم ۲۸۳۱/۹۰۲؛ دوم ۱۸٦۱/٥٥٦؛ ۱٦۰٥/۹٤۲، ۱٦۰۷.

هیکل. //~ **بستن:** دوم ۱۷/٤۰.

هین. (از اصوات) بشتاب! آگاه باش!: یکم ٦٤۰/۲۸٦؛ ۱٦۸/٤۷۳؛ ۲۱۳۱/٦۰۰؛ دوم ۷۱۸/٦۷؛ ۱۹٤۸/٥٥۹.

هیون. شتر تیزرو، جمازه: یکم ٤۷٥/٤۷؛ ۳۰۷/٦۳؛ ۸۷۰/۱۲۹؛ ۱۳۳/۱٦٤؛ ٥۷/۲۰۱؛ ٤٥۹/۲۷۹؛ ٤۷۰/۳۲۱ و دیگر // ~ ***برافگندن*** فرستادن پیک: یکم ۱۳۳/۱٦٤؛ ٦۳۹/۳۲۸؛ ۱۲۲۳/٥۱٥؛ دوم ٤٦/۱۰٦۹ // ~ ***برانگیختن:*** یکم ۱٤۹٥/۱٥۳؛ ٦٤۳/۳۲۸ // ~ ***(برون) تاختن:*** یکم ٦۹/۱۸٦؛ ٦۲/۲۰۱ // ~ ***فرستادن:*** یکم ۳۷۱/۱۷۳؛ ۲۰۳۳/۳۸۲ و دیگر.

ی

ی. ۱- یای نکره در پایان اسم: یکم ۱/۳۰۳ و فراوان. **۲**- یای بیان تقریب ۱- در پایان فعل: یکم ۷۹/۲۴. ۲- بر پایان اسم: یکم ۱۱۸٤/۱٤۱؛ ۲۰/۲٦۱؛ ۲۱۷۸/۳۸۸. **۳**- یای نکره در پایان مصدر: دوم ٤۱۳۸/۷۸٤. **٤**- یای بیان استمرار: یکم ۱۰۳۹/۱۳٦ و دیگر. **۵**- یای وجه شرطی: یکم ۷۷۳/۸۱؛ ۸۱۲/۸۳؛ دوم ۱۱۸۸/۹۲۵ و دیگر. **٦**- یای گزارش خواب: یکم ٤٤/۳۱، ٤۷-۵۰؛ ۹٤/۹۹، ۹۵، ۱۰۵، ۱۰٦، ۱۰۸؛ ۷۱۸/۳۳۱، ۷۱۹، ۷۲۳-۷۳۰؛ ۲۰۹۳/۳۸۵، ۲۰۹۵، ۲۰۹۷؛ دوم ۲۳۹/۱۰، ۲٤۰، ۲٤۳. **۷**- یای سازنده‌ی قید از مصدر: یکم ٦۹۳/۲۲۷. **۸**- یای بیان مبالغه: یکم ۹۳/۳۰٦ و دیگر. **۹**- حذف ی ۱- حذف یای نکره: یکم ٦۸۲/۷۷؛ ٦۸۲/۲۸۸ و دیگر. ۲- حذف یای نسبت: یکم ۱۳۰٦/۱٤٦. **۱۰**- در بیان خوارداشت: یکم ۱۳۷۸/۷٤۵؛ دوم ۹۸۵/۱۷٤. **۱۱**- در بیان بزرگداشت: دوم ۹۸۷/۱۷٤.

یابنده. دریابنده، هوشمند: دوم ٤۲۱/٤۹۹.

یاختن. (نیز← یازیدن) یازیدن، آهنگ کردن، قصد کردن، روی نمودن // ***دست (بر)*** ~ دست دراز کردن: یکم ۱٦۷٤/۳٦۸؛ دوم ۵۷۹/٤٤٤؛ ۲۳۹۱/۷۱۵؛ ۲۵۰۵/۷۲۰؛ ٤۱۱٤/۷۸۳؛ ۷۲/۸۰٤؛ ۱٤۵/۸۰۷؛ ۱۹۰۰/۸۷٦؛ ۱۳۸۲/۹۳۳؛ ۱٤۳٦/۹۳۵.

یاد. ذکر، سخن: دوم ۲۰/۲۲٦ // ~ ***آمدن*** اندیشیدن، از خاطر گذشتن: یکم ۲٦۰/۳۱۳ // ~ ***برداشتن*** نقل کردن، یاد آوردن: یکم ۱۰/۲٦۱ // ~ ***داشتن*** بکار بستن: یکم ۲۰٦/٤۳۱ // ~ ***کردن*** ۱- بر زبان راندن، بیان کردن، گفتن: یکم ۳٦۵/٦۵؛ ٤۸/۹۷؛ ۵۹۸/۲۲۳؛ ۳۸۲/۳۱۸. ۲- خواندن، احضار کردن: یکم ۲۸٤/۱۷۰. ۳- اندیشیدن: یکم ۲۹۷/۲٤٦؛ ۳۷٦/۳۱۷.

۴- نوحه و زاری کردن: یکم ۴۵۰/۵۳۴ // ~ **گرفتن** ۱- بخاطر آوردن، ذکر کردن: یکم ۳۲۱/۲۷۴. ۲- اندیشیدن: یکم ۳۵۷/۲۴۹ // **به ~ آمدن** نیازمند بودن، بکار آمدن: یکم ۹۴/۲۰۳؛ ۱۴۰/۲۰۴.

یادپاک. صاحب ذکر خیر و ذکر جمیل، گرامی‌یاد، مرحوم، آمرزیده: دوم ۹۳۰/۶۵۷.

یادزد. یادکرد: دوم ۶۱/۲۶۷.

یادکرد. ۱- نوحه‌خوانی: یکم ۲۶/۴۰۴؛ ۱۲۱۲/۵۱۵؛ ۵۷۹/۶۶۱. ۲- یاد، ذکر، تعریف، ستایش: دوم ۴۱۶/۱۸؛ ۶۹۴/۲۹؛ ۶۳۴/۲۹۰؛ ۲۶۰۷/۷۲۴. ۳- ارمغان، تحفه، هدیه: دوم ۱۷۶۶/۶۹۱.

یادگار. ۱- تحفه، ارمغان: دوم ۲۲۵۳/۹۶۷؛ ۲۶۵۹/۹۸۳؛ ۳۰۳/۱۰۵۳. ۲- اثر، آنچه از کسی برجای ماند: دوم ۲۸۹/۱۰۵۲.

یادگیر. ۱- تیزهوش، هوشمند: دوم ۱۷۳/۸؛ ۶۶۶/۲۸؛ ۲۹۷/۲۷۶؛ ۳۰۷/۲۷۷؛ ۶۹۰/۲۹۲؛ ۸۷۰/۲۹۹؛ ۱۲۶/۳۴۶، ۱۴۶؛ ۶۸۹/۳۶۸؛ ۳۳۶/۳۸۶؛ ۳۳/۴۰۰؛ ۷۸/۴۰۲؛ ۱۷۳۰/۵۵۱؛ ۱۰۷۹/۶۶۳؛ ۴۰۵۹/۷۸۱؛ ۳۵۰/۸۱۵؛ ۵۲۷/۸۲۲؛ ۳۱۵۹/۱۰۰۳؛ ۳۲۴۹/۱۰۰۷؛ ۳۴/۱۰۶۸. ۲- آموزنده: دوم ۲۵۶۸/۷۲۲؛ ۳۹۷۳/۷۷۸. ۳- افسانه‌سرا: دوم ۴۱/۱۰۶۸. ۴- یادگیری، تیزهوشی: دوم ۳۳۸۹/۷۵۵؛ ۳۹۷۲/۷۷۸.

یار. ۱- دوست // ~ ***بودن با کسی به نیک و بد***: یکم ۹۳۱/۸۷. ۲- حریف، همتا: یکم ۱۸۲۲/۳۷۴. ۳- مانند، همتا // ***بی~ و جفت***: یکم ۲۴۶۸/۴۰۰.

یارستن. توانستن، تاب و توان داشتن، جرئت و تهوّر داشتن: یکم ۵۰/۹۷؛ ۵/۱۸۳؛ ۴۳/۲۰۱؛ ۲۸۶/۲۱۰؛ ۳۴۱/۲۱۳؛ ۱۳۹۲/۷۴۵؛ دوم ۱۱۸۷/۵۲۹؛ ۲۹۹۰/۷۳۹؛ ۳۲۴۹/۷۴۹؛ ۳۳۲۲/۷۵۲؛ ۴۰۳۳/۱۰۳۸، ۴۰۳۵ و دیگر.

یارمند. یکم ۸۹/۶۴۲

یارمندی. یاری، یاوری، کمک: یکم ۱۳۰۵/۸۴۲؛ دوم ۴۴۰۳/۷۹۵.

یاره. بازوبند: یکم ۲۶۲/۱۰۵؛ ۸۶۳/۲۳۳؛ ۸۳۱/۳۳۵؛ ۱۵۲۴/۳۶۳؛ ۴۵۹/۴۴۱ و دیگر.

یاریدن. (نیز← یارستن) توانستن، تاب و توان داشتن، جرئت و تهوّر داشتن: یکم ۶۳۵/۷۶؛ ۷۷۸/۸۱؛ ۳۶۹/۲۱۴؛ ۴۳۷/۳۲۰؛ ۲۰۶۶/۳۸۴، ۲۰۸۲؛ ۵۸۱/۴۴۶ و دیگر.

یاز. ← باز.[۱]

یازان. ۱- آهنگ‌کننده، قصدکننده، حمله‌کننده: یکم ۱۶۵/۴۰۹؛ دوم ۳۵۴/۴۶۹؛ ۱۶۱۷/۸۶۵؛ ۳۱۴۵/۱۰۰۳ // ***به خون ~ گشتن*** آهنگ خون

ریختن کردن: دوم ۱۰۶۵/۸۴۳. **۲-** دراز، بلند: یکم ۵۸۲/۲۲۲. **۳-** بالان، بالنده: یکم ۱۸/۴۲۳.

یازنده. آهنگ‌کننده: دوم ۱۵۹۵/۸٦٤.

یازیدن. (نیز← یاختن) آهنگ کردن، قصد کردن، گراییدن، متمایل شدن، پرداختن: یکم ۹۵/۱۹۵؛ ۳۲۳/۲۱۲؛ ۱٦۳۵/۳٦۷؛ ۳٤٤/٤۱٦؛ ۱۰۹/٤۲۷؛ ۲۰۰/۵۲۵؛ ۳٤٦/۵۳۰؛ دوم ۷۳٤/۳۰؛ ۸۰۹/۱٦۷؛ ۱۰۹/۲۲۹، ۱۱۰؛ ۱٤٦٦/٦۷۹؛ ۳۲۰۵/۷٤۷؛ ۱٤۱/۸۰٦؛ ۵۲۸/۸۲۲؛ ۱۳٤۱/۸۵٤؛ ۱٦۰۲/۸٦٤؛ ۲۱٦۹/۹٦٤؛ ۳۲۹/۱۰۵٤ // ***(دست به) خون*** ~ دست به کشتن زدن، آهنگ خون ریختن کردن: دوم ۸٦۹/۸۳۵؛ ۱۷۳٦/۸٦۹؛ ۱۸۳۵/۸۷۳؛ ۱۸۸۳/۸۷۵ // ***دست (چنگ، شست)*** ~ دست دراز کردن، دست بردن، آهنگ کردن، اقدام کردن، دست به کار شدن، تعدّی و ستم کردن: یکم ۱٦۲/۳۵؛ ۲۵/۹٦؛ ۳۸۹/۱۷٤؛ ۵۱٤/۱۷۹؛ ۵۳۸/۱۸۰؛ ۳۰۹/۲٤۷؛ ۸۵۸/۲۹۵؛ ۲۳۸۷/۳۹۷؛ ۱٦۵/٤۰۹؛ دوم ۱۱٦/۸۰۵؛ ۸٤۵/۸۳٤؛ ۱۸۸۳/۸۷۵ // ***گردن*** ~: دوم ۷۰۸/۲۹.

یافتن. یکم ٤۱/۲٦۲ // ***خویشتن را نیافتن*** بدان اصابت نکردن: یکم ۱۰۸۱/۳٤۵؛ ٤۱۰/٤۸۳ // ***یکدیگر را نیافتن:*** یکم ۱۲۲۵/۱٤۳.

یافه. یاوه، بیهوده، سخن بیهوده: یکم ٤٤۰/۲۱۷؛ ۵۰۰/٦۵۸؛ ۵۲۷/٦۵۹؛ دوم ۱۱۳/٤۳؛ ۸۱۷/۷۱؛ ۱۱۳۰/۸٤؛ ۱۷۹۸/۵۵۳ // ~ ***نگفتن:*** دوم ۸۸/۱۰۸٤ // ***از ~ بهر داشتن:*** دوم ۱۹٦٤/۵٦۰.

یاقوت. **۱-** از کانی‌ها: یکم ۳۲۸/٤۱۵. **۲-** کنایه از نور خورشید // ~ ***زرد*** کنایه از آفتاب: یکم ۷۱/۳۲؛ دوم ۵۲۵/۲۲؛ ۹۷۷/۱۷۳. **۳-** کنایه از لب: یکم ۱۲۱/۲۳۹ و دیگر.

یال. **۱-** گردن و بن گردن آدمی، کنایه از زور و قدرت: یکم ۳۸۱/۱۱۰؛ ٦٤۸/۲۸٦؛ ٦۵٤/۲۸۷؛ ۷۲٤/۲۸۹؛ ۸٦۵/۲۹۵؛ ۱۲۵۱/۳۵۲؛ ۲۳۸٤/۳۹٦؛ ۳۳/٤۰٤؛ ۲۰۱/٤۳۱، ۲۰۸؛ ۳٤۳/٤۳٦؛ ٤۹۹/٤٤۲؛ دوم ۳۰٤۲/۹۹۸ // ~ ***افراختن*** حرکت کردن: دوم ۱۲۵٤/۱۸٤ // ~ ***آگندن:*** یکم ۲۳/۱۲ // ~ ***برآوردن*** ۱- گردن افراشتن: یکم ۹۳۳/۱۳۱؛ ۱۲۵۰/۱٤٤؛ ۱۳۰٤/۱٤٦؛ دوم ٤۷٤/۲۰. ۲- طغیان کردن، سربرآوردن، سر کشیدن: یکم ۱۱۱۲/۱۳۸؛ دوم ۲۳۳/۱۰. ۳- نیرو گرفتن، رشد کردن: دوم ۷۱/٤ // ~ ***(بر) افراختن (افراشتن، فراختن)*** گردن کشیدن، فخر کردن: یکم ٤۰۲/۱۱۱؛ ۱٤۳۷/۱۵۱؛ ۱٤۹/۱۸۹؛ ۲٦۸/۲۰۹؛ دوم ٤۵۲/۱۵۲؛

۱۰۵۲/۱۷۶؛ ۵۰/۲۰۵؛ ۱۱۶/۲۴۴ // ~ ***تابیدن*** گردن پیچیدن، سرپیچی و تمرّد کردن: دوم ۵۸۷/۴۷۸ // ~ ***دزدیدن*** سر و گردن را عقب کشیدن: یکم ۱۵۵/۲۵۹ // ~ ***فراختن*** گردن کشیدن: دوم ۳۵۱۸/۱۰۱۷ // ~ ***فرو بردن*** سر به زیر افکندن: یکم ۹۷۹/۱۳۳؛ دوم ۳/۱۰۷۱ // ~ ***و بازو از هم گسلاندن:*** یکم ۳۷۹/۴۸۲ // ~ ***و عنان اسب ندیدن:*** یکم ۵۹۸/۵۴۰ // ***از ~ کسی خون آمدن:*** دوم ۷۴۳/۱۶۴ // ***چنبر از ~ بیرون کردن:*** دوم ۸۵۲/۱۶۸ // ***خسروی ~:*** یکم ۲۴۸۲/۴۰۰. **۲-** گردن و موی گردن اسب: یکم ۱۴۰۷/۱۵۰؛ ۹۸/۱۸۷؛ ۱۳۳/۴۲۸؛ ۱۵۵/۴۲۹ // ***آگنده ~:*** یکم ۱۴/۱۹۹ // ***سر و ~ و عنان باره دیدن:*** یکم ۲۵۹/۲۴۵. **۴-** گردن و موی گردن شتر: یکم ۴۵۱/۴۴۱.

یبغوی. دوم ۱۳۲/۴۴.

یزدان. یکم ۱۲۳۷/۳۵۱ // ~ ***پای کسی را بستن:*** یکم ۱۱۶/۴۰۷ // ***به ~ دست زدن در هر کاری:*** یکم ۶۲۳/۴۴۷ // ***به نیروی ~*** به مدد و کمک خداوند: دوم ۲۷۸۳/۹۸۸ // ***نام ~ خواندن:*** یکم ۳۸۱/۲۱۴؛ ۴۶/۴۵۳؛ ۱۱۰۷/۵۶۰.

یَشْک. چهار دندان بزرگ جانوران درنده: دوم ۳۱۵/۱۳.

یک. ۱- احد: یکم ۵۵/۵۳؛ ۱۴۲۰/۱۵۱ و دیگر. **۲-** یگانه، فرد // ~ ***خدای:*** یکم ۲۶۵/۲۰۹. **۳-** یک و هر تن و چیز // ~ ***از (ز) دیگر*** از یکدیگر: یکم ۱۸۵۷/۳۷۶؛ دوم ۱۸۰۹/۹۵۰ // ~ ***از دیگران:*** یکم ۶۷۸/۲۸۷؛ ۲۸۷/۴۱۴ // ~ ***اندر دگر ساختن:*** یکم ۴۱/۲ // ~ ***با دگر*** با یکدگر: یکم ۷۷/۳۲؛ ۹۳/۵۴؛ ۸۵۹/۸۴؛ ۴۳۷/۱۱۲؛ ۱۴/۱۸۳؛ ۴۷/۲۰۱؛ ۴۳/۲۳۶؛ ۱۲۷۷/۳۵۳؛ ۱۴۱۸/۳۵۸؛ ۱۸۳۸/۳۷۵؛ دوم ۲۷۵۹/۹۸۷ // ~ ***بر دگر*** بر یکدیگر: دوم ۳۹۳/۵۴. **۴-** برابر یای نکره: یکم ۲۱/۱۲؛ ۴۹۷/۱۱۴ و فراوان. **۵-** (قید تأکید) کامل، تمام: یکم ۳/۲۱؛ ۳۷۲/۳۱۷؛ ۱۸۴۸/۳۷۵.

یکایک. ۱- (قید زمان) همان لحظه، فوراً، در دم، بیدرنگ: یکم ۲۹/۱۲؛ ۳۶/۱۸؛ ۱۹۳/۲۸؛ ۴۸/۳۱؛ ۶۰/۵۳؛ ۶۷۸/۷۷؛ ۸۰۶/۸۲؛ ۸۹۴/۸۶؛ ۱۰۰۱/۹۰؛ ۱۶۲/۱۰۱؛ ۶۵۲/۱۲۰؛ ۱۲۸۶/۱۴۵؛ ۱۴۱۷/۱۵۰؛ ۱۴۴۷/۱۵۲؛ ۵۰/۱۸۵؛ ۴۳۲/۲۱۶؛ ۲۷۳/۶۴۹؛ ۴۱۵/۶۵۵؛ ۹۰۹/۶۷۴؛ ۱۳۴۰/۷۴۳؛ ۲۲۹۲/۷۸۱؛ ۲۳۰۱/۷۸۲؛ دوم ۱۰۵۵/۵۲۴؛ ۹۵/۶۰۱؛ ۷۰/۸۰۴؛ ۱۷۲۵/۸۶۹؛ ۲۷۹۸/۹۸۹؛ ۲۸۲۳/۹۹۰ و دیگر. **۲-** (قید ترتیب و توالی و

اتّصال) یک به یک، یکی‌یکی، پیاپی، یکی پس از دیگری، پشت سر یکدیگر: یکم ١٧٣/٢٨؛ ١٩٩/٣٧؛ ٧١٣/٧٩؛ ١٨٧/١٠٢؛ ١١٠٨/١٣٨؛ دوم ٣٠١٠/٩٩٧؛ ٣١٢١/١٠٠٢ و دیگر. ٣- (قید مقدار و تأکید) سراسر، همه، تماماً: یکم ١٧٠/٣٦؛ ٤٣٢/٤٦؛ ٦١٩/٧٥؛ ٩٣٩/٨٨؛ ٤٤٥/١١٢؛ ٦٣/١٦١؛ ١٢٧/٢٠٤؛ ٢٦٧/٢٠٩؛ ٨٩٥/٢٩٦؛ ١٠٦٠/٣٤٤؛ ٤٠٢/٤١٨؛ دوم ١٥٠/٦٠٣، ١٥٣؛ ٢٣٢٣/٩٧٠؛ ٢٧٩٨/٩٨٩؛ ٢٨٩٢/٩٩٢؛ ٣١٩٢/١٠٠٤ و دیگر. ٤- (قید کیفیّت و تأکید) خوب، به دقّت: یکم ٦٢/٢٣؛ دوم ٢٦٩٣/٩٨٥؛ ٢٧٦٠/٩٨٧؛ ٣٥٤٩/١٠١٩. ٥- (قید وصف و حالت) یکدفعه، ناگهان، غفلتاً: یکم ١١١/٢٥؛ ١٦٥٨/٧٥٦. ٦- به یکی از معانی ٢-٤: یکم ٦٦٢/١٢١. ٧- (به چند معنی): یکم ٩٣٥/٦٧٥ (توضیح: معانی گوناگون همیشه دقیقاً از یکدیگر جدا نیستند).

یکبارگی. // **به ~** ١- (قید حالت) ناگهان: یکم ٥٥٥/٧٣؛ ٢٩/٢٦٢؛ ٢٥٥/٢٧١؛ ٢١٥١/٣٨٧؛ ١٠٧٦/٥١٠. ٢- (قید تأکید) بکلّی، سراسر، یکسر، تماماً: یکم ٣٦٠/٤٨١؛ ٧٠١/٤٩٥، ٧١١؛ ١٠٢٤/٥٠٧؛ ٨١١/٦٧٠؛ ١٠٢٠/٨٣١؛ دوم ٨٤/٢٢٨. ٣- در دم، ناچار، ناگزیر، بی‌معطلی: یکم ١١١٣/٥١١؛ ١٢٨٨/٥٦٧؛ دوم ٧٣١/١٣٠؛ ١٤٣٨/١٩٢.

یکباره. ١- (قید مقدار) یکبار، یکدم: یکم ٤٦٨/٢١٨؛ ٣١٧/٢٧٣؛ ٨٧٨/٢٩٥؛ ١٢٥٠/٣٥٢؛ ١٣٧٤/٣٥٧؛ ٧٩١/٧٢٢؛ دوم ٦٧٦/٦٥؛ ١٥٣٥/١٠٠. ٢- (قید تأکید) بکلّی، سراسر، یکسر، سخت: یکم ٧٩٩/٢٣١؛ ٧٣١/٢٩٠. ٣- ناگهان، ناگهانی: دوم ٢٧/٣٧٤؛ ١٣٧/١٠٤٦.

یک‌بسی. دوم ١٨٢٦/٣٣٧.

یک‌به‌یک. ١- (قید تأکید با فعل منفی) اصلاً، به هیچ روی: یکم ١١٦٨/١٤٥. ٢- (قید تأکید با فعل مثبت) بکلّی، پاک، تماماً: یکم ١٤١٢/١٥٠. ٣- (قید مقدار با فعل مثبت) سراسر، همه، همگی: یکم ٧٣/١٦٢. ٤- (قید ترتیب و توالی) یکایک، یکی پس از دیگری: یکم ٤٧١/٢١٨؛ ٢٠١٠/٣٨٢. ٥- (قید زمان) در دم، بی‌درنگ: یکم ٢٨٧/٦٥٠.

یکتادل. ساده‌دل: دوم ٨٣٤/١٦٨

یکتاه. برابر، یکسان: یکم ٣٧٨/٦٥٣؛ ٦٠٤/٦٦٢.

یک‌تنه. ١- تنها: یکم ٧٨٩/٨٢١؛ دوم ١١٣٦/٥٢٧؛ ٢٥٨٠/٩٨٠. ٢- متّحد، همدل: یکم ٧٩٦/٨٢٢؛ ٩٦٩/٨٢٩؛ دوم ٢٣٤٩/٧١٤؛ ٦٩٠/٨٢٨. ٣-

یکدل، صاف و صادق: دوم ۳۶۸۱/۱۰۲۴.

یکجا. // **به ~ ۱-** همراه، حاضر: یکم ۱۱۱۶/۱۳۹. **۲-** همزمان: یکم ۱۷۷/۳۱۰.

یکخدای. خدای یگانه: یکم ۲۶۵/۲۰۹؛ دوم ۴۱۲/۱۷؛ ۶۹۷/۲۹؛ ۹۰۷/۳۷؛ ۱۹۰/۱۰۸؛ ۲۱۳/۱۰۹؛ ۵۶۹/۱۲۳؛ ۷۷۰/۱۳۱ و دیگر.

یک‌رویه. تماماً: دوم ۲۰۸/۳۸۱.

یکزخم. ← زخم، شماره‌ی ۱.

یک‌دل. ۱- پاکدل، پارسا: دوم ۴۴۵/۱۹. **۲-** مصمَم، باعزم: یکم ۵۵۱/۸۱۲؛ ۷۹۶/۸۲۲؛ ۹۶۹/۸۲۹.

یک‌دله. مصمَم: یکم ۹۱۱/۸۲۶.

یکسر. ۱- سراسر، همه: یکم ۷۷۰/۲۳۰؛ ۱۰۵۹/۳۴۴؛ ۲۱۷۷/۳۸۸. **۲-** (قید تأکید) تماماً، کاملاً: یکم ۱۰۰۶/۳۴۲؛ ۲۳۱۵/۳۹۴؛ دوم ۳۹۴۱/۱۰۳۴. **۳-** یکسره، بی‌وقفه: یکم ۲۳۸/۴۳۲. **۴-** (قید تأکید) هرگز، هیچ، اصلاً: یکم ۲۴۴/۴۷۶؛ دوم ۲۴۲۴/۹۷۴؛ ۳۹۲۸/۱۰۳۳ (توضیح: معانی همیشه دقیقاً از یکدیگر جدا نیستند).

یکسره. ۱- (قید تأکید به اثبات با فعل مثبت) همه، همگی، تماماً، پاک، سخت: یکم ۸۴۳/۸۴. **۲-** (قید تأکید به نفی با فعل منفی) هیچ، هرگز، اصلاً: یکم ۳۸۱/۲۵۰. **۳-** (قید کیفیّت) زود، چابک، تفت، بیدرنگ: یکم ۵۳۱/۱۱۶.

یکسو. // **~ شدن** بر کنار رفتن، دور شدن، کناره گرفتن: یکم ۱۲/۱؛ ۲۳۹/۶۰ // **به ~ کشیدن** کناره گرفتن: دوم ۳۱۸۹/۱۰۰۴.

یکسواره. یک‌اسبه: یکم ۲۱۱۲/۸۷۳؛ دوم ۲۰۹/۲۱۱.

یکشنبذ. یکشنبه: دوم ۳۲۹۱/۱۰۰۸؛ ۳۳۲۵/۱۰۱۰.

یک‌نهاد. ۱- نیکوضمیر، نیک‌سرشت: دوم ۴۴۵/۱۹. **۲-** با عزم جزم، مصمَم: یکم ۵۵۱/۸۱۲.

یکی. ۱- بجای یای نکره: یکم ۱۰۷۰/۱۳۷؛ ۶۷/۲۰۲؛ ۲۰۲۷/۳۸۲؛ ۴۱۳/۴۱۹؛ ۴۷۱/۴۲۱؛ دوم ۱۵۴۹/۹۳۹ و دیگر. **۲-** همراه یای نکره: یکم ۶۸۲/۲۸۸؛ ۸۲۳/۲۹۳؛ ۲۴۵۷/۳۹۹ و دیگر. **۳-** یک‌تن، شخصی، هر کس: دوم ۳۰۴۴/۹۹۸ // **~ از دگر:** یکم ۸۳۶/۸۴ // **هر ~:** یکم ۴۸۱/۴۲۲. **۴-** (قید تأکید) یکسر، تمام، اصلاً، همچنین: یکم ۴۸/۱۳؛ ۱۲۸۳/۱۴۵؛ ۴۵۹/۱۷۷؛ ۴/۱۸۳؛ ۱۵۱/۱۸۹؛ ۲۶۹/۲۰۹؛ ۷۲۰/۲۲۸؛ ۷۵۲/۲۲۹؛ ۶۴/۲۶۳؛ ۳۶۶/۲۷۵؛ ۲۷۲/۳۱۳؛ ۵۰۱/۳۲۲؛ ۵۷۶/۳۲۵؛ ۷۰۹/۳۳۱؛ ۱۸۷۶/۳۷۶؛ ۲۰۲۸/۳۸۲؛ ۲۳۷۲/۳۹۶، ۲۳۸۱؛

۲۸/۴۵۲؛ دوم ۳۰۲۰/۷۴۰؛ ۱۳۶۰/۹۳۲. **۵**- (قید مقدار یا زمان) یکبار، زمانی، لختی، دمی: یکم ۶۳/۳؛ ۱۶۷/۱۰۱؛ ۸۰۲/۱۲۶؛ ۳۴۵/۲۱۳؛ ۹۳۸/۲۹۸؛ ۱۹۲۹/۳۷۸؛ ۱۹۰/۵۲۴؛ ۹۱۵/۵۵۳؛ ۲۳۹۲/۶۱۱؛ ۷۹۶/۶۷۰؛ دوم ۸۶/۲۴۸؛ ۲۹۵/۶۳۲؛ ۱۶۳۱/۶۸۵؛ ۱۸۲۲/۶۹۳؛ ۳۲۸۰/۷۵۰؛ ۳۴۱۰/۷۵۵؛ ۱۵۷۶/۹۴۰؛ ۱۸۲۶/۹۵۰. **۶**- یگانه، واحد، فرد: یکم ۵۷۸/۱۱۷ // ***با هم ~ بودن*** یکدل و هم‌پشت بودن: یکم ۲۳۲/۲۴۴. **۷**- (قید تأکید و زمان) در حال، همانگاه، در دم، فوراً: یکم ۴۹۶/۷۱۰؛ دوم ۵۳۰/۲۲؛ ۲۱۴۷/۹۶۳. **۸**- بی‌همتا // ***~ بودن:*** دوم ۱۰۴۳/۸۴۲.

یکّی. دوم ۴۶۹/۵۷؛ ۶۶۷/۶۵؛ ۱۲۵/۲۳۰.

یک‌یک. **۱**- (قید زمان) همان لحظه، فوراً، در دم: یکم ۹۴۲/۸۸. **۲**- (قید ترتیب و توالی) یک به یک، یکی پس از دیگری: یکم ۱۳۳/۲۶؛ ۵۴۶/۳۲۴.

یل. پهلوان، دلیر: یکم ۵۰/۹۷ و دیگر.

یَله. آزاد، رها: یکم ۱۰۵۴/۹۲؛ ۳۳/۲۵۴؛ ۲۴۲۷/۳۹۸؛ ۴۱۴/۴۱۹؛ ۶۴/۴۶۹؛ ۶۶۷/۴۹۳؛ ۷۰۹/۴۹۵؛ ۲۵/۶۳۲، ۳۶؛ دوم ۳۳۱/۴۹۶ و دیگر // ***~ کردن:*** ۱- رها کردن: یکم ۷۹۸/۲۳۱؛ دوم ۱۵۰۹/۵۴۲؛ ۹۶۲/۹۱۶. ۲- صرف‌نظر کردن: یکم ۱۷۲۹/۳۷۱؛ دوم ۷۰۷/۵۱۱ // ***~ ماندن*** برجای ماندن: یکم ۱۳۵/۴۰۸؛ دوم ۷۱۷/۱۱۰۹ // ***کاری را ~ کردن:*** یکم ۱۱۷/۶۳۵.

یوبه.← بویه.

یوز. یکم ۱۱/۱۷؛ ۶۵۳/۱۲۰؛ ۳۶۴/۴۱۷ // ***دشت نخچیر بر ~ تنگ کردن:*** یکم ۳۹/۲۵۴.

ـیون. پسوند مانندگی، گون: یکم ۱/۱۸۳.